中共如东县委
如东县人民政府 主办
如东县档案局（馆） 编

大事如东

DASHI RUDONG

（2011—2014年）

方志出版社

共享曾经的丰硕 憧憬美好的未来

中共如东县委书记：詹立风

如东县人民政府县长：潘建华

如东，地处长江三角洲北翼，是一片充满机遇与活力的投资沃土，是一块彰显魅力与特色的旅游胜地，是一座创造梦想与未来的海港城市。

光阴荏苒，岁月如梭。新一届如东县委和如东县人民政府，团结和带领全县人民，挥写出“十二五”规划前 4 年的辉煌，奏出了蓬勃发展的最强音。

这 4 年，我们始终将改革创新作为推动发展的源动力，按照中央和省市总体部署要求，紧密结合我县实际，突出重点领域，狠抓举措落实，全县经济社会发展的活力和动力不断增强。我们始终将稳中求进作为经济工作的总基调，着力稳增长、调结构、促转型，公共财政预算收入、注册外资到账、工业应税销售等主要经济指标增幅保持全市领先，圆满完成全年目标任务。我们始终将沿海开发作为增强优势的主抓手，深入实施沿海开发“六大行动”，洋口港国家级一类口岸开放获得国务院批准，海洋铁路、通洋高速、临海高等级公路等重点交通工程建成通车，重大项目建设进展顺利，沿海开发进入投入与产出互动并进的新阶段。

我们始终将改善民生作为一切工作的落脚点，全面协调推进各项社会事业，引江供水、住房保障、劳动就业、教育医疗、环境保护、养老服务等民生工程得到有效落实，“国家生态县”获得正式命名。我们始终将改进作风作为执政为民的硬要求，扎实开展党的群众路线教育实践活动，认真查摆整改“四风”方面的突出问题，全县党员干部深化改革、推进发展、服务民生的责任意识和担当意识显著增强。

记忆中的这些事，已经融入如东的历史进

程，影响到每一个人。无论是城市的建设者，还是满怀抱负的创业者，又或是普通的外来务工者。

回顾过去，是为了更好的把握未来。我们不仅要谋划好“十二五”规划的收官之作，打好全面推进依法治国的开局之战，更要在更高起点上建设美好如东。我们将深入贯彻落实党的十八大、十八届三中、四中全会和习近平总书记系列重要讲话精神，按照“三争三实”总要求，准确认识、主动适应新常态，以转型升级为主攻方向，以科技创新为核心驱动，以改善民生为根本目的，更加突出经济发展质量效益，更加突出改革取向和法治导向，更加突出体制机制和作风能力建设，统筹推进经济运行、沿海开发、城乡建设、生态文明、民生工程等重点工作，促进全县经济社会持续健康发展。

在新的征程里，我们将充分倾听民声，汇聚民智，反映民意，紧紧依靠人民群众的智慧和力量，锐意进取，奋力拼搏，努力向“经济强、百姓富、环境美、社会文明程度高”的新目标迈进！

让我们共享曾经的丰硕，憧憬更加美好的未来。

2015 年 6 月

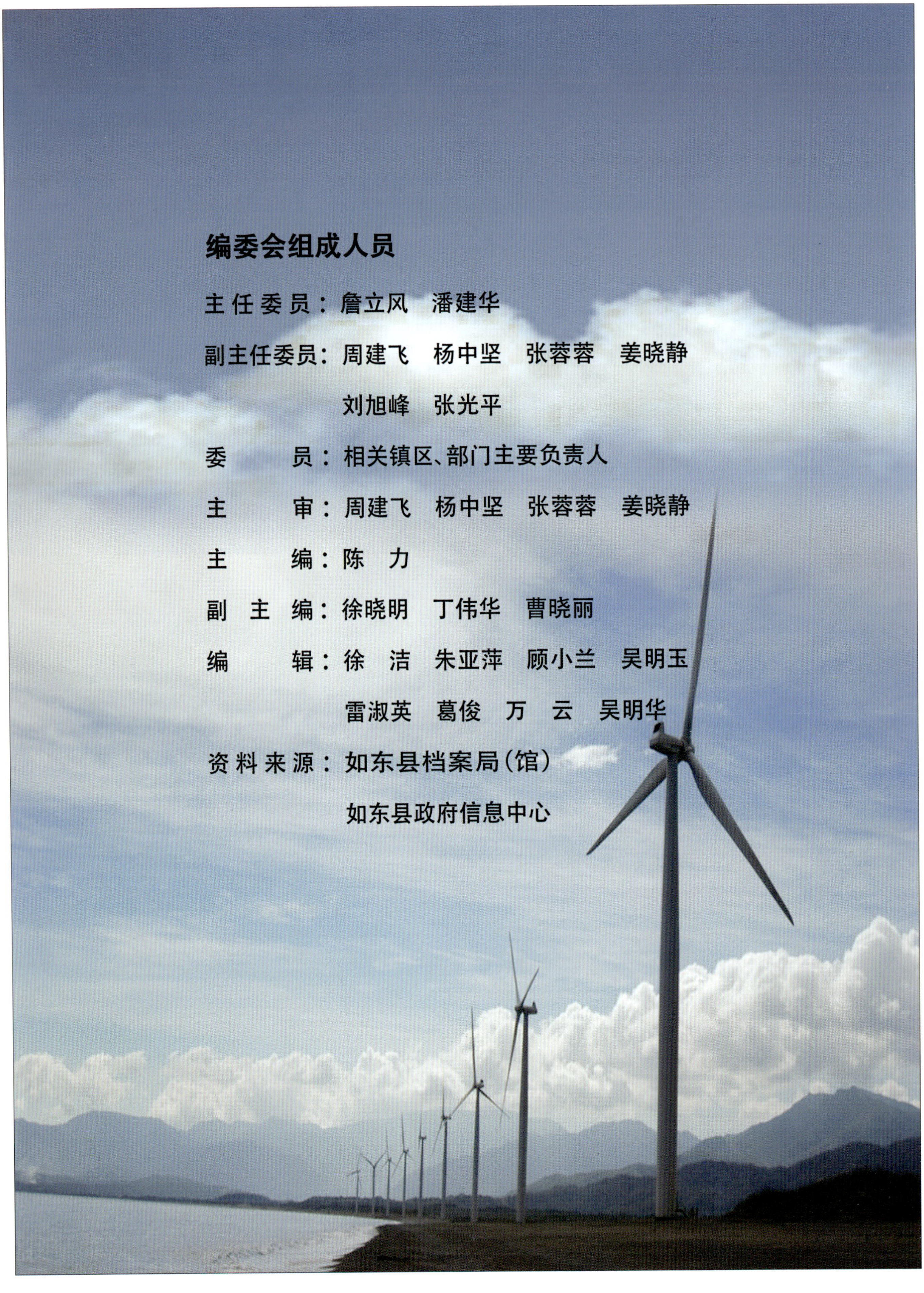

编委会组成人员

2011 年 6 月 18 日，中共江苏省委、南通市委决定: 詹立风同志任中共如东县委书记。

2011 年 6 月 18 日，中共江苏省委、南通市委决定：潘建华同志提名为如东县人民政府县长候选人，兼任县政协党组书记。

2011年11月7日，中国老年学会正式授予如东县“中国长寿之乡”称号。

2011年7月，国家能源局、财政部、农业部授予如东县“绿色能源示范县”称号。

2012年2月26日，三一如东工业园投资项目签约仪式在长沙三一工业城举行。图为：徐守盛（右二）、盛茂林（左一）、丁大卫、梁稳根（右一）在签约仪式上。

2012年7月26日，由如东农村信用合作联社改制而成的江苏如东农村商业银行举行开业庆典。

2012年10月28日，江苏省副省长许津荣（前排右）在南通市委书记、市人大常委会主任丁大卫（左），如东县委书记、县人大常委会主任詹立风（中）的陪同下，视察如东县沿海经济开发区。

2012年12月25日，江苏省海洋与渔业局受江苏省政府委托，正式将洋口港人工岛命名为“阳光岛”。

2013年11月2日，出席江苏省政府沿海开发推进会的江苏省省长李学勇（前排中）、南通市委书记丁大卫（左）视察如东。

2014年1月16日，海洋铁路正式开通，圆了几代如东人的铁路梦。

2014年3月，住房和城乡建设部、国家文物局公布第六批中国历史文化名镇和名村名单，栟茶镇位列其中。

2014年4月9日，江苏省委副书记石泰峰（前排右二）到如东县调研现代渔业发展工作。南通市委书记丁大卫（右一），如东县委书记詹立风参加活动 。

江苏省如东县：

国家生态县

二〇一四年五月

2014 年 5 月，中华人民共和国环境保护部授予如东县“国家生态县”称号。

锡通高速公路入口

2014年5月29日，如东高级中学和栟茶高级中学国家安全教育示范基地正式挂牌。图为如东高级中学举行挂牌仪式。

2014年8月10日，国务院以国函2014（107）号文《国务院关于同意江苏如东洋口港口岸对外开放的批复》，同意如东洋口港对外实现一类口岸开放。

2014年11月8日，位于江苏南通如东县的国家一级渔港——刘埠渔港工程正式开工

2014年，如东县风电新增并网装机容量达120兆瓦，其中近海（潮间带）风电项目新增并网装机容量70兆瓦，海上风电累计并网装机容量达300兆瓦，潮间带风电装机规模亚洲第一。

在2014年第十四届全国县域经济与县域基本竞争力百强县(市)榜单中，如东县排名第58位。图为如东县城一景。

作为中国迄今为止建造难度最大的离岸型深水港，洋口港的建设，获得2013年度国家科技进步一等奖。

上海海宝特种电源有限公司

全国人大副委员长布赫（左）亲切接见
海宝董事长沈维新

江苏省政协副主席罗一民（右一）视察海宝

南通市市长张国华（左一）视察海宝

上海海宝特种电源有限公司是一家历史悠久的电池生产企业，前身为上海七一蓄电池厂，诞生于上世纪60年代。长期以来，企业一直致力于电动车动力电池的深度研发，并于1993年创立了上海海宝特种电源有限公司，成为中国最早的电动车动力电池研发企业。1993年4月，海宝与上海自行车二厂通力合作，研发出中国第一辆电动车和第一块电动车电池——“海宝牌”电池。

2012年，上海海宝特种电源有限公司全面融入香港苏中集团，生产基地搬迁至江苏省如东经济开发区，总投资10亿元人民币。新型铅蓄电池是21世纪最有发展和应用前景的绿色能源之一，属于国家鼓励类项目，广泛应用在国防、工业和民生等广阔领域。海宝新基地自创建以来，坚持环保为先、严守国家标准，不惜巨资采购国际最先进的生产设备和环保装置，整个生产过程实现了机械化、自动化、智能化、清洁化，真正打造了一条绿色产业生产链。2013年，公司在国家环保部环保核查和工信部准入条件审核中首批“双通过”，全国仅6家企业获此殊荣。

海宝电池技术先进、品质高端，公司及产品先后被认定为江苏省高新技术企业、江苏省级企业技术中心、江苏省新型高能化学电源工程技术研究中心、中国著名品牌、中国优质产品、中国电动车电池十大最具影响力品牌、江苏省名牌产品等多项荣誉称号。公司获得各项专利33项，省级高新技术产品6个，先后参与编制了4项国家标准。2012年至2013年，承担了重金属削减提标和装备升级两项国家级重大技改项目，为行业转型升级发挥了示范引领作用。

上海海宝特种电源有限公司
电话：021-57377587 地址：上海市闵行区中春路7001号

如东生产基地：江苏苏中电池科技发展有限公司 电话：0513—81992222 地址：如东经济开发区新区鸭绿江路1号

如东洋口环保热电有限公司

如东洋口环保热电有限公司隶属于南通苏润实业集团，位于如东沿海经济开发区，由南通苏润实业集团有限公司、南通苏润投资有限公司等股东共同投资建设，公司成立于2006年11月，注册资本10000万元，占地面积10万m 2。

如东洋口热电项目一期，建设规模为：3×130t/h高温高压循环流化床锅炉+2×15MW背压汽轮发电机组，配套建设热网70公里，总投资5.2亿元人民币。工程于2014年5月竣工投入生产。

公司主要承担如东沿海经济开发区已投产87家企业及后续企业的生产供热，公司热电项目一期,日最大供热能力360 t/h，年供热能力可达到240万吨，年发电达到2.8亿KWH，替代开发区内29台企业自备小锅炉，年节约标煤3.96万吨。实现开发区及供热区域内集中供热。

公司属于节能环保型热电企业，通过采用石灰石—石膏湿法烟气脱硫、SNCR脱硝、安装高效布袋除尘器、烟气排放在线自动监测系统，灰渣进行综合利用等一系列环保技术措施，烟尘、二氧化硫、氮氧化物等排放指标均小于GB13223—2011新的排放标准。

随着开发区内生产企业及后续企业用热的不断增长，公司正在全力推进热电项目二期工程建设，计划投资4.5亿人民币，建设2×220t/h高温高压循环硫化床锅炉+2×25MW背压汽轮发电机组，配套建设热网20公里，设计环保排放达到超低排放标准，二期扩建工程计划2015年7月开工建设，工期30个月，二期扩建项目全部建成后，新增对外供热能力300t/h，公司最高供热能力将达到650t/h，可满足开发区未来3-5发展的需要。

化水楼

主厂房

升压站

集控室

Hyflux™ 凯发新泉污水处理（如东）有限公司

凯发新泉污水处理（如东）有限公司位于江苏省如东沿海经济开发区北侧之三废集中处置区，是新加坡凯发有限公司（Hyflux）投资建设的集中式工业污水处理厂。

污水处理厂规划规模为日处理工业污水10万立方米，分期建设。目前已形成日处理2万立方米工业污水的能力，分两组并联运行，采用初沉+水解酸化+PACT+二沉+混凝沉淀+臭氧氧化+BAF组合工艺，主要处理整个开发区工业企业经一级预处理的工业污水。

污水处理厂接纳沿海经济开发区工业企业一级预处理污水执行《污水排入城市下水道水质标准》（CJ3082-1999）;污水处理厂排海尾水执行《化学工业主要水污染物排放标准》(DB32/939-2006）二级标准。

沿海经济开发区工业各企业必须配套超过一天排放量的排放池并实施视频监控；必须在各自规定的时间段分时排放；必须通过自建明管“一企一管”动力输送到片区总管，进而排入污水处理厂；必须设置COD在线监控仪、电磁流量计、电磁阀门等在线监控设施，污水处理厂设定自动程序，在排水前和排水中进行水质监测，一旦发现超标立即自动关闭电磁阀门。污水处理厂对企业实行超额累进制收费，发现水质超标则相应增加处理费用，对一个月内超标3次及以上的实行重罚。

污水处理厂除按国控污染源监管要求，对排海尾水中化学需氧量（CODcr)、氨氮（NH3-N)、总磷（TP）指标与省环保厅联网实时自动监控外，还同时对挥发酚、石油类、甲苯、六价铬和色度等特征污染物指标与省海洋局联网实时在线监控。

地址：如东县沿海经济开发区黄海五路六号　电话：0513-81903491

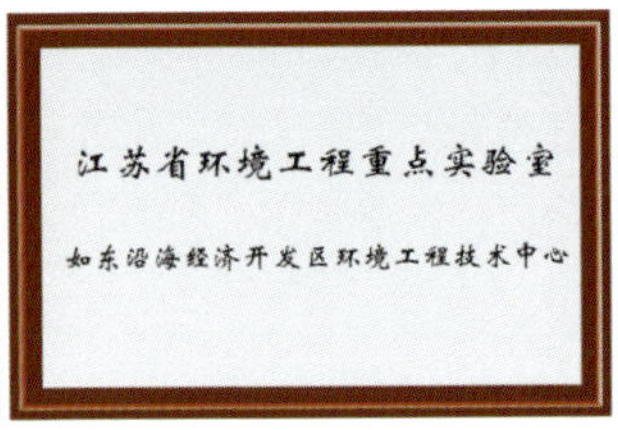

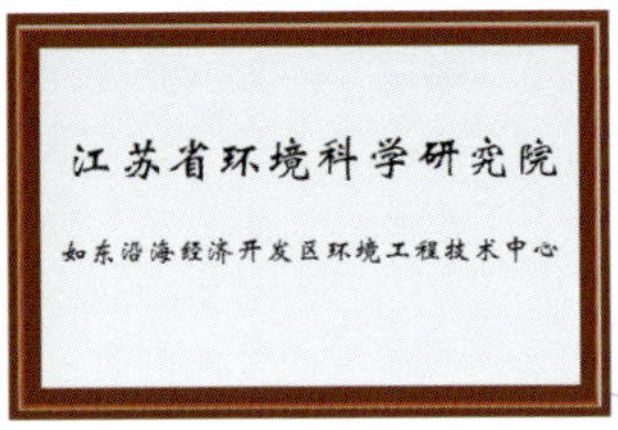

如东永晟实业有限公司

如东永晟实业有限公司位于如东县掘港镇江海西路14号，1990年8月成立，系如东县供电公司集体企业。公司拥有一级建造师15人、各类技经人员50多人、高压及特种电工40多人以及预算员、质检员等。技术力量雄厚，试验装备一流。架设110千伏送电线路500余公里及20余座110千伏 变电所。工程质量优良并达标投产。

公司提出“管理领先、效益创佳”的共同愿景，公司品牌于2002年在国家工商行政管理总局商标局注册为“苏能”商标；2004年9月取得省建设厅颁发的电力工程施工总承包三级资质和相应的安全生产资质；2005年年底，在南通市首批获得华东电监会颁发的三级进网作业许可证。荣获如东县“放心消费单位”、南通供电系统“优质服务先进集体”称号，被江苏工程建设监督管理协会评为江苏省电力建设优秀施工企业、江苏百佳优秀企业、江苏省工程建设满意单位，被中国工程建设监督管理协会评为“全国电力工程百强企业”。

新建变电站

铁塔直插云霄

施工人员高空作业

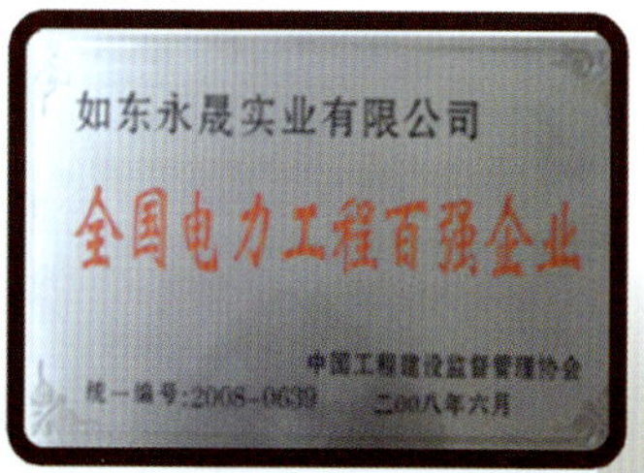

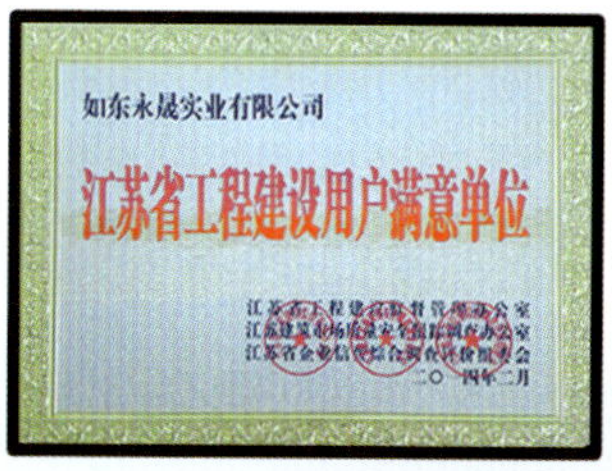

中船重工(重庆)海装风电设备有限公司

2009年7月，中共中央政治局常委、国务院总理李克强视察海装风电公司，中船重工集团公司总经理李长印，总经理助理杨本新向李克强总理汇报公司情况。

中船重工（重庆）海装风电设备有限公司成立于2004年，系中国船舶重工集团公司所属专业从事风电装备研制及其系统总成、新能源开发建设和风电场工程技术服务的高新技术股份制企业。截止2014年底，公司资产总量近100亿元。

公司秉承大集团、大产业、大战略、大联动的战略方针，奠定了南北布局、陆海并举、国内外市场并进的发展格局，形成了重庆、内蒙、新疆、江苏、甘肃、云南及海外风机制造维护基地，建立了包括所有关重部件在内的近乎完整的优质配套链，广泛与中国华能、华电、国电、大唐、中广核、中电投等重要客户建立了稳定的战略合作关系，已成为我国风电装备的重要供应商。

公司受国家科技部唯一授权承建国家海上风电工程技术研究中心，承担多项国家科技支撑计划和国际科技合作项目，凝聚了一批国家工程院士、国内外知名专家教授等顶层科研人才，形成了以博士、硕士等优秀中青年骨干为主体的自主研发队伍。公司成功实现了5MW海上风电机组并网发电，2MW双馈型风电机组装机容量居国内领先地位，开辟了分散式风电接入和微电网应用领域，自主研发和技术进步处于国内领先水平。

中央政治局常委王岐山视察海装内蒙古公司。

国家海上风力发电工程技术研究中心

江苏海装风电设备有限公司

中船重工集团公司董事长胡问鸣视察海装风电

江苏海装风电设备有限公司，系中船重工(重庆)海装风电有限公司全资子公司，位于如东经济开发区牡丹江路，占地面积85亩，建筑面积1.3万平米，是海装风电华东地区市场营销、产品试制、物料供配和员工技能培训中心。江苏公司，也是海装风电“两海”战略的核心子公司，达产能力超过50万KW，专业从事5MW海上风电机组及2MW、2.5MW陆上风电机组制造、安装、维护和售后服务等业务，产品以出口机组、海上机组为主，幅射国外及我国华东、华南和华中地区。

海装风电总经理余绍清视察江苏海装

海装风电党委书记黄彪视察江苏海装

南通市委副书记、市长张国华，如东县委书记詹立风，如东县委副书记、县长潘建华视察海装风电

中船海装江苏海上风电基地首台风电机组下线仪式

江苏海装员工座谈会

南通正大有限公司

南通正大是泰国正大集团与南通东正农工商有限公司合资经营的以饲料生产为主的农工贸一体化企业。在集团和地方各级领导及社会各界、广大客户的关心支持，全体员工的共同努力下，从无到有、从小到大、从弱到强，发生了一幕幕喜人的变化，创造了一个个历史的辉煌。

公司自1990年4月16日成立以来，注册资本从当初的750万元，增资到1.46亿元。公司在扩大自身规模的同时，还投资1285万元参股了淮阴正大，泰州正大，其股份分别占30%和10%。

南通正大的发展得到了各级政府及有关职能部门的大力支持，并给予了我们很高的荣誉。南通正大饲料产品先后获得“中国农业博览会金奖”、“江苏省名牌产品”、“江苏省信得过产品”、江苏省高新技术企业、“江苏省质量奖”等诸多殊荣。公司通过“ISO9001质量体系认证”，并被评为“江苏省农业产业化龙头企业”。南通正大着力参与新农村建设，推进“公司+农户”的富民工程，公司凭借雄厚的实力打造成了江苏省技术最先进、最具发展潜力的饲料和畜禽生产基地。

二十五年风雨兼程，南通正大自力更生，发奋图强，顽强拼搏，锐意进取，而今已步入了又好又快发展的快车道。我们将认真总结二十五年来发展历程，坚持和发扬“诚信、和谐、敬业、创新”的企业精神，在正大集团和公司董事会的领导下，励精图治、开拓进取，为实现“做正大企业标杆、当农牧产业龙头”企业愿景，为实现集团“做世界厨房、人类能源的供应者”梦想而努力奋斗！在南通正大发展史册上书写更加辉煌的篇章。

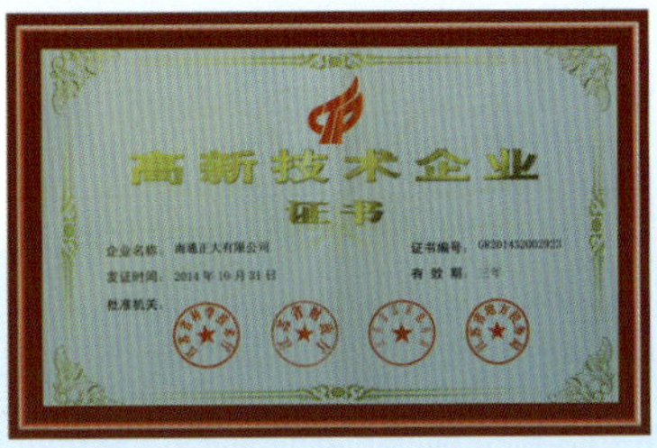

江苏省凌洋农业发展有限公司

江苏省凌洋农业发展有限公司地处南黄海之滨，位于江苏省鱼米之乡如东县，为江苏省沿海开发集团有限公司所属全资企业。

2012年，本公司由创立于1996年10月位于如东县洋口镇凌洋垦区内的原江苏省凌洋农业发展有限公司和创立于1999年的位于如东县大豫镇东安闸的江苏省宁港滩涂开发有限公司合并而成。

公司注册资本600万元，固定资产8094万元，现有员工22名。

公司现有各类土地面积3.2万亩，可发包面积22002亩，公司水、电、路配套齐全，现已形成海、淡水养殖、河蟹生态育苗、农田种植、紫菜加工与蚬蛤暂养殖四大板块。其中农田种植4121亩，淡水池塘8183亩，海水养殖池塘5250亩，河蟹生态育苗4137亩，紫菜加工与蚬蛤暂养311亩。公司年产各类农作物4500吨，成鱼2750吨，梭子蟹150吨，脊尾白虾700吨，河蟹大眼幼体60吨，暂养出口蚬蛤4000吨，加工紫菜近万箱。年产值近2亿元。2013年全公司实现发包收入1892万元。

凌洋公司将在省沿海开发集团公司正确领导下，进一步发挥土地资源优势，以人为本，稳步发展，科学种植，健康养殖，优质服务，与进区发展的新老客户及关心支持凌洋公司的社会各界人士，同心协力打造一个富足、和谐、发展的新凌洋。

江苏省凌洋农业发展有限公司
地址：临海高等级公路洋口段153.5km处
电话：0513-84807782

江苏省宁港滩涂开发有限公司
地址：如东县大豫镇东安闸南首(东安科技园区)
电话：0513-84260985

南通银杰特种螺丝有限公司

总经理：倪银杰

南通银杰特种螺丝有限公司创建于1970年，地处江苏如东县大豫镇张謇北路18号。

公司生产各种规格（直径Φ1.4mm-Φ10mm，长度L3mm--100mm）的不锈钢、碳钢、铜等材料的机制螺钉、自攻螺丝、铆钉、组合螺钉、花色螺丝等。还可根据用户的要求生产其他各种规格的特种螺钉。公司采用标准分别为国际（GB）、德标（DIN）、美标（ANSI）、日标（JIS）。产品除内销全国10多个省市外，还远销欧、美、日等世界各地。

公司占地6000多平方米，固定资产600多万元，拥有进口冷墩机、碾牙机34套，割尾机3套，并配有拉丝机、热处理流水线及全套的专用检测设备，年生产能力为10亿件。

公司具有一套科学的产品质量管理体系，具有专职检测的品管人员，公司依据GB/T19001：2000-ISO9001-2000《质量管理体系标准》要求建立了质量管理体系，加强企业产品质量管理，确保产品质量的稳定提高。公司已于2001年通过ISO9001-2000国际质量认证。我公司产品还定期送省标准计量局进行检测。为适应市场要求，我公司于2005年1月，已把产品符合ROHS指令要求的有关工作全部完成，产品已通过上海SGS检测中心检定合格。目前公司所供四川长虹集团及广东中山长虹、广东长虹、四川长虹网络公司、四川长虹欣锐科技有限公司，四个子公司全系列配套国标、日标螺钉全部符合欧盟环保要求。从2003年到现在平均每年定点供应四川长虹集团及各子公司标准件螺钉5亿多件。

江苏长青农化南通有限公司

江苏长青农化股份有限公司（简称长青农化）成立于2001年。公司系国家定点农药生产企业，国家高新技术企业。2010年4月，公司在深圳证券交易所挂牌上市，证券简称“长青股份”。

2011年，在南通如东沿海经济开发区投资兴建江苏长青农化南通有限公司。公司注册资本2亿元，总占地面积约40.27公顷；总投资额11.69亿元，已经完成投资5亿元，其中环保投入6000多万元，安全投入3600万元，已建项目2个：2000吨/年麦草畏生产线、1000吨/年啶虫脒生产线。

公司投入资金5000万元，建成完善的DCS控制系统、消防喷淋系统、视频监控系统。建有500平方米规范的视频监控中心，能够实现远程控制和应急一键启动，为公司安全生产提供保障。公司建立完善的生产、环保、安全管理体系。废水处理及消防系统均委托有资质的第三方运行，为公司高效、稳定运行提供保障。

地址：江苏省如东沿海经济开发区海滨三路　电话：0513-81903116

领导关怀

公司会议

荣誉室

监控室

江苏瑞邦农药厂有限公司

江苏瑞邦农药厂有限公司系国家定点农药生产企业、江苏省高新技术企业，公司员工400余人，占地面积13.33公顷，公司主要生产磺酰脲类除草剂、杀虫剂、杀菌剂、植物生长调节剂。以合成农药原药、农药制剂为主，同时生产多种复合型剂型，具备年产1000吨农药原药和1万吨农药制剂的生产能力。

公司通过ISO9001质量体系认证、ISO14001环境管理体系认证，被中国农药工业协会评为“全国农药百强企业”。企业注重科技进步和技术创新，与国内众多科研院所建立产学研合作关系，一流的产品质量和完善的售后服务使公司产品畅销20多个省、市、自治区，远销欧美、南美、东南亚。

公司地处江苏省如东县沿海经济开发区，交通便利，投资环境优越。公司始终坚持“客户至上、诚信为本、卓越创新、科学发展”的宗旨，热诚希望与国内外客商开展信息交流、技术合作和贸易往来，共同促进中国农用化学的发展。

地址：江苏省如东沿海经济开发区海滨二路18号
邮编：226407
网址：www.repont.com

江苏优嘉植物保护有限公司

江苏优嘉植物保护有限公司成立于2013年1月，控股股东为江苏扬农化工股份有限公司，实际控制人为中国中化集团有限公司。江苏扬农化工股份有限公司为中国农化百强企业、行业领先上市公司（600486）、全球最大仿生杀虫剂（拟除虫菊酯）制造商。中国中化集团有限公司为中国第四大国家石油公司、中国最大的农业投入品（化肥、种子、农药）一体化经营企业、全球500强企业（2014年，107位）。

优嘉公司一期项目占地面积为195亩，总投资6.14亿元，于2014年2月开工建设，2014年11月建成，2014年12月投产。一期项目内容为800吨/年联苯菊酯、5000吨/年麦草畏、600吨/年氟啶胺、1500吨/年贲亭酸甲酯。主要产品项目达产后可实现销售入5-7亿元。

根据2014年8月7日中国中化股份有限公司与如东县政府签订战略合作协议，优嘉公司成为中化集团农化业务板块的重要组成部分。2015年，优嘉公司将启动二期项目（350亩）的建设，二期项目计划总投资30亿元，全部达产后预计可形成年销售近15-40亿元，将成为扬农最高管理标准和最高技术标准的标杆工厂。

南通市常务副市长韩立明、如东县委书记詹立风、县长潘建华莅临指导

中国中化集团有限公司蔡有希总裁视察指导

中国中化股份有限公司与如东县政府签署战略合作协议

分析室

厂容厂貌

总经理：吴孝举
地　址：如东沿海经济开发区
通海五路与海滨四路交叉处
邮　编：226400
电　话：0513-81958888
传　真：0513-68127777

海尔斯

南通海尔斯医药有限公司

公司地处黄海之滨的如东县城掘港镇，东濒黄海，南临长江，公路水路、航空铁路四通八达。公司创建于2003年10月，占地面积6720平方米，建筑面积4012平方米，有1200平方米符合外用药品生产要求的生产大楼，检测区近200平方米，设有菌检室、仪器室、化验室、实验室等，具备从原料到成品的全检能力(包括卫生学检验)。员工260人，其中工程技术人员80人，总资产1.2亿元，固定资产5500万元。管理理念：以人为本；生存理念：以质量为生存；经营理念：双赢原则；文化理念：谦逊求实。

公司主要生产外用药制剂、原料药和医药中间体，医药中间体、原料药出口欧美、东南亚等国家和地区。公司重视技术和产品开发，为江苏省高新技术企业。

总经理:符爱清

电话:84539418 84539388

网址:www.haierspharm.com

地址:如东县陈高工业园区9号

传真:84539538

邮箱:jsrdflhg@sinofufc.cn

泰禾集团

南通泰禾化工有限公司

南通泰禾化工有限公司位于享有“绿色能源之都”之称的江苏省南通市如东县境内“中国农药工业产业园”----如东沿海经济开发区，地处长三角东北翼，距南通市区60KM，距上海市区130KM,交通便利，地理位置优越。

公司是香港泰禾集团于2004年投资创建的一家全资子公司，注册资本1900万美元，总投资近22亿元。是一家集基础化工产品、农化产品、精化产品的研发、制造和销售为一体的综合性化工企业。公司占地500亩，按照欧洲ESH标准建设，主要生产农药除草剂及精细化工产品。目前已形成30000吨/年装置生产能力，是氨基甲酸脂除草剂全球最大生产企业。公司产品以出口为主，外销欧洲、北美、澳大利亚等国家和地区。

至2014年底，公司完成近22亿元投资，年销售收入7亿元，实现利税6000万元；未来，公司将秉持以“信任、尊重、敬业、乐群”为核心价值观的卓越文化，本着“绿色环保”、“循环经济”的发展理念，以盐化工为基础，节能减排为已任，通过不断强化内部管理、加快技术改革和技术创新，稳健务实、持续发展。以成为“全球领先的非专利农用化学品及利基特殊化学品的领导者”为战略目标，依托如东沿海经济开发区的优越条件，打造一个以品牌为纽带，与全球跨国公司在技术、资本 、资源等方面实施多层次合作的综合性化工企业。同时公司将自觉承担起企业的经济责任和社会责任，更好的回报投资者、回报职工、回报社会！

地址：南通市如东县洋口化学工业园区　电话：0513-68925288-226

江苏恒峰精细化学股份有限公司

江苏恒峰精细化学股份有限公司成立于2008年，占地面积80亩，注册资本6500万元人民币，位于南通市如东县沿海经济开发区高科技产业园。

公司始终坚持“质量第一，顾客之上”的宗旨，技术进步、产品质量为企业生存之本，以服务信誉为企业发展之经营理念，严格遵循质量方针并努力实现质量目标，不断满足顾客需求。已通过ISO9001质量管理体系认证，“恒峰”商标经国家工商总局批准。

公司拥有雄厚的技术力量，较高的产品研发能力，从产品的研究、开发、设计到制造、检测等各个环节，先进的检测手段和规范的管理制度，促使产品质量稳步提高，质量和信誉名列国内同行前列。阴离子型聚丙烯酰胺荣获2001年国际化学工业科技成果优秀产品金奖，自行研究成功聚丙烯酰胺造粒、分散和干粉制备技术，乳液生产配方及工艺设计。

聚丙烯酰胺系列产品的生产、销售，符合国家产业政策，是国家支持发展的项目。主要有阳离子型、阴离子型、非离子型、两性离子型和矿业专用型等五大类数十种规格，产品主要用于环境保护及能源开发等方面，应用广泛、发展潜力巨大。品质均达到国内先进水平，产品已覆盖城市污水、造纸工业、有色金属冶炼、自来水工业、油田、化工、纺织印染、制药、皮革、食品等领域，部分产品销售到欧洲、东南亚等国际市场。

“持续改进”是公司不变的追求，创新永无止境，我公司将紧紧围绕“发展”这一主题，勇于进取，开拓创新，努力创建一流企业，营造一流品牌，以更新、更精、更优的产品服务客户，回报社会。

我们坚信因为专注才更专业，我们将竭诚为客户进行实验和技术服务，江苏恒峰——你可以信赖的合作伙伴！

精華製藥集團南通有限公司
NANTONG JINGHUA PHARMACEUTICAL CO.,LTD.
精华制药

南通雅本化学有限公司

三百多年前，著名科学家牛顿站在伽利略、胡克等巨人的肩膀上，发现了著名的三大定律。而今天，雅本化学正处在二十一世纪互联网飞速发展，云技术，大数据等新技术不断推陈出新的时代，携手化学领域的巨人——杜邦、拜尔，阔步前行于打造属于中国自己的工业4.0工厂的创新之路上。

坐落于黄海之滨的南通雅本化学有限公司，是上市公司的全资子公司，于2014年下半年正式投产。公司在建设之初就秉承高起点的建设标准和最先进的设计理念，聘请了意大利的著名设计师设计规划厂房与办公大楼的建造。在一期已完工的车间建造上，雅本始终贯穿工业4.0的理念，投入7个多亿的资金，实现了车间内部DCS全控制系统，生产、物流大数据统计等，而这一切的投入也将为公司带来将近30亿的年产值。作为绿色工业的倡导者，公司视安全、环保和健康（EHS）为重中之重，截至2014年底公司已投资近1.6个亿，引进和建造了再循环利用系统和全封闭式生态系统；同时建造中的办公大楼也将使用自动通风循环系统，并带屋顶花园，所有的这一切付出，雅本都只为了一个我们共同的梦想——实现属于中国自己的绿色精细化工。

上海雅本化学有限公司位于上海张江高科技园区，现在属于中国第一个自贸区，具有强大的研发和创新能力，是公司不断自我完善和发展的源头活水，借助于母公司的强大实力以及兄弟公司，南通雅本化学有限公司正通过自身不懈的努力，向着自己远大的目标不断前行！

雅本快速发展之日，也是国家转型升级之时，我们欢迎有志实现高端制造，产业报国的仁人志士加盟雅本，实现人生价值！

地址：江苏省如东沿海经济开发区化工园区（二期）海滨四路26号
电话：0513-80869261

南通立洋化学有限公司

南通立洋化学有限公司是南通醋酸化工股份有限公司在江苏省如东县沿海经济开发区投资创办的全资子公司，注册资金8000万元人民币，占地18.53公顷。南通醋酸化工股份有限公司是国内规模最大的以生产双乙烯酮衍生物为主的精细化工企业，产品分有机化工原料、医药农药中间体、染料颜料中间体、食品饲料添加剂4个系列40多个品种。“立洋化学项目”包括年产1万吨氰基吡啶、4000吨烟酰胺（联产1000吨烟酸）及副产10000吨硫酸铵、1万吨巴豆醛、1万吨乙腈和1万吨吡唑酮项目。2012年，实现“年产1万吨氰基吡啶、1万吨硫酸铵、1万吨乙腈及4000吨吡唑酮项目”全面开车，实现销售收入3亿元。公司通过市安监局组织的安全标准化三级验收，通过GB/T19001-2008/ISO9001:2008质量管理体系和GB/T28001-2001职业健康安全管理体系认证。连续多年被江苏省如东经济开发区管委会评为经济工作10强企业、安全生产工作先进企业。

南通缔威化工有限公司

台湾优缔股份有限公司成立于1985年，从事抗氧剂、光稳定剂、紫外线吸收剂、光引发剂、荧光增白剂、光敏剂、抗静电剂、降解剂、发泡剂、透明剂、消雾剂等聚合物助剂的生产和经营。优缔(香港)有限公司成立于1991年，是台湾优缔股份公司在香港注册投资的全资公司，先后在大陆投资建立多个外向型生产企业，在相关领域具有一定市场占用能力。

南通缔威化工有限公司(原如东优缔化工有限公司)是由优缔化学(香港)有限公司于2004年10月在如东投资建立的生产基地，位于南通市如东县沿海经济开发区化工园区，投资总额1135万美元，注册资本750万美元，占地面积6万多平方米。第一期投入3000多万元，主要用于购买土地、建设、厂房和购买设备。公司主要生产销售成核剂A-11、阻燃剂P-58、紫外线吸收剂P-280等塑料及涂料助剂。产品90%外销，主要销往东南亚及欧美地区，产品技术含量值较高，销售渠道稳定。

2005年1月通过建设项目审批，2005年11月，通过建设项目环境影响评价。2006年2月一期正式生产。二期工程建筑面积1.2万平方米，其中厂房8000平方米，仓库、机修等附属用房4000平方米，总投入3200多万元。二期工程主要生产光引发剂P-16、抗氧剂AO-33、成核剂S-12等12个塑料助剂产品，2011年12月通过南通市环保验收。

三期工程扩产项目新增阻燃剂DOPO、光引发剂BCIM、粉末固化剂ADH、紫外线吸收剂UV-5039、抗氧剂AO-37、抗静电剂EDOT等8个产品。

公司地址：江苏省南通市洋口化工园区

联系人：刘先林　联系电话：0513-84813986

南通宝叶化工有限公司

南通宝叶化工有限公司位于南通市如东沿海经济开发区洋口化工园区海滨四路，占地面积13.33万平方米，建筑面积2.46万平方米。公司主要从事农药生产、销售，是集生产、科研、贸易为一体的股份制企业。公司主要产品：代森福美锌、福美双、四螨嗪等7种原药。复配产品为：可湿性粉剂、水悬浮剂、水分散型剂。

地址：沿海经济开发区洋口化工园区海滨四路
电话：0513-68125679/68125690
传真：0513-68125686

江苏万年长药业有限公司

董事长：鲍泽林

江苏万年长药业有限公司成立于2005年12月，注册资本3000万元，坐落于江苏省如东县洋口化工园区内，占地面积7公顷。公司主要从事医药中间体的生产与销售，与海内外众多前沿研发机构合作，产品有阿利克仑中间体系列、阿托伐他汀系列、依泽替米贝系列、瑞舒伐他汀系列、吲哚酸系列等。

公司注重自主知识产权，拥有7项实用新型专利，3项发明专利受理，其中1项进入实质性审查阶段。公司拥有2个商标，其中“沃斯得”商标被评为2013年南通市知名商标。主要产品（S）-4-苄基-2-恶唑烷酮、R-4-氰基-3-羟基丁酸乙酯和4-氟-α-[2-甲基-1-氧丙基]-γ-氧代-N，β-二苯基丁酰胺被江苏省科技厅立为江苏省高新技术产品，同时产品（S）-4-苄基-2-恶唑烷酮和R-4-氰基-3-羟基丁酸乙酯被评为南通名牌产品。

企业先后被评为江苏省民营科技企业、江苏省科技型中小企业、南通市现场良好行为企业、南通市工程技术研究中心、江苏省重合同守信用企业、江苏省高新技术企业。

公司重视环保和安全卫生投入和管理，坚持安全第一，以人为本，坚持社会效益和经济效益并重。持续改善员工待遇、福利和生产生活环境。通过南通市安全标准化三级企业验收。

公司注重企业管理，通过ISO9001质量体系认证，2013年年底，再次通过诺华质量审计，与瑞士诺华保持长久合作关系。

地　址：江苏省如东县洋口化工园区黄海四路
电　话：0513-84810088　传真：0513-84818698
联系人：鲍烨华 (0)13901472300

江苏利田科技股份有限公司

董事长：张本田

江苏利田科技股份有限公司董事长张本田（上图前排右二）被评为全国石油化工劳动模范。2013年5月在北京参加了全国石油和化学工业劳动模范表彰大会。

江苏利田科技股份有限公司前身为南通市丰田助剂厂，创建于1976年，2000年改制，2011年成立股份有限公司，注册资金7500万元，公司在如东沿海经济开发区占地面积10万平方米，在丰利镇老厂区占地面积3.5万平方米。公司经过近四十年的发展和积累，目前已成为国内光固化新材料集研制、开发、生产及销售的龙头企业，中国感光学会辐射固化专业委员会副会长单位，中国饲料添加剂乙氧基喹啉协会会长单位。主要产品为：光固化单体、饲料抗氧化剂（乙氧基喹啉）、UV光固化涂料、UV树脂、聚醚、弹性树脂乳液。

地址:如东沿海经济开发区黄海四路6号

电话:0513-88153795

南通名泰化工有限公司

生产区域

南通名泰化工有限公司，总投资13069万元人民币，于二O一三年在江苏如东沿海经济开发区洋口化工园区兴建有机锡催化剂生产基地，占地面积32000m²，建筑面积为21859m²，现有职工68人，工程技术人员16人，和一批在本行业中经验丰富的销售队伍。多年来，我们一直致力于有机锡系列产品的研发和生产，主要用于聚酯树脂合成、原药中间体、原料塑料热稳定剂催化剂等方面，有着巨大的潜在市场。我们将按照“少投入、多产出、快速发展”的原则，真正做到经济、高效、无毒、环保与国际接轨，力争经济效益和社会效益双丰收。

一车间

二车间

地　　址：江苏省南通市江海大道390号美丽华商业广场9号楼0900-0902室
生产基地：江苏省南通市洋口精细化工园区
服务热线：0513-51001488-801　0513-51001487-801
传　　真：0513-51001486
网　　址：http://www.mingtaichem.com

如东县政务中心

县委书记、人大主任詹立风一行视察中心工作

如东县政务中心（以下简称中心）成立于2002年12月，是集中办理各类政务服务事项的县政府直属机构，按照“一门受理、并联审批、限时办结、扎口收费”的运行模式，对“一站式”服务进行全过程的跟踪、协调、检查和督办。中心紧紧围绕全县中心工作，以创建省内一流的政务服务平台为主线，不断加强人员队伍建设，积极创新服务举措，全面提升服务效率，着力打造优质的政务服务平台，为基层、群众提供高效便捷的政务服务。近年来，中心先后获得江苏省精神文明建设先进单位、江苏省文明单位、南通市文明单位、南通市党建示范点、南通市创先争优“先进基层党组织”、“社会管理创新先进集体”、“如东县先进人民满意机关”、等多项县级以上荣誉。

县委常委、常务副县长沈峻峰来中心调研

中心党工委带领新党员宣誓

中心党工委组织慰问贫困户

全县政务工作大会

中心组织对企业项目服务

中心开展人文活动

如东县信访局

全县信访维稳工作会议

省信访局副局长秦凯华来如东调研检查

近年来，县信访局在县委、县政府的正确领导下，面对复杂的信访形势和繁重的工作任务，坚持以信访工作制度改革为契机，以开展党的群众路线教育实践活动为抓手，以加强信访法治化建设为主线，着力在维护群众合法权益、及时反映社情民意、促进社会和谐稳定上下功夫。通过强化基层基础建设、开展矛盾纠纷排查、实行领导接访包案、规范信访秩序、推进“阳光信访”信息系统建设、完善工作体制机制等举措，有效地化解了一批信访突出问题，确保了各级“两会”、南京青奥会、党的十八届三中、四中全会等重大敏感时期全县的信访稳定，圆满完成了特殊敏感时期的信访维稳保障任务，全县信访形势持续向好。在近年来的省、市信访工作绩效考核中，我县连年获得省、市嘉奖，被评为省、市信访工作综合先进单位和信访积案化解工作先进单位。

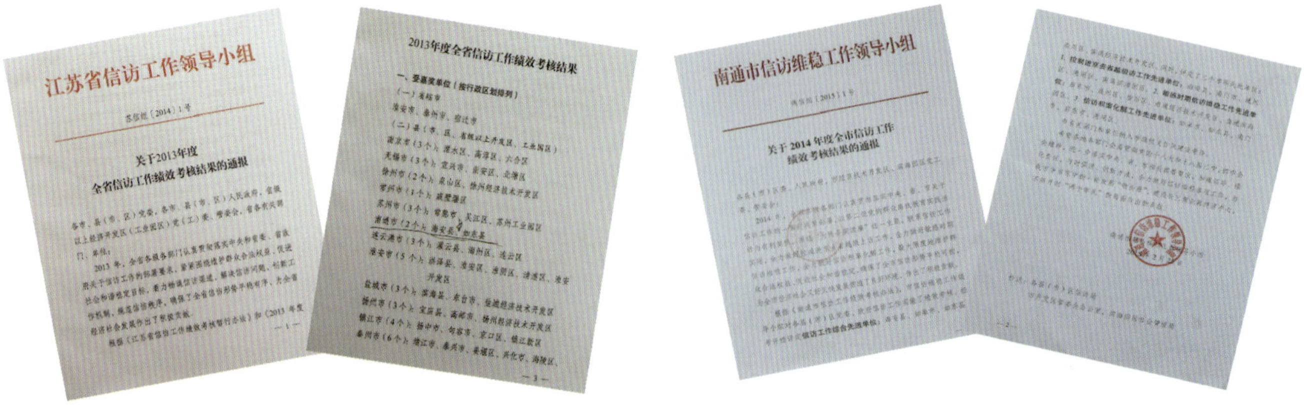

如东县能源局

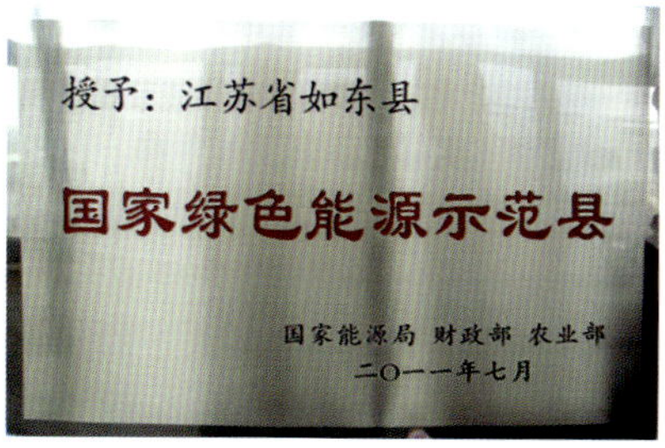

绿色能源示范县

绿色能源之都

全省能源工作先进单位

如东县能源局承担全县能源行业管理职能。近年来，在县委县政府的科学领导下，我局紧紧抓住江苏沿海开发和长三角一体化两大战略机遇，突出科学发展主题，坚持走产业化、特色化、集约化发展路子，大力开发新能源项目，不断提高能源供应能力，优化能源结构布局，完善能源输配体系，拓展能源产业链条，推动全县形成以风力发电和设备制造为主体，包括太阳能光伏发电、生物质发电、垃圾发电等在内的多层次、多领域协调发展的新能源产业格局。

至2014年年底，如东县建成风电装机容量100万千瓦，累计上网发电86亿千瓦时；建成光伏发电项目总装机容量5万千瓦；已建成生物质发电项目装机容量2.5万千瓦，年消耗秸秆17.6万吨；建成垃圾发电项目总装机容量3万千瓦，日处理垃圾1300吨。同时，依托风力发电，大力发展风电装备制造产业，先后引进江苏海力、江苏海装、江苏明阳等一批行业领先的风电设备制造企业，促进风力发电和风电装备制造业协调发展。2014年，我县风力发电和装备制造产业实现应税销售80亿元，新能源产业成为如东县支柱产业。

2004年以来我县先后获得国家“绿色能源创建县”、“绿色能源之都”、“国家绿色能源示范县”、“江苏省能源先进单位”等荣誉称号，成为全国首批29家“国家绿色能源示范县”之一。

如东天楹垃圾发电厂

如东国信生物质发电厂项目

江苏海力风电设备科技有限公司生产的风机塔筒

如东强生太阳能非晶硅薄膜电池生产项目

海上风电场全景

如东县卫生和计划生育委员会

中国计生协会来我县调研

国家防止寄生虫项目启动仪式

2014年，我县卫生计生系统进一步策应形势，抢抓机遇，团结融合，凝心聚力，奋发攻坚，用改革发展的强劲引擎，合力开启了卫生计生事业改革发展的新征程。重点工作序时推进，基本药物制度全面实施，各项创建取得突破，基本与妇幼重大卫生服务项目进度均达到或超额完成任务，推进按政策再生育行动，人口再生育率明显上升；难点工作努力突破，进一步创新流动人口服务管理办法，提供免费孕前优生健康检查服务，迎难而上推进重点工程建设；特色工作不断创新，惠及民生政策接连出台，新农合基本实现全覆盖，全年参合率为99.97%，全面启动公立医院改革，落实各项计生奖励扶助政策，单独二孩子政策稳步落实。自身发展步伐更加稳健理性，已成为卫生计生事业发展的新常态，我们将用改革发展的强劲引擎让人民群众更多地分享到卫生计生改革发展的红利，合力开启卫生计生事业改革发展新征程。

免费孕前优生健康检查——生出健康宝宝

卫生局首届网友见面会

重阳节为老人义诊

如东县疾病预防控制中心

如东县创建省级慢性病综合防控示范区通过验收

该中心是政府举办社会公益型全民事业单位，负责实施疾病预防与控制、突发公共卫生事件应急处置、疫情报告及健康相关因素信息管理、健康危害因素监测与干预、实验室检测分析与评价、健康教育与健康促进、技术管理与应用研究指导等职能，是全县传染病、慢性病、地方病及寄生虫病等疾病预防与控制中心和技术服务与指导中心。

中心现在职人员57人中卫生技术49人，技术职务高级18人、中级20人、初级9人。具备省级实验室计量资质认定、职业卫生技术服务和职业健康检查资质。能开展食品、水及涉水产品、化妆品、放射、消杀制品等产品的理化、微生物检验，共330个检测项目、开展寄生虫、细菌、病毒等相关检测，职业病与地方病生化指标检测，艾滋病初筛，健康体检和疾病监测等。

10月22日如东县被受省政府血地防领导小组办公室确认达到消除疟疾目标

我中心通过职业健康检查机构资质续展评审

“认识火灾，学会逃生”消防安全知识培训

如东县卫生监督所

卫生法规宣传

如东县卫生监督所是县卫计委的行政执法执行机构，2014年，全所以省文明城市、卫生城市复检迎查为契机，进一步调整重心，转变作风，多措并举，狠抓落实，各项工作扎实有序开展并取得较好成效。全年办理卫生许可事项1727件；查处各类违法案件253件，罚款105万元；组织开展沐浴场所、无证餐饮单位、春秋季学校食堂等专项整治工作近20项；开展“高、中考”、重大活动等重点卫生监督保障16次；有计划实施健康相关产品抽检，并将检测结果通过媒体予以公示；积极参与省文明城市和卫生城市创建活动，加强五小行业督查整治；卫生监督信息化建设有力推进，全员装备了移动执法终端；基层卫生监督队伍能力建设显著增强，全年基层办案95件，取得历史性突破。各项业务指标位于全市较前等次，再度跻身县文明单位标兵行列，所党支部荣获县委“先进基层党组织”称号。

高考卫生保障

如东县妇幼保健所

主要提供以下公共卫生服务：完成各级政府和卫生行政部门下达的指令性任务；掌握辖区内妇女儿童健康状况及影响因素，协助卫生行政部门制定本辖区妇幼卫生工作的相关政策、技术规范及各项规章制度；受卫生行政部门委托对辖区各级各类医疗保健机构开展的妇幼卫生服务进行检查、考核与评价；组织实施辖区母婴保健技术培训，对基层医疗保健机构开展业务指导，并提供技术支持；负责辖区孕产妇死亡、婴儿及5岁以下儿童死亡、出生缺陷监测、妇幼卫生服务及技术管理等信息的收集、统计、分析、质量控制和汇总上报；受卫生行政部门委托对托幼园所卫生保健进行管理和业务指导；开展妇幼卫生、生殖健康的应用性科学研究并组织推广适宜技术；开展婚前保健、妇女保健、儿童保健服务。

主要提供以下基本医疗服务：妇女常见疾病诊治、计划生育技术服务、新生儿听力筛查

强化内部职工培训

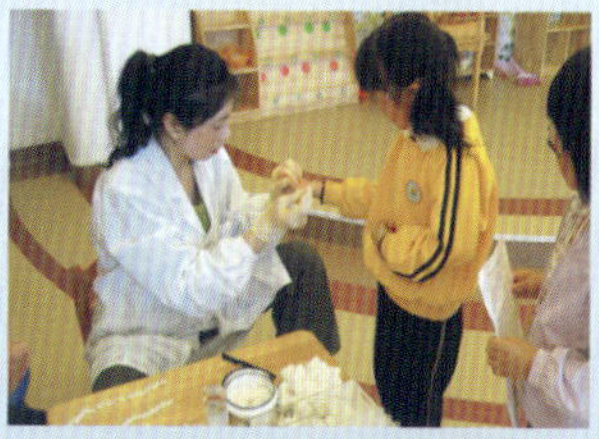

到园开展幼儿体检

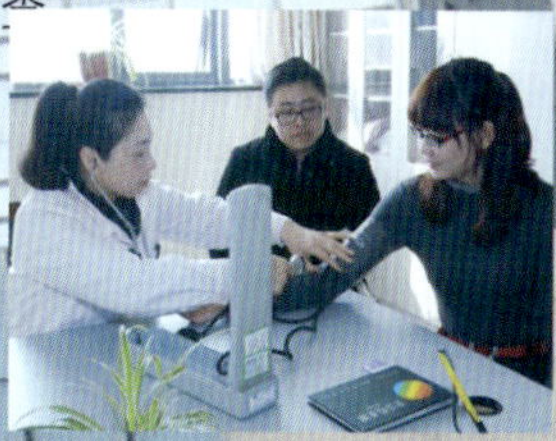

婚前医学检查

给你一个幸福美满的家

血液生化检验

如东县文化广电新闻出版(旅游)局

书香如东建设动员会

如东杂技艺术学校挂河北吴桥国际杂技艺术学校南通实训基地牌子

2014年，如东县文化广电新闻出版局不断深化文化改革、创新，努力推进公共文化服务体系建设和文化产业加快发展，文化服务能力和竞争力不断提升，被文化部授予2014-2016年“中国民间文化艺术之乡”称号。文化“三送”服务常态化，全年送文戏下乡演出270场，送电影4400场，送图书50000册。以“港城之春”、“蟥城之夏”、“百姓大舞台·周周演”、公共文化服务展示月活动为品牌的文化活动，串联四季、丰富多彩。开展“你点书，我买单”大型图书采购个性定制、投放歌德电子借阅机、“阅读点亮人生”专题讲座等“书香如东”建设系列活动。美术作品插图《剑桥翼语》被评为第十二届全国美术作品展览获奖提名作品；小品《被绑架的新娘》入选2015年第六届“中国戏剧奖·小戏小品奖”决赛；歌曲《马伕魂》代表江苏参加了第四届全国新农村文化艺术展演；魔术《梅花三弄》获中国上海长三角地区金手杖奖魔术大赛金奖、第四届杭州西湖国际魔术师大会第二名；在江苏省第十一届“五星工程奖”评选中，相声《大地飞歌》获银奖；小品《绑架》、群舞《妈妈的相册》和《扶海洲的女人们》、男声小组唱《马伕魂》获铜奖。新建图书馆分馆5个，实现了全覆盖。新建三星级农家书屋50个、数字农家书屋111个、村公共电子阅览室36家。栟茶镇被住建部和国家文物局命名为第六批“中国历史文化名镇”。《丰利渔民号子》、《栟茶蛏干汤煨制技艺》、《南通烙画》入选南通市第三批市级非物质文化遗产名录。行政审批事项由30项精减为9项。文化市场管理规范有序，建成南通市首家和文化部联网的文化市场技术监管和服务平台。全县新发展注册资金500万元以上文化企业19家，其中注册资金1.1亿人民币文化企业1家。

2014年，以全面推进现代旅游城市建设为目标，全县旅游业加快发展。我县荣获“2014中国最佳海滨旅游城市”称号。全年接待游客近300万人次，旅游总收入突破30亿元，完成项目投资超20亿元人民币。现有旅行社5家、旅行社门市部21家、星级旅游饭店8家、旅游景区（点）10家、省级自驾游基地2处。栟茶白煨竹蛏汤、金蛤岛炝蛏鼻分获“南通乡村好味道”金奖、银奖，一柱楼烧饼、丁普照蟹黄包被评为“2014南通十大名小吃”。

朱程程魔术《梅花三弄》获上海国际魔术节暨第五届长三角地区“金手杖奖“魔术大会金奖

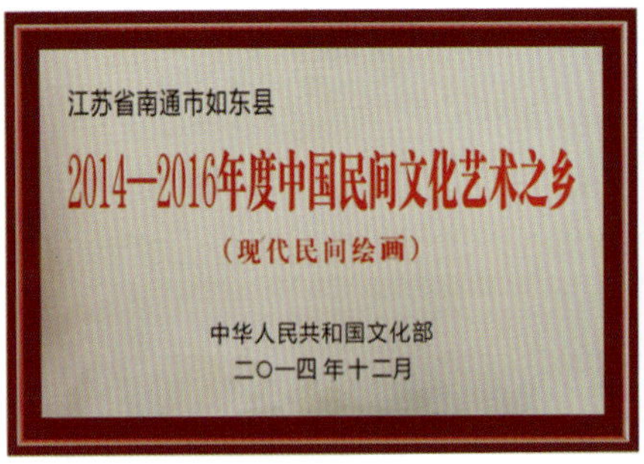
江苏省南通市如东县

2014—2016年度中国民间文化艺术之乡

（现代民间绘画）

中华人民共和国文化部

二〇一四年十二月

如东被命名为“2014-2016年度中国民间文化艺术之乡”

江苏省如东县

荣获

2014中国最佳海滨旅游城市 称号

如东县荣获“2014中国最佳海滨旅游城市”称号

相声《大地飞歌》获江苏省第十一届“五星工程奖”银奖

如东县铁路办公室

县委书记詹立风、县长潘建华等领导在如东站候车厅见证列车首发

《三洋铁路规划建设对如东县区域发展影响研究报告》汇报会

繁忙的车站

2013年年初，海洋铁路顺利通过铁道部工程验收和安全评估，具备通车条件。铁路办主动作为，积极协助海洋铁路公司跑开通审批工作，先后完成了消防、水土保持、环评等大量客运列车开通前置审批。

2014年1月16日，经国家铁路总公司批准，海洋铁路客运列车正式开通，开启了我县铁路交通的新时代。2014全年，如东站、栟茶站共发送旅客65741人次。

海洋铁路开通运营后，县铁路办将海洋铁路资产重组工作作为重中之重来抓。经过与国家铁路总公司、上海铁路局、新长铁路公司、江苏省交通控股公司等部、省相关单位多轮次沟通、协商，11月中旬，海洋、新长两公司董事会通过了资产重组决议。海洋铁路建设、运营相关债务得到化解，资产重组工作实现了我县经济和社会利益的最大化。

县铁路办紧紧抓住河南、安徽两省大力推进三门峡至洋口港铁路（简称三洋铁路）规划建设工作的重大机遇，快速对接，项目的前期研究和规划立项工作快速推进。

邀请中国国际工程咨询公司开展三洋铁路对如东县发展影响的研究工作，研究成果在全县上下取得共识，得到国家、省、市相关部门的高度重视。2015年上半年，三洋铁路项目进入省《贯彻落实<丝绸之路经济带和21世纪海上丝绸之路建设战略规划>实施方案》，初步进入《国家铁路中长期规划》。

如东县农业资源开发局

农业综合开发项目实施准备工作会议

袁庄镇大袁庄村土地治理区

近年来，我局按照县委“三争三实”的工作要求和“农业建设迈上新台阶”的总体部署，围绕“项目建设好、资金管理好、队伍打造好”为总体思路，以推进高标准农田、产业化经营、农业现代化建设为重要抓手，自我加压，扎实做好农业综合开发各项工作。目前，农业综合开发项目呈现有序、快速推进的良好局面。

一、2014年度农业综合开发项目实施情况

2014年度我县农业综合开发项目17个，财政投资7461万元，建设规模5.1万亩，扶持产业化企业及农民专业合作社9家。包括：土地治理项目6个，建设规模3.6万亩，财政投资4680万元；省级滩涂垦区配套项目2个，建设规模1.5万亩，财政投资1365万元；产业化经营项目9个，均为一般财政补助项目，其中：龙头企业4个，合作社5个，财政补助1416万元。

截至目前，2014年度土地治理项目已完成所有计划建设任务，准备县级验收；滩涂垦区配套项目已经全部完工，正在做好省级验收的各项准备工作；9个产业化项目中，已有5个通过县级验收，其余4个将于6月中旬进行县级验收。

二、2015年度农业综合开发项目争取情况

2015年，我县已争取各类农业开发项目12个，财政投资7190万元，建设规模5.5万亩，扶持产业化企业及农民专业合作社3家。其中：土地治理项目6个，开发任务4万亩，项目财政投资5200万元；滩涂垦区配套项目3个，开发任务1.5万亩，项目财政投资1500万元；产业化经营财政补助项目3个，项目财政投资490万元。今年我县的开发项目的规模和资金总量再创佳绩，名列省市前茅。

所有在手的2015年度农业综合开发项目均在快速推进之中，其中：土地治理项目正在做好招投标的各项准备工作；滩涂垦区配套项目正在做好项目实施计划的各项准备工作；产业化项目基本完成，已进入扫尾阶段。

为确保两个年度农业综合项目快速、有序、高效推进，我局主要采取了以下几点措施：

一是把握队伍建设这一中心，打造一流团队。二是突出规范管理这一根本，推行阳光开发。三是坚持着眼全局这一关键，做到全面推进。四是落实机制创新这一举措，提升工作效能。五是强化资源整合这一平台，释放开发成效。

滩涂农业示范园配套项目桥梁验收

河口镇土地治理项目区项目实施前后对比

豫东垦区提水站竣工图

如东县气象局

县委常委、组织部长任新峰视察如东气象局

县政协视察如东气象局

党员进社区气象科普宣传

2014年，我局始终坚持公共气象服务发展方向，突出防灾减灾和应对气候变化两大主题，加强为农服务“两个体系”建设，稳步推进气象现代化建设进程，始终坚持把服务经济建设、社会发展和人民生活放在工作的首位，为稳增长、调结构作出突出贡献。

决策预报服务精细。我们围绕县委、县政府的重点工作、重点项目、重要天气等做好决策气象服务。全年提供重要天气报告46份，预警信息44次，灾害预报短信近11万条。

海上专业服务准确。全年准确为中石油LNG船舶进港全过程提供了28份气象与海况加密预报服务。

农业气象服务进一步加强。为农服务“两个体系”建设，列入市政府对各县气象工作考核，如东考核第一。农村气象设施建设加强，为十个村新增了气象灾害预警大喇叭。在双甸镇和袁庄镇建设了人工影响天气标准化作业点。

2014年荣获南通市气象部门考核特别优秀达标单位。先后荣获县文明单位标兵、市级文明行业和省级文明单位称号。

党的群众路线教育实践活动总结大会

举办气象之夜纳凉文艺晚会

成立气象志愿服务队

参加青奥会气象保障活动

如东县工商联(总商会)

如东县召开非公有制经济人士理想信念教育实践活动推进暨联席会议

企业战略管理讲座

十届三次执委扩大会议召开

2014年，全县各级工商联、商会组织，团结和带领广大会员，紧紧围绕县委、县政府中心工作，按照“三争三实”要求，充分发挥工商联组织优势，切实履行商会服务职能，大胆探索，锐意进取，为推动全县非公经济健康发展和非公经济人士健康成长作出了应有贡献。2014年县工商联被评为全市工商联工作先进集体，并通过全省“五好”工商联初评。

一、深入基层，调查研究，不断提高参政议政实效。

2014年，采用座谈会、专题协商、提案、社情民意等形式，深入基层认真调查研究，了解民营经济的发展动态、困难、矛盾，了解企业家的思想、生活、诉求，积极建言献策，当好县委、县政府的参谋。

二、搭建平台，强化服务，不断推动非公经济健康发展。

针对国际、国内经济发展下行压力仍然很大、产能过剩等结构性矛盾仍然突出及全县民营企业的不同特点和需求，2014年，通过搭建服务平台，完善服务体系，不断扩大服务效能，进一步推动非公经济健康发展。

三、突出重点，教育引导，不断促进非公经济人士健康成长。

2014年，以开展非公经济人士“四信”教育活动为重点，不断加大对非公经济人士的培训教育力度，提升非公经济人士综合素质和经营管理能力，努力培养一支引领如东经济发展的非公经济代表人士队伍。

四、健全机制，创新方式，不断激发商会组织的活力。

2014年，以创建者“五好”工商联为契机，切实加强组织建设，不断增强工商联组织凝聚力和号召力。

苏州市如东商会成立庆典合影

如东县公安消防大队

如东县公安消防大队（又称中国人民武装警察部队如东县消防大队）隶属于中国人民武装警察部队南通消防支队和如东县公安局领导，目前下辖1支现役消防中队、3支政府专职消防队。全县建有派出所保安消防队13个。担负着全县灭火救援、监督执法、社会救助及消防宣传等任务。

灭火救援情况　2014年共接警533起，成功处置3.18如东县洋口化工园区沃兰化工火灾、5.5如东县曹埠镇亚振家具厂木工车间火灾、7.31如东县洋口经济开发区迈克斯有限公司原料仓库火灾、9.12如东县马塘镇快达股份有限公司火灾、10.16如东县掘港镇开发区牡丹江路东日钢铁配电箱火灾等灾害事故。

执勤岗位练兵和消防监督执法　大队共对辖区内106家单位开展灭火演练80余次，编制修订灭火预案200份，完善灾害事故类型预案14种。积极开展多项专项整治、，积极推进消防安全“网格化”、重点单位“户籍化”管理及消防设施巡查监测系统接入工作。

后勤保障建设　如东岔河专职消防队年内建成并于8月投入使用，并相应配备3辆消防车及相关器材装备；大队争取268万元经费添置一辆用于城市高空火灾扑救的32米举高喷射消防车；洋口化工园区管委会出资79万元用于购置洋口消防中队的灭火救援器材和个人防护装备。

潘县长来队慰问

岔河消防站建成投入运行

警营文化

执勤岗位练兵训练

处置迈克斯火灾

共青团如东县委

"成长护航"——共青团与人大代表、政协委员面对面

2014年，团县委以"践行群众路线、服务青年成长"为统揽，扎实履责，凸显特色，围绕服务型团组织建设，大力推进"六大行动"。

一是实施青年创业"扬帆"行动。举办首届如东县青年创业大赛，激发青年创业创新创优热情，引导扶持青年实现梦想。成立青年综合性服务平台——"如东县青年之家"，为青年人才干事创业、学习交流提供平台。二是实施青年人才"集聚"行动。通过选树县十大杰出青年并举办事迹分享会激励引导青年锐意争先。联系服务清华大学、上海大学博硕士生实践团来如参加实践，推介如东，鼓励他们来如发展。三是实施思想引领"导航"行动。开展"我的中国梦"、"红领巾寻访"等主题教育实践活动、"我们的节日"系列文化活动，引导青少年关注传统文化，弘扬民族精神。四是实施关微扶弱"圆梦"行动。启动"你的心愿·我的心意"为留守儿童圆梦活动，引导社会各界关心帮助少年儿童。开展"弘扬雷锋精神，共度温暖元宵"等敬老助老志愿活动，用常态化志愿服务温暖人心。五是实施青年维权"护航"行动。举办"共青团与人大代表、政协委员面对面" 活动，探寻对闲散青少年的关爱和帮扶。开展青春期自护、交通安全教育、心理健康咨询活动，为青少年提供心理健康和人身安全教育。六是实施青年文化"风尚"行动。举办"笔歌中国梦，墨舞青年节"书法作品展、"穹顶之下·我们在行动"环保植树、"服务沿海开发，微笑一路随行"、"青春护航，助力青奥"志愿活动、"团聚爱传递爱"、"邂逅老街·缘来是你"联谊活动，为全县团员青年注入正能量。

在全县广大团员青年的共同努力下，团县委荣获江苏省希望工程"圆梦行动"优秀组织奖、第九届江苏省少年儿童书信文化活动组织奖、全省团属报刊宣传工作先进单位、南通市未成年人思想道德建设工作先进集体称号。

"如东县十大杰出青年"事迹分享会暨"青春大讲堂"主题活动

共青团如东县第十五届委员会第四次全体（扩大）会议

青年综合性服务平台——首家"如东县青年之家"成立仪式

同在蓝天下，共植梦想树"——环保植树活动

首届如东县青年创业大赛

"你的心愿 我的心意"——为留守儿童圆梦活动

国家电网 STATE GRID

如东县供电公司

如东县供电公司现有员工1139人，下设8个职能部室和2个业务实施机构，24个班组，14个业务所（供电所）。截至2014年底，公司共有35千伏及以上变电所32座。其中220千伏变电所4座，主变容量1320兆伏安；110千伏变电所17座，主变容量1529.5兆伏安；35千伏变电所11座，主变容量301.3兆伏安。220千伏线路17条　322公里，110千伏线路33条527公里，35千伏线路42 条375公里，全县总用电客户数42.97万户。2014年，全县全社会用电量41.94亿千瓦时，同比增长5.5%；供电量40.39亿千瓦时，同比增长4.46%；售电量38.24亿千瓦时，同比增长4.58 %；还原线损率4.28%，同比下降0.95个百分点；完成业扩报装2.26万户，完成增量66.81万千伏安。同业对标综合排名系统内全省第5，业绩排名全省第3，管理排名全省第11。获得了省电力公司综合对标、业绩对标、综合对标进步、管理对标进步四项标杆。公司连续14年被省精神文明建设指导委员会授予江苏省文明行业、文明单位称号。2014年，公司获得省统计规范化建设部门统计示范点、省公司“安康杯”竞赛优胜企业、协同办公推广应用先进单位和县人民满意服务机关等荣誉称号。

▲服务风电绿色能源

如东供电共产党员服务队为千家万户送去光明

为农户排查漏电保安器▶

服务秸秆回收阻击空气污染

为农户排查漏电保安器

如东县公共资源交易中心

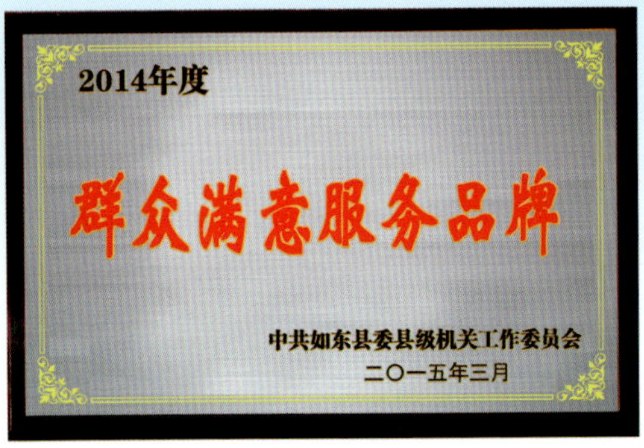

主要职责

一、贯彻实施公共资源交易相关法律、法规和政策、为公共资源交易活动提供场所、设施和服务。

二、制定公共资源交易业务操作办法、现场管理规章制度、工作流程并组织实施；指导全县公共资源交易活动的业务组织和现场服务管理工作。

三、统一受理各类公共资源交易项目，承担工程建设招投标、政府采购和产权交易等进场交易活动的服务和管理工作，　组织政府集中采购项目的采购和验收工作。

四、建立公共资源交易诚信评价制度，负责评审专家库、供应商库和中介机构的场内管理、评价、考核工作。

五、负责公共资源交易各类项目招标控制价的评审和确定，建立招标前规范性评审制度和招标结果后评估制度并组织实施。

六、查验交易现场项目相关手续和参加交易活动各方主体资格。

七、负责项目交易现场管理工作、记录、制止和纠正违反交易法律犯规制度的行为，接受有关咨询、质疑、并按职责分工及时处理答复。

八、负责县公共资源交易中心信息技术平台建设和管理；统一发布各类公共资源交易信息，收集、统计、分析、管理、保存各类公共资源交易数据和资料。

九、提供有关公共资源交易及相关政策法规咨询服务，组织公共资源交易政策法规及业务培训。

十、承办县政府交办的其他事项。

如东新华书店有限责任公司

如东新华书店有限责任公司为江苏凤凰出版传媒股份有限公司全资子公司。公司坚持社会效益第一的原则，服务社会，服务读者。主营图书，兼营出版物、音像制品，文化教育用品、体育用品、电子产品、视听器材、电子计算机及配件、工艺美术品批发、零售；房屋租赁等业务。先后荣获“全国服务农民服务基层文化先进单位”，“江苏省文明单位”、“全国农村图书发行先进单位”、“中国书刊发行业双优单位”，“凤凰新华书业股份有限公司先进单位”，江苏省质量服务双优信得过单位，“如东县最具人气十大商家”等荣誉。中心门店作为主要的图书零售对外服务窗口，先后荣获“全国巾帼文明岗”、“江苏新华发行集团十大品牌书店”、“江苏新华发行集团三星级门店”称号。

瑞典儿童文学作家尤·萨尔姆松读书报告会

中秋、国庆佳节系列活动

“汉字听写”知识竞赛

著名作家祁智阅读与写作报告会

“凤凰书香”动车组走进医院

“凤凰书香”动车组走到工地

南通汽运实业集团有限公司如东分公司

检票大厅

履行承诺在每天，服务旅客在点滴

爱心满意工程服务旅客

南通汽运实业集团有限公司如东分公司是国有控股企业，分公司下辖客运站、851、852车队、汽车修理厂、物流分公司等单位。现有资产近3000万元，员工629人（其中退休职工262人），营运线路39条，营运班车67辆，全部实施3G监控。日发班次500多个，日行驶里程近4万公里，旅客运输覆盖江苏、浙江、山东、上海等省市。

如东分公司坚持“以人为本、关键在人”的理念，着力构建平安、诚信、和谐企业。积极推行创新管理、创优服务，打造“爱心满意工程”品牌，强化行风建设，改善服务环境、规范服务行为、提升服务质量，社会效益和经济效益稳步攀升，企业的三个文明建设取得了可喜的成绩。涌现出了交通部劳模、“省道德模范”、“市十佳用户满意服务明星”、“市五一劳动奖章获得者”、“市第二十九次文明新风典型”等一批先进典型个人，“爱心满意工程”被评为市县“人民满意服务品牌”。分公司先后荣获江苏省文明单位、江苏省精神文明创建工作先进单位、江苏省物价诚信单位、江苏省军民共建精神文明活动示范点、江苏省文明客运站、南通市文明单位等荣誉称号。

公营车服务如东经济建设

地址：如东县青园南路26号　邮编：226400
电话：0513-84193639　传真：0513-84193639

如东县自来水公司

市委书记丁大卫视察岔河增压站建设情况

2014年，县自来水公司实现了供水经营翻番增长、供水队伍整体过硬、服务管理全面优质的年度目标。

供水主管网全覆盖，历经7年艰辛努力，累计投资11.2亿元，建成了以“两纵三横”为规划格局的引江供水主管网450多公里，将甘甜的长江水送达全县各镇，实现了县域引江供水主管网全覆盖。2014年，公司抢抓通洋高速建设机遇，投资2亿元，贯通了通洋二期供水工程，日供水能力达40万吨。

各镇（区）管网全贯通 公司积极帮助各镇（区）科学选择主干管网对接点，派驻专业队伍指导各镇（区）连通管网建设，投资3800多万元，经过不懈努力，建成了连通管网320多公里，于2011年底将长江水送到千家万户，接受了南通市人大的落实“一号议案”的检查验收，实现了县域引江供水覆盖率100%和97%以上城乡居民饮用上长江水的目标。

农村水厂全收购 建立了“两级政府、三级管理”的供水管理组织体制，制定了“如东县城乡供水管理办法”，全力支持各镇（区）农村民营供水企业兼并回购，为县域引江供水全覆盖提供了强有力的组织保障。

农村供水管网全改造 公司以大豫镇为试点，提前完成了大豫镇区十万人的农村供水管网改造，成功兼并了大豫镇供水行业。并将大豫镇农村供水管网全改造的成功做法形成改造技术导则，派驻工作组协助 茶镇域管网改造，现场指导丰利农村供水管网改造，全县农村供水管网改造基本结束。

供水设施全配套 根据县域水量需求配置，以供水中心为枢纽，跨区建成了金沙泵站，增设了新店、洋口、长沙、东安、岔河增压泵站，规划曹埠增压布局，形成了供水增压泵站递次配置、扇形布局的全配套局面。

应急供水全保障 面对安全供水的严峻形势，公司在原有9眼深井的基础上，依托泵站新凿14眼深井，另从各镇（区）回购的100多眼深井中挑选30眼深井，应急日供水量达10万吨，各泵站清水池储存水量近7万吨可供调峰，城乡居民饮用水安全得到了保障。

供水发展全提速 供水数据显示，2007年售水总量1261万吨，售水收入2671.59万元，2014年4253万吨，售水收入8274万元，供水经营收入连年翻番攀升。公司总资产评估值达12亿元，扣除银行贷款，净资产约5亿元左右，如东供水事业发展已步入全提速的快速轨道。

公司管理全规范 公司始终坚持以“和谐、科学发展”为主题的供水事业呈现了强劲的发展势头，以“风正、水清、人和、气顺”为宗旨的建设成果释放着无穷的创业动力，以“政治渗透、文化引导、先进激励、制度保障”为举措的管理体系推动着自来水公司全面系统规范。

服务形象全提升 全员倾心帮助避漏维修，全心帮扶特困家庭，以真心的情意，公心的品质，专心的技能和温心的服务，构建了和谐、科学发展的供水服务体系，连年被县委、县政府授予先进单位，先后获得省、市诚信单位、省百佳联盟诚信企业、省、市五一劳动奖状等高含金量的荣誉称号。

教育实践成果全显现 全盘系统地强化了“八项规定”的执行力，突出了民主理财、民主管理、民主决策监督体系建设，完善了“各项制度共160项。

诚信单位奖牌

通洋二期输水工程球管球管安装现场

如东县福利彩票销售中心

自1988年开始销售福利彩票以来，我县福彩销售机构坚持“扶老、助残、救孤、济困”的发行宗旨，通过外树形象内强素质，不断丰富福彩文化内涵，与如东人民携手共进，为如东社会福利事业快速发展提供了有力支撑。

2013年，如东福利彩票迎来了新的历史发展机遇，获批组建如东县福利彩票销售中心，恢复了“中福在线”销售，在县民政局的正确领导下，县福彩销售中心加强引导、苦练内功、锐意进取，尤其是近两年来，年均销售增幅达10%以上，市场份额超过50%。2014年，如东福彩完成销售8354万元，位列全省前20强，被省福彩发行中心表彰为销售工作先进县，“中福在线”更是一枝独秀成为主打票种，贡献份额超过42.5%，为实现南通市福彩销售“满堂红”作出了贡献。

在千方百计推动销售再上新台阶的同时，福彩各销售网点积极引导广大新老彩民“奉献爱心、收获惊喜”，双色球”、“快3”、“中福在线”等票种品牌价值深入人心，每年春节户外即开票销售成为如东人过年必不可少的“传统节目”。

通过开展“福彩杯”防灾减灾知识竞赛、老年人才艺大赛、贫困学子“夏日圆梦”等活动，福彩公益爱心和慈善理念得到积极传递，形成了“理性购彩、奉献有我”的良好社会氛围。在福彩公益金的有力支持下，一批社会福利项目建设得以落地生根，被县政府列为“为民办实事工程之一”投资超过8000余万元的县社会福利中心竣工并投入运行，农村敬老院提档升级建设全面完成。

地址：如东县掘港镇青园南路　电话：0513-84188928

如东县公路管理站

参加爱心捐款展形象

拆除公路非标护路权

如东县公路管理站（如东县路政大队）下设综合股、路政股、农管股、建养股、财审股5个股室和掘港、环镇、岔河3个路政管理中队，负责全县国省干线、县道公路的养护行业监管，负责全县乡村公路养护监管及对各镇的技术指导，负责辖区内路政管理以及路网调度管理工作。

2014年，该站高效完成总投资超过3000万元的221省道和总投资7000余万元县道大中修工程监管任务，投入200多万元保障全县农路农桥安全畅通，公路养护机械化水平显著提高，全县一级公路路面实现机械化保洁全覆盖。积极推动路政许可办理流程的简化和优化，在全县范围内开展了路域环境整治活动，严格规范在建公路管理和超限车辆整治，公路行业治理能力得到有效提升。深入开展党的群众路线教育实践活动，全面落实党风廉政作风建设要求，积极开展文明创建和志愿服务活动，获评“市交通运输行政执法评议考核先进单位”“县级文明单位标兵”“群众满意服务品牌”等称号，继续保持“江苏省文明单位”、省级“青年文明号”称号。

开展干线公路养护保洁

实施大中修养护工程监管

推动如东公路现代化

如东县蚕桑指导站

南通市政府副市长陈一星7月1日视察人工饲料养蚕

省农业三新工程蚕桑项目现场观摩会

如东县蚕桑指导站负责制定、发布与指导实施全县桑、蚕产业中长期技术推广计划；开展桑、蚕新品种、新技术、新机具的引进、试验、示范与推广；负责蚕桑技术培训、技术指导、技术咨询与服务等。2010年以来，在国内率先探索与示范人工饲料养蚕技术，2014年建设物联网技术养蚕环境实时调控示范点25个，实施稚蚕人工饲料共育1438张，在全县28个示范点实施家蚕1-4龄人工饲料饲育2021张，在丰月蚕业合作社建设国内首个向农民提供家蚕人工饲料的饲料生产厂，组织示范户在早春（3月）、夏（6-7月）、早秋（8月）、晚晚秋（10-11月）和初冬（12月）等实现全龄人工饲料养蚕34张，生产蚕茧895.7公斤，平均张种产茧26.34公斤，创造我国人工饲料养蚕新记录，江苏省蚕桑学会和省蚕种所于4月10-11日在我县召开省农业三新工程蚕桑项目现场观摩会，南通市政府副市长陈一星同志7月1日专程来如东视察人工饲料养蚕技术。2014年，如东县蚕桑指导站主持实施的《新型高效蚕桑技术集成创新与应用》项目获省农业丰收成果一等奖；第二主持完成的《蚕桑高效省力化种养技术集成与推广》获江苏省农业科技推广三等奖。被评为南通市科普宣传先进集体。

江苏省农业丰收奖

证 书

为表彰在农业技术集成创新与推广活动中做出显著成绩者，特授予2012-2013年度江苏省农业丰收奖。

项目名称：新型高效蚕桑技术集成创新与应用

奖励等级：一等奖

获奖单位：如东县蚕桑指导站

二〇一四年 月

证书编号：JSFSJ-2014-1-16-1D

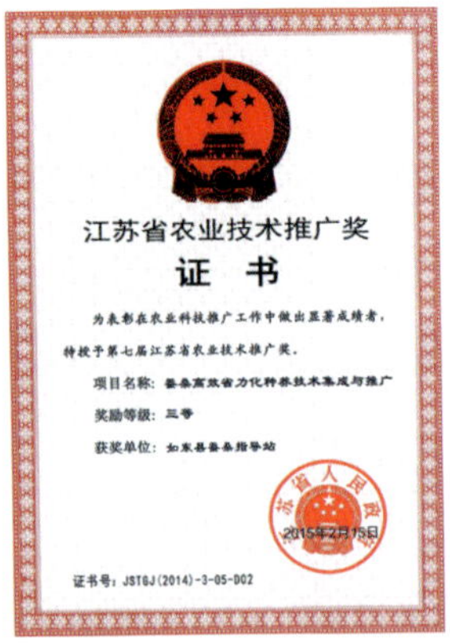
江苏省农业技术推广奖

证 书

为表彰在农业科技推广工作中做出显著成绩者，特授予第七届江苏省农业技术推广奖。

项目名称：蚕桑高效省力化种养技术集成与推广

奖励等级：三等

获奖单位：如东县蚕桑指导站

2015年2月15日

证书号：JSTGJ(2014)-3-05-D02

奖 状

如东县蚕桑指导站

在南通市第二十六届科普宣传周活动中，成绩显著，被评为先进集体。

特发此状，以资鼓励。

南通市全民科学素质工作领导小组

二〇一四年十一月

南通市科学技术进步奖

（二〇一三年）

项目名称：稚蚕人工饲料共育技术集成创新与应用

奖励等级：二等奖

获奖单位：如东县蚕桑指导站

市长：张国华

南通市人民政府

二〇一三年十二月

奖 状

如东县东安新闸管理所

东安新闸工程位于东安闸下游6.7km处,如泰运河的出海口，受益范围为遥望港以北，掘苴河以东掘坎河以南，东北至黄海，受益面积近53万亩，东安新闸集排涝、挡潮、引江调水及兼顾通航功能于一体，工程于2009年3月31日开工建设，2010年2月8日通过水下验收。2010年9月28日通过完工验收 2011年10月26日通过竣工验收。

新闸主体工程为2级建筑物，工程标准按100年一退高潮位设计，300年一遇高潮位校核。排涝设计标准为20年一遇，相应设计流量为592m³/s。设计抗震烈度为7度，闸上设公路-II级公路桥，阐底板高程为△-1.5m(废黄河高程)，总净宽48m(9+9+12+9+91)，分5孔布置，中孔设为通航孔。通航孔配备1台QHQ2x300kN卷扬式启闭机，泄流孔每扇闸门配备1台QPQ2x160kN卷扬式启闭机。

如东县掘苴新闸管理所

掘苴新闸工程位于掘苴河闸下游2.7千米处，是如东东北部一座中型挡潮闸，建于2008年，设计流量527立方米每秒。新闸净宽44米（2x8+12+2x8）,分5孔,其中中孔为通航孔,2级水工建筑物。

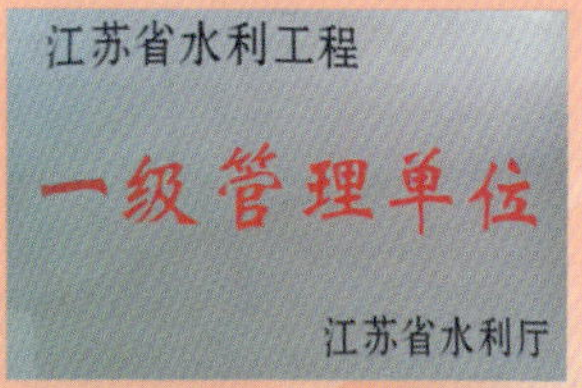

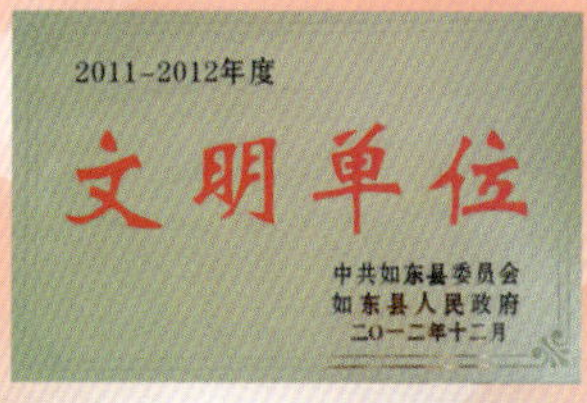

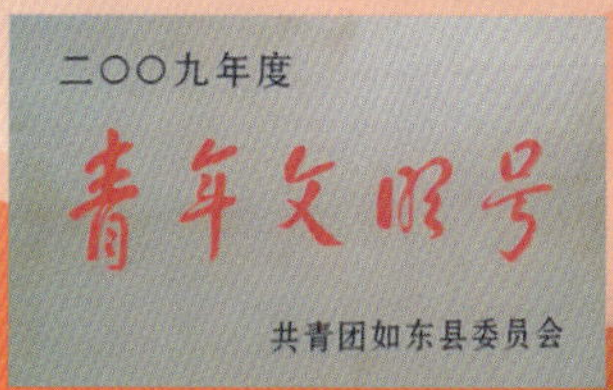

地址：如东县苴镇近海村 电话：0513-81905616

如东县洋口外闸管理所

如东县洋口外闸位于如东县洋口镇，小洋口国家中心渔港末端的黄海之滨，是一座集挡潮、排涝、通航为一体的中型涵闸。2004年12月批准成立为如东县洋口外闸管理所，隶属如东县水务局，为公益性事业单位。主要负责涵闸的防洪、挡潮、通航等运行管理工作。

自成立以来，先后获得如东县“文明单位”、“青年文明号”、“文明单位标兵”；南通市“文明单位”、“青年文明号争创集体”、“青年文明号”；江苏省“省水利工程管理先进集体”等荣誉称号。2009年被江苏省水利厅评为二级水管单位。2013年通过省二级水管单位复核验收。

2014年，单位在上级主管部门的关心指导下，任人唯贤组建新领导班子。新班子成立以来本着以“外树形象、内强素质、满意渔民”的服务理念，充分发挥工程效益。以水闸除险加固、工程建设、安全运行为工作中心，确保单位持续发展，努力将洋口外闸打造成小洋口地区一道亮丽的风景线！

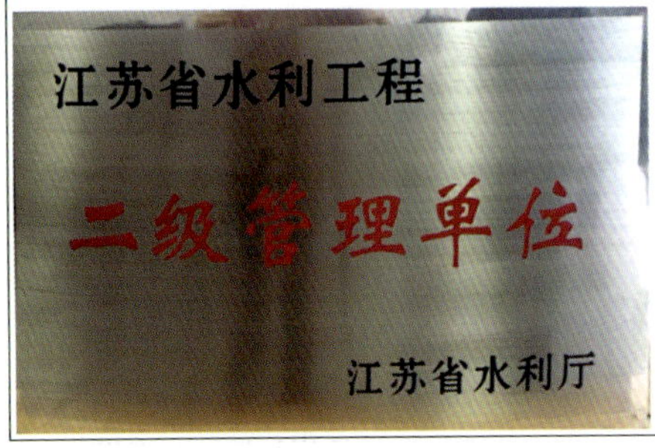

BRIGHT-RANCH
辉禾食品
领先的中国农产品种植与冷冻干燥商

南通辉禾食品有限公司

本公司系专业从事以农产品为原料的真空冷冻干燥（FD）食品生产、研究开发的中外合作企业，成立于2002年9月，总投资近3000万元。主要产品FD蔬菜、水果，“汤神”系列即食蛋汤等，FD果蔬主要销往欧美市场，年出口额达千万美元，连续四年获南通市出口增长奖励。公司现有员工200余人，与高等院校技术合作，建立市级工程技术研究中心。先后通过ISO9001、ISO14001、HACCP、kosher、BRC食品安全全球标准认证，通过美国FDA审核，通过雀巢等公司供应商审核。自建欧洲葱基地被省农委、江苏出入境检验检疫局联合认定为首批出口农产品示范基地，2009年被认定为省级农业产业化重点龙头企业，南通市重合同守信用企业、AAA信用企业，2011年南通市农业科技推广一等奖。

公司秉承“安全、安心”的质量安全和顾客满意理念，不断提升品质和顾客满意度，推动公司发展。

欧洲葱基地

欧洲葱加工现场

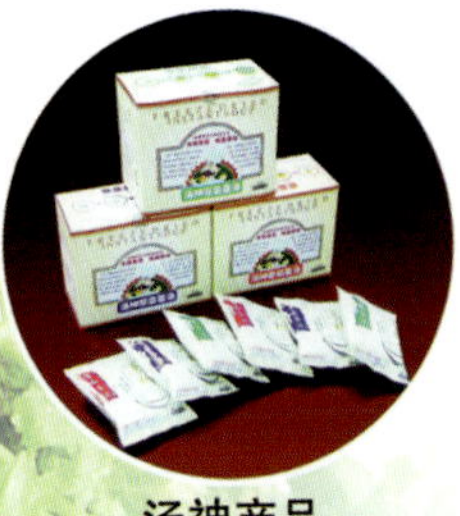
汤神产品

FD加工真空冻干炉

公司地点：江苏省如东县洋口镇周新庄村
法定代表人：李兴民
电　话：0513-84858118、84858008
传　真：0513-84858158
E-mail：huihefood@163.com

栟茶镇三星村

社区微博二维码

黄海之滨的三星村，地处千年古镇北郊，南与栟茶镇城区接壤，北临浒洋河，东起新颖河，西至五港河。行政区域南北长3.5km，东西宽1.5km，区域面积5.25km^2。全村12个村民小组，总农户1236户，总人口5854人，其中农业人口3463人，现有耕地面积1948亩，村域内由村集体自筹资金修筑的25km十横三纵村庄水泥路与省道225线及县过境公路靖双线道路形成了一张便捷的交通网，横向贯穿全村的五条居民村庄河道与五港河、新颖河融会贯通，可谓是交通便利，灌排畅通。村域座落的得天独厚地理优势是广大有识之士投资兴业的沃土。

人杰地灵的三星村为政府所在村，村域内集全镇政治、经济、文化、卫生、通讯等发展中心于一起。驻村企业以江苏如石机械有限公司、南通远恒农副产品开发有限公司，如东天承玻璃纤维有限公司、江苏巧科饲料有限公司等为龙头的机械制造行业、纺织行业、服装行业、工艺品行业、农副产品深加工行业……的企业总数为53家。驻村事业单位有江苏省栟茶高级中学、如东茗海中学、如东县第三人民医院等品牌和荣誉方阵。近几年来，随着村域经济的持续发展，村级经济总量逐年攀升，人均纯收入年增长15%之多，村域内集体生产、公益事业以及居民居住条件相继得到不断发展和改善，居民城镇化集居模式逐步形成，目前三星农民集居点、财富广场、兆盛房产、茗海花苑等近30万m^2居住适用房，居民已相继入住使用。房产置业的发展让络绎不绝相继来村投资兴业、务工经商的人们有了家的感觉。为了丰富居民文体活动，村域内镇村还联手打造了栟茶文化广场、居民文体活动中心等，让广大居民娱乐、休闲、健身有了好的去处。村两委为方便村民办事，生病就医，居家养老，投资近300万元建成了一个功能齐全的现代化公共服务中心，为村域的文明、和谐发展打下了坚实的基础。

“村美民富、乡风文明”的三星村，自1999年4月村域调整（由栟北、姚埭、向荣三村合并）组建以来，连年被如东县委县政府授予“文明村”“村民自治模范村”“计划生育先进集体”“民主法治示范村”……等光荣称号，也曾相继荣获南通市委市政府授予的“南通市文明村”、南通市“民主法治村”南通市“双建设”示范村党组织，江苏省和谐社区建设“示范村”、“江苏省卫生村”、江苏省人口和计划生育基层群众自治“示范村”……等殊荣。

辞旧岁红红火火，迎新春将捷报频传。三星村人民在村党委、村委会的正确领导和带领下，正按照自己的发展思路，坚持科学发展观，不断创先争优，为建设特色社会主义新农村奋发努力。腾飞发展的三星村这颗璀璨的明珠翌日将在黄海之滨的大地上跃然而升。

地址：江苏省南通市如东栟茶镇三星村

便民服务大厅：0513-84899003

如东县马塘镇富民农机服务专业合作社

马塘富民农机服务专业合作社由农机站牵头组织22名优秀机手、农机大户于2005年创办成立，组织高档联合收割机跨区作业起家。几年来，全体社员团结拼搏、拓展市场、强化管理、逐步发展。先后创办了农机化作业服务队、益农农灌服务公司、南通为民农机销售公司农机销售中心、农机具综合维修点，具有为机手提供新型优质农机具销售、维修、作业信息培训、试验示范服务能力。热忱欢迎全县广大农民、机工来我社联系服务业务。我社以一流的服务、一流的技术为广大农民、机工服务，已先后被农业部评为全国农机专业服务示范社、全国农机维修示范点、被江苏省评为五好合作社、五星级农机服务专业合作社。

地 址：马塘潮桥街　　电 话：84473129

编 辑 说 明

为使档案资源更好地服务于全县中心工作，如东县档案局（馆）不断拓展工作思路，深入挖掘档案资料，紧紧依靠社会力量，精心组织开展了《大事如东》的编纂工作。

《大事如东》作为《如东年鉴》大事记的细化本，以时间为顺序，以图文并茂的形式，详细、真实地记载了“十二五”以来（2011年至2014年）如东发生的大事、要事，真实反映如东人民在县委、县政府的领导下，在政治、经济、文化和社会各个领域取得的丰硕成果，旨在为广大读者了解如东工作动态和发展状况、总结经验、指导工作提供系统的信息服务，是记录历史、传承历史、弘扬历史、宣传如东、推介如东不可或缺的重要载体，具有政府公报的职能。

《大事如东》在大事记的基础上，增加了特别报道、媒体文摘、重要报告等栏目，使全书内容更丰富，史料更详实，更具可读性和保存价值。

《大事如东》的文字和图片资料，主要源自如东县档案局（馆）馆藏资料，同时摘录了《人民日报》《群众》杂志、人民网、央广网、《新华日报》、新华网、《中国县域经济报》、如东县政府网、《如东日报》《如东年鉴》、如东新媒体网等媒体的一些资料。因本书是一部资料汇编，属社会公益性出版物，故不一一署名。

参与本书彩页宣传和特别鸣谢的单位，均是经过编辑部精心遴选，各单位自愿参与的。这些参与单位是如东经济和社会建设中的中坚力量，是如东发展史上应当浓墨重彩的典型代表。入选本书，是社会各界对这些单位的充分肯定，更是这些单位值得荣耀的辉煌一页，具有名垂史册的历史意义。

所有参与彩页宣传和特别鸣谢的单位排序，均不分先后，敬请编排在后的单位予以谅解。在本书编辑过程中，得到各部门、各镇区、各单位的大力支持。特别是提供文字和图片的原作者，为本书出版提供了无私奉献，在此一并表示衷心的感谢！

由于水平有限，加之时间匆忙，本书错误和疏漏在所难免。敬请读者批评指正！

如东县档案局（馆）

2015年8月

目　录

重要报告 Zhongyao baogao

重要报告

詹立风在县委十三届七次全体（扩大）会议上的讲话

（2015年1月8日）

中共如东县委书记　詹立风

同志们：

这次县委全体（扩大）会议的主要任务是，深入贯彻落实党的十八届三中、四中全会，中央经济工作会议，习近平总书记视察江苏重要讲话，以及省市委全会精神，回顾总结一年来全县经济社会发展情况，研判当前形势，部署2015年各项工作，动员全县上下进一步提振干事创业的精气神，凝聚改革发展的正能量，在新常态下推动全县经济社会又好又快发展。下面，根据县委常委会讨论的精神，我讲三个方面的意见：

一、认真贯彻落实中央和省市新要求，进一步丰富改革发展内涵

党的十八届四中全会、中央经济工作会议，特别是总书记视察江苏重要讲话，以及省市全会精神为我们做好当前各项工作指明了方向，全县上下必须结合如东实际，认真贯彻落实好中央和省市新要求，进一步丰富改革发展内涵，不断开创良好新局面。

（一）在“迈上新台阶、建设新江苏”的征程中勇于担当，谱写好如东篇章

去年12月13日至14日，习近平总书记在江苏视察指导工作后发表重要讲话，这是江苏发展史上具有里程碑意义的一件大事，全省上下受到巨大的鼓舞和激励。总书记在讲话中殷切希望江苏紧紧围绕率先全面建成小康社会、率先基本实现现代化的光荣使命，协调推进全面建成小康社会、全面深化改革、全面推进依法治国、全面从严治党，努力建设经济强、百姓富、环境美、社会文明程度高的新江苏，并明确要求在推动经济发展、现代农业建设、文化建设、民生建设、全面从严治党等五个方面迈上新台阶。随后召开的省委全会指出，“迈上新台阶、建设新江苏”是总书记对江苏工作提出的总要求，是江苏未来发展的总命题，也是引领各项工作的总纲领。全县上下必须深刻领会和把握“两个率先”的光荣使命、“建设新江苏”的最新定位、“五个迈上新台阶”的重点任务、“四个全面”的总体框架和“为全国发展探路”的谆谆嘱托，做到融会贯通、笃信笃行，更好地指导实践、推动工作。

贯彻好“迈上新台阶、建设新江苏”这个总要求、总命题、总纲领，我们必须与时俱进，勇于担当，谱写好如东篇章。要立足如东发展所处的历史阶段强化责任担当。如东历来是改革与发展的热土。建国以来，勤劳朴实的如东人民创造了“沧海夺田”“皮棉百万担”“1981年工业总产值超四亿”“全国计划生育红旗单位”等许多当时在全省乃至全国有影响的辉煌成绩，作出了巨大贡献。进入市场经济后，由于交通区位等多方面的因素，如东一度在全市掉了队。近几年来，我们立足自身资源优势，扎实苦干，快速崛起，进入了一个基础最好、机遇最佳的发展时期，我们理应在新一轮发展中再创辉煌、再立新功。要紧扣全面建成小康社会的奋斗目标强化责任担当。总书记明确要求江苏目前要把主要精力放在推动全面小康建设上，不能匆匆忙忙往基本现代化赶，再回过头来补课。党的十八大以来，我们按照中央和省、市委要求，积极推进全面小康社会建设，取得了一些成效，根据2013年度指标评价结果，我县社会发展、民主法治等指标实现度已经分别达到92.3%和99.3%，但其它指标与目标值还有较大距离，综合得分为86分，低于全市平均水平。因此，我们必须紧扣全市2017年总体建成全面小康社会的目标要求，进一步增强责任感和使命感，把全面建成小康社会各项工作做得更加扎实，更有成效。要围绕人民群众的热切期盼强化责任担当。经济强、百姓富、环境美、社会文明程度高，这既是总书记对“建设新江苏”的殷切希望，也是广大人民群众的热切期盼。经济强，就是要以经济发展质量和效益得到显著提升为标志，增强区域竞争力；百姓富，就是要让人民群众更多更好更公平地分享改革发展成果；环境美，就是要建设空气清新、水质清澈、环境清洁的美好家园；社会文明程度高，就是要使践行社会主义核心价值观成为全社会共同追求，营造和谐稳定的社会大局。对此，我们必须作出积极回应，当好人民群众美好愿景的描绘者和实践者。

（二）在依法治国总体框架下积极探索，创造出如东特色

党的十八届四中全会通过的《决定》，提出了全面推进依法治国的指导思想、总体目标、基本原则，是加快建设社会主义法治国家的纲领性文件。习近平总书记的重要讲话，深刻回答了一系列重大理论和实践问题，对全面推进依法治国提出了一系列思想观点，丰富和发展了中国特色社会主义法治理论。学习领会四中全会精神，必须深刻理解把握方向目标、总体布局、改革取向和实践要求，使法治精神根植于内心深处，法治思维贯穿于工作始终，法治的力量彰显于发展全过程。

近年来，我们按照中央和省、市委的决策部署，全面实施依法治县战略，扎实开展法治创建活动，在推行县委权力公开透明运行、建立社会管理服务综合平台、完善司法机关和行政执法部门衔接机制、开展企业守法诚信指数评估，以及法治宣传等方面形成了许多特色品牌，连续三度被评为江苏省法治县创建先进单位。同时我们也要看到，随着依法治国进程加快，运用法治思维和法治方式研究解决问题、推动发展正在成为一种新常态，而我县法治建设还面临一些突出的矛盾和问题，主要是：部分领导干部重行政推动、轻法治运用，全社会法治意识与建设

法治如东的要求还不完全适应，等等。这些都需要在法治如东建设新的实践中，下大气力加以解决。

省、市委对全面推进法治建设的部署十分明确，全县上下要紧紧围绕全面推进依法治国的总目标和总抓手，牢牢把握“五个坚持”的原则，全面落实中央、省、市委确定的法治建设工作布局和重点任务，积极推进中国特色社会主义法治体系和法治国家建设在如东的实践和探索，推动法治如东建设形成特色、走在前列。鉴于提交讨论的《中共如东县委关于全面推进依法治县的实施意见》已经对具体工作作出了部署，这里不再重复，主要就几个需要重点把握的问题作些强调：要加强法治建设与全面深化改革的衔接协调。全面深化改革和全面推进依法治国是全面建设小康社会的“两个轮子”，必须准确把握两者间的逻辑关系，坚持“两个轮子”一起转，通过改革使市场主体更具活力，通过法治使经济社会秩序更加规范，协调推进各项事业。要突出权力规范和约束这个核心环节。以推进依法行政、打造法治政府为目标，突出抓好“授权、界权、监督”三个环节，加快实施政府权力清单制度，真正把权力关进制度的笼子，尽最大可能堵塞权力漏洞。要强化法治对维护公平正义的保障作用。把体现人民利益、反映人民愿望、维护人民权益、增进人民福祉落实到法治建设全过程，特别是在处理征地拆迁、劳资纠纷、涉法涉诉、环境治理等具体问题时，不以任何理由损害群众合法权益，坚决依法办事，营造全民守法的良好氛围。要积极推进法治如东建设的实践探索。在认真总结我县法治建设已有成效的基础上，结合新形势、新要求，创新思路、积极探索，从群众最期盼的领域抓起，从法治建设存在的突出问题抓起，从容易形成共识的方面抓起，不断将区域法治建设引向深入。充分发挥县人大、县政协的监督作用，切实助推法治建设。

（三）在经济发展新常态下奋发作为，把握准如东坐标

当前，经济发展的一个显著特征就是进入新常态，认识新常态、适应新常态、引领新常态，这既是当前和今后一个时期宏观经济发展的大逻辑，也是在新一轮发展中抢占先机的必然选择。我们务必认真领会中央和省、市部署要求，准确定位，以更强定力和更大作为，把握好如东的新常态。

首先，要准确认识新常态。新常态在如东的表现既有共性特征，也有个性特点。一方面，经济结构加快调整、优化升级。我县服务业占地区生产总值比重每年提高 1 个百分点以上，2014 年达到 40.2%，高新技术产业、新兴产业占规模以上工业总产值比重分别为 41%、23.5%。当前，结构调整正向更深层面、更广领域推进，呈现出新的变化。我县沿海开发潜力巨大，不断深化推进，带动产业结构逐步优化；纺织、冶金等一些传统行业出现产能相对过剩甚至部分企业运营困难，必须加快改造升级；资源环境约束加剧，倒逼绿色低碳循环发展方式加快形成；城镇化发展进入质量内涵提升阶段，新型城镇化和城乡发展一体化动能正在释放。另一方面，增长动力逐步向创新驱动转化。土地利用上，本轮土地利用总体规划给如东的空间指标已用去 80%以上，今年起国家将进一步压减用地指标，严控填海造地，土地指标将更加趋紧。资金供需上，政府举债将越来越规范，融资难度会不断加大，建设资金的来源渠道还需要不断拓宽。劳动力供应上，我县是典型的

老龄化社会，老年人口占比近 30%，且连续 17 年人口负增长，劳动力紧缺，必须依靠不断激发人才和智力红利推动经济增长，这些都将倒逼我们加快创新步伐。当前，以陆海统筹发展为引领的各项改革全面深化，上海自贸区和苏南现代化建设示范区“溢出效应”不断显现，催生出新常态下的新动力，将加速推动我县经济增长动力转换。

其次，要主动适应新常态。准确认识新常态是为了更好地适应新常态。就党委、政府层面来说，要转变经济工作方式。新常态下开展经济工作，既不是不要增长速度，也不是单纯地追求增长速度，而是要质量效益同步提升，不断调结构、转方式、优生态、惠民生。要加快转变政府职能，更多依靠市场的力量、运用市场的手段，不能一谈抓经济就是不计成本搞政策优惠，不顾影响环境搞建设。就市场主体层面来说，要转变经营发展方式。总体上，我县产业结构还处于产业链条的中低端。近年来不少企业遇到生产经营成本上升、产品价格走低“两头挤压”，特别是纺织服装等传统行业利润空间收窄。这说明很多企业靠低成本和简单扩张实现盈利的模式已经不适应要求，只有通过持续的技术、管理、业态等领域的创新，才能实现可持续发展。

第三，要积极引领新常态。认识新常态是基础，适应新常态是关键，引领新常态是方向。新常态要有新追求。作为江苏沿海的重要节点，我们必须牢牢把握“迈上新台阶、建设新江苏”这个新坐标、新任务，不断积累新常态下做好工作的经验和方法，在沿海开发、深化改革、普惠民生、法治建设等方面做出更多有益的探索和实践，为全市乃至全省发展作出更大贡献。新常态要有新动力。发展是解决一切问题的基础和关键。经过近几年来持续打基础、求突破，扩总量、提质量，我县进一步夯实了长远、可持续发展的基础，再加上拥有一系列宝贵的发展机遇，经济增长仍有较大的释放空间。我们要把这些现实优势转化为发展动力，推动发展方式和经济结构的不断优化集约，在更高水平和更高层次上推动改革发展。新常态要有新作为。新常态下，困难和挑战不断增多，老问题和新矛盾相互交织、制约发展。要牢固树立忧患意识、担当意识、进取意识，紧紧围绕改革发展的部署要求，以创新的思维和举措全力以赴破解难题瓶颈，抓当前、利长远，牢牢把握工作主动权，推动新常态下各方面工作取得新成效、新突破。

二、总结回顾去年全县经济社会发展情况，扎实推进今年各项工作迈上新台阶

2014 年，面对新形势新要求，我们认真贯彻落实中央和省市委决策部署，结合如东实际，改革创新，奋勇争先，圆满实现“两个确保”目标。预计实现地区生产总值 590 亿元，同比增长 10.3%(可比价)，连续 12 年实现两位数增长。实现财政总收入 128.34 亿元、一般公共预算收入 50.01 亿元，同比分别增长 25.3%、23%，增速全省领先。完成工业应税销售 730 亿元，同比增长 18.2%，增幅连续 4 年五县（市）第一，总量再超一个县（市）。预计完成固定资产投资 425 亿元，同比增长 20%。新增 500KVA 以上变压器 48 户，增容总量 36.4 万 KVA，全市第一。实现到账外资 3.6 亿美元，利用外资全市第一。预计完成外贸进出口总额 31.5 亿美元，同比增长 10%，总量五县（市）第一。预计完成社会消费品零售总额 254 亿元，同比增长 12%。预计城镇居民人均可支配收入和农村居民人均可支配收入分别达到31644元、14453元，同比分别增长9.4%、10.5%。

回顾一年来的工作，全县经济社会发展成效显著、亮点纷呈。洋口港一类口岸开放正式获批，沿海开发进入新阶段。全县风电装机容量超100万千瓦，累计并网发电超86亿千瓦时。中石油江苏LNG二期工程获得国家能源局批复。德国巴斯夫、三一帕尔菲格等一批重大项目竣工投产。沿海前沿区域主要经济指标增幅均达到20%以上，贡献份额进一步提升。创新驱动力逐步增强，转型升级进程加快。预计三次产业比达到11:48.8:40.2，其中服务业增加值占GDP比重同比提高1个百分点。新增高新技术企业27家，新兴产业、高新技术产业产值占规模以上工业产值比重分别提升0.8和1.3个百分点。科技研发投入经费占GDP比重达2.31%。自主引进申报国家"千人计划"入围面试3人，居全市首位。引进顶尖人才、入选省"双创计划""博士计划"17人，居全市前列。入选全省创新型试点县，如东科技园被认定为省科技企业孵化器。现代农渔业发展提档升级，全县新增适度规模土地流转面积9.1万亩、高标准农田6.1万亩、高效设施农渔业面积13.31万亩。交通条件实现历史性突破，城乡一体化发展水平进一步提升。海洋铁路、临海高等级公路、225省道南延建成通车，通洋高速一期开通在即。县城道路、绿化、老小区改造等30多项市政工程陆续完工，城镇功能和形象得到明显提升。新、改建农桥271座、农路390公里，城乡客运一体化通达率83%，创建省星级康居村71个、省级"美丽乡村"示范村3个，全县所有村年村营收入突破20万元，40%的村突破50万元。国家生态县正式命名，生态文明建设成效明显。生态红线区域保护工作考核居全省前列，《如东县生态文明建设规划》通过省级论证，化工园区环保专项整治方案首批通过省级评审。污泥无害化处置中心、大恒固废处置中心提质扩能工程等一批环保基础设施相继建成。等级河道、面源污染得到有力治理，村庄环境整治顺利通过省全域性验收。全县新增绿化面积3.5万亩，森林覆盖率达22.5%。民生幸福工程加快实施，各项社会事业协调发展。全年民生社会事业投入达76.3亿元，同比增长17.9%。城镇登记失业率控制在2.52%以内。如东中专增列江苏省联合职业技术学院分院，高考生均总分、本一本二上线率均居全省第一。公立医院改革正式启动，全面取消以药养医。城乡居民基本养老保险参保率达99.9%。人民群众"舌尖上的安全"得到有效保障。低收入人口建档立卡脱贫率达82%。县城10分钟健身圈配建率100%，新增亿元文化企业1家。如期实现引江供水工程全覆盖目标，实验小学、县社会福利中心等一批重大民生工程投入使用。党的建设、精神文明建设和平安法治建设不断加强。扎实开展党的群众路线教育实践活动，"四风"问题得到有效解决，"114"惠民服务行动入选"全国党的群众路线100例工作法"。完善干部选拔任用机制，加强干部能力建设，开展超职数配备干部消化、党政领导干部在企业兼职（任职）等专项治理，加强到龄改任非领导职务干部管理。"机关党员服务基层135模式"被评为"全国建设服务型机关党组织最佳案例"。反腐倡廉力度持续加大，建立健全新一轮惩防体系基本框架，出台落实党风廉政建设"两个责任"的实施意见（试行）及其配套文件，廉政责任落实、反腐倡廉宣传教育、执法监察、查案执纪等机制进一步创新完善，政风行风热线四位一体运行经验在全省推广，落实中央纪委“转职能、转方式、转作风”工作取得明显成效。精神文明建设成果丰硕，获评全省党员冬训工作示范县，广播剧《山那边海这边》等 4 件作品获得省“五个一工程”奖，获奖数量全市第一，文明城市创建深入推进，内外宣传影响力不断扩大。集中开展以信访稳定、社会治安、安全生产、环境保护、网络舆情等为主题的五大专项行动，成功化解了一批社会突出矛盾纠纷，万人刑事发案率保持全省最低。

这些成绩的取得，是全县广大干部群众务实创新、奋勇拼搏、共同努力的结果，为我县实现经济社会持续健康发展打下了坚实基础。我们的发展优势逐步彰显、发展氛围越来越好、发展自信更加坚定，只要按照既定的发展思路和工作要求，持之以恒、一以贯之，继续保持这种良好态势，我们的发展道路就一定会越走越坚实、越走越宽广。

2015 年是“十二五”规划的收官之年、全面深化改革的关键之年、全面推进依法治国的开局之年，做好今年工作意义重大。今年全县工作的指导思想是：深入贯彻落实党的十八大和十八届三中、四中全会，中央经济工作会议，以及省、市委全会精神，按照总书记对江苏工作的新要求，主动把握和积极适应经济发展新常态，紧紧围绕“经济强、百姓富、环境美、社会文明程度高”的奋斗目标和“三争三实”的总体要求，持之以恒打基础、求突破，扩总量、提质量，进一步加快“三个城市”建设，持续加强作风建设，巩固拓展党的群众路线教育实践活动成果，促进全县经济社会发展行稳致远，不断开创良好新局面。

省、市委全会指出，各地要从实际出发确定经济发展目标，鼓励有条件的地方发展得快一些。南通属于有条件发展得快一些的地方，如东作为南通陆海统筹发展综合配套改革的先行先试区域，有条件、有责任发展得更好、更快一些。2015 年全县经济社会发展的主要预期目标是：地区生产总值增长 11%左右；一般公共预算收入增长 12%左右；固定资产投资增长 16%左右；全社会研发投入占地区生产总值比重 2.4%；工业应税销售增长 15%左右；外资到账 3.5 亿美元左右；社会消费品零售总额增长 12%左右；外贸进出口总额保持适度增长；城乡居民收入增长与经济增长同步；城镇登记失业率控制在 3%以内。

实现上述目标，必须抓实抓好以下五个方面的工作：

（一）深入推进“六大行动”，加快沿海开发进程

当前，我县沿海开发已经进入由基础设施建设为主逐步向产业项目集聚为主的发展新阶段，要继续围绕“争当江苏沿海开发第一县”的目标，以沿海开发“六大行动”为抓手，以陆海统筹发展综合配套改革为动力，挖掘沿海开发巨大潜力，以开放带动开发，以开发促进开放，为全市沿海开发走在全省前列多作贡献。

着力提升港口功能。始终坚持把港口建设作为沿海开发的重点，进一步提升港口设施承载能力、港口通过能力和港口集疏运体系贯通能力。规划布局要立足高起点。结合“十三五”规划编制，加快洋口港经济开发区（长沙镇）总规和港区总规修编，以及水、污、汽、废等专项规划编制工作。抓紧洋口港滩涂综合开发试验区和综合保税区申报创建工作，力争年内取得突破性进展。继续开

展大石化、新能源等产业规划研究，争取重大项目挤进国家“十三五”规划布局。功能配套要实现大突破。围绕国家一类口岸开放验收和台中化化工仓储等重大项目投产运营，加快推进港口码头和口岸监管设施建设，确保10万吨级石化码头、万吨级液化品码头和重件码头上半年投入运营，口岸商务区交付使用。完成黄海二桥规划设计，启动阳光二岛建港可行性研究，力争15万吨级深水航道和液化品码头二期工程年内开工建设。产城融合要展示新形象。围绕打造临港特色产业板块，确保已落户项目快建设、早投产。加快推进港口新城四大功能区建设，确保港城中心市场、公交客运站、居民安置公寓上半年完工，县实验中（小）学洋口港分校年底前基本完工。

着力提升开放水平。继续坚持“准确定位、错位发展、打造特色”的原则，高标准建设六大园区，不断优化资源配置，提升承载能力，在更高层次上推进对外开放。积极推进园区升级。重点围绕如东经济开发区创建国家级开发区，洋口港经济开发区升格省级开发区，高新技术产业开发区创建省级高新区，沿海经济开发区创建国家新型工业化示范基地，小洋口旅游度假区创建国家级旅游度假区，循环经济产业园通过国家“圈区管理”试点园区验收，做好各项基础工作。加快完善功能配套。由基础功能完善向高端服务配套转变，加快推进科技创业园、技术研发中心、检验检测中心、资源交易中心、物流集散中心等创新平台和合作基地建设。扎实推进海启高速、通洋高速二期等工程建设，不断完善沿海集疏运体系。加大招商引资力度。按照沿海园区产业定位，加大产业招商、专业招商力度，强化园区合作共建，拓展开发开放空间，着力引进一批优质高端项目，加快培育大石化、新能源、新材料、高端装备制造、生物医药、现代物流、再生资源、滨海旅游等一批有影响力、有核心竞争力的特色产业集群和沿海现代产业带，以优质增量提升沿海产业集聚发展水平。

着力优化项目建设机制。完善“区镇合一”管理，加大简政放权力度，创新“一口受理”登记制度，积极探索“负面清单”管理。全面提升项目用地准入门槛，加大闲置土地清理处置力度，推进海域管理体制创新，提高土地利用效率。加快推进政府融资平台实体化运作和资产证券化，大力发展混合所有制经济，有效破解资金瓶颈。以提高行政效能促进沿海项目快见效。针对项目建设中的薄弱环节，进一步强化要素协调和服务保障，全面优化办事流程，畅通“最后一公里”。确保台中化仓储、法国爱森、海正药业等在建项目年内全部投产，台中化化工新材料基地、优嘉化学等重大项目快开工，形成项目建设的良性循环，不断提升项目规模和质量。

（二）加快转变发展方式，增强经济发展后劲

坚持以提高经济发展质态为目标，主动适应新常态下经济发展新要求，提高企业自主创新能力，加快重点产业和企业转型升级，积极培育新的增长点，促进县域经济在转型升级中实现又好又快发展。

加快新型工业化进程。以高端化、规模化、品牌化为目标，加大对重点企业的规模培育，促进中天科技、九九久、亚振家具等向龙头型、基地型企业发展壮大，确保年内1家企业成功挂牌上市，新增2至3家企业进入上市轨道，新培育亿元以上企业25家，全县工业应税销售增幅继续保持全市领先。大力实施《如东县培育和发展新兴产业三年行动计划》，实施重点工业项目60个以上，力争新兴产业产值、高新技术产业产值占规模工业产值比重分别提升1.5个和1个百分点。加快传统产业转型升级，引导企业注重技术创新、智慧制造、两化融合、品牌创建，加大镇工业集中区基础设施建设力度。推动服装纺织行业向高附加值方向攀升，鼓励企业兼并重组，加快健身器材、门业等特色产业集聚化发展，努力实现传统产业高新化、高新产业规模化。针对中小微企业发展难题，研究出台财政扶持、信贷服务、土地使用等方面的地方性政策，加大扶持力度。积极引进银行业等传统金融机构，大力发展小额贷款公司、担保公司等新型金融市场主体，提升服务能力和水平。开展以深层次的技术合作与技术攻关为重点的产学研合作，对接项目20个以上，新培育省、市企业技术中心和工程技术研究中心各15家，培育一批拥有自主知识产权、自主品牌的创新型企业。

大力发展现代服务业。着力提升现代服务业整体规模和水平，在附加值高、成长性好、就业面宽的重点领域率先实现突破。特别是高新技术产业开发区要充分发挥龙头带动作用，进一步壮大服务业规模总量，提升发展质态。推进服务业集聚区建设，洋口港现代物流园、小洋口旅游度假区、再生资源交易中心、如东汽车城、银河棉纱交易市场等10家县级以上集聚区当年完成各类投资力争突破25亿元，总营业收入100亿元，吸纳就业3.5万人。壮大特色服务业，现代物流业年营业收入达到20亿元，全社会物流量增长力争达到15%；旅游项目投入超15亿元，实现旅游收入同比增长25%以上；科技服务业应税销售总额同比增长15%以上。积极培育健康服务业、电子商务业、环保服务业、外包服务业等现代服务业新兴业态。加大重点服务业企业招引培植力度，全年新增应税销售千万元以上服务业企业35家，其中5000万元以上重点服务业企业15家，亿元以上龙头企业8家。继续推进主辅分离工作，年内新分离应税销售超千万元生产性服务业企业10家。

提高现代农渔业发展水平。以引导农村土地经营权有序流转为重点，走符合如东实际的产业化、高效化、市场化发展道路，加快转变农业发展方式，实现农业大县向农业强县转变。壮大特色产业。坚持以产业化提升农业，发展壮大一批产业链条完整、竞争带动有力的农业产业化集群，重点发展一批千亩以上现代渔业园区、种养基地和千万元以上的大中型农业龙头企业，培育壮大优势产业和特色产业。创新经营体系。创新发展多种形式的适度规模经营，重点扶持壮大一批新型经营主体。大力发展有机、绿色、无公害农产品，打造一批拳头产品，叫响如东品牌。畅通物流渠道，积极发展农超对接、产销直销、网上销售等新型流通业态。强化科技支撑。向科技要生产力，通过产学研、农科教联合，扶持引进建设一批现代农业科技园、分支研发机构或试验基地。加强农业技术的推广服务，引进一批农技人才，稳定一支农技队伍，培育一大批新型职业农民。

（三）提升城镇化发展水平，促进城乡协调发展

新型城镇化和城乡发展一体化，是推动区域协调发展的有力支撑，也是促进经济转型升级的重要抓手。我们要以《江苏省新型城镇化与城乡发展一体化规划》为指导，不

断强化城乡统筹，逐步缩小城乡差距，促进城乡经济转型升级、社会和谐进步，积极构建具有地域特色、符合如东实际的城乡一体化发展新格局。

持续深化城乡统筹规划。按照新型城镇化和城乡发展一体化思路，以及“一心两轴三核”总体规划布局，加强规划衔接，促进人才、土地、项目、资本等要素资源合理分配、有效集聚，推动县城及中心镇、小城镇特色化、差别化发展。坚持因地制宜，全面启动镇村布局统一规划编制工作，按照尊重自然、尊重历史文化原则，精心开展“美丽乡村”规划研究，推动城乡区域协调发展。严格遵循先规划、后建设的原则，强化事前、事中监督，切实维护规划的权威性、连续性。

着力提升城镇功能品质。按照“突出民生、突出配套、突出环境”的基本思路，全面提升县城主城区、中心镇、小城镇基础设施承载能力和城市空间品质。加快实施一批重点路网建设项目，完善引江供水管网体系，积极推进房屋征收、房产开发，统筹加快商服、文体等配套项目建设。扎实推进老旧小区、棚户区改造，开展城镇环境综合整治，同步提升城镇绿化、亮化水平。坚持与城镇建设同步，不断优化管理体制机制，进一步巩固省级文明城市创建成果，深入开展国家卫生城市、省优秀管理城市创建活动，全面提升文明程度。

切实加快新农村建设步伐。全面深化农村各项制度改革，进一步激发农村发展活力。继续加大农村基础设施投入力度，全年新建、改造农路500公里以上、农桥不少于210座。着力抓好河道疏浚工作，年内完成1000个拆坝建涵（桥）任务。加快建立农村公共服务供给与运行维护机制，促进基本公共服务向农村延伸覆盖，逐步缩小城乡公共服务差距。全面加强村级“四有一责”建设，力争全县所有村年村营收入达30万元，30%的村达70万元。

全面优化区域交通网络。紧紧围绕打造“全市交通最优县份”目标，深化现代立体交通规划，进一步完善“139”城乡交通体系。着力推动洋骑线、洋口运河等干线道路、航道开工建设，加快推进334省道如东东段、355省道、港城中通道、228国道绕城段等在建项目，紧密结合高速、骨架路网形成，积极完善新店、丰利、河口等连接道路规划、建设，构建高效、顺畅的区域交通大格局。同时，扎实推进如东客运站建设，不断拓展镇村公交覆盖面，努力建成与民生发展需求相适应的城乡客运体系。

（四）切实加强环境保护，打造生态宜居城市

经济要上台阶，生态文明也要上台阶。当前，环境问题的社会关注度越来越高，必须围绕“环境美”的目标内涵，按照“生态保安全、生态促发展、生态惠民生”要求，以创建生态文明试点示范县为抓手，持之以恒推进生态文明建设，使生态宜居成为如东的又一靓丽名片。

加快环保基础设施建设。扎实推进达标尾水深海排放工程，确保工业固废填埋场、恒发污水处理厂扩容、电镀中心污水处理厂等重点工程上半年投入运行。研究制定全县污水收集管网建设规划和乡镇污水处理设施建设、运行、管理办法，逐步提高污水管网覆盖率，确保已建工程正常运行、达标排放。积极开展“十三五”污染减排及总量控制体系研究。

加大城乡环境整治力度。深化环保专项

整治行动，加快工业园区生态化循环改造，加强对水质、大气环境质量的管控。全面实施如泰运河水环境整治工程，强化工业、生活和农业面源污染治理。建立正常的生态补水机制，探索建立镇级交界断面水质交接责任制，确保水环境区域生态补偿收补平衡。全力推进大气污染防治工作，严格控制燃煤、工业废气等主要污染物排放。有效整合资金资源，有序推进省级拉网式全覆盖村庄环境连片整治，加强秸秆禁烧与综合利用工作，创建更多环境优美示范村。推进绿色如东建设，全年力争完成绿化造林3万亩。

加强环保执法监管。始终保持“零容忍”的高压态势，铁腕执法、铁面问责。加强环境执法能力建设，提升环境执法效能，深入开展环保亮剑行动，严肃查处群众反映强烈的突出环境问题。建立联动机制，加强环保行政执法与刑事司法的有效衔接，形成执法合力。进一步推进高环境风险企业环境污染责任保险工作，提高企业环境污染事故防范和应对能力。完善环境风险管理和应急救援体系，有效防范和遏制重特大环境污染事故的发生。

（五）深入实施民生幸福工程，加快发展社会事业

推动经济发展上台阶的目的，是为了让城乡居民生活得更加美好，要认真贯彻落实《关于深入推进民生幸福工程的实施意见》，以更大投入办好各项民生实事，让人民群众每年都能感受到一些新变化。

持续增加城乡居民收入。健全工资正常增长机制。加大城乡居民职业技能培训力度，不断提高适应产业转型升级的能力，促进城乡居民在更广领域、更高层次上就业。通过壮大股份合作组织、发展集体经济，形成财产性收入增长点。结合行政审批制度改革，进一步降低创业门槛，优化创业服务，激发创业热情，形成以创业带动就业的倍增效应。扎实推进适度普惠型社会建设，稳步提高社会保障、社会救助标准，持续开展扶贫帮困八项工程，帮助困难群体实现增收，确保完成3年脱贫目标任务。

不断优化基本公共服务。深化教育领域综合改革，全面推进教育均衡发展，积极创建省义务教育优质均衡发展县、职业教育创新发展实验区和学前教育改革发展示范区，加快推进新区初中、如东中专培训大楼等教育重点工程建设。深化医药卫生体制改革，加快建设现代医疗卫生体系，不断提高医疗服务能力和医院运行活力，加快推进县中医院整体迁建、县人院外科大楼、四院改扩建等重点工程。广泛开展送影视、送戏曲下乡活动和“港城之春”“百姓大舞台”周周演等群众性公共文化活动，不断满足人民群众的精神需求。加快推进文体中心等重点工程建设。完善全民健身服务保障体系，推进镇中心健身广场和“10分钟体育健身圈”建设。加快编制具有战略高度的养老发展规划，完善社会养老服务体系，更好的满足老年人多层次、多样化的养老服务需求。全面提升文广传媒、食品药品监管、人口计生等民生保障能力和服务水平。

进一步加强社会治理。积极发挥法治的引领和保障作用，加强基础平台、技防信息建设和专职调解、专业巡防等队伍建设，完善现代化、立体化社会治安防控体系。坚持以法治思维和法治方式防范化解社会矛盾纠纷，强化调解、仲裁、行政裁决、行政复议、诉讼等有机衔接，建立健全社会公共法律服务体系和矛盾纠纷预防化解机制，扎实推进涉法涉诉信访改革，依法规范信访秩序，努力使影响社会安定的问题得到有效防范和化解。不断完善行政执法与司法联动机制，扎实推进综合整治，依法严厉打击涉黑、涉恶、涉暴、涉毒等违法犯罪活动。扎实做好安全生产工作，进一步提升群众安全感。

三、全面从严治党，进一步强化经济社会又好又快发展的政治保障

当前，改革发展稳定的各项任务十分繁重。越是这种时候，越是要聚精会神抓好党的建设，切实把中央和省、市委从严治党的要求落到实处，着力营造良好的发展环境。

（一）以学习贯彻习近平总书记系列重要讲话精神为重点，不断加强思想政治建设。习近平总书记系列重要讲话特别是视察江苏重要讲话精神，是新形势下推进各项工作的行动指南和根本遵循。我们要根据中央、省、市委的最新部署要求，把学习贯彻活动作为当前和今后一个时期最重要的政治任务，更加自觉地用党的理论创新成果武装头脑、指导实践、推动工作。在理论武装上，要依托县委理论学习中心组、扶海大学堂、百姓宣讲团、党员冬训等载体平台，坚持领导带头，精读深读讲话原文，深刻领会讲话的丰富思想内涵，努力从深层次上把握讲话所蕴含的政治立场、价值追求和思想风范，不断提高党员干部思想政治素质。在宣传引导上，要充分利用各类舆论阵地，集中力量，持续开展形式多样的宣传报道，全面准确地宣传讲话精神，大力宣传先进典型，增强改革发展的信心和决心，营造积极进取的良好氛围，让讲话精神成为广大干部群众的思想引领和力量之源。在工作谋划上，要突出问题导向，围绕我县经济社会发展过程中出现的新情况新问题，坚持学以致用，努力从讲话中寻找解决问题的思路，在实践中创新解决问题的办法，真正把学习成果转化为分析解决问题、做好各项工作的实际本领，确保讲话精神在如东落地生根、开花结果。

（二）强化领导班子、干部人才队伍和基层党组织建设，着力提高干事创业的能力和党建科学化水平。事业兴衰，核心在党，关键在人。要选优配强各级领导班子。坚持习近平总书记提出的20字“好干部”标准，进一步倡树重德才、重基层、重实绩、重公论的用人导向。完善干部选拔任用、实绩考评等机制，建立领导班子综合研判制度，强化党组织的领导和把关作用，根据发展需要选好干部、配强班子。坚持从严要求，强化管理监督，加大不胜任、不适宜干部调整力度。着眼于县镇两级领导班子换届和中长期干部队伍建设，扩大干部教育培训的规模和频率，通过非定向推荐、优选式培训、多向度挂职、“蹲苗”式锻炼，培养、储备一批优秀干部。要构筑人才智力新优势。加快制定“十三五”人才发展规划，以“扶海英才”计划为统揽，加快沿海开发人才小高地建设，进一步创新工作机制，完善政策措施，优化综合环境，着力引进高层次创业创新人才、紧缺实用人才，借力借势，整合资源，统筹推进各类人才队伍建设。要发挥基层党组织的战斗堡垒作用。开展“基层党组织提升年”活动，全面落实管党责任，健全党建工作述职考评和问责机制。深入推进党的组织和党的工作有效覆盖，更好地发挥“四位一体”组织架构作用，全面整顿软弱涣散基层党组织，加大政策项目资金支持力度。围绕建设服务型基层党组织，深化“114”惠民服务行动，做好教育引导群众工作。切实加强村（居）“两委”建设，严格执行城乡社区事务准入制度，全面恢复村民小组长，筑牢支撑保障改革发展的基层基础。

（三）巩固拓展群众路线教育实践活动成果，加快形成作风建设新常态。教育实践活动有期限，加强作风建设无穷期。要坚持不懈抓常、抓细、抓长，不断巩固拓展教育实践活动成果，以作风建设“新常态”确保作风“在状态”。要解决突出问题。认真排查整改措施和整改承诺是否落实到位，锲而不舍地把作风建设推向深入，严防不良作风现象反弹。要从解决“四风”问题延伸开去，努力改进思想作风、工作作风、领导作风，着力解决“庸、懒、散、慢”“温吞水”以及“中梗阻”等影响发展的顽症痼疾，进一步提升工作效能。要狠抓工作落实。一分部署，九分落实，县委的工作导向就是“不提更多新口号，集中精力抓落实”。要大力发扬埋头苦干、真抓实干的工作作风，不“谋”人多谋事、少应酬多应对，集中精力促发展，心无旁骛抓落实，确保做到在岗、在行、在状态。今年工作的总体部署已经明确，要细化目标任务，明确时间节点，确保各项工作沿着正确方向，向着既定目标扎实推进。要注重团结协作。团结出凝聚力，团结出战斗力。要进一步增强大局意识、团队意识，始终做到思想同心、目标同向、行动同步，形成干事业一条心、抓工作一盘棋、谋发展一股劲的氛围。特别是对一些事关全局的重大项目、重点工程和重要事项，要主动服务、靠前服务，多沟通、多联手，凝聚同舟共济、攻坚克难、推动发展的强大合力。

（四）加强党风廉政建设，努力营造风清气正的良好环境。切实履行党要管党、从严治党的政治责任，以更大的力度、更实的举措推进惩治和预防腐败体系建设。要从严落实“两个责任”。认真执行《关于落实党风廉政建设党委主体责任、纪委监督责任的实施意见》。从县委常委会开始，各级党委（党组）、纪委（纪工委、纪检组）班子及其成员都要对照文件规定，切实把从严管党治党的责任承担好、落实好。如果一个单位出现腐败案件，特别是出现系统性腐败问题，必须严格实行“一案双查”。要刚性执行各项规定。充分认识作风建设的长期性、艰巨性、变异性和传染性，清醒地看到一些干部思想和行动上存在的“四风”反弹潜在因素，时刻保持高度警觉，严格执行中央和省、市、县委关于作风建设的各项规定。完善作风建设督查“六查六纠”机制，严肃查处违反相关规定的问题，遏制迎来送往、文山会海、铺张浪费等不良现象，大力缩减“三公”经费，把有限的资源和财力真正用到推动发展最急需的地方，用在改善民生最迫切的事情上。要加大惩治腐败力度。针对腐败问题的新情况新特点，坚持抓早抓小、治病救人，对党员干部身上的问题做到早发现、早提醒、早查处，防止小错酿成大错。要盯紧腐败重点领域，坚持“系统查、查系统”，以“零容忍”的鲜明态度，做到有案必查、有腐必惩，决不姑息、决不手软，始终保持惩治腐败的高压态势，以反腐倡廉的实际成效取信于民。

同志们，谱写新常态下改革发展新篇章，使命光荣，责任重大。让我们在省市委正确领导下，解放思想、改革创新，抢抓机遇、开拓进取，不断开创全县经济社会发展新局面，为“迈上新台阶、建设新江苏”和南通争当苏中新一轮发展领头雁、建设长三角北翼经济中心作出如东应有的贡献！

如东县 2015 年政府工作报告

——2015 年 1 月 24 日在如东县第十六届人民代表大会第四次会议上

县长 潘建华

如东县人民政府县长 潘建华

各位代表：

现在，我代表县人民政府，向大会作工作报告，请予审议，并请县政协委员和其他列席人员提出意见。

2014 年工作回顾

2014 年，面对复杂多变的宏观经济形势和繁重艰巨的改革发展任务，在省、市党委政府和县委的正确领导下，在县人大、县政协的监督支持下，我们紧密团结和依靠全县人民，主动适应经济社会发展新常态，积极应对挑战，奋力攻坚克难，创新务实工作，较好完成全年目标任务。预计，实现地区生产总值 590 亿元，同比增长 10.3%；财政总收入 128.34 亿元，其中一般公共预算收入 50.01 亿元，同比增长 23%；固定资产投资 425 亿元，同比增长 20%；社会消费品零售总额 254 亿元，同比增长 12%；外贸进出口总额 31.5 亿美元，同比增长 10%；注册外资实际到账 3.6 亿美元；城镇居民人均可支配收入和农村居民人均可支配收入分别达到 31644 元、14453 元，同比分别增长 9.4%、10.5%；节能减排完成市下达的任务。

回顾 2014 年，一些方面取得的成绩振奋人心：

——全县一般公共预算收入、工业应税销售、外贸进出口、外资到账等主要指标增幅全市领先。县域经济基本竞争力连续 12 年跻身全国百强行列。

——洋口港国家一类口岸开放获得国务院批准。

——海洋铁路、临海高等级公路建成通车，通洋高速一期开通在即，彻底改变我县交通无铁路、无高速、无国道的“三无”历史。

——三一重工、大唐恩智浦、霍尼韦尔、巴斯夫、凯爱瑞等一批国内外著名企业投资项目，相继投产运营。

——自主申报国家“千人计划”入围面试 3 人，占全市总数的四分之三，引进人才入选省“双创计划”、“博士计划”12 人，创历史新高。

——如东中专升级为江苏联合职业技术学院分院。

——国家生态县获得正式命名。

这些从不同侧面展现了一年来全县经济社会发展的新业绩、新亮点，不仅增强了我们推动转型升级、实现可持续发展的信心，更凝聚起全县上下克难求进、奋勇争先的精气神，将鼓舞我们砥砺前行，不断开创经济社会发展新局面。

一年来，我们着重抓了以下六个方面：

一是着力深化改革，激发市场主体活力。我们按照中央和省市关于全面深化改革的部署要求，紧密结合实际，创新工作举措，扎实推进重点领域的改革。行政体制改革加快推进。大力实施简政放权，县级行政审批事项由550项缩减为359项，向沿海经济开发区、栟茶镇、如东高新技术产业开发区分别下放县级管理权限113项、95项和22项。县政府机构改革有序实施。以栟茶镇为试点，推进市级中心镇行政体制改革。全面落实工商登记认缴制、先照后证等改革举措，在全市率先实施“四证（照）一体”登记模式，全年新注册企业同比增长28.71%。财税金融改革有序展开。实施新一轮县镇（区）财政管理体制调整，完善财政转移支付制度，国库集中直接支付资金占比达99.3%。出台加强政府性债务管理办法，进一步规范举债行为，严控债务风险。继续扩大“营改增”试点范围，认真落实税收优惠政策，切实减轻企业负担。积极推进金融创新，建立企业资金链风险监测及协调处置机制，拓展海域使用权抵押融资范围。国有资产管理方式不断创新。推动县国有粮食购销企业参与农业全产业链生产经营。推行市场化管理使用海域资源。实现县文广传媒集团网络资产与省公司有效整合。

二是注重调优结构，提高发展质量效益。预计三次产业结构调整为11∶48.8∶40.2，其中服务业增加值占GDP比重首次突破40%，同比提高了1个百分点。工业经济稳中有进。实现工业应税销售730亿元，同比增长18.2%；新兴产业、高新技术产业产值占规模工业产值比重分别提高0.8和1.3个百分点。净增应税销售亿元以上企业19家。中天科技获评“市长质量奖”。实现建筑业施工产值540亿元，同比增长21.9%。新增总承包一级资质企业2家。服务业发展提档增速。生产性服务业投入占服务业投入比重达52%。9个市县级服务业集聚区建设进展顺利。实现旅游收入30亿元，我县获评“2014中国最佳海滨旅游城市”。现代农业发展步伐加快。粮食生产实现十一连增，获评全国粮食生产先进县。新增适度规模土地流转面积9.1万亩、高标准农田6.1万亩、高效设施农渔业面积13.31万亩，新认定市级以上农渔业龙头企业12家，培育家庭农场265家。农业机械化水平达84%，成功创建全国平安农机示范县。科技创新能力持续增强。万人发明专利拥有量达7.1件。新增工程技术研究中心省级5家、市级21家。列入省级重点技术创新导向性计划项目26个。我县被认定为省创新型试点县。要素保障有力有效。调整土地利用总体规划，节约集约用地机制初步构建。金融生态环境进一步优化，我县被评为省金融生态优秀县，年末金融贷款余额344.91亿元，比年初增加39.94亿元，其中工业贷款余额112.57亿元。新引进组建金融机构3家。2家企业进入上市在会待审环节，1家企业被“新三板”股转中心受理。全年新增500千伏安以上变压器48户，增容总量36.4万千伏安，工业用电量31.39亿千瓦时，同比增长7.8%。

三是加快沿海开发，增强经济发展潜力。深入实施沿海开发“六大行动”，沿海产业层次和开发水平不断提升。洋口港开发取得新的进展。一类口岸开放验收准备工作基本就绪。阳光岛码头区规划调整获得部省联合批复。10 万吨级石化码头基本完工，万吨级重件码头和液化品码头即将投入运营。如东经济开发区新兴服务配套功能加快提升，新宇科技创业园二期投入使用，省级生态工业园区正式命名，宜兴（如东）工业园正式获批。沿海经济开发区安全环保整治扎实推进，被评为省两化融合示范（试验）区。小洋口旅游度假区核心板块规划设计进一步完善，万亩森林公园、反清乡纪念馆竣工。南通外向型农业综合开发区刘埠国家一级渔港项目工程有序实施，农渔业产业特色加快显现。如东高新技术产业开发区科技园被认定为省级科技企业孵化器，引进生命健康产业科技孵化项目 10 余个。如东循环经济产业园再生资源圈区管理审批与招商工作同步推进，东凌水库建设初见形象，库区综合开发招商工作有效开展。

四是坚持城乡统筹，促进环境持续改善。以实现“四化同步”为目标，大力实施“城乡一体化”战略，加快新型城镇化建设，不断改善人居环境和生态环境。城乡规划体系不断健全。县域城乡统筹规划和县城东部片区发展规划编制完成，县城老城区、工业区等重点区块控制性详规实现全覆盖，燃气、水系、通信布局等重要领域专项规划编制有序开展。城镇开发建设有力推进。全年完成房屋征收 120 万平方米，房地产开发 150 万平方米，商品房销售面积 45 万平方米。实施嘉陵江路、友谊路、朝阳路等市政道路新建改造以及相关配套管网和绿化、亮化、美化工程 30 项，实现市政投入 20 亿元。岔河镇、栟茶镇被命名为“全国重点镇”，栟茶镇被评为“中国历史文化名镇”。重点基础工程有序实施。全年累计完成交通基础设施投入 24 亿元。355 省道（苴东线）岔河至袁庄段、225 省道南延线建成通车，港城中通道、洋口运河贯通工程等加快建设，海启高速启动实施。新建改造农路 390 公里、农桥 271 座。新开通城市公交线路 3 条、镇村公交线路 7 条，城乡客运一体化通达率达 83%。新建农村供水管网 4850 公里，实现引江供水全覆盖。城乡环境面貌明显改观。数字化城管体系投入运行，县城环境综合整治扎实开展，省级文明城市创建通过验收。电镀、印染等重点行业专项整治全面实施。县城第二污水处理厂主体工程竣工，达标尾水深海排放等重点环保工程加快推进。农村“四位一体”长效管理机制进一步巩固，秸秆禁烧及综合利用、畜禽养殖面源污染整治工作有序开展，村庄环境整治顺利通过省全域性验收。完成绿化造林 3.5 万亩，全县林木覆盖率达到 22.5%。

五是突出改善民生，推动服务均衡协调。始终把改善民生作为工作的出发点和落脚点，以办好民生实事（附件二）为重点，全面推进社会事业均衡协调发展。全年民生类财政支出 76.3 亿元，占比达到 67.6%，同比增长 17.9%。教育资源均衡配置。全面实施数字化校园建设，“班班通”实现全覆盖；骨干教师交流比例达到 22%。县实验小学、马塘小学完成整体搬迁，新区初中开工建设。卫生体制改革不断深化。县级公立医院改革正式启动，全面取消“以药补医”，所有药品实现零差价销售。新农合实现全覆盖，筹资标准提高至人均 420 元，住院次均费用下降 6.4%。县中医院迁建工程主体竣工。新创建省级卫生镇 4 个。文体事业健康协调发展。深化文化体制改革，以优质增量推动文化产业发展，文化产业增加值占 GDP 比重达 3.9%。县杂技团成功进入香港市场。多部文艺作品获得国内外重要奖项。我县再次荣获“中国民间文化艺术之乡”称号。积极开展群众性体育活动，我县被评为全国风筝运动先进单位和省群众体育工作先进单位。劳动就业保障水平稳步提升。积极拓展就业渠道，提高就业质量，全年新增城镇就业 8557 人、转移农村劳动力 8638 人，城镇登记失业率控制在 2.52%以内。大力推进社会保险覆盖工作，将被征地农民纳入社保体系；城乡低保、农村“五保”、城镇“三无”、残疾人、孤儿等困难群体保障水平不断提升。养老服务体系加快建设。双拥优抚安置等工作扎实开展。县社会福利中心、残疾人综合服务中心投入使用。全年保障性安居工程建成 2607 套、27.43 万平方米。

六是加强社会治理，维护社会公平正义。深入开展“五大专项行动”，不断创新社会治理方式，平安如东、法治如东建设水平得到提升。探索“政社互动”机制，加强政府管理与居民自治有效衔接和良性互动，“一站式”服务平台建设达标率达到 95%。完善治安防控体系，严厉打击各类违法犯罪行为，建立健全行政执法与司法联动机制。完善大调解机制，依法依规处理各类信访案件。完善安全生产和食品药品监管机制，健全各类应急处置预案，全年安全生产事故起数和死亡人数同比分别下降 17.9%、36.6%。同时，积极支持工会、共青团、妇联、科协、文联、侨联、社科联、工商联、红十字会、慈善会、关工委等群众团体和社会组织开展工作，人武人防、人口计生、外事侨台、民族宗教、史志档案、防震减灾等工作取得新进步。

以开展党的群众路线教育实践活动为契机，扎实加强政府自身建设。认真查摆“四风”方面的突出问题，即知即改，立行立改，把各项整改措施落到实处。严格依法行政，切实将依法行政贯穿于政府决策、执行和监督全过程。深化政务公开，扎实推进重点领域信息公开工作，“中国如东”网站被评为省市政府优秀网站，“如东发布”获评江苏政务微博最佳应用奖，我县政风行风热线“四位一体”运行模式全省专题推广。自觉接受人大法律监督、政协民主监督和社会舆论监督，全年共办理人大代表议案、建议 202 件，政协建议案、委员提案 247 件，满意率均达 98%以上。加强勤政廉政建设，弘扬务实作风，狠抓工作落实，一系列政策措施取得预期成效。创新公共资源交易运行机制，在省内率先实现各类专业工程项目招投标电子化。强化党风廉政建设“一岗双责”，认真落实“八项规定”和“约法三章”要求，“三公”经费支出同比下降 15%。

各位代表，过去一年取得的成绩来之不易。这是上级党委政府和县委正确领导的结果，是各镇区、各部门、各单位扎实工作的结果，是全县人民共同努力、各界人士鼎力支持的结果。在此，我代表县政府，向全县人民，向人大代表、政协委员，向离退休老同志，向驻如东解放军、武警指战员和各人民团体，向在如东投资发展的国内外客商和创业者，向所有关心支持如东发展的社会各界朋友，表示衷心的感谢，并致以崇高的敬意！

在总结成绩的同时，我们也清醒地看到发展中存在的矛盾和问题，主要是：我县沿海开发开放和吸聚效应还有待进一步显化，重大项目及人才引进步伐还不够快，新兴重大增长点还不多；县域经济空间布局还有待进一步优化，镇域经济发展的特色还不够明显，园区发展的集聚度还不够高，资源利用的节约集约水平还需不断提升；农业经济发展及农村建设任重道远，特别是农业及海洋资源的市场化、产业化利用程度还不高，农业大县向农业强县转变的文章还需要进一步做足，农路农桥等基础设施建设与群众的期望还有差距；生态环境改善任务繁重，环保基础设施建设运营还相对滞后，面源污染以及水环境综合整治还需持续大力推进；教育、卫生、文化等公共服务水平还未能很好地满足群众的需求。同时，政府职能转变还不到位，依法行政能力还不强，思维定势、行为惯性、路径依赖还没有完全破除，反“四风”转作风的长效机制有待完善。对此，我们将高度重视，积极采取有效措施切实加以解决。

2015年工作任务

今年，是全面完成“十二五”规划的收官之年，是全面深化改革的关键之年，也是全面推进依法治国的开局之年。我们面临的形势依然错综复杂，中国经济进入新常态，“三期叠加”对加快发展提出更高的要求和挑战，土地、环境、资金等制约发展的各类矛盾正在逐步加深，面临的困难不容忽视。但是，我们更要看到，随着全面深化改革的不断推进、“一带一路”和长江经济带战略的有序实施、江苏沿海开发的持续深入、南通陆海统筹的加快发展，将形成全方位开放格局和资源要素更大范围流动配置，为我们的发展创造了良好的宏观环境和宝贵的发展机遇。特别是我县交通条件的改善、载体平台功能的提升、特色新兴产业的加快培育等，正有力支撑和助推全县经济进入转型升级发展的新轨道。我们要进一步放眼全局，立足如东、跳出如东，以更广阔的思维和视野，研判宏观形势，抢抓发展机遇；以更加积极的行动和举措，谋划推进经济社会发展各项工作，在务实创新中抓攻坚、抓突破、抓项目、抓提升，努力实现更有质量效益、更加健康可持续的发展。

今年政府工作的总体要求是：深入贯彻落实党的十八大和十八届三中、四中全会，中央经济工作会议，以及省市县委全会精神，按照习总书记对江苏提出的“五个迈上新台阶”工作要求，主动把握和积极适应经济发展新常态，紧紧围绕“经济强、百姓富、环境美、社会文明程度高”的奋斗目标和“三争三实”的总体要求，坚持以提高经济发展质量和效益为中心，把转方式调结构放到更加重要位置，以全面深化改革为动力，以创新驱动发展为核心，以保障改善民生为根本，以强化风险防控为底线，努力促进全县经济社会发展行稳致远，不断开创良好新局面。

今年全县经济社会发展主要预期目标是：地区生产总值增长11%左右；一般公共预算收入增长12%左右；固定资产投资增长16%左右；社会消费品零售总额增长12%左右；外贸进出口总额保持适度增长；城乡居民收入增长与经济增长同步；城镇登记失业率控制在3%以内；全社会研发投入占地区生产总值比重达到2.4%；万元地区生产总值能耗下降和主要污染物减排完成市下达任务。

围绕以上目标，今年将重点抓好以下十个方面工作：

一、以提升质量效益促进工业经济平稳较快增长。始终突出工业主体地位，以重大项目实施和关键领域创新，稳定优势行业，培育新兴产业，促进转型升级。

加快发展新兴产业。深入实施新兴产业三年行动计划，围绕战略性新兴产业，加快特色产业链和产业基地建设，力争新兴产业产值占规模工业产值比重提高1.5个百分点。重点完善新能源产业链，抢抓海上风电发展机遇，着力培育引进设计研发、关键零部件制造、检测维护服务等企业，进一步拉长产业链条。做强新材料产业链，深耕产业细分领域，加强产业链上下游优势互补与协同合作，着力打造功能性高分子材料产业集群。培育汽车电子产业链，放大大唐恩智浦汽车电子芯片研发设计“磁场效应”，进一步延伸产业半径，积极引入模块制造、封装测试等配套企业。发展高端装备制造产业链，依托三一帕尔菲格、如通石油机械等行业龙头企业，大力拓展工程机械、石油机械等装备制造业。继续大力推进以中天集团为龙头的光电通信及相关配套产业发展。

引导提升传统产业。积极为传统产业“剪枝嫁接”，加快向产业链、价值链中高端迈进。加大技术改造力度，指导企业研究技改投向，发挥设备贴息、增值税抵扣等政策激励作用，促进传统企业更多运用新技术、新工艺、新装备、新材料，重点实施120个技术改造项目。深入推进两化融合，充分利用现代信息技术，推动企业生产方式、商业模式、管理手段全方位创新，新增省市级两化融合示范企业各2家。更加注重发挥企业家才能，加强企业家梯次队伍建设，培育企业家精神。按照“分类分档、因企施策”的思路，进一步引导重点骨干企业，依托技术、资本、市场、品牌等优势，实施强强联合、兼并重组，促进企业做优做强，力争新培育亿元以上企业25家，新增挂牌上市企业1家、“新三板”挂牌企业3家、“四板”挂牌企业2家。深入推进建筑业转型发展。

不断强化创新驱动。以实施科技创新“六大工程”为抓手，加快构建开放式、网络化、集聚型区域创新体系，让创新成为驱动发展新引擎。突出创新主体培育。落实加计抵扣、加速折旧等政策，推动创新要素向企业集聚，全年新增高新技术企业15家。坚持需求导向和产业化方向，鼓励企业实施产学研合作，加大高端技术创新和关键技术攻关，多元化开拓技术创新渠道，实施产学研合作项目60个。加强创新载体建设。分类分层推进产业研究院、企业研究院、校企研发平台等研发机构建设，力争亿元以上企业研发机构全覆盖。按照“一园一专业、一园一特色”思路，整合社会资源，全力打造“孵化器+加速器+产业园区”接力式科技孵化体系，力争全年培育省级以上科技企业孵化器2家，新增“三创”载体面积10万平方米。打造创新人才高地。深入实施“扶海英才”计划，加快沿海开发人才小高地建设，充分发挥“科技镇长团”桥梁纽带作用，积极借力人才中介机构，大力招引国家“千人计划”、省“双创计划”等高层次人才。完善创新服务体系。强化政策、制度等综合保障，加大财政支持力度，建立创新投资引导基金。引进发展各类创投机构，努力打造集聚创投机构的财富中心。着力加强懂市场、懂政策、懂操作的科技服务团队建设。

二、以壮大服务业加快经济结构调整。深入实施现代服务业“十百千”行动计划，全面推动服务业发展提速、比重提高、水平提升，确保服务业增加值占GDP比重达到41%。

突出抓好生产性服务业。紧跟“制造业服务化”趋势，积极推进制造业与服务业联动发展，引导企业主辅分离。以港口为载体加快发展现代物流业，引导物流企业向第三方、第四方物流服务和供应链管理转型，重点建设洋口港省级物流基地，实现物流业营业收入20亿元。积极发展金融服务业，优化金融生态，加快金融集聚区建设，做大做强地区金融机构，全年力争新引进组建金融机构4家。

大力发展特色性服务业。进一步整合自然、人文、历史等资源，积极发展温泉养生、古镇文化等主题旅游，努力打造滨海旅游品牌。进一步优化商贸流通业发展布局，按照“专业化、特色化、集聚化”要求，加快推进如东汽车城、城南专业市场、新中心市场、欧尚超市等项目建设；深化农渔业产品、健身器材等重点行业和大商场、大超市等商贸业态的电子商务应用，让传统商贸更具活力。进一步加大家政、养老、健康、文化创意等生活性服务业培育力度，不断满足个性化、多样化消费需求。

培育服务业新增长点。围绕工业设计、检验检测、电子商务、服务外包等领域，推进公共服务平台建设，培育一批平台经济和新兴服务业集聚区。加强互联网基础设施建设，拓展互联网服务新业态，以智慧城市建设带动智慧产业发展，培育大数据、云计算、移动互联网、互联网金融、物联网等新增长点。积极探索发展楼宇和总部经济，力争在区域型、职能型总部机构引进上取得新的突破。

三、以整合放大资源优势推动开放型经济发展。准确把握产业发展规律和资本流动趋势，立足挖掘利用我县特色资源优势，在融入区域一体化和经济全球化过程中，提高资源整合配置能力，不断增强沿海开发开放的吸聚效应。

优化招商引资策略。推进招商引资与招才引智深度融合，加快招商方式和外资利用模式“双转型”，从单纯引进一个项目、单个人才向“团队+技术+资本”打包式引进转变，从注重外资利用数量向更加注重外资利用质量和结构转变。突出全产业链思维，围绕主导产业“建链、强链、补链”，主攻欧美、日韩和中国台湾等区域，大力引进一批龙头型、基地型、科技型、配套型项目；突出精准有效招商，围绕提升产业匹配度和项目成熟度，建立完善有效项目信息发现和跟踪洽谈机制，加强与产业研究院、产业联盟、行业协会、企业家商会等组织互动交流，积极拓展项目信息源头；突出招商队伍建设，围绕提升招商效能，努力打造熟悉产业政策、懂得市场规律、掌握商务技巧的现代招商团队。全年力争实现外资到账3.5亿美元。

完善项目推进机制。紧扣“建设速度、有效投入和财税贡献”核心目标，进一步建立完善重大项目储备、预审、报批、建设、管理全流程服务推进机制，严格执行挂钩联系、及时会办、合同管理、后期评估等制度，持之以恒抓项目质量、抓实施进度、抓服务协调、抓难题化解，着力谋求实实在在的项目建设成效。重点抓好重通叶片、华海制药、刚正薄板等80个亿元以上项目，力争竣工亿元以上项目40个。

拓展对外合作空间。积极承接上海自贸区“溢出”项目，加强与长江流域沿线城市在港口、交通、物流、产业等方面的合作共建，着力在导入优质项目、资源要素、发展政策和经营理念上谋求突破。全面落实外贸稳增长促转型政策，支持重点外贸企业加快产品结构升级，提升以品牌、质量、服务为核心的外贸竞争力。全年力争实现外贸出口总额13亿美元。积极支持有条件的企业“走出去”，扩大境外投资规模。

四、以完善平台功能增强沿海开发新优势。深入实施沿海开发“六大行动”，统筹推进港口开发、载体建设、产业培育等各项工作，不断增强特色经济板块支撑力。

全力推进港口开发。始终把洋口港开发摆在突出位置，努力提升港口开发龙头效应。进一步加快港口基础配套，重点推进口岸监管设施、临港工业区配套建设，确保10万吨级石化码头、万吨级重件码头和液化品码头投入运营，一类口岸开放年内通过验收。紧密跟踪综合保税区和滩涂开发综合试验区申报进程，确保年内取得实质性进展。进一步加快临港产业发展，围绕“3+1”产业定位加大招商推进力度，力争全年新签约5亿元以上项目不少于3个，确保台中化仓储、法国爱森等项目竣工投产。科学有序推进港口新城建设，在港产城融合互动发展中不断提升综合承载能力。

着力提升载体能级。围绕产业集聚、功能配套，着力优化沿海园区开发质态。如东经济开发区进一步提升生产性、生活性配套层次和水平，积极建设国家级汽车电子检测中心、海上风机维护中心、科技成果转化中心等服务平台。依托海之升电子商务平台，致力创建省级电商示范园。加快推进黄河路区域现代商务区建设。沿海经济开发区深入推进化工产业转型升级，围绕增强产业发展配套服务，加快洋口新城建设进程。小洋口旅游度假区着力推进国际温泉城、金蛤岛景区、渔港景区、乡村旅游集聚区等旅游板块建设，积极争创国家级旅游度假区。南通外向型农业综合开发区继续主攻特色农渔业培育发展，全面推进农海产品加工区、金海岸现代农渔产业园区、刘埠国家一级渔港经济区基础配套建设，努力打造外向型现代农渔业综合开发区。如东高新技术产业开发区紧紧围绕创建省级高新区，进一步完善产业规划和空间布局，加大科创园核心区、生命健康产业园、智能机电产业园“一核两园”基础设施投入，同步推进创新研发、试验检测等功能平台建设，不断增强高新产业集聚发展能力。如东循环经济产业园确保再生资源加工区投产运行。着力推进再生资源交易中心、金融服务中心、循环经济展示中心等项目，加快建立“回收-拆解-加工-深加工”衔接配套的循环经济产业链，迅速做大产业规模。启动东凌水库二期工程，力争年内库区综合开发项目落户。

更加注重机制创新。围绕园区资源配置、建设模式、管理方式更新与转型，进一步加强体制机制创新。创新土地及海洋滩涂资源集约节约利用机制，扎实开展闲置土地盘活和低效用地（用海）清理，严格按照市场化原则配置资源，促进节地（海域）水平和产出效益“双提升”。创新资本运作机制，推动政府性投融资实体做优做强，提升资产运营和持续发展能力；研究运用公私合作模式（PPP），引入社会资本参与沿海基础设施建设和运营。创新园区管理机制，深化“区镇一体”等管理体制创新，更多运用市场的办法来解决港口管理、码头运营、环保治理等方面问题，努力构建专业化管理、多元化服务的现代沿海园区管理体系。

五、以创新经营方式提升现代农业发展水平。坚持用工业化手段、互联网思维抓现代农业发展，突出土地适度规模流转和品牌龙头企业招引两个主抓手，加快转变农业发展方式，努力实现数量质量效益同步提高。

加快建设现代农业体系。在稳定粮食种植面积和稳步提高单产的基础上，深入推进农业产业结构战略性调整，促进农业发展由“生产导向”向“消费导向”转变，构建优势区域布局和专业生产格局。重点依托我县农渔业资源和产业基础，按照“因地制宜、分类指导”的原则，围绕现代园艺业、规模种养业、特色水产业以及休闲观光农业等，大力发展地块连片、项目成群、各具特色的高效农渔业示范区。全年确保新增高效设施农渔业面积12万亩、现代种植业综合示范园区16个、规模化种养示范基地40个。加大与上海、苏南等市场的产销对接力度，大力培育引进农渔业龙头企业，积极推动现代农渔业外向化、品牌化和链式化发展，完善深度加工、网上销售和冷链物流配送体系，把更多的名特优农牧渔产品推向市场，努力拓展农渔业增值增效空间。全年力争新增市级以上农渔业龙头企业12家、农渔业“三品”30个。

积极培育新型农业经营主体。着力抓好农村土地承包经营权、农民宅基地及住房、农村集体资产确权登记颁证工作。按照农民自愿、政府引导、市场化运作的方式，加快推进土地适度规模流转。鼓励扶持家庭农场、专业大户、农民合作社、农业企业等新型经营主体，加大新型农民培养力度，促进各类经营主体健康发展。全年力争新增家庭农场120家、200亩以上“全托管”经营主体60个。

着力提高农业科技装备水平。围绕改善农业生产条件和生产技术现代化，加大农业政策和资金扶持力度，确保“三资”投入农业总量达到30亿元左右。加强农业基础设施建设，重点推进农田水利、高标准农田和农业综合开发项目建设，全年实施重点水利工程8项，完成1000个拆坝建涵（桥）任务，新增高标准农田6万亩。加快推进新型农业机械化，促进农机与农艺融合、机械化与信息化融合，确保农业生产综合机械化水平达85%以上。强化农业科技创新，加强院地合作，促进科技成果转化，着力构建“育繁推”一体化的农业科技创新和推广服务体系。加快建设农业信息服务平台，推广应用物联网技术，不断提升农业信息化水平。

六、以城乡统筹加快新型城镇化建设。围绕提升城乡建设内涵，加快县城和新型城镇建设，全力推进城乡一体化发展。

强化县城开发建设。进一步突出县城中心地位，按照“规划引领、完善功能、强化管理、提升形象”的要求，统筹推进新区开发和老区改造，推动县城人气与商气加速集聚。深化城市功能布局研究，积极探索“多规融合”，完善重点片区、重点地段、重要节点城市规划设计。科学统筹实施市政项目建设，重点推进东环路北延、嘉陵江路西延、人民路改造等道路建设，以及配套绿化、亮化、美化和管网建设，扎实推进5个老小区改造提升工程，积极推进城市绿廊、慢行步道和文体健身设施建设，确保完成市政投入18亿元。积极应对房地产市场变化形势，抢抓政策调整机遇，高质量、高标准推进雨润国际广场、实小周边等重点地块开发，完善新城区商务、金融、物流等服务性功能配套，着力打造精品工程和开发亮点，确保完成房屋征收80万平方米、房地产开发100万平方米。切实加强城市环境管理，以数字化城管平台为依托，整合部门执法资源，提升城市综合化、长效化管理水平，继续实施环境整治“951”工程，扎实抓好违法建设整治和市容环境治理以及小区物业管理等工作，力争年内建成省优秀管理城市。

强化新型城镇建设。认真落实市级中心镇建设行动计划，强化市级中心镇特色化发展，重点实施栟茶镇古镇保护性开发，推动岔河镇工业、商贸、物流园区互动发展，推进河口镇中天工业园与镇区统筹建设发展。坚持以“镇区一体、产城融合”为导向，科学推进洋口、长沙等沿海重点镇建设，努力形成城市与产业相互支撑、相互服务、相互促进的新局面。按照“因地制宜、因势利导”的思路，优化镇村布局规划，打造一批留得住乡愁的特色镇村。

强化城乡交通基础设施建设。立足构建更高等级路网体系，进一步完善“139”交通网络，加快县城中心客运站、228国道掘港绕城段、355省道袁庄段、334省道东延段、角林线、洋口运河贯通工程等重点项目建设，推进海启高速、洋骑线等开工建设，确保港城中通道建成通车。紧密结合高速、骨架路网布局，完善新店、丰利、河口等连接道路规划建设。围绕进一步方便群众生产生活，继续扎实推进农路农桥建设和城乡客运一体化，全年新建改造农路500公里以上、农桥不少于210座，新开行城市公交线路1条、镇村公交线路5条。

七、以增强发展活力全面深化重点领域改革。围绕解决发展面临的突出问题，规范创新政府运行管理体制机制，着力推动重要改革举措落地生效，不断增强“强政府”与“强市场”的叠加效应，进一步释放内生动力活力。

加快政府职能转变。深化政府机构改革，理顺权责关系，做到法定职责必须为、法无授权不可为。进一步强化简政放权，动态调整“五张清单”。积极创新行政管理制度，坚持宽进严管，加强事中事后监管，推进综合执法，提高行政运行效率。探索建立政府提供公共服务新机制，积极引导社会力量参与服务供给。

优化政府服务平台。加强政务服务工作，拓展行政审批“三集中、三到位”内涵，加快建设网上办事大厅和实体大厅“线上线下、虚实一体”的政务服务体系，推广“一站式”和代理、预约等服务模式。完善政府公共服务平台，逐步整合“12345”政府服务热线和部门服务热线资源。提升公共资源交易平台，进一步健全统一规范、优质高效、上下衔接的公共资源交易运行及管理机制。建立政府应急管理平台，加快推进城市管理应急中心与公安指挥中心资源整合，构建全县统一的应急管理指挥系统。

深化财税金融体制改革。构建全口径预算管理体系，加强政府专项资金绩效管理。按要求公开政府预决算、部门预决算和“三公经费”。鼓励金融机构在我县开展金融改革试点，探索农村金融制度改革，健全支持实体经济和“三农”发展的多层次金融体系，全年力争建成农村金融综合服务站10家。落实定向减税、普遍性降费和降低企业融资成本等措施，更好地支持中小微企业发展。加强政府债务风险防控，控制总量、优化结构、加强管理，坚决守住不发生区域性、系统性风险的底线。

推进市场化配套改革。积极发展混合所有制经济，支持国有、集体、非公等资本交叉持股、相互融合，鼓励本土企业通过股权转让、增资扩股、重组上市等方式引进战略性投资者。推动民营经济创新发展，支持民间资本进入基础设施、金融服务、资源环境等领域。有序实施农村土地征收、集体经营性建设用地入市、宅基地制度等改革，积极探索推进“三集中、三置换”试点，建立健全公开规范的农村产权交易市场。

八、以最严措施保护生态环境。积极顺应人民群众对良好生态环境的期待，以更大力度推进生态文明建设，努力打造蓝天碧水生态宜居家园。

狠抓生态保护制度建设。认真宣传贯彻新《环境保护法》，以创建国家生态文明试点示范县为抓手，将生态文明建设纳入法治和制度轨道。严守生态红线，实施最严格的环评、能评和资源保护制度，扩大节能技术和清洁生产应用范围，加快淘汰落后产能和污染严重企业，推动低碳循环发展。完善企业行为信用评价制度，健全环保联动执法监管机制，坚持源头严防、过程严管、后果严惩，以“零容忍”的态度和“亮剑”精神，坚决查处环境违法行为。

狠抓环保基础设施建设。强化县城和镇区污水处理设施及配套管网建设和管理，确保县城污水处理率达到80%，镇区污水处理设施运行率同比提高10%。加快实施达标尾水深海排放工程，确保工业固废填埋场、恒发污水处理厂扩容、电镀中心污水处理厂、天楹环保三期等重点工程投入使用。以“三沿、三区、三园”为重点，继续深入开展绿化造林，全年力争完成绿化造林面积3万亩。

狠抓重点领域污染防治。坚持铁腕治污，突出抓好水环境整治，重点强化农业面源污染治理，推进城乡污水集中处置，切实控减污染物入河总量。实施如泰运河（如东段）水环境整治工程。加强大气环境保护，抓好工业废气、汽车尾气、城市扬尘治理，强化秸秆禁烧和综合利用，减少雾霾天气。继续抓好电镀、印染等行业专项整治和工业园区生态化、循环化改造工作，确保完成年度目标任务。

九、以实施民生幸福工程增进百姓福祉。政府工作的根本目的就是让人民过上好日子。以实施民生幸福工程为抓手，围绕“六大体系”建机制、补短板、兜底线，不断提高人民生活水平。今年，政府将继续认真办好10个方面的民生实事（附件三）。

扎实推进居民增收。实施更加积极的就业政策，吸引高校毕业生就业，统筹农村转移劳动力、城镇就业困难人员、退役军人等群体就业。全年力争新增城镇就业8000人、转移农村劳动力4000人。实施全民创业工程，优化政策扶持、搭建创业平台、加强技能培训、强化金融支撑，发挥创业致富的示范带动效应，促进大众创业、万众创新、群众就业。加大扶贫帮困力度，建立健全以转移支付为主要手段的再分配机制，增强“输血”功能；根据扶贫对象的实际情况，整合政策资源，创新扶贫措施，增强“造血”功能，努力实现稳定持续的收入增长，确保完成三年脱贫目标任务。

持续完善保障体系。继续做好各类社会保险扩面与征缴工作，切实加强社保基金监管。继续扎实做好城镇职工医保、居民医保和新农合工作。完善社会救助体系，建立跨部门、多层次信息共享机制，构建一门受理救助服务平台，进一步完善孤、残、病、老各项政策性帮扶。积极应对人口老龄化趋势，加快编制具有战略高度的养老发展规划，完善养老服务体系，提升社区居家养老服务水平，确保城市社区居家养老服务实现全覆盖，70%以上的农村社区开展居家养老服务。加大政策扶持力度，推动养老服务设施、机构和平台建设，探索医疗卫生与养老服务融合发展，积极拓展养老衍生服务项目，着力构建政府、社会、家庭三方共同服务养老的体制机制，让老年人安享晚年。

协调发展社会事业。优化教育资源配置，深化教育综合改革，确保年内通过省义务教育优质均衡发展县、省学前教育改革发展示范区创建验收。构建以就业为导向的现代职业教育体系，确保年内通过省职业教育创新发展实验区中期验收。推动医改向纵深发展，整合医疗卫生资源，完善分级诊疗制度，继续推进县级公立医院改革，初步建成区域卫生信息平台，启动国家卫生县城创建工作。落实“单独二孩”政策，优化人口结构，提升人口素质。大力发展文体事业，加强公民道德和精神文明建设，培育和践行社会主义核心价值观。推进公共体育服务体系示范区建设。加快文化产业发展，推动文化与旅游休闲业、体育业、流通业、制造业、创意业、新兴媒体业等产业的深度融合和协同发展。

切实加强社会治理。加快转变基层政府职能，促进城乡社区减负增效，增强自治组织活力，实现镇区“政社互动”全覆盖。完善依法维权和化解纠纷机制，畅通群众利益协调和权益保障法律渠道。深入宣传贯彻新《安全生产法》，严格落实安全生产责任制，扎实推进安全生产各项措施落实，坚决防止重特大事故发生。整合完善食品药品安全监管体制机制，切实保障“舌尖上的安全”。加强社会治安综合治理，构建立体化、现代化治安防控体系，严厉打击各类违法犯罪活动。深入开展国防教育，推进军民深度融合发展。加强民族、宗教、档案、保密等工作。

十、以法治思维加强政府自身建设。忠实履行宪法和法律赋予的职责，进一步推进法治政府、高效政府、廉洁政府建设，切实增强政府执行力和公信力。

严格依法行政。坚持在法治轨道上开展工作，把依法行政贯穿于行政管理和服务的全过程。健全依法决策机制，落实决策前广泛征求意见、公开听证、风险评估等制度，完善重大决策合法性审查机制，切实贯彻“三重一大”等重大决策集体讨论决定制度，建立重大决策终身责任追究制度及责任倒查机制，努力提高科学民主决策水平。加快完善行政执法体制，加大重点领域执法力度，切实做到规范、公正、文明执法。全面推进政务公开，健全政府信息发布制度，重点推进事关群众切身利益、公众关注度高的政府信息公开。完善权力监督机制，自觉接受人大法律监督、工作监督和政协民主监督，注重群众监督和舆论监督。认真办理人大代表议案、建议和政协委员提案。

强化工作落实。进一步提升抓落实的能力，加强学习调研，深入研判分析，针对新情况、新问题，创新思路和举措，着力化解推进落实中遇到的各类制约瓶颈和矛盾。进一步加大抓落实的力度，对定下来的事情立说立行，对部署的工作一抓到底，以“钉钉子”精神抓好每个环节，坚决整治“推拖慢、慵懒散”现象。进一步完善抓落实的机制，建立健全政府推进落实的责任机制、协调机制和倒查机制，重点工作明确责任书、路线图和时间表，加大督促检查力度，确保政府各项工作高效推进、有效落实。

坚持廉洁从政。严格落实党风廉政建设责任制，切实履行“两个责任”，强化行政权力约束，注重从源头上预防和治理腐败。巩固党的群众路线教育实践活动成果，推动反“四风”常态化、长效化。坚持过紧日子，强化厉行节约、反对浪费，严格执行“八项规定”和“约法三章”，严控“三公”经费，启动公务用车制度改革，力争“三公”经费在去年减少的基础上，再压缩10%。加强行政监察和审计监督，加大对政府工程建设、公共资源交易、专项资金使用等领域监管力度，切实让权力在阳光下运行。

今年，还有一项重要工作，就是研究编制“十三五”规划。我们将充分发扬民主，凝聚各方智慧，认真编制一个适应时代趋向、落实上级要求、符合如东实际、反映群众意愿的新一轮经济社会发展规划。

各位代表，新的形势催人奋进，新的征程任重道远。让我们紧密团结在以习近平同志为总书记的党中央周围，在上级党委政府和县委的正确领导下，在县人大、县政协的监督支持下，紧紧依靠全县人民，坚定信心，同心协力，锐意进取，顽强拼搏，为全面完成全年目标任务、谱写如东人民美好生活新篇章而努力奋斗！

附件一：

有关名词解释

“一类口岸”：是指由国务院审批，允许中国籍和外国籍人员、货物、物品和交通工具直接出入国（关、边）境的海（河）、陆、空客货口岸。

“先照后证”：是指企业向工商部门申请登记，取得营业执照后，即可从事一般性生产经营活动，如果从事需要许可的生产经营活动，再向主管部门申请。

“科技企业孵化器”：是指培育和扶植高新技术中小企业的服务机构。

“圈区管理”：是指我国加大对再生资源的处理力度，在国内建立若干个再生资源加工园区，对从事再生资源加工处理的企业实施特定的园区化管理，提高再生资源的回收效率，减少和避免污水、废弃物对环境的影响。

“五大专项行动”：是指以防范打击暴恐犯罪为重点的社会治安综合整治专项行动，以解决信访突出问题为重点的矛盾纠纷排查化解专项行动，以消除重大隐患为重点的安全生产检查整改专项行动，以保障环境质量为重点的环境保护专项行动，以净化网络内容为重点的网上舆论引导专项行动。

“一带一路”：是指“丝绸之路经济带”和“21世纪海上丝绸之路”。

“四板”：是指区域性股权交易市场。

科技创新“六大工程”：是指科技体制改革深化工程、创新主体强化工程、高新技术产业培育工程、创新载体建设工程、知识产权强县工程、科技创新惠民工程。

“扶海英才”计划：是指在我县以机械装备制造、化工、能源等为主体的主导产业，以及新能源、新材料、新医药等新兴产业领域中，具有现代管理理念和较强创新创业能力，取得良好经营业绩的各类高层次创新创业领军人才（团队）；掌握关键核心技术，从事研发工作或拥有自主知识产权，实施创新成果转化的各类工程技术关键人才；技术精尖、技能娴熟的高技能人才；各类紧缺专业人才。

现代服务业“十百千”行动计划：是指十大行业、十个重点集聚区、百项重点工作、千万元以上项目投入、新增应税千万元以上企业培育。

“智慧城市”：是指运用信息和通信技术手段感测、分析、整合城市运行核心系统的各项关键信息，从而对包括民生、环保、公共安全、城市服务、工商业活动在内的各种需求做出智能响应。

“物联网”：是指利用局部网络或互联网等通信技术把传感器、控制器、机器、人员和物等通过新的方式联在一起，形成人与物、物与物相联，实现信息化、远程管理控制和智能化的网络。

“楼宇经济”：是指以商务楼、功能性板块和区域性设施为主要载体，以开发、出租楼宇引进各种企业，从而引进税源，带动区域经济发展为目的，以体现集约型、高密度为特点的一种经济形态。

“五张清单”：是指行政审批事项目录清单、政府行政权力清单、投资审批“负面清单”、行政事业性收费目录清单、政府部门专项资金管理清单。

“三沿、三区、三园”：是指沿交通干线、沿骨干河道、沿海岸线，农业园区、工业园区、城镇规划区，养殖生态园、果园、村庄家园。

附件二：

2014年为民办实事项目完成情况

一、环境整治方面。完成城市环境综合整治年度任务，香格里大街、友谊路成功创建省级“城市管理示范路”，友好社区、新光社区成功创建省级“城市管理示范社区”。实施芳泉河东段、王彭河环境综合整治。洋口镇、丰利镇面源污染整治项目进入招投标阶段，马塘镇有机肥厂、粪便处置中心建成并投入运行。整治农村河道11条段、27.5公里，疏浚土方460万立方米，整治丰产沟1200条段、455公里。秸秆综合利用率达到90%。县城第二污水处理厂工程完成联机调试并具备进水条件。全县铺设污水收集管网50.65公里，其中县城13.25公里、乡镇37.4公里。工业固废填埋场项目已完成前期工作。电镀中心一期工程项目主体工程竣工。热电企业脱硫脱硝工程、4家印染企业中水回用工程、污泥无害化处置项目建成投入运行。在县城范围内设有空气质量自动监测站2座，实时公布空气质量信息。全年完成绿化造林3.5万亩。

二、教育投入方面。县城新区初中新建工程开工建设，完成基础施工。栟茶小学迁建工程主体工程一层完工。曹埠初中迁建工程完成方案设计。马塘初中、港口学校新建工程完成招投标。15 所学校接受数字化校园和图书网络管理平台建设验收，图书网络管理平台建设实现全覆盖。

三、劳动就业方面。城乡劳动者就业技能培训 6995 人，城乡新成长劳动力技能培训 1300 人，创业培训 1303 人，对全县 615 名残疾人进行了技能培训。举办各类招聘会 57 场次，累计提供就业岗位 52953 个，新增转移农村劳动力 8638 人，新增城镇就业 8557 人，困难家庭大学生就业率达到 100%，城镇登记失业率控制在 2.52%以内。

四、社会保障方面。新增城镇职工基本养老保险参保 23357 人。城镇职工医保和城镇居民医保政策范围内的住院费用报销比例分别达到 81.5%和 71.2%。新农合筹资标准提高到人均 420 元，参合率达到 99%以上，政策内住院补偿比例达到 75%以上。建立社会救助标准自然增长机制，农村低保、城市低保标准分别提高到 360 元/月、530 元/月。建立家庭经济信息核对机制，开展跨部门申请救助家庭经济状况信息核对工作。县残疾人综合服务中心建成投入使用。全年共为 3000 名优抚对象配备康复器具。

五、安居住房方面。全年保障性安居工程新开工 1982 套、24.38 万平方米。基本建成 2607 套、27.43 万平方米，其中建成保障房 1465 套、11.5 万平方米，改造城市危旧房建成安置房 1142 套、15.93 平方米。完成东元居住区、友谊居住区、车站小区和三河居住区等 4 个老旧小区改造工程。

六、医疗卫生方面。县级公立医院综合改革正式启动，医疗服务价格合理调整，药品实行零差价销售。完成妇女“两癌”检查 32421 人；完成孕前筛查 3250 对，目标人群覆盖率达 90%。

七、养老服务方面。敬老院实现“三有三能六达标”10 家，占比达 71.4%。栟茶阳光福利中心、县社会福利中心建成投入使用。

八、公共交通方面。新增县城公交线路 3 条，新开通镇村公交线路 7 条。新建城市公交站亭 31 个；重新调整更换 1500 多块城镇客运线路牌，新增及更换站牌 35 块。如东客运站新建项目房屋征拆基本完成；小洋口客运站正式启用；岔河客运站正在开展项目审批、施工设计；洋口港客运站开工建设；栟茶镇客运站启动前期工作。新建改造农路 390 公里、农桥 271 座。

九、公共文化方面。送文艺演出到基层 120 场，送电影 4400 场，送图书 5 万册。创新“虫宾城之夏”文艺演出节目形式和组织运行方式，演出 40 场，新增演出点两处。新创“百姓大舞台周周演”文化惠民品牌。

十、公共安全方面。新建治安防控平台 6 个，增加社会面监控探头 450 只，全县主要街面、重点部位、复杂场所实现技防基本覆盖，新建居民小区技防覆盖 100%，大中型化工企业及全县各危险物品单位远程视频监控系统安装率达 100%。食品药品安全监管举报、投诉查处率达到 100%。

附件三：

2015 年为民办实事项目

一、富民增收方面

大力发展富民合作经济组织，培育市级以上农民专业合作示范社 15 家，新建村（社区）股份合作社 2 家，新发展市级以上示范家庭农场 6 个。举办各类招聘会不少于 50 场，累计提供就业岗位不少于 3 万个，其中高校毕业生就业岗位 2000 个，确保困难家庭大学生 100%就业。发放小额担保贷款 1000 万元以上，帮扶 1000 人以上群众创业。

二、社会保障方面

建立基本社会保障待遇增长机制和城乡居民社会养老保险待遇增长机制。加强社会救助体系建设，进一步完善申请救助家庭经济状况核对机制，完善临时救助制度。做好社会保险扩面，全年新增城镇基本养老保险参保 1.8 万人。城镇职工医保和城镇居民医保政策范围内的住院费用报销比例稳定在80%和 70%左右。全县农村最低生活保障标准提高到不低于 420 元/月。为困难对象配发康复生活辅助器具 400 件。

三、安居住房方面

当年新开工并基本建成洋口农场公租房二期 60 套、3600 平方米。实施城市危旧房改造安置房项目 5 个，续建 1104 套、17.6 万平方米，新开工 1055 套、16.4 万平方米，基本建成 210 套、2.7 万平方米。实施 5 个老旧小区改造提升工程。加快天然气高压管网输配系统一期工程建设进程，力争 2015 年上半年通过竣工验收，具备供气条件；加快城市天然气中低压管网对接配套，力争四季度让县城居民获得环保价廉的管输天然气供应。

四、生态环境方面

加快达标尾水深海排放工程建设，力争工业固废填埋场、恒发污水处理厂扩容、电镀中心污水处理厂、天楹环保三期等重点环保基础工程投入使用。整治城市河道 3 条、3.52 公里，疏浚农村河道 953 条段、985.3 公里。畅通水系，拆坝建涵（桥）1000 个。淘汰 45 台燃煤小锅炉。新建环保科普教育基地（站）4 家。全县完成绿化造林面积确保 2.5 万亩、力争 3 万亩。

五、教育投入方面

加快推进新区初中、栟茶小学、港口学校、马塘初中、曹埠初中等续建工程，启动县城 1 所初中、2 所幼儿园新建工程。完成中小学校舍安全加固工程，启动学前教育 D 级危房改造和校舍加固改造工作，配套建设中小学塑胶化操场 6 片。实施中小学教育装备提升二期工程和幼儿园教育装备提升工程。

六、医疗卫生方面

加快推进中医院整体迁建、县人院外科大楼、四院改扩建、洋口港港口医院、掘港镇社区卫生服务中心改扩建工程。加快医疗卫生改革，逐步完善分级诊疗制度。完成妇女“两癌”检查 25000 人次。完成免费孕检目标人群 3000 对，实现目标人群覆盖率达到 80%。全县开展应急救护公益培训 10000 人。全县人均基本公共卫生服务经费标准提高到 50 元。

七、养老服务方面

健全完善促进养老服务业发展政策制度，加快县城养老“两中心、四平台”建设，支持社会力量兴办养老机构，整合现有医疗卫生资源，加快“医养融合”发展，启动全县医养一体化中心立项规划，加快构建以居家为基础、社区为依托、机构为支撑的社会养老服务体系。加快推进镇区居家养老服务平台、日间照料中心、敬老院升级改造等工程建设，全年新增养老床位 300 张。

八、公共交通方面

加快推进县城中心汽车站、洋口港客运站、岔河客运站建设。新建改造农路 500 公里、农桥 210 座。新增城市公交线路 1 条，新开行镇村公交线路 5 条，实现 85%的村通公交。推进公共自行车服务系统项目，在县城区设置 40 个服务点，投放 800 辆公共自行车。

九、公共文化方面

加强公共文化设施建设，确保全县万人拥有公共文化设施面积不少于 1200 平方米。继续实施文化惠民“五送一建”工程，全年送戏下乡 100 场、送电影放映 3500 场、送图书 50000 册、送展览 20 场、送培训 2000 人次，5 个村“农家书屋”建设达到省四星标准。

优化“虫宾城之夏”文艺演出形式，做大“港城之春”和“周周演”系列文化活动品牌，全年大型演出不少于60场。加快文体中心项目建设。实施广播电视台设备改造升级工程，力争广播电视塔投入使用。

十、公共安全方面

完成县应急管理中心与公安指挥中心资源整合，加快县灭火应急救援中心建设。加快推进立体化、现代化治安防控体系建设，新增监控探头350只以上，社会面视频监控新增10%。健全应急处突机制，加强食品药品安全监管，切实保障“舌尖上的安全”。按照“全覆盖、零容忍、严执法、重实效”要求，突出交通、消防、特种设备、海洋渔业、危化、建筑等重点领域，开展制度化、常态化、长效化的安全生产检查和隐患整改，坚决防止重特大安全生产事故发生。

媒体摘要 Meiti zhaiyao

媒体摘要

联系群众得“掏心窝子”

群众路线是党的生命线和根本工作路线。“血肉联系”喊在嘴上群众不信，“鱼水情深”做个样子百姓不认，联系群众就是件“掏心窝子”的事，要的是实打实、心碰心。

干部只有身靠百姓更近，心贴群众更亲，把群众需求作为第一信号，把群众满意作为根本标准，才谈得上更好地为基层服务。干部应当多到基层“粘粘土”，多到 田间地头“听听牢骚”，置身群众之中，时刻把群众的需求作为自身工作的出发点，才能在工作中自觉为群众利益着想，做到将心比心为群众。

践行群众路线，应当坚持把问题导向贯穿活动始终，切实解决群众反映强烈的突出问题。干部必须善于发现问题，善于解决问题，有为民之心，更要出为民之力，要 有一股子“马上办、马上干、马上落实、马上解决”的“四马作风”，将解决问题落到实处。当然，这并不是要“风风火火”、一阵风地把事情草草处理完事，要的是把群众反映的问题在最短时间内制定实施最优政策措施，并取得群众最满意的效果。

一句话，只有真正解民难、排民忧，畅通联系服务群众的“最后一公里”，百姓心气儿才会顺畅，干群关系才会亲密起来，群众工作才能做到位。

（作者：詹立风　摘自《人民日报》2014 年 04 月 08 日第 18 版）

从谏如流 改过勿吝

坐在县委书记的位置上，我一直把“从谏如流，改过勿吝”作为自己的座右铭。在微博微信广泛运用，人人都有麦克风，个个都是评论员的时代，老百姓可以行使更多的参与权、表达权和监督权，党联系群众的载体和渠道变得更多更广。面对不同的群众声音，只有用广阔的胸怀来接纳，清醒的头脑来分析，足够的耐心来倾听，才能回应群众关切。

邓小平同志说过，“一个革命政党，就怕听不到人民的声音。”这个时代，不再是单一的舆论场，面对众说纷纭，倘若采取“鸵鸟”政策，一味的不听、不信、不做，对群众疾苦漠不关心，对群众呼声置若罔闻，对群众利益麻木不仁，显然不可取。我要求自己有“万民忧乐挂心头，一枝一叶总关情”的为民真情和无私胸襟，“真听声音”、“听真声音”，时刻站在群众的立场听声音、想问题、办事情。畅通群众诉求表达渠道，加强与群众真诚沟通，让群众真正从“门外”跨到“门内”，说上话，说到话。

面对众声喧哗，也不能一味迁就，全盘听取，需要学会“见貌辨色，聆音察理”，对各种声音加以理性思考、科学分析。群众形形色色，思想不同，文化不一，面对群众尖锐的言论，甚至是指责谩骂、无理取闹，既不能锱铢必较，更不能不闻不顾。对中肯的意见，认真对待、加以落实；对批评的建议，有则改之、无则加勉。同时，还要分清他们是多数人的意见还是少数人的意见，不能简单地将“麦霸”

等同于民意，考虑工作、采取决策应尽可能与公众主流意见一致，才能赢得群众更多“点赞”。

“知错就改，善莫大焉”，解决群众问题不能“拖泥带水”，不能只做“浮光掠影”的表面文章，贵在付诸实践。我要在工作中努力去解决群众反映最强烈、最关心的问题，做到“闻过则喜、闻过则改”。每“改”一次，就是一次“洗澡治病”，直至打通服务群众“最后一公里”。

“知屋漏者在宇下，知政失者在草野。”作为一个县委书记，只有身体力行，做到“从谏如流，改过勿吝”，才能真正以实际行动践行群众路线，党同人民群众的血肉联系才会更加牢固，党的执政根基才会更加稳固。

（作者：詹立风　摘自《群众》2014 年第 4 期）

坚持与群众感受“正向匹配”

民之所望、政之所向，提高人民群众的生活质量和水平是党和政府最大的责任。坚持党的群众路线，归根结底，就是要落实到为群众办实事、让群众得实惠上。这几年来，如东都把为民办实事作为政府年度工作的重点，一件一件抓推进、抓落实，不断提升工作成效和群众满意度。在具体工作过程中，注重让群众参与民生实事全过程，促进民生项目与群众期盼紧密相连、工作力度与群众感受度正向匹配，努力在办好民生实事中，走实群众路线。

项目让群众“说了算”。“春江水暖鸭先知”。群众最迫切、最直接、最现实的利益诉求，群众自己最清楚。为将民生实事办在群众的心坎上，在民生项目确定之初，如东本着“倾听群众声音、摸清群众想法、尊重群众意愿”的原则，坚持“从群众中来、到群众中去”，通过报纸电视、信件信箱、热线电话、网络媒体等途径，广泛征集群众意见，整理、筛选涉及就业、教育、卫生、社保、交通、环保等方面的民生项目，并同群众代表、社会各界人士代表进行座谈交流，力求政府每年重点推进的民生实事更贴近群众需求与期盼，争取群众理解和支持的最大“公约数”。

过程让群众“来监督”。牢记“人民政府的所有工作都要体现人民意愿、接受人民监督”，在民生实事工程实施过程中，织好“安全网”、念好“紧箍咒”、穿上“紧身衣”。加大民生项目财政支出的行政监察和审计监督，做到项目清、去向明；邀请人大代表、政协委员定期或不定期对项目情况进行督导检查，按季度组织群众代表对民生项目和部门工作实效进行民主评议，并对项目实施情况通过媒体进行公开。通过有力的内部监察和广泛的外部监督，将民生项目建设置于公开透明的阳光之下，努力将民生工程真正办成民心工程和廉洁工程。

成效让群众“看得见”。“干一寸胜过说一尺”。只有在实干中让群众得到看得见、摸得着的实惠，才能取信于民、凝聚民心。进一步突出责任落实，严格执行目标责任制，将为民办实事的项目内容、时间进度、牵头领导、实施主体，以政府文件形式细化分解，确保民生项目任务明确、责任落实、推进有效。进一步突出项目绩效,合理安排民生项目推进的时序和财政资金支持的重点，健全分类推进、综合协调、联席会办等机制，既把“锦上添花”的美事做得更优，更把“雪中送炭”的好事做得更实。进一步突出机制完善，将着眼长远建机制与立足当前办实事有机结合，围绕“补短、补软、补缺”，加快完善各类“保障”、“造血”长效机制，着力解决民生长远发展问题，努力兜牢底线、托稳民生，使广大群众能更加公平地共享公共服务、共享发展成果。

（作者：潘建华　摘自《新华日报》2014 年 4 月 15 日）

首批中学“国家安全教育示范基地”在江苏如东建立

图为：江苏省如东高级中学

2014 年 5 月 2 9 日上午，中国政策科学研究会国家安全政策委员会在江苏省南通市如东县为如东高级中学和栟茶高级中学“国家安全教育示范基地”授牌。这是国内首批在中学建立的“国家安全教育示范基地”。

中国政策科学研究会国家安全政策委员会为两所学校制订了专门的国家安全教育授课计划。据介绍，从 2014 年 6 月中旬起，军事科学院、中国社科院、中国工程院等单位的专家学者将开始到两校授课。授课内容将根据国家安全十一个领域，设立国家总体安全、传统安全、政治与文化安全、经济与资源安全、科技与信息安全、生态安全、核安全和时代使命与担当等课程。

中国政策科学研究会国家安全政策委员会名誉会长李金华表示，在新的历史时期加强青少年国家安全教育，培养青少年国家安全意识和社会责任感十分重要，希望广大师生正确处理好日常课程教育和国家安全教育的关系，通过日常教育启发、增强安全责任感，通过国家安全教育激发学生自主学习热情。

（作者：张免　摘自 2014 年 5 月 29 日新华网）

洋口港 LNG2014 年进口贸易额超 12 亿美元

新华网南京 1 月 11 日电（记者 朱旭东）记者从江苏省洋口港经济开发区获悉，落户洋口港的中石油江苏 LNG 项目去年接卸天然气 30 艘船 303 万吨，完成全口径财政收入 3.2 亿元。截至去年 11 月底，中石油江苏 LNG 项目累计进口贸易额超过 12 亿美元。

位于洋口港阳光岛的中石油江苏 LNG 项目，也是洋口港的启动项目。项目分三期建设，其中，一期工程总投资 63 亿元，接卸规模 350 万吨/年，年均供气 48 亿立方米；二期规模增至 650 万吨/年，年均供气 87 亿立方米，已于去年年底上报国家能源局核准；远期达到 1000 万吨/年，年均供气 135 亿立方米。

作为“西气东输”的配套工程和第二气源，中石油江苏LNG项目成功开辟中国海上油气新通道，洋口港已经成为我国接靠世界最大的 Q-max 型 LNG 船舶最多的港口。

（作者：夏鹏、李响　摘自 5 月 2 9 日新华网）

洋口港发力 江苏如东县借港城一体化跨越发展

图为：洋口港 LNG 工程

2013 年年底，江苏省省长李学勇站在如东洋口港 10 万吨级石化码头，连连感叹变化之大。近年来，随着南通创建陆海统筹发展综合配套改革试验区的推进，作为江苏如东核心战略资源的洋口港开发建设迎来新机遇，推动港城联动发展也成为 2014 年如东经济社会发展的头等大事。

发展大项目 力促临港产业集聚

30 多年前的洋口港还是如东一个偏辟的小渔村。当地主政者深知，如东最大优势在沿海，要发展必须放大资源优势，抢抓当前国际资本向长三角快速转移的机遇，借力跨越。2008 年，洋口港正式通航，由于地处长三角北翼、长江“黄金水道”和东部沿海“黄金岸线”的交汇之处，洋口港迅速发展成为江苏沿海能兴建 10 万吨至 30 万吨级的天然深水良港，依港而建的 10 平方公里临港工业区也在一片荒滩上初具规模。

“我们发展的是临港大工业，重点打造产业‘航空母舰’，力促临港产业集聚。唯有洋口港才能实现如东的跨越发展、转型发展和可持续发展。洋口港发展的春天来了。”如东洋口港经济开发区管委会主任潘友兵日前接受人民网记者专访时说。

“大项目”是开启洋口港跨越发展并形成集聚之势的主要抓手。潘友兵介绍，洋口港坚持走“大项目带动大产业，大产业带动大转型，大转型带动跨越发展”的发展线路，打造支柱产业链、产业群，促进优势产业向高端延伸，快速形成集聚效应。事实证明，大项目才有大产出。截至 2013 年 11 月底，仅中石油江苏 LNG 项目累计进口贸易额就超过 12 亿美元，占如东进出口贸易总额的 50.74%。

南通市洋口港开发建设领导小组第六次会议要求，要把全县优质资源向洋口港集聚，全方位支持港口建设。在产业方面，如东将洋口港产业定位在能源、石化、冶金、物流 4 大产业上。在招商引资方面，洋口港只瞄准国际大资本、世界 500 强、国有企业、上市公司、大集团，引进投资规模大、科技含量高、经济效益好、带动能力强的重大产业项目。

记者获悉，洋口港中石化洋口港化工品物流基地、台湾“中石化”产品基地、中石油成品油管库一体化、振戎洋口能源仓储等一批重大项目取得进展。远东石材产业园、南通科益化工、锦辰制动、博润生物、滨渡化工、海润沥青等一批在建项目有望今年投产。

加强配套 推进港城一体化建设

为提升项目的配套承载能力，洋口港今年还将围绕“工程配套投入不低于 10 亿元”的目标，使万吨级液化品码头、重件码头具备运营条件，加快 10 万吨石化码头主体完工，公共管廊带开工建设，启动万吨级液化品码头二期和 5 万吨液化品码头的前期工作，推进北航道 15 万吨级航道工程。

据潘友兵称，2014 年如东将把港城建设作为洋口港的头等大事来抓，加强港城商务配套、生活配套功能的软硬件建设。计划完成投入 8 亿～10 亿元，全力构建行政服务区、现代生活服务区、商务商贸活动区及医疗教育的配套功能区。主要包括完善道路、河道、管网、桥梁、绿化、供电等基础建设，加快污水处理厂、排海工程投入运行，配合做好洋口运河等级提升工程，实施洋口港火车站周边规划，加快城际快速通道和长沙路南伸北延工程建设，启动海启高速、通洋高速二期建设等。

下一步，洋口港将围绕 LNG 接收站远期规模达到 2000 万吨/年，和建立中石油洋口港成品油物流中心的目标，尽快落实推进计划；强势跟进台湾“中石化”、浙江三圆石化项目以及爱森聚丙烯酰胺等一批单体投资规模超 10 亿元的在手在谈重大产业项目；同时确保金泰轴承、豪威富钢管、杭氧空气化工、石材产业园等一批项目快速推进。

（作者：王继亮　摘自 2014 年 3 月 6 日人民网）

投资30亿元 国内最大工程机械合资项目在南通投产

图为：三一帕尔菲格生产的特种车辆装备

中国最大的工程机械中外合资项目——三一帕尔菲格特种车辆装备制造项目 28 日在南通如东工业园成功投产。

三一帕尔菲格位于南通市如东经济开发区，总占地面积 1000 亩，规划总建筑面积 27 万平米，总投资 30 亿元人民币，注册资本 6 亿元。由中国最大的的工程机械制造商三一集团有限公司与奥地利随车起重机制造商帕尔菲格于 2012 年合资成立，主要生产随车起重运输车、高空作业车、车厢可卸式垃圾车等特种车辆装备。

据介绍，项目正式投产后，预计 2014 年生产特种车辆 1350 辆，实现销售 3 亿元，计划 5 年内形成 1 万辆特种车辆的年生产能力。南通市委书记丁大卫称，该项目是南通沿海先进装备制造业的标志性项目，对长江经济带发展战略及深化江海融合开发、促进黄金水道与黄金海岸的优势互补具有重要意义，将带动当地产业加快转型升级，促进相关配套产业集聚发展，加快推动南通沿江沿海开发大发展。

（作者：王继亮　摘自 11 月 29 日人民网）

南通如东建立校办项目 催生体教结合新模式

面对县级少体校选拔运动员的路子越来越窄等难题，南通如东县积极创新思路建立县队校办项目，形成“一条龙”青少年业余训练网络。

体育训练形成“一校一品”

前几天的一个清晨，时钟刚刚走过 6 时，如东县岔河小学操场，一场激烈的足球对抗赛正在进行；如东德耀小学的若干片排球场上同样热气腾腾，30 多名小丫们正挥汗如雨；几乎就在同一时间，马塘小学的几块篮球场上，60 多名队员正在紧张地训练……

每天这一时刻，走进如东县各小学，几乎每个学校都有一支运动队紧张而热烈地晨练。“2006 年起，我县体教联手，县校联动，将原先的少体校训练队，办到了各个有传统体育项目的学校，建立篮球、排球、乒乓球、足球、射箭、击剑等 6 个县队校办项目和 9 所“县队校办项目学校”，目前已形成“一校一品”的良好格局：三大球在全市争金夺银，射箭等项目在全国大赛中屡获金牌，一批体育苗子输送到省市运动队。”如东县体育局副局长崔鹏说。

优秀运动队办到名校去

“近八年，我县累计向省级优秀运动队输送 25 名后备人才。利群小学被国家体育总局命名为“中国重点射箭运动学校”，岔河小学被南通市体育运动学校设立为首个校外训练基地。”这一切都归功县队校办这一模式。崔鹏介绍说。

“传统体育项目学校，体育特色学校，有浓郁体育氛围的学校，是“县队校办”项目的优先合作对象。”崔鹏告诉记者，如东县体育局对确定为“县队校办”项目的学校，加大资金投入，努力为学校运动队成特色、上档次、出成绩提供后勤保障，并施行考核和优进劣汰制度。经过8年发展，形成了以马塘小学的篮球，光荣小学、德耀小学的排球，岔河小学的足球，利群小学的射箭，石甸小学、潮桥小学的击剑，掘港小学、石屏小学的乒乓球等一批特色体育训练基地。

校办项目写进校本教材

县队校办的优势不仅仅是培养有特长的运动员，更重要的是将这些运动项目在全校学生中普及，成为“必修课”。德耀小学编写了校本课程《德耀小学排球校本教材》，与教学相结合，为学校排球特色可持续发展服务。马塘小学利用体育课、体育活动课、大课间活动等时间进行篮球基础教学活动，学校成立中心社团、篮球队预备队，班级建立兴趣小组。光荣小学每个班都有自己的排球队。利群小学3年级至6年级都有射箭队，队员们每天利用上课前和大课间各半个小时的时间开展训练。岔河小学积极探索校园足球工作模式，大胆进行课堂教学改革创新，开展“足球进课堂”活动，班班都有足球队已成为全县阳光体育和素质教育的亮点。

体育文化植根校园文化

“足球是岔河小学的特色体育项目，即使遇到下雨天，这里的足球课也不断，学校组织学生在室内观看足球比赛与训练片段。”该校负责人介绍，如今陈朔等学生已入选南通少儿足球队，并在去年全国足球夏令营比赛获少儿乙组第一名，陈朔个人获得金奖。甘凯、顾任珺、黄蒋大亚代表珂缔缘足球俱乐部多次参加省、全国比赛获得少儿组冠军，2012年、2013年暑期去韩国受训，多名球员受到恒大足球学校的关注。光荣小学的排球文化墙，掘港小学的乒乓文化长廊，马塘小学的“篮球周”……成为学校文化的品牌，越来越多的师生家长，认识到体育具有的强身健身、磨炼意志、享受生活、增进友谊的特点。

“会玩的孩子，学习成绩也差不了。”崔鹏举例说，像马塘小学篮球队的主力阚超、阚越兄弟俩，在小升初素质考试中分别考出315分、317分的高分。今年该校小升初素质考试，成绩前十名的考生中，篮球队队员占了4人。

（作者：王全立　摘自2014年11月28日人民网）

如东建全国最大条斑紫菜生产基地产值逾10亿元

记者7月3日从如东县海洋与渔业局获悉，截至目前，如东县年产鲜条斑紫菜8万多吨，条斑干紫菜20.28亿张左右，分别占江苏省的44%和37%，年创产值10亿多元。

如东县是全国最大的条斑紫菜养殖加工出口基地，目前拥有条斑紫菜育苗室16.4万平方米，育苗企业105家，条斑紫菜栽培面积14.28万亩，养殖企业107家，一次加工生产线176台套，二次加工生产线39条，紫菜加工及配套企业130多家，全县形成育、养、加、销等配套较为完整的产业化体系，从事紫菜栽培、运输、加工、销售人员达2.5万人，成为全县支柱产业和沿海渔农民增收的主要途径。全县条斑紫菜出口50多个国家和地区，生产规模、产业化程度、产量、产值，在全国条斑紫菜产业体系同级行政区域中均名列前茅。

（作者：曹玉林　摘自2014年7月3日央广网）

港城一体　宜居如东

图为：洋口港黄海大桥

上世纪80年代，科学家们在江苏如东沿海的辐射沙洲中找到了一条直通太平洋的深水航道，由此如东人为了一个“东方大港”的梦想开始了不懈努力。经过几十年坚定不移地付出，洋口港自正式通航以来累计停靠LNG船81艘，数量国内之最，2013年创造外贸进出口额13亿元。围绕洋口港这座30万吨级的深水大港，如东在南通陆海统筹发展的规划中以“江苏沿海开发第一县”为目标，以港口开发为重点，以产业集聚为方向，以基础设施配套为支撑，以城镇建设为依托，依港建城，港城一体，一个面向国际、接轨上海、连通长江、服务中西、带动苏北的宜居如东正在黄海边惊世崛起。

港口建设——港城一体的基础

港口建设是发展港口经济的必要条件，通过港口航道、载体平台、疏港通道等重大基础配套设施等方面的投入，洋口港力图打通陆海统筹发展关键环节，促进港区从单一基础功能向具有多种服务功能的现代园区转变。

利用政府引导、市场运作、多元投入的模式，洋口港现已建成一座3平方公里的离岸人工岛、12.6公里长的黄海大桥和10.7公里的管线桥，10万吨级石化码头年内即可投入使用。临港工业区内道路、水系、供电线路以及污水处理厂等基础配套基本到位，今年年底海关、海司、边检等将完成进驻工作，正式实现一类口岸对外开放。未来，这里还会按照规划完成海上作业区和三条不同级别的航道建设，全部建成后可设置万吨级泊位100多个，配套的工业园区、物流园区、港口新城区和旅游度假区也将按照规划逐步有序到位。

产业集聚——港城一体的纽带

产业开发与集聚是实现由港到城的关键，如东按照“项目—产业—集群—基地”的发展路径，根据洋口港的区位特点，围绕现代新兴产业，确立了以能源、石化、冶金和现代物流为一体的“3+1”发展格局，通过引进一批龙头型、科技型、关键型产业项目催生产业集聚，致力打造江苏沿海重要的冶金基地、全国绿色能源基地、具有国际水准的现代化石化基地和长三角重要的物流中心。

2013年，如东全县实施亿元以上项目190个，吸引了赛得利、三一重工、中石化、中石油、巴斯夫等一批企业落户，已落户项目总投资超过1000亿元。今年4月，全国首家汽车半导体公司大唐恩智浦半导体有限公司投入运营，计划在如东打造中国的汽车电子硅谷。法国爱森、中天科技渔光互补光伏发电、中石油LNG接收站二期等重点产业项目今年也相继开工。而作为中国绿色能源之都，如东依靠风电、太阳能发电、生物质发电等绿色能源的立体式推进，在全国率先建成“百万千瓦风电县”，累计并网发电总量超过62亿千瓦时。

新城开发——港城一体的实现

产业的集聚带来了人流、物流、资金流等的集中，而要想通过产业真正带动城市发展，就必须加快科教文卫的配套建设。2013年，洋口港新城区综合商务大厦、联检大楼，区域供能中心，洋口港十大城市工程顺利开工。2014年，洋口港将全面启动新城区要素型项目，投资700多亿元全力打造现代生活区、行政服务区、商务商贸区和医疗教育区四大板块。按照“一心两轴三核”的城镇发展空间布局以及“南优、北拓、西控、东储”的空间发展模式，洋口港73平方公里的港城框架已全面拉开，“港产城”融合发展的局面已初步形成。

（作者：张伟伟　摘自2014年6月30日《中国县域经济报》）

大事回眸 2011年 Dashi huimou

大 事 回 眸

（2011 年）

1 月

★4 日，如东县总工会召开十五届四次全委（扩大）会议，动员全县广大职工围绕中心，服务大局，为实现县委、县政府工作目标作出新贡献。县委常委、纪委书记陈跃生对县总工会 2010 年的工作给予充分肯定，他要求各级工会组织更好地承担党联系职工群众的桥梁纽带、职工权益的代表者和维护者的职责；进一步使职工群众切实感受到党的关怀与温暖；为推进工会工作创新发展提供有力支撑。副县长姜晓静参加会议。

★5 日，如东县人大常委会副主任徐志平、杨成泉率领相关工作人员，前往县行政中心和雷迪森大酒店，检查两会期间的会场准备和人大代表的食宿安排等情况。

★5 日，如东县召开海洋渔业安全生产监管工作现场会，副县长于立忠要求各地、各部门加强组织协调，强化整体联动，扎实推进海洋渔业安全生产监管工作规范化。

★6 日，政协如东县第十三届委员会第四次会议开幕。县委书记周铁根致开幕词，县政协副主席桑圣权作提案工作报告。会议应到委员 274 名，实到委员 262 名，符合法定开会人数。会议由县政协副主席童玉林主持。出席大会的有县委、县人大、县政府领导，县四套班子老领导、县政协历届秘书长，县级机关各部门和有关单位的主要负责人，各镇党委书记列席会议。应邀全程列席本次大会的有驻如东的南通市政协委员，如东县各镇党委分管党务、统战的副书记，政协各参加单位的主要负责人，县政协机关干部。

★6 日，如东县政协召开十三届十九次常委会议，协商增补县政协委员事宜。县政协领导王志荣、童玉林、桑健、余科、桑圣权、周福林，秘书长於小卫出席会议。

★6 日，如东县十五届人大四次会议召开秘书处全体工作人员会议，县人大常委会副主任徐志平出席会议，他要求全体工作人员统一思想认识、明确工作职责，以饱满的热情、务实的作风，扎实做好各项服务工作，确保圆满完成大会各项议程。

★7 日，如东县第十五届人民代表大会第四次会议开幕。会议听取了县长詹立风所作的《政府工作报告》；听取了县发改委主任潘友兵《关于如东县 2010 年国民经济和社会发展计划执行情况和编制 2011 年国民经济和社会发展计划（草案）的报告》；听取了《关于“十二五”规划纲要（草案）编制情况的报告》；听取了县政协副主席、财政局局长余科《关于如东县 2010 年财政预算执行情况和编制 2011 年财政预算（草案）的报告》。县人大常委会主任张桂英主持会议。本次大会的执行主席是周铁根、张桂英、潘建华、任新峰、邱荣林、张正权、卜其银、吴春华、陈斌、周潮清、周载群、谢骏、胡斌、石磊。参加县政协第十三届如东县委员会第四次会议的政协委员、县级机关各部门主要负责人，以及曾在县四套班子任职离休后享受地市级政治生活待遇的老领导、老干部列席了会议。

★7 日，如东县第十五届人大第四次会议举行主席团第一次会议，确定大会主席团常务主席为周铁根、张桂英、徐志平、杨成泉、沈更生、蔡瑞平、冒亚平。会议由县人大常委会主任张桂英主持。县委书记周铁根在会上作重要讲话，他要求主席团全体成员高度重视，认真听取、审议“一府两院”的工作报告和“十二五”规划纲要（草案），积极建言献策，凝心聚力，负重拼搏，引导人大代表积极履行好权利，确保圆满完成大会各项任务。

★7 日，如东县第十五届人大第四次会议召开各代表团带队人员会议，要求进一步统一思想，明确大会任务和会议纪律，确保会议各项议程顺利进行，圆满完成大会各项任务。县人大常委会主任张桂英主持会议，她通报了这次会议的指导思想、重要任务和主要特点。县人大常委会副主任，各团带队人员参加会议。

★7 日，如东县第十五届人民代表大会第四次会议举行预备会议。会议报告了县第十五届人大第四次会议代表和县人民政府副县长变动的相关情况，表决通过了大会议程（草案）、大会主席团和秘书长名单（草案）、大会议案审查委员会名单（草案）、大会计划与预算审查委员会名单（草案）。会议由本次大会秘书长、县人大常委会副主任徐志平主持。

★8 日，如东县政协第十三届委员会第四次会议举行第二次大会。8 位委员分别围绕如何推进如东县沿海大开发，做强文化产业，加快建设现代农业，促进中小型企业转型升级，积极推进基本药物制度的实施等问题建言，积极参政议政。县委书记周铁根对委员们的提案给予高度肯定，他说，提案真正体现了委员们强烈的社会责任感和对如东经济社会发展的关心、关注，希望委员们借助普遍的代表性，影响广大的人民群众，共同参与未来如东的建设和发展。县领导潘建华、顾淑英、徐守宏、刘才盛、于立忠、姜晓静、卢瑞华、洪大林、蒋树建出席会议。

★8 日，中共如东县委书记周铁根参加双甸代表团讨论活动。周铁根认真听取了双甸代表团对县政府序列三个报告和“十二五”规划纲要（草案）的审议，并与代表们就经济社会发展大计进行了深入交流。周铁根最后希望与会代表充分发挥自身的影响力，大力宣传会议精神，以进一步统一全县上下的思想认识，齐心协力把如东建设好、发展好，奋力开创经济社会发展的崭新局面。县委常委、政法委书记陈建华参加讨论。

★8 日，如东县人大常委会主任张桂英到曹埠代表团，听取代表讨论县政府序列三个工作报告和“十二五”规划纲要（草案）以及对县政府工作的建议、意见。张桂英同时要求相关挂钩部门一如既往，全力以赴地为曹埠镇发展提供服务。代表们还认真拟写议案和建议、批评、意见，并讨论了大会选举办法（草案）。

★8 日，出席如东县十五届人大四次会议的代表集中视察城市交通建设的新变化。县人大常委会主任张桂英及县领导周建飞、徐志平、杨成泉、沈更生、蔡瑞平、冒亚平等参加了视察活动。

★8 日，如东县县长詹立风参加掘港代表团的讨论。他要求掘港镇充分发挥地处县城的优势，自我加压，确定好今年的发展目标，力争各项工作在全县起到引领作用。县领导童玉林参加讨论。

★8 日，如东县政协召开十三届二十次常委会，听取各组对县委领导开幕讲话、常委会报告和提案工作报告讨论情况的汇报；听取各组提案、社情民意初审情况的汇报；讨论《大会决议》（草案），提交各小组讨论；协商选举办法，酝酿提名增补副主席候选人和政协常委候选人，提交各小组讨论。县政协副主席王志荣、童玉林、桑健、桑圣权出席会议。

★9日，中共如东县委书记周铁根参加苴镇代表团讨论，寄语与会代表抢抓区镇一体化机遇，发挥优势，创新开拓，真正把如东经济开发区打造成新的经济增长板块，为“推进现代化、建设新如东”增添更大的贡献份额。

★9日，如东县第十五届人大第四次会议举行第二次大会，会议听取了县人大常委会、县人民法院、县人民检察院的工作报告，表彰了优秀代表建议和优秀承办单位，通过大会选举办法（草案）。县人大常委会主任张桂英作县人大常委会工作报告。本次会议的执行主席是，杨成泉、沈更生、冒亚平、陈跃生、陈昌龙、陆锡泉、丁越、高春明、张卫东、樊重念、周春霖、施永平、姜建新、戴威威、龚建新。

★9日，如东县第十五届人民代表大会第四次会议召开主席团第三次会议。会议由县人大常委会党组书记、大会主席团常务主席张桂英主持。会议听取了各代表团对大会六个工作报告和“十二五”规划纲要（草案）审议情况的汇报。会议还听取和通过了计划与预算审查委员会主任委员杨成泉所作的《关于如东县2010年国民经济、社会发展计划和财政预算执行情况及2011年国民经济、社会发展计划和财政预算（草案）的审查报告》（草案）；听取了议案审查委员会主任委员徐志平所作的议案审查的报告（草案）；讨论了大会各项决议（草案）。县政府正、副县长，法院院长、检察院检察长、发改委主任、财政局局长、各代表团团长列席会议。

★9日，政协如东县第十三届委员会第四次会议圆满完成各项议程后胜利闭幕。县政协副主席冯力如宣读了《中国人民政治协商会议第十三届江苏省如东县委员会第四次会议决议》。全体与会委员经过认真审议，以举手表决的方式通过了大会决议。县政协副主席余科作闭幕讲话。出席闭幕大会的有县委、县人大、县政府领导，县四套班子老领导，县政协历届秘书长，县级机关各部门和有关单位的主要负责人，各镇党委书记列席会议，应邀列席大会的还有在如东的市政协委员，各镇党委分管党务、统战的副书记，政协各参加单位的主要负责人，县政协机关干部。

★9日，政协如东县第十三届委员会第四次会议举行第四次大会，进行大会选举。县政协副主席童玉林宣读《政协如东县第十三届委员会第四次会议选举办法》。经出席会议全体委员举手表决通过，补选冯力如为政协如东县第十三届委员会副主席，吴风俊为政协如东县第十三届委员会常务委员。大会由县政协主席徐建华主持。

★10日，如东县第十五届人民代表大会第四次会议圆满完成预定的各项议程胜利闭幕。会议以无记名投票方式，选举周铁根为县十五届人大常委会主任。县委书记、县人大常委会主任周铁根发表重要讲话，周铁根对张桂英在县人大常委会工作11年来所作的贡献表示感谢，他希望常委会组成人员和全体代表一如继往地支持她的工作，认真听取她的意见和建议，努力把工作做好，在推进经济社会发展和加强常委会自身建设方面取得更大成绩。周铁根同时表示，将不遗余力地履行好县委书记和县人大常委会主任双重职责，统筹好县委和县人大两方面的工作，紧紧依靠全体人大代表和全县人民，为“推进现代化、建设新如东”做出自己应有的贡献，不辜负组织的重托和全体代表的殷切希望。本次大会的执行主席是徐志平、蔡瑞平、周建飞、陈建华、蔡建华、潘金环、赵美祥、顾建国、钱汉东、陆美蓉、翁仕英、管怀虎、王亚平、黄继石、施新民。

★10日，如东县召开全县广播电视工作汇报会，县委书记、县人大常委会主任周铁根寄语广电人围绕中心，关注民生，全力打造人民满意的广电新形象。会议由县委常委、宣传部部长陈昌龙主持。县长詹立风、县人大常委会党组书记张桂英、县领导冒亚平、姜晓静、桑圣权出席会议。

★10日，如东县第十五届人民代表大会第四次会议召开主席团第四次会议，听取各代表团对议案审查报告、各项决议草案及酝酿候选人的意见。会议确定了正式候选人，并通过了监票人名单（草案）。县人大常委会党组书记、大会主席团常务主席张桂英主持会议。

★10日，如东县召开2011年度全县安全生产工作会议暨贯彻国务院23号文件动员大会，县长詹立风要求各地各部门认真学习贯彻《国务院关于进一步加强企业安全生产工作的通知》精神，狠抓各行业的安全监管工作，确保全县安全生产工作落到实处。副县长刘才盛希望相关部门高度重视，要注重严格执法与加强服务相结合、全面检查与重点监管相结合，增强安全监管工作的实效，同时加强企业主责任体制，进一步推动安全生产工作的扎实开展。大会表彰了2010年度全县安全生产工作先进单位和个人。会议由县委常委、常务副县长顾淑英主持，县领导于立忠、姜晓静、卢瑞华出席会议。

★10日，如东县十五届人大四次会议召开第三次大会，会议由县人大常委会副主任蔡瑞平主持，县人大常委会副主任徐志平作大会议案审查报告（草案）。全体代表经过认真审议通过了《关于如东县人民政府工作报告的决议》；通过了《关于如东县国民经济和社会发展第十二个五年规划纲要的决议》；通过了《关于如东县2010年国民经济和社会发展计划执行情况与2011年国民经济和社会发展计划的决议》；通过了《关于如东县2010年县级财政预算执行情况与2011年财政预算报告的决议》；通过了《关于如东县人大常委会工作报告的决议》；通过了《关于如东县人民法院工作报告的决议》；通过了《关于如东县人民检察院工作报告的决议》。

★11日，中共南通市委常委、组织部部长郭腊军在中共如东县委书记、县人大常委会主任周铁根，县委副书记潘建华，县委常委、组织部部长任新峰的陪同下，先后到建设中的洋口港和县规划展览馆，详细了解洋口港区发展规划、建设进程、特色产业发展以及如东县城市建设等情况。

★11日，如东县召开全县基层单位创设监督委员会工作推进会议，2011年春节前，如东县基层单位将全面完成监督委员会建设。县委常委、纪委书记陈跃生要求广大基层单位高点定位、用心谋划、规范运作、雷厉风行，务必于春节之前全面完成建设工作。县教育局和丰利镇相关负责人作了试点经验汇报。

★11日，如东县召开网吧“单改连”安全生产工作会议，从本月下旬开始，如东县将利用3个月的时间，使全县57家个体经营网吧转化为连锁经营门店，实现规模化、连锁化、品牌化发展。副县长姜晓静希望网吧业主积极响应，优化管理举措，提升网吧行业形象；相关部门要扶持一批有实力并能承担社会责任的大型网吧连锁企业。

★12日，如东县召开深入学习十七届五中全会精神大党课暨农村党员干部冬训动员大会，县委书记、县人大常委会主任周铁根号召全县广大党员干部，深入贯彻落实科学发展观，按照县委十二届十三次全会和县十五届人大四次会议作出的部署，开拓创新，实干苦干，争先进位，推动“十二五”良好开局。会议由县委副书记、县长詹立风主持，就认真组织开展好今年的冬训工作，他要求高度重视，精心组织；严格要求，确保实效；结合实际，放大成效。县领导张桂英、潘建华、顾淑英、陈昌龙、任新峰、蔡建华、于立忠、姜晓静出席会议。市委宣讲团、南通大学法政与管理学院党委书记臧乃康教授为与会人员作专题辅导。各镇（区）、村（居）设分会场收看了大会实况。

★12日，江苏省交通工程建设局副局长黄健、缪玉玲到如东县视察通洋高速公路建设筹备情况。

★12日，南通市考核组一行到如东县检查党政领导科技进步与人才工作目标责任制落实情况，认为如东县委、县政府的决策、举措务实，有前瞻性，科技与人才工作能够狠抓落实，紧跟大局。县长詹立风汇报了2010年如东县科技进步与人才工作目标责任制的落实情况。县委书记、县人大常委会主任周铁根到会并讲话，他说，“十二五”期间，如东县将进一步抓好和落实科技进步与人才工作，大力实施“科技驱动”战略，努力提升科技与人才对如东县经济发展的贡献份额，加快转型升级进程。县领导潘建华、任新峰、刘才盛出席会议。

★12日，如东县召开全县行政服务工作会议。县长詹立风对2010年如东县行政服务工作取得的新业绩表示充分肯定，要求行政服务中心加强服务体系建设，强化权力监督，全力构建阳光中心，打造如东投资环境的新形象，全力推进行政服务的各项工作。县委书记、县人大常委会主任周铁根出席会议，他要求行政服务中心要深化对行政服务工作重要性的认识；行政服务工作要以新的举措来提升行政服务工作；要加强窗口建设，加强协调配合，加强监督检查，以新的合力来保障行政服务工作。县委常委、常务副县长顾淑英参加会议。

★12日，南通市委宣讲团成员、南通大学教授臧乃康到如东县作十七届五中全会精神专题报告。如东县委常委、宣传部部长陈昌龙主持报告会。他要求各镇（区）认真组织广大党员干部深入学习、深刻领会和全面把握全会精神实质，精心组织，切实抓好宣讲工作。县领导潘建华、蔡建华出席报告会。

★13日，如东县召开全县城乡规划委员会第一次会议就县城泰山路东侧等8个重点规划进行了专题讨论。县长詹立风强调，今年，如东县将按照统筹城乡发展的要求，全面推进城乡规划体系建设，推进村庄和农民集居点规划建设。围绕新版《中华人民共和国城市规划法》总规和控规要求，统筹项目安排，要坚持以新版规划为执行依据，确立规划执行的刚性。县领导蔡瑞平、于立忠、姜晓静、童玉林出席会议。

★13日，中共如东县委副书记潘建华、副县长姜晓静带领相关部门负责人，赴苴镇慰问了当地低保户、优抚对象、百岁老人、老党员、特困职工等弱势群体，给他们带去节日的问候。

★13日，江苏省脱贫攻坚工程验收组在省委农工办扶贫开发处调研员季仲新的带领下，对如东县脱贫攻坚工程进行验收。验收组认真听取了中共如东县委常委、纪委书记陈跃生关于如东县脱贫攻坚工作情况的汇报，并深入大豫、丰利、栟茶三镇实地察看脱贫攻坚情况。副县长于立忠陪同验收。

★13日，江苏省如东沿海经济开发区邀请区内64位企业业主座谈，县委常委、沿海经济开发区党工委书记陈建华要求区内企业加快转型升级步伐，勇担社会责任，共同把园区建设成为江苏沿海最具活力、最有潜力的经济增长极。

★14日，如东县召开2011年“扫黄打非”工作电视电话会议。县委副书记潘建华要求以强烈的责任意识，抓好打击政治性非法信息的出版与传播，肃清淫秽色情等音像制品的制售，扫除假出版物、假记者和记者站、假新闻，遏制侵犯知识产权的盗版行为等四项工作。县委常委、宣传部部长陈昌龙主持会议，副县长姜晓静出席会议。

★14日，中共如东县委常委、常务副县长顾淑英带领相关部门负责人前往岔河镇，给该镇敬老院老人、新中国成立前入党的老党员、百岁老人及低保户，送去节日的问候。

★14日，江苏省总工会副主席张鸿生、省总工会组织部副部长李林森到如东县慰问特困职工和困难省劳模，为他们送去节日的温暖。县委常委、纪委书记陈跃生，副县长姜晓静陪同慰问。

★14日，2010至2011年度如东县党员冬训助农大集暨集中“三下乡”活动启动仪式在栟茶中学体育馆内举行。中共南通市委宣传部副部长黄振平充分肯定了如东县冬训所取得的实效，他希望如东县今后进一步丰富冬训和“三下乡”的内容和形式，实实在在丰富农村精神文化生活，构建社会主义和谐新农村。中共如东县委常委、宣传部部长陈昌龙宣布党员冬训助农大集暨集中“三下乡”活动正式启动，县政协副主席桑圣权出席启动仪式。

★15日，如东县召开市政交通建设工作会议。县长詹立风出席会议，他对如东县市政、交通工作取得的成绩给予充分肯定，要求相关部门要加快推进城市和交通基础设施建设；要分阶段、分步骤确定工作量，严密组织实施，强势推进。县领导蔡瑞平、于立忠、童玉林出席会议。

★17日，如东县组织收看中纪委、中组部“严肃换届纪律 保证换届风清气正”视频会议实况。县委书记、县人大常委会主任周铁根，县委常委、纪委书记陈跃生，各区党工委书记、镇党委书记、部分镇镇长参加了会议。周铁根要求县、镇两级党组织认真贯彻落实这次视频会议精神，高度重视和防范换届工作的不正之风，结合实际制订实施方案，要在党委的领导下，切实履行职责，并加强与纪检机关配合，坚持教育、警示、预防在先，做到严明纪律、严肃教育、严格监督、严厉查处，用铁的纪律确保换届工作顺利进行。

★17日，中共如东县委书记、县人大常委会主任周铁根到双甸镇曙光村的南通鑫盛生猪养殖有限公司和养殖场负责人面对面聊养猪，话发展。周铁根还看望慰问了双甸镇百岁老人、老党员和贫困学生代表，并给镇敬老院的老人送去党和政府的关心和温暖。县政协副主席余科陪同调研、慰问。

★17日，如东县人大常委会党组书记张桂英、副县长刘才盛一行前往曹埠镇，慰问贫困户和孤寡老人，并送上慰问金和慰问品。

★17日，中共如东县委常委、宣传部部长陈昌龙，县政协副主席桑圣权与组织部、宣传部、民政局等部门负责人，专程赶到袁庄镇，亲切看望和慰问老党员和特困群众代表。

★17日，中共如东县委常委、宣传部部长陈昌龙与袁庄镇部分骨干企业老板进行“面对面”的对话。他提出，党委、政府及各相关部门要用服务的提质增效助推企业又好又快发展。县领导桑圣权参加了活动。

★17日，如东县领导陈建华、童玉林带领民政、教育、人社等部门的工作人员，赴洋口镇慰问困难群众和百岁老人。

★17日，如东县洋口镇召开创先争优总评会，中共如东县委常委、政法委书记陈建华充分肯定了洋口镇前期创先争优活动和公开承诺环节取得的实效，要求该镇把创先争优作为服务群众的经常性机制，多办群众欢迎的实事好事，充分调动党员干部的积极性，利用党组织和党员创先争优来带动整个单位，使党组织和党员的争创目标与本单位的发展目标相统一。陈建华还与县政协副主席童玉林前往洋口镇狼山鸡场调研党员冬训工作。

★17日，如东县召开全县服务业部门工作会议，副县长刘才盛要求各部门、各单位坚持高点定位，真抓实干，奋力开创服务业发展的新局面，不断提升服务业对全县经济社会发展的贡献份额。县政协副主席桑健出席会议。

★17日，如东副县长于立忠、县检察院检察长顾祖林前往农村冬训活动挂钩联系点大豫镇，调研水利基本建设情况。

★17日，如东县召开学校红十字工作会议。副县长姜晓静参加会议，她要求相关单位齐抓共管，结合学校实际强化活动，同时不断提升学校红十字工作者的素质水平，提高创新工作的能力，推动如东县红十字教育有序高效进行。

★17日和18日，如东县人大常委会副主任杨成泉带领教育、人社、计生等相关部门负责人，慰问了丰利镇的特困户、军转干部、百岁老人、困难学生等，给他们带去节日的问候，并送上慰问金和慰问品。

★18日，中共如东县委书记、县人大常委会主任周铁根，县长詹立风等四套班子领导向县慈善会捐款，用实际行动倡议社会各界人士关爱困难群众和弱势群体。

★18日，如东县政府与中国民生银行南通分行举行中小微企业融资合作签约仪式。县长詹立风和中国民生银行南通分行行长张静共同签署了合作协议。县委常委、常务副县长顾淑英出席签约仪式。

★19日，如东县长詹立风到掘港镇走访特困家庭和敬老院，问疾苦、嘘寒暖，为弱势群体送去党和政府的浓浓关爱；深入企业调研，询发展大计，解发展难题，使企业进一步坚定了加快发展的信心和决心。

★19日，由南通市城乡建设局副局长何益军带领的考核组一行，对如东县2010年度区域供水工作进行考核。考核组对如东县2010年度区域供水工作给予充分肯定，希望如东县围绕区域供水全覆盖的要求，整合现有水厂资源，强化项目工程管理，把这项民心工程办实办好。副县长于立忠参加了活动。

★20日，如东县领导潘建华、陈建华、蔡瑞平、余科慰问了部分原四套班子老领导，给他们送去慰问金以及新春的祝福。

★20日，中共如东县委常委、常务副县长顾淑英，带领县发改委、监察、安监、总工会和公安等部门负责人，冒雪前往马塘镇和如东经济开发区检查节前安全生产工作。

★20日，中共如东县委常委、县人武部政委蔡建华，县人大常委会副主任徐志平带领县法院、民政等部门的负责人，到河口镇慰问老人，为他们送上了慰问金及御寒物品。

★20日，如东县副县长姜晓静带领公安、工商、教育卫生等部门的负责人，到河口和袁庄两个镇检查安全生产工作。姜晓静要求相关部门加大春节前交通安全、食品安全及烟花爆竹的检查监管力度，确保群众过一个安全、文明、祥和的春节。

★21日，如东县副县长于立忠带领相关部门的负责人到大豫镇检查节前安全生产。于立忠要求各地各部门从稳定发展大局的高度，牢固确立安全第一的理念，严格按照属地负责的原则，严格排查隐患，落实整改措施，同时制订应急预案，加大执法力度，确保社会平安、人民群众财产安全。

★21日，如东县副县长、县公安局局长卢瑞华带领安监、经信委等部门的负责人，到新店、岔河、双甸三个镇开展节前安全生产检查。卢瑞华要求各镇加强对所管辖生产经营单位的巡查监管，加大对道路交通安全、特别是危桥、重点路段的巡查力度，并督促生产经营单位做好自身安全隐患的排查，确保安全无事故。

★22日，中共如东县委常委、政法委书记陈建华到沿海经济开发区，亲切慰问驻守在这里的公安、武警和消防部队官兵。

★22日，如东县领导于立忠、王志荣走访

慰问了邱荣林、何瑞虎、徐汝舟、陆锡泉、吴剑坤、王祖光等原四套班子老领导。

★23日，中共江苏省省委常委、组织部部长石泰峰，副省长史和平在南通市委书记罗一民、市长丁大卫、如东县委书记周铁根、县长詹立风的陪同下，专程前往如东县马塘镇，走访慰问部分大学生村官、优抚对象、敬老院老人及老党员，向他们送去新年的祝福。江苏省省交通运输厅、总工会、经信委、民政厅负责人，南通市委常委、组织部部长郭腊军，市委常委、市委秘书长黄巍东，市人大常委会副主任陆玉明，如东县领导潘建华、任新峰、于立忠等陪同慰问。

图为：江苏省领导石泰峰、史和平在南通市领导罗一民、丁大卫、如东县领导周铁根、詹立风的陪同下，专程前往马塘镇走访慰问

★23日，省交通厅厅长游庆仲在县委书记周铁根、县长詹立风的陪同下，视察如东县交通工作。周铁根表示，如东县将把交通工作作为一项重点工作来抓，力争通过3至5年时间，打造全市交通状况最好的县份。

★23日，中共如东县委书记周铁根在洋口港开发建设前线指挥部办公会议上强调，今年要继续强势推进洋口港“三大会战”，确保洋口港开发建设顺利推进。县长詹立风，县领导潘建华、周建飞、顾淑英、沈更生、洪大林、桑健等出席会议，并听取了洋口港太阳岛及临港工业区一期规划建设情况、10万吨级石化码头项目配套用地相关情况等汇报。

★23 日，如东县举行各界人士迎春茶话会，县委书记、县人大常委会主任周铁根，县长詹立风等县领导和全县各界人士欢聚一堂，畅叙深厚友情，共话如东发展。县领导潘建华、沈更生、姜晓静、王志荣、童玉林、桑健、桑圣权、冯力如参加茶话会。

★23日，中共如东县委书记、县人大常委会主任周铁根，县委常委、常务副县长顾淑英，县政协副主席冯力如亲切看望慰问了县四套班子部分老领导，祝他们新春愉快、健康长寿。

★23日，如东县副县长于立忠带领相关部门的负责人，赴大豫镇慰问了当地的新中国成立前老党员，百岁老人，见义勇为积极分子和敬老院的老人，向他们送去节日的问候。

★24日，全国政协培训基地暨江苏如东特奥运动综合训练基地项目在中天黄海大酒店正式签约，在未来5年如东县将建成全国政协培训基地和特奥运动综合训练基地。中共如东县委书记、县人大常委会主任周铁根向香港东部集团国际投资有限公司董事局主席丁勇介绍了如东县近年来的经济发展状况。县领导潘建华、刘才盛出席签约仪式。

★24日，中共如东县委常委、洋口港经济开发区党工委书记周建飞慰问了长沙镇敬老院的孤寡老人、新中国成立前老党员和部分低保户，向他们送去慰问品以及党和政府的关怀。

★24 日，如东县召开 2011 年全县教育行政工作会议。副县长姜晓静充分肯定了“十一五”期间教育教学工作取得的喜人成绩，就“十二五”开局之年全县的教育工作进行了部署。县委常委、宣传部部长陈昌龙出席会议，并强调在推进现代化，建设新如东的重要节点上，教育系统要继续弘扬“四个特别”的如东教育精神，实现教育科学可持续发展。县领导冒亚平、桑圣权参加了会议。

★24日，如东县召开全县粮食工作会议。副县长刘才盛充分肯定了全县粮食系统近年来取得的成绩，要求如东县粮食系统加大粮食购销调控力度，确保粮食稳定供给，推进粮食产业转型升级，加强粮食基础设施建设，有效提高粮食流通现代化水平。县领导杨成泉、王志荣出席会议。

★25日，“快达”中国驰名商标揭牌仪式暨利尔化学和快达农化重组成功庆祝宴会在雷迪森大酒店举行，中共如东县委书记、县人大常委会主任周铁根与四川久远投资控股集团总经理、利尔化学股份有限公司董事长黄晓忠共同为中国驰名商标——“快达”揭牌。县委副书记、县长詹立风在揭牌仪式上致辞。揭牌仪式由县委副书记潘建华主持。县人大常委会党组书记张桂英等四套班子领导参加了活动。

图为：“中国驰名商标”奖牌（江苏快达农化股份有限公司持有）

★25日，如东县县长詹立风，县委常委、宣传部部长陈昌龙，县人大常委会副主任徐志平、副县长刘才盛、县政协副主席桑健亲切看望慰问了四套班子部分老领导，祝他们新春愉快、健康长寿。

★25日，如东县红十字会会长、副县长姜晓静一行，带着价值5万元的救助物资到大豫镇一门闸村，向在2010年7月龙卷风中受灾的村民送去温暖。

★26日，如东县第十五届人大常委会召开第二十二次会议。会议表决通过了关于接受周载群、周春霖、戴威威、管怀虎辞去县十五届人大常委会委员职务请求的决定；表决通过了县人大常委会主任周铁根提请的《县人大常委会关于提请张卫东等同志职务任免的议案》、县长詹立风提请的《县政府关于提请许建等同志职务任免的议案》；表决通过了2011年接受人大评议部门为县安监局、县住建局、县民政局；表决通过了县人大常委会2011年工作要点。县委书记、县人大常委会主任周铁根出席会议，他要求新一年的人大工作紧紧围绕“推进现代化、建设新如东”这一主题履行职责，抓好落实，做到勤奋学习、富于创新、务实作风，既要当好政府的参谋，又要创新工作的方式方法，增强实际工作的推动效果。会议由县人大常委会副主任徐志平主持，副主任杨成泉、沈更生、蔡瑞平、冒亚平出席会议，县人大常委会党组书记张桂英、县长詹立风、县人民法院院长，相关部门负责人、县人大机关工作人员列席会议。

★26日，如东县领导任新峰、蔡建华、卢瑞华、桑圣权亲切看望了县四套班子部分老领导，给他们送去新春的祝福。

★26日，中共如东县委常委、宣传部部长陈昌龙在县老龄办、民政局、掘港镇相关负责人的陪同下，慰问了如东县的3位百岁老人。由此，全县“百税”贺“百岁”爱心敬老活动正式启动，并纳入了今年冬训活动的内容之一。

★26日，南通军分区参谋长杨增平代表南通军分区党委到如东慰问“海防模范女炮排”。中共如东县委常委、县人武部政委蔡建华向军分区领导汇报了女炮排的工作、训练情况。杨增平鼓励女炮排的队员们继续发扬优良传统、加强训练、保持荣誉，不断提高军政素质，并要求她们在全县民兵预备役人员中模范带头，在如东经济社会建设中勇立新功，积极传承新时期如东精神，做一朵永远绽放的“海防花”。

★27日，如东县召开全县四季度金融工作会议，部署2011年全县金融信贷工作。县委常委、常务副县长顾淑英充分肯定了全县金融工作的成绩，要求各金融部门在“十二五”开局之年，增强发展意识，改善金融环境，不断提升服务效能，快速提升存贷款总量，扩大工业贷款占比，全面建立保障机制，切实发挥金融对地方经济发展的支撑保障作用，为实现全县经济社会平稳较快发展做出更大的贡献。县政协副主席桑健参加会议。

★27日，如东县政法委对新任职的14名镇区政法委员进行了专题培训。县委常委、政法委书记陈建华要求各镇区新任职的政法委员充分认识新形势下所肩负的重任，切实增强工作的责任感、紧迫感，牢固树立大局意识、学习意识和实干意识，不断提升做好政法工作的能力和素质；充分认识基层政法工作的全局性、丰富性、关联性和基础性，全面把握社会矛盾化解、社会管理创新、夯实基层基础等政法工作的关键和重点，全力推进平安如东、法治如东建设。

★28日，如东县委、县政府在北京钓鱼台国宾馆举办新闻发布会，公布如东县首支公司债券——2011年如东县东泰社会发展投资有限责任公司债券获准正式发行。县长詹立风主持新闻发布会。县委书记、县人大常委会主任周铁根发表了热情洋溢的致辞，向宾客介绍了如东经济社会发展概况、自然条件、资源优势和产业基础。宏源证券股份有限公司副总裁杨玉成代表承销机构讲话。县领导周建飞、顾淑英、余科，以及中石油、新加坡金鹰集团、洋口港投资开发有限公司等国内、外跨国企业的代表，国内知名金融、证券机构负责人，中央电视台、新华社、中新社、《经济日报》社、《中国证券报》社等国家级媒体记者及人民网、新华网、凤凰网、搜狐等知名网站的记者参加新闻发布会。

★29日，如东县委、县政府召开全县综合表彰大会，县委副书记潘建华宣读了《关于表彰2010年度先进集体和先进个人的决定》。县委书记、县人大常委会主任周铁根出席会议，他代表县四套班子向2010年全县各条战线涌现的先进集体和先进个人致以崇高的敬意，要求各地、各部门、各单位和广大干部群众把学赶先进真正体现在行动上，以先进典型为榜样，高点定位，奋力拼搏，苦干实干，不断加快现代化新如东的建设步伐。会议由县长詹立风主持。县人大常委会党组书记张桂英、县四套班子全体领导，各镇（区）主要负责人、县级机关各部门和县各直属单位中层以上干部等出席会议。各镇（区）设分会场，观看了大会实况。

★29日，中共如东县第十二届纪律检查委员会召开第六次全体会议，县委常委、纪委书记陈跃生回顾总结了2010年全县党风廉政建设和反腐败工作，研究部署2011年的工作任务。县委书记、县人大常委会主任周铁根出席会议并作重要讲话。周铁根充分肯定了2010年全县反腐倡廉建设各项工作，强调，全县各级党组织要认真贯彻落实中央新修订的《关于落实党风廉政建设责任制的规定》，切实强化责任追究，着力解决党风廉政建设中存在的突出问题，促进各项事业的全面协调可持续发展。会议传达学习了十七届中央纪委六次全会、十一届省纪委七次全会和十届市纪委六次全会精神，审议并通过了中共如东县第十二届纪律检查委员会第六次全体会议工作报告及决议。县领导詹立风、张桂英、潘建华、周建飞、顾淑英、陈昌龙、陈建华、任新峰、蔡建华、卢瑞华出席会议。

★29日，如东县举行中国共产党如东县第十二届纪律检查委员会第六次全体会议。全会认真学习了胡锦涛总书记在十七届中央纪委六次全会上的重要讲话和贺国强的工作报告，认真学习了江苏省委书记罗志军在十一届省纪委七次全会上的讲话和江苏省纪委书记弘强的工作报告，以及南通市委书记罗一民在十届市纪委六次全会上的讲话和南通市纪委书记王正宇的工作报告。中共如东县委书记周铁根在全会上作了重要讲话。全会审议通过了陈跃生代表县纪委常委会所作的题为《坚持改革创新，服务科学发展，为“推进现代化，建设新如东”提供坚强有力的保证》的工作报告。

★30 日，中共如东县委书记、县人大常委会主任周铁根走访慰问了县信访、交巡警大队和巡防大队工作人员，感谢他们为维护如东社会稳定、保卫人民生命财产安全、化解社会矛盾纠纷、促进公平正义所作的贡献，祝愿他们在新的一年里取得更大的成绩。县领导顾淑英、陈建华、卢瑞华陪同慰问。

★30 日，中共如东县委书记、县人大常委会主任周铁根分别到县人武部、县武警中队、消防大队和边防大队，亲切看望部队官兵，向他们致以新春的祝福。县领导陈建华、蔡建华陪同慰问。

★30 日，如东县县长詹立风带领县公安、安监、交通、消防等部门负责人，前往超市、车站、加油站等人流密集区和安全防范重点部位，深入检查节前安全生产工作。副县长刘才盛参加检查活动。

★本周，如东县人大常委会副主任、县侨联主席沈更生率领县侨办、侨联人员走访慰问了全县 40 多户老年、困难、重点侨眷。

★30 日，如东县举行麻风病康复新村落成庆典。副县长姜晓静出席新村落成庆典，向村民们送去节日的祝福。

★31 日，中共如东县委副书记、县长詹立风带着全县人民的鱼水深情，先后前往空军某部驻如东雷达站和东凌港边防派出所，代表县委、县政府向部队广大官兵表示亲切慰问，并致以新春的祝福。副县长于立忠、卢瑞华参加慰问。

★31 日，中共如东县委常委、常务副县长顾淑英带领县物价、交通、质监、工商等单位负责人，前往汽车客运站、亚萍购物广场、掘港中心市场、文峰大世界等公共消费场所，对节前的物价水平和市场安全进行检查。

★31 日，南通市文广新局局长陈亮来到大豫镇徐征村，为村里的老党员和困难群众送去新春祝福。县委常委、宣传部部长陈昌龙陪同慰问。

2 月

★4 日，如东县洋口镇举办“情系家乡，共建洋口”新春联谊会，100 多名洋口籍在外成功人士欢聚一堂，共商家乡强镇富民大计。江苏省司法厅厅长缪蒂生、南通市十届人大常委会副主任张毓余等 100 多人在参观沿海经济开发区、沿海旅游经济开发区、县围垦史纪念馆、小洋口乡村俱乐部后表示，将积极为家乡建设献计献策，为提升洋口镇在外的知名度和美誉度不遗余力。如东县领导陈建华、蔡瑞平、童玉林参加了活动。

★5 日，如东县举行 2011 年春节联谊会，在外工作的如东籍党政军领导、在如东投资的企业家代表、县四套班子全体领导以及各镇区、相关部门负责人欢聚一堂，同叙桑梓情谊，共谋发展大计。联谊会由县委副书记、县长詹立风主持。县委书记、县人大常委会主任周铁根致辞，他代表县四套班子及如东百万人民向嘉宾们致以诚挚的祝福。河南省政协副主席张亚忠，江苏省委委员、省信访局正厅级巡视员张云泉代表如东籍在外人士发言。与会人员参观了县城城市交通建设成果。

★9 日，中共如东县委书记、县人大常委

会主任周铁根，县人大常委会党组书记张桂英等四套班子领导，先后到中天科技集团、“九九久科技”和“辉煌彩钢”走访慰问，看望投身在经济建设一线的干部职工，并希望企业在长远规划、科技创新与企业文化上下功夫，不断做大做强，在所涉及的领域中争做龙头。县领导潘建华、顾淑英、刘才盛陪同走访。

★9日，如东县委、县政府召开2010年洋口港开发建设总结表彰大会，县委书记、县人大常委会主任周铁根要求全县上下继续发扬“科学、开拓、拼搏、奉献”的洋口港精神，解放思想，负重奋进，努力开创洋口港开发建设新局面，为推进现代化、建设新如东，争当江苏沿海开发第一县做出新的更大的贡献。县委副书记潘建华主持会议。县委常委、洋口港经济开发区党工委书记周建飞对2010年港口开发建设工作进行总结点评，并对2011年港口开发建设工作进行部署。县领导顾淑英、沈更生、桑健出席会议。

★9日，中共如东县委常委、纪委书记陈跃生到县城规划区内违法建筑集中清查整治领导组办公室，对2011年的整治工作进行部署。

★10日，如东县委、县政府召开全县招商引资暨工业经济转型升级动员大会，县委书记、县人大常委会主任周铁根要求各镇区、各部门和各企业家以坚定的信心、百倍的努力、昂扬的斗志、务实的作风，创新解难，苦干实干，切实把招商引资做实做好，把工业经济做大做强，为全面完成全年目标任务，推进现代化、建设新如东，开创“十二五”发展新局面做出新的更大的贡献。会议由县委副书记潘建华主持，县领导顾淑英、刘才盛分别就招商引资、工业经济转型升级工作作动员讲话。县四套班子全体在家领导出席会议。

★10日，如东县新春首场大型人力资源交流洽谈会在县第一职业高级中学举行，约140家企业提供了5000多个职位，吸引近6000名求职者前来应聘。县委常委、常务副县长顾淑英到现场视察，详细了解招聘会的各项组织工作，并鼓励求职者脚踏实地，不断学习、充实自我，增强对如东经济社会发展的信心。

★10日，如东县委、县政府举行2011年全县企业家新春联谊会。县委书记、县人大常委会主任周铁根，县人大常委会党组书记张桂英等县四套班子领导与全县50强企业负责人欢聚一堂，喜贺兔年新春，共话跨越发展。县委常委、常务副县长顾淑英简要介绍了如东县2010年经济社会发展情况。“中天科技”“九九久科技”“通用机械”等企业负责人汇报了2011年及“十二五”企业的发展规划。

★11日，如东县召开建筑业工作会议。副县长于立忠回顾总结了“十一五”及2010年全县建筑业工作，对“十二五”及2011年的工作作动员部署。县委书记、县人大常委会主任周铁根出席会议。会议由县委常委、常务副县长顾淑英主持，江苏省住房和城乡建设厅副厅长、建管局局长徐学军和市住房和城乡建设局局长陈本高分别作重要讲话。县人大常委会党组书记张桂英，县领导蔡瑞平、童玉林出席会议。

★11日，如东县召开全县国税工作会议。县委书记、县人大常委会主任周铁根对国税系统过去一年取得的成绩予以充分肯定，要求全体国税干部增强依法征税意识，不断改进和创新征税方式方法，进一步延伸服务触角，使纳税服务更好地融入企业、融入经济社会发展主战场；深入推进学习培训、绩效管理和廉政建设，聚精会神抓落实，一门心思求突破，开创“十二五”国税事业发展新局面。县领导潘建华、顾淑英、杨成泉、桑健、余科出席会议。

★12日，中共如东县委书记、县人大常委会主任周铁根在调研如东县城建规划工作时强调，各相关部门要进一步统一思想，充分认识做好城市建设工作的重要意义，大力推进城市开发建设和功能完善，加快建设特色鲜明的现代滨海城市。县领导蔡瑞平、于立忠、童玉林陪同调研。

★14 日，如东县召开全县公安工作会议。副县长、县公安局局长卢瑞华回顾总结了 2010 年公安工作，并对 2011 年工作进行部署。县委书记、县人大常委会主任周铁根出席会议，他对公安机关去年工作取得的成绩予以充分肯定。周铁根要求全体公安民警认清社会安全稳定的严峻形势，牢牢把握“推进现代化、建设新如东”的内涵，增强公安工作的责任感，结合自身职能，细化工作内容，并适应经济社会发展转型升级的要求，以服务民生为根本点，真正为百姓着想，善于做群众工作，实现公安工作管理创新。市公安局副局长吴勉信，县领导陈建华、徐志平、于立忠、童玉林出席会议。

★14 日，如东县委、县政府召开 S223 北延、S225 南延、中天大道东延工程建设动员会，要求相关部门在一个月内完成“三线”征地拆迁任务，确保今年年底前建成通车。县领导蔡瑞平、童玉林出席动员会。

★15 日，如东县领导周建飞在洋口港 LNG 项目航道水域安全管理动员大会上要求各相关部门及沿海相关镇，全力以赴做好洋口港航道清障工作，确保洋口港 LNG 项目航道水域安全。

★16 日，如东县召开 2011 年全县财政系统工作会议，县长詹立风对 2010 年全县财政工作所取得的成绩给予了充分的肯定，他要求全县财政系统认真落实财政政策，狠抓收入征管，优化财政支出结构，强化财政监督，深入财政改革，不断推进财政科学化精细化管理，努力为“十二五”时期财政事业发展开好局、起好步。县政协副主席余科主持会议，县委常委、常务副县长顾淑英出席会议。

★16 日，如东县召开全县司法行政暨大调解工作会议，县委常委、县政法委书记陈建华要求如东县司法行政工作要以创新试点当先锋为总要求，以争当全县社会管理创新试点工作排头兵、争当全省司法行政系统排头兵为总目标，提升化解矛盾纠纷成效，增强服务方式转变能力，加强特殊人群的管理创新，做好各项民生工作，营造学法、用法、守法的社会环境。县领导徐志平、童玉林出席会议。

★16 日，由江苏省委政法委研究室主任陈春贵带队的调研组一行到如东县，就为切实落实中央和省关于做好新形势下群众工作推动社会管理创新的指示开展专题调研。如东县委常委、政法委书记陈建华剖析了如东县近年来政法综治工作中遇到的社会管理问题，介绍了如东县建立完善矛盾纠纷调处、社区管理服务、基层基础阵地建设、人防物防治安体系等机制，形成融打击、防范、管理、调解、服务于一体的政法工作新格局。如东县副县长、县公安局局长卢瑞华参加了活动。

★17 日，如东县红十字会召开第四次会员代表大会，选举姜晓静为县红十字会第四届理事会会长，汤晓燕为常务副会长。县委书记、县人大常委会主任、县红十字会名誉会长周铁根希望全县广大红十字会员，进一步解放思想、与时俱进、开拓创新，推动如东县红十字会事业快速发展。会议由县委副书记潘建华主持，县长、县红十字会名誉会长詹立风致开幕词。市政府副秘书长、市红十字会副会长薛谦到会祝贺。县领导张桂英、陈跃生、徐志平、桑圣权出席会议。

★17 日，如东县召开海洋铁路站前广场及道路建设工作会议，会议由县委常委周建飞主持。县长詹立风要求各相关单位和部门全面认识海洋铁路站前广场及道路建设的重要意义，确保高标准、高质量地建设好站前广场及道路。县委书记、县人大常委会主任周铁根出席会议，他要求各相关单位和部门统一思想，提高认识，加强协调，形成合力，确保9月底前与铁路一期工程同步建成运行。县领导潘建华、杨成泉、于立忠、余科出席会议。

★18日，江苏省沭阳县委书记蒋建明带领沭阳县党政代表团到如东县考察学习。在如东县委书记、县人大常委会主任周铁根，县长詹立风及县领导张桂英、姜晓静的陪同下，考察团先后参观了南通大东有限公司、南通神东实业木屋产业园。周铁根向代表团详细介绍了如东县近年来经济社会发展情况，及如东县加快要素集聚，大力推进招商引资、项目建设和载体配套的做法和经验。

★18日，中共如东县委书记、县人大常委会主任周铁根，县长詹立风在建设、规划部门相关负责人的陪同下，对县城重点市政工程部分待建项目的选址、建设方案等进行调研，并要求相关部门高点定位、科学规划，不断加快完善县城交通网络体系。县领导蔡瑞平、于立忠、童玉林陪同调研。

★18日，如东县召开全县党建工作会议。县委书记、县人大常委会主任周铁根要求全县上下突出重点，创新亮点，高点定位，严格要求，使新时期的党建工作增强战斗力，永葆先进性。会议由县委副书记潘建华主持。县领导周建飞、陈跃生、陈昌龙、陈建华、任新峰、童玉林参加会议。

★18日，如东县委、县政府召开社会管理创新工作推进大会预备会。县委副书记、县长詹立风要求相关部门和单位充分认识社会管理创新工作的重要性和必要性，切实破解影响社会和谐稳定的体制性、机制性、保障性难题，从整体上推进社会管理理念、政策法规体系、体制机制和方法手段创新，扎实做好社会管理创新工作。县领导潘建华、顾淑英、陈跃生、陈昌龙、陈建华、徐志平、于立忠、姜晓静、卢瑞华、童玉林出席会议。

★19日，如东县委、县政府召开全县交通运输工作会议，县委副书记、县长詹立风要求各镇区、各相关部门和全县交通运输系统的广大干部群众抢抓机遇、正视压力，准确把握当前交通建设面临的新形势，高起点定位，高标准要求，全力推动交通事业实现跨越式发展。市交通局副局长何锦泉，县领导蔡瑞平、童玉林出席会议。

★19日，如东县召开如东摄影界2011年新春联谊会，县政协副主席桑圣权要求全县摄影工作者紧扣全县中心工作，为如东经济快速发展和全县文化大发展、大繁荣作出应有的贡献。

★19至20日，贵州省绥阳县县委书记、县政协主席袁竞率领党政代表团到如东县，就如东县经济社会和园区建设发展经验学习考察。如东县委书记、县人大常委会主任周铁根围绕“东方深水大港，绿色能源之都，黄海旅游胜地”三张名片的打造，介绍了如东县“十一五”经济社会的发展情况；围绕“推进现代化，建设新如东”，介绍了如东县“十二五”经济社会的发展工作思路。县领导潘建华、顾淑英、陈建华、沈更生参加会议或陪同考察。

★21日，如东县召开全县住房和建设工作会议，提出2011年住房和建设工作目标。副县长于立忠要求住建系统认清形势，锁定目标，增强城市建设的责任感和使命感；要创新举措，强化落实，不断加强现代化城市建设的力度；各相关部门要切实配合，发挥部门联动作用，全力夺取“十二五”开局建设事业的新胜利。县领导蔡瑞平、童玉林出席会议。

★22日，江苏省社会矛盾纠纷调处成功率考评组对如东县2010年社会矛盾纠纷调处工作进行考核验收。在听取了如东县委常委、政法委书记陈建华关于如东县社会矛盾纠纷调处工作的汇报后，考评组一行对如东县在组织建设、矛盾纠纷化解机制、专业调处机制等方面取得的成绩给予充分肯定。

★23 日，如东县对全县专业招商人员进行了专题培训。县委常委、常务副县长顾淑英要求全体专业招商人员加强学习，努力创新招商引资新方式，不断提升整体素质、服务水平、互动力度和实际效果，实现招商引资新突破。

★24 日，如东县召开县城市管理暨城乡环境综合整治工作会议。副县长于立忠要求如东县城管工作要认清形势，把握机遇，增强城市管理和城乡环境综合整治工作的紧迫感和使命感；明确任务，突出重点，努力实现城市管理和城乡环境综合整治工作的新跨越；加强领导，精心运行，确保城市管理和城乡综合整治工作取得实效。南通市城管局党组副书记、副局长倪建斌出席会议并讲话，县领导蔡瑞平、童玉林出席会议。

★25 日，上海市地震局局长张骏和上海爱家集团董事长、总裁李笙安一行到如东县考察投资环境。如东县领导周铁根、潘建华接待了考察团一行。

★26 日，东安科技园区与江苏亚太再生资源科技有限公司就创建如东进口再生资源加工区举行签约仪式。如东县委书记、县人大常委会主任周铁根出席签约仪式，他要求东安科技园区、大豫镇及有关部门，积极支持如东进口再生资源加工区建设，为投资方提供优质服务，创造良好的内外环境，协助业主按照国家相关规范做好园区专项规划、区域环评的编制和报批，基础建设的报建及建设过程中的各项服务，加快园区招商引资，督促进区项目加强环保投入，确保园区零排放、零污染，使如东进口再生资源加工区成为如东县经济发展新的增长极。县长詹立风为签约双方见证，县领导张桂英、潘建华、顾淑英、徐守宏、于立忠出席签约仪式。

★26 日，如东县召开关心下一代工作会议。县委常委、组织部部长任新峰出席会议，他要求相关部门努力提高认识水平、工作质量和创新能力，把青少年的思想道德教育放在重要位置，全方位构建青少年健康成长的良好环境，为培育新一代如东人，建设新如东作出新的贡献。副县长姜晓静主持会议。

★26 日，如东县召开省市劳模推荐评选工作会议。副县长姜晓静出席会议，她要求各单位和部门把劳模推荐评选过程作为宣传劳模先进事迹、弘扬劳模精神的过程；将全县各行各业的优秀杰出代表推荐评选出来，用劳模精神激励全县人民在新的起点上奋力开创“十二五”发展新局面。

★28 日，如东县召开全县人力资源和社会保障工作会议，县委常委、常务副县长顾淑英充分肯定了全县人力资源和社会保障工作取得的成绩，她要求人社系统认真贯彻落实“民生为本、人才优先”的工作方针，坚持城乡统筹、普惠共享、协调发展，深入推进城乡统筹就业，加快完善社会保障体系，大力加强人才队伍建设，为“推进现代化、建设新如东”提供有力保障。县领导杨成泉、童玉林出席会议。

★28 日，如东县召开全县人口和计生工作会议，县委常委、宣传部部长陈昌龙指出，加强计生队伍建设，进一步强化以人为本理念，创新工作思路和工作方法，为实现“十二五”人口计生工作良好开局，建设新如东创造良好的人口环境。副县长姜晓静宣读了《关于表彰全县人口和计划生育工作先进集体和先进个人的决定》《关于表彰人口计生“新农村新家庭”建设示范镇、示范村和示范户的决定》《县人口计生领导小组关于表彰人口计生系统先进集体和先进个人的决定》。南通市人口计生委主任顾绮，县领导冒亚平、桑圣权出席会议。

★28 日，如东县共青团县委召开十四届五次全体（扩大）会议，对加强新一年共青团建设作出全面部署。副县长姜晓静对 2010 年全县共青团工作取得的成绩表示肯定，要求各级团组织全面引领广大青年投身如东县“十二五”大发展，进一步发挥团组织职能，保持“戒骄戒躁、着眼长远”的工作作风，积极探索新形势下的团组织建设和队伍建设，在为青少年服务中提升共青团的吸引力、凝聚力和执行力。县政协副主席童玉林参加会议。会议增补了2名团县委十四届委员。

3月

★1日，江苏省供销合作总社理事会主任袁静波一行到如东县调研供销工作。如东县委书记、县人大常委会主任周铁根向袁静波介绍了近年来如东经济社会发展情况和供销社改革发展情况，袁静波对如东县委、县政府支持供销合作社组织实施省政府“为农服务工程”，强势推进为农服务社建设的经验做法给予高度评价。副县长刘才盛陪同调研。

★1日，如东县举办全县民营经济工作培训班，副县长刘才盛要求各镇区分管负责人提高认识，迅速形成高效运转的工作机制；要宣传党委、政府关于发展民营经济方面的方针政策、法律、法规；多措并举，加大招商力度，提高招商引资水平，突出招商实效；围绕农业产业化经营、新兴产业和现有产品上下延伸拓展空间，推进全县民营经济工作再上新台阶。

★2日，如东县召开农林工作会议，明确“十二五”农业和农林各项事业发展目标，部署2011年工作任务。要求农林系统认真总结和分析全县农村工作取得的新成效，进一步抓好粮油等主要农产品的种植和秸秆综合利用工作，强化动物疫病防控、农业技术指导和信息服务，同时严格落实各项惠农政策，为现代农业和新农村建设提供有力保障。县政协副主席桑圣权出席会议。

★2日，如东县委常委、副县长徐守宏，县人大常委会副主任杨成泉带领规划、交通、铁路办的负责人前往栟茶、长沙、苴镇三镇督查海洋铁路站前广场及道路建设推进工作。

★3日，如东县召开一季度农业农村工作会议，对2011年项目农业、农村河道疏浚、环境“四位一体”长效管理和绿化造林等工作作出部署。县委常委、副县长徐守宏要求各地、各相关部门突出重点、咬紧序时，加大农业农村重点工作的组织推进力度；创新机制、集中精力、统筹兼顾，狠抓当前有利时机，精诚团结，推动如东县农业农村跨越发展。县领导杨成泉、洪大林、桑健出席会议。

★4日，如东县政协召开十三届十三次主席会议，听取提案工作情况汇报，协商确定10个提案为2011年重点提案；听取联组共建试点准备工作情况汇报；协商确定“主席接待日”和“委员约谈日”有关活动实施方案；听取《如东大观》精编本启动工作的情况汇报；关于乡镇政协工委组织建设前期工作情况的通报；主席会议成员还抽取了政协知识竞赛各类获奖名单。要求政协相关部门加强与提案人的沟通联系，充分发挥政协委员在本职工作中的带头作用、政协工作中的主体作用和界别群众中的代表作用，全面提升各委组的履职活力和整体水平。县政协全体副主席出席会议。

★4日，中共如东县委常委、常务副县长顾淑英率财政、商务等部门的负责人到曹埠镇进行专题调研。

★4日，如东县妇联召开十三届八次执委（扩大）会议，学习领会县委十二届十三次全会和省、市妇联执委会议精神。副县长姜晓静要求全县各级妇联切实把握全会要求，充分发挥责任优势，注重工作实效，积极参与社会管理创新工作；切实加强自身建设，以建设学习型组织为抓手，围绕“温暖之家”和“坚强阵地”目标，不断提升妇联组织的凝聚力和影响力。

★6日，由江苏省美术家协会、江苏省青

年联合会文化艺术界别委员会联合主办的如东籍优秀青年画家罗拥军画展在南通中心美术馆内举行。南通市委常委、组织部部长郭腊军，如东县委书记、县人大常委会主任周铁根出席开幕式。

★6日，如东县召开海洋渔业暨安全生产工作会议，要求各地区和相关部门科学分析形势，增强发展信心和决心，进一步加大产业引导、科技支撑、资金扶持的力度，切实抓牢安全生产的各项管理措施，不断聚集推动海洋渔业及安全生产工作开展的强大合力。会议表彰了2010年度海洋渔业安全生产先进集体和个人，沿海各镇还向主管部门递交了海洋渔业安全生产责任状。

★6日，如东县在苴镇金凤村召开“岗村共建”暨巾帼牵手SYB（创办你的企业）导师行动推进会，女企业家沈新美与5名女大学生结对签约，帮助她们增强创业意识、提高创业能力。副县长姜晓静希望广大妇女切实承担起时代赋予的光荣使命，心系全局，立足本职，在平凡岗位上再创佳绩；主动融入，积极作为，在促进和谐中再展风采；加强学习，历练提升，在队伍建设中再添活力。

★7日，共青团如东县委联合洋口港经济开发区在洋口港新城区开展“建设生态文明，共建绿色港城”春季植树活动。共青团南通市委副书记赵新叶，如东县领导周建飞、参加了活动。希望全县广大青少年增强保护环境、美化家园的意识，为推动如东县经济与社会、人与自然和谐发展发挥重要作用。

★7日，如东县召开全县农机工作会议。要求各级农机部门加强组织领导，结合各地实际创新工作方式。各镇要出台细化目标，深入落实上级扶持政策，加强考核，改善条件，全力加强队伍建设，通过做好农民购机补贴、秸秆还田及综合利用、农机合作组织建设和农机安全监管工作，为实现“十二五”良好开局奠定基础。

★8日，民生银行南京分行行长胡庆华到如东县考察中小微企业融资战略合作情况。如东县委书记、县人大常委会主任周铁根对民生银行在双甸镇实行的中小微企业贷款的做法给予肯定，表示将在全县范围内推广，他同时希望民生银行能增加在如东县的授信额度。县委常委、常务副县长顾淑英陪同考察。

★8日，江苏省农科院沿江农科所专家一行24人到曹埠镇芦笋种植基地实地考察。如东县领导杨成泉参加了活动。

★9日，政协如东县委员会原主席、离休干部王冠军的遗体告别仪式在县殡仪馆举行。市县各级领导、王冠军生前亲朋好友几百人聚集松鹤厅，沉痛缅怀这位生前功勋卓著的党员干部。县委书记、县人大常委会主任周铁根致悼词。县四套班子领导、南通市各市县政协的负责人，县级机关负责人、王冠军的生前友好参加了遗体告别仪式。外交部亚洲司原司长、驻巴基斯坦大使也专门发了唁电。

★1日至10日，中共如东县委副书记、县长詹立风带领如东县经贸考察团赴泰国正大集团参观考察，考察期间，如东县与泰国正大集团签订了肉鸡生产一条龙及工厂化养虾项目合作框架协议书。正大集团董事长谢国民会见詹立风一行。谢国民表示，正大集团非常希望与如东在发展现代农业和实现农业产业化经营方面开展合作。他相信在长期友好合作的基础上，如东与正大集团之间的合作一定会开创新的局面。县委常委、纪委书记陈跃生参加了考察活动。

★10日，江苏省检察院副检察长陈剑虹及南通市检察院检察长赵志凯一行到如东县调研检调对接及文化育检工作。在如东县领导张桂英、潘建华、陈建华、于立忠的陪同下，陈剑虹一行视察了如东县检察院检调对接案件办理中心、案件监督管理中心及办案工作区，参观了该院独具特色的文化展示区，对如东县检察院取得的各项成果给予充分肯定。

★11日，江苏省蚕种管理所所长、书记唐国强带队到如东县，省蚕种管理所与如东县签订《农业科研教学推广单位“挂县强农富民”服务协议》，帮助如东县搞好蚕桑产业规划、开展技术培训、开拓产品市场等，以提高如东县蚕桑产业的规模和层次，促进农业增效农民增收。如东县领导洪大林、桑圣权出席会议。

★12日，由江苏省科协科普部副部长夏跃率领的省检查验收专家组一行到如东县验收创建全国科普示范县工作，对如东县创建工作给予高度评价。如东县长詹立风在会上致辞。县委常委、纪委书记陈跃生汇报了如东县创建情况。验收组还先后考察了曹埠镇科普惠农服务站和十里墩村科普示范基地葡萄园。县领导冒亚平、刘才盛、桑健参加了活动。

★13日，如东县召开全县重点工作督查推进会，县委书记、县人大常委会主任周铁根，要求各地各部门，围绕全年各项工作目标任务，从头抓紧，狠抓落实，确保各项重点指标实现首季“开门红”。会议由县长詹立风主持，他要求各地对照全年目标任务和县委、县政府的工作要求，认真分析 2011 年以来工作的薄弱环节，有针对性地改进方法，用心做事，责任到人，严格考核，推动各项经济指标全面达到或超过序时进度。县四套班子领导、各镇（区）主要负责人、县级机关部门负责人、各驻如东银行负责人出席会议。

★13日，青海省海南藏族自治州党政代表团在贵德县副县长蒋树建的陪同下，专程到如东县考察学习。代表团一行详细了解了如东县近年来经济社会发展情况，在如东县委常委、常务副县长顾淑英的陪同下，参观了如东规划展览馆以及建设中的洋口港。

★13日，如东县召开全县广播电视工作会议，县委常委、宣传部部长陈昌龙要求全县广播电视系统围绕市场，深化改革，夯实基础，优化服务，奋力开启广播电视工作新征程。会议表彰了 2010 年度广播电视工作先进集体和先进个人。

★13日，如东县召开新提拔副科职领导干部谈心会，县委常委、组织部部长任新峰勉励新提拔的领导干部把这次任职作为全面锻炼自己、提高自己的良好机遇，在快转角色中高标履职，立足岗位创先争优，踏踏实实干出新的成绩，不辜负组织的信任与厚望，不辜负群众的支持与期盼。

★13日，如东县国土资源局召开国土资源管理暨国土系统党风廉政建设工作会议，对 2011 年的国土资源管理工作及党风廉政建设和反腐败工作进行部署。副县长于立忠要求县国土系统围绕发展大局，规范用地行为，用好存量土地和增减挂钩政策，节约集约利用土地，坚持依法行政，强化土地利用管理，打击违法用地行为，确保国家土地督察零失分。

★14日，贵州省绥阳县的 27 名领导干部，将赴如东县相关镇（区）和部门挂职一个月。如东县委、县政府举行欢迎仪式，就挂职情况进行对接。县委常委、宣传部部长陈昌龙出席欢迎仪式，他要求各挂职单位提高认识，认真对待，做到在生活上关心、工作上同心、协作上交心，使两地干部在交流中得到全面提升，同时要放大挂职交流的成果，确保此次挂职交流活动圆满成功，取得实效。欢迎仪式由县委常委、组织部部长任新峰主持。绥阳县委常委、组织部部长王晓旭，绥阳县委常委、宣传部部长张志强参加了活动。

★14 日，如东县副县长刘才盛带领经信委、供电部门有关负责人，前往县内部分重点用电大户企业检查，希望这些企业能够抢抓当前用电宽松的时机，加足马力，抓紧生产，力争实现首季开门红。

★15日，如东县委、县政府在上海成功举

办江苏如东（上海）投资环境说明暨项目集中签约仪式。会议由县委常委、洋口港经济开发区党工委书记周建飞主持。县委书记、县人大常委会主任周铁根致辞，县委常委、常务副县长顾淑英在会上作投资环境说明。上海、香港地区及加拿大等国家的 26 个投资项目进行了集中签约，总投资达 40 亿元，涉及港口及新能源开发、机械电子、精细化工、房地产开发等产业。县领导杨成泉、桑健参加了活动。

★15 日，中共如东县委书记、县人大常委会主任周铁根在上海接受了《人民日报》社、新华社、中新社、东方卫视等国内主流媒体记者的专访，着重就“十二五”期间如东沿海开发规划进行阐述。

★15 日，泰国正大集团中国区资深副董事长谢毅、霍尔锋一行到如东县考察，就肉鸡生产一条龙、工厂化养虾、农业综合开发等项目合作事宜进行深入洽谈。如东县县长詹立风在项目合作洽谈会上介绍了如东县经济社会发展情况。谢毅一行先后参观考察了如东规划展览馆、东凌垦区、洋口港、掘苴垦区和小洋口区域。县领导陈跃生、徐守宏陪同考察。

★15 日，如东县召开 2011 年全县民政暨双拥工作会议。县委常委、政法委书记陈建华寄语民政系统紧扣县情，凸显“以人为本”的理念，树立“服务为先”的理念，坚持“和谐为纲”的理念；突出重点，扎实推进社会管理创新的各项举措；强化责任，围绕推进军事变革，大力支持驻如东部队，加强军事能力建设，为双拥创建提供强有力的保障。县领导蔡建华、徐志平、于立忠、童玉林出席会议。

★16 日，共青团南通市委书记张军一行到如东县调研。在如东县委常委、纪委书记陈跃生的陪同下，张军先后前往如东振新颜料有限公司及马塘镇大学生村干拓展中心调研。

★17 日，如东县委召开全县镇党委换届工作动员大会。县委书记、县人大常委会主任周铁根指出，要坚持用科学发展观统揽换届工作，认真落实中组部提出的发扬民主、推进改革、严肃纪律三项关键举措，进一步强调换届纪律、加强全程监督、严厉查处整治，确保换届顺利进行、风清气正，为推动科学发展选优配强镇党委领导班子。县委常委、纪委书记陈跃生对严肃换届纪律提出要求。县委常委、组织部部长任新峰对换届工作作了业务辅导。县委副书记潘建华主持会议并对贯彻落实会议精神提出要求。

★17 日，如东县召开全县“放心肉”工作会议，副县长刘才盛要求各镇和各相关部门围绕民生，突出重点，把握大局，创新举措，从讲政治、讲大局、讲责任、讲纪律的角度，尽责尽力把“放心肉”工程抓实抓好。

★18 日，由如东县旅游局、商务局、沿海经济开发区和县旅游协会联合主办的 2011 如东旅游美食文化节在人民公园门前广场开幕。副县长刘才盛出席开幕式并讲话。他说，这是全国各地美食在如东的第一次展示，也为如东县弘扬海派文化，让海派文化、海鲜文化和各地饮食文化进行相互交流，取长补短，提高如东美食文化的档次。市旅游局副局长陈金元，县领导潘建华、杨成泉、桑健出席开幕式。

★18 日，江苏省洋口港经济开发区召开江苏 LNG 接收站码头海事综合应急预案评审会，邀请江苏省、南通市专家对应急预案和配套管理文件进行评审。如东县委常委、洋口港经济开发区党工委书记周建飞参加了评审会，他要求项目实施单位要加强预案的宣传与培训，定期组织演练，根据项目运行的实际情况及时修改预案，并希望省市安监、海事等部门对江苏 LNG 接收站码头海事应急预案编制加强指导，确保江苏 LNG 接收站码头安全运行。

★18 日，如东县召开全县统计工作会议，县委常委、常务副县长顾淑英要求各级统计部门以争创一流为目标，以创新发展为动力，以依法统计为保障，确保统计数据真实准确、完整、及时，当好政府决策的参谋，为经济社会发展提供优质服务。县领导杨成泉、桑健出席会议。

★18日，如东县召开全县水务工作会议。县委常委、纪委书记陈跃生要求各与会人员明确新形势下水利工作的战略地位，从保障全县经济社会发展和服务沿海开发考虑，增强责任感和使命感；强化领导，突出重点，狠抓落实，认真编报水利工程规划项目，大力推进农田水利设施建设；强化合力，创新解难，快速推进，把水利建设的各项工作任务分解落实到人，严格管理、考核、奖惩机制，努力开创如东县水务工作的新局面。

★19日，如东县委召开全县镇党委换届督查工作会议，对全县镇党委换届督查工作进行具体部署。县委常委、组织部部长任新峰要求坚决贯彻落实中央和省、市、县委关于严肃换届纪律的要求，加大宣传指导力度，加强换届纪律监督，为换届工作顺利进行营造风清气正的良好环境，确保全县镇党委换届工作圆满完成。

★20日，按照如东县委统一部署和要求，长沙镇召开党委换届工作动员大会，全体班子成员、各党组织书记、各党组织联络员和换届工作领导组及工作班子成员参加会议。县委常委周建飞作动员讲话，他要求该镇党委立足“十二五”发展全局，充分认识搞好镇党委换届工作的重大意义；突出发扬民主重点，着力提升镇党委换届工作的科学化水平；切实加强组织领导，确保镇党委换届工作健康有序开展。

★20日，如东县委常委、纪委书记陈跃生带领组织、纪检等部门到曹埠镇督查党委换届选举的筹备工作。陈跃生对该镇的前期准备工作表示满意，要求曹埠镇在党委换届选举工作中，既要充分发扬民主，又要认真严肃党委换届纪律，真正把能力强、水平高、群众信得过的人选进领导班子，确保选举工作圆满成功。

★21日，如东县哲学社会科学界联合会成立暨第一次代表大会在县行政中心报告厅隆重举行。南通市委常委、宣传部长、市社科联主席张小平和如东县委书记、县人大常委会主任周铁根共同为如东县社科联揭牌。南通市社科联党组书记陈冬梅致贺辞。会议选举产生了如东县社科联第一届理事会，张新华当选为县社科联主席，王军当选为县社科联专职副主席，白银东、钱小梅、张海城、薛志林、李维彬、丁晓飞、吴金明、郭勇、周建国、王必东等 10 人当选为县社科联兼职副主席。大会由县委常委、宣传部长陈昌龙主持。县委副书记潘建华宣读了《中共如东县委关于成立如东县哲学社会科学界联合会的通知》。市委宣传部副部长黄振平和县领导詹立风、张桂英、冒亚平、姜晓静、桑圣权参加了会议。

★21日，南通市委宣传部副部长黄振平和如东县委副书记、县长詹立风共同为如东县重点打造的宣传文化品牌——“扶海大学堂”揭牌。这是如东县进一步深化“学习型、创新型”如东建设、助推全县经济社会又好又快发展的又一新举措。市委常委、宣传部部长、市社科联主席张小平，市社科联党组书记陈冬梅和县领导周铁根、张桂英、潘建华、冒亚平、姜晓静、桑圣权参加揭牌仪式。揭牌仪式由县委常委、宣传部部长陈昌龙主持。

★21日，南通市委常委、宣传部部长张小平一行到如东县调研时，要求如东县按照“加快现代化，再创新辉煌”的全市工作思路，高点定位，创新举措，狠抓重点工作的推进落实，谋求经济社会又好又快发展。如东县委书记、县人大常委会主任周铁根向张小平一行介绍了如东县城市建设、交通规划及港口产业发展情况。县领导潘建华、陈昌龙、姜晓静陪同调研。

★21日，中共如东县委书记、县人大常委会主任周铁根在双甸、岔河、马塘三个镇调研时要求，克服困难、凝心聚力，按照序时目标，全力做好各项重点工作，确保一季度实现“开门红”。县领导余科陪同调研。

★21日，如东县县长詹立风在掘港镇督查镇党委换届工作时强调，要坚持正确用人导向，严肃组织人事工作纪律，确保换届环境风清气正，保证换届工作圆满成功，为“十二五”时期科学发展、社会和谐提供坚强组织保障。

★21日，中共如东县委常委、宣传部部长陈昌龙先后前往马塘镇和袁庄镇，督查指导镇党委换届选举工作。他要求镇党委认真做好干部思想政治工作，全面把握干部的思想动态，充分发扬党员的民主权利，把政治素质高、议事能力强、党性原则强的党员代表推选出来，要把严肃换届纪律贯穿于整个换届工作的全过程，严格按程序办事，做到步骤规范化，努力营造风清气正的换届环境，同时还要以这次换届选举为契机，充分调动班子成员的积极性，把全体党员干部的智慧和精力集中到抓当前、谋发展上来。

★22日，如东县委书记、县人大常委会主任周铁根在如东经济开发区和掘港镇调研，他要求务必以冲刺全年的拼劲干当前、求突破，以一季度的开门红确保全年目标的顺利实现。县委副书记潘建华陪同调研。

★22日，如东县委书记、县人大常委会主任周铁根专程前往袁庄镇、河口镇、栟茶镇，调研、督查当前重点工作推进情况，周铁根要求各镇牢牢把握招商引资、项目建设等工作重点，努力拼抢当前，确保各项经济指标实现首季“开门红”。

★22日，如东县召开人大代表建议、政协委员提案交办会议，专题部署有关办理工作。县委常委、常务副县长顾淑英要求各承办单位高度重视，加大办理的力度，重点抓好沿海开发、港口建设、改善民生以及推进城市建设、改善城乡面貌和加大凸显工业主体方面的建议、提案的办理。在办理工作中要积极与代表、委员沟通，与所提问题涉及地区群众、单位沟通，倾听民意，提高办理工作的实际效果，确保每一件建议、提案都能够办理落实，并在6月30日之前将答复意见全部反馈给代表和委员。县领导沈更生、桑圣权出席会议并就办理工作提出具体意见。

★22日，如东县召开全县食品药品安全工作会议。副县长姜晓静回顾总结了“十一五”以来全县食品药品安全工作情况，并就“十二五”工作进行了详细部署。县委常委、宣传部部长陈昌龙出席会议并讲话，要求各单位务必认清形势、加强居安思危的忧患意识；切实增强有效监管责任意识，始终保持齐抓共管态势，突破重点难点，严格督查考核，确保全县人民群众饮食用药安全。副县长刘才盛出席会议。

★22日，如东县副县长洪大林在第十九届“世界水日”和第二十四届“中国水周”开始的第一天，发表电视讲话，号召全县上下进一步提高对水资源有限性和稀缺性的认识，合理开发、利用、节约和保护水资源，实现人水和谐相处。

★23日，由江苏省委组织部副部长赵永贤率领的省严肃换届纪律检查组，在南通市委常委、组织部部长郭腊军，市委组织部副部长王亚雄等陪同下，到如东县检查党委换届工作。如东县委书记、县人大常委会主任周铁根就近年来县域经济发展以及严肃党委换届纪律工作情况向检查组一行作了汇报。县委副书记、县长詹立风，县委副书记潘建华，县委常委、纪委书记陈跃生，县委常委、组织部部长任新峰等陪同检查。

★23日，如东县召开通洋高速公路如东段征地拆迁动员会。副县长于立忠作动员讲话，他要求沿途各镇及相关部门在确保群众合法权益不受损害的前提下，有序推进拆迁让地工作。县长詹立风出席会议，他要求沿途各镇及相关部门迅速启动征拆工作，增强机遇意识、责任意识、大局意识，树立为群众和重点工程服务的理念，明确责任，严格政策，确保优质、高效地完成通洋高速征地拆迁任务，为“推进现代化、建设新如东”做出新的更大的贡献。县领导蔡瑞平、童玉林出席会议。

★23日，如东县召开全县农资市场综合整治暨动物防疫工作会议，副县长洪大林要求进一步加强农资市场综合整治，提高动物疫病防治水平，为促进农业稳定发展、农民持续增收提供重要保障。

★24日，如东县委、县政府召开全县社会管理创新工作推进大会。县委常委、政法委书记陈建华提出，2011年全县政法工作的主要目标是：围绕创建江苏省平安县、法治县和南通市长安建设先进县目标，实现四个“着力提升”。县委书记、县人大常委会主任周铁根充分肯定了全县政法工作在过去一年取得的成绩。他指出，深入推进社会管理创新是今明两年全县工作大局中的一项重要工作，全县上下要从创新理念思路、方式方法、体制机制等方面入手，大胆创新，率先而为，基本建立与“建设新如东”相适应的社会管理长效新机制，走出一条具有如东特色的社会管理创新之路。会议由县委副书记、县长詹立风主持。副县长于立忠宣读了县委、县政府关于表彰2010年度政法工作先进集体和先进个人的决定。县领导张桂英、潘建华、周建飞、陈跃生、陈昌龙、任新峰、蔡建华、徐志平、杨成泉、沈更生、蔡瑞平、刘才盛、姜晓静、洪大林、王志荣、童玉林、桑健、余科、桑圣权、冯力如出席会议。

★24日，如东县委召开中心组学习（扩大）会暨全县党务公开工作推进会，县委书记、县人大常委会主任周铁根要求认真学习贯彻党风廉政建设责任制的最新精神，高度重视基层党务公开工作，一着不让地抓好当前经济社会发展的各项重点工作。县委常委、纪委书记陈跃生对党中央、国务院2010年颁布的《关于实行党风廉政建设责任制的规定》（简称《规定》），从修订的背景、基本思路、主要内容等方面进行了解读，并对全县党务公开工作作出点评和部署。会议由县委副书记潘建华主持，他要求与会人员认真贯彻落实会议精神，真正学好《规定》的内容，在狠抓落实上务求取得实效，对照《规定》查找问题、夯实基础，最大限度地增强党的工作的透明度，促进党风、政风和干部作风的进一步转变。县领导詹立风、张桂英、周建飞、陈昌龙、陈建华、徐志平、杨成泉、沈更生、蔡瑞平、刘才盛、于立忠、姜晓静、洪大林、王志荣、童玉林、桑健、余科、桑圣权、冯力如出席会议。

★24日，中共如东县委书记、县人大常委会主任周铁根在洋口港经济开发区和大豫镇调研，他要求高起点、高定位做好“十二五”时期规划，抢抓机遇，凝心聚力，埋头苦干，实现经济社会跨越式发展。县委常委、洋口港经济开发区党工委书记周建飞汇报了一季度港口开发建设以及工作机制情况。

★24日，如东县召开全县卫生工作会议暨实施基本药物制度动员。副县长姜晓静指出基本药物制度是指政府举办的基层医疗卫生机构必须全部配备使用基本药物；这些药品实行全省统一招标采购和配送；并实行零差率销售；财政采取“补运行，不补差价”的方式，给予财政补助；在医保和新农合上基本药物的报销比例要高于非基本药物。县委常委、宣传部部长陈昌龙要求全县上下进一步增强加快卫生事业改革与发展的责任感和紧迫感，客观总结成绩，把握医改特点；统筹卫生大局，加快惠民行动；创先创新创优，打造医改精品，以更加坚定的决心、更加有为的姿态服务经济社会发展，服务全县百万群众的健康需求。县领导桑圣权出席会议。

★24 日，中共如东县栟茶镇第十五次党员代表大会圆满闭幕。如东县委常委、组织部部长任新峰勉励该镇新一届党委班子紧紧围绕县委提出的“推进现代化，建设新如东”的总体目标，解放思想、创新思路，突出科学发展主题，突出加快转变经济发展方式主线，继往开来，乘势而上，加快基本现代化建设，使千年古镇不断焕发生机、彰显魅力。

★25 日，由江苏省城市规划设计部门承担的海洋铁路如东站站前广场及栟茶客货站站前广场规划设计方案，接受如东县领导和相关部门专家的集体评审。县委书记、县人大常委会主任周铁根，县长詹立风以及县领导周建飞、杨成泉、蔡瑞平、于立忠、童玉林对规划设计方案的整体效果一致给予好评，并分别对不足之处提出了修改完善的建议。

★25 日，如东县人大常委会召开第二十三次会议。会议以无记名投票的方式分别通过县委书记、县人大常委会主任周铁根，县人民法院院长蒋明华，县人民检察院检察长顾祖林提请的人事任免议案；表决通过关于加快推进城乡公共交通事业发展的决议；表决通过关于同意将 2011 年度房屋征收计划列入县国民经济和社会发展年度计划的决定。会议听取和审议了副县长于立忠代表县政府所作的《关于城乡公共交通发展情况的工作报告》和县人大常委会专题调查组的调查报告。会议听取和审议了副县长于立忠代表县政府所作的《关于提请县人大常委会审议将 2011 年度房屋征收计划列入县国民经济和社会发展年度计划的报告》。县人大常委会副主任徐志平、蔡瑞平分别主持会议。县人大常委会党组书记张桂英列席会议，县人大常委会副主任沈更生、冒亚平出席会议。

★25 日，南通市人大常委会副主任宋飞、王平率部分市人大常委会委员，到如东县视察海洋渔业安全生产工作。视察组一行在如东县委书记、县人大常委会主任周铁根，县长詹立风，县人大常委会副主任杨成泉的陪同下，视察了如东县海上搜救指挥中心和长沙镇三民出海卡口。詹立风代表县政府向视察组汇报了如东县海洋渔业安全生产工作。

★25 日，中共如东县双甸镇第十五次党员代表大会圆满落幕。如东县政协副主席余科对双甸镇新一届党委班子提出殷切希望。

★26 日，由南通市十佳社科专家、高校学者、各县市社科联负责人组成的南通市社科骨干研修班，在南通市社科联党组书记陈冬梅的率领下到如东县考察。如东县委书记、县人大常委会主任周铁根向研修班学员们重点介绍了“十一五”期间如东经济社会发展取得的成就，并就如东县“十二五”规划目标及“推进现代化，建设新如东”的战略举措进行了阐述。如东县领导陈昌龙、姜晓静陪同考察。

★26 日，如东县委书记、县人大常委会主任周铁根前往沿海经济开发区、沿海旅游经济开发区、洋口镇调研、督查当前重点工作推进情况，他要求小洋口地区的“一镇两区”班子成员埋头苦干加快落实，快速推进现有规划，实现小洋口地区在全县率先发展、率先繁荣。县委常委、政法委书记、沿海经济开发区党工委书记陈建华陪同调研。

★26 日，中共如东县苴镇第十三次党员代表大会圆满闭幕。如东县委副书记潘建华希望苴镇党委以党员代表大会的召开为动力，抓住区镇一体化整合优势，突出工业主体，努力发展现代农业，搞好区域规划，努力加强班子执政能力建设，提高执政水平，不断推动苴镇经济社会的跨越发展、科学发展、和谐发展。

★26 日，中共如东县长沙镇第五次党员代表大会圆满闭幕。如东县委常委、洋口港经济开发区党工委书记周建飞要求长沙全镇上下全面实施“项目牵动、招商先行、效能给力、以港兴城、和谐共享”五大战略，加快经济结构调整转型，引导企业和生产要素向园区集中，全力创建“经济繁荣、文明和谐、生态宜居、管理创新、人才活力”的新型城镇，为如东打造江苏沿海新的增长极作出更大贡献。

★26日，中共如东县马塘镇第十四次党员代表大会胜利召开。如东县委常委、宣传部部长陈昌龙勉励马塘镇新一届党委发扬一马当先的马塘精神，突出创业、招商、引才，突出工业经济主体，突出新农村建设，突出民生工程，为推进现代化、建设新如东做出新的贡献。

★26日，中共如东县丰利镇第十二次党员代表大会圆满闭幕。如东县委常委、组织部部长任新峰勉励该镇新一届党委班子要注重项目建设、城镇开发、惠民富民，加大对社会事业的投入，注重党的建设和班子自身建设，在新的起点上推进丰利新的跨越。

★26日，中共如东县河口镇第十三次党员代表大会圆满闭幕。如东县委常委、县人武部政委蔡建华对河口镇新一届党委班子提出殷切希望。

★27日，中共如东县洋口镇第三次党员代表大会圆满落幕。如东县委常委、政法委书记陈建华希望洋口镇党委以换届为契机，进一步明确指导思想，理清发展思路，依托区位优势，整合各类资源，争创区域发展新特色，加强自身建设，坚持勤政廉政，实现执政能力新提升。

★27日，如东掘港镇第十七届人民代表大会第四次会议隆重召开。如东县人大常委会副主任杨成泉出席会议。

★28日，如东县人大召开住建、安监、民政三部门评议培训动员会。县人大常委会副主任徐志平要求县、镇人大在评议中要把贯彻落实党的方针政策和县委的重大工作部署，履行职责、依法行政、勤政廉政、服务和保障如东县经济社会发展等方面的情况作为评议的重点；在评议时坚持实事求是；被评部门要正确处理好评议工作和本职工作的关系，使评议工作科学规范、有序进行。县人大常委会副主任杨成泉、沈更生、蔡瑞平、冒亚平出席会议。

★30日，由南通市编办副主任陆国强带领的南通市编办评估工作组，对如东县政府机构改革情况进行评估检查。如东县委常委、组织部部长任新峰就如东县政府机构改革工作情况作了汇报。评估组希望如东县继续在“控制总量、限制增量、盘活存量”上深入研究，努力强化机构编制调控与管理，为开启基本现代化建设新征程提供体制机制保障。

4月

★2日，如东县召开2011年县城开发建设指挥部第一次会议，部署下一阶段的有关工作。县长詹立风出席会议，他强调，加快城市开发建设是当前全局工作的重点之一，相关部门要明确时间、明确任务、明确责任，将任务层层细化分解到个人，着力提升开发建设和组织推进水平，加快推进安置房和保障性住房建设；指挥部要切实履行好重大政策、重大项目的综合协调职责，同时各部门要上下联动，配合协作，确保房屋征收工作有序进行。县领导顾淑英、陈跃生、蔡瑞平、于立忠、卢瑞华、童玉林出席会议。

★2日，南京军区政委陈国令向纪晓飞颁授二级英模奖章和荣誉证书。南通市委常委、宣传部部长张小平，如东县委副书记潘建华应邀出席命名大会，潘建华表示，将以此次会议的宣传和报道为契机，号召全社会弘扬纪晓飞见义勇为的精神，为如东“十二五”经济社会发展注入强大的精神动力。

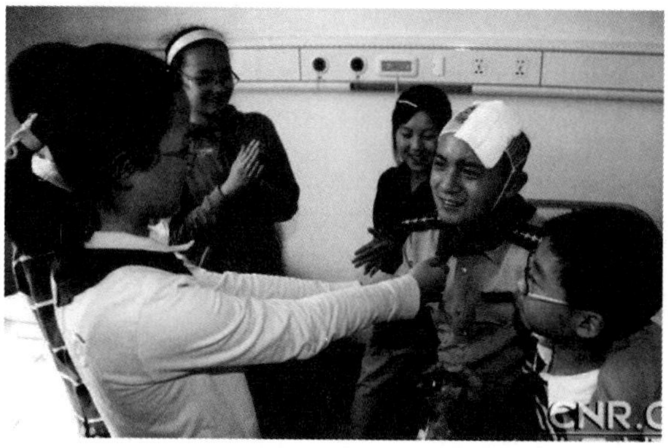

图为：“二级英模”纪晓飞接受小学生敬献的红领巾

★2 日，如东县召开企业家座谈会。会议由副县长刘才盛主持，16 家“用电大户”企业主要负责人与县相关部门负责人就目前企业运营过程中面临的问题及未来企业对改善市场环境、提高产能、增加用电量有何预期等展开讨论。

★5 日，全国政协副主席李金华回到家乡如东，在南通市政协副主席陈宋义和如东县委书记、县人大常委会主任周铁根，县长詹立风，县领导周建飞、余科等陪同下，视察了位于河口镇的江苏中天科技集团普缆生产车间，并与企业负责人展开座谈，详细了解企业的生产经营状况。

★5 日，中共如东县委常委、宣传部部长陈昌龙率领县发改委、江苏中天科技股份有限公司等相关方面负责人，赴陕西省旬邑县开展对口扶贫活动，并举行了捐资仪式。捐赠仪式上，陈昌龙详细介绍了如东县经济社会发展以及两县对口合作情况。旬邑县副县长房晓飞代表旬邑县委、县政府向如东县长期以来对旬邑建设发展所给予的关心支持表示衷心感谢。

★ 8 日，如东县委、县政府在杭州成功举办江苏如东（杭州）投资环境说明会，与会的美国、加拿大、新加坡、土耳其等国家和中国香港、台湾地区企业界的精英，长三角地区商界的知名人士和企业老总，浙江地区知名媒体记者，以及部分如东在浙江地区的人士代表等近 250 人出席了说明会。会议由县委常委、常务副县长顾淑英主持。县长詹立风发致辞。县委常委、洋口港经济开发区党工委书记周建飞作投资环境说明。县领导杨成泉、桑健，县相关部门及各镇区主要负责人参加了活动。

★8 日，财政部原部长、国务院发展研究中心原副主任金人庆一行到如东县视察洋口港开发建设情况。江苏省政协副主席包国新，如东县领导潘建华、余科陪同考察。潘建华向金人庆详细介绍了洋口港的建设情况，以及太阳岛二期发展和液化品码头建设规划。

★8 日，由南通副市长杨展里带领的市医改办一行到如东县督查医改工作。如东县副县长姜晓静就如东县基本药物制度实施进展、实施过程中遇到的困难和问题进行了汇报。杨展里一行充分肯定了如东县基本药物制度建设。

★9 日，由中国石油天然气集团公司党组成员、副总经理、中国石油天然气股份有限公司领导班子成员率领的中石油天然气集团高层负责人一行 17 人，在如东县领导周铁根、潘建华、周建飞的陪同下，前往洋口港太阳岛，视察江苏 LNG 接收站项目建设进展情况。

★9 日，如东县召开行政服务工作点评会，县委常委、县行政服务中心党工委书记周建飞对一季度行政服务工作进行了点评，他要求各部门、各窗口单位奋力打造全省一流全市领先行政服务新平台，更好地服务发展、服务企业、服务基层、服务群众。县委常委、常务副县长顾淑英指出，行政服务工作是一个地区对外展示形象的窗口，是一个地区经济社会发展的无形资产，也是一个地区招商引资的名片。各部门、各窗口单位要紧紧围绕县委、县政府的工作部署，强化领导、落实责任、齐抓共管，切实提高行政服务管理水平。

★10 日，如东县召开全县重点工作督查推进会，县委书记、县人大常委会主任周铁根出席会议，他要求全县上下，切实增强责任意识、忧患意识和拼抢意识，实干苦干，加大重点工作推进和服务力度，着力谋求更大突破，确保上半年主要经济指标实现“双过半”，为完成年度目标和“推进现代化、建设新如东”打下坚实基础。县长詹立风主持会议，他要求各级、各地强化目标意识，按照“双过半”的任务、要求，倒轧时间；增强工作合力，聚焦重点、难点，加强部门之间的会办，加快重点工作的推进；创新工作举措，千方百计化解工作中的难题，全力营造紧张快干的良好工作局面。县四套班子领导、各部门负责人、各镇（区）党政主要领导出席会议。

★11 日，如东县 16 个重点项目举行集中开工仪式，计划总投资 29.047 亿元。沿海经济开发区举行江苏中润氟化学科技有限公司项目开工仪式。如东县委书记、县人大常委会主任周铁根致辞。副市长徐辉出席开工仪式并讲话。开工仪式由县委常委、政法委书记、沿海经济开发区党工委书记陈建华主持。苏州市政协副主席、工商联会长姚东明，常熟市副市长李志宇分别致辞。国家海洋局东海分局局长张惠荣，苏州市人大常委会副主任、市总工会主席金明，福建省原漳州地委书记张文良，苏州市原市委副书记、政协原主席冯瑞渡，常熟市人大常委会主任戈炳根；如东县委副书记、县长詹立风，县人大常委会党组书记张桂英，县委常委、常务副县长顾淑英，县人大常委会副主任杨成泉，副县长刘才盛，县政协副主席桑健出席开工仪式。

★11 日，江苏 LNG 配送中心项目和南通市蓝翔电动车辆项目，在洋口港临港工业区顺利开工，如东县委书记、县人大常委会主任周铁根，县委副书记、县长詹立风，县领导张桂英、周建飞、杨成泉、桑健出席开工仪式。

★11 日，总投资超亿元的南通新港电缆材料有限公司、江苏沈李生物科技有限公司落户如东经济开发区。如东县委副书记潘建华在项目开工仪式上要求如东经济开发区和相关部门竭尽全力提供热情周到、高效便捷的服务，力促项目快建设、快投产、快见效。副县长姜晓静出席开工仪式。

★11 日，如东天益纺织有限公司高档面料生产项目在岔河工业集中区举行开工典礼，如东县委常委、常务副县长顾淑英出席并致辞。县政协副主席王志荣出席开工典礼。

★11 日，南通杰尔机械有限公司在袁庄镇工业集中区举行项目开工仪式，如东县领导陈昌龙、桑圣权参加了活动。

★11 日，南通神雨绿色药业有限公司在沿海经济开发区举行环保型生物农药搬迁扩建项目开工仪式。如东县领导陈建华、蔡瑞平、童玉林、冯力如出席了开工仪式。

★11 日，总投资 1.6 亿元的南通晟宏鼎船舶设备科技有限公司船舶配套设备生产项目在掘港镇破土动工。如东县委常委、组织部部长任新峰，县人大常委会副主任沈更生等出席开工仪式。

★11 日，如东宇嘉纺织有限公司在河口镇开工建设。如东县人大常委会副主任徐志平出席开工仪式。

★11 日，南通宝鹏健身器材科技有限公司落户新店镇健身器材产业园并举行项目开工仪式。如东县人大常委会副主任冒亚平出席开工仪式。

★11 日，曹埠镇举行曹埠商贸城开工典礼，如东县副县长刘才盛出席开工仪式。南通金斯顿防护用品有限公司在东安科技园区开工。副县长于立忠出席开工仪式。南通光阳针业有限公司和南通市新吴纺织有限公司在双甸镇工业园区集中举行开工仪式，副县长洪大林、县政协副主席余科到场祝贺。

★11 日，如东县规划局组织召开海洋铁路如东客运站、栟茶客货站站前广场及周边地区规划方案评审会。与会专家经过认真评审，原则通过规划方案。县领导周建飞、蔡瑞平、于立忠、童玉林出席评审会。

★11日，如东县2011年第一期基层团干部培训班开班，旨在进一步提高如东县基层团干部的思想素质和业务水平。县委常委、纪委书记陈跃生到会并讲话，他要求要着力加强团的基层组织建设，不断提高共青团组织对广大青年的影响力，并切实加强团的作风建设，塑造新时期团干部的良好形象。

★11日，如东县召开如东科技城建设交流推进会。县委常委、组织部部长任新峰出席会议，他希望项目投资方在不断完善建设规划的基础上，加快建设步伐，创新体制机制、加大招商力度、加强形象宣传，同时县级各相关部门要联动推进，为项目顺利推进营造良好氛围。

★12日，如东县人大常委会原副主任、离休干部（享受地市级待遇）赵赴前遗体告别仪式在掘港殡仪馆举行。县委副书记潘建华介绍了赵赴前生平。仪式由县人大常委会副主任徐志平主持，县领导周铁根、詹立风、张桂英、沈更生、蔡瑞平、冒亚平，县四套班子老领导、相关部门和镇区负责人、赵赴前生前好友以及亲属参加了遗体告别仪式。

★12日，南通市原市委书记朱剑等南通市原地市职老干部到如东县参观考察，对如东"十一五"发展成就及举全县之力开发建设洋口港给予高度评价。如东县委书记、县人大常委会主任周铁根，县长詹立风，县人大常委会党组书记张桂英，县领导潘建华、周建飞、任新峰、冒亚平、童玉林陪同参观考察。周铁根还向朱剑等老领导汇报了如东县经济社会发展情况及"十二五"如东发展规划。

★12日，四川郫县专门组团到如东县考察学习社会管理创新工作，如东县委常委、常务副县长顾淑英，县委常委、政法委书记陈建华分别介绍了如东县经济社会发展和社会管理创新的有关情况。郫县县委常委、常务副县长连华认为如东县社会管理创新工作基础实、机制优、合力强、效果好，将认真学习借鉴成功经验，推动社会管理创新工作取得新突破。县委常委、宣传部部长陈昌龙参加了接待活动。

★12日，在如东县副县长姜晓静的带领下，如东经济开发区组织各村主要干部、农村工作局全体工作人员到海门专题学习新农村建设经验。

★13日，如东县在马塘镇尊三村召开农村残疾人扶贫基地建设现场会。副县长于立忠出席会议，他要求各地和相关部门树立扶助重于救助的观念，增强残疾人的自信心，以残疾人基地建设为平台，积极探索建立适合本地发展的扶贫基地模式；县、镇两级都要对基地建设给予资金扶助，不断增加扶贫基地的数量和扶持项目，将经济效益好、发展较快的扶持项目优先安排在扶贫基地，为扶贫基地建设创造良好的发展环境，同时鼓励社会各界积极参与，为残疾人摆脱贫困、实现人生价值创造有利条件。

★13日，如东县召开廉政建设暨纠风工作会议。县委副书记、县长詹立风要求各地、各部门、各单位深入加强廉政以及机关作风建设各项工作，健全完善体制机制建设，强化监督管理，努力为全县经济社会发展提供清正廉明的政风环境。县领导顾淑英、刘才盛、于立忠、洪大林出席会议。

★13日，如东县召开社会稳定风险评估工作推进暨维稳工作培训会。省维稳办处长杨广学、市维稳办处长保国祥对与会人员进行了相关业务培训。副县长、县公安局局长卢瑞华作动员讲话。县委常委、政法委书记陈建华要求各成员单位不断提高认识，增强忧患意识；建立一套规范的工作机制，做到应评尽评；最大程度地对广大人民群众敞开心扉；注重维护民利，及时反映民意；不打法律擦边球，不碰法律高压线；保障有序开展，强力推进。

★14日，为期一个月的第二批绥阳县干部赴如东挂职学习结束。如东县委副书记、县长詹立风与绥阳县委副书记、县长覃儒方共同为象征两地友谊长存的“山海情深”友谊石揭幕。在总结交流会上，27位挂职干部畅谈了在如东一个月的工作经验和体会。如东县委副书记潘建华对此次挂职活动的成功开展表示祝贺。如东县县领导顾淑英、任新峰，绥阳县委副书记钟方伟参加了活动。

★15日，江苏省交通运输厅副厅长、省铁路办副主任张晓铃，率领省铁路办以及宁启复线电气化工程建设指挥部相关负责人，在如东县委书记、县人大常委会主任周铁根，县领导杨成泉的陪同下，前往海洋铁路铺轨现场以及建设中的如东火车站，视察海洋铁路建设情况。张晓铃对海洋铁路工程建设质量和进度给予高度评价，并希望施工单位和相关部门保持高昂的工作激情，抓好安全生产和质量管理，继续快速推进施工建设，加强沟通协调，切实解决施工中遇到的困难和问题，确保海洋铁路10月份开通运营。

★15日，如东县人大常委会召开第六十六次主任会议，听取和审议县文广传媒中心（集团）主任、董事长张光平所作的关于全县广电事业发展和贯彻实施《中华人民共和国广告法》情况的汇报。县人大常委会党组书记张桂英对全县广电事业发展和贯彻实施《中华人民共和国广告法》取得的成绩予以充分肯定。会议由县人大常委会副主任冒亚平主持。县人大常委会副主任徐志平、杨成泉、沈更生、蔡瑞平，副县长姜晓静出席会议并讲话。

★15日，如东县召开全县大学生村官创先争优活动动员暨联谊会换届大会，对全县大学生村官开展“学习张广秀，创先争优见行动”主题活动进行动员部署，县委常委、组织部部长任新峰勉励全县大学生村官以主题实践活动为契机，进一步开拓进取，争当先进村官，争创优秀业绩，为奋力推进农村基本现代化注入新活力。

★16日，由中国人民大学教授、知名礼仪专家金正昆主讲的“文明礼仪伴我行”报告会在如东高级中学海韵馆礼堂内举行，这是如东县“扶海大学堂”创办以来的首场报告会。如东县委常委、宣传部部长陈昌龙主持报告会，他希望广大市民大力弘扬和践行“厚德笃行、扶海越江”的新时期如东精神，为巩固省级文明城市创建成果、“推进现代化、建设新如东”做出贡献。县领导顾淑英、沈更生、刘才盛出席报告会。

★16日，在如东县领导顾淑英、桑健等陪同下，江苏远东石材产业园有限公司董事长王宁书带领从上海、福建、天津、温州、苏州等省市的30多位全国石材业顶级企业家到洋口港考察，表示将投资洋口港，打造国际型石材产业。

★17日，南开大学与南通维立科化工有限公司举行产学研合作签约仪式，中国工程院院士、博士生导师、农药国家工程研究中心（天津）主任李正名、如东县副县长刘才盛共同为产学研基地揭牌。

★18日，南通市人大常委会人事代表委员会有关负责前往如东县掘港镇调研，对该镇“代表之家”建设给予充分肯定。如东县人大常委会副主任徐志平陪同调研。

★19日，新加坡金鹰国际集团主席陈江和携夫人黄瑞娥及公司高层主管一行专程到到如东县，在如东县委书记、县人大常委会主任周铁根，县委常委、洋口港经济开发区党工委书记周建飞的陪同下，陈江和一行考察洋口港开发建设以及江苏LNG项目和粘胶纤维项目的进展情况。如东县领导于立忠参加部分活动。

★19日，新改版的《如东县政风行风热线》

开播。如东县长詹立风走进如东人民广播电台直播室参与节目，他在节目开播动员讲话中指出，《896政风行风热线》运行7年来，在解决百姓民生民计、推动政府职能改革、促进干部作风转变、优化经济发展环境等各方面发挥了积极作用。詹立风在节目中对热心听众提出的关于农村路桥建设、高层建筑消防安全、农村医疗保险、党风廉政建设等方面的问题作了认真解答。

★19日，如东县召开全县科技创新（防震减灾）业务培训会。会议对高新科技、防震减灾、科技成果与知识产权管理等业务知识进行培训。副县长刘才盛作动员讲话，他希望各镇区相关负责人通过培训，为基层科技创新工作打开新局面；结合工作实际需要，积极创设出良好的重视科技氛围；努力打造想干事、能干事、干成事的队伍，全力推动全县科技创新工作再上新台阶。

★19日至20日，《南通如东洋口港LNG码头船舶污染海洋环境风险与防治能力评估报告》、洋口港区蓝沙洋北水道一期航道工程和LNG项目接收站配套码头工程通航安全，分别通过了专家验收。至此，江苏LNG项目第一条LNG船舶靠港前所涉及的20多个专项验收已全部结束。如东县委副书记、县长詹立风，县领导周建飞、沈更生参加了验收活动。

★20日，南通市委和如东县委在河口镇举行王野翔诞辰一百周年座谈会，深切缅怀王野翔为新民主主义革命和社会主义建设事业建立的历史功勋。如东县委副书记潘建华作王野翔生平事迹介绍。南通市委常委、政法委书记陈斌在座谈会上讲话。朱剑、李明勋、朱文涛、陈华汝等南通市老领导，南通市委组织部副部长王亚雄，如东县委常委、政法委书记陈建华，县委常委、组织部部长任新峰等市县领导，王野翔的亲属，以及曾与王野翔共同奋斗的老干部、老部下代表出席座谈会。

★20日，"野翔扶困助学奖励金"第八次颁奖仪式在如东县河口镇烈士小学举行。南通市老领导朱剑、李明勋、朱文涛、陈华汝等，王野翔之子王乃熊，如东县委副书记潘建华，县委常委、组织部部长任新峰为11名品学兼优的贫困生发放奖学金。

★20日，如东县委、县政府召开农村违法建筑整治工作推进会。县委常委、纪委书记、县农村违法建筑整治工作组组长陈跃生对前一阶段整治工作进行回顾和评析。会议要求各镇（区）及相关部门强化领导、严格责任，确保在今年6月底前全面完成农村违法建筑整治工作任务。

★20日，如东县召开到村任职县级机关青年干部和大学生村党组织书记工作推进会，县委常委、组织部部长任新峰勉励他们在发展农业、服务农村、造福农民的实践中充分发挥聪明才智，争做农村基本现代化建设的领头雁。

★20日，南通市委常委、市政法委书记陈斌调研如东县社会管理创新工作，对如东县社会管理创新工作取得的成绩给予肯定，并寄语如东县进一步加大创新力度，构建具有如东特色的社会管理创新新格局。如东县县长詹立风介绍了如东县开展社会管理创新工作的相关情况。县委常委、政法委书记陈建华介绍了县创新办推进社会管理创新工作情况。县委副书记潘建华，副县长于立忠、卢瑞华陪同视察。

★21日，如东县委、县政府召开全县社会事业工作推进大会，县委书记、县人大常委会主任周铁根对社会事业工作高度重视，要求各地、各部门以项目建设为抓手，创新工作思路，密切配合，整体联动，形成强大合力，全面提升社会事业的整体发展水平。县委常委、宣传部部长陈昌龙回顾了"十一五"期间如东县社会事业发展所取得的新业绩，并对"十二五"以及今年的社会事业工作进行部署。县长詹立风出席会议，他要求各地、各部门要把项目建设作为社会事业发展的重要抓手，以项目化的运作方式推动社会事业的发展，通过项目建设把县委、县政府的政策决策转化成一个个群众满意的民心工程，各部门要进一步增强工作合力，通过强化组织领导、人才支撑、投入保障和宣传发动，努力夯实社会事业发展的坚实基础。副县长姜晓静主持会议。县委副书记潘建华，县领导顾淑英、沈更生、冯力如参加会议。

★21日，盐城市副市长谷家栋带领盐城市环保工作考察团到如东县，考察学习如东县在化工园区环境保护、治理方面先进的理念和做法。如东县委常委、县委政法委书记、沿海经济开发区党工委书记陈建华介绍了如东县沿海经济开发区发展情况。交流会后，盐城市代表团先后到到沿海经济开发区视频监控中心、东瑞医药（南通）有限公司、江苏新农化工有限公司实地考察。

★21日，如东县领导蔡瑞平、于立忠率领审计、监察、财政等相关部门负责人，视察苏225线、苴东线等交通重点工程和引江区域供水通洋线输水工程实施进展情况。

★22日，如东县召开全县重点项目督查会办会，县长詹立风要求各相关部门进一步创新思维，优化服务，强抓落实，以最快的速度、最高的效率合力化解重点项目建设中遇到的各类难题。会议由县委常委、常务副县长顾淑英主持。县领导刘才盛、于立忠出席会议。

★22日，如东县召开全县一季度金融工作例会。县委常委、常务副县长顾淑英要求金融系统各单位不断强化经济金融互动的紧迫感和责任感；创新奋进，不断提升金融工作的创造力和驱动力；要创建优良金融环境，激活良性互动机制，严格考核奖惩，确保金融信贷工作实现双过半。县人大常委会副主任杨成泉参加会议。

★22日，南通市政府教育督导室检查组到如东县检查督导中等职业教育工作。如东县副县长姜晓静向检查组汇报了如东县中等职业教育督导自评情况。检查组还分别召开人大代表、政协委员，教师、学生座谈会，了解如东县职业教育情况。

★24日，如东县委书记、县人大常委会主任周铁根赴马塘、岔河调研，要求各镇全力以赴、攻坚克难，按照序时目标，全力做好各项重点工作。

★24日，如东县委组织部、县经信委专程组织全县优秀企业家代表赴沪进行健康体检。在欢送仪式上，县委常委、组织部部长任新峰充分肯定了企业家们为加快工业经济发展、推动如东经济建设所作出的贡献。他勉励企业家们，要以此次体检活动为动力，进一步提高促进企业做大做强的积极性，大力推进转型升级，加大人才引进培养力度，不断增强企业核心竞争力，为推进现代化、建设新如东作出更大的贡献。任新峰表示，县委、县政府还将通过系列活动，进一步加强企业家人才队伍建设，为企业家的发展营造一个良好的发展环境，促进全社会来尊重、爱护企业家。

★24日，南通市人大代表委员会相关负责人在视察大豫镇人大工作时，对该镇“双五”工程给予高度评价。如东县领导徐志平陪同调研。

★24日，如东县人大常委会副主任杨成泉带领县人大财经工委等部门负责人赴双甸、袁庄、曹埠等镇调研，围绕对县住建局、安监局和民政局三家部门的工作评议，以及《中华人民共和国科学技术进步法》的贯彻实施情况开展座谈活动。

★25日，如东县举行县人民法院社会管理创新司法服务超市揭牌暨全县社会管理创新第二次现场推进会。县委书记、县人大常委会主任周铁根，南通市中级人民法院院长马志相共同为如东法院社会管理创新司法服务超市揭牌。周铁根要求各镇、各部门和相关单位，提高思想认识，进一步增强做好社会管理创新工作的责任感和紧迫感，以切实解决事关百姓切身利益的问题为出发点和落脚点，在“回应群众需求”“化解民怨”“保障民安”“维护民权”等重点领域，提高社会管理科学化水平，深入推进全县社会管理创新，为如东基本现代化建设创造平安和谐的社会环境。县委常委、政法委书记陈建华主持会议，县人大常委会副主任徐志平、副县长卢瑞华、县政协副主席童玉林参加现场会。

★25 日，如东县委书记、县人大常委会主任周铁根前往双甸、栟茶，调研两镇招商引资、项目建设和财政收入等重点工作，要求两镇加强谋划，狠抓重点，将潜在优势转化成发展优势，确保全面、超额完成上半年的各项目标任务。县领导余科参加调研。

★25 日，如东县委常委、洋口港经济开发区党工委书记周建飞在火车站站前广场、道路建设现场办公会上要求相关部门，咬定既定目标，高质量推进火车站站前广场、道路建设，确保今年海洽会前海洋铁路全面通车。

★26 日，2011 年如东县内就业双向选择招聘会在如东第一职业教育中心校大礼堂内举行，县长詹立风、副县长姜晓静前往招聘会现场视察。

★26 日，如东县委常委、县纪委书记陈跃生带领县委办、农办等部门负责人到如东经济开发区（苴镇）检查了解三峡移民工作。陈跃生在充分肯定如东经济开发区（苴镇）三峡移民工作的同时，要求镇区党委、政府要充分认识移民工作的重要性和长期性，要进一步强化组织领导，切实解决目前移民土地、生活等方面的问题，真心实意地引导移民致富，加快三峡移民融入如东经济社会的进程。

★27 日，如东县县长詹立风前往县自来水公司，调研如东县引江区域供水工程推进情况。詹立风对如东县引江区域供水工程推进进展给予充分肯定，认为整体规划和实施措施十分到位。詹立风要求县自来水公司进一步完善引江区域供水工程的整体规划工作，在确保社会效益的同时争取更多的经济效益，将供水管网延伸至更多的乡镇，扩大经营的覆盖面，进一步改善服务、提高效率，更好地为基层服务。副县长于立忠陪同调研。

★27 日，江苏省发改委基础产业处处长赵良元到洋口港就如东县沿海开发进行调研。赵良元一行察看了江苏 LNG 项目部、洋通公司，了解 LNG 开车前的准备及今后的发展规划，听取了洋口港经济开发区、如东县发改委有关负责人关于如东县沿海开发，特别是洋口港开发建设的情况汇报。县委常委、洋口港经济开发区党工委书记周建飞陪同调研。

★27 日，由如东县体育局、县人力资源和社会保障局、县创新研究会筹办的“医保杯”如东县首届健身舞比赛在浅水湾公园举行。县领导陈昌龙、姜晓静观看了比赛。

★27 日，如东县政法系统“扶海法治大讲堂”首场法制报告和“扶海法治辩论赛”首轮两场预赛拉开了全县政法机关“扶海法治论坛”系列活动的帷幕。县领导陈建华、卢瑞华观看了辩论赛。

★27 日，如东县人大常委会副主任蔡瑞平、冒亚平分赴洋口镇、沿海经济开发区和新店镇，就《中华人民共和国科学技术进步法》执法情况开展调研，对住建、安监、民政三部门的评议工作进行座谈。

★27 日，如东县副县长刘才盛带领环保、安监、公安、消防等部门前往沿海经济开发区、曹埠镇、掘港镇检查节前企业安全生产工作情况。

★27 日，由江苏省经济和信息化委员会、省中小企业局和省中小企业发展中心主办，如东县经济和信息化委员会、县中小企业局承办的江苏省中小企业竞争力大讲堂到到如东县。

大讲堂由深圳市中商国际管理研究院副院长、执行力研究所所长高岩主讲，主要围绕“创新领导力与高效执行力”展开。如东县副县长刘才盛到会并讲话，他要求与会人员以此次报告会为契机，不断创新技术，提高竞争力，做好企业、产业、载体和品牌的转型升级，促进全县经济社会又好又快发展。

★27日，如东县召开全县为农服务社建设工作会议，副县长于立忠要求按照“政府引导、多方参与、整合资源、市场运作”的原则，全面提升全县镇村为农服务社建设的覆盖率，加快构建“连接城乡、布局合理、功能完善、运转高效”的农村社区综合服务网络。

★28日，江苏省委宣讲团在如东县举行贯彻“六个注重”，实施“八项工程”，推进“两个率先”报告会。如东县委书记、县人大常委会主任周铁根主持报告会，要求全县上下进一步强化机遇意识、责任意识、忧患意识，紧紧围绕“十二五”发展的主题主线，牢牢抓住重要战略机遇期，切实在加快转变经济发展方式上动脑筋、下功夫，更加注重以创新驱动提升发展竞争力，以结构调整增强发展协调性、可持续性，以深化改革开放增添科学发展新动力，以解决民生突出问题提高人民生活水平，以加强社会管理创新促进社会和谐稳定，在新的起点上不断开创科学发展新局面。县四套班子领导、各镇区和县级机关各部门主要负责人聆听报告会。

★28日，如东县青年人才集体婚礼庆典仪式在县行政中心广场隆重举行。十对新人踏上红地毯，迈入婚姻的殿堂。县委书记、县人大常委会主任周铁根为新人致证婚词。县委副书记、县长詹立风为新人颁发了纪念品。县人大常委会党组书记张桂英，县委副书记潘建华，县领导陈建华、任新峰、徐志平、姜晓静、童玉林出席庆典仪式。

★28日，如东县县长詹立风在洋口镇和沿海旅游经济开发区调研时强调，不断理清发展思路，紧紧抓住重点领域的建设，高起点规划，高标准实施，保证小洋口地区健康、繁荣发展。

★28日，如东县县长詹立风带着安监、消防、公安、海洋渔业等部门负责人前往沿海经济开发区部分化工企业以及洋口镇下海卡口，就安全生产开展专项督查。

★27日，如东县召开全县招商引资推进会，县委常委、常务副县长顾淑英要求各镇区紧紧咬定双过半目标，创新举措，攻坚克难，迅速发起二季度招商引资的强大攻势。

★28日，南通市综治办主任助理曹明冲带领督查组到如东县，就社会管理创新工作推进情况进行专项督查。如东县委常委、政法委书记陈建华介绍了如东县开展社会管理创新工作的相关情况。督查组对如东县社会管理创新工作取得的成绩表示肯定，认为如东社会管理创新在全市先行一步，运作规范、机制成熟、成效明显，探索新形势下社会管理创新所形成的模式、方法和经验值得在全市范围内总结推广。

★29日，如东县举行庆“五一”劳模座谈会暨省、市劳模赴南通领奖欢送会。县委书记、县人大常委会主任周铁根代表县委、县人大、县政府和县政协，向在平凡岗位做出不平凡业绩的劳模和广大劳动者致以节日的问候和衷心感谢。副县长姜晓静主持座谈会，县人大常委会党组书记张桂英，县领导周建飞、陈昌龙、冒亚平、童玉林出席会议。

★29日，如东县公开选拔科级后备干部考试面试举行，有各机关单位、镇（区）的近400名中层及中层以上干部参加了面试。县委常委、组织部部长任新峰察看了面试考场。

★29日，如东县人大常委会召开第68次主任会议，专题听取县政府关于生态县创建工作情况汇报。会议听取了副县长于立忠关于生态县创建工作情况汇报。县人大常委会副主任徐志平建议政府和相关部门做好宣传造势工作，增强群众参与创建的意识；加快构建生态体系；创新长效管理工作机制，建设现代生态如东。会议由县人大常委会副主任蔡瑞平主持。县人大常委会副主任杨成泉、沈更生出席会议。

5月

★3日，如东县委书记、县人大常委会主任周铁根前往如东经济开发区调研，他要求该区上下以更为强烈的使命感和紧迫感，踏实苦干，谋求当前招商引资、项目建设等重点工作新突破，全力以赴推进海洋铁路站前广场、道路建设，确保2011年海洽会前海洋铁路全面通车。县委副书记潘建华，县委常委、洋口港经济开发区党工委书记周建飞陪同调研。

★3日，洋口港经济开发区召开1至4月份工作点评会，如东县领导周建飞要求全区上下牢牢锁定上半年工作目标任务，坚定信心，鼓足干劲，奋力攻坚，确保涉港各项工作快见成效。

★3日，如东县召开县级机关公务员公开选调工作会议。任新峰要求各选调单位深刻认识开展此次选调的重要意义，切实增强政治意识、大局意识、责任意识，精心组织、规范操作，确保选调工作圆满成功。

★3日，如东县召开干线公路“迎国检”工作推进会，县领导童玉林要求各镇（区）及相关部门紧紧围绕“零失分”的奋斗目标，扎实举措、查漏补缺，确保路域环境整治效果到位，以崭新的姿态迎接全国干线公路养护管理检查。

★4日，如东县委常委、常务副县长顾淑英带领发改委、公安、安监、监察、总工会等部门负责人，前往马塘、岔河、洋口港等重点单位开展安全生产大检查。

★4日，如东县召开全县产业经济双过半动员会，副县长刘才盛要求各地、各部门创新举措，狠抓重点，求真务实，努力把增量经济的达产达效措施落到实处，实现产业经济序时进度和运行质量的新突破。

★4日，如东县副县长姜晓静带领工商、安监、教育等部门负责人，前往栟茶镇、如东经济开发区检查安全生产工作。

★4日，如东县副县长洪大林率安监、公安、农委等部门负责人，前往位于河口镇的“中天科技”和“久艳服饰”，要求他们严格落实各项安全生产措施，完善安全应急预案。

★4日，如东县举行“建功立业‘十二五’，青春奉献新如东”青年演讲比赛。县领导陈昌龙、沈更生、童玉林参加活动，并为获奖选手颁奖。

★5日，如东县召开全县生态县创建决战动员大会。县长詹立风号召全县上下，以高度的责任感、高度负责的精神和更加有力的措施，全力做好国家生态县创建各项工作，确保年底如期实现创建目标，努力从根本上改善全县生态环境质量，不断提升经济、社会、生态全面协调可持续发展水平。会议由县委常委、常务副县长顾淑英主持，副县长于立忠作动员报告。县领导蔡瑞平、刘才盛、姜晓静、桑健出席会议。

★5日，如东县副县长、县公安局局长卢瑞华带领经信委、安监、供电等部门负责人，对双甸、丰利、新店部分企业进行了安全生产大检查。

★5日，江苏省海洋与渔业局副局长沈毅一行到如东县签订东凌试验场海域使用和高涂置换协议。在如东县副县长洪大林的陪同下，沈毅一行还参观了东凌垦区、如东万亩海参现代渔业园区、苴镇何丫村白对虾养殖区。沈毅希望如东县充分发挥海洋资源优势，进一步提高现代渔业基地建设的标准与水平，确保渔业经济持续稳定发展。

★6 日，江苏省委组织部部务委员、省委党的建设工作领导小组办公室副主任袁功民率领调研组到如东县，就如东县委贯彻落实党的十七届四中全会精神以及《中共中央关于加强和改进新形势下党的建设若干重大问题的决定》和江苏省委《意见》的有关情况展开调研。如东县委书记、县人大常委会主任周铁根介绍了如东县经济社会发展和党建工作相关情况。调研组对如东县党建工作取得的成绩给予充分肯定，认为如东以新思路、新理念推进学习型政党建设，以新举措推进党建制度建设，以新机制推进非公企业党组织建设，以新方法、新模式推进基层党建工作，真正实现了“立足发展抓党建、抓好党建促发展”，一些做法值得总结和借鉴。南通市委组织部副部长、市委“两新”工委书记黄卫成，如东县委副书记潘建华，如东县领导周建飞、陈昌龙、任新峰陪同调研。

★6 日，江苏省安全生产监督管理局局长王向明在南通市副市长徐辉、市安监局局长倪建明以及如东县县长詹立风，县领导周建飞、刘才盛等陪同下，到如东县调研基层安监机构和队伍建设。县长詹立风汇报了 2011 年以来如东县的安全生产工作情况。王向明对如东县 2011 年以来的安全生产工作给予充分肯定。

★7 日，如东县领导蔡瑞平、于立忠、童玉林带领县住建、国土、供电等相关部门负责人以及掘港镇相关负责人，检查了县在建及规划中的安置小区工程建设情况。

★7 日，洋口港经济开发区召开 1 至 4 月份工作点评会，如东县领导周建飞要求全区上下牢牢锁定上半年工作目标任务，坚定信心，鼓足干劲，奋力攻坚，确保涉港各项工作快见成效。

★7 日，如东县人大常委会副主任杨成泉带领县人大财经工委一行到县审计局调研，听取如东县 2010 年开展同级审计的工作情况和今年重点工作安排。

★8 日，如东县政府举行 2011 年县城工业企业退城进区集中签约仪式，东升艾克等 4 家企业的主要负责人与掘港镇政府签订协议，将企业搬至掘港镇工业新区。县委常委、常务副县长顾淑英，副县长刘才盛出席签约仪式。

★9 日，南通大学技术转移中心如东工作站揭牌仪式暨最新科技成果信息发布会举行。南通大学副校长丁斐和如东县副县长刘才盛共同为工作站揭牌。

★10 日，如东县委、县政府召开全县重点工作督查推进会，县委书记、县人大常委会主任周铁根动员全县上下咬定目标，积极作为，砥砺奋进，加大各项重点工作推进力度，为实现“双过半”任务而奋力冲刺。县领导周建飞、顾淑英、刘才盛、于立忠分别就 4 月份港口开发、招商引资和财政收入、工业经济和项目建设、国土和城建交通等重点工作进行了交流和点评。会议由县委副书记、县长詹立风主持。他要求各镇（区）、各单位进一步增强紧迫意识，务求实效；聚焦工作重点和难点，把精干力量放在项目推进上；创新工作思路，力争圆满完成“双过半”任务。县四套班子全体在家领导，相关部门及各镇（区）主要负责人出席会议。

★10 日，南通市检察机关延伸法律监督触角现场推进会在如东县召开，如东县人民检察院检察长顾祖林介绍了如东县检察机关近年来在深入推动延伸法律监督触角工作方面的措施及经验。南通市人民检察院检察长赵志凯对如东县检察机关延伸法律监督触角，设立派驻乡镇检察室等工作给予充分肯定，并要求各地学习如东先进经验，积极参与社会管理创新，维护社会和谐稳定。与会人员在如东县委常委、政法委书记陈建华的陪同下参观了位于马塘镇的县人民检察院第一检察室。

★10日，如东县人大评议机关部门暨执法检查组近日到栟茶、河口两个镇调研。县人大常委会副主任沈更生要求县、镇人大代表真正发挥好履职、监督作用，使评议工作真评、真议、真改、真效；政府和企业要加快科技创新，推动区域经济发展和社会进步。

★10日，南通市农委主任朱瑞琴一行在如东县政协副主席桑圣权的陪同下，前往江苏宝宝集团有限公司专题调研科技创新情况。

★11日，沿海经济开发区召开党风廉政警示教育大会，如东县委常委、政法委书记、沿海经济开发区党工委书记陈建华要求园区广大党员干部自觉抵制腐朽思想和不良风气的侵蚀，着力营造“以廉为荣，以贪为耻”的浓厚氛围，为全区跨越发展营造风清气正的政治环境。

★11日，如东县政府召开紧急会议，全面部署当前抗旱减灾工作。副县长于立忠要求各地、各相关部门迅速行动，以抗大旱、抗长旱的坚强意志和充分准备，扎实做好各项抗旱工作，迎接夏收夏种的到来。于立忠还就禁止秸秆焚烧和综合利用、农村环境长效管理达标乡镇创建等工作进行了部署。副县长洪大林出席会议并讲话。

★10日，在如东县委副书记潘建华的带领下，县四套班子领导和县级机关部门副科职以上领导干部在县革命烈士陵园集体重温入党誓词。县委书记、县人大常委会主任周铁根要求全体党员干部深入学习贯彻《廉政准则》，切实做好勤廉表率；切实履行“一岗双职”；切实做到奋发有为。活动由县委副书记、县长詹立风主持。

★11日，由南通市副市长孙金华带领的南通市“十一五”妇女儿童发展规划实施情况终期评估督查组到如东县进行督查，对如东县“十一五”期间妇女儿童事业所取得的发展给予肯定。如东县副县长姜晓静汇报了如东县实施“十一五”妇女儿童发展规划的情况。副县长洪大林参加了活动。

★12日，如东县委副书记、县长詹立风在县住建、规划、国土和掘港镇相关负责人的陪同下，视察市政工程在建情况，他要求相关部门抢抓时间，配优力量，加强协调，加快推进各市政工程的建设进度。县领导蔡瑞平、于立忠陪同视察。

★12日，由如东县委宣传部、红十字会、卫生局、教育局、文广传媒中心、文广新局、团县委、文联主办的书画义卖募捐暨卫生服务活动在县文峰广场举行。县委副书记潘建华，县领导顾淑英、徐志平、姜晓静视察了活动现场。

★12日，如东县委常委、纪委书记陈跃生到县文广传媒中心，视察了解新改版的“如东县政风行风热线”节目开播运行情况。陈跃生对新改版的“如东县政风行风热线”开播运行情况表示满意，并给予高度评价。

★12 日，由如东县委组织部精心打造的“如东大学生村官讲坛”正式开讲，为大学生村官提供了开眼界、增见识、长才干的崭新平台。县委常委、组织部部长任新峰希望大学生村官充分利用讲坛这一优质载体汲取新理念、新思想，分享新感悟、新经验，做到学以养德、学以励志、学以修身、学以致用，更好地服务于新农村建设，服务于“推进现代化，建设新如东”的战略目标。市委党校教授季建林做了主题为“做好群众工作，促进社会和谐”的专题讲座。

★12日，如东县集邮协会召开第四届代表大会，经过 60 多名会员投票选举，产生了新一届理事会，副县长刘才盛、县政协副主席余科当选为理事会名誉会长。

★12日，如东县财政局召开民主评议政风行风工作动员暨“510”思廉日廉政教育大会。县政协副主席余科为全体人员作了一场生动的廉政教育报告，他要求广大财政系统干部切实加强自身修养，进一步完善制度，强化监督，坚持开门评议，突出结果运用，建立长效机制，切实将民主评议政风行风工作推向深入，为圆满完成县委、县政府下达的全年财政工作任务提供坚强保证。

★13日，如东县召开人民币流通满意工程汇报会，中国人民银行如东支行、中国农业银行如东县支行等银行向部分人大代表、政协委员汇报了人民币流通满意工程实施情况。县人大常委会副主任蔡瑞平要求各银行继续创新宣传，规范服务，优化“满意工程”基础设施，加快“满意工程”队伍建设，确保全县有一个良好的人民币流通环境。

★15日，总投资150亿元的洋口港石材产业项目在上海西郊宾馆成功签约。如东县委书记、县人大常委会主任周铁根，县委副书记、县长詹立风，县委常委、洋口港经济开发区党工委书记周建飞出席签约仪式。

★15日，由如东县政府残疾人工作委员会主办，县残联、人社局承办的县首届残疾人职业技能竞赛在第一职业高级中学举行。县领导徐志平、于立忠、王志荣观摩了比赛现场。

★16日，如东县领导周建飞到如东经济开发区督查海洋铁路站前广场及223线北延等重点工程建设情况。

★16日，如东县举行首届数据库商函与营销论坛，不同行业专家就数据库营销的优势特点、发展趋势和运作程序展开研讨。副县长刘才盛希望与会企业家认真学习和掌握数据库商函在企业营销管理中的应用，建立各自相对稳定的消费群体，不断开拓市场，扩大销售，促进全县工业经济平稳快速发展。

★16日至17日，南京水利科学院院长、党委书记、中国工程院院士张建云一行到如东县考察，对如东县近年来经济社会发展取得的成绩予以高度评价，并对今后的合作发展表现出浓厚兴趣。如东县委副书记潘建华向张建云一行介绍了如东县“十一五”经济社会发展概况、“十二五”发展规划和战略目标。县委常委、常务副县长顾淑英主持座谈会。南通市副市长、南京水科院副院长孙金华，如东县领导周建飞、洪大林会见了张建云一行。

★18日，如东县委、县政府在苏州成功举办江苏如东（苏州）投资环境说明暨项目集中签约仪式，共集中签约19个项目，总投资额29亿元。会议由县委副书记、县长詹立风主持。县委书记、县人大常委会主任周铁根致辞，他真诚希望大家能进一步了解如东、关注如东、投资如东、兴业如东，他诚邀各位嘉宾到如东走一走、看一看，并通过大家引领更多的朋友莅临如东，参观考察，投资兴业，共谋发展。县委常委、洋口港经济开发区党工委书记周建飞作投资环境说明。县领导顾淑英、陈建华、杨成泉参加投资环境说明会。

★18日，中央电视台《新闻联播》栏目在头条位置播出以如东风电发展成功做法为主要内容的中国风电发展提速新闻。如东县委书记、县人大常委会主任周铁根接受《新闻联播》记者专访，重点介绍了如东县破解风电并网难题，通过绿色能源建设带动如东经济发展、加快全县经济结构调整的成功做法。

★18日，如东县在苏州举办投资环境说明会。如东县委书记、县人大常委会主任周铁根接受了江苏卫视、《现代快报》社、苏州电视台、《苏州日报》社等知名媒体记者的专访。

★18日，如东县实验幼儿园西园区内彩旗飘展、人潮涌动，幼儿代表和老师们通过表演童话剧、团体操、配乐诗朗诵等节目，欢庆幼儿园60岁生日。如东县领导陈昌龙、冒亚平出席庆典活动，并为见证幼儿园发展的园庆纪念树“快乐树”揭牌。

★18日，马塘镇乡村少年宫在马塘小学落成。南通市文明办未成年人思想道德建设处处长陈全红和如东县副县长姜晓静为该少年宫揭牌。县委常委、宣传部部长陈昌龙要求各镇和教育部门建立投入保障机制和长效运转机制，加快乡村少年宫建设，确保年底每镇都建成一家，在注重道德教育、养成教育、体验教育和实践教育的同时，充分利用共青团、妇联、科协、文联等社会团体的资源，实现各方共建、资源共享、百花齐放，真正实现在普及中提高，在创新中发展。

★18日，如东县城市公交开通仪式在县行政中心举行。副县长于立忠希望交通、城管、交警等部门进一步加强行业监管，规范运营行为；牢固树立“安全第一、以人为本”的理念，努力构建和谐运输格局，为广大人民群众提供“便利、安全、优质”的运输服务。县人大常委会副主任蔡瑞平宣布城市公交“开通”。县政协副主席童玉林出席启动仪式。

★19日，如东县委、县政府召开迎峰度夏有序用电工作会议。副县长刘才盛出席会议并为新成立的电力行政执法办公室揭牌。他希望各重点骨干企业从稳定经济社会发展大局出发，配合迎峰度夏有序用电工作；各镇区加强领导，落实责任，主动协调有序用电、电力设施保护中有关矛盾和问题；相关部门加强执法力度，维护电网安全稳定运行。

★19日，如东县召开秸秆禁烧利用暨“四位一体”长效管理推进电视电话会议。副县长于立忠对两项工作一并作部署，要求各镇、各相关部门切实增强做好秸秆禁烧与综合利用工作的责任感和紧迫感；堵疏并举，全面落实秸秆禁烧与综合利用的各项关键措施；狠抓落实，努力形成推进秸秆禁烧与综合利用工作的强大合力。县委常委、纪委书记陈跃生要求各镇、各相关部门全面落实好秸秆禁烧与综合利用的关键举措，全力确保秸秆禁烧与综合利用工作取得实效。会议由副县长洪大林主持。

★19日，如东县委组织部召开机关选派和大学生村干部代表工作交流会。县委常委、组织部部长任新峰寄语他们努力适应新形势，向最好最棒的目标挑战自我、磨砺自我，做人民群众信得过的村干部、带头人。

★20日，江苏如东融兴村镇银行正式开业，为如东县经济社会发展注入新的活力。如东县委副书记潘建华致辞。县委常委、常务副县长顾淑英主持，县领导陈建华、杨成泉、桑健参加开业仪式。

图为：江苏如东融兴村镇银行正式开业典礼现场

★20日，洋口港区海上综合应急演习在中石油江苏LNG接收站码头及附近海域举行。如东县委常委、洋口港经济开发区党工委书记周建飞，副县长刘才盛参加了演习活动。

★20日，如东心理健康咨询指导中心正式挂牌。如东县领导陈昌龙、陈建华共同为如东心理健康咨询指导中心揭牌，县领导冒亚平、姜晓静、桑圣权出席揭牌仪式，寄语指导中心办出特色、办出成效。

★20日，如东县城乡规划干部专题培训班正式开班。县委常委、组织部部长任新峰希望城乡规划战线的员工科学思维、科学决策、科学实施城乡规划，不断吸收城乡规划新理念，全力提升规划的精致性，维护规划的权威性，为推动如东的大建设和大发展做出新的业绩。副县长于立忠主持开班仪式。

★22日，如东县委、县政府专题召开全县

基层医疗卫生机构综合改革推进会，县委副书记、县长詹立风要求各镇及相关部门紧密结合如东实际，进一步统一思想、明确目标、突出重点，扎实做好全县公立医疗卫生机构综合改革工作，为全面推进基本药物制度、增强医疗卫生事业发展活力提供有力保障。副县长姜晓静通报了目前全县医改工作情况。县领导顾淑英、陈昌龙及各镇、各相关部门分管负责人出席会议。

★22日，如东县委、县政府召开“不给别人添麻烦”公民文明素质提升行动暨文明、卫生城市复检迎查动员会，县委副书记、县长詹立风要求各地、各部门科学引导、全民参与、重点突破、统筹推进，全面提升文明、卫生城市创建层次和水平。会议由副县长于立忠主持。县委常委、宣传部部长陈昌龙作动员报告。县领导冒亚平、姜晓静、桑圣权出席会议。

★23日，如东县委书记、县人大常委会主任周铁根在县交通运输局相关负责人陪同下，察看了临海高等级公路、苴东线、苏225线等在建交通重点工程，并详细了解工程建设进展，要求相关部门和建设施工单位认真查找推进过程中存在的问题，瞄准序时，通力合作，加速推进交通基础设施建设，加快建成新如东现代化交通体系。

★23日，如东县召开纪念全县第一个党支部——下漫灶支部建立85周年座谈会。县委副书记潘建华到会并讲话，他说，通过这次活动，我们认识到在任何时候任何情况下一定要坚持党的领导，要继承和发展党的光荣传统，进一步加强和改善党的自身建设，作为基层党的组织要贯彻好、落实好、执行好科学发展观，使我们党有战斗力、凝聚力。

★24日，中国石油和化学工业联合会会长李勇武一行前往太阳岛江苏LNG项目建设现场，视察项目建设情况。如东县委书记、县人大常委会主任周铁根向李勇武介绍了如东的地域、经济社会以及洋口港开发建设等方面的情况。县委常委、洋口港经济开发区党工委书记周建飞陪同视察。

★24日，南通市基地型化工项目专家团一行15人在南通副市长徐辉的陪同下考察洋口港。如东县县长詹立风向专家们介绍了洋口港的产业布局和发展远景。县领导顾淑英、刘才盛陪同。

★24日，南通市第六届“五月风”文艺展示月系列活动——南通北三县（市）书法联展首展开幕式在如东县举行。如东县委副书记潘建华出席开幕式并致辞，他说，在纪念中国共产党成立90周年的日子里，举办书法联展活动，有利于促进书法艺术区域交流，增进了解、提高技艺、扩大影响。他希望如东的书法家们抢抓机遇、谦虚学习、不断创新。县领导沈更生、余科参加活动。

★24日，如东县掘港镇召开生态环境保护和建设工作暨国家生态镇复检迎查决战动员大会。如东县副县长于立忠要求认清当前形势，明确工作目标，加强组织领导，猛攻重点、难点，抓好生态创建工作，确保各项任务圆满完成。

★26日，如东县委、县政府在广州举办如东（广州）投资环境说明会暨项目集中签约仪式，共集中签约8个项目，总投资额约13亿元。会议由县委副书记、县长詹立风主持。县委书记、县人大常委会主任周铁根发致辞。县委常委、常务副县长顾淑英作投资环境说明。县领导周建飞、任新峰、杨成泉、冒亚平、姜晓静、桑健参加了活动。

★26日，如东县委书记、县人大常委会主任周铁根在广州，就如东的发展优势、如何依托港口优势承接珠三角的产业集群、打造怎样的投资环境等，接受广东卫视、广州日报社等珠三角地区媒体记者的采访。

★26日，南通市委常委、副市长秦厚德到如东县调研项目农业发展情况，要求如东县加快农村基础设施建设，突出现代农业发展，实现农民增产增收。在如东县领导陈跃生、洪大林、桑圣权的陪同下，秦厚德前往重点农业项目现场实地调研，详细了解每个项目的规模和发展经营状况。

★27 日，在如东县委副书记潘建华的陪同下，中国外交笔会会长、外交部前副部长、前中国驻德国和奥地利大使王殊，携《江苏外事》顾问团一行专程到洋口港考察。

★27 日，如东县举行全县保障性住房公开配租仪式。在县领导蔡瑞平、于立忠、童玉林以及县纪检、检察部门相关人员的监督下，6 户低保户拿到廉租房的钥匙。

★27 日，如东县召开关于砖瓦厂周边 3 号地块等项目规划设计方案评审。会议还通过了县公安局行政办公大楼、县城浅水湾南侧地块的规划评审。县领导蔡瑞平、于立忠、童玉林参加会议。

★27 日，如东县人大常委会副主任蔡瑞平带领环境资源城乡建设工委人员，专题视察调研了县地方海事处强化船舶污染防治，积极投身生态县建设工作。

★28 日，浙江华海药业股份有限公司与县沿海经济开发区正式签约，“华海药业”成为沿海经济开发区接纳落户的第 12 家上市企业。如东县长詹立风出席签约仪式。县委常委、政法委书记、沿海经济开发区党工委书记陈建华致辞。

图为：落户沿海经济开发区的浙江华海药业股份有限公司厂区

★28 日，南京航空航天大学和县政府及沿海经济开发区举行合作签约仪式，共同建设南京航空航天大学产学研合作基地、学生实践与创业基地、MPA 研究生培养基地和技术转移服务中心。如东县领导陈建华与南京航空航天大学副校长聂宏为基地揭牌，副县长刘才盛与聂宏签订框架性协议。

★28 日，如东县安委会召开“安全生产月”活动动员会，组织骨干企业负责人进行安全培训。副县长刘才盛要求各地、各部门认真谋划部署，制订切实可行的活动方案，规划好重点宣传活动，全面推动全年各项安全生产工作的落实。

★28 日，南通引江区域供水通洋线（通如合建段）输水工程在通州区兴仁镇破土动工。南通副市长朱晋、如东县副县长于立忠出席开工典礼。

★29 日，南通市委原书记陈根兴、南通市政协原主席程亚民、南通市政协原副主席储长林专程到如东县考察。如东县委书记、县人大常委会主任周铁根，县长詹立风，县人大常委会党组书记张桂英及县领导周建飞会见了市老领导一行。

★29 日，由如东县创新办、民政局、妇联、教育局、财政局、慈善会主办，安利南通分公司协办的“共享阳光”关爱孤儿大型公益活动正式启动，县政府向全县 91 名受助儿童发放儿童福利证和 2011 年上半年基本生活费。副县长于立忠出席启动仪式。

★30 日，南通市委副书记、代市长张国华在如东县委书记、县人大常委会主任周铁根，县长詹立风的陪同下，在如东县调研。张国华对如东县经济社会发展取得的成绩予以充分肯定，要求如东县发挥洋口港的龙头带动作用，不断提升如东沿海开发的综合影响力，为南通沿海开发做出示范。县委副书记潘建华及县领导周建飞、顾淑英参加了调研活动。

★30 日，如东县第十五届人大常委会召开第二十五次会议。会议听取和审议了副县长刘才盛代表县政府所作的关于贯彻落实《中华人民共和国科学技术进步法》情况的工作报告；听取和审议了县民政局、安监局、住建局迎接人大评议工作报告，并进行满意度测评。县人大常委会副主任冒亚平代表县人大常委会执法检查组作了关于《中华人民共和国科学技术进步法》执法检查情况的报告。会议还根据县长詹立风提请的人事任免议案，任命肖斌为县监察局局长。会议由县人大常委会副主任徐志平主持。县委书记、县人大常委会主任周铁根，县人大常委会副主任杨成泉、沈更生、蔡瑞平、冒亚平出席会议。县人大常委会党组书记张桂英列席会议。

★30 日，洋口港 10 万吨级石化码头开工建设，这是江苏省已批复的最大规模的石化码头，标志着洋口港自开港以来正式进入商业运营期，它将为如东、南通乃至于江苏省石化产业的快速发展和区域经济腾飞创造极为有利的基础条件，对如东临港产业的布局和发展将产生积极影响。如东县领导周建飞出席开工典礼。

★30 日，如东县召开学习宣传贯彻《江苏省新型农村合作医疗条例》动员大会。副县长姜晓静要求各镇、相关部门、各定点医疗机构组织好学习贯彻工作，深入基层，加大宣传；卫生、行政、县合管办、财政、人社、物价、民政等部门要明确各自的职责，相互协作，确保条例有效实施。

★30 日，如东县召开控烟工作暨卫生系统创建无烟单位动员大会，副县长姜晓静动员卫生系统进一步增强控烟工作的责任感，采取有力措施，力争今年 8 月底前全面建成无烟单位；县爱卫会成员单位要发挥带头作用，重点在各机关企事业单位宣传烟草危害知识，及时劝阻烟民的吸烟行为。

★30 日，如东县水务系统以“水利的春天，廉洁的岗位”为主题，开展廉政教育情境党课暨综合艺术比赛活动。副县长洪大林要求该系统坚持廉政教育常抓不懈，形成反腐倡廉工作长效机制。

★31 日，如东县召开社会管理创新工作第三次现场推进会，并成立全省首家县级社区矫正执法大队。县委副书记潘建华、南通市司法局局长张武林共同为如东社区矫正执法大队揭牌。县委常委、政法委书记陈建华对前一阶段的社会管理创新工作进行点评，并部署了下一阶段的工作。潘建华要求各镇、各部门树立执政为民、公平正义、依法行政、服务管理的理念，夯实基层基础工作，突出重点，完善机制，切实解决事关百姓切身利益的问题，深入推进全县社会管理创新，为如东基本现代化建设创造平安和谐的社会环境。会议由副县长于立忠主持，县领导徐志平、卢瑞华、童玉林参加了会议。

★31 日，如东县召开各镇区政法委员工作交流会，会议要求政法综治部门充分发挥政法综治工作在推进社会管理创新中的主导作用，用新的理念、新的方法破解社会管理中出现的新矛盾、新问题。县委常委、政法委书记陈建华出席会议。

★31 日，如东县副县长于立忠前往骨肉瘤疾病患者严嘉仪的家中，给她送去贫困家庭儿童重大疾病慈善救助金。于立忠详细询问了严嘉仪的病情和生活学习情况，鼓励她勇敢地与病魔斗争，积极配合治疗。

★31 日，如东县召开全县防汛防旱工作会议，深入分析当前防汛防旱形势，并对 2011 年防汛防旱工作进行全面部署。副县长洪大林要求各镇区、各单位充分认识今年防汛防旱工作的重要性和紧迫性，坚持防汛抗旱两手抓，切实抓好应急物资等关键措施的落实，坚决杜绝形式主义，及早着手，明确责任，严格落实，确保各项预案真正落到实处。

★31 日，如东县召开 2011 伏季休渔暨海洋渔业安全生产工作会议。副县长洪大林要求各镇区、各部门落实好防火防盗防台风措施，严格执行首报、安检等工作制度，做好“平安渔业示范县”创建和“安全生产月”等各项活动，达到确保应休渔船全部按时进港休渔，确保无渔船违规事件发生，确保渔港无安全事故发生，确保渔区社会稳定的“四个确保”总体工作目标。

★31日至6月1日，《新华日报》、江苏电视台等多家省级媒体记者到如东县采访报道创先争优活动先进典型吴迪富。在与各家媒体记者座谈时，如东县委副书记潘建华指出坚持走自主创新之路，认真落实好科学发展观，是全县企业在转型升级过程中取得长足进步的重要基石。他希望各家媒体紧紧抓住企业家以及企业发展的典型意义，深度挖掘企业成长的宝贵经验，加强宣传报道，使这一典型在更大的范围内得到广泛认可。县领导陈昌龙、任新峰参加了与媒体记者的座谈。

6月

★1日，如东县委书记、县人大常委会主任周铁根，县长詹立风前往如东县实验小学、掘港小学、“中坤苑”新苗幼儿园，与小朋友们共庆节日，并向全县儿童表示节日的祝贺，向广大少年儿童教育工作者表示诚挚的慰问。县领导陈昌龙、冒亚平、姜晓静、桑圣权参加活动。

★1日，如东县卫生局开展《江苏省新型农村合作医疗条例》学习宣传暨现场义诊活动。县领导陈昌龙、冒亚平、姜晓静、桑圣权视察了活动现场。

★8日，如东县政协农业组委员在政协副主席桑健、冯力如的带领下，对如东县现代渔业园区建设情况进行了视察。委员们对如东现代渔业园区开发建设工作给予充分肯定，纷纷为加快现代渔业园区建设进程建言献策，并就进一步加强组织领导、完善机制、政策扶持、协调服务等提出了建议。

★9日，如东县召开全县商品房价格备案暨商品房销售明码标价工作会议。从6月10日起，如东县对普通商品房实行价格备案制度。副县长于立忠要求，各开发企业及相关部门进一步提高对实行商品房价格备案暨商品房销售明码标价制度的重要性的认识，开展多种形式的宣传，依法保障消费者的合法权益，努力增强社会责任感。

★10日，如东县召开全县内部审计工作会议。县委常委、常务副县长顾淑英指出，全县上下对内部审计工作的意识不断深化，内审队伍和制度不断得到健全完善，如东县内审工作逐步走向法制化、制度化和规范化的轨道，审计人和被审计人的服务对接也有了明显改善，严肃了各项纪律，保证了有序运行，为领导的决策提供了依据。

★11日，南通市委常委、副市长秦厚德带领各县（市）区相关部门的领导，在如东县委副书记潘建华的陪同下，到如东县检查指导“三夏”工作推进情况。县领导陈跃生、于立忠、洪大林参加了会议。

★11日，如东县非物质文化遗产保护成果展示及“美在民间”——如东民间手工艺制作与展示活动在县文化馆展出，引来众多市民驻足观赏。副县长姜晓静观看了展品，并观看了“如东县庆祝建党九十周年美术作品展”。

★12日，如东县开展县安全生产宣传咨询周活动，现场通过宣传展板、发放宣传资料等方式，向群众宣传安全生产法律法规，安全生产、应急救援知识以及安全发展理念等知识。副县长刘才盛察看宣传现场。

★13日，如东县政府在文峰大世界广场举行宣传周活动启动仪式，倡导市民关注食品安全。县委副书记潘建华宣布宣传周活动正式启动。副县长姜晓静作动员讲话，她要求各地、各部门大力营造全社会支持参与食品安全工作的良好氛围，进一步普及食品安全知识，提高全社会的食品安全意识，把宣传周活动作为“推进现代化，建设新如东”的重要抓手，确保活动取得实效。县领导陈昌龙、冒亚平、桑圣权出席启动仪式。如东人民广播电台同期对启动仪式进行了现场直播。

★13日，如东县城亚萍广场南侧地块现场指挥部召开推进会议，专题部署该地块征收范围内各单位房屋征收工作。副县长于立忠要求相关单位充分认识该地块征收的意义，选配强有力的工作班子，时间上从紧，政策上从严；要按照国有资产处置的要求严肃纪律、理清账目，确保不流失、不挪用。

★14日，江苏省人民检察院副检察长严明到如东县调研检察工作。在南通市人民检察院检察长赵志凯，如东县委副书记潘建华，县委常委、洋口港经济开发区党工委书记周建飞的陪同下，严明一行视察了建设中的洋口港。他要求如东县检察机关，紧紧围绕党委政府中心工作，深刻认识新形势下强化法律监督的重要性，增强责任感和使命感，为经济升级转型营造良好的法治环境；推进社会管理创新工作，结合本地实际，力争形成品牌，创出特色，构筑全方位的工作格局；大力加强队伍专业化建设，完善对自身执法活动的监督制约机制，做到从严治检，廉洁从检，真正让检察权在阳光下运行。

★14日，南通市政风行风热线“四位一体”现场观摩暨推进会在如东县召开，会议要求学习如东“四位一体”经验，将“政风行风热线”真正建设成为纠正行业不正之风的“监督岗”、为人民群众办事的“服务台”、化解社会矛盾的“减压阀”、群众与部门间的“连心桥”。南通市纪委常委、监察局副局长陈锋认为如东县的“四位一体”工作起步早、工作实，真正达到了省纪委、省纠风办的要求。如东县委常委、常务副县长顾淑英，县委常委、县纪委书记陈跃生出席会议。与会人员观看了如东县“政风行风热线”集锦并作交流发言。

★14日，如东县召开全县招商引资推进会，县委常委、常务副县长顾淑英要求各镇区咬定目标任务，创新招商方式，确保招商引资顺利实现“双过半”。

★14日，如东县召开全县建筑企业银企合作恳谈会。副县长于立忠要求建管和金融部门充分认识金融支持对建筑业发展的巨大推动作用，创新工作方式，加大推进力度，加强银企合作，积极为建筑企业融资和银行拓展金融服务开辟更加便捷的通道，不断提高建筑企业与金融机构的融合度，为全县建筑业发展注入强大的资金活力。全县各建筑企业在提高自身业务竞争力的同时，要更加注重提升自身信誉度，以良好的信誉争取金融部门更多支持。

★14日，如东县副县长姜晓静带领卫生、工商、质检等部门的相关负责人，检查如东县食品安全情况。姜晓静要求无论是在食品的来源、保质期还是食品添加剂的添加方面，都要严格把关，从源头上抓好食品安全，营造良好的食品安全氛围，让老百姓吃得放心。

★15日，如东县委组织部、县人社局举行46名高学历人才与全县41家用人单位签订“就业协议”签约仪式，标志着如东县连续四年高学历人才招录工作取得圆满成功。县委副书记潘建华在县情政策环境说明会上向高学历人才介绍了如东县基本概况、发展现状、未来潜力以及高学历人才引进政策。县委常委、组织部部长任新峰主持县情·政策环境说明会。县领导徐志平、姜晓静、童玉林等参加了活动。

★15日，由新华社、人民日报社等主流媒体组成的采访团对如东县沿海开发取得的成绩进行采访报道。如东县领导周建飞向采访团介绍了如东县沿海开发的有关情况。县领导顾淑英、陈昌龙会见了采访团一行。

★16日，如东县召开全县宣传思想文化重

点工程推进会，总结交流上半年宣传思想文化工作亮点，并对下半年重点工作作出部署。县委常委、宣传部部长陈昌龙要求各镇区对宣传思想文化工作保持充分的感情、热情和激情，继续深入群众、贴近群众、依靠群众，主动积极有效作为，服务全县发展大局。

★17 日，如东县召开重点工作督查推进会，县长詹立风要求各镇区、各部门找准坐标，瞄准指标，冲刺目标，坚定信心，团结协作，集中精力，全力以赴，确保顺利完成“双过半”目标任务。县领导周建飞、顾淑英、刘才盛、于立忠、洪大林分别就港口开发、招商引资和财政收入、工业经济和项目建设、城市和交通基础设施建设以及农业、农村等重点工作作了专题汇报。县领导潘建华主持会议，他要求全县上下坚定信心，认清差距，求真务实，团结协作，勇于担当，以勇争一流的精神全力推进上半年各项工作。县四套班子领导，县重点经济部门主要负责人，各镇（区）主要负责人参加了会议。

★17 日，如东县举行洋口港首艘 LNG 船舶安全进出港作业总结会，与会人员对洋口港首艘 LNG 船舶——“阿尔雷卡亚”轮进出港作业过程进行了总结评估。如东县领导周建飞对各相关单位卓有成效的工作给予高度评价，同时要求各单位及时总结此次 LNG 船舶进出港作业过程中的成功经验和好的做法，并将其融入到今后的监管方案中，建立和健全 LNG 船舶安全监管的长效管理机制，相关服务部门要充分体现主体责任、弥补不足，进一步做好自身工作，为下阶段 LNG 船舶安全监管工作打下坚实基础。

★17 日，如东县“扶海大学堂”邀请著名军旅作家王树增作革命战争与革命的英雄主义专题报告。报告会由县委常委、宣传部部长陈昌龙主持。县领导顾淑英、陈跃生、蔡瑞平、冒亚平、刘才盛、姜晓静、洪大林、童玉林、桑圣权出席报告会。

★18 日，如东县委召开全县领导干部会议，宣布中共江苏省委、南通市委关于如东县主要负责同志职务调整的决定：詹立风同志任中共如东县委书记；周铁根同志调任无锡市委常委、纪委书记，不再担任如东县委书记、常委、委员，县人大常委会主任职务；潘建华同志提名为如东县人民政府县长候选人，兼任县政协党组书记。南通市委常委、组织部部长韩立明在会上讲话。如东县委原书记，现无锡市委常委、纪委书记周铁根在讲话中表示，坚决拥护省委、市委决定，完全赞成詹立风同志接任如东县委书记。县委书记、县长詹立风在讲话中表示，韩立明部长代表市委的重要讲话，充分体现了市委对如东的关心厚爱和厚望，要深刻领会好、认真贯彻落实好。县委副书记潘建华在会上表示，完全拥护省市委的决定，坚决服从组织的安排。南通市委组织部副部长、市委两新工委书记黄卫成主持会议，并宣布省委、市委决定。县四套班子领导，各镇区党政主要负责人，县级机关各部门、各单位主要负责人，原四套班子部分老领导出席会议。

图为：中共如东县委书记詹立风

★18 日，“平安海洋、诚信海洋”建设启动仪式暨第三届南通如东放鱼节活动在洋口港海域举行。如东县领导潘建华宣布活动正式启动，他希望社会各界、涉海部门和用海单位在今后的生产、生活中切实做到科学用海、依法用海、平安用海、和谐用海，为促进如东县海洋事业的可持续发展做出更加积极的贡献。启动仪式由县领导于立忠主持，县委书记、县长詹立风，县领导周建飞、杨成泉、桑健参加了活动。

★19日，如东县委召开会议，对中共如东县第十三次代表大会代表选举工作进行专题部署。县领导任新峰要求各选举单位成立专门的领导小组和工作机构，加强组织领导，以党章为准则，严格按照《中国共产党地方组织选举工作条例》《中国共产党基层组织选举工作暂行条例》等党内法规，突出选举工作重点，充分发扬党内民主，把握关键环节，认真执行民主集中制原则，严格选举程序，严肃选举纪律，确保代表质量，努力营造风清气正的选举环境。

★20日，由如东县委宣传部、县级机关党工委、县旅游局、县机关事务管理局、县文联联合主办的“党旗颂”县级机关书画摄影展在县行政中心大楼正厅展出。县领导陈昌龙、刘才盛、冒亚平、桑圣权以及主承办单位的负责人、部分作者、机关干部职工、县老年大学书画摄影班的学员观看了展览。

★20日，如东县十五届人大召开第七十次主任会议，听取并审议副县长姜晓静关于如东县学前教育情况的报告。县人大常委会副主任徐志平要求各级政府和教育部门进一步加强学前教育工作，认真研究和破解工作中的难点，理顺体制和机制。创造学前教育的良好环境，使全社会都来关心支持学前教育。县人大常委会副主任杨成泉、沈更生、蔡瑞平、冒亚平出席会议。

★21日，龙源江苏如东150兆瓦海上（潮间带）示范风电场在如东县环港外滩开工，标志着江苏风电从陆上向海上大规模拓展。国家能源局副局长刘琦宣布项目开工，并与中国国电集团公司副总经理米树华，江苏省政府副秘书长徐立，南通市委副书记、代市长张国华，龙源电力集团股份有限公司总经理谢长军，江苏省发改委副主任李玉琦，如东县委副书记潘建华共同启动项目开工仪式。南通市委常委陈照煌，如东县委常委、常务副县长顾淑英以及国家、江苏省、南通市、如东县相关职能部门领导参加开工仪式。

图为：已完成施工的潮间带风电场

★21日，由如东县老年大学、县老年书画研究会、县文化馆联合举办的为庆祝中国共产党建党90周年和县老年书画研究会成立10周年书画作品展在县文化馆开幕。县领导陈昌龙出席书画展，

★21日，如东县人大常委会召开第71次主任会议，听取县农委负责人关于如东县实施《中华人民共和国动物防疫法》《中华人民共和国农产品质量安全法》《中华人民共和国种子法》的有关情况报告。会议由县人大常委会副主任杨成泉主持。县人大常委会副主任徐志平、沈更生、蔡瑞平、冒亚平出席会议。

★21日，如东县规划局组织对县城砖瓦厂周边1号地块政府保障性住房规划方案进行评审。副县长于立忠要求各部门为工程开工建设创造良好条件；规划设计单位要根据专家的意见对规划文本进一步进行优化，使其风格设计、景观绿化、生活设施更加符合人居的需要。

县领导蔡瑞平、童玉林出席评审会。

★21 日，如东县政协召开十三届二十三次常委会议。会议听取了县发改委相关负责人关于《如东县国民经济和社会发展第十二个五年规划纲要》的解读报告，听取了县委党校常务副校长吴金明关于中央十七届五中全会与“十二五”规划专题讲座，并协商通过相关人事任免。县政协领导童玉林、王志荣、桑健、余科、桑圣权、冯力如出席会议。

★22 日，如东县领导陈建华、卢瑞华率领县法院、公安等部门负责人，到洋口镇调研、指导社会稳定工作，洋口镇党委、政府的主要负责人分别汇报了当前该镇存在的企业倒闭导致拖欠农民工工资、渔民定刺网作业等 6 个方面的群体性信访问题。

★22 日，由南京军区选培办、如东县人武部主办的 2011 年江苏省普通高校招生国防生政策宣传咨询现场会在如东高级中学举行，江苏省军区选培办主任张德智就国防生相关政策作了详细解读。南通军分区政治部副主任刘端，如东县委常委、人武部政委蔡建华参加了活动。

★21 日，如东县委常委、人武部政委蔡建华带领县委组织部的人员冒雨到河口镇慰问。该镇共有 228 名新中国成立前入党的老党员，蔡建华一行先后走访慰问了 4 名 20 世纪 40 年代就入党的老党员，蔡建华要求镇、村领导及老党员家属照顾好老人的生活，让老人们度过幸福、愉快的晚年。

★22 日，如东县委副书记周建飞、副县长洪大林赴长沙镇慰问老党员。

★22 日，如东县委常委、政法委书记陈建华，县政协副主席童玉林率领县委组织部相关人员到洋口镇开展“七一”慰问活动。

★22 日，南通市委宣传部副部长徐仁祥率市督查组一行到如东县检查关于严肃党委换届纪律工作情况。如东县委常委、组织部部长任新峰汇报了如东县严肃党委换届纪律的工作。

★22 日，如东县人大常委会副主任杨成泉慰问丰利镇环农村马群山、双沟门村葛长银等 4 名困难老党员，给他们送去了党和政府的温暖。

★22 日，如东县人大常委会副主任蔡瑞平和县政协副主席冯力如专程到马塘镇登门看望 4 名困难老党员。

★23 日，南通市委常委陈照煌到如东县督查指导党委换届工作。他充分肯定如东县相关工作，认为如东县委对换届工作高度重视，组织严密，工作扎实，换届风气、社会反响较好。县委书记詹立风汇报了如东县党委换届工作情况。县委副书记周建飞，县委常委、组织部部长任新峰分别交流了换届经验。县人大常委会副主任冒亚平参加了活动。

★23 日，如东县委副书记、代县长潘建华前往如东经济开发区走访慰问老党员，向他们送去节日问候。

★23 日，如东县委常委、副县长陈昌龙，县委常委、宣传部部长杨中坚赴袁庄镇，慰问部分优秀党员及生活困难的老党员，把党的温暖和节日的问候送到他们的心坎上。

★23 日，由如东县安全生产委员会主办的全县“安全在我心中”演讲比赛在县行政中心会议厅举行。副县长洪大林希望通过这样的比赛能够增强全社会的安全意识，提高安全防范能力，以更加务实的态度、更加扎实的作风做好安全生产工作，促进社会和谐。县领导陈昌龙、杨成泉、桑健观看了比赛并为获奖选手颁奖。

★23 日，如东县委常委、组织部部长任新峰到到栟茶镇看望老党员。任新峰对老党员为祖国解放和社会主义建设做出的贡献表示感谢，嘱咐镇村领导，对老党员要经常登门看望。

★23 日，如东县住建局召开接受人大评议整改动员会。县人大常委会副主任蔡瑞平要求住建系统全体人员严格按照“五明确一公开”的要求，认真落实整改方案，真正达到“评议促发展、评议促提升”的目的。县人大常委会副主任冒亚平出席会议。

★23日，如东县人大常委会副主任冒亚平带领县组织部和新店镇主要领导慰问了该镇4位新中国成立前入党的困难老党员。

★23日，江苏省政协人口资源环境委员会副主任、省委农村工作领导小组副组长宣荣一行8人，到如东县专题调研陆源污染防治工作。如东县副县长于立忠汇报了如东县沿海产业布局、陆源污染防治和生态海洋建设情况。调研会由如东县政协副主席童玉林主持，县政协副主席冯力如出席活动。

★24日，如东县第十五届人大常委会举行第二十六次会议。会议经过票决，任命潘建华、陈昌龙、张蓉蓉、王智等4人为县人民政府副县长，潘建华代理县人民政府县长职务。同意接受周铁根同志辞去如东县第十五届人民代表大会常务委员会主任职务的请求；同意接受詹立风辞去如东县人民政府县长职务的请求；同意接受刘才盛同志辞去如东县人民政府副县长职务的请求。会议由县人大常委会副主任徐志平主持。县委书记詹立风向县人大常委会提出了《县政府关于提请潘建华等同志任职的议案》。县人大常委会副主任杨成泉、沈更生、蔡瑞平、冒亚平出席会议。

★24日，如东县委书记詹立风前往掘港镇走访慰问老党员，向他们送去节日问候和组织关怀。

★24日，如东县政协、县委统战部、县工商联邀请县四套班子部分领导、部分党外老领导和各界人士代表，欢聚一堂，共同庆祝中国共产党成立90周年华诞。会议由县政协副主席童玉林主持，县委常委、组织部 部长任新峰作如东县党的建设和发展历程的专题报告。县委副书记周建飞出席座谈会，他指出，全县统一战线要以庆祝中国共产党成立90周年为新起点，发挥好参政议政、民主监督的作用，在推动统一战线中有新的作为；发挥好建言献策、模范带头的质量，在推动跨越发展中有新的贡献；发挥好联系各界、协调各方的优势，在促进社会和谐中有新的成效，努力形成统一战线广大成员凝心聚力、和衷共济，致力于如东建设的新局面。县政协副主席桑健、桑圣权、冯力如出席座谈会。

★24日，如东县委常委、常务副县长顾淑英，副县长张蓉蓉赴岔河镇慰问老党员，向他们送去节日的问候。

★24日，如东县副县长于立忠带领相关部门负责人，前往大豫镇慰问老党员和部分困难党员。

★24日，全国海域动态监管电视电话会议在南通召开。会上，如东县副县长洪大林汇报了如东县海域动态监管建设情况。国家海洋局海域管理司司长于青松要求沿海各县市，学习先进单位管理经验，进一步完善监管网络，加强队伍建设，不断巩固和提升海域使用动态监管水平。

★25日，如东县第十二届委员会召开第十四次全体会议，听取和审议县委常委会关于县第十三次党代会筹备工作情况的报告，研究召开县第十三次党代会有关问题。县委书记詹立风主持会议，并通报了县第十三次党代会筹备工作情况。会议还审议并表决通过了县委和县纪委工作报告，县第十三次党代会的主要任务和主要议程，中共如东县第十三届县委委员、县委候补委员、县纪委委员和出席市第十一次党代会代表候选人初步人选名单。

★25日，青海省人大常委会副主任昂毛一行到如东县考察沿海旅游开发，先后参观了海印寺、沿海旅游接待中心、风电场、观海长廊等小洋口沿海景观。如东县人大常委会副主任冒亚平向昂毛一行详细介绍了如东县沿海开发全力打造的“东方深水大港、绿色能源之都、黄海旅游胜地”三张名片。南通市人大常委会副主任吴晓春陪同考察。

★26 日，由江苏省政府办公厅、环保厅、发改委、监察厅、安监局等部门负责人组成的调研组，到如东县调研沿海经济开发区环境保护工作。调研组一行听取了如东县副县长于立忠关于沿海经济开发区环境保护情况的汇报。江苏省政府办公厅副主任谢润盛希望如东县在搞好沿海开发的同时，一方面要增强忧患意识，做到开发和保护并举，高度重视海洋环保的规划；另一方面要海陆并举，加强对污染源的监控，实行化工企业集中管理，不断提升园区环境管理水平。

★26 日，如东县城亚萍广场南侧地块房屋征收行政帮扶推进会在会议中心召开，副县长于立忠要求相关部门明确责任、密切配合，严格把握政策，积极稳妥推进征收帮扶工作，确保 7 月 4 日前完成入室评估。县领导蔡瑞平、童玉林出席会议。

★27 日，如东县卫生系统组织开展了庆祝中国共产党成立九十周年暨第九届文化节文艺展演。县委副书记、代县长潘建华，县领导顾淑英、陈昌龙、陈建华、刘才盛、杨中坚、沈更生、冒亚平、张蓉蓉、姜晓静、王智、童玉林、桑圣权观看了演出。

★27 日，如东县委组织部开展“知党史、强党性、创先进、作表率”主题教育活动，任新峰要求全体组工干部从党史中汲取智慧和力量，运用党的历史经验推进组织工作改革创新，自觉增强党性，争做新时期优秀组工干部。

★27 日，如东县委常委、纪委书记刘才盛前往曹埠镇亲切慰问了堤南社区陈翠连和跨岸村朱宏祥两位新中国成立前入党的老党员。

★27 日，如东县副县长王智、县政协副主席余科到双甸镇慰问贫困老党员。

★28 日，中共如东县第十三次代表大会隆重召开。大会由潘建华主持。詹立风代表县第十二届委员会作工作报告。曾担任过县级领导及享受地市级待遇的离退休老领导、县四套班子中非党员领导干部，在职副处级领导中的非县党代表，非县党代表的县级机关党政主要负责人及其他相关人员列席会议。大会执行主席（按姓氏笔画为序）为：任新峰、刘才盛、杨小军、杨中坚、陈昌龙、陈建华、周建飞、顾淑英、徐志平、童玉林、詹立风、蔡建华、潘建华。

★28 日，詹立风主持召开中共如东县第十三次代表大会代表团召集人会议。詹立风要求全体与会人员以高度的政治责任感参加大会，开好大会，严格按照党章各项规定，在讨论工作报告、酝酿候选人和选举时充分发扬民主，选举中一定要按党性原则办事，体现选举人的意志，要加强组织纪律性，做好保卫保密工作，严格遵守会议的有关规章制度。詹立风、潘建华、周建飞、陈昌龙、陈建华、任新峰、刘才盛、杨中坚、徐志平、童玉林，代表团召集人和有关工作人员出席会议。

★28 日，中共如东县第十三次代表大会举行预备会议，詹立风主持会议。周建飞作筹备工作报告。任新峰作代表资格审查报告。潘建华同志出席会议。

★28 日，中共如东县委书记詹立风参加掘港代表团审议县委、县纪委工作报告时，对于掘港镇今后的发展提出明确要求，希望代表们创新思维、勇于担当，当好全县经济社会发展排头兵。

★28 日，潘建华在参加如东经济开发区（苴镇）代表团审议时要求认真贯彻落实县第十三次党代会精神，努力当好全县开发开放的排头兵。

★28 日，南通市委常委陈照煌到到大豫镇一门闸村亲切慰问了新中国成立前入党的老党员曹怀德。如东县领导顾淑英、冒亚平陪同慰问。

★28日，刘才盛代表如东县纪律检查委员会向县第十三次党代会作工作报告。

★29日，中共如东县第十三次代表大会举行第二次大会。詹立风出席大会并作动员讲话，他要求全体代表把握重点，认真贯彻党的民主集中制原则，正确行使代表权力。大会选举要严肃纪律，把握选举要求，慎重填写选票，严格遵守纪律，确保圆满完成大会确定的选举任务。会议由潘建华主持。

★29日，詹立风参加新店代表团审议如东县委、县纪委工作报告时，要求新店镇进一步明确目标定位，突出工作重点，凝心聚力谋发展，希望代表们敢于担当、敢于负责，当好全县经济发展的“领头雁”。詹立风还到丰利、袁庄、马塘、双甸和洋口、沿海旅游代表团参加审议，冒亚平参加活动。

★30日，中国共产党如东县第十三次代表大会历时3天，经过全体代表共同努力，圆满完成了各项预定议程，胜利闭幕。詹立风主持了第四次大会，到会的348名代表以举手表决的方式，一致通过了中国共产党如东县第十三次代表大会关于十二届县委工作报告的决议和县纪律检查委员会工作报告的决议。詹立风发表了讲话。大会的执行主席是：詹立风、潘建华、周建飞、顾淑英、陈昌龙、陈建华、任新峰、蔡建华、刘才盛、杨中坚、杨小军、徐志平、童玉林，主席团其他成员在主席台就坐。

★30日，中共如东县第十三届委员会召开第一次全体会议，选举产生了新一届县委常委，他们是：詹立风、潘建华、周建飞、顾淑英、陈昌龙、陈建华、任新峰、蔡建华、刘才盛、杨中坚、杨小军。詹立风当选为新一届县委书记，潘建华、周建飞当选为县委副书记。会议还通过了县纪委第一次全委会选举结果。

★30日，如东县第十三届纪律检查委员会召开第一次全体会议。经无记名投票和中共如东县第十三届委员会第一次会议通过，刘才盛、肖斌、万继红、倪岳兵、蔡向阳、周梁、戴新国当选为县纪律检查委员会常务委员会委员，刘才盛为县纪委书记，肖斌、万继红为副书记。

★30日，由如东县委宣传部、县文广新局主办的“党旗耀江海”如东县庆祝中国共产党建党九十周年大型文艺晚会在如东高级中学激情上演。县委副书记、代县长潘建华，县领导顾淑英、陈昌龙、刘才盛、杨中坚、沈更生、冒亚平、于立忠、王智、桑圣权等与1000多名观众一同观看了演出。

7月

★1日，如东县召开庆祝中国共产党成立九十周年大会。县委书记詹立风作重要讲话，他要求全县各级党组织都要坚持以创先争优活动为抓手，切实抓好党员的思想建设、能力建设、廉政建设、作风建设，切实做到解放思想要走在前，加快发展要干在前，为民服务要跑在前，廉洁公正要行在前。会议由县委副书记、代县长潘建华主持。县委常委、组织部部长任新峰宣读了《中共如东县委关于表彰全县先进基层党组织、优秀共产党员和优秀党务工作者的决定》。出席会议的有：全体县领导；各镇党委书记、分管党务工作的副书记；各区党工委书记；县级机关各部门主要负责人及中层以上党员干部。各镇（区）机关全体工作人员、企事业单位负责人；各村（居）党组织书记、全体定编干部、农村党员代表、入党积极分子代表。

★1日，由如东县委、县政府主办的庆祝建党90周年暨风范人物颁奖晚会在县高级中学举行。县四套班子领导与现场近千名各界群众共同庆贺中国共产党九十华诞。县委书记詹立风发表了热情洋溢的讲话。他希望全县各级党组织和广大党员干部更加自觉地把思想和行动统一到县委的决策上来，更加主动地把聪明才智运用到加快如东发展上来，以百名风范人物为榜样，学赶先进、扎实工作、奋发有为，为圆满实现县第十三次党代会确定的各项目标任务而努力奋斗。县委副书记、代县长潘建华以及县领导顾淑英、陈昌龙、陈建华、任新峰、蔡建华、刘才盛、杨中坚、杨小军、徐志平、童玉林等为获奖代表颁奖。

★1 日，如东县老年大学举办“颂党恩·桑榆情”庆祝建党九十周年大会。县委常委、纪委书记刘才盛高度赞扬了县老年大学在建校 23 年以来取得的办学成果，希望县老年大学在新形势和新要求下巩固现有的办学成果，进一步提高办学水平，把老年大学真正建成传播先进思想文化，提高老年人生活质量的重要阵地。

★1 日，美国新泽西威廉帕特森大学版画系主任教授、威廉帕特森大学中国艺术中心主任，南京艺术学院、安徽大学特聘客座教授从志远在如东县人大常委会副主任、县侨联主席沈更生的陪同下，参观了县规划展览馆和洋口港开发建设现场。县委书记詹立风亲切看望了从志远教授。

★2 日，如东县纪委、监察局在县党风廉政建设中心集中学习县十三次党代会精神。县委常委、纪委书记刘才盛要求各级纪检监察组织和纪检监察干部把监督检查县第十三次党代会精神贯彻落实情况摆在首要位置，并认真贯彻落实全省纪检监察机关查办案件工作座谈会精神，严格依纪依法，安全文明办案，为全县科学发展大局营造清廉的政治环境。

★2 日，由无锡恒生富通置业有限公司投资约 6 亿元开发的服务业项目，正式落户如东县新店镇，并举行签约仪式。如东县领导冒亚平、于立忠出席签约仪式。

★4 日，江苏省委书记罗志军在南通市委书记丁大卫，市委副书记、代市长张国华，如东县委书记詹立风，县委副书记、代县长潘建华等陪同下，带领全省沿海地区发展工作推进会全体与会人员到如东县参观洋口港。弘强、李云峰、杨新力以及江苏省人大、省政府、省政协领导，南通、盐城、连云港沿海三市，其他省辖市及省有关部门主要领导参加参观考察。如东县委常委、常务副县长顾淑英陪同参观。

★5 日，如东县召开全县反偷渡综合治理工作会议。县委常委、政法委书记陈建华要求各级、相关部门和武警如东县边防大队，在专项打击的基础上，不断完善反偷渡综合治理工作各项举措，坚决遏制如东县偷渡案件高发态势，牢牢掌握反偷渡综合治理工作主动权，切实消除偷渡现象的发生，以维护如东县经济社会的持续发展和稳定和谐。副县长、县公安局局长卢瑞华主持会议。

★5 日，如东县人大常委会副主任杨成泉率领人大财经委、内司委负责人前往县国税局调研。

★5 日，如东县人大常委会副主任沈更生率县经信委、发改委有关负责人，前往江苏宇迪光学股份公司调研。

★5 日，如东县副县长姜晓静做客《如东县政风行风热线》节目，就市民关心的教育、卫生、广电、文化、体育、计生等社会问题，接受群众咨询投诉，在线与网民互动交流。

★6 日，如东县举行渔业船舶安全检查记录簿试点工作动员会暨安全检查人员培训班，由农业部东海区渔政局主持的渔业船舶安全检查记录簿试点工作在如东县正式启动，来自南通沿海各县市的渔业安全检查人员接受了培训。县委常委、副县长陈昌龙在动员会上致辞，他表示如东县将严格按照要求统一思想、细化措施、强化落实，切实把海洋渔业安全生产工作提升到更高的水平，努力促进全县海洋渔业经济再上新台阶。副县长洪大林以及农业部东海区渔政局副局长宋志俊、江苏省海洋与渔业局副局长夏前宝、南通市海洋与渔业局局长葛海祥、海安县人民政府副县长彭为杰出席会议。

★6 日，如东县在县中医院开展儿童先天性心脏病救治筛查工作，南通市第一人民医院的心血管专家为先天性心脏病患儿开展前期诊断工作。副县长姜晓静到救治筛查现场察看。

★5 日至 6 日，如东县人大常委会副主任杨成泉、沈更生、冒亚平分赴各镇区和机关，就上半年工业经济运行情况进行调研。

★6 日，上海浦发集团董事长曹耳东在如东县考察。如东县委副书记周建飞向曹耳东一行介绍了如东县良好的区位、交通、资源优势和投资环境，希望在洋口港建设中看到浦发集团的身影。

★6 日，南京审计学院政治与行政学院在江苏省洋口港经济开发区建立学生实践基地。如东县委副书记、洋口港经济开发区党工委书记周建飞希望双方以实践基地为载体，推动南京审计学院与洋口港经济开发区在科研、人才培养等更多领域的交流与合作。

★6 日，如东县召开社会事业调研座谈会，副县长姜晓静认真听取了各部门积极运用市场化手段推进社会事业发展的设想和建议。副县长王智指出，在“十二五”期间要运用品牌优势推进市场化运作，将资源特色进行引导、推介，强化项目运行过程中的服务和监管，提升市场化运作水平。县委常委、宣传部部长杨中坚出席座谈会，他说，未来五年如东县要优化配置、整合资源、拓宽思路、加强监管，创造公平、公正的竞争环境，推进社会事业的良性发展。

★6 日，如东县侨办、侨联热情接待了回乡探亲的旅美侨胞、美国西部银行 NFG 风险投资高级副总裁仲建国博士夫妇及女儿。县领导沈更生向仲建国夫妇详细介绍了刚刚闭幕的如东县第十三次党代会精神和家乡“十一五”建设的辉煌成果以及“十二五”目标远景规划，通报了“美国仲建国奖学金”发放使用情况。

★6 日，如东县副县长王智到县旅游局调研。县旅游局负责人汇报了如东县旅游业基本情况。王智与县内部分海产品企业、旅行社、景区及饭店负责人交流座谈。

★7 日，如东县委、县政府召开庆祝残疾人保障法实施 20 周年暨先进典型表彰大会。县委常委、副县长陈昌龙要求各镇区党委政府、各部门、各单位要始终把残疾人事业摆在重要位置，积极弘扬慈善助残文化，鼓励吸引更多的社会力量参与扶残助残，让更多的人理解、尊重残疾人。县委副书记、代县长潘建华，县领导陈昌龙、任新峰、冒亚平、童玉林为获奖单位和个人颁发了奖杯和奖牌。

★7 日，如东县委副书记周建飞、副县长王智前往沿海旅游经济开发区调研，要求该区围绕创建国家级生态旅游度假区的目标，在完善总体规划、加快基础配套、吸引战略投资、创新体制机制上下功夫、求突破，全力打造“海之城、生态城、休闲城”，叫响黄海旅游胜地品牌。

★7 日，如东县人大常委会副主任杨成泉带领人大调研组一行 5 人到县地税局调研工作。

★8 日，如东县委副书记周建飞，县委常委、组织部部长任新峰，副县长张蓉蓉在如东经济开发区和东安科技园区调研时要求两大经济载体发挥各自优势，聚力沿海开发，谋求跨越发展。

★8 日，如东县委常委、常务副县长顾淑英，南通市统计局局长毛卫华为“如东县普查中心”揭牌，标志着如东县普查中心正式成立。

★8 日，6 名海归人才与江苏中天科技股份有限公司、如东县能源局成功签约。海外高学历人才在南通洽谈期间，参观考察了如东展区，对如东县的县情特点、产业基础、投资环境和人才政策以及巨大的发展潜力和美好的发展前景作了深入的了解。南通市委常委、组织部部长韩立明等市领导在如东县委常委、组织部部长任新峰的陪同下参观了如东县展区。

★8 日，如东县委宣传部举办专题讲座，集中学习胡锦涛总书记在庆祝中国共产党成立 90 周年大会上的重要讲话精神。县委党校常务副校长吴金明从胡锦涛讲话引起的热烈社会反响、讲话深邃的思想内涵以及让历史启迪未来这三方面对胡锦涛总书记的“七一”讲话进行了深入解读分析。县委常委、宣传部部长杨中坚出席讲座。

★8 日，如东县社会管理创新工作第四次现场推进会在双甸镇举行，会议总结推广了双甸镇社会管理工作经验，动员全县上下进一步创新惠民之举，强化落实之功，加快形成具有如东特色的基层社会管理创新工作模式。会议由副县长于立忠主持，县领导卢瑞华、童玉林参加了会议。

★8 日至 9 日，苏中地区第 27 届统计信息交流年会在如东县召开。如东县委常委、常务副县长顾淑英出席会议并讲话，她高度评价了统计工作在社会经济和各项事业发展中的重要性。她预祝统计工作者不断改进工作方法和思路，积极探索统计工作的新点子和新路子，推动和支撑社会经济向前进步。南通市统计局局长毛卫华参加会议。

★9 日，由如东县文化广电传媒中心与县文学艺术界联合会主办的首届青年歌手大奖赛进入总决赛。县委常委、宣传部部长杨中坚为金奖选手颁奖。

★8 日至 10 日，美籍华人程显志应县侨联邀请到如东参观考察。如东县领导沈更生向程显志详细介绍了如东的招才引智政策，陪同参观了洋口港开发建设现场，并就一半导体芯片研发项目与县经济开发区等单位进行了洽谈。

★11 日，张家港市委常委、张家港保税区党工委副书记、管委会副主任徐仲高一行在如东县委书记詹立风，县委副书记、代县长潘建华等县领导的陪同下到如东县参观考察，双方就进一步加强产业转移、项目合作等方面作了交流。詹立风向徐仲高一行介绍了如东县经济社会发展以及沿海开发情况。副县长张蓉蓉陪同考察。

★11 日，如东县召开全县项目党建动员大会，临海高等级公路（如东段）工程项目联合党委同时宣告成立。市委“两新”工委副书记蒋建指出，这标志着如东项目党建工作迈出了坚实的第一步，标志着南通市党建工作又有了新探索。县委常委、副县长陈昌龙主持会议，县委常委、组织部部长任新峰在会上指出，将“党组织建在项目上”，做到哪里有项目，哪里就有党组织，哪里就有党的工作，实现党的工作全覆盖，加强党组织对项目建设的领导和指导，发挥党组织的政治核心和战斗堡垒作用。

★12 日，为庆祝中国共产党成立 90 周年，讴歌党的丰功伟绩和如东县经济社会发展的辉煌成就，如东县委组织部、县委宣传部、县级机关党工委、县文联、县文广新局联合举办的“党旗礼赞”诗歌征集朗诵艺术大赛落下帷幕。县领导顾淑英、陈昌龙、任新峰、刘才盛、杨小军、冒亚平、姜晓静、王智、童玉林出席晚会，并为获奖作者和单位颁奖。

★12 日，南通法院驻如东经济开发区外向型经济服务站、知识产权巡回审判点正式成立，县委常委、政法委书记陈建华，县人民法院院长蒋明华为站点揭牌。

★12日，江苏省中小企业局副局长陆元刚就建立全省重点产业集群有关事宜到如东县调研。如东县副县长张蓉蓉陪同调研。

★13日，如东县教育局召开2011年人大代表建议、政协委员提案答复情况汇报会。县政协副主席桑圣权充分肯定了县教育局对人大代表建议、政协委员提案的办理情况。他希望教育系统要以办理建议、提案为契机，使如东县教育教学工作再上新台阶，不断提高人民群众对教育的满意度

★14日，如东县委常委、副县长陈昌龙到新店镇、双甸镇和洋口外闸检查指导抗灾救灾，要求各涉农部门和镇村干部深入一线，帮助群众解决灾后补救中遇到的难题，将雨涝灾害带来的损失降低到最低。

★13日，如东县领导杨中坚、王智到县文广新局调研，视察部分重点文化项目，听取全县文化改革与发展工作专题汇报。

★14日，南通市委常委、纪委书记庄中秋到如东县调研。他充分肯定如东经济社会发展成就和反腐倡廉建设，希望如东县乘势而上，高点定位，合力推动如东“十二五”科学发展、跨越发展。在县委书记詹立风，县委副书记、洋口港经济开发区党工委书记周建飞，县委常委、纪委书记刘才盛的陪同下，庄中秋实地考察了县党风廉政教育中心、县规划展览馆和建设中的洋口港。詹立风主持召开调研座谈会，介绍了如东县“十二五”经济社会发展的工作思路。

★14日，如东县委常委、宣传部部长杨中坚考察县文广传媒中心，他充分肯定了县文广传媒中心取得的成绩，希望中心以市场机制激发活力，努力推进改革力度；利用媒体平台，关注民生，贴近群众，对内加强舆论引导，对外加强形象宣传。他寄语该中心紧紧围绕县委、县政府工作重点，认真做好舆论引导，积极推进事业建设，不断提高宣传质量和水平。

★14日，如东县人大常委会召开第73次主任会议，听取县人民检察院关于队伍建设情况汇报。县人大常委会副主任徐志平希望县检察院在队伍建设上突出政治立检，严抓队伍思想政治素质建设，强化立检为公、执检为民意识，业务强检，进一步加强检察官执法办案能力。县人大常委会副主任杨成泉、沈更生、蔡瑞平、冒亚平出席会议。

★14日，如东县召开青园路示范路创建暨三元世纪城改造整治“百日会战”推进会。副县长于立忠要求参与创建和整治的各成员单位围绕要求和部署，针对违章建筑、交通秩序、住宅小区环境、户外广告设施等重点区域，深入开展市容环境整治，提高督查督办的力度，确保创建和整治取得实效，使整治工程成为惠民、利民的实事工程、德政工程，做到让群众满意。

★14日，南通市工业经济运行例会在如东县召开。如东县副县长张蓉蓉要求如东县相关部门积极学习借鉴其他兄弟县市区在项目建设、经济运行等方面的好的做法，并有效运用到今后的工作中，努力为南通经济的发展增加份额。

★14日，南通市年中安全生产目标考核组对如东县2011年上半年安全生产情况进行检查。如东县副县长张蓉蓉在汇报会上表示，下一阶段，如东县将进一步健全安全生产“责任网”，加强“打非”“治违”及重点行业（领域）的专项整理，确保全县安全生产形势持续稳定好转。

★14日，江苏省旅游局副局长李明耀一行到如东县调研旅游开发工作，并在南通市、如东县相关部门领导的陪同下，参观了沿海旅游经济开发区的观海长廊、温泉会所。副县长王智陪同调研。

★15日，如东县召开四套班子领导调研成果交流会，县委书记詹立风主持会议，他要求

参与调研的县四套班子领导，突破重点赶超争先，狠抓落实谋求发展，全力推动如东县经济社会又好又快发展。詹立风还就近期如东县即将开展的以“领导干部下基层了解民意、破解发展难题、化解社会矛盾，促进干群关系融洽、促进基层发展稳定、促进机关作风转变”为主题的“三解三促”活动进行了部署。

★15日，如东县委书记詹立风主持召开县委中心组学习会，集中学习胡锦涛总书记在庆祝中国共产党成立90周年大会上的讲话精神。詹立风强调，学习贯彻胡锦涛总书记重要讲话精神，是当前和今后一个时期各级党组织和广大党员干部的一项重大政治任务，全县上下要把思想和行动统一到总书记重要讲话精神上来，把智慧和力量凝聚到县第十三次党代会确定的各项目标任务上来，以高度的责任感和使命感，全力推进如东县经济社会发展不断迈上新的台阶。

★15日，南通市廉政勤政好干部先进事迹报告团到如东县，为广大党员干部做事迹报告。如东县委常委、纪委书记刘才盛希望广大党员干部自觉以“廉政勤政好干部”先进典型为榜样，把学习先进典型的思想收获和政治热情，转化为做好本职工作的强大动力，为如东县加快建设现代化新如东做出更大的贡献。

★15日，如东县卫生局召开人大代表建议、政协委员提案答复见面会。县人大常委会副主任冒亚平希望县卫生局与县人大代表、政协委员保持联系，积极听取意见，把卫生事业办出成效，提高群众满意度。

★15至16日，无锡市委常委、纪委书记周铁根带领无锡市纪委领导到如东县调研，南通市委常委、纪委书记庄中秋，如东县委书记詹立风，县委副书记、代县长潘建华，县领导刘才盛、徐志平等陪同调研。，

★16日，如东县行政服务中心召开上半年行政服务工作点评会。县委副书记、代县长潘建华要求县行政服务中心创新工作机制，强化服务意识，提高服务效能，合力谋求下半年行政服务工作新突破。县委常委、常务副县长顾淑英对上半年行政服务工作进行点评。

★16日，如东县摄影家协会召开第六次代表大会，县人大常委会副主任沈更生出席会议，他希望新一届理事会服从和服务于全县中心工作，加大对摄影人才的培养，带领广大摄影家和摄影爱好者深入生活，多出精品，推动如东摄影事业大发展、大繁荣。省摄影家协会副主席、市摄影家协会主席、市记协副主席梁玉飞到会祝贺。

★17日，如东县委工作会议在县行政中心召开。会议的主要任务是，深入贯彻落实省委十一届十次全会，省、市沿海开发工作推进会议和县第十三次党代会精神，总结上半年工作，研究部署下半年工作，动员全县上下进一步聚焦项目，倒逼时间，奋力拼抢，全力赶超，确保全面完成全年各项目标任务。县委书记詹立风作工作报告。会议由县委副书记、代县长潘建华主持。县委委员、县纪委委员；县人大、县政府、县政协领导成员，县法院院长、县检察院检察长；各镇党委书记、镇长、人大主席，各区党工委书记、管委会主任，各镇（区）招商引资、项目建设、工业经济分管负责人；县级机关各部门和县直属单位中层以上干部；县50强企业负责人；原四套班子老领导和享受地市级待遇的老干部代表出席会议。洋口港经济开发区、沿海经济开发区、如东经济开发区、岔河镇、掘港镇、河口镇6家单位的主要负责人作交流发言。

★18日，如东县委副书记、洋口港经济开发区党工委书记周建飞在该区党政联席会议上要求全区上下，进一步放大港口集聚和辐射效应，重点围绕建成能源、石化、冶金、船舶海工、现代物流五大产业基地的目标，坚持以工兴港，推进集聚发展。

★18日，如东县副县长张蓉蓉前往县质监局调研。县质监局负责人从职能概况、队伍建设、服务举措等方面汇报了质监工作情况。张蓉蓉要求该局继续以质量强县工作为抓手，深入推进名牌战略，重点抓好食品安全和特种设备安全，在公共检验检测平台建设中抓住重心、抓准关键，全面加快平台基础建设和装备更新速度。

★19日，中铁上海工程局有限公司董事长荣树森、总经理孔逎、党委书记梁永兴一行到如东县考察。在如东县委书记詹立风，县委副书记、代县长潘建华，县领导顾淑英、陈昌龙的陪同下，荣树森一行考察了洋口港、临海高等级公路（如东段）项目施工现场，他们认为如东拥有优越的海洋资源，发展前景广阔，今后，将加大与如东在市政、交通工程建设方面的合作，将企业在施工技术和资金方面的优势转化为生产力，通过合作实现双赢。

★19日，如东县召开全县安全生产工作会议，副县长张蓉蓉分析了上半年安全生产形势并部署下半年安全生产工作。县委副书记、代县长潘建华出席会议，他要求建立健全安全生产责任体系；以积极的心态去抓安全生产；要使安全生产贯穿于全年工作的始终；要形成工作合力，促进全县安全生产形势持续稳定好转。会议由县领导顾淑英主持。县领导陈昌龙、于立忠、姜晓静、卢瑞华、王智出席会议。

★19日，如东县委组织部召开会议学习贯彻胡锦涛总书记“七一”重要讲话精神。县委常委、组织部部长任新峰要求组织部门和组工干部，以改革创新精神，扎实工作，开拓进取，切实提高组织工作科学化水平，为加快建设现代化新如东提供坚强组织保证。

★20日，江苏省委副书记、省长李学勇来洋口港视察。在南通市委书记丁大卫，如东县委书记詹立风，县委副书记、代县长潘建华的陪同下，李学勇一行登上太阳岛。詹立风向李学勇介绍了如东沿海开发的相关情况。江苏省政府秘书长樊金龙，省政府研究室主任徐山瀑，省财政厅厅长潘永和，省交通厅厅长游庆仲，南通市副市长孙金华，如东县委副书记、洋口港经济开发区党工委书记周建飞，如东县委常委、常务副县长顾淑英参加了活动。

★20日，在江苏省人大常委会副主任、民建江苏省委主委赵龙，江苏省政府副省长、民盟江苏省委主委曹卫星，江苏省政协副主席、省委统战部部长罗一民的带领下，江苏全省党外人士暑期研讨班成员到如东县调研。如东县委副书记、代县长潘建华介绍了如东县沿海开发的有关情况。县领导周建飞、徐志平、于立忠、桑健陪同调研。

★20日，如东县召开动员会，对全县领导干部下基层“三解三促”活动（即了解民情民意、破解发展难题、化解社会矛盾，促进干群关系融洽、促进基层发展稳定、促进机关作风转变）进行部署。县委常委、政法委书记陈建华要求参加“三解三促”活动的领导干部紧扣下访主题，着力在解决问题上下功夫，注重听民意、暖民心、解民忧；注重求真务实，实事求是地对待问题，全面深入地分析问题，真心实意地解决问题；同时强化组织领导，各镇（区）要主动与挂钩部门做好衔接工作，领导干部要自觉维护好自身形象，确保活动取得实效。县委常委、组织部部长任新峰出席会议并提出具体要求。

★20日，南通海关党组书记、关长陶建明一行到如东县调研，详细了解洋口港开发建设和海关大楼建设情况。陶建明一行在如东县人大常委会副主任沈更生、副县长张蓉蓉的陪同下，先后参观了洋通公司展厅和建设中的海关大楼，就大楼的施工、装修设计、人员设置等问题与县领导交换了意见和建议。

★20 日，如东县政协召开委组负责人会议，县委副书记、代县长、县政协党组书记潘建华要求各委组要明确履职方向，强化履职意识，把思想统一到县委、县政府重要决策部署上来，强化目标意识和争先意识。县政协领导童玉林、桑健、桑圣权、冯力如出席会议。

★20 日，如东县召开全县“强村行动”动员大会暨村党组织书记培训班开班仪式，县委常委、副县长陈昌龙要求各地、各部门铆足干劲、奋力前行，不断开创如东县农业农村工作新的局面。副县长洪大林出席会议。

★20 日，如东县委常委、副县长陈昌龙到县农机局调研全县农机化工作情况。

★20 日，如东县人大常委会副主任徐志平、蔡瑞平、冒亚平及人大各工委主任，调研沿海经济开发区经济发展情况。

★21 日，如东县委常委、副县长陈昌龙在调研海洋铁路建设情况时要求，优质高效推进工程建设，确保 2011 年 10 月份海洽会召开前竣工通车。县人大常委会副主任杨成泉参加调研。

★21 日，如东县召开社科联会员单位联席会议，学习贯彻胡锦涛总书记“七一”重要讲话精神。县人大常委会副主任冒亚平出席会议，他希望全县各社科团体及社科工作者切实增强社科研究的针对性和实效性，积极探索创新，同时加强自身建设，努力提升社科团体的凝聚力和推动力。

★21 日，盐城市副市长张庆奎带领全市服务沿海发展挂职干部到如东县调研，一致认为如东的沿海开发起点高、手笔大、亮点多，为全省沿海开发发挥了引领带动作用，值得盐城各县市认真学习和借鉴。南通市副市长孙金华、如东县领导洪大林陪同调研。

★22 日，如东国税局召开上半年工作情况汇报会，听取特邀行风监督员和企业家代表对今后工作的建议和要求。如东县委常委、常务副县长顾淑英对国税部门上半年工作取得的成绩予以肯定，要求该系统谋求组织收入取得新突破；谋求服务发展再创新业绩；谋求管理水平实现新提升；谋求队伍建设展现新面貌。县政协副主席桑健出席会议。

★22 日，由如东县委组织部、团县委举办的“建功立业十二五·青春奉献新如东”千名如东籍大学生看家乡、知家乡、建家乡主题活动，在浅水湾水上公园举行启动仪式。县委常委、组织部部长任新峰在启动仪式上希望有更多的如东籍大学生投身到“推进现代化，建设新如东”的伟大征程中来，通过看如东、知如东、建如东，把家乡作为自己施展才干、实现抱负的舞台。县人大常委会副主任徐志平、县政协副主席童玉林出席启动仪式。

★22 日，如东县召开文明城市复检迎查重点工程推进会。县委常委、宣传部部长杨中坚出席会议，他要求与会的部门、镇区咬紧时间节点，组成专门的工作班子，全面细致地准备好各项台账资料，强化宣传，发动群众积极投身文明城市创建，着力解决群众反映强烈的突出问题，努力提升城市功能品味，确保以最优的形象、最佳的业绩迎接复检验收。

★23 日，如东县岔河镇召开学习贯彻胡锦涛总书记建党 90 周年重要讲话辅导报告会。如东县委常委、镇党委书记杨小军要求全镇上下继续深入学习贯彻胡锦涛总书记讲话精神，联系实际，学用结合，扎实工作，切实提高执行力，践行科学发展观，建设幸福岔河。

★23 日，如东县书法家协会召开第六次会员代表大会，大会选举产生了新一届理事会成员，谢骏当选为主席，潘宗和、孙德庚被聘为名誉主席。县人大常委会副主任冒亚平出席会议，他希望全县书法工作者树立终身学习的理念，培养发现更多书法新人，坚持普及与提高并进，善于继承借鉴、勇于开拓创新，建立德艺双馨的书法家队伍，为如东文艺事业发展再创辉煌。

★23 日，在无锡市如东商会考察交流会

上，如东县副县长张蓉蓉真诚希望无锡市如东商会发挥桥梁作用，形成“跨乡共建”的良好局面。无锡市如东商会考察团在听取了掘港镇和县招商局负责人对如东县经济发展及招商引资情况的介绍后表示，家乡优势明显，将不遗余力地为家乡经济发展发挥桥梁媒介作用。如东县政协副主席、县工商联会长桑健希望无锡市如东商会注重组织建设，充分发挥协调、示范、带头作用，把如东的地域优势、资源优势介绍给朋友。

★24日，如东县岔河镇组织该镇4个老干部支部的115名离退休老干部集中观摩了全镇项目建设情况。如东县委常委、镇党委书记杨小军参加了观摩活动，他希望老干部们发挥余热，一如既往地关心全镇各项事业的发展，为岔河镇早日实现小康再作贡献。

★24日，江苏省侨联秘书长、文化联络部部长蓝晓霜，省华侨经济文化交流中心处长朱小竹，到如东县考察洋口港开发建设情况。如东县人大常委会副主任、县侨联主席沈更生陪同考察。

★25日，，南通市委常委、纪委书记庄中秋在全县领导干部警示教育大会上，要求全县广大党员干部要认真吸取徐建华、徐守宏违纪违法案件的教训，正确行使好手中的权力。如东县委书记詹立风要求与会人员迅速传达、贯彻好本次会议精神；就党风廉政建设责任制落实情况、廉洁自律规定的执行情况等内容，认真开展“回头看”自查活动；各镇区、各部门要组织召开一次民主生活会，切实把思想和行动统一到加快发展上来。南通市纪委副书记陈勇结合两起典型案例作了深刻的剖析，并告诫广大党员干部要牢记沉痛教训，切实从思想和行动上把好廉洁从政关。南通市纪委常委葛维先，如东县四套班子领导，县法院院长，县检察院检察长，各镇区党（工）委负责人，县级机关各部门副科职以上领导干部参加了会议。

★25日，南通市纪委副书记陈勇带领巡查组到如东县，对如东县2011年党风廉政建设责任制落实情况进行巡查。如东县委常委、纪委书记刘才盛汇报了上半年如东县党风廉政建设情况。县委书记詹立风表示，目前如东县正处于迈入基本现代化进程的关键期和长三角一体化战略、江苏沿海开发战略实施的机遇期，大力加强党风廉政建设将有利于增强干部的责任心和进取心，有利于营造如东县风清气正的良好发展环境，从而推动全县经济社会又好又快发展。

★25日，如东县2011年夏季人力资源交流洽谈会在县第一职业教育中心校举行。县委副书记、代县长潘建华，县领导顾淑英、任新峰、张蓉蓉、王智察看了洽谈会现场。

★26日，如东县农业农村重点工作座谈会在掘港镇召开，县委常委、副县长陈昌龙在认真听取发言后，要求各乡镇坚定信心，抢抓机遇，更好地谋划推进全县农业农村重点工作，切实加快农业现代化进程，不断推动县域经济发展。副县长洪大林出席会议。

★26日，如东县委常委、纪委书记刘才盛，县政协副主席冯力如率领发改委、经信委、国土、工商等部门负责人，到曹埠镇调研。刘才盛对曹埠镇以项目建设为中心推进各项重点工作表示肯定，他要求该镇进一步加强新镇区建设，以城镇化建设为龙头，形成产业互动格局，同时进一步加大招商引资、项目建设推进力度，加大现有企业品牌建设，加快转型跨越步伐，确保完成全年目标任务。

★27日，如东县召开全县招商引资暨民营经济工作点评推进会，副县长张蓉蓉出席会议，她要求各镇区，创新招商方式，提升招商质效，加快签约项目的落户，为全县经济增长提供强有力的后劲。

★27日至30日，如东县委书记詹立风率队参加在香港举办的江苏省苏港现代服务业合作推介会和南通市沿海开发成果汇报暨项目专题发布会。会上，如东县人民政府分别与中石油昆仑能源公司、香港万都石油有限公司签订了LNG综合物流项目和天然气化工产业项目，两个项目合计投资超过100亿元。县委副书记、代县长潘建华代表县政府参加签约仪式。

★27日，如东县政协调研组到如东经济开发区调研园区经济建设情况。县政协副主席冯力如要求如东经济开发区在全县经济建设中继续挑大梁，领跑五大经济板块，在全市争先跃位，在“推进现代化，建设新如东”的宏伟目标中，再作新贡献。

★28日，如东县委常委、宣传部部长杨中坚与县文明办、县教育局相关负责人前往马塘、岔河、丰利、沿海经济开发区等镇区，调研乡村少年宫建设和未成年人思想道德建设情况。

★28日，南通市社科联党组书记、副主席陈冬梅一行到如东县调研社科工作。如东县委常委、宣传部部长杨中坚陪同调研。县社科联负责人汇报了如东县社科联成立以来的工作情况。南通市调研组一行检查了如东县社科普及示范基地创建情况，实地察看了如东旅游接待中心、南通市中小学生素质实践基地。

★28日，如东县文化广电传媒中心举办人大代表建议、政协委员提案答复见面会，答复在县十五届人大四次会议和县政协第十三届委员会第四次会议上，代表、委员们提出的建议和议案。县领导冒亚平、桑圣权出席会议。

★29日，如东县第十五届人大常委会召开第二十七次会议。会议听取并审议了县政府关于2011年上半年国民经济、社会发展计划执行情况的报告；听取并审议县政府关于2010年县本级财政决算（草案）和2011年上半年财政预算执行情况的报告；听取并审议县政府关于同级审计工作情况的报告；听取并审议副县长张蓉蓉代表县政府作的关于加快经济发展方式转变、促进工业经济转型升级的工作报告。会议还听取县人大常委会调查组关于2011年上半年国民经济、社会发展计划和财政预算执行情况的调查报告，关于加快经济发展方式转变、促进工业转型升级情况的调查报告。表决通过了县人大常委会关于批准如东县2010年县本级财政预算的决定。县委常委、常务副县长顾淑英列席会议。县人大常委会副主任徐志平、杨成泉、沈更生、蔡瑞平、冒亚平出席会议。

★29日，如东县召开全县农业农村重点工作推进会，县委常委、副县长陈昌龙出席会议，他要求各地，牢牢把握“加快农业基本现代化建设”这条主线，重点围绕“内省、突破、创新、管理、互动”五个方面，抓实抓好完成全年各项目标任务的新举措，奋力实现农业农村工作在全市“保三争二”的目标。会议由副县长洪大林主持。县领导桑健、桑圣权出席会议。

★29日，如东县召开全县三季度工业经济运行推进会，副县长张蓉蓉强调，各镇区务必进一步增强目标意识、赶超意识，突出工作重点，狠抓措施落实，确保三季度工业经济各项运行指标全面达序时，为完成全年目标任务奠定坚实基础。

★30日，如东县栟茶镇在昆山举办投资恳谈会。昆山市委常委毛国建，台商协会、温州商会、江西商会代表以及栟茶镇在苏州的成功创业人士20多人参加会议。如东县人大常委会副主任沈更生在恳谈会上致辞。

★30日至31日，南通市副市长徐辉到如东县岔河镇南桥村、振兴村驻点调研。他围绕改善群众生活、加强新农村建设、支持中小企业发展等问题，踏田头、访农户、进企业、下车间，并与部分党员、大学生村官、种养大户、企业职工、个体私营企业主座谈。

8月

★1日，如东县委副书记、代县长潘建华，县领导陈昌龙、陈建华、蔡建华、徐志平、卢瑞华赴驻如东部队，亲切看望部队官兵，向他们致以节日的问候。

★1日，江苏省如东沿海经济开发区举行“政银企保”合作座谈会。如东县委常委、政法委书记、沿海经济开发区党工委书记陈建华希望企业要有更加长远的目光，银行要强化金融扶持服务。他同时表示，政府将会为企业和银行搭好台，促进双方互利共赢，通过加强银企间的合作，进一步促进工业经济转型升级，为实现“江苏沿海第一区”做出更大的贡献。

★1日，如东县召开如东企业家以商引商座谈会，19位热衷于如东招商引资的企业家坦诚相见，纷纷就如何引领如东产业经济转型跨越献计献策。副县长张蓉蓉出席会议，她表示，如东将高度重视现有企业的规模培育，通过各种有效手段鼓励企业技改，并全力做好服务工作，化解企业发展难题。

★2日，如东县委书记詹立风主持召开县委常委民主生活会，提出今后工作的努力方向和举措：“坚持以科学发展观为指导，牢牢锁定‘推进现代化，建设新如东’的总体目标，求真务实，艰苦奋斗，推动如东经济社会更好更快发展，努力让发展成果普惠于民。”潘建华、周建飞、顾淑英、陈昌龙、陈建华、任新峰、刘才盛、杨中坚、杨小军参加民主生活会。县领导徐志平、童玉林列席会议。

★2日，如东县委副书记、代县长潘建华在县行政中心会议厅会见日本爱媛县今治市市长菅良二，双方就加强经贸合作，扩大交往领域进行了深入交流。潘建华向菅良二一行介绍了如东经济社会发展概况。县政协副主席桑健参加会见。

★2日，江苏省委第二巡视组一行7人在组长韩波的率领下到如东县考察。韩波一行在如东县委副书记、洋口港经济开发区党工委书记周建飞的陪同下考察了洋口港。周建飞向巡视组详细介绍了洋口港的产业规划和定位、中石油LNG项目的建设投产情况。

★2日，如东县党建带团建“三结对三争创”活动推进会暨镇团委集中换届动员大会在大豫镇召开。县委常委、组织部部长任新峰要求各级党组织，建立工作机制，落实保障措施，并做好对团干部的选拔配备工作，加强对团干部的培养锻炼和教育培训，不断壮大基层团组织的力量。

★2日，北京大学中国经济研究中心主任姚洋带领北京大学国家发展研究院“地方政府与园区经济发展”专题调研组到如东县调研。如东县委常委、宣传部部长杨中坚陪同调研。

★2日，如东县副县长王智一行前往曹埠镇文化活动中心调研。他要求曹埠镇不断加大对文化的硬件建设，尽快建成镇文化活动广场，为农村居民文化体育活动提供良好的场所。

★2日至3日，台湾“中石化“副总经理彭普明、王克舜等高层领导就建立台湾中石化（洋口港）产品基地项目到洋口港考察。如东县委书记詹立风向台湾客人介绍了如东县经济社会发展情况及如东县的“三张名片”，县委副书记、洋口港经济开发区党工委书记周建飞和该区相关负责人与台湾客商就投资细节进行了深入磋商。县委副书记、代县长潘建华，县领导顾淑英、沈更生、张蓉蓉、余科出席洽谈会。

★3日，江苏省发改委在如东县主持召开海洋铁路资金筹措座谈会，江苏省财政厅、省铁路办、江苏交通控股有限公司、南通市的相关负责人参加会议。与会人员听取了如东县委副书记周建飞关于海洋铁路建设的情况汇报。如东县委副书记、代县长潘建华感谢省市部门对如东铁路建设给予的关心和支持，并恳请省政府最大化地化解资金难题，在支持江苏沿海开发的政策层面进行资金扶持。南通市副市长孙金华出席座谈会并讲话，如东县委常委、副县长陈昌龙参加活动，并陪同省发改委、铁路办的负责人参观了海洋铁路和洋口港建设现场。

★4 日，浙江海正集团与如东县沿海经济开发区举行项目签约仪式，这标志着投资超 10 亿元的海正药业南通公司、海正化工南通公司正式落户如东县。如东县委书记詹立风，县委副书记周建飞，县委常委、常务副县长顾淑英，副县长张蓉蓉等出席签约仪式。县委常委、政法委书记、沿海经济开发区党工委书记陈建华对海正的落户表示热烈欢迎，他要求县级机关各相关部门和沿海经济开发区本着亲商、爱商的宗旨，在项目报批、行政许可、基础设施建设过程中，给予周到、热忱的服务；他希望海正集团要务实、高效、有序地推进项目，确保早开工、早投产、早见效。

★4 日，由“中国石油化学工业开发股份有限公司”在洋口港经济开发区投资 205 亿元的台湾‘中石化’（洋口港）产品基地项目签署合作框架协议。如东县委书记詹立风出席签字仪式。县委副书记周建飞，县领导张蓉蓉、余科参加签约活动。

★5 日，如东县委书记詹立风前往掘港镇调研，要求掘港镇牢牢把握加快转变经济发展方式主线，进一步加大项目建设力度，大力推进城市开发建设，全面加快富民强村进程。

★5 日，如东县召开《公路安全保护条例》宣传贯彻暨 225 省道如东段改建工程安全专项整治工作会议。县委常委、副县长陈昌龙要求相关镇和部门迅速营造专项整治工作的氛围，突出重点，落实责任，形成上下联动的整治合力，真正做到有工作部署，有推进措施，有检验标准，有追究办法，确保整治工作取得实效。

★5 日，南通市检察机关社会管理创新现场观摩暨检察长座谈会在如东县召开。与会人员在如东县委常委、政法委书记陈建华的陪同下，实地参观了地处马塘镇的如东县第一检察室，听取了县检察院“三大平台”的建设情况汇报。南通市检察院党组书记、检察长赵志凯要求全市各检察机关自觉提升工作标杆，以奋发有为的工作激情，切实有效的扎实举措，投入社会管理创新，推动这项工作再上新台阶。

★5 日，如东县委常委、宣传部部长杨中坚与县教育局、文明办相关负责人前往新店、双甸、河口、栟茶等镇，调研社会事业和文明城市迎查复检工作。

★5 日，如东县城管局召开政风行风汇报会，县人大常委会副主任徐志平、杨成泉、沈更生、蔡瑞平、冒亚平出席会议。

★5 日，南通神东实业木屋产业园彩旗飘飘，一片热闹的景象。同济大学建筑工程系与南通神东实业有限公司联合成立的“同济—南通神东实业木结构科研中心”在产业园举行签约揭牌仪式。如东县副县长于立忠出席揭牌仪式，他代表县委、县政府对同济—南通神东实业木结构科研中心的成立表示祝贺。

★5 日，如东县副县长王智到洋口港经济开发区对服务业发展情况及三产发展项目进行调研。希望落户洋口港经济开发区的服务业项目加快发展速度，力争成为全县服务业发展的标杆。

★6 日，如东县委、县政府召开全县机关作风建设大会，县委书记詹立风出席会议并讲话。他动员全县上下以更加饱满的热情、更加开阔的思路、更加务实的举措、更加优良的作风，全力保障如东县经济社会发展各项目标任务的快落实，确保实现县委工作会议提出的赶超发展目标。会议由县委副书记、代县长潘建华主持。县委常委、纪委书记刘才盛宣读了《关于加强全县督查工作的实施意见》。会议采取电视直播方式进行，在县行政中心设主会场，各镇区设分会场，在主会场与会的对象有县四套班子领导，县级机关各单位主要负责人，部分县级机关中层以上干部，各镇党委书记，各区党工委书记、管委会主任，县级机关作风建设领导小组成员等。在分会场参加会议的对象有各镇镇长，镇、区机关的全体人员，驻镇单位的主要负责人，各村定编干部，老干部代表，企业负责人代表。

★6 日，如东县政府召开全县工业项目建设推进会。副县长张蓉蓉对上一阶段工业项目建设情况表示肯定，她要求各镇区对所有园区企业坚持属地管理机制，杜绝管理与服务的盲区，为在谈、在建和已建项目形成一条龙系统化服务机制，多引进高新产业、新兴产业项目，提高项目的质量指标。

★7 日，由国家防汛抗旱总指挥部督察专员李坤刚率领的工作组，到如东县检查指导防台防汛工作。工作组一行在如东县委书记詹立风以及县领导陈昌龙、洪大林等陪同下，实地查看了沿海海堤和相关重点区域的防护准备工作并听取汇报。

★8 日，如东县委书记詹立风前往洋口港经济开发区调研，要求该区咬定目标，勇挑重担，突出重点，狠抓落实，争当全省全市沿海开发排头兵。县委副书记、洋口港经济开发区党工委书记周建飞表示，开发区将全力落实洋口港开发建设当前各项重点工作，用实际行动向县委、县政府汇报。县领导余科陪同调研。

★8 日，2011 年如东县“全民健身日”“南通体育日”启动仪式暨全民健身新优节目大展示活动在如东高级中学体育馆举行。如东县委常委、宣传部部长杨中坚宣布活动正式启动，副县长王智作动员讲话。县领导冒亚平、桑圣权出席启动仪式。

★9 日，如东县召开全县金融工作座谈会暨第三季度金融工作推进会。县委常委、常务副县长顾淑英主持会议，她要求相关部门放大土地资源、抵押资本优势，保证所有融资平台和中小企业资金的需求，促进全县经济发展。副县长张蓉蓉出席会议。

★9 日，如东县政府召开全县建设工程质量安全管理工作会议。副县长于立忠要求相关单位和部门要认清形势，切实增强建设工程质量安全管理的危机意识，严格落实各方责任，着力消除建设工程质量安全管理薄弱环节，围绕密切结合市场培育，严格落实相关法律法规，充分发挥职能联动优势等内容，强化举措，创新监管方式，提升建设工程质量安全监督管理效能，确保建设工程质量安全管理工作抓出成效。

★10 日，如东县召开专题会议，就群众事务党员干部代理工作进行动员部署。县委常委、组织部部长任新峰要求各地、各部门常抱敬民之心，勇当为民之责，做到不作秀，不刮风，不搞形式主义，以高度负责的态度、求真务实的作风、一抓到底的干劲，切实把这项工作做实做细，做出成效，为加快建设现代化新如东作贡献。

★10 日，，如东县委常委、宣传部部长杨中坚在县城管局调研时要求，务必以更高的标准、更大的力度，扎实深入地推进各项环境整治工作，确保文明卫生城市复检不失分、得高分。

★11 日，如东县委、县政府召开全县重点工作督查推进会，县委书记詹立风要求各地、各部门突出招商引资、项目建设、财政收入、基础设施与城市建设等重点工作，对照目标抓落实，确保完成全年目标任务。副县长于立忠、张蓉蓉分别通报了今年以来城市开发建设及招商引资、项目建设、工业经济推进情况等方面的工作。会议由县委副书记、代县长潘建华主持，他要求全县上下增强危机意识，用谦虚谨慎的态度，聚焦难点，突破重点，通力合作，确保完成全年各项目标任务。

★12日，江苏省卫生厅副厅长、省中医药管理局局长陈亦江与省、南通市相关部门领导到如东县视察中医院整体迁建工作。如东县委书记詹立风、副县长姜晓静等陪同视察。

★12日，洋口港开发建设一线优秀党员群体先进事迹报告会在如东县行政中心会议厅举行。南通市委组织部副部长曹金海向洋口港经济开发区党工委颁发了“全国先进基层党组织”奖牌和证书，如东县委副书记、洋口港经济开发区党工委书记周建飞接过奖牌和证书。如东县委常委、组织部部长任新峰在致辞中说，洋口港开发建设一线的党员群体是当代共产党人的杰出代表，是创先争优的优秀典型，是值得全县广大党员干部学习的身边榜样。在如东的县四套班子领导，县法院院长、检察院检察长，各镇（区）党（工）委书记、各区管委会主任，各镇（区）分管党务负责人、组织委员，县级机关各部门中层以上干部聆听了报告会。

★12日，如东县召开“税企心桥”如东地税局大企业挂钩服务启动仪式。县委常委、常务副县长顾淑英希望地税部门高点定位，创新创造，建立和完善助推发展的体制和机制，和大企业加强合作，真正在税务与企业之间架起沟通的桥梁，将“税企心桥”打造成服务全县经济社会发展的品牌。县领导王志荣参加了活动。

★12日，由台湾东海冷冻食品有限公司董事长黄廖美淑率领的台湾农产品加工考察团一行到如东县，就农产品加工项目落户进行初步洽谈。如东县委常委、副县长陈昌龙致欢迎辞，他向考察团成员介绍了如东县近年来的经济社会发展概况以及农产品发展上特有的优势，并欢迎他们在充分考察了解如东的投资环境之后将项目落户如东。县领导桑圣权主持推介会。

★12日，如东县委组织部在行政中心多功能会议厅，举行2011年新录用公务员上岗宣誓仪式，127名新录用公务员面对神圣的国徽庄严宣誓：“为加快建设现代化新如东而努力奋斗！”县委常委、组织部部长任新峰要求新录用公务员树立强烈的责任意识，扬鞭奋蹄，勇于担当，在基层沉下身，静下心，在服务基层民众中改进作风、增强党性、提升境界。

★13日，如东县委常委、副县长陈昌龙，县政协副主席童玉林视察临海高等级公路如东段建设情况，并慰问一线施工人员，要求他们以一流的质量，加快推进工程建设。

★16日，如东县扶贫协会召开欢送国华新生座谈会。南通市慈善总会会长程亚民向7名学生分别捐赠了500元助学金，并叮嘱他们牢记重托，刻苦学习，培养能力，提升自身素质。如东县委常委、副县长陈昌龙，副县长姜晓静出席座谈会。

★16日，如东县召开创建省级“平安农机示范县”推进会，县委常委、副县长陈昌龙要求各镇（区）、各单位，进一步研究落实农机安全生产措施，确保年内建成省“平安农机示范县”。副县长洪大林主持会议。

★16日，全国台湾同胞投资企业联谊会常务副会长、南通市台资企业协会会长刘璟芳到如东县调研。如东县委常委、纪委书记刘才盛介绍了如东县经济社会发展情况，希望台资企业协会介绍更多的台湾企业到如东县投资兴业。刘璟芳表示将在台湾和台资企业中大力宣传如东的创业环境，在如东的台资企业要加强与台办和台资企业协会的联系，并积极宣传如东优越的投资环境，吸引更多的台胞到如东投资兴业。

★17日，南通市政协副主席张庆平、张永凯、赵闻斌一行到如东县，就加快培育和发展全市战略性新兴产业课题调研。如东县委常委、常务副县长顾淑英汇报了如东县战略性新兴产业发展现状、产业培育和发展中存在的问题及对策。县委副书记、代县长潘建华，县政协副主席童玉林、冯力如出席会议。

★17日，如东县委政法委与南通大学政治学院正式建立校地合作关系，在校地合作签约仪式上，县委常委、政法委书记陈建华和南通大学政治学院院长顾玉平分别代表合作双方在合约上签字。

★18日，南通市人大常委会副主任王平一行到如东县调研城乡医疗制度改革情况。如东县领导顾淑英、姜晓静分别汇报了如东县城乡医疗制度改革情况和存在问题。县人大常委会副主任冒亚平出席汇报会。

★18日，如东县举办正科级后备干部中国浦东干部学院培训班和副科级后备干部军事化集训班开班典礼。如东县委常委、组织部部长任新峰要求科级后备干部着眼全局、深化认识，以第一人称的姿态搞好培训，以第一任务的摆位提升能力水平，以第一危机的紧迫来落实强能要求，注重养德、勤学、善谋、历练，注重谋全局、谋大势、谋规律、谋策略，在实践历练中增长才干。

★18日，如东县召开电力工作领导小组会议。副县长张蓉蓉出席会议，她要求各部门和乡镇加强包干负责、属地管理、职权捆绑、奖惩结合的方法，积极配合好专项整治行动，进一步加强电力保护工作的组织领导，依靠强有力的行政推动，促进电网建设、规范电力市场秩序，努力完成今年电力工作各项目标任务，确保经济社会平稳发展。

★19日，如东县岔河镇文联第二次代表会议召开，选举产生新一届委员会。如东县委常委、岔河镇党委书记杨小军出席会议。

★20日，如东县领导周建飞、任新峰、于立忠、卢瑞华以及县总工会负责人，带着防暑降温用品，慰问了高温下奋战在一线的广大劳动者。

★22日，交通运输部人事劳动司机构编制管理处处长时骏、交通运输部公安局政治部主任张京蒲一行专程到洋口港，就建立洋口港区港口公安派出机构进行考察。如东县委书记詹立风感谢交通运输部对洋口港开发建设的关心和支持，表示将加快洋口港开发建设步伐，尽快形成港区与产业相配套的良好发展局面。如东县委副书记、洋口港经济开发区党工委书记周建飞向时骏一行介绍了太阳岛和江苏 LNG 接收站。如东县委副书记、代县长潘建华，县领导顾淑英、于立忠陪同考察。

★22日，在国家海洋局海域和海岛管理司海域论证监管处处长张志华的带领下，国家海洋局两名年轻公务员到如东县进行为期三个月的实践锻炼。如东县委副书记、代县长潘建华表示，国家海洋局选派干部到如东实践锻炼是对如东的信任和支持，如东一定会热情服务，倾心帮助，创造最好的工作环境、生活环境，使两名选派干部尽快进入角色，充分施展自己的聪明才智。如东县委常委、副县长陈昌龙参加活动。

★22 日，如东县副县长王智带领县发改委、县服务业办公室相关负责人，对全县服务业重点项目建设进行专题调研。

★23日，如东县召开县级机关和县属事业单位中层干部竞争上岗，选派县级机关领导干部到基层一线挂职锻炼动员会议。会议由县委常委、常务副县长顾淑英主持，县委常委、组织部部长任新峰对相关工作作具体部署。县委副书记、代县长潘建华出席会议并作动员讲话。他要求县级机关和县属事业单位严格把好竞争上岗的重要环节，建立健全干部选拔任用机制，确保县级机关和县属事业单位中层干部竞争上岗以及选派县级机关领导干部到基层一线挂职工作有序推进，为推进现代化、建设新如东提供有力的组织保证。

★23日，南通市委常委、副市长秦厚德一

行到如东县调研农业农村工作，要求如东县以项目建设为抓手，全面推进农业转型升级。如东县委常委、副县长陈昌龙向秦厚德一行汇报了2011年以来如东县农业农村工作情况。县委副书记、代县长潘建华表示，如东县将进一步转变观念，用先进的市场化理念发展农业产业，精致化管理，建立健全现代农业产业体系，把农业发展成果更多地惠及民生。县领导洪大林、桑圣权陪同调研。

★23日，如东县人大常委会召开主任会议，听取县气象部门服务地方经济社会发展情况的工作汇报。县人大常委会副主任徐志平希望气象部门完善预测预报业务平台建设，着力提升预测预报的准确性，同时，加大气象队伍培训，进一步发挥气象部门服务地方经济社会发展的作用。会议由县人大常委会副主任杨成泉主持，县人大常委会副主任沈更生、蔡瑞平、冒亚平参加会议，县委常委、副县长陈昌龙列席会议。

★23日，南通市委宣传部部长章树山到如东县调研文明创建和文化宣传工作，对如东县工作给予充分肯定。如东县委常委、宣传部部长杨中坚介绍了如东县宣传思想文化工作。

★23日，如东县召开全县服务业发展工作推进会，会议总结了如东县上半年服务业发展概况。副县长王智要求各镇区要强化目标意识，统一思想，创新工作举措，狠抓落实，为实现全县服务业跨越发展努力奋斗。

★24日，全国政协常委、全国政协社会和法制委员会副主任、江苏省政协理论研究会四届五次理事会会长许仲林带领江苏省政协理论研究会四届五次理事会暨第四次理论研讨会成员到洋口港参观视察。如东县委副书记、代县长、县政协党组书记潘建华在洋通公司展厅向许仲林一行详细介绍了洋口港的开发建设情况，潘建华表示将加快洋口港开发建设步伐，完善港区功能，尽快形成港区与产业配套的良好发展局面。市政协主席王德忠，县政协副主席童玉林陪同视察。

★24日，如东县委副书记、代县长潘建华在县交通运输局调研，充分肯定了县交通运输部门的工作，并要求进一步完善交通运输规划，加快推进在建工程，为全县经济社会发展创造优良的条件。县领导陈昌龙、蔡瑞平、童玉林陪同调研。

★23日，如东县副县长、县公安局局长卢瑞华，县华艳丝绸公司董事长顾从华和丰利派出所民警共同捐资6000元，资助丰利镇双灰山村24组贫困大学生张迎庆完成学业。

★24日，如东县召开全县重点项目督查会办会，副县长张蓉蓉要求各相关部门进一步创新思维，主动服务，狠抓落实，营造服务重点项目的良好氛围，最大程度化解重点项目建设中遇到的各类难题。

★25日，如东县召开全县园区招商工作座谈会，县委副书记、代县长潘建华要求各招商载体牢固树立园区是如东经济发展希望所在的理念，围绕各自的主导产业、特色产业，打造招商的亮点和品牌，大力提升要素集聚能力和综合竞争能力，充分发挥龙头引领作用，推动如东经济的又好又快发展。会议由副县长张蓉蓉主持。

★25日，如东县东安科技园区举行项目开工典礼，由浙江籍客商杨俊华投资兴办的江苏锃锝家具有限公司大型家具制造项目落户园区。如东县委常委、组织部部长任新峰出席项目开工典礼，他希望锃锝公司抓住机遇、乘势而上，加快施工进度，确保项目早日达产、早出效益。同时要求县相关部门主动做好服务保障工作，东安科技园区要不断完善基础设施配套，提升公共服务水平，全面开创园区跨越发展新局面。

★26日，江苏省如东高级中学召开教职工大会，南通市委组织部副部长王亚雄宣读了南通市委组织部《关于如东高级中学人事任免的决定》。如东县委书记詹立风出席会议并讲话。他希望新任领导班子要紧紧围绕科学发展这一主题，认真总结办学经验和特色优势，在新的起点上开创学校发展新局面；要重点强化自身建设，坚持团队引领，进一步增强班子的凝聚力和战斗力；要在优化管理模式、培优教师队伍、营造育人环境、提升教学质量上下功夫，争取早日将如东高级中学建设成为江苏省五星级普通高中，推动全县教育事业又好又快发展。县委常委、宣传部部长杨中坚主持会议。

★26日，如东县召开党外干部座谈会，县委常委、纪委书记刘才盛要求各级党组织关心党外干部，为党外干部的成长发挥积极作用，创造良好的条件，为推进现代化、建设新如东和构建和谐社会提供良好的组织和干部保障。

★27日，由中国农药工业协会和如东沿海经济开发区联合主办的2011全国农药工业行业“责任关怀”培训交流暨江苏省如东沿海经济开发区“责任关怀”启动仪式在如东县举行。如东县委常委、政法委书记、沿海经济开发区党工委书记陈建华在会上致辞。他指出，开展“责任关怀”是化工企业义不容辞的责任，全面落实履行“责任关怀”承诺，将沿海经济开发区建成资源更节约、环境更友好、发展更和谐、人民群众更满意的现代化园区。

★28日，如东县委、县政府召开全县沿海开发暨五大园区建设推进会。县委副书记、代县长潘建华传达了江苏省、南通市沿海开发会议主要精神，并就下一步沿海开发和五大载体建设工作作出具体部署。县委书记詹立风出席会议并讲话，他说，加快沿海开发是难得机遇、也是严峻挑战，更是我们肩负的历史责任，各地、各部门、各单位要紧扣“争当江苏沿海开发第一县”目标，形成更强的工作合力、争取更大的政策支持、强化更多的人才支撑、锤炼更实的工作作风，推动全县沿海开发新突破。会议由县委副书记、洋口港经济开发区党工委书记周建飞主持，县沿海开发领导小组各成员单位向县政府递交了责任状。县四套班子领导，县沿海开发领导小组各成员单位主要负责人、分管负责人及相关业务负责人，五大园区党政班子全体成员、中层干部及相关业务人员，沿海前沿镇班子成员及相关业务负责人，其他各镇党政主要负责人及招商引资分管负责人，县级机关各部门主要负责人出席会议。

★28日，如东县健身器材业商会召开第二届会员大会，选举产生县健身器材业商会第二届理事、会长、副会长、秘书长。县政协副主席、工商联主席桑健参加会议，他要求健身器材业商会加强自身建设，营造行业之间健康有序竞争和发展的良好氛围；坚持服务立会，积极引导会员企业转变生产方式，优化产业结构转型升级。同时利用商会载体，努力为企业排忧解难，进一步增强商会的凝聚力和竞争力。

★29日，如东经济开发区与霍尼韦尔生命集团举行签约仪式，该集团安全防护设备项目落户如东经济开发区。如东县委副书记、代县长潘建华要求如东经济开发区做好项目服务工作，争取使这一项目早开工、早建设、早投产。他同时勉励霍尼韦尔生命安全集团的高级主管齐心协力，共同做好安全防护设备项目的前期准备工作，争取使项目早投产，早出效益。副县长张蓉蓉参加签约仪式。

★29日，如东县举行2011年新招录大学生村官上岗培训开班仪式暨全县“十佳”大学生村官表彰大会。县委常委、组织部部长任新峰出席会议并讲话，他要求大学生村官胸怀全局，满怀激情，切实增强到村任职工作的责任感和使命感；珍惜机遇，向下扎根，努力为新农村建设伟大事业贡献青春才华。同时，各镇及县级机关相关部门要统一认识，真情关爱，抓好培训教育、明确岗位职责、拓宽成长渠道、从严监督管理，确保大学生村官到村任职工作扎实推进取得实效。

★29日，如东县召开纪检监察系统“严执纪、优环境、铸品牌、促发展”主题实践活动动员大会。县委常委、纪委书记刘才盛要求全县各级纪检监察组织和广大纪检监察干部围绕“抓项目、搞服务、优环境”，以加强机关作风建设为抓手，以实施“六大工程”为载体，主动融入中心，全力服务发展大局，以反腐倡廉建设新成效，加快现代化新如东的建设进程。

★30日，如东县召开洋口港开发建设前线指挥部办公会议，县委书记詹立风要求，解放思想、着眼长远、凝心聚力，强势推进洋口港开发建设。县委副书记、代县长潘建华，县领导周建飞、顾淑英、张蓉蓉、洪大林、桑健、余科出席会议。

★30日，如东县举行县级机关领导干部赴基层一线挂职出征仪式，39人赴镇、村挂职，25人赴县房屋征收办公室挂职。县委书记詹立风在出征仪式上指出，选派县级机关领导干部赴基层一线挂职是县委锻炼、培养、使用干部的重要途径。他希望挂职干部珍惜机会，加强调查研究，善于发现、思索、研究问题，通过努力来解决问题。要密切联系基层干部群众，树立良好的工作作风，要廉洁自律。出征仪式由县委副书记周建飞主持，县委常委、组织部部长任新峰宣读了挂职干部和挂职单位名单。

★30日，如东县红十字会举行“红十字博爱助学款”发放仪式，40名家庭困难的莘莘学子获得助学款。县委常委、常务副县长顾淑英寄语学子们珍惜来之不易的学习环境和受助机会，用顽强拼搏的精神应对暂时的困难，把感恩之情转化为刻苦学习、奋发向上的动力，以实际行动回报家乡、回报社会。县领导杨成泉、童玉林出席发放仪式。

★30日，如东县委常委、纪委书记刘才盛检查县城规划区内违法建筑清查整治工作。他要求进一步抓好宣传教育工作，进一步抓好责任制的落实，抓好整治成效的巩固，认真开展巡查监管，迅速、及时拆除、处置好新的违法建设，防止违法建筑回潮。

★31日，上海浦东新区副区长陆月星和如东县委副书记、代县长潘建华共同启动水晶球，如东科技城正式开工。项目将建成省级一流的科技创新创业示范区、人才技术高地的集聚地、现代服务业的样板区、城市现代化的先导区。上海浦东发展有限公司总裁、党委副书记孙童致辞，他说，浦发集团有信心、有决心精心组织、精心设计、精心施工，优质高效地将工程项目建设好。潘建华在开工仪式上讲话，他指出，建设如东科技城是坚持以科技创新为驱动、加快转变经济发展方式的一个重大举措，对于增强如东县科技创新能力，加快发展新兴产业，优化产业结构，提升城市竞争力具有十分重要的战略意义。县委常委、组织部部长任新峰主持开工仪式，江苏省侨办副主任季俊秋，江苏省旅游局副局长汤永林，南通市规划局局长马啸平，上海浦东发展有限公司副总裁郭亚兵，南京财经大学副校长许承明，南通市公安局副局长王华，南通市外事办副主任王浦坚，南通市侨办副主任金志伟，如东县副县长于立忠、张蓉蓉，南通东筑实业有限公司董事长方伟华等出席开工仪式。

★31日，如东县规划局组织专家对如东经济开发区公租房、栟茶华盛财富中心、县中医院迁建工程等三个项目的规划方案进行评审。副县长于立忠要求规划设计单位准确定位，注重整体风格协调和功能配置，确保设计方案高标准、高质量完成。县领导蔡瑞平、童玉林出席评审会。

★31日，如东县纪委召开评议大会，对住建、城管、交通等12家具有行政执法职能的部门，进行政风行风建设现场民主评议。县委常委、纪委书记刘才盛要求12家被评议部门以此次评议为契机，找准工作作风、行业风气、政风建设等方面存在的问题，着力做好整改提高工作，确保政风行风民主评议取得实效。

★31日至9月2日，如东县委常委、副县长陈昌龙，副县长洪大林率领县“两办”和农口各部门负责人，对各镇项目农业推进情况进行督查。

9月

★1日，南通市委政法委书记曹斌一行到如东县调研政法综治和社会管理创新工作。如东县委副书记、代县长潘建华从港口开发、城乡一体化建设等方面介绍了如东县经济社会发展情况。县委常委、政法委书记陈建华汇报了如东县政法工作。副县长于立忠陪同调研。

★2日，如东县召开“第五届中国如东沿海经济合作洽谈会”动员会议，部署相关筹备工作。县委常委、常务副县长顾淑英对相关筹备工作作具体部署，并作动员讲话。县委副书记、洋口港经济开发区党工委书记周建飞出席会议，他要求相关筹备部门进一步从思想上重视，消除各种消极思想，高标准做好筹备工作，尽早部署，细化衔接，周密组织，并与当前各项重点工作相结合，确保第五届“海洽会”取得圆满成功。县领导陈昌龙、陈建华、杨中坚、于立忠、张蓉蓉、卢瑞华出席会议。

★2日，如东县召开当前社会矛盾化解督办会。县委常委、政法委书记陈建华要求各地绷紧“居安思危”之弦，抓牢“清源固本”之器，强化“责任落实”之功，建立和完善滚动排查、下访巡查、挂牌督查、风险评估、重点管控、应急处置、预警防范、司法救助和责任问责机制，全力做好矛盾化解、维护稳定、社会管理工作，保障全县社会大局持续平稳。会议由副县长、县公安局局长卢瑞华主持。

★2日，如东县保障性住房（首批公租房）——花苑小区人才公寓举行公开配租仪式。县委常委、组织部部长任新峰希望各用人单位倡导服务出发展软环境、服务出人才竞争力的理念，建立有利于高学历人才干好本职、发挥专长、服务发展的成长机制；各位高学历人才要以当天的活动为新的起点，坚定信心，开启创新创业新的征程。县领导蔡瑞平、于立忠参加仪式。

★3日，由如东县民政、教育、县慈善会共同主办的“慈善·福彩”助学金发放仪式在如东高级中学举办。县委常委、副县长陈昌龙希望这些学生能够在正视困难中树立大志，在体味关爱中坚定信念，在接受哺育中锻炼成才，在懂得感恩中回报社会，立志做一个对社会有用的人。县政协副主席童玉林参加了活动。

★3日，南通市扶持经济薄弱村工作座谈会在如东县召开，各县、市、区就如何在“十二五”期间消除经济薄弱村展开探讨。如东县委常委、副县长陈昌龙出席会议。

★4日，菲律宾前驻华大使周清琦、江苏省侨联主席郁美兰到如东参观考察。在如东县委常委、副县长陈昌龙，县人大常委会副主任、侨联主席沈更生的陪同下，周清琦、郁美兰参观了县城规划展览馆和黄海大桥，并登上洋口港观景平台巡视了太阳岛全貌，了解中石油江苏LNG接收站工程运行情况。

★5日，如东县委副书记、代县长潘建华，县委常委、宣传部部长杨中坚以及县教育局相关负责人前往如东高级中学和掘港虫宾山小学，在教师节即将来临之际，慰问了一线教师代表。

★5日，如东县召开铁路建设工作推进会。县委常委、副县长陈昌龙要求各单位克服一切困难，轧紧进度，同时，时刻牢记安全和质量，凝心聚力确保海洋铁路的顺利通车。

★5日，为期一周的如东县级机关挂职领

导干部房屋征收政策培训班正式开班。副县长于立忠要求全体人员端正认识、加强学习、深入一线、迅速转变角色，融入到征收团队中去；身下心下，苦干实干，做到政策研究透、工作效率高、团结协作强、精神面貌好、社会形象佳。县人大常委会副主任蔡瑞平、县政协副主席童玉林出席开班仪式。

★6 日，如东县委常委、宣传部部长杨中坚在县教育局负责人员的陪同下，前往掘港、袁庄、栟茶等镇，看望慰问部分中小学教师代表。

★6 日，如东县召开全县工业经济冲刺三季度推进会，副县长张蓉蓉出席会议，她要求各镇区明确目标任务，细化指标分解，确保工业投入、税统销售、科技创新等各项指标序时达标。

★7 日，如东县召开砖瓦企业关闭拆除工作现场推进会。副县长于立忠要求各镇区学习和借鉴经济开发区、双甸等镇区的做法和经验，因地制宜制订有效方案。相关部门要齐心协力、攻坚克难，协助各镇区做好砖瓦窑关闭拆除工作，确保圆满完成今明两年的关闭拆除任务。

★7 日，南京海关监管处处长王童欣、南通海关副关长徐建忠一行到东安科技园区进行现场办公，表示将全力支持如东建好国家级如东进口再生资源加工区。如东县领导任新峰、张蓉蓉参加了活动。

★7 日，如东县召开县城规划区内违法建筑集中整治工作推进会，县委常委、纪委书记刘才盛要求在责任制的落实上进一步抓平衡，在协同配合的水平上进一步抓提高，在责任追究上进一步抓落实，在宣传教育上进一步抓深化。

★7 日，新疆喀什地区疏附县县委副书记王凌泉到如东县考察。如东县委常委、宣传部部长杨中坚向王凌泉一行介绍了如东县近年来抢抓江苏沿海开发机遇、大力推进港口建设，并以港口开发为引领，加大城市、交通等基础设施建设，促进和带动全县经济社会发展的主要情况。

★7 日，如东县副县长卢瑞华到丰利镇凌河小学慰问了丰利镇的特困教师和优秀教师代表，他勉励丰利镇的教师继续发扬无私奉献、艰苦奋斗的精神，为全镇的教育事业继续做出更大的贡献。

★8 日，在如东县领导周建飞的陪同下，中国农业发展银行江苏分行行长石晶莹一行到洋口港考察。

★8 日，如东县领导周建飞前往长沙镇慰问教师，希望长沙镇教育界人士全力支持洋口港开发，继续办好人民教育。

★8 日，中石油江苏液化天然气有限公司领导张成伟一行到洋口港经济开发区座谈，对接“海洽会”召开事宜。张成伟向如东县领导周建飞介绍了中石油江苏液化天然气有限公司运营情况。

★8 日，如东县召开信访维稳工作会议。县委常委、常务副县长顾淑英要求各相关单位以强烈的政治意识全力做好信访维稳工作，以严明的工作责任落实各项举措，以高效的组织领导确保完成阶段性组织任务。副县长、县公安局局长卢瑞华主持会议，县人大常委会副主任徐志平出席会议。

★8 日，如东县领导沈更生在栟茶茗海中学与部分教师代表进行座谈，并向两名困难教师发放慰问金。

★8 日，如东县召开 2011 年度企业上市联席会议第一次会议。18 家联席会议成员单位分别就与各自职能相关的上市和拟上市企业涉及问题进行了重点解答和讨论。副县长张蓉蓉要求各相关职能部门提高对企业上市工作的服务意识，着重为进入上市轨道的 4 家企业提供优质服务。

★8 日，如东县副县长姜晓静专程到马塘镇亲切慰问了一线教师代表，并和他们座谈，征求对如东教育事业的建议和意见。

★8 日，如东县工商联（总商会）会长例会在南通久和药业有限公司召开。县政协副主席、工商联会长桑健要求与会代表通过换届调整更好地增加工商联的工作活力，他希望企业家们多谏言献策，在做大做强自身企业的同时，发挥龙头企业的支撑作用，为如东经济社会发展多作贡献。

★7 日至 9 日，如东县国家生态县创建工作迈出喜人步伐，江苏省环保厅组成的专家考核组对如东县国家生态县创建工作予以高度评价，一致同意通过省级考核。江苏省环保厅副厅长赵挺、南通副市长朱晋对如东县下阶段创建工作提出明确要求。如东县委副书记、代县长潘建华表示，如东县将以通过省级验收为契机，坚持多渠道投入，全力推进环境基础设施建设；多形式宣传，不断提升创建工作的知晓率、参与度；多方位并举，打造亮点、培育特色，力求国家生态县创建工作得到进一步巩固、完善和提高。县领导蔡瑞平、于立忠、洪大林、童玉林、桑圣权参加了考核验收活动。

★9 日，如东县庆祝第 27 个教师节报告会暨高考表彰庆典在如东高级中学举行。县委副书记、代县长潘建华代表县四套班子领导向全县广大教育工作者致以节日的问候。副县长姜晓静宣读了县委、县政府颁给如东教育系统的嘉奖令。县领导顾淑英、任新峰、刘才盛、杨中坚、徐志平、杨成泉、沈更生、冒亚平、卢瑞华、王智、童玉林、桑圣权出席报告会。

★9 日，如东县领导杨小军、徐志平、王志荣前往岔河镇慰问老师。杨小军希望广大教师立足岗位，提升素质，为如东教育争作贡献。

★9 日，南通市副市长徐辉带领市安监、海洋渔业、海事等部门负责人员来到如东县，就洋口港 LNG 船舶运输安全召开专题协调会。如东副县长张蓉蓉出席协调会。

★13 日，如东县召开全县重点工作督查推进会，县委书记詹立风要求各地、各部门以时不我待的赶超意识，以争分夺秒的拼抢劲头，抓重点，克难点，创亮点，全力发起冲刺全年目标的强大攻势。会议由县委副书记周建飞主持。县四套班子领导出席会议。

★14 日，无锡市副市长陈金虎一行到如东县考察。如东县委书记詹立风、县委副书记周建飞陪同参观了黄海大桥、太阳岛。詹立风向陈金虎一行详细介绍了洋口港的开发历程、发展规划、发展方向，以及洋口港的建设对南通和江苏沿海经济发展所具有的重要战略意义

★14 日，无锡市侨联主席冯雷率无锡市侨联考察团一行 18 人，到如东县参观考察。如东县人大常委会副主任、县侨联主席沈更生向冯雷一行介绍了如东县近年来抢抓江苏沿海开发机遇、大力推进港口建设，并以港口开发为引领，加大城市、交通等基础设施建设，促进和带动全县经济社会发展的情况。县委常委、组织部部长任新峰看望了冯雷一行。

★15 日，如东县人大常委会副主任徐志平一行在县司法局调研如东县“五五”普法工作成效和“六五”普法规划情况。

★16 日，东海渔区开渔的第一天。如东县委常委、副县长陈昌龙，副县长洪大林率领县海洋渔业、安监、公安、农机、监察等部门的负责人员，前往如东县沿海 6 镇对海洋渔业安全生产情况进行突击检查。

★16 日，如东县新店镇文联成立。这是继岔河镇之后全县成立的第二家镇级文联。南通市文联副主席王法、如东县政协副主席桑圣权为镇文联揭牌。

★17 日，如东县政协副主席童玉林一行走访社会法制组委员，听取他们对县委、县政府，及政协工作的意见、建议。

★19 日，如东县召开农渔业招商引资暨项

目建设推进会，县委常委、副县长陈昌龙要求动员全县上下抢抓秋播前的关键时机，迅速掀起农渔业招商引资热潮，在秋播前规划、落实一批农渔业项目。县领导洪大林主持会议，县领导杨成泉、桑健、桑圣权出席会议。

★19 日，如泰现代农业产业园区第一个大型农业产业化项目—总投资 8000 万元的江苏银树食品有限公司项目正式开工建设，2012 年 2 月达产后可年产速冻蔬菜 5 万吨，成为如东县最大的速冻蔬菜加工龙头企业。如东县委常委、副县长陈昌龙在开工仪式上致辞。县领导杨成泉、洪大林、桑健、桑圣权出席仪式。

★19 日，如东县召开海洋渔业安全生产工作会议。县委常委、副县长陈昌龙要求各相关负责人切实增强做好海洋渔业安全生产工作的紧迫感，解决思想认识、安全设施、落实责任、资金投入不到位等突出问题，强化组织领导、隐患整改、整治监管、责任追究工作举措，有效提高海洋渔业安全生产工作水平。县领导洪大林主持会议，县领导杨成泉、桑健、桑圣权出席会议。

★20 日，如东县人大常委会副主任徐志平带领人大相关工委负责人，视察企业工资集体协商工作。县政协副主席桑健出席会议。

★21 日，江苏省纪委党风室主任李苏建一行到如东县，调研县委权力公开透明运行试点工作。如东县委常委、纪委书记刘才盛汇报了如东县县委权力公开透明运行工作进展。县委副书记周建飞陪同调研。

★21 日，如东县召开迎接第五届“海洽会”环境整治会议，县委常委、常务副县长顾淑英要求相关镇区和部门集中精力，采取扎实有效的措施，按序时完成环境整治任务，为“海洽会”召开营造良好的氛围。

★21 日，南通市老干部创先争优事迹宣讲团到如东县宣讲。如东县委常委、组织部部长任新峰出席宣讲活动，他要求各镇、各部门从各自实际和离退休党员干部队伍特点出发，充分调动老人员的积极性和主动性，推动离退休干部党组织和党员创先争优活动抓紧抓好、抓出实效。

★21 日，如东县召开窗口单位和服务行业“为民服务创先争优”推进会。县委常委、组织部部长任新峰要求各相关单位加强党性教育、业务培训、技能比武，规范服务行为、优化服务流程、加强服务监督，确保活动取得实效。

★20 日，如东县政协副主席桑圣权一行对民政局承办的“关于筹划建设上规模、分档次、产业化老年公寓的建议”的办理情况进行督查。

★21 日，湖南省株洲县县委副书记黄亮文带领株洲党政代表团到如东县考察。如东县委常委、常务副县长顾淑英向黄亮文一行详细介绍了县行政服务中心的运行模式及近年来的特色工作做法。县委副书记、洋口港经济开发区党工委书记、县行政服务中心党工委书记周建飞陪同黄亮文一行参观了如东城市规划展览馆和洋口港太阳岛。

★22 日，如东县举行“临海公路党旗红”活动启动仪式。南通市委组织部副部长、市委“两新”工委书记黄卫成出席仪式并讲话，他希望如东县进一步加强对“项目党建”工作的研究和思考，不断创新载体、创新举措，切实提高“项目党建”工作成效，倾力打造全市，乃至全省、全国的党建工作品牌。如东县委副书记周建飞在启动仪式上要求临海高等级公路（如东段）工程项目党组织在项目建设过程中充分发挥战斗堡垒作用，努力把党的政治优势和组织优势转化为推进工程项目建设的强大力量，争当工程项目建设的“排头兵”和“顶梁柱”，又好又快推进工程项目建设。

中铁上海工程局党委书记梁永兴，中铁上海工程局党委副书记、纪委书记易铁军，南通市交通局副局长王开亮，市委“两新”工委副书记、市委组织部部务委员、组织处处长蒋建等领导出席启动仪式并为“共产党员先锋队”“青年突击队”授旗。如东县委常委、组织部部长任新峰主持启动仪式。

★22日，如东县召开全县机关党建工作会议，县委常委、组织部部长任新峰要求全县机关党建工作服务中心，建设队伍，在改革创新中提高机关党建工作科学化水平。

★22日，部分如东县政协委员到县公安局，督查“关于加强全县电动助力车管控”的重点提案承办情况。委员们对公安机关积极履行职责，办理提案取得的成绩表示满意。希望县公安机关进一步巩固整治成果，建立长效机制，加强源头宣传，提高百姓交通的安全意识，减少交通事故发生。县领导卢瑞华、桑健出席重点提案督办汇报会。

★22日，江苏省召开严厉打击“地沟油”违法犯罪专项工作电视电话会议，如东县副县长王智带领相关部门负责人收看了会议实况。

★23日，如东县委县政府召开全县机构编制核查工作动员会，对全县机构编制核查工作进行部署。县委常委、组织部部长任新峰要求各部门、各单位准确把握机构编制核查工作的目标任务，通过核查，做到机构编制底数清、人员编制性质清、财政供养人数清、主管部门归属清，更好地为经济社会发展提供机构编制保障。会议还传达了县委副书记、代县长潘建华关于机构编制核查工作的重要批示。他要求各级各部门进一步增强机构编制意识，加强机构编制管理，执行机构编制纪律，不断提升机构编制工作水平。

★23日，如东县召开全县第五次社会管理创新工作推进暨深化现代技防县建设动员会。县委常委、政法委书记陈建华对教育系统社会管理创新工作取得的成绩予以充分肯定，要求各地、各部门建立起“全面覆盖、资源共享、城乡一体、高效实用”的现代防控体系，促进全县整体的长治久安，真正实现从源头上解决人民群众所关心的社会治安稳定问题。会议由副县长卢瑞华主持。

★26日，南通市人大常委会党组副书记、副主任宋飞和副主任陆玉明等，到如东县视察城乡居民饮用长江水情况。如东县委副书记、代县长潘建华，县委常委、副县长陈昌龙，县人大常委会副主任徐志平、蔡瑞平陪同视察。潘建华汇报了如东县城乡居民饮用长江水工作。

★26日，如东县人大常委会副主任杨成泉一行到县供电公司调研供电服务工作。他希望今后供电公司要进一步放大工作亮点，确保重点工程多、行风抓得紧、社会反响大；要进一步正视存在问题，完善协调机制，加强有序用电，衔接好工程规划；要进一步采纳建议，在对条对块的一致性上下功夫，合理制定电网建设规划，支持地方经济建设和社会发展。

★26日，中国蚕学会理事长、国家蚕桑产业体系首席科学家鲁成一行，到如东县就蚕桑技术创新工作进行调研。如东县副县长洪大林就如东县蚕桑技术创新工作作了汇报。

★27日，南通市高效设施农业现场推进会在如东县召开，各县市区农林部门负责人参加会议。县领导陈昌龙、洪大林、桑圣权出席会议。

★27日，如东县第十五届人大常委会举行第二十八次会议，通过《如东县人大常委会关于实施法制宣传教育第六个五年规划的决议》，对住建、民政、安监三部门人大评议整改工作进行审议并开展满意度测评。会议还通过了县法院、检察院相关人事任免决定。县人大常委会副主任徐志平主持会议。县人大常委会副主任杨成泉、沈更生、蔡瑞平、冒亚平出席会议。副县长张蓉蓉、卢瑞华，县人民法院院长、检察院检察长、相关部门负责人及部分县人大代表列席会议。

★27日，政协如东县委员会第十三届二十四次常委会在县行政中心多功能会议厅举行，会议协商通过了“突出五大园区 加快如东经济发展”的建议案。政协副主席冯力如主持会议，政协副主席王志荣、桑健、余科出席会议。

★28日，江苏省环保厅厅长陈蒙蒙一行在如东县委副书记、代县长潘建华，县委副书记、洋口港经济开发区党工委书记周建飞，县委常委、政法委书记、沿海经济开发区党工委书记陈建华及南通市、如东县环保局有关负责人的陪同下到如东县参观考察。

★28日，如东县政协、县委统战部举行全县各界人士茶话会，邀请部分老领导和社会各界人士共度国庆佳节，为如东经济和社会发展建言献策。县委常委、常务副县长顾淑英通报了2011年以来经济社会发展情况。县委副书记、代县长、县政协党组书记潘建华感谢各界人士提出的建议和意见，表示将认真吸纳大家的真知灼见。全县上下要高点定位、追赶跨越，努力实现全县经济社会“十二五”发展目标。政协要凝心聚力、增进和谐、维护稳定，积极参政议政，保障全县经济社会又好又快发展。会议由县政协副主席童玉林主持，县政协副主席桑健、余科、桑圣权、冯力如出席会议。

★28日，如东县召开经济社会发展情况报告会，县委副书记、代县长潘建华向全县老干部代表报告全县经济社会发展情况。并代表县四套班子向全县的老干部、离退休人员致以节日的问候。报告会由县委常委、组织部部长任新峰主持。他还向老干部通报了县、镇两级换届选举的情况。

★28日，南通鸿泰钢管科技有限公司、江苏科瑞鑫风电工程项目在洋口港举行开工典礼。如东县委副书记周建飞出席开工典礼并讲话。

★28日，中旺包装材料有限公司在栟茶镇工业集中区举行开工仪式，如东县领导陈昌龙、沈更生出席开工仪式。

★28日，如东县委常委、副县长陈昌龙带领安监、民政、交通等部门的负责人，前往栟茶、袁庄对重点交通工程施工、骨干企业安全生产工作进行专项检查。

★28日，总投资3.5亿元的江东金具设备有限公司搬迁扩产项目和投资600万美元的易买得购物中心项目在河口镇开工。如东县委常委、副县长陈昌龙出席开工典礼。

★28日，如东沿海经济开发区、洋口镇6个项目举行集中开工仪式。如东县委常委、县政法委书记、沿海经济开发区党工委书记陈建华，县人大常委会副主任蔡瑞平，县政协副主席童玉林分别为这6个项目致辞，并培土奠基。

★28日，江苏雄慧铝制品有限公司在大豫镇开工。如东县委常委、组织部部长任新峰出席开工典礼。

★28日，南通海大生物科技有限公司水产饲料项目在东安科技园区举行开工典礼。如东县委常委、组织部部长任新峰出席开工典礼。

★28日，南通天秣实业有限公司混凝土项目在双甸镇举行开工典礼，如东县委常委、县人武部政委蔡建华出席开工典礼并讲话。

★28日，落户如东县曹埠工业园区的江苏鸿的实业有限公司和南通永润建筑装饰有限公司举行开工典礼，如东县领导刘才盛、冯力如出席开工仪式。

★28日，江苏美洁源新材料科技有限公司和南通雄飞装饰有限公司分别在袁庄镇工业集中区举行开工仪式。如东县委常委、宣传部部长杨中坚，县政协副主席桑圣权出席开工仪式。

★28人，如东县岔河油米有限公司粮食加工及仓储项目和南通锦海针织制衣有限公司高档羊绒衫项目举行开工典礼。如东县委常委、岔河镇党委书记杨小军、县政协副主席王志荣出席开工典礼并致辞。

★28日，江苏黄海汽配股份有限公司退城扩产工程、苏鸿化纤机械南通有限公司、江苏海盛纤维有限公司分别开工建设。如东县人大常委会副主任徐志平出席开工仪式。

★28日，落户如东县新店镇工业集中区的如东天宏太阳能科技有限公司和南通蔓藤萝纺织有限公司喷气织机项目举行开工庆典。如东县人大常委会副主任冒亚平、副县长洪大林出席开工庆典。

★28日，江苏锵尼玛新材料有限公司、江苏骏源新材料公司和开发区公租房项目分别举行开工典礼。如东县副县长张蓉蓉出席3个项目的开工典礼。

★28日，江苏鸿燊物流有限公司物流项目在马塘镇马西村举行开工典礼。如东县副县长姜晓静出席开工典礼。

★28日，南通威司特安全用品有限公司手套项目和南通森世机械有限公司机床变速箱生产项目在丰利镇工业集中区开工，如东县副县长卢瑞华出席开工仪式。

★29日，如东县召开全县财税工作推进会，县委副书记、代县长潘建华要求各镇区、各部门正视当前收入面临的严峻形势，奋力冲刺四季度，确保完成全年25亿元财税任务。会议由县委常委、常务副县长顾淑英主持。

★29日，如东产学研合作对接洽谈会暨项目签约仪式在雷迪森大酒店举行，浙江大学、上海交通大学等9所高校与9家企业现场签订科技成果项目转化协议。如东县委副书记、代县长潘建华致欢迎辞。副县长张蓉蓉介绍了如东县科技工作、产业发展情况。县领导冒亚平、桑健出席签约仪式。

★29日，如东县委副书记、代县长潘建华率领安监、公安、消防、交通等部门负责人，在掘港镇检查节日前安全生产工作情况。副县长张蓉蓉陪同检查。

★29日，如东县委副书记、代县长潘建华会见乐天玛特中国总裁具滋英一行。具滋英首先向潘建华介绍了乐天玛特在中国的投资和经营情况。潘建华对乐天玛特在如东开设门店表示热烈欢迎，对企业将会担负对如东的社会责任表示感激和敬佩。他希望乐天玛特能够树立起良好的企业形象，政府也会对乐天玛特的发展提供一切可能的支持。副县长王智陪同会见。

★29日，共青团如东县委举办新任团干部培训班，组织团干部集中学习了共青团基本知识、如何开展各项工作等内容。县委常委、组织部部长任新峰出席培训班开班仪式，他希望广大团干部认真学习贯彻胡锦涛“七一”重要讲话精神，切实做好建组织、抓基层、用好新媒体三项工作，认清当前发展形势，为全县经济建设作出贡献。

★30日，如东县城砖瓦厂1号地块政府保障性住房项目举行开工仪式，标志着如东县保障性安居工程实质性启动。县委副书记、代县长潘建华出席开工仪式并致辞。他要求有关部门和单位明确责任，认真做好项目的规划、建设和管理等各项工作，确保工程经得起时间和人民群众的检验在确保质量和安全的前提下使工程如期推进、按时竣工，让居民尽快搬进新家，及早得到实惠。县领导蔡瑞平、于立忠、童玉林出席开工仪式。

10月

★1日，如东县政法机关举行扶海法治辩论赛决赛。县委常委、政法委书记陈建华希望全县政法部门以这次辩论赛为契机，认真总结经验和不足，健全完善练兵机制，大力度地培养和打造好政法队伍，全力推动如东县法治建设在更高水平、更高层次上又好又快发展。县领导徐志平、卢瑞华、童玉林出席活动。

★9月20日至10月1日，县委书记詹立风与国家和省有关部门领导及专家去巴西就赛得利集团投资如东县洋口港经济开发区年产40万吨溶解浆、20万吨差别化纤维项目有关情况进行了考察、洽谈，并与国家、江苏省有关部门的领导就项目咨询、审批事项进行商定。

★7日，如东县发改委召开冲刺四季度动员大会，县委常委、常务副县长顾淑英要求发改委要以高度的责任感，加快推进项目建设，加大向重大项目倾斜的力度，切实抓好载体建设与队伍建设，奋力冲刺全年目标任务。

★8日，如东县召开当前政法维稳重点工作部署会，县委常委、政法委书记陈建华指出将“解民忧、化民怨、保民安”作为深入推进政法维稳工作、促进社会和谐稳定的核心，切实做好当前涉法涉诉案件化解、政法部门领导干部下基层和打黑除恶专项斗争等项重点工作。副县长、县公安局局长卢瑞华就深入推进打黑除恶专项斗争和海洽会维稳工作的了专题部署。

★9日，如东县召开2011年征兵工作会议，县委副书记、代县长潘建华要求相关部门和镇区坚持高标准、严要求，保质保量完成征兵任务。会议由县委常委、县人武部政委蔡建华主持。县委常委、副县长陈昌龙就征兵工作提出具体要求。

★10日，如东县政府召开国家生态县创建突出问题整改暨迎接国家技术评估电视电话会议，县委副书记、代县长潘建华要求全县上下全力以赴，积极排查整改当前存在的突出问题，攻坚克难，全面做好迎接国家技术评估的各项准备。会议由副县长于立忠主持，县领导顾淑英、陈昌龙、姜晓静、洪大林出席会议。

★10日，南通市委宣传部副部长、市文明办主任叶晓平带领市测评组，到如东县考察创建江苏省文明城市工作情况。如东县委副书记、代县长潘建华详细介绍了如东县创建江苏省文明城市的情况。县委常委、宣传部部长杨中坚出席汇报会。

★10日，如东县委常委、常务副县长顾淑英到大豫镇专程调研该镇财政收入情况，并就四季度冲刺全年财政税收任务提出意见。

★10日，如东县召开重大动物疫病秋季防疫动员会议，县委常委、副县长陈昌龙要求各地集中力量、多措并举抓好防疫工作，真正做到应防尽防，提高防疫的质量。

★10日，如东县召开县域统战工作应用课题研讨暨大统战联席会。县委常委、纪委书记刘才盛要求统战系统深刻认识新形势下统战工作的重要地位，切实加强党对统战工作的领导，将统战工作摆上位，抓机制，抓队伍，不断开创统战工作新局面，为构建和谐的现代化新如东做出新的更大的贡献。县政协副主席桑健出席会议。

★11日，在如东县委书记詹立风的陪同下，中组部原部长、全国党建研究会顾问张全景一行到如东县视察。詹立风详细介绍了洋口港开发进程、发展规划及临港特色产业发展情况。中组部党建读物出版社原社长李平安，江苏党建学会会长、省委组织部原副部长柯广坚，南通市人大常委会党组书记、副主任黄利金，南通市委组织部副部长王亚雄，如东县委副书记、洋口港经济开发区党工委书记周建飞，县委常委、组织部部长任新峰陪同视察。

★11日，南通市人大常委会副主任陆玉明专程到如东县，与市人大代表进行座谈，听取经济社会发展的建议和呼声。县人大常委会副主任蔡瑞平参加接待活动。

★12日，南通市委常委、副市长秦厚德在如东县委书记詹立风，县委副书记、代县长潘建华，县委常委、副县长陈昌龙的陪同下，专题调研农渔业项目建设情况。他希望如东县进一步加快农渔业项目推进速度，在做好配套服务的同时，规范建设、做大规模，力争早出形象、早见成效，在全市发挥好示范和带动作用。

★12日，如东县委书记詹立风和县委副书记、代县长潘建华督查如东县交通重点工程和城建工作情况，听取相关部门汇报并前往临海高等级公路建设现场查看。潘建华对交通重点工程的拆迁征地、土方供应、管线布置、绿化配套等相关工作提出具体要求，同时要求交通部门和施工单位排除困难，确保重点工程按计划顺利实施。县领导陈昌龙、于立忠、童玉林参加督查。

★19日，如东县领导杨成泉、卢瑞华组织发改委、物价局、人寿公司、盐务局、开发局、体育局等与丰利镇挂钩部门，交流驻点调研成果和办十件实事进展情况。

★18日至20日，美籍华人、原上海莱迪思半导体有限公司总经理程显志先生率其团队核心成员，到如东就一半导体芯片项目进行考察洽谈。如东县领导沈更生向程显志一行介绍了如东经济社会发展情况，并陪同考察了沿海经济开发区、洋口港经济开发区、如东科技城。

★20 日如东县召开秸秆禁烧禁抛暨综合利用工作会议。县委常委、副县长陈昌龙要求各级、各相关部门明确分工，加强配合，做到“宣传发动、责任落实、督查督改”全覆盖，在禁烧禁抛的基础上，将秸秆的简单利用向能源化、饲料化、肥料化、草制品加工等综合利用方向发展。副县长洪大林主持会议。

★20日，如东县召开2011年征兵宣传工作会议，县委常委、人武部政委蔡建华出席会议，他要求各地、各部门不断完善征兵宣传工作机制，加大宣传力度、扩大宣传影响，激发广大适龄青年应征热情，确保圆满完成今冬征兵工作任务。

★20日，江苏省建设厅城市建设与管理处副调研员夏明一行到如东县，检查青园北路市容管理示范路的创建工作。如东县副县长于立忠表示，全县上下将会以此次创建为抓手，进一步优化城市功能布局，打造更多的城市亮点和精品；对创建过程中存在的问题，县政府将组织各相关部门于近期整改到位。

★20日，工业和信息化部规划司副司长刘贤利来如东县考察。刘贤利一行在如东县副县长张蓉蓉的陪同下先后参观了洋口港以及龙源环港风电场。

★20日，如东县副县长姜晓静前往位于县城泰山路的如东第一职业教育中心校迁建工地，了解工程进展情况，要求参建各方加强协调，轧紧序时，确保学校明年9月整体搬迁到位。

★21日，江苏省教育厅副厅长朱卫国到如东县，调研校园安全管理以及社会管理创新工作。在如东县委常委、政法委书记陈建华的陪同下，朱卫国前往县校园安全视频监控中心，详细了解了监控指挥工作流程。

★21日，如东县城大东通用及周边地块房屋征收集中签约正式启动。在签约现场，副县长于立忠代表县政府感谢广大被征收户对城建工作的支持，并要求现场指挥部继续做好已签约被征收户的后续服务，真正实现“征收一片、造福一片”的目标。

★22日，如东县召开文明城市创建工作推进会。县委常委、宣传部部长杨中坚希望各重点责任单位充分认识文明城市创建的重要性，立足自身，主动出击，以创建为抓手，解决好当前存在的问题；要迅速行动，务求实效，确保一周时间内城市、社区面貌能得到明显改善；要对照详细任务分解表，逐项排查，同时突出重点，齐抓共管，全面推进文明城市创建工作。

★24日，如东县委书记詹立风、副县长张蓉蓉前往曹埠镇调研，詹立风要求该镇“真”字当头抓项目，好中求快促推进，确保落户项目尽快形成经济增长点。

★24日，南通市案件评查组到如东县检查案件评查工作情况，对如东涉法涉诉信访和执法监督工作给予充分肯定，认为所抽查的十个案件事实清楚、依据充分、执法规范。如东县副县长卢瑞华陪同检查。

★25日，如东县召开《如东县2011-2020年服务业中长期发展规划》（简称《规划》）编制汇报会。在听取了江苏省社会科学院经济研究所专家对《规划》的具体阐述后，如东县委副书记、代县长潘建华对《规划》文本内容的修改提出了具体的要求。县委书记詹立风肯定了《规划》的可行性。他建议专家对《规划》中提出的未来十年如东县服务业占国民经济总量的比重要求的准确性进行深入研究和论证；进一步加大《规划》中关于如东县个性产业的基础和优势、未来支柱和特色产业阐述的篇幅；在考虑各种业态的同时，要体现出如东县的特色产业，重点在港口物流业、旅游业、传统服务业三块加重笔墨，通过数据等量化分析来描绘出如东县服务业未来的发展蓝图。县领导顾淑英、杨成泉对《规划》的编制分别提出了具体的要求。会议由副县长王智主持，县领导周建飞、杨小军、王志荣出席了会议。

★25日，如东县委、县政府召开全县农村基础设施惠民工程动员大会，决定今后五年，每年拿出4亿元，并且将保持较大增长幅度，用于加快以农村路、桥、水为主体的基础设施建设，彻底解决农村路难行、桥不通、水利设施老化的问题。县委常委、副县长陈昌龙作动员报告。县委书记詹立风出席会议，他要求全县上下鼓足干劲，咬紧目标，攻坚克难，通过3至5年的努力，推动如东县农村基础设施旧貌换新颜。会议由县委副书记、代县长潘建华主持，他要求各地、各部门加强组织推进，强化统筹协调，增强推进合力，确保惠民工程各项任务落到实处。县领导杨小军、蔡瑞平、于立忠、洪大林、桑健出席会议。

★25日，交通运输部长江航运公安局南通分局港口派出所、海门派出所成立暨揭牌仪式在洋口港举行，南通副市长孙金华，如东县委书记詹立风共同为两派出所揭牌，这标志着洋口港有了港口专业公安队伍，洋口港开发建设有了保驾护航的钢铁长城。县委副书记、洋口港经济开发区党工委书记周建飞衷心感谢交通运输部长江航运公安局对洋口港开发建设的支持，他表示如东将不辜负交通运输部对洋口港的关心和支持，加快基础设施建设，促进产业项目落户，如期实现港口发展目标。交通运输部长江航运管理局局长唐冠军，南通市委常委、政法委书记曹斌，长江航运公安局局长罗心发，县委常委、政法委书记陈建华，县政协副主席余科以及江苏省海事局、南通市港口管理局、启东市、海门市相关领导出席揭牌仪式。

★25日，华港集团江苏华港燃气洋口港LNG加注站投产仪式在洋口港举行，这标志着江苏LNG项目建设工程取得实质性进展。如东县委副书记、洋口港经济开发区党工委书记周建飞对项目的顺利投产表示祝贺，他希望加注站全体员工充分利用资源优势，抓住发展机遇，提升服务品质；洋口港经济开发区和县相关部门要继续提供高效优质服务，为企业的发展壮大和全县经济社会的跨越发展作贡献。

图为：江苏华港燃气洋口港 LNG 加注站

★25 日，南通市国税局党组书记、局长凌曙明带领局党组成员和相关工作人员，到如东县进行党风廉政教育培训。在如东县委常委、纪委书记刘才盛的陪同下，学员们还参观了以“扶海清风”为主题的反腐倡廉主题教育展。

★25 日，如东县文广传媒中心召开新闻记者“走基层、转作风、改文风”工作推进会，县委常委、宣传部部长杨中坚出席会议。他要求新闻工作者进一步深入基层，反映群众的所思所想，践行求真务实的作风，培养清新活泼朴实的文风，从而实现最佳的新闻宣传效果，努力为全县政治、经济、社会又好又快发展，为全面建设和谐如东做出更大的贡献。

★25 日，如东县人大常委会组织部分人大代表视察县残疾儿童康复中心和掘港镇残疾人托养中心。县人大常委会副主任徐志平希望，进一步加大宣传残疾人事业，营造助残扶残的良好社会风尚；扎实推进残疾人社会保障体系和服务体系建设，切实做好残疾人生活保障、康复、教育、就业等工作切实推进残疾人社会保障体系和服务体系建设。

★26 日，如东县举行江苏省如东现代渔业产业园区揭牌暨海参投苗仪式。江苏省海洋渔业局副局长张建军，如东县委副书记、代县长潘建华为江苏省如东现代渔业产业园区揭牌。仪式由如东县委常委、副县长陈昌龙主持，县人大常委会副主任杨成泉出席仪式。

★26 日，如东县委常委、政法委书记陈建华前往县人民法院，专题调研涉诉信访案件化解工作。他要求县人民法院按照省、市相关要求，围绕“减少存量、控制增量、降低总量”的工作目标，切实把涉法涉诉信访案件处理解决好；同时坚持标准不降低，不仅要“办完”，更要“办好”，确保案件经得起法律和时间的考验；还要多措并举抓源头，既要及时化解积案，更要加大源头治理，将维稳关口前移，预防和减少新案的产生。

★26 日，江苏省水利厅副厅长李亚平带领省水利工程建设局、省水利工程质量监督中心站，南通市、如东县发改委、水利部门以及工程建设、设计、监理、施工、检测、运行管理等单位的代表及专家对如东县海堤达标项目掘苴新闸和东安新闸工程进行验收。如东县委书记詹立风陪同省水利厅副厅长李亚平等参观了洋口港开发建设现场。如东县委常委、副县长陈昌龙，副县长洪大林陪同专家一行查看工程现场。

★26 日，蟠山小学师生与县老年大学学员齐聚一堂，共同庆祝掘港镇三元社区校外教育辅导站成立 20 周年。如东县委常委、组织部部长任新峰肯定了三元社区校外教育辅导站 20 年来取得的成绩。市关工委名誉主任朱文涛，县领导杨中坚、姜晓静出席会议并观看了文艺演出。

★26 日，南通军分区参谋长杨增平大校，在如东县人武部部长吴风俊的陪同下，到掘港镇检查指导今年冬季征兵目测初检工作。

★26 日、27 日，如东县人大常委会副主任蔡瑞平带领部分人大常委前往交通局视察S225省道整治工作。蔡瑞平希望有关部门和沿线各镇充分认识整治工作的重要性，层层落实责任制，建立好长效管理机制，确保整治工作落到实处。县委常委、副县长陈昌龙表示，11月底，225省道如东段必须完成辅导设置以及违章建筑全面清查工作，依照有关规定，将沿线的违章全部清除。

★27日，在南通市国际交流协会会长朱剑的陪同下，日本名古屋银行会长加藤千麿一行到洋口港访问。如东县委副书记周建飞在洋口港会见了加藤千麿一行，并陪同来宾们参观了洋口港开发建设现场。

★27日，如东县政府召开金融工作例会，县委常委、常务副县长顾淑英要求进一步扶持中小企业，支持地方发展，防止发展中的资金断裂。

★27日，如东县首届高技能人才职业技能大赛在县第一职业高级中学举行。县委常委、组织部部长任新峰出席比赛开幕式并致辞。他强调，要牢牢把握“技能培养、考核评价、岗位使用、竞赛选拔、技术交流、表彰激励、合理流动、社会保障”等八个环节，加强高技能人才队伍建设。县人大常委会副主任冒亚平宣布大赛开幕。

★27日，如东县召开征兵政审联审暨业务培训工作会议，县委常委、县人武部政委蔡建华要求各地充分认清今年征兵工作的严峻形势，全力做好应征青年的政治审查工作，把思想要求上进、现实表现良好、文化程度高的青年送到部队。

★27日，如东县人大常委会副主任杨成泉在视察商贸流通和市场建设工作时要求相关部门，科学规划，调优结构，着力提升如东县商贸流通业的发展水平。

★28日，海安县委常委、组织部部长顾国标带领海安县四套班子老领导到如东县参观。在洋口港太阳岛，如东县委副书记、代县长潘建华向老领导详细介绍了洋口港港区发展规划和建设进程。县领导顾淑英、刘才盛、沈更生、冯力如陪同考察。

★28日，如东县2011年中层干部跨部门竞岗面试工作在县青少年宫展开，来自全县47家党政机关和事业单位的64位中层干部参加面试，共同角逐县住建局、卫生局等单位的20个中层正职职位。县领导周建飞、顾淑英、任新峰到现场巡视。

★28日，如东县召开社会管理创新舆论宣传工作座谈会，如东县决定在全社会开展“如东县社会管理创新工作宣传月”活动。县委常委、县政法委书记陈建华，县委常委、宣传部部长杨中坚参加会议，要求各与会部门要把此次社会管理创新活动的各项要求与年初既定的目标结合起来，对照任务分解认真落实，合理安排，细化方案，确保每项任务落实到位，取得实效。

★28日，如东县委常委、宣传部部长杨中坚带领交通、住建、城管等相关部门负责人，对省文明城市创建工作进行督查，并召开相关部门负责人会议。

★28日，如东县政府举行了一场全县危险化学品应急救援演练。本次演练旨在提高应急队伍的救援保障能力，保证沿海经济开发区园区生产企业人民生命财产的安全。副县长张蓉蓉担任演练现场总指挥，各镇区安全生产负责人观摩了演练。

★29日，南通市商务局副局长羌毅一行视察洋口港经济开发区时希望洋口港经济开发区为全市招商引资挑重担。如东县委副书记、洋口港经济开发区党工委书记周建飞向羌毅一行介绍了洋口港经济开发区招商引资情况。

★30日，中央国家机关工委副书记邵旭军

到洋口港视察。在南通市委副书记陈斌和如东县委副书记、代县长潘建华等市县领导陪同下，邵旭军一行登上太阳岛。潘建华向邵旭军详细介绍了洋口港开发建设进程。如东县领导周建飞、任新峰陪同视察。

★30日，“服务科学发展，关注民情民生——政风行风热线”大型现场直播活动在如东县实验小学门前举行。县委常委、纪委书记刘才盛出席活动，他强调，政风行风热线是联系政府、媒体和人民群众的桥梁，政府要知民情、知民意、解民忧，真心实意为民办实事、办好事。县委常委、常务副县长顾淑英要求，各上线单位严格按照程序，将问题妥善解决到位，真正做到事事有着落，件件有回音，以实际成效取信于民。

★31日，中国国电集团公司1亿千瓦装机暨风电装机突破1000万千瓦授牌仪式在江苏海上龙源风力发电有限公司如东试验风电场举行。中国国电集团公司党组副书记、总经理朱永芃，南通市委书记丁大卫、副市长徐辉、如东县委书记詹立风等领导共同启动了国内首个海上示范风电项目龙源如东风电150兆瓦风电场15号机组，共同见证中国国电集团公司1亿千瓦装机暨风电装机突破1000万千瓦这一重要时刻。詹立风在仪式上发表了讲话。他希望龙源电力进一步加大在如东的绿色能源项目投入，为如东的沿海大开发、建设江苏“海上三峡”作出新的贡献。丁大卫高度肯定国电对南通的支持。朱永芃向龙源电力集团颁发了风电装机突破1000万千瓦的荣誉牌。国家电监会、国电集团公司有关部门和江苏省、南通市相关部门的领导及如东县委副书记、代县长潘建华，县委常委、常务副县长顾淑英参加了授牌仪式。

11月

★1日，南通市委副书记陈斌，市委常委、组部织部长韩立明一行到如东县调研党建创新工作，并召开如东、海安、如皋北三县党建工作座谈会，陈斌要求各地要以新思路破解新问题，以新举措实现新目标，扎实有效地推进党的建设的理念创新，全面开创党建工作新局面。如东县委书记詹立风汇报了如东县党建工作情况。如东县委副书记、代县长潘建华，县领导周建飞、任新峰、刘才盛、杨中坚陪同调研。

★1日，如东县人大常委会副主任徐志平赴青园居民区航运巷，检查该路段创建情况。徐志平仔细检查了该路段施工情况以及路面、墙面清洁状况，要求该路段相关负责人与各相关部门积极对接，把事情办好、办实。

★1日，如东县人大常委会副主任蔡瑞平一行到县征收办调研房屋征收工作。蔡瑞平要求征收办进一步完善体制机制，强化计划征收，加强组织协调，加大宣传、督查、配合的力度，积极营造依法征收氛围，不断总结经验，进一步抓好遗留问题的处理，确保征收工作平稳有序推进。

★2日，由江苏省委统战部、省工商联组织的江苏“民营企业家沿海行”到如东县开展活动。在江苏省委统战部副部长、省工商联党组书记邵军带领下，40多名知名民营企业家走进洋口港参观考察。如东县委副书记、洋口港经济开发区党工委书记周建飞向企业家们介绍了如东沿海开发的基本情况。南通市政协副主席、工商联主席徐守铭、市委统战部部长殷雄，如东县委常委杨小军、县人大常委会副主任沈更生、副县长王智陪同参观。

★2日，由如东县文明办和县关工委联合举办的全县校外教育辅导站工作培训班正式开班，对14个镇的校外辅导总站进行授牌。县委常委、组织部部长任新峰希望各镇以此次培训班为契机，不断提高办站水平和质量，努力开创全县校外教育辅导站建设的新局面。副县长姜晓静出席会议。

★2日，由如东县大豫镇引进的江苏杉汇肉制品有限公司在东安科技园区开工建设。如东县委常委、组织部部长任新峰出席开工仪式，他希望投资方抓紧时间，加快建设，尽快投产。同时要求县相关部门、大豫镇和东安科技园区加强服务，为项目的早日达产提供良好的内外环境。如东县领导桑圣权出席了开工仪式。

★2日，如东县人大督办代表重点建议、常委会决议汇报会在城管局召开，县城管、交通、住建相关部门负责人参加了会议。县人大常委会副主任蔡瑞平就各部门的办理情况给予肯定，他要求各部门要巩固成果，查找不足。城管部门要强化职能，建立和完善第一责任人制度，不断提高城管执法的能力，加强队伍建设。

★2日，由江苏省爱卫办副主任陈晓进、省工商局信息中心副主任陈学军组成的江苏省卫生镇考核评估组，一致同意栟茶镇通过江苏省卫生镇考核评估，这是如东县首个获此殊荣的乡镇。如东县副县长姜晓静出席活动。

★3日，如东县委、县政府召开2012年度全县重点党报党刊征订、发行工作会议。县委常委、宣传部部长杨中坚在会议上强调，党报党刊发行工作是一项严肃的政治任务，各镇区、机关各部门要强化组织领导，为党报党刊发行营造良好环境，切实保证订阅经费，规范发行秩序，坚持和推广“财政划拨、集订分送”等行之有效的做法。

★3日，的县人大常委会副主任杨成泉带领县人大相关工委负责人，视察了位于掘苴新闸东侧的万亩海参现代渔业园区和位于大豫镇的海畅现代渔业产业园区、裕丰林综合渔业科技园区，对近年来如东县现代渔业产业园区建设表示肯定。

★4日，如东县工业经济冲刺全年目标任务推进会在县行政中心召开，县委副书记、代县长潘建华要求全县各地、各部门进一步解放思想，认真分析当前局势，牢固树立发展理念，冲刺全年目标任务。副县长张蓉蓉主持会议。

★4日，如东县政府召开全县节能工作会议，县委副书记、代县长潘建华要求各地、各部门、各企业加快结构调整和转型升级步伐，坚持在发展中节能，以节能促进科学发展。副县长张蓉蓉通报了“十一五“以来全县节能工作基本情况，并就“十二五”及当前节能任务落实提出要求。

★4日，《百家讲坛》著名主讲人纪连海走进“扶海大讲堂”，作了题为《明朝吏治与清官》的专题报告，他通过分析明朝的吏治特点，以史为鉴，阐述其可供当下党风廉政建设借鉴的意义。如东县委副书记周建飞主持报告会。他希望全县党员干部要多读点历史，学习先贤，立足实践。要从历史中汲取经验和智慧，把历史的经验教训与个人的思想和工作实际结合起来，进一步端正思想，增强历史责任感，勤勉履职，为加快建设现代化新如东作出新的更大贡献。

★4日至5日，由江苏省国土资源厅监察室主任赵一农带领的省保障性住房建设项目检查组到如东县检查指导保障性住房建设工作。如东县领导刘才盛、于立忠陪同检查。

★5日，如东县委副书记、代县长潘建华以及县领导陈昌龙、蔡建华、徐志平、童玉林等，专程前往县征兵体检站，视察征兵体检工作，亲切看望参加体检的应征青年和医务人员。

★5 日，如东县个体私营经济协会召开第七次代表大会。大会审议并通过了县个体私营经济协会第六届理事会工作报告以及修订后的《如东县个体私营经济协会章程》，选举县领导杨成泉、张蓉蓉、桑健为新一任个私协会名誉会长，如东工商局局长朱桂泉为新一任个私协会会长。县领导杨成泉、桑健出席大会。

★7 日，全国政协副主席李金华回到家乡如东，在南通市政协副主席赵闻斌、如东县委书记詹立风、县政协副主席余科等市县领导陪同下，视察了正在建设中的海洋铁路如东站。

图为：全国政协副主席李金华（前排中）视察正在建设中的海洋铁路如东站

★7 日，中国老年学学会正式授予如东县“中国长寿之乡”称号，如东由此成为中国长寿大家庭中的第 21 名成员。中国老年学学会会长李本公向如东县颁发“中国长寿之乡”匾牌，如东县委副书记、代县长潘建华接牌。县领导顾淑英、陈昌龙、陈建华、任新峰等为“十大寿星”和“十大百岁夫妇”颁奖。

图为：潘建华（左）接受“中国长寿之乡”匾牌

★7 日，以《远航的风帆》为主题的第五届中国沿海经济合作洽谈会开幕式、第四届“中国十大寿星”、第二届“中国十大百岁夫妇”排行榜揭榜、“中国长寿之乡”颁牌文艺晚会在如东浓情上演，来自前线文工团的艺术家们与如东本土演艺人员携手演出，为如东人民献上了一场精彩绝伦的视听盛宴。如东县委副书记、代县长潘建华在晚会上致辞，并宣布第五届中国如东沿海经济合作洽谈会开幕。县四套班子领导观看了晚会。

★7 日，如东县委、县政府举行第五届海洽会招待晚宴，与中外客商畅谈合作之谊，共谋发展大计。县委副书记、代县长潘建华致辞。他表示“海洽会”已成为如东广交朋友、增进友谊和对外开放的重要窗口。如东将以此次“海洽会”的举办为契机，进一步加大宣传推介力度，不断优化发展环境，与海内外广大投资者和创业者一道，精诚合作、携手并进，为如东发展和江苏沿海开发作出新的贡献，共同开创更加美好的明天！县四套班子领导出席招待晚宴。

★7 日，洋口港太阳岛上迎来一批尊贵的客人，参加第四届中国“十大寿星”、第二届中国“十大百岁夫妻”评选揭榜暨“中国长寿之乡”颁牌盛典的全国各省、区老龄工作专家在如东县委常委、副县长陈昌龙的陪同下，兴致勃勃地参观了洋口港。

★8 日，洋口港标志性工程、如东有史以来单体投入量最大的产业项目——中石油江苏液化天然气项目年产 350 万吨一期工程隆重举行投产仪式。标志着洋口港临港产业实现了历史性突破，以洋口港开发建设为龙头的如东沿海开发全面驶入快车道。如东县委书记詹立风在投产仪式上致欢迎辞，对长期以来关心、支持、帮助中石油江苏液化天然气项目成功实施的领导、专家和各界朋友表示衷心的感谢。市委副书记、代市长张国华希望项目业主单位进一步抢抓机遇，加快项目后续工程及配套工程的推进，同时利用中国石油的实力和LNG产业的影响力，吸引、促进和推介更多的产业链前延后伸项目投资南通及如东。江苏省副省长史和平作重要讲话。他说，省委、省政府将一如既往地关注、支持洋口港的开发建设，支持中石油在江苏省的发展。江苏省和南通市、如东县将努力为项目的高效运营创造更加有利的条件和更加优越的环境，和中石油携手合作，把洋口港区打造成一流的现代能源与石化基地，带动和促进江苏沿海地区大开发、大开放、大发展。中国石油天然气股份有限公司副总裁宣读了江苏省省长李学勇、湖南省省长徐守盛发来的贺信。全国政协副主席李金华，江苏省副省长史和平，省政协副主席包国新，中国石油天然气集团公司董事长、党组书记等领导同志为项目投产剪彩。县四套班子领导出席项目投产仪式。

图为：中石油江苏液化天然气项目投产仪式现场

★8日，全国政协副主席李金华、江苏省副省长史和平、中国石油天然气集团公司董事长等领导视察了位于太阳岛的中石油LNG接收站。

★8日，如东县召开第五届“海洽会”投资环境推介暨项目集中签约仪式，34个项目进行了集中签约，总投资约295亿元人民币，其中外资项目9个，投资6亿美元，内资项目25个，投资257亿元人民币，签约项目涉及能源、精细化工、石化、冶金、机械以及房地产开发、软件服务外包、旅游开发等产业。签约仪式由县委常委、常务副县长顾淑英主持。县委副书记、代县长潘建华发表了热情洋溢的致辞，他代表县四套班子领导向与会领导和嘉宾表示热烈的欢迎和衷心的感谢。副县长张蓉蓉就如东三张靓丽名片、五大发展优势和五个特色园区载体作投资环境说明。来自美国、法国、日本、土耳其、印度、阿联酋、新加坡、泰国等国家及香港、台湾、长三角、珠三角和环勃海湾等地区的部分世界500强企业、跨国公司、国有大型企业，国内外上市公司的老总和商界知名人士，县四套班子全体领导出席签约仪式。

★8日，如东县兵房天主堂举行开堂典礼。如东县委副书记、代县长潘建华在开堂典礼上发表讲话，他指出，宗教事业是坚持以人为本、和谐社会的重要组成部分。他望兵房天主堂及广大信徒以此为契机，继续发扬爱国爱教传统，为如东跨越发展、科学发展、和谐发展作出新的更大贡献。江苏省宗教局副局长顾传勇、省委统战部副巡视员陶勇、中国天主教爱国会副主席沈斌、江苏省天主教爱国会副主席孙祥麟，南通市委统战部副部长、市民族宗教局局长马建清、市民族宗教局副局长保朴，如东县领导刘才盛、徐志平、童玉林、姜晓静出席开堂典礼。

★8日，在如东县隆重庆祝第五届如东沿海经济洽谈会开幕之际，江苏杭氧润华气体有限公司年产20万吨LNG冷能空分项目、太阳岛基础设施建设三期工程项目、洋口港石材产业园项目、南通金泰钢管项目和江苏豪威富精密管股份有限公司年产 15 万吨精密管项目在洋口港经济开发区集中开工。如东县委常委、常务副县长顾淑英，县人大常委会副主任沈更生、副县长洪大林、县政协副主席桑健为项目开工培土奠基。

★9 日，如东县召开铁路护路及维稳工作会议，县人大常委会副主任杨成泉希望相关部门要从讲政治、讲大局、保稳定、促发展的高度，充分认识海洋铁路建设维稳工作面临的形势，采取有力措施化解矛盾，杜绝重大突发性群体事件的发生，按科学发展观的要求，确保海洋铁路建设的质量安全，维护社会和谐稳定。

★10 日，如东县委政法委召开全县社会管理创新（综治和长安建设）、法治县创建考核迎查工作任务交办会。县委常委、政法委书记陈建华要求与会的单位和部门进一步领会会议精神，切实增强做好迎查工作的紧迫感和责任感，瞄准目标，明确责任，狠抓落实，确保各项基础工作落到实处，顺利通过年终的考核验收。会议由副县长卢瑞华主持。

★10 日，按照南通市委总体安排和部署，南通市委宣讲团成员、市委宣传部副部长黄振平到如东县宣讲和解读中共十七届六中全会精神、省委十一届十二次全会和市委常委会精神。报告会由如东县委常委、宣传部部长杨中坚主持。他要求与会人员深入学习领会，准确把握精神实质；切实搞好宣讲，迅速掀起学习热潮；立足如东实际，扎实推进文化建设。。

★10 日，如东县政协副主席童玉林、冯力如带领县政协相关人员，视察了长沙、大豫两个镇城乡饮水安全工作。童玉林希望相关部门彻底理顺体制与机制的关系，明确责任，对照时序，依法治水。

★11 日，如东县召开农业农村“五个一”、农村基础设施惠民工程现场推进会，县委常委、副县长陈昌龙要求各地和相关部门，认真学习其他县市大力培植高效农业、积极推进农村基础设施建设的先进经验和有效措施，加快以农村路、桥、水为主体的基础设施建设，大力引领农业发展，促进农业增效、农民增收。

★11 日，如东县委常委、宣传部部长杨中坚带领公安、城管、安监等部门人员，督查省文明城市创建情况。他要求下一步大力度推进环境整治，各部门要对照创建要求，抓紧时间，迅速行动，加大巡查力度，确保顺利通过省文明城市创建验收。

★12 日，由江苏省委政法委组织，人民日报、新华日报、江苏法治报、江苏卫视等媒体的 9 名记者参加的“社会管理创新环省行”大型新闻行动组，到如东县进行专题采访。如东县委常委、政法委书记陈建华介绍了如东县社会管理创新情况。

★13 日，如东县召开全县重点工作督查推进会，县委书记詹立风传达了省第十二次党代会精神，并要求全县各级党组织认真学习和深刻领会省第十二次党代会精神，以省第十二次党代会精神为指引，扎实推进全县八项主要工程，全面加快现代化新如东建设步伐。会议由县委副书记、代县长潘建华主持。县四套班子领导、各镇（区）党政主要负责人和机关部门负责人出席会议。

★13 日，如东县举行“青春邀约”单身青年联谊会暨首届如东青年文化节。县委常委、组织部部长任新峰致开幕词并宣布活动开幕。他说，在推动科学发展，建设现代化新如东的进程中，县委、县政府不仅创造事业留人、待遇留人的环境，还创造感情留人的氛围，希望广大青年将组织的关爱化作奋进的动力，在实现如东跨越发展的伟大征程中谱写辉煌的乐章。县领导徐志平、姜晓静、桑健出席活动。

★14日，江苏省住建厅组织考评组对如东县城建档案馆的目标管理工作进行考评。如东县副县长于立忠表示，将以本次升级为契机，进一步注重依法治档，提高城建档案现代化管理水平，拓展渠道丰富馆藏，为城乡建设事业提供优质服务。

★15日，如东县与江苏农林职业技术学院签署科技、人才全面合作协议。如东县副县长洪大林介绍了如东县农业基础、发展方向、优惠政策等。副县长于立忠主持签署仪式并表示，如东将充分利用这一平台资源，及时提供相应的科研场地和经费，积极推动双方产学研深层次合作，努力实现携手发展、合作共赢。县领导桑圣权出席签署仪式。

★15日，南通市、如东县科技局在天一紫菜交易市场，举行“强农惠民”送科技下乡和科技服务超市如东分店培训活动。南通市科技局还向科技服务超市赠送了办公设备。副县长张蓉蓉出席活动。

★16日，如东县县管领导班子及领导干部考察动员会议在县行政中心报告厅举行。县委常委、组织部部长任新峰出席会议并讲话，他深刻阐述了做好今年干部考察工作的重要意义，要求各考察组准确把握此次干部考察工作的基本要求、程序环节和步骤安排，并就考察内容、考察方式以及考察时间进行了具体部署。

★17日，如东县召开迎接江苏省文明城市测评重点工作督查推进会。县委常委、常务副县长顾淑英实地查看了少年宫、光荣院、南市场等测评必查点位。她要求，进一步把创建省文明城市测评的要求明确到位，把责任落实到位，把压力传递到位，迅速在全县形成万众一心、攻坚克难、务求必胜的临战态势，抓紧有限时间，全力以赴打好创建攻坚战、冲刺战，确保顺利通过省测评组的检查验收。县领导陈昌龙、杨中坚、于立忠、卢瑞华、王智出席会议并陪同检查。

★17日，江苏省司法厅在如东县召开社区矫正、安置帮教工作座谈会，就《省综治委关于进一步加强刑满释放解除劳教人员安置帮教工作的实施意见（征求意见稿）》《省综治委关于进一步加强全省社区矫正工作的意见（征求意见稿）》进行交流探讨，广泛征求意见。如东县副县长于立忠参加座谈活动。

★18日，江苏长青农化南通有限公司年产2万吨农药制剂及农药原药项目开工暨全县24个重大项目集中开工仪式在沿海经济开发区举行。南通市委常委、常务副市长陈照煌，如东县委书记詹立风，县委副书记、代县长潘建华及县领导顾淑英、陈建华、童玉林等为项目奠基培土。

★18日，王之江、潘君骅、傅依备3位院士及其科研团体走进如东，如东县委副书记、代县长潘建华围绕海洋资源发展潜力，新材料、风电新能源等新兴产业发展，高端人才集聚与储备、产业转型升级等几个方面和他们畅谈如东的发展前景。如东县副县长张蓉蓉向院士及团体介绍了如东经济社会发展情况。

★18日，如东县人大、政协部分领导和相关人员在县司法局、教育局、法院、调处中心等单位视察如东县法治建设工作情况。县委常委、县委政法委书记陈建华就如东县法治建设工作作了介绍。县人大常委会副主任蔡瑞平强调，如东县法治建设要不断完善工作机制，全面实施社会管理创新，扎实开展“六五”普法活动，深化法治宣传教育，着力提高全民法律意识。县领导冒亚平、童玉林、冯力如参加视察。

★18日，如东县委常委、纪委书记刘才盛在掘港镇调研统战工作时要求该镇发挥统战优势，凝聚统战力量，促进经济社会和谐发展。

★18 日，如东县人大常委会副主任沈更生率县人大民宗侨台工委、县外侨办负责人检查了解栟茶镇贯彻落实《中华人民共和国归侨侨眷权益保护法》情况。

★18 日，江海文艺志愿者服务队如东分队成立典礼暨文学艺术走进校园大型系列活动在长沙初中举行。如东县副县长王智肯定了县文联在满足人民精神文化需求、营造良好社会氛围、建设文化如东等方面所取得的成绩。县领导冒亚平、姜晓静出席活动并为县文学创作基地揭牌。

★18 日，如东县召开丰五线引江区域供水工程建设动员会。副县长于立忠要求住建等工程主体施工部门高度重视，加强监管，确保工程质量达到标准，拆迁补偿标准统一；各相关镇区和部门要明确责任，互相配合，把任务层层分解落实，严格考核机制，明确时间节点，确保工程按序时完成。

★18 日，如东县中医院与南通第一人民医院建立友好协作医院揭牌仪式在中医院举行。南通市卫生局局长蒋志群、如东县副县长姜晓静为协作医院揭牌。

★19 日，如东县召开全县化工生产企业专项整治工作，县委副书记、代县长潘建华要求加快推进全县园区外化工生产企业专项整治工作步伐，确保 2012 年年底前全县区外无化工生产企业。副县长于立忠主持会议，副县长张蓉蓉作动员讲话。

★19 日，如东县侨办、侨联接待了回乡探亲的大豫籍旅美侨胞、上海百运纳米材料科技有限公司董事长徐卫博士。县人大常委会副主任、县侨联主席沈更生向徐卫介绍了近年来如东县经济社会发展情况，尤其是洋口港开发建设情况，感谢广大海外侨胞对家乡建设的关心支持，希望徐卫宣传家乡、宣传洋口港，并择机回乡投资发展。

★20 日，南通市政协秘书长施文彬一行到如东县专题调研农业特色产业基地建设情况。如东县委常委、副县长陈昌龙介绍了如东县农业特色产业基地建设的基本情况。县政协副主席童玉林、桑圣权参加调研活动。

★20 日，南通市组织工作务虚会在如东县召开，会议学习贯彻省市党代会精神，认真谋划明年组织工作。如东县委常委、组织部部长任新峰在会上作了《大力实施党建工作创新工程不断提高组织工作科学化水平》的发言。

★21 日，江苏省委宣讲团到如东县作省第十二次党代会精神报告。江苏省委宣讲团成员、省政府研究室副主任郑炎作宣讲报告。如东县委副书记、代县长潘建华主持报告会，要求各地、各部门以学习贯彻省党代会精神为动力，全力以赴抓当前，聚精会神谋长远，推动经济社会又好又快发展。

★21 日，如东县纪委内部刊物《扶海清风》正式创刊。县委常委、纪委书记刘才盛在首发式上要求全县各级党政组织充分运用好《扶海清风》这一宣传载体，引导广大干部群众把党风廉政建设和反腐败斗争引向深入，为加快建设现代化新如东提供坚强的政治保证。

★22 日，如东县召开迎接省文明城市测评验收紧急会议，县委副书记、代县长潘建华要求各镇区、各部门进一步查漏补缺，确保通过省文明城市创建验收。县委常委、宣传部部长杨中坚对前一阶段创建工作做了简要的介绍。县四套班子主要领导参加了会议。

★22 日，如东县十五届人大常委会召开第二十九次会议。会议听取并审议县政府常务副县长顾淑英所作的关于代表建议、常委会决议和审议意见办理落实情况的工作报告和县人大常委会关于代表建议、常委会决议和审议意见办理落实情况的调查报告。会议听取和审议了县政府关于 2010 年度财政资金项目支出绩效评价情况的工作报告和县人大常委会的调查报告。会议还通过了县人大常委会关于表彰优秀建议和优秀承办单位的决定和县镇人大换届选举的有关事项。会议由县人大常委会副主任徐志平主持。他希望相关责任部门和单位认识再提高，继续办好代表建议、人大常委会决议和审议意见，强化宗旨意识、责任意识；制度再完善，措施再扎实，加大协调、督查、督办力度，确保办理工作取得新的成效。县人大常委会副主任沈更生、蔡瑞平、冒亚平出席会议。

★22日、23日，如东县委书记詹立风赴大豫、掘港、河口、袁庄、丰利以及如东经济开发区等镇（区），调研工业经济运行、项目建设、财政收入等各项重点工作推进情况，并视察部分重点企业和在建项目。

★22日，国家安监总局领导到如东县督导调研。如东县委常委、政法委书记陈建华陪同调研组一行参观了新农合化工有限公司乙基氯化物车间，详细查阅了安全生产台账。县领导张蓉蓉出席汇报会。

★23日，如东县委副书记、代县长潘建华带领公安、城管、住建、工商、掘港镇等相关部门和单位负责人集中检查县城文明城市创建工作。县领导杨中坚、于立忠、张蓉蓉、王智陪同检查。

★23日，由江苏省委组织部、省经信委联合组织的江苏省第39期企业高级职业经理人任职资格培训（如东）班开班。开学典礼由如东县副县长张蓉蓉主持。

★23日，国家安监总局行业监管二司副巡视员赵瑞华一行到如东县考核“全国平安渔业示范县”创建工作和秋冬季渔业安全生产工作。如东县委常委、副县长陈昌龙汇报了如东县海洋渔业经济发展、平安渔业创建、当前渔业安全管理等方面的工作。

★23日至24日，江苏省政协副主席陈宝田一行来如东县调研优化沿海开发产业布局情况。陈宝田一行在如东县领导顾淑英、沈更生等陪同下，来到洋口港太阳岛现场踏勘，顾淑英汇报了洋口港开发建设情况。县委副书记、代县长潘建华向陈宝田一行详细汇报了如东县围绕沿海地区优势产业培育和发展所采取的措施。南通市政协副主席陈德新，如东县领导童玉林、冯力如等陪同调研。

★24日，如东县委书记詹立风带领县发改委、经信委的相关负责人前往马塘镇、双甸镇调研，要求两镇激发斗志，狠抓落实，高标准冲刺全年目标，高起点筹划明年，以经济社会的加快发展、和谐发展赢得上级放心，百姓满意。

★24日，如东县召开老区促进会成立20周年、扶贫开发协会成立15周年总结表彰会议。县委常委、副县长陈昌龙出席活动并讲话。他充分肯定了老促会和扶贫开发协会在服从大局、服务中心方面取得的成效。希望老同志们继续发挥好宣传教育、调研参谋、协调促办、牵线搭桥的作用，为老区发展、加大社会扶贫力度做出新的贡献。

★24日，如东县委常委、纪委书记刘才盛到如东经济开发区对重点工作推进、统战、纪检、党风廉政建设等工作进行调研。

★24日，如东县规划局组织专家对如东县两地块的规划设计方案进行评审。县领导蔡瑞平、于立忠、童玉林出席评审会，并要求规划设计单位要兼顾到周边地块的整体协调性，尤其是通用地块更要严格按照拆迁安置的需要，做到定位、定性、定量。相关职能部门要制定严格的奖惩措施，全力督促开发建设单位抢抓有利时机及早开工。

★24日，江苏省人口计生委检查组到如东县评估验收人口和计划生育依法行政、群众自治、诚信计生创建工作，认为如东县人口和计划生育工作领导重视、机制灵活、方法得当、成效明显，许多举措值得在全省推广。如东县副县长姜晓静陪同验收。

★25日，如东县杂技艺术学校举行新建工程开工典礼，新的杂技艺校将成为如东县文化对外展示的重要窗口。副县长王智要求相关部门树立政治意识和责任意识，主动服务、靠前服务，确保工程顺利实施。县委常委、宣传部部长杨中坚宣布工程开工。县领导冒亚平、童玉林出席开工典礼。

★27日，如东县举办了首届高技能人才职业技能大赛。181名参赛选手参加了钳工、车工、化学检验工、客房服务、餐厅服务等五个工种的竞赛。县领导任新峰、冒亚平、童玉林出席活动并为获奖者颁奖。

★27日，江苏虹宇塑料科技有限公司电子塑料项目在东安科技园区举行开工典礼。如东县副县长张蓉蓉出席了开工典礼并致辞，她要求大豫镇和东安科技园区管委会用诚心、优质、贴心的服务，帮助企业快建设，早投产，使之成为东安科技园区的骨干企业，为促进如东经济发展作贡献。

★28日，江苏省政协委员、扬州市政协常委、民进扬州市委副主委、扬州市社保中心主任余斑率领民进扬州市委员会部分人大代表、政协委员及市委委员到如东县考察。在如东县政协副主席桑圣权的陪同下，余斑一行先后参观了如东县洋口港、一职中新校区建设工地以及城市规划展览馆。

★29日，如东县举行县中医院整体迁建工程奠基仪式。县委书记詹立风致辞。江苏省卫生厅副厅长、省中医药局局长陈亦江在仪式上讲话。他希望县中医院以全新的办院理念，统筹规划，充分发挥中医药在预防、保健、养生、康复等方面的作用，同时做好中医药进农村、进社区、进家庭的工作。奠基仪式由如东县委副书记、代县长潘建华主持。南通市副市长杨展里宣布工程奠基培土。江苏省中医药局综合业务处处长朱敏，省人民医院副院长王水，省人民医院党支部书记徐良，南通市卫生局局长蒋志群，如东县委副书记、洋口港经济开发区党工委书记周建飞，县委常委、宣传部部长杨中坚，县人大常委会副主任冒亚平、副县长姜晓静、政协副主席桑圣权出席活动。

★29日，江苏省卫生厅副厅长陈华带领省文明城市创建测评工作组听取了如东县关于文明城市创建工作的汇报，从而结束了对如东县为期4天的文明城市创建的相关测评工作。如东县委书记詹立风出席汇报会，县委副书记、代县长潘建华代表县委、县政府向检查组作汇报，县委常委、宣传部部长杨中坚主持汇报会。

★29日，如东县委常委、纪委书记刘才盛到中国人民银行如东支行、县检察院等六家单位调研廉政教育和文化建设。

★30日，南通市2011年安全生产目标考核组一行到如东县调研。如东县副县长张蓉蓉向考核组汇报了如东县今年安全生产工作。

12月

★1日，如东县召开县镇两级人大换届选举工作会议。县委书记詹立风要求各级党委政府坚持党的领导，牢牢把握换届选举的正确方向，各级党委政府、各相关部门要发挥好总揽全局、协调各方的作用，推动换届选举顺利进行，要统筹换届选举和各项工作，全力冲刺全年目标任务，确保全县经济社会发展在新的起点上实现新跨越。会议由县委副书记周建飞主持，县领导任新峰、刘才盛、杨中坚、徐志平、蔡瑞平、冒亚平参加会议。

★1 日，临海高等级公路工程建设推进会在如东县召开。江苏省交通厅党组成员、副厅长钱国超在会上要求沿线各县市和公路建设者要把质量放在首位，强化质量意识，实施严格监管，加强施工组织和施工中的质量控制，提高施工的科技水平。建成一个代表江苏“十二五”时期公路建设新水平的示范工程、安全工程、廉洁工程、一个经得起历史检验的优质工程。南通市政府副秘书长倪永平出席会议并致欢迎辞，如东县委常委、副县长陈昌龙出席会议。与会代表还参观了如东段 5 标段和 3 标段的工地现场。

★1 日，国家旅游局副局长祝善忠在如东县副县长王智的陪同下考察了如东县沿海旅游经济开发区。

★2 日，无锡市政协主席、党组书记贡培兴，无锡市委常委、纪委书记周铁根，无锡市政协副主席林国忠一行到如东县调研。南通市政协主席王德忠，如东县委书记詹立风，县委副书记、代县长潘建华，县委副书记周建飞，县领导陈昌龙、刘才盛、杨小军、童玉林、冯力如陪同调研。

★2 日，如东县召开 LNG 船舶进出洋口港总结推进会。江苏 LNG 公司总结了 LNG 船舶靠泊洋口港期间安全管理情况，南通市港口局沿海引航船、南通市安监局、洋口港经济开发区总结汇报了相关工作，南通海事局局长周竹山，江苏海事局处长孔玉祥在会上提出要求。如东县委副书记、洋口港经济开发区党工委书记周建飞要求，不断强化航道清障管理，加大宣传引导力度，完善航道发展规划，配合航道执法管理；不断强化码头安全监管，完善码头作业安全生产责任体系，加强部门配合，形成共管合力。会议由如东县委常委、副县长陈昌龙主持，他希望相关服务部门充分发挥各自职能作用，凝心聚力，整体联动，建立健全 LNG 船舶安全监管的长效管理机制和操作规范，有效保障 LNG 船航行和作业安全。

★2 日，如东县领导张蓉蓉、桑健带领县委统战部、工商联全体干部、非公有制经济代表 30 多人，在如东分会场收看了全国非公有制经济先进典型事迹报告会实况。

★3 日，如东县体育总会、县钓鱼协会举行“海之舟”杯钓鱼比赛。县政协副主席桑圣权参加了开竿仪式。

★4 日，由江苏省农委农经处处长蔡国新带队的省一事一议财政奖补项目实施情况检查验收组到如东县检查。如东县委常委、副县长陈昌龙就如东县 2011 年度一事一议财政奖补项目实施情况作了汇报。

★5 日，如东县召开农业、农村重点工作交办会议。县委常委、副县长陈昌龙要求各地、各部门全力以赴、有效落实，确保完成年底各项重点工作；精心策划、统筹安排，认真做好明年新农村工作会议各项准备工作；夯实保障、狠抓落实，确保完成布置的各项工作任务。

★6 日，如东县人武部召开 2011 年定兵会议。经过前期的体检、政审工作，此次会议审核通过兵员 450 人。南通军分区副司令燕殿寿，县委常委、人武部政委蔡建华参加会议。

★6 日，南通市化治办组织对如东县新一轮化工专项整治工作进行督查。如东副县长张蓉蓉代表县政府作专项整治工作情况汇报。

★7 日，南通市中级人民法院和团市委联合为获得 2009-2010 年度全国“青年文明号”称号的如东县人民法院栟茶人民法庭举行揭牌仪式。最高人民法院党组成员、政治部主任周泽民授牌并讲话，如东县委书记、县人大常委会党组书记詹立风致辞。最高人民法院政治部宣教部部长董文濮，江苏省法院党组书记、院长公丕祥，南通市委常委、政法委书记曹斌，共青团江苏省委副书记张国梁，南通市中级人民法院党组书记、院长马志相，如东县委副书记、代县长潘建华，县领导陈建华、任新峰、徐志平出席表彰会。

图为：如东县法院栟茶人民法庭获得2009—2010年度全国“青年文明号”称号

★8日，由南通市政府、中国医药企业管理协会主办的国家化学原料药基地建设高端论坛在如东县举行。如东县委常委、政法委书记、沿海经济开发区党工委书记陈建华就“国家化学原料药基地建设”作主题发言。县委副书记、代县长潘建华主持会议，他表示，如东县将以此次高端论坛的召开为契机，进一步推进县内特色产业发展、加快沿海开发进程，推动国家级特色化学原料药基地建设，共同促进我国医药产业更好更快发展。

★8日，南通市考核组对如东县2011年度农村环境“四位一体”长效管理工作进行检查考评，给予充分肯定。如东县委常委、副县长陈昌龙向市考核组汇报了如东县农村环境“四位一体”长效管理工作情况。副县长洪大林出席会议。

★8日，江苏省、南通市综合执法考评组到如东县检查文化行政综合执法工作。考评组对如东县文化行政综合执法工作取得的成绩给予肯定。如东县副县长姜晓静陪同检查。

★9日，如东县有线数字电视城乡一体化整转顺利通过江苏省验收组验收。验收组先后到岔河广电站、县文广传媒中心网络中心现场检查。他们一致认为，如东县在有线数字电视城乡一体化整转基本实现了国家广电总局提出的“早日实现广播影视公共服务城乡均等化”的目标。验收组希望如东县不断加快“三网合一”，通过数字化整转提升网络建设，牢固树立服务意识，为江苏实现“两个率先”的发展要求作贡献。如东县副县长姜晓静陪同验收。

★10日，湖南省旅游局局长杨光荣带领湖南旅游业专家到如东县考察，为如东旅游产业发展出谋划策。在如东县委书记詹立风、副县长王智的陪同下，杨光荣一行先后参观了小洋口风景区、小洋口乡村俱乐部、海印寺、建设中的洋口港、浅水湾公园以及县规划展览馆。

★10日，中国水产科学研究院科研成果转化示范基地正式落户如东裕丰林现代渔业产业园区。农业部党组成员、劳动人事司司长梁田庚，如东县委副书记、代县长潘建华共同为科研成果转化示范基地揭牌。县委常委、副县长陈昌龙主持揭牌仪式。中国水产科学研究院院长张显良出席揭牌仪式。

图为：梁田庚出席中国水产科学研究院南通市人民政府战略合作协议签字仪式

★10日，如东县举行2011年县级机关中层干部开放式竞争上岗笔试。县委常委、组织部部长任新峰到考点巡视，他指出，竞争上岗是激发干部活力和潜力的重要举措，今后要通过每3至4年一次的干部调整，不断优化干部队伍的结构和素质，把最优秀的人才安排到经济发展的最前沿。

★10日，如东县委宣传部、县文联、南通浅水湾房地产开发有限公司、县摄影家协会联合举办“浅水湾”《城市新风·美好家园》摄影图片展暨颁奖仪式。县人大常委会副主任沈更生出席颁奖仪式。

★11日，如东县召开重点工作督查推进会，县委书记詹立风要求全县上下强化目标意识、责任意识、大局意识，全力以赴确保完成全年各项目标任务。会议由县委副书记、代县长潘建华主持，他要求各地、各部门勇挑重担，认真落实会议精神，在重大项目推进上争取时间和进度，加快特色产业园区、基地建设，做强融资平台，积极筹措资金保障民生，确保社会和谐稳定。

★11日，由盐城市委常委、东台市委书记张礼祥和东台市市长葛启发率领的党政代表团到如东县考察。如东县委书记詹立风以及县领导周建飞、陈建华、张蓉蓉等热情接待了代表团一行。如东县委书记詹立风向代表团介绍了如东县经济社会发展概况，并重点介绍了洋口港目前的开发情况。

★13日，由如东县教育局、民政局、老年协会共同主办的《百岁风采》——“关爱百岁老人、采访百岁老人”征文活动颁奖座谈会举行，县委常委、副县长陈昌龙出席活动，他对《百岁风采》一书给予高度评价，希望相关部门不断加强舆论宣传，整合各方资源，切实推进长寿研究活动的开展，不断提升全县老龄事业的水平。

图为：《百岁风采》征文颁奖座谈会在教育局举行

★14日，如东县委、县政府专题召开全县维稳工作推进会，县委常委、政法委书记陈建华要求各镇（区）以社会管理创新工作为抓手，进一步强化维稳举措、统筹维稳力量，开展新一轮滚动式、铺毯式矛盾纠纷大排查、大化解，确保如东县持久和谐稳定的良好局面。

★14日，江苏省海洋渔业指挥部负责人程建新来到对口帮扶的大豫镇止马洼村委会，向该村捐赠10万元，帮助其对棉场河南路进行硬质化改造，改善村民生产生活环境，美化村容村貌。如东县委常委、副县长陈昌龙出席捐赠仪式。

★15日，如东县纪委、县纠风办在青少年宫多功能厅举行2011年度政风行风建设重点评议单位质询大会，县水务、文广新、地税、消防大队等13家重点评议单位的主要负责人走上讲台，接受质询。副县长姜晓静出席会议，她要求相关单位对群众反映强烈、可以立即解决、短期就能见效的问题，要立即整改，立竿见影，不得以任何借口推诿扯皮；要建立整改工作通报制度，定期以适当方式向群众通报整改进展情况，接受群众监督，听取群众意见，以显著的成效取信于民。

★15日，如东县政协组织政协委员听取全县文化、广电工作情况汇报，对文化、广电工作近年来取得的成绩予以充分肯定。县政协副主席桑圣权、冯力如参加调研活动。

★16日，江苏省委第四巡视组在组长、省纪委原常委张明亚的带领下，到如东县视察“江苏国信”在如东投资项目。如东县委书记詹立风向巡视组汇报了如东县今年以来经济社会发展和洋口港开发建设情况，并陪同巡视组视察“江苏国信”参与投资的江苏LNG接收站和东凌风力发电项目。江苏省国信资产管理集团有限公司董事长、党委书记董启彬，如东县委副书记、洋口港经济开发区党工委书记周建飞，县政协副主席余科陪同视察。

★16日，如东县委召开全县挂职干部座谈会，县委书记詹立风听取挂职干部三个月来的基层工作心得，希望他们定下心来，扎根基层，到人民群众最需要的地方去，为他们办实事、办好事。县委常委、组织部部长任新峰主持座谈会，县委副书记周建飞参加会议。

★16日，南通大学技术转移中心如东工作站校企对接洽谈会在南通大学举行。如东县副县长张蓉蓉介绍了如东县的经济社会发展概况以及科技创新情况。她希望南通大学的专家教授多到如东走走看看，将更多的技术人才输送到如东。

★16日，江苏省高效植保机械科技创新中心科技成果汇报会在如东县举行。农业部农机化管理司，中国农机化协会，中国农业机械工业协会，江苏省、南通市农机、科技部门领导出席会议。如东县副县长洪大林出席汇报会，他表示，如东县将以发展特色农机为抓手，深化产学研合作，培植植保机械科技先导性产业，做大做强规模企业，进一步推动全县农机科技进步，加快生态农业发展。

★17日，如东县委、县政府召开专题会议，围绕事关如东县经济社会发展的沿海开发、工业经济、财政工作、城市开发建设等13项24个重要课题，四套班子领导交流讨论调研成果，科学确定了明年的工作目标和思路。县委书记、县人大常委会党组书记詹立风主持会议，并作重要讲话。他要求各地、各部门积极作为，全力拼抢，统筹安排好年前各项工作，抓紧、抓实、抓牢各项重点工作，向全面实现年初既定目标发起最终冲刺！县级机关部门主要负责人、各镇（区）党政主要负责人参加会议。

★17日，由南通市委政法委副书记陈慧宇率领的社会管理创新考评组一行到如东县考评。考评组分别按照书面审核、现场考核、依法行政考核、公正司法和法治系列创建等几部分，对如东县社会管理创新和长安法制建设进行测评，并听取相关汇报。如东县委副书记、代县长潘建华出席汇报会。县委常委、政法委书记陈建华汇报了2011年如东县社会管理创新相关工作情况。

★18日，马塘中学隆重举行庆典活动，喜迎六十周年华诞。如东县委书记詹立风在庆典活动上致辞。江苏省人民政府副省长曹卫星、江苏省教育厅、北京大学、清华大学、南京大学等领导和单位发来贺信。县委副书记、代县长潘建华，县委副书记周建飞及县领导杨中坚、冒亚平、张蓉蓉、姜晓静、童玉林、桑圣权出席校庆活动。

图为：如东县马塘中学举行建校60周年庆典

★18日，“中国优质河蟹苗种第一县”揭牌仪式在县海洋渔业局举行，中国渔业协会河蟹分会正式授予如东县“中国优质河蟹苗种第一县”荣誉称号。如东县委常委、副县长陈昌龙出席揭牌仪式，南通燕春育苗场等5家企业还接受了中国渔业协会河蟹分会颁发的“中国优秀河蟹苗种生长基地”牌匾。

★19日，南通市检查组到如东县检查今年双拥工作落实情况，对如东县双拥工作取得的成绩表示肯定，要求如东县进一步促进双拥工作制度化、常效化、社会化，努力争当双拥工作排头兵。如东县委常委、副县长陈昌龙做了专题汇报。

★19日，南通市委统战部部长殷雄一行到如东县调研。殷雄对如东县统战工作取得的实效予以肯定。他希望如东县统战部门继续围绕经济社会发展大局，在社会管理创新、文化发展繁荣方面发挥统战优势。如东县领导刘才盛、童玉林陪同调研。

★19日，由中华文化促进会旅游文化研究中心、国际休闲产业促进会设立的“中国旅游文化木业产业园”、南通神东实业有限公司举行揭牌仪式。中华文化促进会旅游文化研究中心主任王立祥，如东县委常委、宣传部部长杨中坚为“中国旅游文化木业产业园”揭牌。南通市旅游局局长戴平宣读了省旅游局的贺信。如东县副县长王智主持揭牌仪式，县领导冒亚平、桑健出席活动。

图为：南通神东实业有限公司生产的木屋

★20日，在如东县委副书记、洋口港经济开发区党工委书记周建飞，县领导沈更生的陪同下，中科院院士王颖带领“中国海陆交互作用带环境特征、相宜利用与学科发展”学科发展战略研究项目调研组到如东县调研。

★20日，由江苏省交通厅公路局、市交通局以及如东县检察、财政、审计等相关部门专业技术人员组成的交工验收委员会，对225省道如东段改扩建工程一期（S221至X303段）进行交工验收，并同意该工程通过验收。如东县委常委、副县长陈昌龙出席验收汇报会，他要求交通主管部门今后继续加强公路建后养护工作，做到建管并重，进一步提高公路安全系数，保证道路完好、通畅。

★20日，如东县举行第四届如东县政府文学艺术奖颁奖大会。县委常委、宣传部部长杨中坚希望广大文艺工作者以颁奖仪式为新起点，围绕中心，积极创作高水平、高质量的文艺精品；各级有关部门要健全机制，为文艺工作者搭建平台，激发其文艺创作热情，为建设文化强县和全县经济社会转型跨越做出新贡献。县领导冒亚平、王智、童玉林出席颁奖大会。

★21日，政协如东县委员会召开第十三届二十五次常委会。会议听取县政府对政协十三届四次会议以来提案办理以及对今年县政协《关于突出五大园区建设，加快如东经济发展的建议案》采纳落实情况的通报，听取县委党校常务副校长吴金明关于十七届六中全会精神的学习辅导讲座，并表决通过《关于撤销徐建华政协第十三届如东县委员会主席职务及其委员资格的决定》。副县长张蓉蓉列席会议并作汇报。县政协副主席童玉林传达了省政协工作会议和省、市、县（市、区）政协主席座谈会精神，并就提案和建议案办理工作进行点评。县政协副主席王志荣、桑健、冯力如等出席会议。

★21日，南通市高效设施农业推进会在如东县召开，会议要求以项目农业为龙头、以园区建设为载体、以科技进步为支撑，全力推进高效设施农业上水平、强特色、增效益。如东县委常委、副县长陈昌龙详细介绍了如东县高效设施农业工作发展情况。南通市委常委、副市长秦厚德要求各地、各部门深刻认识，坚定信心，在新的平台上谋求高效设施农业的新发展；突出重点，狠抓关键，全力推进高效设施农业工作；加强领导，狠抓落实，增强高效设施农业发展活力。如东县领导杨小军、桑圣权参加了活动。

★21日，全国政法工作电视电话会议结束后，如东县政法委迅速召开专题讨论会，就如何贯彻此次会议精神、做好明年政法工作进行部署。如东县委常委、政法委书记陈建华指出，明年如东县要进一步确立以人为本、注重民生的社会管理新理念，加快由防控型管理向服务型管理转变。

★22日，三一集团董事长梁稳根在南通市代市长张国华、县委书记詹立风等领导的陪同下，到如东县参观考察。梁稳根一行实地考察了如东经济开发区，洋口港太阳岛以及如东城市规划展览馆，对如东的投资环境表示满意。如东县委副书记、代县长潘建华，县委副书记、洋口港经济开发区党工委书记周建飞和副县长张蓉蓉陪同考察。

★22日，如东县举行2011年房地产开发项目推介会，隆重推出县城区域内四大房地产开发地块，来自江苏、上海等地的70多家房地产开发企业参加了推介会。县委副书记、代县长潘建华在推介会上致辞。副县长于立忠详细介绍了如东县的投资环境。县领导蔡瑞平、童玉林出席推介会。

★22日，如东县委常委、政法委书记陈建华与市妇联副主席钮曦为如东县婚姻家庭纠纷调解中心揭牌，标志着如东县婚姻家庭纠纷调解工作有了崭新的实体平台。

★22日，甘肃省康乐县副县长李铁前带领康乐人力资源工作考察团到如东县考察，并举行康乐、如东人力资源交流合作项目签约仪式。如东县副县长王智表示，如东县将以此为契机，通过积极营造和谐用人环境，努力提供优质就业服务，在有效缓解本地企业“招工难”的同时，让包括康乐在内的众多外来务工人员在如实现稳定、满意和充满希望的就业。

★23日，如东县民间文艺演出团体联谊会、如东县现代民间绘画研究会召开成立大会。副县长王智要求民间文化工作者抢抓机遇，务实创新，履职尽能，争当推进如东文化建设的生力军、先行者和推动者，服务促进全县民间文化事业建设。

★24日，如东县政府招商顾问、县三外及商贸流通重点企业负责人、县五十强企业负责人、县委县政府相关领导、各镇区相关负责人欢聚一堂，举行2011年圣诞联谊会，共度圣诞节。联谊会由副县长王智主持，副县长张蓉蓉介绍了如东县开放型经济的运行情况。县委副书记、代县长潘建华为2011年度十大招商引资优秀企业家颁发了荣誉证书。县领导周建飞、陈建华、杨小军、童玉林出席联谊会。

★24日，如东县侨商会举行成立大会。县人大常委会副主任、县侨联主席沈更生代表县侨商会筹备组作《如东县侨商会筹备工作报告》。南通大东有限公司总经理高军当选县侨商会首届会长。县侨商会聘请任新峰、刘才盛、沈更生、张蓉蓉、桑健等为名誉会长；聘请薛济萍、沙晓林、林水柳等为荣誉会长。县委副书记周建飞要求县侨商会切实维护侨商权益，在全县范围内进一步形成爱侨商、亲侨商、护侨商的浓烈氛围，切实加强为侨商服务，为如东经济建设服务，为“推进现代化、建设新如东”作出新的更大的贡献。江苏省侨联经济科技部部长、省侨商总会副会长兼秘书长李正新，如东县委常委、组织部部长任新峰为如东县侨商会揭牌。

★24日，如东县召开农业农村重点工作现场观摩推进会。县委常委、副县长陈昌龙对全县农业农村重点工作的进程和质量表示肯定，他要求全县上下牢牢把握“加快农业农村基本现代化建设”这条主线，各地各部门全力抓好基础设施建设、高效农业园区建设等当前各项重点工作，扎实推进农业农村工作。县领导蔡瑞平、童玉林、桑圣权出席会议。

★26 日，如东县第十五届人大常委会举行第三十次会议。会议补选南通市委副书记、代市长张国华，如东县委书记詹立风为第十三届南通市人大代表；接受顾淑英同志辞去县人民政府副县长职务的请求，接受卢瑞华同志辞去县人民政府副县长、县公安局局长职务的请求；会议审议了县委副书记、代县长潘建华提请的县政府关于程军同志担任县人民政府副县长、县公安局局长任职的议案，票决任命程军同志为县人民政府副县长、县公安局局长；会议还通过了关于召开如东县第十六届人民代表大会第一次会议的决定（草案），决定于2012 年 3 月 24 日到 28 日在掘港召开如东县第十六届人民代表大会第一次会议。会议由县人大常委会副主任徐志平主持，县人大常委会副主任杨成泉、沈更生、蔡瑞平、冒亚平出席会议。

★26 日，如东县政府召开全县服务业部门工作总结交流会。副县长王智要求如东县明年的服务业发展工作围绕加快发展这一主线和主旋律，围绕“两年超海安”的要求，确定服务业位次大幅前移的具体发展目标，自我加压，确保必成指标必须完成，加压指标突破完成。各相关部门和相关企业要进一步求真务实，真抓实干，要出实招，确保见实效。

★27 日，如东县召开老干部座谈会。老干部们听取了如东县今年经济、社会发展情况和明年工作思路、目标，并围绕港口建设、城市交通建设、新农村建设献计献策。县委副书记、代县长潘建华介绍了如东县经济、社会发展情况。县委书记詹立风认真听取了老领导的意见和建议后表示，全县上下将解放思想抢机遇，实干苦干谋发展，创新解难促转型，一方面狠抓当前，以求真务实的工作作风，确保全面完成全年各项目标任务；一方面着眼长远，抓好影响如东长远发展的重大工作和项目，为如东县今后快速发展打下良好基础。县领导周建飞、陈昌龙、任新峰、蔡建华、杨中坚、杨小军、徐志平、于立忠、张蓉蓉、王智、童玉林参加座谈会。

★27 日，如东县委召开专题会议对镇人大、政府换届拟提拔结构性人选进行二轮署名民主推荐。县委书记詹立风主持会议。他要求参加推荐同志以长远和大局的眼光来对待这次推荐，充分认识培养选拔青年干部的战略意义，进一步解放思想，破除论资排辈、求全责备观念，实事求是、客观公正地进行评价和推荐。县委常委、组织部部长任新峰就二轮推荐工作作了情况说明。

★27 日，由南通市政府副秘书长宗剑峰带领的考核组到如东县，对 2011 年如东质量工作进行考核验收。如东县副县长张蓉蓉汇报了今年如东县质量强县工作情况。考核组成员对如东县质量工作给予充分肯定，认为如东县主动介入，各级政府组织体系健全，基础工作扎实，名牌战略和标准化战略实施卓有成效，质量服务民生工作到位，很多经验值得在南通推广。

★28 日，如东县工商业联合会（总商会）召开第十次会员代表大会。会议听取并审议通过了县政协副主席、县工商联主席桑健代表县工商联（总商会）九届执委会所作的题为《服务全县发展大局，共谋科学发展，努力开创新形势下工商联工作新局面》的工作报告。县委书记詹立风对县工商联过去五年来的工作表示充分肯定，他要求企业家们要拓宽视野，从如东基本现代化建设大局的高度去担当企业发展的责任，做坚持科学发展的引领者；坚持“商行天下”与“善行天下”有机统一，积极投身于社会公益事业。县工商联要密切联系非公有制经济人士，树立服务意识，转变工作作风，不断提高服务企业、服务大局的能力和水平，努力使工商联的各项工作有序开展。南通市政协副主席、市工商联主席徐守铭出席会议，他要求县工商联（总商会）不断开拓创新、强化服务，为如东县经济跨越发展、社会和谐进步作出更大贡献。南通市委统战部副部长、市工商联党组书记姚国钧，如东县委副书记、代县长潘建华，县委副书记周建飞，县领导任新峰、刘才盛、徐志平、沈更生、张蓉蓉、童玉林出席会议。

★28 日，全国首批以身份证号作为卡号的集信息记录、电子凭证、信息查询与金融服务功能于一体的社会保障卡正式诞生。如东县委书记詹立风在发行仪式上讲话，他说，社会保障卡的发行，标志着如东县社会保障信息化建设工作进入了一个全新阶段。它将为人社部门、银行、参保者搭建一个三方合一的服务平台，有利于人社部门不断提升工作效率和服务质量，满足广大群众更高层次的社会保障需求。县委副书记、代县长潘建华主持活动，他希望县人社局、县建行等部门以本次首发仪式为契机，以便民利民服务为根本，加大推广力度，加快发行使用，积极拓展功能，完善服务内涵，努力把社会保障卡打造成政府与老百姓之间的“连心卡”、老百姓享受社会公共服务的“贴心卡”、使用安全便捷的“放心卡”。江苏省人社厅信息中心主任张斌峰，南通市人社局、江苏省和南通市建行相关负责人，如东县委常委、政法委书记陈建华等出席活动。

图为：全国首批以身份证号作为卡号的社会保障卡在如东发行

★29 日，如东县召开镇党委书记管党述职评议会议，各镇党委书记就管党工作向县委述职，并接受评议。县委书记詹立风对述职情况进行点评。述职评议会由县委常委、组织部部长任新峰主持，县委副书记、代县长潘建华，县领导周建飞、陈昌龙、刘才盛、杨中坚、杨小军、于立忠、张蓉蓉、王智等参加了会议。会上，与会县委委员、候补委员对各镇党委书记管党述职情况进行了测评。

★29 日，如东县迎来了 2010 至 2011 年度江苏省法治县（市、区）创建工作综合考评。县委书记詹立风，县委副书记、代县长潘建华，县委常委、政法委书记陈建华接受了省考评组的约谈。潘建华对近年来如东县开展法治县创建所做的工作作了简要回顾。陈建华就 2010 至 2011 年如东县法治县创建情况作详细汇报。考评组对如东县的法治县创建工作表示充分肯定，希望如东县一如既往扎实推进法治建设工作，将法治创建品牌做亮做响。县领导徐志平、童玉林及各创建责任单位主要负责人参加汇报会。

★29 日，如东县召开“五五”普法总结表彰暨“六五”普法动员大会。县委书记詹立风充分肯定了如东县“五五”普法工作取得的成绩。他指出，全县上下要深刻把握当前的新形势新要求，准确把握开展“六五”普法的工作重点，围绕经济转型升级、保障民众权益、社会管理创新、保障民众权益推进普法工作，切实提高“六五”普法工作的实效。县委副书记、代县长潘建华主持会议并强调，各地各部门要按照“六五”普法规划，各司其职，充分调动广大人民群众学法用法的积极性，在新的起点上推进法治如东建设。副县长于立忠宣读了县委、县政府关于“五五”普法工作的表彰决定，公布了 2006 至 2010 年全县法制宣传教育先进集体、先进个人名单。县领导杨中坚、徐志平、童玉林参加会议。

★30 日，如东县召开涉法涉诉信访案件化解汇报会。县委常委、政法委书记陈建华要求县人民法院继续强化政治责任意识，认真做好整个涉法涉诉信访案件化解问题，对已承诺的案件继续关注，对未化解的案件加紧处理，同时将有可能越级上访的案件控制在源头，化解在基层，案件处理过程中要强化法律效果和社会效果的和谐统一。

★30 日，如东县政协会同人武部联合邀请南京海军指挥学院教授张晓林作了题为《南海及周边安全形势》的报告。县领导蔡建华、童玉林、桑健、桑圣权、冯力如参加报告会。

★31 日，如东国税局传出令人振奋的喜讯，单月一般预算收入突破 8000 万元，全年总收入达到 18.03 亿元，全年增值税增幅超全省平均。县委书记詹立风和县委副书记、代县长潘建华等县领导专程到该局表示祝贺和慰问，对该局取得的成绩予以充分肯定。

★31 日，在如东县住建局召开的全系统工作会议上，副县长于立忠希望住建系统新一年里，要在机制、体制等方面进一步大胆创新，把区域供水、污水管网建设、保障性住房建设、老小区改造、公园绿化等民生工程放在 2012 年各项工作的首位，进一步加快城市基础设施及房产开发的节奏，着力破解房屋征收、筹资融资等方面的难题，加强城乡建设的互动与统筹，进一步推进城乡一体化进程。县人大常委会副主任蔡瑞平出席会议。

大事回眸 2012年
Dashi huimou

大事回眸

（2012年）

1月

★3日，如东县委副书记周建飞组织县发改委、财政、交通、统计、科技、住建等部门负责人，召开贯彻落实省、市、县党代会精神目标任务分解（讨论）会。

★3日，如东县委召集重点镇区和相关部门负责人，就大会工作报告（征求意见稿）广泛征求建议、意见。征求意见会由县委副书记周建飞主持。与会人员对工作报告征求意见稿给予高度评价，一致认为征求意见稿对过去一年的总结实事求是，恰如其分；对今年的谋划定位准确，鼓舞人心，特别是“争位争先争贡献，求实务实抓落实”（“三争三实”）这一主题的提出，对凝聚人心，跨越赶超，实现新的奋斗目标具有强大的感召力。结合如东实际，与会人员还对征求意见稿中的不足之处提出了修改完善意见。

★4日，如东县召开全县领导干部大会，集中宣布镇人大、政府换届及有关领导班子人事调整方案，并进行集体谈话。县委书记詹立风在大会上讲话，就当前党风廉政建设中存在的突出问题进行警示教育，进一步动员全县上下扎实推进如东县机关作风建设，不断优化发展软环境，为加快建设现代化新如东提供坚强的组织保障。会议由县委副书记、代县长潘建华主持。他要求各级领导班子和领导干部正确对待调整，讲政治、顾大局、守纪律，服从组织安排，真正把思想统一到县委决定上来；各部门要以此次人事调整为契机，强化领导班子和干部队伍建设，真正使组织优势转化为发展优势，组织活力转化为发展活力。县委常委、组织部部长任新峰宣布县委关于人事调整的决定。县四套班子全体领导参加会议。

★6日，中共如东县委十三届二次全体（扩大）会议在县行政中心会议厅隆重召开，会议的主要任务是，深入贯彻党的十七届六中全会、江苏省和南通市党代会和中央、江苏省经济工作会议精神，认真总结去年，科学谋划今年，动员全县上下抢抓机遇、乘势而上，高点定位、狠抓落实，全力拼抢、争创一流，不断开创现代化建设新局面，为实现“两年赶超、五年争先”目标奠定坚实的基础，以优异的成绩迎接党的十八大胜利召开。县委副书记、代县长潘建华主持大会。县委书记詹立风代表县委向大会作工作报告。大会审议并通过《中共如东县第十三届委员会第二次全体会议决议》。

★5日，南通市红十字会在县行政中心广场举行2012年南通市红十字会博爱送万家启动暨如东县红十字会助困款物发放仪式。如东县委副书记、代县长、县红十字会名誉会长潘建华感谢市红十字会对如东慈善事业的大力支持，他要求县红十字会在救助物资的发放中要坚持“公开、公平、公正”的原则，严格按照救灾款物分配、发放程序进行规范操作，并监督好款物的流向，各镇要在春节前把物资及时发放到困难群众手中，确保他们度过一个欢乐祥和的春节。副县长姜晓静主持启动仪式，南通市红十字会名誉副会长李炎、南通市红十字会常务副会长倪瑾、如东县领导徐志平出席活动。

★6 日，如东县召开深入学习十七届六中全会精神大党课暨农村党员干部冬训动员大会，要求全县党员干部本着冬训与重点工作同部署、同推进、同检查的原则，统筹安排好冬训的各个环节，切实做到内容不减、程序不少、要求不降，有力有序推进冬训工作开展。县委书记詹立风，县委副书记、代县长潘建华等四套班子领导出席会议。

★7 日，如东县召开全县行政服务工作总结表彰大会，县委书记詹立风寄语县行政服务中心，紧紧围绕县委十三届二次全体（扩大）会议提出的“争先争位争贡献、求实务实抓落实”的总体要求，坚定信心，创优服务，以更加有力的实际行动服务好业主和群众，服务、服从好全县招商引资、项目建设和港口开发等中心工作和全局工作，为加快转型跨越发展，实现县域经济的赶超做出更大贡献。县委副书记、县行政服务中心党工委书记周建飞对 2011 年全县行政服务工作进行了深入点评，对 2012 年工作进行了全面部署。县委副书记、代县长潘建华主持会议，并对今年行政服务工作提出要求。会议表彰了 2011 年四季度行政服务先进集体和先进个人。

★8 日，如东县政府在县汽车站东门广场举行 2012 年春运启动仪式，标志着一年一度的春运正式拉开帷幕。启动仪式上，县委常委、副县长陈昌龙要求交通、公安、城管等相关部门进一步突出源头治理，全面消除交通安全隐患；着力强化通行秩序维护；确保恶劣天气道路畅通；积极提供便民利民服务；坚决杜绝重特大道路交通事故发生。

★8 日，如东县岔河镇邀请县委党校常务副校长吴金明为全镇参加今年冬训的 5000 多名党员、干部作深刻领会党的十七届六中全会精神、建设文化强县、推动文化大发展、大繁荣的辅导报告。县委常委、岔河镇党委书记杨小军出席活动。

★9 日，南通市第十三届人大第五次会议开幕。如东代表团在华通大酒店专题审议了市政府工作报告。如东县委书记詹立风在审议时作重要发言，表示如东将深入学习、贯彻报告精神，高点定位，狠抓落实，以争当江苏沿海开发第一县的勇气和跨越赶超的志气，全力推进经济社会又好又快发展，为南通实现“八个领先”增添贡献份额。南通市委副书记、代市长张国华参加审议活动并讲话。副市长徐辉、市级机关有关部门主要负责人，如东县领导潘建华、周建飞、任新峰等及南通市人大代表参加审议活动。

★9 日，如东县召开全县反腐倡廉建设情况通报会。县委常委、纪委书记刘才盛向部分人大代表、政协委员、特邀监察员、老干部代表以及新闻媒体通报了过去一年党风廉政建设和反腐败工作情况。

★9 日，如东县委常委、宣传部部长杨中坚到岔河、袁庄两个镇视察党员冬训工作，对冬训开展情况表示满意。

★9 日，如东县委常委、宣传部部长杨中坚到袁庄镇慰问老党员、百岁老人和困难学生。

★10 日，如东县委常委、纪委书记刘才盛带领民政局、教育局、公安局、总工会、计生委等部门负责人一同前往曹埠镇，慰问贫困户和孤寡老人，并送上慰问金和慰问品。

★10 日，如东县教育局召开全县教育行政工作会议，回顾总结 2011 年教育工作，明确

2012年工作目标，全面部署今年教育工作。副县长姜晓静出席会议。

★11日，如东县召开安全生产工作会议。副县长张蓉蓉分析总结了2011年全县安全生产形势。县委副书记、代县长潘建华要求各地各部门，时刻绷紧安全生产意识，通过大面积的宣传与培训，让全体社会成员掌握安全知识；要进一步强化安全生产措施，针对未按照法律规定而从事生产的企业，必须严肃处理；要全面落实安全生产责任，牵头部门要充分发挥好组织、协调、指挥的作用，相关配合部门要积极主动加以配合，决不含糊。县委常委、副县长陈昌龙主持会议。副县长于立忠、姜晓静、洪大林、蒋树建、王智出席会议。全县各镇区、部门负责人递交了安全生产责任状。

★12日，国家能源局石油天然气司副司长胡卫平在南通市副市长孙金华，如东县委副书记、代县长潘建华的陪同下，到洋口港考察。县领导周建飞、张蓉蓉陪同考察。

★12日，如东县召开全县维稳工作会议，分析当前维稳工作形势，研究部署春节和“两会”期间的维稳工作。县委常委、政法委书记陈建华要求与会的各镇区、各部门，带着强烈的责任感做好稳定工作，以严明的责任落实各项工作举措，毫不松懈地抓好各类矛盾纠纷的排查化解和源头预防，全面强化领导，建立健全机制，增强协调联动，确保高效、有力地完成好维稳工作任务。副县长于立忠出席会议。

★12日，如东县委常委、政法委书记陈建华率领民政、组织等部门到沿海经济开发区（洋口镇）开展春节慰问活动。

★12日，由县委宣传部主办、双甸镇党委政府承办的2011至2012年度冬训大集暨集中“三下乡”活动启动仪式在双甸镇高前村公共服务中心举行。市委宣传部副部长黄振平出席启动仪式并讲话。县委常委、宣传部部长杨中坚宣布冬训大集暨集中“三下乡”活动启动，并向文化服务、理论宣讲、技术服务、医疗服务、生活服务5支冬训助农惠民小分队授牌。省冬训巡查组第三组领队、省委宣传部调研员赵清林现场观摩后给予充分肯定。

★13日，如东县组织相关单位主要负责人，收看全国安全生产电视电话会议。县委副书记、代县长潘建华收听收看了会议实况。

★13日，县委常委、副县长陈昌龙率领公安、安监、农委、海洋渔业、农机等部门负责人到洋口港经济开发区和大豫镇检查安全生产工作。

★13日，县委常委、副县长陈昌龙带领县委组织部、县人社局、民政局、总工会等部门负责人一同前往栟茶镇，慰问困难群众，并送上慰问金和慰问品。

★13日，沿海经济开发区举办2012年企业家新春联谊会。县委常委、政法委书记陈建华对各企业家表示感谢，鼓励园区企业家进一步增强机遇意识、进取意识和责任意识，为如东经济发展注入新的活力。

★13日，县领导蔡瑞平、姜晓静，率领组织部、总工会、民政局、公安局、教育局、专门办、计生委和人社局的负责人前往马塘镇慰问困难人员。

★14日，如东县召开全县民政暨“双拥”工作会议，县委常委、副县长陈昌龙要求全县民政系统，紧紧围绕保障和改善民生、加强和创新社会管理，大力推进双拥优抚安置工作，切实增强民生保障能力，提升民生幸福指数。县领导徐志平、童玉林出席会议。

★14日，南通市政协副主席陈德新到如东县慰问困难群众和老党员，并为他们送去慰问金和慰问品。如东县政协副主席童玉林陪同慰问。

★15日，如东县委副书记、代县长潘建华和副县长张蓉蓉率安监、公安、消防等部门的负责人，前往沿海经济开发区检查春节前安全生产工作情况。

★15日，如东县委副书记、代县长潘建华和副县长张蓉蓉率民政、人社、教育以及总工会等相关部门负责人在节前赴苴镇开展“送温暖”活动。

★16日，如东县委书记詹立风，县委常委、副县长陈昌龙，副县长、县公安局局长程军等带着慰问金、慰问品，亲切看望慰问一线公安干警、驻如东部队官兵和掘港镇部分困难家庭、百岁老人，将党和政府的关怀送到他们心头。

★16日，南通市副市长杨展里率领卫生、红十字会相关负责人到长沙镇滨海村如东麻风病康复新村，慰问居住康复村的麻风病患者，为老人们送去寒冬的融融暖意。如东县副县长姜晓静陪同慰问，并代表县红十字会送上棉被、食用油、大米等价值4000元的慰问物资和2000元慰问金。

★16日，如东县召开全县粮食工作会议，副县长王智到会并讲话，他要求各粮食储备库和粮油企业要真抓实干，审时度势，以强化储备为基础，以产业经营为抓手，奋力推进全县粮食经济发展跃上新台阶。

★17日，如东县政协、县委统战部召开全县各界人士“迎新春、话发展”茶话会。县委书记詹立风，县委副书记、代县长潘建华等县领导，与来自全县各条战线的代表欢聚一堂，共谋发展，畅叙情谊，喜迎新春。潘建华向各界人士通报了去年全县经济社会发展情况。詹立风对各界人士为全县经济社会发展所作的贡献表示感谢。县委副书记周建飞主持茶话会。县领导任新峰、刘才盛、沈更生、姜晓静、童玉林、桑健、余科、桑圣权、冯力如参加茶话会。

★17日，如东县委副书记、代县长潘建华，县委常委、副县长陈昌龙，副县长、县公安局局长程军带领人武部、民政、财政等部门的同志，走访慰问驻如东部队官兵，感谢子弟兵对地方经济社会建设的大力支持和无私奉献，向他们致以新春佳节的美好祝福。

★17日，如东县领导周建飞、杨小军、王志荣一同前往掘港镇，慰问老干部，并送上慰问金与慰问品。

★17日，如东县委常委、副县长陈昌龙，县人大常委会副主任冒亚平一行，走访慰问了县政协原副主席屈群，县人大常委会原副主任潘金环、何九林、何文林，并送去慰问金。

★17日，如东县委常委、组织部部长任新峰率领民政、公安、总工会、教育等部门负责人，走访慰问大豫镇百岁老人、老党员和敬老院孤寡老人，并送去慰问金和慰问品。

★17日，如东县副县长洪大林带领安监、农林等部门负责人，到新店镇检查企业安全生产工作。

★18日，如东县召开全县综合表彰暨招商引资、工业经济工作会议。县委副书记、代县长潘建华作招商引资、项目建设、工业经济动员报告。县委书记詹立风对2011年全县各条战线涌现的先进集体和先进个人致以崇高的敬意。他希望全县上下学先进、赶先进、当先进，激发全县上下跨越赶超的高昂斗志；形成全县上下“争位争先争贡献”的生动局面；确保实现全县经济工作首季“开门红”。县委副书记周建飞主持会议并宣读县委、县政府表彰决定。县四套班子全体领导出席会议。

★18日，南通市政协主席王德忠走访慰问了如东县岔河镇兴发村困难群众，并送去慰问金。如东县委书记詹立风和县委常委、岔河镇党委书记杨小军陪同慰问。

★18日，如东县委副书记、代县长潘建华和县领导刘才盛、徐志平、王智、桑健等，专程走访慰问了部分原四套班子老领导、老同志，向他们送去节日的问候和美好祝福。

★18日，如东县召开全县广播电视工作汇

报会。县委常委、宣传部部长杨中坚主持会议。县委副书记周建飞对今年来全县广播电视事业发展取得的成绩予以充分肯定，他要求广电系统正确把握好公益性和经营性的双重体制，把握好政治性和经济性双重属性，把握好社会性和经济性的双重效益，高点定位谋发展、齐心协力促发展、苦练内功求发展，力争新一年广电事业更上新台阶。县领导冒亚平、姜晓静、桑圣权出席活动。

★18日，南通市纪委副书记陈锋带领督查组，到如东县督查维稳工作。如东县委常委、政法委书记陈建华汇报了如东县相关情况。督查组认为如东县维稳工作行动迅速、措施扎实、成效显著，希望如东县进一步深化排查、明确责任，确保社会大局稳定，经济社会平稳较快发展。如东县副县长、县公安局局长程军出席会议。

★20日，如东县第十五届人大常委会举行第三十一次会议。会议接受蒋明华辞去如东县人民法院院长职务的请求，会议审议了如东县人大常委会主任会议关于提请王震谷等人职务任免的议案，审议了县委副书记、代县长潘建华提请的县政府关于沈俊峰等人职务任免的议案，票决任命沈俊峰、张栩龙同志为县人民政府副县长、娄宏春为如东县人民法院副院长，会议决定娄宏春为如东县人民法院代院长；会议还通过了其他人事任免事项。会议听取和初审了县政府关于2012年国民经济和社会发展计划（草案）的报告；听取和初审了县政府关于2012年全县财政预算与县级部门财政预算（草案）的报告。县委书记、县人大常委会党组书记詹立风要求新上任的领导同志认真贯彻县委、县政府的决策部署，进一步增强责任意识、紧迫意识，全力推进集聚发展、协调发展、和谐发展；要坚持依法行政、公正司法，不断提升法治水平，工作中规范履职行为，坚持科学决策、民主决策、依法决策，自觉接受人大和社会监督，实行决策论证制和责任制，重大事务必须集体讨论，将重大决策失误降到最低限度；牢记宗旨、勤政为民，努力当好人民公仆，要集中精力抓发展，真心诚意为群众办好事办实事，以实实在在的业绩来实现人生的价值，赢得组织和群众的认可，树立为民、务实、清廉的良好形象，为如东县实现“两年赶超、五年争先”目标作出不懈努力。会议由县人大常委会副主任徐志平主持，县人大常委会副主任杨成泉、沈更生、蔡瑞平、冒亚平出席会议。

★26日，如东县委、县政府举办2012年春节联谊会，在外的如东籍党政军各级领导、知名企业家、学者名流以及曾在如东工作过的部分老领导等各界人士欢聚一堂，同贺龙年新春、共话如东发展。联谊会由县委副书记、代县长潘建华主持，县四套班子全体领导向来宾们拜年。县委书记詹立风致辞，他向来宾们介绍了2011年如东县经济社会发展情况及2012年工作目标和举措。与会嘉宾还一同观看了《港口新城如日东升》宣传片。县四套班子全体领导和各区党工委书记、管委会主任，各镇党委书记、镇长，部分机关部门负责人出席联谊会。

★28日，如东县委常委、副县长陈昌龙带领县交通部门负责人先后到临海高等级公路（如东段）施工现场和三标段预制场，慰问奋战在一线的建设者。

★29日，如东县委书记詹立风，县委副书记、代县长潘建华等四套班子领导，先后到中天科技集团、“九九久科技”和“通用机械”走访慰问，看望投身在经济建设一线的干部职工，并希望企业在长远规划、科技创新与企业文化上下功夫，不断做大做强，在所涉及的领域中争做龙头。县领导周建飞、沈峻峰、徐志平、童玉林、张栩龙等陪同慰问。

★29日，如东县委副书记周建飞和县委常

委、组织部部长任新峰，前往负责临海高等级公路（如东段）工程建设的中铁南通投资公司，给员工送上新春祝福，并鼓励他们积极探索项目党建新途径，确保工程优良、队伍优秀。

★29日，如东县委常委、副县长陈昌龙，县政协副主席桑圣权带领县农委、农办相关负责人督察掘港镇重点农业项目推进情况。

★29日，如东县委常委、纪委书记刘才盛在检查违法建筑清查整治工作时，要求继续保持高压态势，坚决打击违法建设行为，全面提升城市品位和管理水平。

★30日，如东县召开全县金融工作会议上，县委副书记、代县长潘建华寄语各金融服务部门创新思维，提升服务，不遗余力为助推发展提供强大支撑。县领导沈峻峰、张栩龙出席会议并讲话。

★30日，如东县委常委、副县长陈昌龙率县海洋渔业局、农委等部门负责人，赴大豫、丰利、岔河、马塘等镇，调研重点农业项目以及农业基础设施建设情况。

★31日，如东县召开住房和城乡建设暨建筑业工作会议。副县长于立忠、姜晓静要求住建系统广大干部职工立足经济社会发展大局，坚定信心，迎难而上，努力推进城乡建设事业更好、更快发展；全县建筑业要在认清形势中争取主动，在全面提升中跨越发展，在优化环境中做大做强。县人大常委会副主任蔡瑞平宣读了2011年度建筑业先进集体、先进个人名单。县政协副主席童玉林出席会议。

2月

★3日，如东县委、县政府召开全县沿海开发工作推进暨2011年洋口港开发建设表彰大会，对2011年洋口港开发建设工作先进集体和先进个人进行表彰，号召全县上下以“三争三实”为统揽，做足“争、抢、快”三篇文章，整体联动，蓄势发力，全力谋求沿海开发的新突破、争创发展的新优势，为实现“两年赶超、五年争先”目标做出新的更大的贡献。县委副书记、代县长潘建华总结点评了2011年全县沿海开发工作。县委书记詹立风出席会议并讲话。他强调要做到能快则快、又好又快，做足“争、抢、快”三篇文章，全力谋求沿海开发的新突破。会议由县委副书记周建飞主持，并就如何贯彻落实会议精神提出具体要求。县委常委、常务副县长沈峻峰宣读了《县委、县政府关于表彰2011年洋口港开发建设工作先进集体和先进个人的决定》。县四套班子领导，洋口港前线指挥部和县沿海开发领导组成员单位负责人，县级机关各部门主要负责人，五大园区中层以上干部，沿海前沿镇班子成员，其他镇党委书记、镇长以及分管招商引资的负责人，相关企业负责人出席会议。

★3日，如东县召开2012年企业家新春座谈会。县委书记詹立风通报了2011年全县经济社会发展情况。詹立风要求，高度重视企业发展和企业家成长，不断简化企业审评程序，提高政府工作效能，尽心竭力为企业和企业家提供服务。他希望企业家们增强信心、抢抓机遇、勇于创新，以诚信开拓市场、以品牌树立形象、以人才推动进步，做大做强企业，为如东县跨越发展再立新功。县委副书记周建飞主持会议。县委副书记、代县长潘建华，县领导沈峻峰、陈建华、任新峰、张蓉蓉、王智、张栩龙等出席会议。

★3日，南通市政府副秘书长薛谦一行专题到如东县调研，对如东县养老服务业发展取得的成效予以充分肯定。如东县委常委、副县长陈昌龙汇报了如东县养老服务业发展的有关情况，表示如东县将深入贯彻落实市委、市政府“六个注重”“八项工程”“八个领先”精神，大力推进民生幸福工程，统筹城乡养老服务体系建设，加快发展居家养老服务。

★3 日，南通市县乡人大换届选举介绍代表候选人工作现场观摩会在如东县召开。南通市人大常委会副主任徐永兵在会上就如何搞好代表候选人的宣传，特别就组织开展好代表候选人与选民见面工作提出具体要求。如东县人大常委会副主任徐志平出席会议。

★4 日，如东县召开全县国税工作会议。县委副书记、代县长潘建华对过去一年全县国税系统取得的成绩予以充分肯定，要求全体国税干部在新的一年里坚定信心，提振精神。要把强化征管作为永恒的主题，创新体制机制，推动传统税收管理向现代化税收管理加快转型，全面提升组织收入的工作质效。要在提升能力上下功夫，尽快适应税制发生重大变革的新形势，更好地服务于纳税人，服务于地方经济的发展。县领导沈峻峰、徐志平、桑健出席会议。会议表彰了 2011 年度全县国税工作先进集体和先进个人。

★4 日，如东县委副书记、代县长潘建华接待了纳米比亚知名侨领、南通世界通商总会常务副会长、纳米比亚中国工商联合总会副会长、纳米比亚华人爱心组织主席、纳米比亚（中国）矿产投资开发公司董事长黄跃权，南通世界通商总会常务副会长张志高一行。潘建华详细了解了黄跃权先生在纳创业、发展情况，希望他们充分发挥身在海外的优势，为如东招商引资、名优产品打入南部非洲市场，多做牵线搭桥的工作，并欢迎他们到如东投资发展，实现共富双赢。如东县人大常委会副主任、县侨联主席沈更生向黄跃权先生介绍了如东经济社会事业发展情况和洋口港开发建设的最新成果。

★4 日，如东县召开农业农村工作例会。县委常委、副县长陈昌龙组织与会人员学习领会中央刚刚下达的“1 号文件”精神。他要求全县上下认真做好各项重点工作，并为即将召开的全县农业农村工作会议做好充分准备。县领导桑圣权参加会议。

★6 日，三一如东工业园投资项目签约仪式在长沙三一工业城举行。湖南省委副书记、省长徐守盛，副省长、秘书长盛茂林，南通市委书记丁大卫，市委常委、常务副市长陈照煌，市委常委、秘书长黄巍东，如东县委书记詹立风，县委副书记、代县长潘建华，三一集团董事长梁稳根、总裁唐修国，以及湖南省、南通市、如东县和三一集团等相关领导共同出席签约仪式。三一集团董事长梁稳根在签约仪式上致辞，并介绍了合作项目概况。如东县委书记詹立风在签约仪式上致辞，他表示，如东县委、县政府将把服务好、支持好项目建设和企业发展作为最大的责任，竭尽全力为项目快启动、快建设、快见效创造优越的环境。真诚希望三一集团按照高定位和高标准，加快推进工业园建设，确保项目早见效、早收益，早日实现销售超百亿的目标。南通市委书记丁大卫出席签约仪式并讲话。湖南省副省长、秘书长盛茂林代表湖南省委、省政府对项目的成功签约表示祝贺。签约仪式由三一重工总裁向文波主持。如东县委副书记、代县长潘建华和三一集团总裁唐修国签订双方合作协议。湖南省政府副秘书长、办公厅主任戴道晋，省经信委主任谢超英、省商务厅厅长谢建辉、长沙市委副书记、市长张剑飞，如东县领导周建飞、张蓉蓉、张栩龙等出席签约仪式。

图为：徐守盛（右二）、盛茂林（左一）、丁大卫、梁稳根（右一）在签约仪式上

★6日，南通市委书记丁大卫，市委常委、常务副市长陈照煌，市委常委、秘书长黄巍东，如东县委书记詹立风，县委副书记、代县长潘建华等市县领导赴湖南省株洲市参观考察。丁大卫表示，株洲城市建设规划起点高、建设水平高、管理水平高，值得南通市学习借鉴。株洲市委书记陈君文、市委副书记、市长王群等陪同考察。株洲市领导王志刚、蔡典维，如东县领导周建飞、张蓉蓉、张栩龙等参加考察。

★6日，如东县委常委、政法委书记陈建华主持召开全县“风险评估”工程座谈会。陈建华要求，2012年要把社会稳定风险评估作为惠民实事的重点工程来推进，做到“稳评”工作全覆盖。在项目审批中，要将“稳评”嵌入行政审批的流程，形成项目公示、征集民意、专家论证、化解矛盾、作出结论、跟踪考核的科学流程，完善项目报备、检查通报、档案管理、全员培训、专家库、考核督查等制度。

★6日，中国浦东干部学院中国特色社会主义研究院执行院长、中国浦东干部学院机关党委专职副书记刘靖北一行到如东县考察非公企业党建工作。刘靖北一行在如东县委常委、组织部部长任新峰的陪同下参观了宇迪光学、世纪燎原两个企业，了解企业的运行和党建工作的基本情况。

★7日，如东县领导沈峻峰到栟茶镇调研社会经济发展工作。他要求栟茶镇在周边镇四面花开的局面下，扬长避短，高标定位、高点规划，以城镇建设为发展突破口，围绕名镇、名人、名校三个核心，进一步加大招商引资的力度，推动栟茶镇当前的社会经济发展。

★8日，洋口港经济开发区召开2011年工作总结暨2012年工作动员会议，如东县委书记詹立风动员园区上下目标同向、工作同步，抢抓机遇，真抓实干，全面开拓洋口港开发建设的新局面，争当江苏沿海开发第一区。县领导张蓉蓉在会议上作工作报告和动员，洋口港经济开发区相关部门领导递交了责任状，县领导余科及洋口港经济开发区全员出席会议。

★8日，如东县召开公安工作会议。副县长、县公安局局长程军回顾总结了2011年公安工作，并对2012年工作进行具体部署。县委常委、政法委书记陈建华出席会议，他要求全体公安民警强化政治认识，着力提升区域维稳水平、防范打击水平、矛盾化解水平、处置工作水平；坚持发展为先，创新服务理念、拓展服务领域、提升服务效能；突出重点项目，确保社会管理创新有新突破；加强组织保障，努力打造一支高素质的公安队伍。南通市公安局副局长何峰，县领导于立忠、徐志平、童玉林出席会议。

★9日，如东县召开全县地税工作会议，县委副书记、代县长潘建华要求地税系统以“文化引领、机制革新”为主题，以全面推进税源专业化管理为契机，以打造全省样板工程为目标，整合配优资源，加速转型升级，激发内生动力，在提高收入量质、提升征管质效、推进信息管税、增强团队素质、推进创新争优等方面实现新突破。县领导沈峻峰、冒亚平、桑健出席会议。

★9日，如东县总工会召开十五届五次全委（扩大）会议，全面回顾2011年工会工作，研究确定今年工会工作面临的形势及任务。县委常委、组织部部长任新峰出席会议。他充分肯定了县总工会一年来的各项工作，并要求县总工会在做好今年工作的同时积极探索，更好地认识和融入大局、贴近基层和职工、创新思路和方法，推动经济发展、促进社会和谐。大会还选举陶卫忠同志为县总工会主席。

★9日，如东县岔河镇召开2011年度先进集体和先进个人表彰大会。县委常委、岔河镇党委书记杨小军说，重奖工业经济突出企业是把岔河优惠政策真正落到实处的切实举措，让投资者和企业真正感受到岔河优良的投资环境，同时鼓励企业加快发展，做大做强，上档升级，多创效益，为“推进现代化、建设新岔河”勇当排头兵、争作新贡献。

★10 日，如东县委常委、政法委书记陈建华组织公安局、检察院、法院、教育局、文广传媒中心(集团)等部门负责人，召开 2012“平安出行”工程座谈会。陈建华要求各相关职能部门通过进社区、进村庄、进工厂、进企业，实现社会管理创新工作全覆盖，进一步提升调处一体化新平台，健全司法救助新机制，把“平安出行”的各项工作落到实处。

★10 日，如东县召开工业经济首季开门红推进会，副县长张栩龙要求各镇区及相关部门明确任务，采取有针对性的工作措施，确保首季开门红任务圆满完成。县委常委、常务副县长沈峻峰要求各镇区及相关部门正确分析和研判当前形势，咬紧目标，落实责任，优化服务，提高效率，一着不让地抓好各项目标任务的完成，确保实现工业经济首季开门红。县政协副主席桑健出席会议。

★10 日，如东县妇联召开十三届十次执委（扩大）会议，替补、增补第十三届执委委员 6 名。县委常委、组织部部长任新峰要求妇联大胆创新，激发妇女工作的生机和活力，推进妇联工作社会化、项目化和品牌化，努力打造全县妇女儿童的坚强阵地和温暖之家。

★10 日，如东县纪委举办第二轮首期领导干部廉政教育培训班。县委常委、纪委书记刘才盛作专题廉政教育报告。他认真分析了当前反腐败斗争的总体形势，要求全体学员以身作则、廉洁自律、作好表率，切实做到思想纯洁、队伍纯洁、作风纯洁。

★10 日，如东县政协召开十三届二十六次常委会。会议协商通过了关于召开县政协十四届一次会议的决定和议程草案、关于县政协十三届委员会常委会工作报告草案和人事任免的决定草案；会议表彰了 2011 年度政协工作先进集体、优秀委员、反映社情民意先进个人以及承办政协委员提案先进单位、优秀提案。会议由县政协副主席童玉林主持，县政协副主席王志荣、桑健、余科、桑圣权、冯力如参加会议。

★11 日，如东县召开全县人力资源和社会保障工作会议。县领导沈峻峰充分肯定了人社部门过去一年的工作，他要求各地人社系统齐心聚力，找准定位，突出重点，整体推进，把全县人力资源和社会保障工作推上新台阶。县领导蔡瑞平、童玉林出席会议。

★13 日，如东县委常委、宣传部部长杨中坚带领宣传部、教育局相关领导前往如东高级中学、实验中学、掘港小学调研。

★15 日，振戎洋口(中国)能源投资有限公司成立暨合资经营项目签约仪式在雷迪森大酒店举行。南通市委常委、常务副市长陈照煌，如东县委书记詹立风出席签约仪式。县委副书记周建飞主持签约仪式，县领导张蓉蓉致辞，县领导沈峻峰、徐志平、童玉林、余科出席签约活动。

★16 日，如东县召开全县政法工作暨社会管理创新工程推进会议，县委常委、政法委书记陈建华总结了 2011 年全县政法和社会管理创新工作，提出 2012 年如东县将以“社会矛盾化解、社会管理创新、公正廉洁执法”三项重点工作为着力点，聚焦社会管理创新“五项重点”和“十大工程”，为“推进现代化，建设新如东”创造和谐稳定的社会环境、公平正义的法治环境、优质高效的服务环境。县委书记詹立风充分肯定了过去一年全县政法工作取得的成绩。他说，一要把维护社会政治稳定放在首位，依法稳妥处理各类可能出现的敏感案件、事件。二要主动服务，找准工作的切入点和结合点。三要把维护群众利益作为根本出发点，扎实推进严格执法、公正司法、全民守法。会议由县委副书记、代县长潘建华主持，他要求各地、各部门围绕今年政法和社会管理创新的总体要求和目标定位，结合实际，对照自身工作职能，切实解决社会服务管理方面的薄弱环节和突出问题，不断推进社会管理创新向纵深发展。县领导于立忠、徐志平、程军、童玉林出席会议。

★16日，如东县召开招商引资工作推进会。副县长张栩龙作动员讲话，他要求各招商人员把握招商方向；拓宽招商渠道；加大招引力度。县委副书记周建飞就如何提高对招商引资工作认识、提高招商引资成功率和提高招商引资工作能力提出了明确要求。

★16日，如东县曹埠镇孙窑社区的6100名选民代表认真聆听县委常委、纪委书记刘才盛，镇人大主席何永华、直港村团支部书记李丹丹和东晨服饰总经理杨红梅4位人大代表候选人的竞选演说。刘才盛说，将把工作重心更多倾向于民生，通过深入基层、调查研究，满足百姓最急切的需求，诚挚的话语受到选民的好评。

★17日，如东县专题召开2012年度全县党建工作会议，全面总结2011年党建工作，动员各级党组织和广大党员干部，服务大局、改革创新，全面做好2012年党建工作，着力提升党的建设科学化水平，为实现“两年赶超、五年争先”目标提供坚强的思想、组织和政治保证。县委常委、组织部部长任新峰，县委常委、宣传部部长杨中坚，县委统战部部长吴鼎皋分别就今年的组织、宣传、统战工作进行部署。县委书记詹立风出席会议并讲话。他强调，党建工作，事关全局事关根本，全县各级党组织要切实明确责任，狠抓落实；细化项目，有效推进；开拓创新，创树品牌，确保党建工作创新工程各项任务落到实处、走在全市前列。县委副书记周建飞主持会议，并就如何贯彻落实会议精神提出明确要求。县委副书记、代县长潘建华等县四套班子领导出席会议。各镇党委书记还向县委书记詹立风递交了《如东县镇人大、政府严肃换届纪律责任书》。

★17日，如东县召开中共如东县第十三届纪律检查委员会第二次会议。县委书记詹立风要求全县各级党委、政府和纪检监察组织要紧紧围绕“三争三实”的工作要求，坚持惩防并举，更加注重预防，着力建设“诚信如东”“效能如东”“清廉如东”，为实现“两年赶超、五年争先”目标提供坚强的纪律保障。县委常委、纪委书记刘才盛代表中共如东县纪律检查委员会常务委员会向第二次全体会议作题为《厉行监督检查，服务“三争三实”，为建设现代化新如东提供坚强的纪律保证》的工作报告。会议审议通过了县纪委十三届二次全会工作报告和会议决议。县四套班子主要领导，县委常委参加会议。

★17日，如东县召开村庄环境整治工作推进会，县委常委、副县长陈昌龙要求全县村庄环境整治工作要切实做到“快”“好”“统”“实”“考”五个字。

★17日，如东县侨联接待了旅美侨胞、上海百运纳米材料科技有限公司董事长徐卫博士。县人大常委会副主任、县侨联主席沈更生向徐卫博士介绍了2011年如东县经济社会发展概况，特别介绍了实现“两年赶超、五年争先”目标的提出和实施工作，期望得到海内外如东人的共同关注和关心。

★18日，如东县召开全县交通运输工作会议。县委副书记、代县长潘建华要求县交通运输系统围绕全年工作目标，轧紧时间部署，加速推进工程建设；各镇区要真正把加强以交通为重点的基础设施建设摆在突出位置，动员各方面力量参与和支持交通建设；各相关部门要加强沟通联系，解决重大交通运输工作推进过程中遇到的困难和问题，形成全县上下联动，左右协调，共同推进交通运输事业发展的强大动力。县领导陈昌龙、蔡瑞平、童玉林等出席会议。

★18日，南通市科技进步与人才工作考核组对如东县科技进步与人才工作进行考核。如东县副县长张栩龙代表县政府作党政领导科技进步与人才工作情况汇报。县委常委、常务副县长沈峻峰出席汇报会。

★19日，如东县委书记詹立风、县委副书记周建飞带领规划、国土等相关部门负责人，前往循环经济产业园（大豫镇）调研，了解区镇合一后该区各项工作开展情况，要求高起点筹划，竭尽全力做好项目储备工作，为全年发展增添后劲。

★19日，如东县召开服务业经济工作会议。副县长王智回顾总结了2011年如东县服务业工作情况，并就如何加快2012年服务业发展作出具体部署。县委副书记、代县长潘建华要求各地、各部门用全球的视野、开放的理念发展现代服务业，在发展方式上，注重集聚化、注重品牌、注重特色化；在服务业的门类选择上，重点发展现代物流业、旅游业、外包服务业；在服务业的实现路径上，注重招商引资、招才引智以及在策划上下工夫；在服务业的保障措施上，要加强领导、加强考核、加强激励，以促进现代服务业又好又快发展。县领导冒亚平、桑健出席会议。

★19日，如东县侨联接待了旅美侨胞、苏州百咨信息技术有限公司副总经理兼总构架师汤洪清博士。县人大常委会副主任、县侨联主席沈更生亲切询问了汤洪清刚刚参加的由南通市委组织部主办的江海英才计划答辩会的情况。沈更生祝愿他能如愿入选江海英才计划，并希望他多宣传如东、宣传洋口港，为家乡建设贡献力量。

★19日，如东县摄影家协会召开2012如东摄影界新春联谊会。县政协副主席桑圣权希望县摄影家协会带领全县摄影工作者，紧扣时代脉搏，用摄影艺术讴歌时代主旋律，为如东经济快速发展和全县文化大发展、大繁荣做出应有贡献。

★20日，如东县委副书记周建飞，县委常委、常务副县长沈峻峰和副县长张栩龙前往栟茶镇，走访了老镇区东、西石板街和部分居民，调研城镇建设和社会经济发展情况。

★20日，如东县委政法委召开专题会议，县委常委、政法委书记陈建华详细部署事关民生的“十大工程”推进措施。县委政法委、县公安局、县文广传媒中心落实“十大工程”之一的“文明交通，平安出行”工程实施方案。

★21日，如东县委书记詹立风带领相关部门，视察了县城长江路、掘苴河桥、新光安置区、砖瓦厂地块保障房等县城重点市政工程和房地产开发项目。詹立风要求相关部门以“争位争先争贡献，求实务实抓落实”统揽全局，高标准做细、做实规划工作，在具体实施有关项目时要落实责任到人、加快建设步伐，规划、国土、建设等部门还要加强协调配合，形成齐抓共管的有效工作机制，为如东县实现“两年赶超、五年争先”再作贡献。县领导沈峻峰、于立忠、蔡瑞平、童玉林陪同视察。

★22日，南通市政协主席王德忠带领专题调研组到如东县，就“加强产业领军型人才队伍建设”情况开展调研。如东县领导沈峻峰、陈建华、任新峰、童玉林、冯力如陪同调研。

★23日，中组部基层组织建设年调研组到如东县调研，中组部党建研究所副巡视员彭立兵一行先后视察了洋口港太阳岛、全国先进党组织——洋口港经济开发区党工委和临海高等级公路（如东）段工程项目联合党委。如东县委书记詹立风向彭立兵一行介绍了洋口港开发建设的有关情况。县领导周建飞、任新峰、张蓉蓉陪同调研。

★23日，如东县召开全县海洋与渔业暨安全生产工作会议。县委常委、副县长陈昌龙要求如东县根据自身的特点，扬长避短、突出重点、奋发有为，在科学分析中准确把握形势，在突出重点中打造亮点特色，在凝心聚力中提升工作质态，加快发展现代高效规模渔业，加快实现由海洋与渔业大县向海洋与渔业强县的历史性跨越。副县长洪大林参加活动。

★20日至24日，受日本三菱商事和楠桥株式会社邀请，如东县委副书记、代县长潘建华率洋口港经济开发区、如东经济开发区、掘港镇、商务局等部门负责人，组团前往日本，就如东县主导产业及洋口港的发展规划开展专题推介和系列招商活动。

★24日，如东县检察院召开2011年总结表彰大会，回顾2011年工作并研究部署2012年工作。县委常委、政法委书记陈建华出席会议，他认为一年来县检察院充分发挥职能作用，深入推进社会管理创新。他要求检察院继续强化责任感和使命感，履行好维稳第一责任，切实维护社会政治大局稳定；要围绕发展大局，主动服务经济发展，积极营造和谐环境，切实维护公平正义；还要发挥主力军作用，为深化推进社会管理创新工程作出更大贡献。县领导童玉林出席会议。

★24日，如东县举行全省第一家县级能源协会成立暨第一届会员代表大会，陆茵当选为第一届会长。县委常委、常务副县长沈峻峰要求能源协会积极发挥参谋助手的作用，完善能源发展规划，针对能源产业发展中存在的热点难点问题，广泛调研和论证，同时积极发挥桥梁纽带作用，推动全县能源行业的发展，真正叫响“绿色能源之都”的品牌。副县长张栩龙出席大会。

★24日，如东县委、县政府召开风电企业座谈会，就如何科学配置资源、用资源换产业和加强国有企业与地方企业联合等进行座谈。县委常委、常务副县长沈峻峰希望各风电企业，创新管理理念，加快项目建设，正确处理好风电场建设与配套产业发展关系，促进风电场建设与风电装备制造业同步协调发展，加快形成具有如东特色的风电产业链。

★24日，如东县级机关后备干部房屋征收政策培训班在南通军分区教导队举行。县领导于立忠要求被抽调干部把思想认识统一到县委、县政府的重大决策上来，集中精力投身于房屋征收工作，迅速进入工作角色，充分发挥自身优势和特长，全面提升适岗履职能力，为城建事业贡献一份力量。

★26日，如东县召开全县司法行政工作会议，就今年工作进行具体部署。县委常委、政法委书记陈建华到会并讲话。他指出，司法行政系统作为全县社会管理创新工程的主力军，要进一步把准角色定位，积极率先作为，扎实推进大调解防控、调解、处置、帮扶、监督“五位一体”工程，切实加强对特殊人群的管理，深入开展“六五”普法工作，充分发挥法律工作者参与维稳的优势，并紧扣基层基础、目标考核、队伍建设，努力走出一条具有司法行政工作特色的社会管理新路。县领导于立忠、童玉林出席会议。

★27日，如东县委、县政府专题召开生态县创建工作迎查冲刺会。县委常委、副县长于立忠主持会议，并就迎查准备工作进行部署。县委副书记、代县长潘建华强调，生态环境保护和建设事关全县经济社会的集聚发展、协调发展、和谐发展，是一项系统工程。各地、各部门务必提高认识，强化领导，狠抓落实，把创建工作置于当前工作的第一位，迅速进入一级战备状态，查问题、堵漏洞、补差距，进一步完善基础设施、配足管理力量、健全管理制度，逐步解决群众普遍关心、反映强烈的突出问题。要严明纪律动真抓，强化督查考核，严格责任追究。县人大常委会副主任蔡瑞平出席会议。

★27 日，共青团如东县委召开十四届委员会六次全体（扩大）会议，增补 11 人为共青团如东县委第十四届委员，并表彰了 2011 年度共青团工作先进集体和先进个人。县委常委、组织部部长任新峰出席会议，他充分肯定了团县委去年的工作成绩，勉励各级团组织和广大团干部团结带领广大团员青年，注重思想引领，突出重点领域，立足干事创业，以青年的激情点燃赶超的希望，以创新的作为成就领先的目标，为推进“十二五”发展，打造江苏沿海开发第一县做出新的更大的贡献。

★27 日，如东县委组织部召开专题会议，学习贯彻落实全市党建工作创新工程交流汇报会和全市组织工作会议精神，并就全县基层党建标准化建设进行部署。县委常委、组织部部长任新峰强调，要以《如东县实施党建工作创新工程四年行动计划》为抓手，以开展基层组织建设年为契机，以改革创新为动力，统筹推进干部队伍、人才队伍建设，全面加强基层组织建设和组织部门自身建设。

★27 日，如东县征收办举行“四讲四比”主题教育活动暨歌咏比赛。县领导于立忠、蔡瑞平、童玉林观看比赛并为获奖小组颁奖。

★28 日，如东县名特优农副产品展销中心揭牌仪式在中央广场举行，县委书记詹立风，县委副书记、代县长潘建华为展销中心揭牌。县委常委、副县长陈昌龙致辞，他指出展销中心的建成为全县农产品搭建了展示、展销、流通、合作的优质平台，为加快全县现代农业发展步伐，提升农业产业化发展水平，提高农产品市场化、商品化程度，促进农业增效、农民增收有着非常重要的意义。他希望展销中心成为助农增收的平台，为如东县加快实现农业大县向农业强县跨越作贡献。县委副书记周建飞等县四套班子全体领导出席揭牌仪式。

图为：詹立风（左）、潘建华共同为名特优农副产品展销中心揭牌

★28 日，县委、县政府举办 2012 年全县农村工作会议招待晚宴，宴请奋战在农村工作一线的镇区全体与会人员。县委副书记周建飞在晚宴上致辞。他说，近年来，如东县始终坚持农业的基础地位不动摇，始终坚持推进农村现代化、促进农民增收不动摇，全县农业和农村工作硕果累累、精彩纷呈。此次全县农村工作会议的召开唱响了如东县农业和农村工作“春天的故事”。在县委、县政府的正确领导和与会人员的继续拼搏下，按照县委提出的“争位争先争贡献，求实务实抓落实”的要求，如东县农业和农村工作将续写新篇章、创造新辉煌。县委常委、副县长陈昌龙主持晚宴，县四套班子领导出席晚宴。

★28 日，如东县举行农渔业项目集中签约仪式，各镇（区）与香港、上海等地客商签署 16 个农渔业项目，总投资 6.923 亿元。县四套班子领导出席签约仪式。

★29 日，如东县委、县政府召开全县农村工作会议，回顾总结 2011 年全县“三农”工作情况，全面部署 2012 年各项目标任务，动员全县上下进一步解放思想、创新思路，凝心聚力、锐意进取，深入推进农村建设各项工作，为实现农业现代化和城乡一体化发展奠定坚实基础。县委副书记、代县长潘建华回顾总结了过去一年全县农村建设工作。对照 2012 年工作目标，潘建华要求突出重点，抓好落实，进一步提升“三农”工作水平。潘建华还就如何注重科技创新、加快土地流转、整合扶持要素、完善服务体系、加强队伍建设等作出部署。县委书记詹立风出席会议并讲话。他充分肯定了一年来全县农村建设取得的成绩，并代表县四套班子领导向长期奋战在农村基层一线的广大干部和群众表示感谢。詹立风指出，当前，如东县已经进入了“推进现代化、建设新如东”的新阶段，农业农村工作必须放在全县经济社会发展大局中去统筹、去谋划，必须借助全县大开发、大发展、大开放之势，谋取更快更好地发展，全县上下一定要充分认识做好农业农村工作的重要性和加快推进农业农村现代化的重大意义，切实增强推进农业农村现代化的紧迫性和责任感。他希望全县上下以“三争三实”为统领，进一步解放思想、开拓进取、扎实工作，为早日实现农业农村基本现代化做出应有贡献。会议由县委常委、副县长陈昌龙主持。县委常委、组织部部长任新峰宣读 2011 年优秀村党组织书记名单。县委副书记周建飞及县四套班子全体领导出席会议。

★29 日，江苏省“思源工程——生育关怀行动”前往双甸镇绿野富硒玉米专业合作社，调研计生困难家庭帮扶情况。省计划生育协会领导对合作社的做法给予肯定，表示将尽可能给予资金扶持，把合作社做成全省计划生育扶持特困家庭、计划生育空巢家庭和计划生育帮扶家庭的亮点。如东县副县长姜晓静陪同调研。

3 月

★3 月 1 日，如东县委、县政府在栟茶镇市民广场举行“如东县农村数字电影放映工程暨栟茶镇固定放映点”启动仪式。副县长王智要求各镇确保完成行政村一村一月放映一场数字电影、固定点每周一场数字电影的任务。县委常委、宣传部部长杨中坚要求将全县农村数字电影全覆盖这项惠民工程落到实处。

★2 日，如东县委在栟茶镇召开常委（扩大）会议，共同研究和探讨如何深入推进小城镇开发，加快栟茶这一千年古镇建设速度。县委书记詹立风出席会议，他要求各相关部门和栟茶镇主动对接，狠抓落实，确保千年古镇焕发新颜，全力推动如东经济社会加快发展。县委副书记、代县长潘建华在讲话时要求栟茶镇抢抓机遇，高点定位，科学规划，合理布局，认真落实好各项工作举措，为今后全县其他镇的小城镇建设探索新路子。

★2 日，南通市竞技体育工作会议在如东县召开，会议要求今年全市人才输送人数达到全省输送总人数的 10%，创建国家级后备人才基地不少于 4 个，力争多人获得伦敦运动会的入场券并争金夺牌。如东县副县长王智出席会议。

★3 日，如东县委、县政府举办的 2012 年如东在沪医学专家联谊会在上海举行，来自上海的如东籍医学领导、专家、教授，与县四套班子领导、卫生系统相关人员，欢聚一堂，畅叙乡情，共谋发展。联谊会由副县长姜晓静主持。县委常委、宣传部部长杨中坚致辞，他指出，此次联谊活动给大家提供了一个加深了解、增进友谊的平台，希望医学专家们多提意见，进一步推动如东卫生事业的发展。县委副书记、代县长潘建华介绍了如东经济社会发展概况。他希望嘉宾们能够最大限度地盘活卫生界现有人才，借助各自的专业优势、影响力，更好地整合医疗资源为如东卫生事业提供帮助，定期或不定期地为家乡提供义诊、咨询服务，使如东百姓同样享受到优质的医疗资源。县领导冒亚平、桑圣权出席联谊会。

★3日，如东县丰利镇隆重举办创先争优成果展暨首届“天之蓝杯”“六十佳功臣”颁奖典礼。县委常委、组织部部长任新峰希望丰利镇以此次活动为契机，以创先争优为总缆，以“三争三实”为总要求，乘势而上，难中求进，促进经济的发展。

★3月5日，南通市绿化造林工作检查组一行来如东县检查绿化造林工作。如东县委常委、副县长陈昌龙汇报了如东县绿化造林进展。

★5日，如东县委常委、组织部部长任新峰带领相关部门，专程慰问了全国“三八”红旗手季敦英和陈娟，送上县委、县政府的关心和祝福。

★6日，市委常委、纪委书记庄中秋来如东县，专题调研洋口港开发建设及重点项目推进情况，他要求如东县坚持咬住发展不放松、保驾护航不放松、争先进位不放松，奋力拼抢，苦干实干，实现后来者居上的目标。在县委书记詹立风，如东县委常委、纪委书记刘才盛的陪同下，庄中秋一行首先前往中天科技集团。在汇报会上，如东县委书记詹立风和县委常委、副县长、洋口港经济开发区党工委书记张蓉蓉分别汇报了如东经济社会发展、洋口港涉港重大规划研究审批以及重点工程、项目推进情况。

★6日，如东县政府召开座谈会，邀请县四套班子老领导对《政府工作报告》征求意见稿进行把脉。座谈会上，翁士豪、鲍国余等十多位县四套班子老领导对《政府工作报告》征求意见稿予以高度评价，一致认为征求意见稿对本届政府工作的总结实事求是，恰如其分；对新一届政府工作提出的目标任务，定位准确，鼓舞人心，特别是对今年工作的谋划，思路明晰，措施扎实，对如东实现跨越赶超的奋斗目标具有很强的现实意义。县委副书记、代县长潘建华主持会议，对老领导付出的辛勤努力表示感谢，同时表示将根据老领导所提的建议、意见，进一步修改完善《政府工作报告》，在“两会”期间向全县人民交上一份满意的答卷。县政府班子成员出席会议。

★6日，江苏省政府妇儿工委办公室主任、省妇联副厅级协调员陈秀云带领省、南通市妇联同志来如东县开展“下基层、访妇情、办实事”活动。在如东副县长姜晓静的陪同下，陈秀云一行先后看望了马塘镇和苴镇的2名贫困妇代会主任和2名贫困全国“三八”红旗手。会议由如东县委常委、组织部部长任新峰主持。县委副书记周建飞到会并讲话，他要求与会代表振奋精神，以昂扬的斗志投身现代化建设；要提升素质，树立终身学习的理念，以过硬的本领投身现代化建设；要凝心聚力，深入基层，以切实的行动投身现代化建设，真正发挥妇女“半边天”的作用。

★7日，如东县委书记詹立风，县领导沈峻峰、张蓉蓉、张栩龙一行前往上海三一重机有限公司考察生产建设情况及临港产业园发展规划。詹立风一行在考察时，感受到三一重工发展的巨大潜力。他表示，将借鉴上海三一重机有限公司建设、规划发展理念，加快推进三一如东工业园的建设步伐，把三一如东工业园建成三一重工在长三角的又一个亮丽的示范窗口，国际一流的重装制造基地，使之早出成果、早出效益。

★7日，由江苏省农委副主任李俊超带队的省农委春季农业生产督查指导组来如东县督查指导春季农业生产工作。如东县委常委、副县长陈昌龙详细汇报了如东县夏熟生产与田间管理、春耕备耕、强农惠农政策落实、当前春季农业生产以及农业园区建设与管理情况。

★7日，如东县侨联召开六届三次委员（扩

大）会议。县委常委、组织部部长任新峰出席会议并讲话。他要求全县各镇（区）党委高度重视和关心侨联工作，积极帮助解决侨联工作中的实际困难，努力为侨联组织发挥作用创造良好的环境和条件。会议听取并审议了县人大常委会副主任、县侨联主席沈更生代表县侨联第六届委员会所做的《以“两个并重”为指针，以“三争三实”为统揽，为实现如东“两年赶超、五年争先”目标贡献力量》的工作报告，通过了关于《如东县侨联第六届委员会工作报告》（审议稿）的决议。

★7 日，如东县召开商贸流通经济工作暨“放心肉”工作会议，全面总结和部署商贸流通工作。副县长王智出席会议，他要求全县商贸流通系统增强信心，不断加快商贸流通业发展的水平，突出区域化、特色化、多元化、规模化、品牌化和利民化等方面的提升，着力保障市场建设和企业引进培育，通过严格责任落实和强化督查考核，有效保障商贸流通业的健康有序发展。

★8 日，由如东县委、县政府主办，县妇联承办的如东县首届“十大女杰”表彰大会在行政中心会议厅隆重举行。县委书记詹立风发来贺信。他在贺信中指出，妇女是推动经济发展和社会进步的重要力量，今后一段时期，如东处于跨越赶超的关键时期，希望各级党政组织加大支持力度，积极推动全县妇女事业的发展；各级妇联组织加强自身建设，不断增强服务发展的能力；广大妇女同志积极提升自身素质，为实现如东跨越发展做出更大贡献。县委副书记、代县长潘建华出席表彰大会并致辞。他代表县委、县人大、县政府、县政协向受到表彰的“十大女杰”和获得提名奖的同志表示祝贺，向全县 53 万妇女同志致以节日的问候和良好的祝愿。县委常委、组织部部长任新峰宣读《关于表彰如东县“十大女杰”的决定》。县委副书记、代县长潘建华，南通市妇联党组副书记、副主席蔡莉及县领导任新峰、徐志平、姜晓静、童玉林等为获得表彰的人员颁奖。大会宣讲了部分“十大女杰”事迹。

★8 日，如东县委副书记、代县长潘建华带领住建、规划、国土、掘港镇等部门，对城市建设工作情况进行视察。潘建华希望各部门进一步增强目标意识，要按照既定目标，高标准推进各项城建工程；要加强和规范项目工程建设管理，向精细化、科学化转变；要立足于“早”，超前论证和规划；相关部门要加强协调和沟通，形成整体合力，全面加快城市建设步伐。县领导于立忠、蔡瑞平、童玉林陪同视察。

★8 日，如东县召开全县卫生工作会议。副县长姜晓静表示，今年全县将进一步深化基层卫生综合改革，把“一镇一公立医院”建设摆在重要位置，加快镇村卫生一体化进程；进一步提高新农合筹资标准，全年人均筹资不低于 305 元，同时确保异地就医联网即时结报率不低于 70%；加大公共场所控烟力度，努力争创省级“农民健康促进行动”示范县、示范镇，强化县城创卫长效管理机制，力争新增省级卫生镇 1 个、卫生村 14 个。同时，还将开展新一轮放心酒店创建和完善区域医疗机构设置规划工作。县委常委、宣传部部长杨中坚要求各镇区、各相关部门营造良好环境，为卫生人才和技术的引进创造有利条件，促进如东县医疗技术服务水平提档升级；着力研究和制定一系列民生新举措，出实招，使实劲，努力为全县百万群众撑起健康保护伞。县领导冒亚平出席会议。

★8 日，如东县召开的全县国土资源工作会议。县委常委、副县长于立忠要求各级和国土部门算好“资源账、效益账、政治账”，增强危机感、紧迫感、责任感。围绕发展大局，坚持一手抓资源保护、一手抓用地保障，科学处理保护与保障的关系，统筹谋划，整体推进，切实增强做好国土资源工作的主动性，严格规范土地管理秩序，积极维护好群众土地合法权益，全面提升管理水平和服务能力。

★9日，如东县对新选举产生的354名人大代表开展专题培训活动，县委书记、县人大党组书记詹立风寄语人大代表切实增强责任感、使命感，积极建言献策，充分发挥作用，为加快建设现代化新如东贡献自己的智慧和力量。县人大常委会党组副书记、副主任徐志平从人民代表大会制度，人大代表的性质、地位、作用以及代表工作等方面，对第十六届人大代表进行了业务辅导。会议由县人大常委会副主任杨成泉主持。县人大领导沈更生、蔡瑞平、冒亚平出席会议。

★9日、10日，如东县委书记詹立风在马塘、河口、袁庄、双甸镇调研时要求，从头抓紧，瞄准全年序时，全力冲刺一季度，奋力实现“开门红”。

★9日，南通市文化市场管理工作会议在如东县召开。会议要求各县（市）区进一步提高做好全市文化市场管理和依法行政工作的责任感，以服务化管理促进发展，以规范化管理保障繁荣，推进文化市场平安、健康、规范、有序发展。如东县委常委、宣传部部长杨中坚表示，如东县将以此次会议为新的起点，认真贯彻落实好国家、省、市文化市场管理工作会议的精神，努力加强文化市场建设与管理，以优异的成绩迎接党的十八大的胜利召开。

★9日，如东县政协召开十三届二十七次常委会，就县政协十三届委员会提案工作报告和县政协十四届一次会议相关议题进行协商。会议由县政协副主席童玉林主持，县政协副主席王志荣、桑健、桑圣权、冯力如出席会议。

★10日，如东县召开全县水务工作会议。县委常委、副县长陈昌龙就当前工作，要求水务部门要突破规划编制引领发展、突破重点工作提速发展、突破要素保障支撑发展，加强队伍建设，主动作为，围绕全年目标任务抓落实，确保抓出成效、抓出安全、抓出质量；各镇区要加大组织力度，提高工程质量，提升工程时效。会议表彰了2011年度水务工作先进集体和先进个人。

★10日，如东县大豫镇召开第二届人民代表大会第一次会议。县领导徐志平出席会议。

★10日，如东县政协组织委员培训，经县各级组织挑选、协商的278名委员参加了培训，其中新任委员148名。县政协副主席童玉林作动员讲话，他说，这次培训的主要目的是帮助新老委员熟悉了解政协的基本理论，全面了解全县经济社会事业的发展情况，尽快熟悉掌握政协提案办理的相关应用知识，进一步增强政协委员的政治意识、大局意识、责任意识和委员意识。他要求各新老委员提高认识，准确把握新形势下加强学习的重要性；把握重点，努力提高学习实效；注意方法，确保培训达到预期效果。

★12日，如东县召开全县村庄环境整治暨绿化造林现场推进会。县委副书记、代县长潘建华要求全县各地抓住当前的有利时机，加快绿化造林建设；要拓宽工作思路，创新机制，杜绝“林与地”权属不清，栽后无人管护的现象；要对照目标任务，多渠道筹集资金，确保各项工作有序推进；要加大宣传力度，发动广大群众，确保村庄绿化覆盖率达到35%。县委常委、副县长陈昌龙主持会议。

★12日，在第34个植树节来临之际，如东县人才办、团县委和循环经济产业园（大豫镇）共同启动“扎根家园，绿动如东”主题活动，推动高层次人才为建设生态如东、现代化如东贡献聪明才智。县委常委、组织部部长任新峰为“共青林·人才林”揭牌，并号召广大青年要树立高远之志，夯实成材之基，像“共青林”一样扎根家园，奉献如东，通过扎扎实实的创新、创业之路，推动如东跨越发展。

★12日，如东县人大常委会副主任徐志平主持召开县第十五届人大常委会第三十二次会议。县人大常委会副主任杨成泉、沈更生、蔡瑞平、冒亚平出席会议，县委常委、常务副县长沈峻峰，县人民法院、人民检察院、县委组织部和人大机关负责人列席会议。

★12日，如东县委常委、纪委书记刘才盛带领安监局相关人员，前往马塘镇调研经济工作。

★12日，如东县掘港镇召开第十八届人民代表大会第一次会议上，由应鹤鸣等代表提出的《关于“掘港中心市场搬迁”的议案》被列为大会1号议案，并经全体代表审议形成决议。这标志着解决县城中心市场交通堵塞、人流拥挤、设施老化、业态滞后等问题已经列入掘港镇党委、镇政府的重要议事日程。如东县副县长于立忠参加了会议。

★13日，如东县委、县政府于前天召开全县沿海开发暨重点工作督查推进会，对首季开门红工作进行动员部署。县委书记詹立风要求各镇区、各部门负重拼搏、扎实工作，开拓进取、勇争一流，全力实现各项重点工作首季“开门红”，为全年工作争主动、全面完成今年各项目标任务打下坚实的基础。县委副书记周建飞传达了省沿海开发座谈会精神，对全县沿海开发推进情况进行了点评和部署。会议由县委副书记、代县长潘建华主持。县四套班子领导出席会议。

★13日，如东县对行政审批“三集中、三到位”工作进行动员部署。县委副书记周建飞要求各相关部门提高思想认识，明确责任，围绕深化行政审批制度的改革要求，进一步加大行政审批事项清理工作的力度，各部门依法梳理行政审批职权，加大进行职能归并，及时进驻行政服务中心，落实好授权责任，确保“三集中、三到位”工作推行到位，确保如东县行政服务实现“全省一流、全市领先”的目标。县领导刘才盛、沈更生、冯力如出席会议。

★13日，如东县召开人口计生工作会议。副县长姜晓静要求各地、各部门深化认识，坚定不移地抓好人口计生工作；开拓创新，综合治理，促进人口均衡发展；坚持以人为本，促进人口计生“世代服务中心”功能不断完善，提高全县人口计生工作水平。县政协副主席桑圣权出席会议。

★13日，南通市人大教科文卫委员会在如东县召开“文化惠民”主题座谈会。如东县人大常委会副主任徐志平介绍了如东“文化惠民工程”。14日，在县领导冒亚平、王智的陪同下，与会人员还参观了河口镇花园头居委会农家书屋、栟茶文化广场、文化活动中心等地。

★14日，由中央综治办二室巡视员季勤担任组长的中央社会管理调研创新工作蹲点指导组，来如东县调研社会管理创新工作新亮点，为南通市创建社会管理创新示范城市做准备。在如东县领导陈建华、程军的陪同下，蹲点指导组参观了如东县司法超市、校园安保中心、社保管理中心，对如东县社会管理创新工作给予充分肯定，认为突出惠民，主题明确，给人耳目一新之感，将在更高层面推介如东的新方法、新亮点。他们同时希望如东县继续在整合资源上下功夫，不断打造工作亮点，全面提升社会管理科学化水平。

★14日，如东县女领导干部联谊会正式成立并选举产生理事会会长、秘书长。全县20名正科职女干部出席。县委常委、组织部部长任新峰要求女干部加强学习历练，提升自身素质，加强交流联谊；相关部门要加强组织领导，为女性领导干部加快成长提供良好的氛围环境。副县长姜晓静主持会议。

★14日，如东县工商联（总商会）召开主席（会长）会议，为“两会”期间的专题协商发言和撰写提案、议案做准备。县委常委、纪委书记刘才盛寄语企业家们在参政议政、社会公益事业等多方面做好引领，在推进如东现代化建设中发挥更大作用。

★14日，如东县召开全县招商引资推进会要求各镇（区），坚定工作信心，咬定工作目标，创新招商方法，确保实现招商引资首季“开门红”。副县长张栩龙要求各镇（区）认真对照序时差距，加快工作节奏，提升招商引资实效，确保实现“开门红”；专业招商人员要不断加强业务学习，熟悉产业政策和本地产业发展情况，做到有目的、有选择地招商；充分发挥如东在外成功人士的作用，掌握更多的招商信息，为有效招商打下坚实基础。

★14至15日，回如东探亲的旅加侨胞陈坚（祖籍掘港镇）夫妇应邀考察洋口港。如东县人大常委会副主任、县侨联主席沈更生向陈坚夫妇介绍了近年来家乡的发展变化、洋口港发展规划和开发建设成果，希望他们发挥在外优势，积极宣传家乡、宣传洋口港，为家乡建设贡献力量。

★15日，如东县委副书记周建飞视察海洋铁路栟茶站和如东站建设现场，详细了解站点建设具体进度和目前存在的困难，并对工程实施提出要求。

★15日，由如东县委宣传部、如东工商局、县消费者协会、县放心消费创建办公室主办的3·15消费与安全大型咨询服务活动在文峰大世界广场举行。副县长张栩龙视察了活动现场，他希望有关部门立足职能、积极有为，营造更加注重民生、注重消费维权的市场环境，提升消费者满意指数；各行业、各企业要不断加强行业自律，自觉维护消费者合法权益；广大消费者要依法维护自身合法权益。

★15日，如东县副县长张栩龙带领安监、环保、工商、公安、消防、质量技术监督等部门的负责同志，到快达农化、盛邦化工、宝湾利昌化工、九九久科技等企业调研安全生产工作。

★16日，南通市委书记丁大卫在如东县委副书记、代县长潘建华和县领导周建飞、沈峻峰等陪同下，到沿海经济开发区调研如东县沿海开发项目建设及生态环保工作，要求如东县在紧抓产业项目发展的同时，全力将沿海经济开发区打造成生态环境保护的“样板”。南通市委常委、秘书长黄巍东和副市长徐辉参加调研。

★17日，江苏省科技厅副厅长李奇一行来如东县考察。如东县委副书记、代县长潘建华，县领导张栩龙陪同考察。

★17日，在如东县委常委、宣传部部长杨中坚等领导陪同下，《南通日报》总编辑康贻华率采访组一行10人到沿海经济开发区调研、采访。

★17日，如东县召开“十二五”水利发展规划审查会。省、市水利专家以及县住建局、交通运输局、规划局等单位代表，分别从各自职能角度提出修改意见。副县长洪大林主持会议。

★18日，如东县各地举办重点项目集中开工仪式。南通刚正薄板有限公司（二期）和南通市恒兴机械有限公司两个大型制造业项目在掘港镇开工，县委书记詹立风，县领导刘才盛、于立忠、程军、冯力如等出席开工典礼。南通佳尔科生物科技有限公司、南通日之升高分子新材料科技有限公司、南通名泰化工有限公司等3个项目在沿海经济开发区相继开工。县委副书记、代县长潘建华及县领导陈建华、张栩龙、童玉林出席了开工典礼。县委副书记周建飞、县领导张蓉蓉出席了洋口港经济开发区洋口港内河港池项目一期工程开工典礼。江苏博文置业公司博苑豪庭、江苏东润新材料、宝隆数码影像材料南通公司等三个项目分别在如东经济开发区举行开工典礼。县领导沈峻峰、蔡瑞平分别参加三个项目的开工典礼。南通诺贝机械铸件有限公司在如东循环经济产业园（大豫镇）开工。县领导任新峰、杨成泉出席开工典礼。落户曹埠镇的南通傅恒机械制造有限公司举行开工仪式，县领导刘才盛、冯力如出席。总投资1.3亿元的岔河农贸市场暨弘韬佳苑项目举行开工典礼，县领导杨小军、徐志平出席开工典礼。江苏金牛能源设备有限公司在栟茶镇工业集中区举行项目开工仪式。县领导沈更生参加活动。新店镇举行“江苏久信环境科技项目”“南通恒生府邸房地产项目”开工仪式。县领导冒亚平为项目奠基培土。双甸镇在镇工业园区C区举行江苏英瑞柯机械制造有限公司和诺沃机械南通有限公司两个项目的集中开工典礼。副县长王智出席开工仪式并讲话。如东县塑料电子建材有限公司举行人工干燥隧道窑项目开工仪式，县政协副主席桑圣权参加了开工仪式。

图为：詹立风（中）等县领导为项目开工培土

★19日，如东县举行抗日老战士免费体检暨慰问启动仪式。县委常委、副县长陈昌龙现场询问了老战士的生活情况，祝愿他们身体健康并递上慰问金。

★20日，江苏省海洋与渔业局局长唐庆宁一行在如东县委书记詹立风及县领导陈昌龙、张蓉蓉等陪同下，到如东县调研省沿海开发重点项目建设情况并视察洋口港。詹立风向唐庆宁一行介绍了如东县经济社会发展以及沿海开发情况。

★20日，如东县司法行政系统“激情服务沿海开发，倾情奉献跨越发展”主题服务活动正式启动。县委副书记、代县长潘建华指出，此项活动的开展，充分彰显了服务发展、立足民生，助推和谐的特点，既是落实江苏省司法厅法律服务“四万”工程具体举措，也是践行如东县委、县政府“三争三实”要求的具体实践。启动仪式由县委常委、政法委书记陈建华主持。市司法局副局长周锦南，县领导徐志平、童玉林等出席启动仪式。

★20日，如东县党建工作创新工程暨基层组织建设年现场推进会在掘港镇召开，县委副书记周建飞要求各镇区及相关部门进一步提高党建科学化水平，为实现“两年赶超、五年争先”目标提供坚强组织保证。会议由县委常委、组织部部长任新峰主持，县领导刘才盛、杨中坚出席会议。

★20日，如东县召开全县农林工作会议。县委常委、副县长陈昌龙要求全县农林工作合力推进，在研判形势中确立农林工作的新定位；致力转型，在突破重点中谋求农业工作的新成效；全力服务，在有效服务中提升农林工作新质态。县领导桑圣权宣读2011年农业系统先进集体的表彰决定，副县长洪大林出席会议。

★20日，如东县召开春季重大动物疫病防控暨农资市场综合整治工作会议，要求4月20日前全面完成春季集中防疫任务。副县长洪大林宣读了《县政府关于表彰2011年度农资市场综合整治工作先进单位和先进个人等表彰决定》。

★21日，在如东县委书记詹立风，县委副书记、代县长潘建华和县领导陈昌龙、杨小军、洪大林的陪同下，南通市委常委、副市长秦厚德到如东县调研“三农”工作，并前往新店镇悦轩园大棚西瓜高效种植园区、岔河镇神农“在水一方”生态休闲项目、如东万亩海参现代渔业产业园区等 6 个现代农业项目实地视察。

★21日，如东县首批党员教育培训基地授牌暨 2012 年度入党积极分子培训示范班开班仪式在县委党校举行。县委常委、组织部部长任新峰出席活动并讲话。他要求各级党组织、各党员教育培训基地牢固树立“围绕发展抓培训，抓好培训促发展”理念，科学制定培训规划，建立健全各项制度，有效整合优质资源，做到顺应时代要求、围绕基层实际、契合党员成长需求开展培训，确保党员教育培训工作取得明显实效。

★22日，政协如东县第十四届委员会第一次会议召开预备会议。会议审议通过了大会主席团成员、大会秘书长建议名单，审议通过了主席团会议主持人建议名单，审议通过了大会议程，宣布主席团第一次会议通过的事项。会议由大会主席团常务主席童玉林主持，大会主席团常务主席陈建华、王志荣、桑健、余科、桑圣权、吴鼎皋等出席会议。

★22日，如东县第十四届委员会第一次会议举行主席团第一次会议。会议确定主席团常务主席为陈建华、童玉林、王志荣、桑健、余科、桑圣权、吴鼎皋。会议由县领导陈建华主持。

★22日，如东县十六届人大一次会议秘书处召开全体工作人员会议。县人大常委会党组副书记、副主任徐志平出席会议，要求全体工作人员充分认识开好本次人代会的重要意义，明确大会服务的各项职责，集中精力，到岗到位，以高度的责任感、严谨的态度，确保此次大会圆满召开。

★22日，如东县人大常委会副主任杨成泉率领相关工作人员，对人代会各会场布置、筹备情况进行检查。

★22日，如东县政府召开 2012 年全县特种设备安全监察工作会议暨电梯专项整治动员会。副县长张栩龙出席会议，他强调特种设备的检查管理是全县安全生产工作的重要组成部分，住宅电梯的安全整治更是关系到百姓民生。他要求相关部门统一思想认识、齐心协力、齐抓共管，建立有效工作机制，形成强大的组织保障，通过提高专业化水平，加大宣传力度和业务辅导，切实把特种设备的安全监管工作落到实处。

★23日，政协第十四届如东县委员会第一次会议在县行政中心会议厅开幕。县委书记、县人大常委会党组书记詹立风致开幕辞，县政协副主席童玉林作十三届政协常委会工作报告，县政协副主席桑圣权作十三届政协提案工作报告。会议由县政协副主席王志荣主持。出席大会的有县委、县人大、县政府以及县法院、检察院的领导，县四套班子老领导、县政协历届退休秘书长、县十三届政协历任常务委员。县级机关各部门和有关单位的主要负责人，各镇党委书记、各开发区党工委书记列席会议。应邀全程列席大会的有不是县政协委员的驻如市政协委员，各镇党委分管党务、统战工作的副书记，政协各参加单位的主要负责人，县政协机关干部。

★23日，如东县第十六届人民代表大会第一次会议召开代表团带队人员会议。县委书记、县人大常委会党组书记詹立风阐述了会议的指导思想、重要任务和主要特点。县人大常委会党组副书记、副主任徐志平主持会议，县人大常委会副主任杨成泉、沈更生、蔡瑞平、冒亚平和各团带队人员参加会议。

★23日，县第十六届人大一次会议召开党员代表大会。县人大常委会党组副书记、副主任徐志平宣读了县委关于建立县十六届人大一次会议临时党委的决定。县委书记、县人大常委会党组书记詹立风出席会议并讲话。詹立风要求党员代表充分认识开好此次人代会的重要意义，一要做积极参政议政的模范。二要做严格依法办事的模范。会议由县人大常委会副主任冒亚平主持。

★23日，如东县第十六届人民代表大会第一次会议举行预备会议。会议听取了县人大常委会党组副书记、副主任徐志平所作的关于县第十六届人大代表资格审查情况报告。表决通过了大会议程（草案）、大会主席团和秘书长名单（草案）、大会议案审查委员会名单（草案）、大会计划预算审查委员会名单（草案）。会议由县人大常委会副主任冒亚平主持。

★23日，如东县十六届人民代表大会第一次会议召开主席团第一次会议。会议一致通过了如东县第十六届人民代表大会第一次会议（主席团会议）日程（草案）；大会主席团常务主席名单（草案）；大会执行主席分组名单（草案）；大会副秘书长名单（草案）；议案截止时间的决定（草案）；讨论大会选举办法（草案）。决定大会议案截止时间为3月25日下午5点。会议由县人大常委会党组副书记、副主任徐志平主持。

★24日，如东县第十六届人民代表大会第一次会议在县会议中心开幕。会议听取了代县长潘建华所作的《政府工作报告》；听取了县发展和改革委员会主任周春霖所作的《关于如东县2011年国民经济、社会发展计划执行情况和2012年国民经济和社会发展计划（草案）的报告》；听取了县财政局局长罗晓东所作的《关于如东县2011年财政预算执行情况和2012年财政预算（草案）的报告》。县人大常委会党组副书记、副主任徐志平主持会议。大会主席团全体成员和县四套班子领导在主席台就坐。本次大会的执行主席是詹立风、徐志平、周建飞、陈昌龙、刘才盛、杨中坚。参加政协第十四届如东县委员会第一次会议的全体委员、县级机关各部门主要负责人，以及曾在县四套班子任职离休后享受地市级政治生活待遇的老领导、老同志列席会议。

★24日，如东县委书记詹立风参加掘港镇代表团讨论活动，倾听代表们的意见和建议，共商如东县改革发展大计。他要求掘港镇继续围绕农村现代化、农业现代化、城乡一体化，充分发挥自身优势，在推进基本现代化进程中作出更好更大的贡献。

★24日，如东县委副书记、代县长潘建华在苴镇代表团与代表们交流、探讨开发区发展、新农村建设、企业做大做强、教育现代化等重点、难点问题。

★24日，如东县政协第十四届委员会第一次会议召开主席团常务主席会议。会议讨论《大会选举办法》（草案）；协商主席、副主席、秘书长、常委候选人名单；讨论大会选举工作人员建议名单；讨论《大会决议》（草案）。会议由县领导陈建华主持。

★24日，政协如东县第十四届委员会第一次会议举行主席团第二次会议。会议协商通过了主席、副主席、秘书长、常务候选人名单；听取了各组讨论情况汇报；讨论通过了《大会选举办法》（草案）；讨论通过了大会选举工作人员建议名单；讨论通过了《大会决议》（草案）。县委书记詹立风出席会议，代表县委作了候选人人事工作的说明。会议由县领导陈建华主持。

★24日，如东县第十六届人民代表大会第一次会议召开主席团第二次会议。会议听取了各代表团对大会选举办法（草案）讨论情况的汇报。主席团通过了大会选举办法（草案）。县人大常委会党组副书记、副主任徐志平主持会议。

★25日，如东县第十六届人民代表大会第一次会议举行第二次大会，会议听取县人大常委会、县人民法院、县人民检察院工作报告，表彰优秀代表建议和优秀承办单位，通过大会选举办法（草案）。大会执行主席是：杨成泉、冒亚平、潘建华、陈建华、冯力如、邱荣林。

如东县发展和改革委员会

县领导到发改委调研

2014年，在县委、县政府的正确领导和上级部门的大力指导下，县发改委紧紧围绕年度工作目标，积极履行部门职能，突出重点，务实举措，优化服务，有效推动了全县经济社会的持续健康发展。

年度目标完成较好。预计可实现地区生产总值590亿元，同比增长10.3%。一产保持平稳增长，实现增加值65亿元，同比增长3.4%。二产增速全市领先，实现增加值288亿元，同比增长10.7%，工业应税销售730亿元，同比增长18.2%。三产发展明显加快，实现增加值237亿元，增长11.8%，占GDP的比重首次突破40%，较去年同期提高1个百分点；服务业应税销售收入300亿元，同比增长30%以上，增速有望五县市第一。

经济发展势头良好。预计全年完成固定资产投资425亿元，同比增长20%。其中，工业投入预计可完成287亿元，同比增长15.7%；服务业投入预计可完成138亿元，同比增长24.1%。预计社会消费品零售总额完成254亿元，增长12%。进出口总额完成31.5亿美元，增长10%，其中出口总额完成12亿美元，增长12%。

重大项目推进有力。145个县级重点项目，年度计划投资201.52亿元，预计完成投资180亿元，完成年度计划的89.5%，其中，重大项目40个，年度计划投资89.94亿元，预计完成投资81亿元，完成年度计划的90.1%。12个市级以上重大项目完成投资57.16亿元，当年竣工4个。

新兴产业成长迅速。预计全县117家新兴产业企业合计实现产值400亿元，同比增长16.6%，占规模以上工业比重23.5%，占比提高0.8个百分点。实施五大新兴产业项目44个，累计完成投资61亿元，20个项目竣工。

争取资金取得突破。我委积极组织申报中央、省级扶持资金项目33个，已到账上级资金1.47亿元。中天科技定向增发再融资22.6亿元，东泰公司、金鑫交投公司等政府融资平台成功发行债券20亿元，极大地缓解了基础设施等项目建设资金压力。

县发改委召开机关作风建设大会

发改委到部门开展经济转型升级专题讲座

我县向陕西省旬邑县捐赠15万对口支援扶贫款

县民发办组织向企业推广“机器换人”项目

江苏省洋口港

港口新城

16万立方米低温全容式LNG储罐

2014年，在县委、县政府的正确领导下，洋口港经济开发区抢抓江苏沿海开发战略机遇，深入实施全省沿海开发“六大行动”，牢牢锁定既定目标任务，以重特大项目为龙头，以基础配套建设为先导，攻坚克难，务实求效，力促项目快出形象，力推载体提升能级，力求理顺体制机制，各项工作得到了较好推进。

（一）培育“大产业”，项目形象逐步凸显。一是加大项目招引。围绕“3+1”产业定位，立足港口实际，发挥港口优势，以基础液体化工原料仓储基地建设作为产业链发展的源头，打造适合洋口港发展的特色产业链。在既定的产业方向上的招商均有所突破，徐矿集团甲醇制烯烃项目、贵州开磷集团化工项目、中石化液化品仓储物流基地项目等一批重大项目正在加紧跟踪洽谈。二是推进项目落户。紧抓县级部分管理权限下放机遇，充分发挥投资服务中心职能作用，大大缩短一批大项目的前期工作、项目审批和备案时间，有效加快了项目落户的进程。台中化化工新材料基地项目一期、振戎国际仓储、中广核海上风电、正盛化工新材料、龙源风电场等项目均取得突破性进展。三是加快项目建设。爱森聚丙烯酰胺、科益聚丙烯酰胺、领先汽车保养用品、杭氧空分、中石油LNG二期、台中化液化品仓储、锦辰汽车配件等项目正加快建设，将于今年底、明年初陆续投产运行。石材产业园致力于打造“全国最大的石材产业园、服务全国的石材产业物流集散地、推进全国石材产业升级的示范区”。

（二）实施“大建设”，承载功能有效提升。一是规划不断优化。港产城一体化战略规划完成修编初稿。完成阳光岛规划修编和码头布置调整，获得部省联合批复文件。为满足项目建设配套需要，启动临港工业区和阳光岛公共管廊等专项规划编制，形成了初步成果。二是配套逐步完善。阳光岛绿化提升工程、固沙工程完工，岛上供电工程、观光塔、雨污管网、环岛道路加紧施工。万吨级液化品码头正在开展管线支架、管线及配管中心施工，二期工程各项手续均已进入报批阶段。10万吨石化码头工程目前已完成南北两个工作平台工程，正在靠船墩施工。万吨级重件码头完成门机安装，正式投运。区内供变电线路完成改造，落户企业用电难问题得以缓解。污水处理厂年内投运，排海工程完成陆、桥段施工。临港工业区一期已基本实现七通

洋口港商务大厦

经济开发区

一平，一期中心路及二期中心路东段绿化工程完工。临港工业区二期A区吹填竣工，中心河西段建成，排海闸站完成主体工程，实现一二三期水系全面贯通，园区排涝能力全面增强。临港工业区三期正在抓紧吹填工作。三是新城开发加快。天瑞商业街项目一期部分主体结构已封顶；海逸国际社区一期正进行填充墙和外墙粉刷施工；人才公寓正进行室外施工，即将对外销售；锦湖美墅项目完成桩基施工；老镇区改造、港城花园进场施工；港城美墅项目正进行方案设计。公用配套项目有序推进，港口幼儿园已正式投运；港城中心市场建设进展迅速；港口医院完成设计方案审查，公交客运站、港口学校已进场施工；长南安置公寓和安置区统建房加紧施工。基础配套项目快速推进，洋口大道绿化工程已完成；港城大道正进行路基灰土施工及桥梁板梁施工；老镇区道路改造工程、纵五纵十道路桥梁工程、城区新建的两横一纵道路正加快建设。

（三）推动“大开放”，园区质态不断做优。一是开放步伐加快。洋口港一类口岸开放于2014年8月10日获得国务院正式批文，同时临时开放十二次延期获批。积极统筹协调，推进口岸联检设施建设，做好口岸配套服务，口岸商务区将于明年上半年投入使用。江苏LNG接收站累计靠泊LNG船舶95艘，接卸液化天然气899万吨。二是积极争取上级政策。洋口港综合保税区可研报告完成编制，正与上级海关部门沟通汇报。洋口港省级开发区申报工作已作为全省予以保留的43个开发区之一上报国家发改委，争取省内首批获批。洋口港滩涂综合开发试验区申报材料通过专家审查，争取年内获省批准。省洋口港开发建设联席会议第一次会议4月份在南京召开，极大地畅通了重大事项在省级部门的沟通渠道。三是完善疏运体系。积极推进烂沙洋北水道15万吨级航道工程，并获得交通部补助资金3.975亿元。配合做好洋口运河贯通工程，内河港池建设基本完成。洋口港火车货运站及周边道路建设完工。辖区内临海高等级公路全线通车，通洋高速将于2014年2月正式通车，港城快速通道和港城大道工程加快建设，预计2014年上半年同步实现基本通车。

（四）打造“大财经”，造血功能逐渐增强。一是财政征收平稳增长。围绕下达目标任务，进行科学分解，形成层层抓落实的责任传递机制，预算收入实现了应收尽收。对区内税源进行仔细排查，强化各项工程跟踪对接，确保各类应税交易征足补齐。二是公司平台机制优化。在县委、县政府的大力支持和具体指导下，由洋口港建设发展公司受让县日泰公司所持洋口港投资公司的部分股权，同时组建了自来水供水公司、港务公司、工业供水公司，对明珠物流公司进行改造，全面优化区内9家公司要素资源，整合打造总资产108亿、净资产50亿、年利润过亿的集团公司，为未来洋口港可持续发展奠定坚实的运行基础。三是项目融资全面突破。通过邀请专业咨询机构进行公司资产和财务整合，做大、做强公司规模和基本面，完善融资平台。优化财政与平台的反哺关系，形成良性循环。截止目前，洋口港融资余额已逾50亿元，为洋口港基础设施建设提供了有力的支撑。完成集团发债准备。与县级乃至市级平台保持紧密联系，在平台融资、担保提供、共享信用空间等方面强化合作。

石材产业园

重件码头

杭氧冷能空分项目

10万吨石化码头

LNG船舶靠泊码头

江苏省如东

党工委书记：徐洪斌

党工委副书记、管委会主任，苴镇党委书记、人大主席：翟建华

2014年，面对严峻复杂的宏观经济形势，如东经济开发区在县委、县政府的正确领导下，全面落实党的十八大和十八届三中全会、四中全会精神，牢牢锁定“三主”目标，按照“三高”要求，创新解难，务实进取，全区经济社会呈现出难中求进、稳中有为的发展态势，全省省级开发区科学发展综合评价排名第9位。全年实现公共财政预算收入4.26亿元，注册外资1.6亿美元，市外民资项目投入9.17亿元，千万元以上项目投入47.2亿元，服务业投入9.5亿元，工业应税销售130亿元，外资到账6000万美元，均完成或超额完成县委、县政府下达的目标任务。

以招商选资为引擎，项目建设加快推进

以项目为中心，强势推进招商引资，全力猛攻有效投入，园区发展后劲不断增强。

以转型升级为方向，优势产业培育壮大

以调结构、促转型、稳增长为目标，积极培育优势企业、优势产业，工业经济实现平稳较快增长。

以功能提升为重点，发展环境不断优化

坚持形态开发和功能开发并举，城市综合服务配套功能不断提升。

以改善民生为落脚点，社会大局和谐稳定

在加快发展经济的同时，更加注重民生建设，不断加大统筹协调力度，从根本上维护了和谐稳定的发展局面。

以强基固本为根本，党的建设进一步加强

深入开展党的群众路线教育实践活动，全面加强党的思想、组织、作风、人才队伍和反腐倡廉建设，为园区快速发展提供了坚强保证。一是人才队伍建设进一步加强。

2015年是如东经济开发区“二次创业”的关键时期，我们将深入贯彻落实党的十八届三中全会、四中全会和习近平总书记系列讲话精神，按照“三高”工作要求，切实增强责任感、使命感和紧迫感，坚持科学发展，推动转型跨越，力争早日晋升国家级开发区，为全县赶超争先发展作出更大的贡献。

经济开发区

江苏省政协副主席罗一民，如东县委书记詹立风，如东县委副书记、县长潘建华视察海装风电

南通市委副书记市长张国华来如东经济开发区调研

江苏海力风电设备科技有限公司投入800万元用于研发，新产品已获12项专利，并获得省科技进步三等奖

中国汽车电子硅谷—大唐恩智浦半导体有限公司

2014年11月28日，三一帕尔菲格特种车辆装备有限公司运营投产

江苏省如东沿海经济开发区

省环科院战略合作协议

环保科技公共服务平台揭牌仪式

2014年，如东沿海经济开发区借力体制机制新优势，抢抓沿海开发新机遇，产城融合发展度不断提升，产业转型升级步伐不断加快，进一步激发了“区镇合一”新活力。自2012年成为南通市首家百亿级滨海园区后，2014年全区应税销售突破170亿元，规模工业产值突破300亿元，在全省率先通过了沿海化工园区环保专项整治方案审核，成为全县最具现实生产力的园区之一。其中洋口化学工业园拥有进区企业142家，上市公司项目15个，世界500强企业2家，在建亿元以上投资项目达50多个。先后荣获江苏省新型工业化产业示范基地、江苏省高分子材料科技产业园、江苏省卫生镇、江苏省特色景观旅游名镇等殊荣。2014年如东沿海经济开发区在县12项优胜杯考评中，一举夺得包括园区综合优胜金杯在内“5金5银”好成绩。

目前，如东沿海经济开发区正在积极创建国家新型工业化产业示范基地、国家级卫生镇和省、市生态工业园区，一个新常态下的新沿海正逐步呈现。

村创建单位“刘环村”集聚点

巴斯夫植物保护（江苏）有限公司

“四海家园”示范性公租房项目获评“江苏省公共租赁住房示范项目”

安全环保宣传

江苏省如东小洋口旅游度假区

长江入海口北翼，一片广阔的黄海旅游胜地在这里蔓延、生长，伴随海的浪涛声，日复一日，吞吐日月，迎接八方来客，这是自然的馈赠，亦是你心灵的港湾。这里，就是长三角滨海生态度假胜地——江苏省如东小洋口旅游度假区。它位于素有“苏中福地”之称的如东县小洋口地区，处在江苏沿海开发的国家战略前沿，是江苏省“沿湖、沿江、沿海”旅游发展总格局中沿海旅游的重点地区。区域总规划面积80平方公里，核心面积40平方公里。区域地理位置极其优越，交通便利，宁启高速、沿海高速、南通机场以及苏通大桥连接着苏、锡、常、上海、南京等长三角各大主要城市，已逐步融入上海1.5小时经济圈，有着巨大的战略优势和发展潜力

江苏省如东小洋口旅游度假区是集旅游观光、休闲度假、餐饮娱乐、科普教育、日常生活体验于一体的多功能、生态型的旅游度假区。度假区充分展现南黄海风情，突出绿色生态理念和健康休闲养生旅游，在保留原生态自然特性基础上，营造了高雅独特、优美幽静的景观环境。度假区拥有五个功能分区（海泉综合服务区、高端田园度假区、文化运动休闲区、渔乐美食休闲区、滨海湿地游憩带），涵盖十多个大型旅游项目及设施（温泉度假村、乡村俱乐部、海上迪斯科、江苏第一风筝放飞地、海印寺、亚洲第一风电观光长廊、洋口国家中心渔港、海鲜美食一条街、生态农业观光园……），这里是“一座城”，一座能够带给人们丰富享受和奇幻乐趣的怡养之城、生态之城、休闲之城、狂欢之城！

江苏省如东高

欧尚购物广场

中心农贸集聚区

平湖映佳居

水上新城

如东高新区（掘港镇）2013 年实行区镇一体化管理，是如东政治、经济、文化中心。区域面积 239 平方公里，城区规划面积 120 平方公里，建成面积 30 平方公里。现有人口近 30 万人，其中农村人口 11 万。辖有 3 个街道、18 个社区、31 个村。

近年来，通洋高速、沪崇启大通道、临海高等级公路、沪通铁路相继建成，如东高新区（掘港镇）融入上海两小时交通圈、经济圈，为全面接受以上海为中心的长三角地区资金流、信息流、技术流、人才流的辐射与互动提供了保障。随着“沿海开发”和“长三角一体化”两大国家战略的政策体系叠加交汇，作为战略叠加区域和沿海开发前沿阵地正迎来基础设施加快建设、重大新兴产业加快布局、区域融合加快推进的重大机遇期。

新区（掘港镇）

2014年，实现地区生产总值191.5亿元，完成全社会固定资产投资63.6亿元，完成工业应税销售139.4亿元，完成服务业应税销售132.2亿元，实现财政总收入18.9亿元。现有工业企业1000多家，其中规模以上企业138家，亿元企业52家，10亿元以上企业2家；共有服务业企业800多家，其中规模以上服务业企业32家，重点服务业企业23家。先后获得全国千强镇、中国乡镇投资环境100强、全国环境优美乡镇、江苏省文明乡镇等荣誉称号。

现代化车间

新建厂房

春游

汽车城

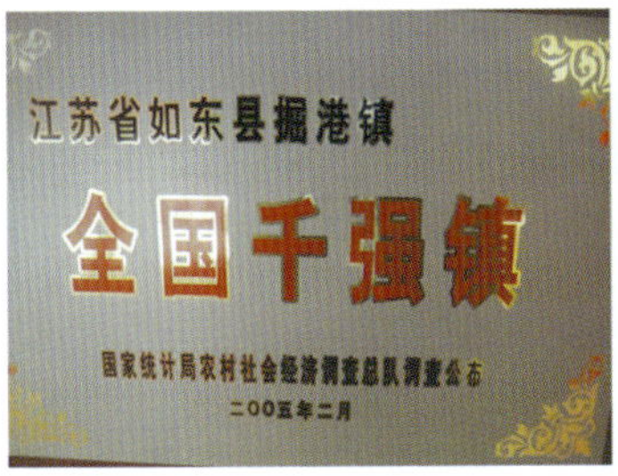

孵化器

如东循环经济产业园

(东凌库区产业园、进口再生资源加工区、大豫镇)

书记：周梁

主任：康徐

如东循环经济产业园（东凌库区产业园、进口再生资源加工区、大豫镇）座落于江苏如东东南沿海，地处长江三角洲北翼，是江苏沿海开发的重点区域，是国家沿海开发战略的重要组成部分。园区东临黄海，南接长江，境内道路通达、河流纵横，S334线、S222线、S221线、临海高等级公路、如泰运河贯穿全境，水陆交运体系发达，依托沪崇启大通道全面融入上海1小时经济圈，成为长三角重要的经济增长极。

园区成立于2012年1月，全区总面积195平方公里，拥有海岸线15公里、滩涂10万亩，人口9.72万人。下辖东凌库区产业园、进口再生资源加工区和大豫镇三个区域。东凌库区产业园是以东凌水库为核心，以“绿色、环保、生态”为主题，打造高端现代服务业集聚区；进口再生资源加工区，是江苏省唯一一家纳入进口废电线电缆、废电机、废五金电器圈区管理的国家级试点园区，主要以循环经济、再生资源等产业为龙头，努力建设国家级进口再生资源加工基地；镇区以建筑材料、劳保用品、电光源生产等为支柱产业。先后获得国家“城市矿产”示范基地、全国环境优美生态镇等称号。

进口再生资源加工区

2014年，全区实现地区生产总值50.39亿元，一、二、三产比重12:42:40，产业结构逐步优化；实现公共财政预算收入1.07亿元，同比增长31.27%；固定资产投资25.26亿元，同比增长5.87%；社会消费品零售总额17.33亿元，同比增长46.37%；农民人均可支配收入1.57万元，同比增长11.51%。夺得“生态文明杯”金杯、“新农杯”银杯、“城建杯”银杯。

市民住宅楼

农家小别墅

乡村美景

江苏省南通外向型农业综合开发区

党工委书记：陈宝来

管委会主任：丛俊

2012年初，如东县委、县政府高瞻远瞩，正式启动南通外向型农业综合开发区。三年多的时间里，按照县委、县政府提出的"建设省内一流乃至全国有影响力的农业开发区"发展目标，南通外向型农业综合开发区紧抓江苏沿海开发、长三角一体化，以及当下"一带一路"等国家战略实施的机遇及辐射带动作用，马不停蹄、开拓奋进，积极参与陆海统筹发展综合配套改革试验，创新开发蓝色农业、绿色农业和高端服务产业，聚精会神打基础、心无旁骛创特色、转型蓄势谋发展，序时达成"一年搭台、两年起步、三年发展"阶段目标，发展态势良好，为"十三五"发展打下坚实基础。荣获中国县域最具农业投资价值区称号，成功承办第八届如东沿海经济合作洽谈会开幕式。

发展思路全面厘清。建区以来，先后完成发展概念规划、总体规划、产业规划、控制性详规以及各类专项规划编制评审工作，同时形成了农海产品加工区、金海岸现代农渔产业园区、刘埠国家一级渔港经济区等三大产业载体平台详细规划和建设方案，实现了全区规划编制全覆盖，为开发区发展厘清了清晰的思路。未来全区将围绕"一脉串双核，双轴滨海联；五园带四区，多点共生辉"的空间结构，打造四大现代农业载体特色。

发展基础逐步夯实。高起点规划并着力推进千亩绿源高效设施果蔬园艺基地、千亩优质梨生产基地、千亩南通荷合每美传统种养殖基地、千亩风光农一体化种养基地等现代农业"四大基地"以及万亩紫菜育苗养殖加工产业园、万亩海参海蜇育苗养殖加工产业园、万亩南美白对虾育苗养殖加工产业园、特种水产品产业园等现代渔业"四大园区"建设。同时，我区着力加强基础设施配套完善，全面推进路、桥、水、电、污水处理、绿化亮化等基础设施配套工程建设。三年多来发展基础逐步夯实，园区开发框架业已形成。

产业招引初见成效。围绕园区发展目标，我区着力开展农渔产业招商，成效显著。截止目前，南通宝华海产品养殖有限公司、南通维尔思水产科技有限公司、南通中水水产科研有限公司等6家企业先后落户并开工建设。东电新能源、通威渔光互补等6个项目正式签约。协盛协丰鳗鱼养殖及加工、格瑞斯循环农业等16个项目正进行深入的洽谈并已达成初步投资意向。同时，我区持续推进品牌创建工作，打造了"东之蕴"牌特色蔬菜、"金沙翠"牌优质果品、"中水水产"牌对虾、"苏宝、苏生"牌海参、海蜇等特色农渔产品品牌。

难点工作成功突破。建区以来，全区上下高度重视刘埠渔港上位审批工作，举全区之力克难攻坚。截止2014年底，仅历时两年，我区不负众望，先后通过省水利厅、海洋局、发改委以及国家海洋局各类专项评审和批文，刘埠渔港上位审批全面完成。建区以来，为加快推进基础设施、建设和产业发展，我区重点主攻融资及上争工作，截至2014年共获得5.8亿元授信，银行7662万元。其中，刘埠渔港项目获得国家开发银行15年期基准利率贷款3.8亿元，通过持续努力可望获得国家渔港专项补助约2亿元。

民生改善成果丰硕。全区村级集体经济快速发展，2014年村营收入同期增长26%，近海、环东、何丫村村营收入分别突破105万元、101万元和55万元；农民人均纯收入达1.8万元，同期增长14%。强化党建教育引领，创新打造"一镇一域一品"品牌，突破非公企业党建瓶颈。实现县级文明村、社区全覆盖，三村一社区全部新建或改造并通过省星级村验收。何丫村获"全国一村一品示范村镇"及"全国绿色生态养殖产业化示范单位"称号；近海村获评"江苏省最具魅力休闲乡村"，居家养老服务站获批省级居家养老服务站;环东村为全国文明创建先进单位，荣获省级文明村、生态村和民主法治示范村等称号。

智能温室

"十三五"时期，如东进入全面建成小康社会、加快实现现代化的关键时期，同时也是赶超跨越的攻坚期，开发区作为全县经济社会发展的重要载体，也同样面临着"不进则退、慢进亦退"的发展形势，将更好地把握机遇，迎接挑战，充分发挥自身优势，坚持深化改革、坚持创新驱动、坚持全面开放、坚持绿色发展、坚持民生为本，着力壮大优势产业，加快资源转化，提高园区综合竞争力；着力加快基础设施建设，落实生态保护，提升产业环境承载力；着力统筹城乡改革，加快城乡一体化进程，提升域内综合功能；着力改善民生民计，加快社会事业进步，促进基本公共服务均等化；着力深化改革开放，加快体制机制创新，增强发展内生活力和动力，全力构筑大农业、大旅游、大园区、大生态四大体系，努力打造沿海新型特色载体。

园区一角

江苏省文明镇——岔河

镇党委书记：高峰

镇长：徐敏

岔河镇地处中国经济最活跃的长三角地区。S225线、S225复线、S334线、S334复线、扬启高速（出口）和九洋河、如泰运河、岔河等穿越腹地。苏通大桥贯通后，岔河融入上海1.5小时经济圈。全镇镇域总面积138平方公里，镇区规划区面积20平方公里，建成区面积2.38平方公里，总人口9.2万人。

岔河，工业经济活跃，优势产品多，铁链加工、纺织服装、粮油饲料、健身器材、机械电子为主的区域工业特色鲜明；农业稳定发展，高效设施项目、标准化示范基地规模效应凸显；城镇面貌日新月异，规划提升、布局优化，服务设施日臻完善。

岔河新农贸市场

晚霞中的在水一方生态园

岔河镇银河星际大酒店

南通市市委书记丁大卫、如东县委书记詹立风、县长潘建华视察岔河

南通市委常委秦厚德视察岔河

岔河在稳农、强工、活商、开放道路上，向区域重镇、工业强镇、商贸旺镇、人文名镇方向前进。先后被授予国家重点中心镇，江苏省文明镇、江苏省教育现代化乡镇、江苏省织造之乡、江苏省社会治安综合治理先进集体，南通市新型小城镇、南通市文明城镇、南通市民营经济先进乡镇、南通市人民满意公务员集体等称号。

南通鹏能实业有限公司

南通厚康纺织敷料有限公司

南通尼森肯纺织品技术有限公司

增压泵站

马塘镇

党委书记：施正泉

镇长：缪锐

2014年是我镇深入贯彻落实党的十八届三中、四中全会精神、全面深化改革的开局之年，也是在经济形势下行的压力下稳步前行的一年。一年来，在县委县政府和镇党委的正确领导下，在镇人大的监督支持下，紧紧依靠全镇广大干部群众，围绕“打好基础，循序渐进，突破重点，全面提升”的目标，抢抓改革机遇，奋力赶超争先，在重点工作推进、指标任务完成、经济社会发展、民生事业提升等方面狠抓落实，取得了较好的成绩。2014年我镇在县对镇整体目标责任制考核中喜获7个杯，综合考核位列第二名，获“综合优胜杯”银杯。社会事业、党建和精神文明建设等工作位列第三名，获“综合保障先进单位”铜杯。其中：农业经济工作位列第一名，获“新农杯”金杯；生态文明工作位列第一名，获“生态文明杯”金杯；城镇建设和建筑业经济工作位列第二名，获“城建杯”银杯；项目建设工作位列第三名，获“项目建设杯”铜杯；财政收入工作位列第三名，获“兴财杯”铜杯。

积极应对宏观经济下行的压力，克服化工企业退镇进区带来的工业经济空心化的不利影响，全年实现应税销售23.22亿元，完成规模工业产值70.7亿元。完成一般预算收入6783.72万元，超额完成全年目标任务。

打造产业特色。为重塑马塘工业重镇形象，积极打造以装备制造业为龙头的主导产业，招引鑫斯达精密机械、诺嘉铸造等装备制造项目落户马塘，同时积极筹划建设纺织印染产业园。

抓好项目推进。加强部门协作，责任落实到人，及时化解项目推进中的困难和问题。

完善服务配套。将项目建设与城市建设、基础设施建设相协调，与人民群众需要相结合，全镇生产性服务业投入1.54亿元，实现服务业应税销售4.69亿元，新开工服务项目6个。

俯瞰马塘新貌

集居点

促进科技转型。协助企业对设施、工艺条件及生产服务实施技术改造，雄鹰涂料、福林机械申报市级工程技术研究中心，大力化工申报省级高新技术企业，博爱面粉、神一纺织、三骏针纺织造、卫东针织申报省民营科技型企业。

大力发展“五个一批”农渔业项目。落实千亩高效农业园区2个、种养示范基地5个。7个全托管服务组织通过市级验收，其中3个达500亩以上。

县委书记詹立风、县长潘建华在马塘调研

2015年是“十二五”规划的收官之年，是全面深化改革的关键之年，也是全面推进依法治国的开局之年，做好今年工作意义重大。当前，宏观经济发展进入新常态，马塘镇正面临与工业重镇、经济大镇的名号不相适应的尴尬局面，工业经济已呈空心化，经济总量、财政收入等指标数据较往年也有了缩水。传统纺织产业市场不景气，新兴支柱产业还未发展壮大，倒逼马塘不断进行新的产业结构调整，提升经济运行质效。在这样的环境背景下，我们要坚定信心，清醒认识和主动适应新常态，形象上求变，工作中求进，努力打造全镇经济发展新引擎。

老年公寓

马塘天成怡园小区

新上亿元项目—江苏卜蜂饲料科技有限公司

国家AA级旅游景点—马塘革命烈士纪念馆

新建的道路

江苏省健身器材之乡
江 苏 省 卫 生 镇 ——新店镇

县委书记詹立风带队参观新店镇项目建设

县委副书记周建飞到新店镇调研工业经济、项目建设

新店镇，南接通如高速，北依洋口港，西邻沈海高速白蒲出口。S225线（复线）、新白连接线、汤丁公路和江海河、九洋河、飞跃河等穿越腹地。苏通长江大桥贯通后，新店融入上海1小时经济圈。

新店，由原新店镇和汤园乡合并而成，辖区面积80.96平方公里，人口4万人，辖10个行政村和2个社区居委会。

新店，以工业立镇，拥有沿洋兴公路布局的工业集中区老区、沿飞跃路布局的健身器材产业园、沿S225复线布局的机械电子工业新区3大工业载体，形成以健身器材、机械电子、纺织服装、铁链等为主导产业的发展格局。是南通市平安乡镇、南通市文明乡镇、南通市信用乡镇、江苏省健身器材之乡、江苏省环境优美乡镇、江苏省卫生镇和中国产业集群经济示范镇。

省体育局副局长颜争鸣到新店镇调研健身器材产业

新店镇召开党的群众路线教育实践活动动员大会

全县工业运行暨园区建设现场会在新店镇召开

江苏工程职业技术学院在新店镇举行科技与人才合作中心揭牌仪式

江苏工程职业技术学院与新店镇签订镇校合作协议

南通合兴铁链有限公司与安信证券签订新三板上市协议

南京航空航天大学与新店镇开展镇校合作对接活动

镇党委书记许金标

镇长丛尤兵

河口镇

全镇总面积117.16平方公里，镇区建成面积6.76平方公里，辖行政村11个、居委会2个，耕地面积5282公顷。年末总户数21368户，总人口63738人，非农业人口15316人，出生 413人，死亡607人，人口自然增长率为-3‰。工业总产值270亿元，其中规模以上工业产值占比86.93%。全社会固定资产投资17.9亿元，财政总收入5.27亿元。2014年获得江苏省卫生镇、南通市平安法治乡镇、南通市安全生产先进乡镇、南通市农业综合开发先进乡镇、南通市工会工作先进镇、县“综合优胜杯”铜杯、县“综合保障先进单位”金杯、县“兴财杯”金杯、县“开放杯”银杯、县“工业发展杯”金杯、县“创新杯”金杯、县“生态文明杯”银杯。

河口镇文化中心

耙齿凌战役纪念碑

中天科技

居民点

中天大道

河口镇敬老院

纬纶纺织

污水处理厂

栟 茶 镇

栟茶，地处如东西北，中国历史文化名镇，是江海平原的鱼米之乡、教育之乡、海鲜之乡、长寿之乡。这里陆海相依、人杰地灵、民风淳朴、崇文重教、书香四溢、贤哲荟萃。史上从这里走出学界名流，政界要人数百人。其中有：国际级的版画大师、国家作家协会、美术家协会、书法家协会会员、军界将校、中国工程院院士、省委书记、全国政协副主席。

今天的栟茶，发展势头迅猛，是长三角北翼最具发展潜力的新型小城镇。境内水陆交通便捷，海洋铁路横贯东西，且设有客运货站。省道s221线、s225线、临海高速公路穿境而过。四横三纵镇核心区道路构成纵横交错的立体交通网络，并形成三星机械园、兴镇工业园两大工业园区。茗海花苑、茗都华庭、栟中北大园等21.3万m²高品位商住楼，高矗林立，鳞次栉比。枫林大润发、好润多等大型超市布局合理。老镇区三里长的青石板街与明清时期古民居交相辉映，彰显古镇文化的厚重。老街美食：一柱楼烧饼、卢扣包子、青园食斋，其味美妙绝伦，蜚声海外。栟茶高级中学高考录取率省内名列前茅，享誉全国。投资近八千万元百年老校栟茶小学，即将迁新址。二等甲级医院县第三人民医院医疗设备先进、医术精湛，服务辐射周边两市三县近40万人。医养一体、设施高档的阳光福利中心已投入运营。境内空气清新、舒爽怡人，森林覆盖率近30%，污水集中处理率75%，生活垃圾无害化处理率100%。占地40余亩的市民文化广场，夜晚灯光灿烂、莺歌燕舞。鑫华园“农家乐”庄园、游客络绎不绝，3A级的佛教文化园“寿圣古寺”已经开建。

这里被人们誉为最适宜休闲的地方、最适宜读书的地方、最适宜养老的地方、最适宜创业的地方。2014年经济总量近30亿，预测近3-4年内将达到70多亿。这座滨海小城镇是投资者的沃土，宜居宜旅的福地。

栟茶小学

栟茶火车站

古镇石板街

新街口

如石机械

国家级生态镇 江苏省文明镇 江苏省卫生镇

——双甸镇

镇党委书记 李健

镇长 杨海军

双甸镇是如东县西大门。镇域南北约12公里，东西长约10公里，如泰运河、省334线横穿镇区中心。全镇面积120平方公里，辖16个行政村（居委会），人口7.8万人。

双甸镇是传统的农业大镇。全镇地势平坦，土壤肥沃，是著名的鱼米之乡、绿化之乡和长寿之乡。全镇以建设社会主义新农村为重点，以实现农村基本现代化为目标，加快发展高效规模农业，促进农业产业结构调整，农业综合生产能力显著提高。全镇工业经济飞速发展，形成以宇迪光学为龙头，以纺织为主体，集服装生产、健身器材、生物制药、劳保用品、轻工机械等6大主导产业的工业结构。

县委书记詹立风、县委副书记周建飞、发改委主任王金泉、双甸镇党委书记李健、吴迪富总经理等在北京为宇迪光学"新三板"挂牌敲钟

"十二五"期间，双甸镇提出"经济实力显著增强、创新能力快速提升、民生幸福不断改善、生态环境更加优美、各项事业协调发展"的目标，贯彻落实科学发展观，努力把双甸镇建成把守如东西大门的重镇，真正使双甸镇成为经济发展、文化繁荣、生态优良、社会和谐、人民幸福的新型强镇。

双甸镇农村集居点

明珠花苑

如东县曹埠镇

书记　王亚军

镇长　缪锐

全镇总面积92.50平方公里，辖行政村6个、居民委员会3个、村民小组203个。总户数1.696万户，总人口4.691万人，农民人均纯收入1.536万元。年末实有耕地5163.2公顷,形成了千亩芦笋种植基地一家、2000亩以上的设施大棚瓜果、蔬菜种植园两家。

全镇工业企业产业的集聚度进一步提升，形成了以欧式家具、劳保手套产为主的产业特色。目前规模以上企业33家，高技术产业企业2家。全年实现工业应税销售18.05亿元。实现规模工业产值81.75亿元，规模以上工业增加值9.53亿元。实现注册外资1050万美元，实际到账外资407.5万美元。进出口总额8065万美元。累计实现生产性服务业投入累计完成1.95亿元，实现应税销售3.26亿元，实现税收2938万元。

全社会固定资产投资完成额8.62亿元。实现财政总收入1.56亿元，公共财政预算收入6670万元，公共财政支出1亿元。修筑桥梁14座，水泥公路总里程383.5公里，中小学5所，幼儿园3所，在职教师193人，在校生1590人。医疗卫生机构数35个。新型农村社会养老参保覆盖率92%。新型农村合作医疗参保率99.6%。互联网宽带上网用户覆盖率54%。有线电视入户率96.5%。人均住房面积87平方米，楼房户占比85.2%。

乐贝帝

亚振家具

华彩

华生风机

泛亚劳护

千年古镇——丰利镇

党委书记 周旭东

党委副书记、镇长 邵亚红

千年古镇隶属于江苏省如东县，通江达海，水陆贯通，是镶嵌在长江三角洲、全国最早对外开放的南通市的一颗璀璨明珠，全镇总面积140.37平方公里，滩涂面积10万亩，总人口数8.1万，其中农村劳动力3.6万。是“江苏省文明城镇”，“十五”期间全国“千强镇”。

丰利镇始建于宋太平兴国年间，历来就以鱼米丰盛、物产丰富而著称，早在清朝中叶便因盐业发达成为交通便捷的滨海商业重镇。如今，九洋河、马丰河、S221线、S225线、临海高等级公路、海洋铁路和规划建设中的洋骑线穿境而过，纳入上海1.5小时经济圈。距南通兴东机场50公里，200公里半径内有上海、南京机场，省道202线穿境，境内兴洋公路与苏通大桥直连，距南通兴东机场40公里，距扬启高速出口仅8公里，距国家一类港口--洋口港仅有30公里。良好的交通优势和自然条件，使丰利成为工业、农业、小商业、渔业并举的特色小城镇。

丰利，人文荟萃。古有郑板桥来吟诗作画，张謇兴办教育，创办丰利小学。今有丁杰、徐善华一代画家。国家非物质文化遗产——跳马夫已成为丰利镇的一个文化符号，多次进京表演。建于唐朝的大圣寺在今年5月份在新址举行复建奠基典礼。同时，丰利文园博物馆、如东图书馆丰利分馆正常开放，古丰社区健身俱乐部、丰利京剧戏迷票友协会、兰花协会、雀舌协会、乒乓球协会等群团组织活动丰富。

丰利，经济发达。以丰利机械为龙头的健身器材产业不断拓展销售渠道，远销欧美；以华艳茧丝绸为龙头的纺织行业进一步放大丰利的人才优势；以真荣水产为龙头的海（淡）水产品加工进一步推动食品产业链的形成，为丰利经济发展注添蓬勃生机。如东环港海藻科技园、如东现代化农业示范园使传统的农业大镇更具特色，农村集体经济实力得到有效增强。枫发工业集中区布局合理，设施配套，前景广阔，是投资者兴业生财的福地。

丰利，城乡优美。先后开发古丰商贸城、腾龙苑、利丰家园、古丰经贸园和正在建设中的丰润嘉园，总征地开发面积约90000m²，开发建设商品房约160000m²，有效地改变了小城镇面貌。农村“四位一体”环境整治成效显著，被省环境保护委员会授予“江苏省环境优美乡镇 ”称号。

丰利，民风淳正。悠久的文化底蕴，孕育了文明的丰利人，这里有传承文明的《文园》，有传递文明的《醉枫庐》，有播散文明的《悟园》；丰利的教育源远流长，百年丰小，独创珠心算特色，已在全世界扬名；文明的新风经历一代一代的丰利人正在沐浴着古枫大地。

近年来，丰利人紧紧围绕“工业兴镇、商贸活镇、环境塑镇、富民强镇”的四大战略，励精图治，不断进取，河西新镇区的开发建设如火如荼，新镇区建设初具雏形，镇容镇貌焕然一新，三产服务业兴旺发达，人居生活质量明显改善，千年古镇正焕发出前所未有的勃勃生机和无限活力！

丰利机械厂

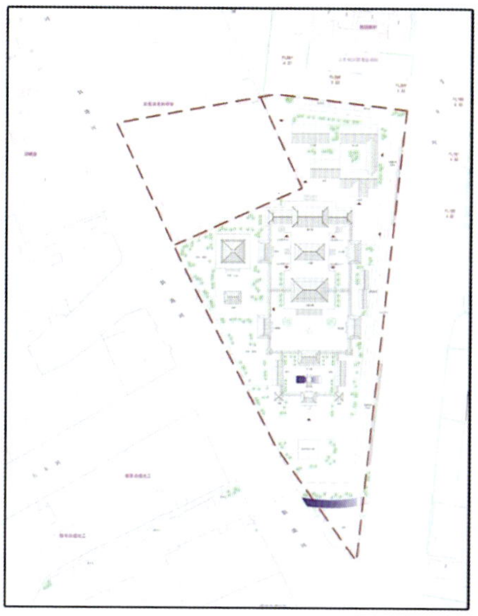

大圣寺规划图

江苏门业之乡——袁庄镇

镇党委书记：许亚军

镇长：陈威涛

县委书记詹立风到袁庄镇调研

袁庄镇是江海平原革命老区的一个新兴镇，位于如东县的西北腹地，地处如皋、海安、如东三县交汇处。全镇总面积99.19平方公里，辖11个行政村，153个村民小组，总人口5.83万人。袁庄镇交通便捷，江海河运畅通，海洋铁路、苴东线、海启高速（建设中）穿境而过，西接沿海高速，是如东连接苏中的西北大门。袁庄镇是"全国环境优美乡镇"、"江苏区域教育现代化先进乡镇"、"江苏省体育先进乡镇"、"江苏门业之乡"。从这里先后走出六位共和国将军，是远近闻名的"将军故里"。

2014年，地区生产总值25.85亿元，规模以上工业总产值30.2亿元，工业应税销售11.01亿元，公共财政预算收入3787.91万元，千万元以上工业项目投入3.2亿元。江苏振通门业成功申报市级工程研究中心，南通久艳服饰、如东县隆盛服饰、如东金誉服饰等成功申报为江苏省民营科技型企业。角林线和苴东线（东陈连接线袁庄段）完成拓宽征拆工作，海启高速完成征拆准备工作。建成了孙庄村优质进出口蔬菜基地，完成自来水管网升级改造工程，实现引江供水全覆盖。如东袁海休闲农庄被评为省三星级乡村旅游点，袁海葡萄成功申报为江苏省无公害产品。继续加大教育投入，新建教师宿舍楼3幢，加固学生校舍8幢，并回购了春晖幼儿园北园。镇关工委工作被市、县评为工作先进集体。启动了袁庄镇志修编工作。

俞邃院士与许亚军书记合影留念

袁庄镇开办道德讲堂

全市粮食全产业链联盟推进会在袁庄镇召开

袁庄镇组织老干部重阳节活动（参观南通久服饰有限公司）

如东县国土资源局

省国土厅祖耀升副厅长一行来如东调研陆海统筹工作

2014年，在县委、县政府和市局的正确领导下，全县国土资源系统紧紧围绕全县经济社会发展大局，坚持以“保护资源、节约集约、维护权益、改革创新、保障发展”为主基调，认真履职，勤勉作为，克难奋进，为全县经济社会的持续健康发展作出了积极贡献。

保护资源力度更大措施更实。一是落实共同管护责任、二是推进土地综合整治、三是强化土地执法效能。

服务发展大局更加主动高效。一是规划空间布局进一步优化、二是保障重点工程重大项目持续有力、三是支撑城市建设和发展坚强有效。

民生权益事项得到切实维护。一是维护被征地农民权益、二是优先保障民生项目用地、三是加强信访和信息公开工作。

节约集约用地共识增强，推进有效。一是节约集约用地倒逼机制初步构建、二是跟踪管理水平得到提升、三是开展闲置空闲土地处置。

局领导班子走进如东政风行风热线回答群众关心的热点问题

工作基础进一步夯实。圆满完成土地利用总体规划数据库更新工作，相关成果全省首家汇交省厅。全面完成集体土地所有权数据库建库工作，实现了地籍的权属、地类、面积统一管理。

党的群众路线教育实践活动成效初显。按照中央、省、市、县委和市局党组的统一部署，高起点谋划、高标准定位、高质量推进，严格整改落实。建立健全了一批规章制度，精简优化了一批审批事项，创新实施了一批新的服务措施，系统工作作风有了明显的转变和提升，得到了社会各界和上级部门的普遍肯定。

6.25全国土地日在文峰大世界门口开展现场咨询宣传活动

局党组召开群众路线教育专题民主生活会

苏州市吴中区国土分局来如东考察交流省国土资源执法模范县创建工作

春节慰问挂钩村建国前老党员

局机关全体人员祭扫烈士墓

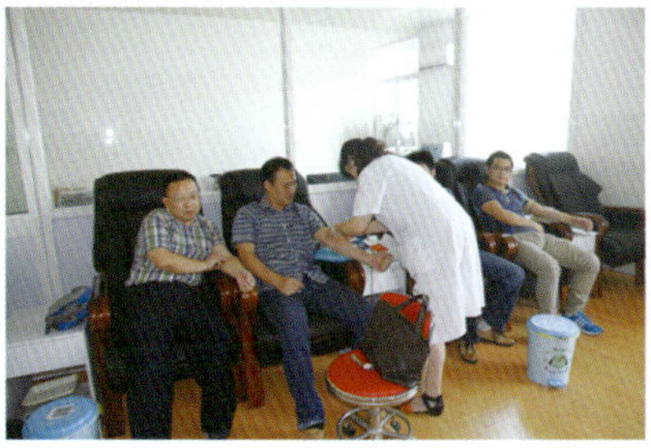

局党总支组织义务献血

县委政法委

近年来，县委政法委围绕大局、紧贴实际，积极会同全县上下主动适应新形势、新常态，更加突出依法治理，始终坚持问题导向，不断夯实工作基础，全面推进平安建设、法治建设和政法队伍建设，有效地保障和促进了全县经济社会持续健康、稳定发展。全县政法工作全面跻身进位全市第一方阵，公众安全感、社会和谐度、百姓满意度、群众参与度“一感三度”核心指标稳步提升，刑事案件万人发案率始终保持全省最低水平。我县连续10年被评为江苏省“平安县”，成功获评“全国法治县（市、区）创建活动先进单位”。

法治建设　立意高远　紧贴实践　开启新篇章

《中共如东县委关于全面推进依法治县的实施意见》正式制定出台。我县涉法涉诉信访改革、企业守法诚信评估等工作走在全省前列。政法系统主动围绕沿海开发、城乡建设、招商引资等中心工作，深入开展法律宣传服务，积极提出司法建议，不断完善行政执法与司法联动机制，认真实施法治惠民实事工程。全县法治建设以更新高度、更大力度向前推进。

平安建设　突出重点　加快发展　打造新亮点

认真落实依法治理、源头治理、系统治理、综治合理，大力推进县、镇、村三级社会管理服务平台和政法基础设施建设，不断完善技防体系、专业巡防特勤队伍和科技信息化建设，扎实开展平安系列创建活动，不断完善依法防范和打击恶意欠薪、弃企逃债等工作机制。全县治安防控能力、政法服务环境得到显著改善。

队伍建设　团结进取　奋发有为　实现新提升

深入践行群众路线，积极适应法治建设新形势、新要求，认真落实司法改革，全面推进司法公开，扎实开展案件评查、执法监督，持续加强政法系统综治、法治培训教育与考核管理，精心组织开展“十佳好警嫂”评选、平安法治万人评议、青年政法干警集训联谊等活动，不断激发政法正能量，提升司法公信力，着力打造一支忠诚、为民、公正、廉洁政法队伍。

缪瑞林（右四）副省长视察指导如东政法基层基础建设

省委政法委侍鹏副书记（左三）专题调研如东涉法涉诉信访改革工作

市委常委、政法委书记曹斌（右三）充分肯定如东政法事业发展变化

省委政法委专题调研如东政法工作

如东县人民法院

深入开展党的群众路线教育实践活动

娄宏春院长带领新任法官进行法官宣誓

2014年以来，县法院以深入开展党的群众路线教育实践活动为契机，紧紧围绕“司法为民、公正司法”工作主线，全面推进审判执行工作，依法服务中心工作，推进生态文明建设，保障全县经济社会发展又好又快发展。深化司法化规范建设，开展“三评查”、“百日办案竞赛”、“反规避执行、敦促被执行人履行义务”专项执行等工作举措，推进积案清理，努力让人民群众在每一个司法案件中都感受到公平正义。推进司法公开三大平台建设，开展互联网庭审直播，组织公众开放日活动，主动接受社会监督，不断提升司法公信。组织实施全员素能培训，狠抓作风建设，促进队伍建设整体提升，夯实司法公信基础。

2014年，法院共受理各类案件11722件，审执结10177件，同比分别上升25.53%和25.49%，收结案件数再创历史新高，审判质效仍位居全市前列。全年共有27个集体、82人次受到县级以上表彰奖励。县法院在2014年度县级机关作风建设综合考核中得分第一，为年度“优秀单位”。

为有效化解信访矛盾纠纷，娄宏春院长主动上门到信访人家中听取意见

法官送法到建筑工地

干警积极参加文明城市创建志愿服务活动

巡回审理进村居，法制宣传到基层

如东县检察院

县人大专题审议我院监所检察工作，对我院工作给予充分肯定

领导班子民主生活会情况通报会

2014年，县检察院紧紧围绕争创“全省先进基层检察院、全县县级机关综合考核先进单位”的总目标，紧紧把握“猛攻业务、狠抓队伍、注重创新”三项重点工作，凝心聚力、负重拼搏，强化举措、务实开拓，各项检察工作实现了跨越式发展，为如东经济社会健康发展提供了有力的司法保障。先后被最高人民检察院评为全国检察宣传先进单位、全国文明接待室、全国预防职务犯罪工作联系点，被江苏省检察院和江苏省人社厅联合表彰为全省检察机关先进集体，连续3年被评为全市先进基层检察院，连续6年被评为全县县级机关综合考核先进单位。院职务犯罪预防科被江苏省检察院授予集体二等功。

召开群众路线教育实践活动动员大会

召开群众路线教育实践活动总结大会

“七·一”大党课检察长为全院干警上党课

深入推进岗位练兵，着力提升干警能力水平

开展举报宣传周活动

百姓宣讲团走进检察院

组织祭扫烈士陵园

开展“普法进滩涂、送法到企业”法制宣讲活动

制作的微电影《岁月的坚守》在全国检察机关首届预防职务犯罪专题微电影评比活动中荣获特等奖，成为全国唯一一家获此殊荣的基层检察院

如东县公安局

省厅领导来县局指导工作

市局领导来市局指导工作

2014年，全县公安机关突出导向引领，围绕“软实力提升、硬实力攻坚、短板接长”三大版推进公安工作整体升级转型和全面发展，综合绩效连续三年稳固南通市第一方阵。做强思想政治工作“三化三管”（科学化、标准化、经常化；系统管理、人本管理、严格管理）品牌，实施“百人培养、青蓝结对、引才引智、全员轮训、全警品书”计划，推行警务精细化管理和“美丽警营”建设，提升队伍战斗力、执行力，激发队伍活力，培育出平凡片警于建国、南通市先进工作者郑建荣等一批典型。充分履行维稳职能，圆满完成“两会”、“青奥会”、国庆65周年、“十八届四中全会”、“APEK”、“县海洽会”等重大会议和活动安保任务。严厉打击刑事犯罪，先后破获各类刑事案件995起，抓获刑事作案成员957名，公诉638人，挽回经济损失近亿元；刑事警情同比下降13%，万人发案率处于全市最低水平，公众安全感全市领先。强化公安行政管理和服务，全年公安110共接处警服务54674起，查处治安及其它行政案件4516起，查处交通违法行为254762起，户籍办理22438人次，办理出入境证件16835件。深化系列平安创建活动，强化安全监管，及时查改各类安全隐患，全年未发生重大恶性交通事故和安全责任事故。2014年度被市公安局评为综合绩效先进集体，被县委、县政府评为人民满意政法机关。

2014年度县级公安机关综合考核

先进集体

南通市公安局
二〇一五年二月

奖状

县公安局：

在二〇一四年度工作中，成绩显著，被评为人民满意机关，特发此状，以资鼓励。

副县长、局长程军在全县公安工作会议上作工作报告

强化特勤队伍建设

召开党委扩大会议研究部署重点工作

召开全县公安工作会议

青年文学沙龙暨全警品书会启动仪式

县局举行城区治安防控平台启动仪式

如东县司法局

市委常委、政法委书记曹斌视察我县社区矫正管理教育服务中心

2014 年，全县司法行政系统紧盯“全市争一流、全省争位置、全国争先进”的奋斗目标，深入推进矛盾纠纷排查调处、公共法律服务、特殊人群服务管理、法治宣传教育“四个全覆盖”工作体系建设，为我县经济社会发展作出了积极贡献。“六五”普法、安置帮教工作被省表彰为先进单位。调处中心被省委、省政府表彰为“2011—2014 年全省社会治安综合治理先进单位”。企业守法诚信指数评估工作在全省法治宣传教育全覆盖现场会上推广，并被列为省、市 2014 年法学会重点项目。探索“亲情视吧”延伸帮教做法得到省厅柳玉祥厅长批示。

如东县经济改革与发展暨“六五”普法培训班

开展“法润如东”系列法治文艺巡演

举办县委中心组新环保法专题报告会

如东县残疾人联合会

2014年，如东县残联进一步深化和拓展残疾人社会保障体系和服务体系，全力推动残疾人基本公共服务的普及，较好地完成了年度工作任务。总建筑面积8750平方米，总投资3540万元的县残疾人综合服务中心建成投入使用，全面提升了如东残疾人公共服务水平和承载能力。全年4次集中评残，共评出各类残疾人1458人。重残救助不断提标扩面。在全市率先拿出《如东县0-6岁残疾儿童康复训练再救助办法》，从2015年起，每年对130个左右在机构康复训练的残疾儿童家庭，由政府给予3000—5000元的房租及车旅费用的补助。在全市率先出台了《如东县贫困精神残疾人免费基本用药实施意见》，将困难精神病人每年的药费标准由600元提高到3000元。组织了300多名调查人员，完成了全县就业年龄段残疾人就失业调查工作。全年累计培训残疾人550多人次，新建星级扶贫基地6个，22个残疾人扶贫基地实际安置带动残疾人超过1000人。全年残保金入库近1600万元，促进450家企业单位规范安置 2234名残疾人就业，全市第一。县残联被县委县政府表彰为2014年度人民满意机关。

如东县四套班子领导视察新落成的如东县残疾人综合服务中心

南通市副市长赵闻斌视察如东县残疾人综合服务中心

如东县蓝精灵儿童服务中心正式运行

残疾人在如东县残疾人托养中心庇护工厂劳动

海韵如东 阳光国税

如东县国家税务局

2014 年，如东县国税局紧紧围绕年初确定的“1112”工作思路，以改革探路，靠实干进取，用创新攻坚，各项工作齐头并进，多条战线捷报频传。组织入库税收总收入 28.52 亿元，同比增长 8.86%；入库增值税 20.94 亿元，同比增长 13.68%，增幅列南通五县（市）第一；入库地方公共财政预算收入 8 亿元，同比增长 8.56%，总量超海门市 3900 万元。深化税收管理改革，全年取消调查、巡查事项 14 项，审批办结时限提速超过 30%，下户检查比例下降九成。强化依法治税，获评如东县依法行政工作先进集体。优化纳税服务，创建的“情景培训课堂”被省局纳入电子税务局建设项目，反映便民办税的《从半小时到两分钟》一文荣获总局“便民办税•春风故事汇”优秀奖。在年终考评上，勇夺市局 5 项重点工作竞赛“两金一银一铜”，荣获全市国税系统先进集体，并在县级机关整体目标管理考核中蝉联第一方阵，连续第四年获得“人民满意机关”称号，圆满实现了“赶超争先”的总目标，向如东国税成立 20 周年交上了一份满意的答卷。

总局第二督导组和省局主要领导到如东国税督导教育实践活动

南通市局凌曙明局长到如东国税体验情景培训课堂

储开森局长带队到江苏龙源风电有限公司调研

召开全县国税系统全面深化税收管理改革动员大会

组织开展“大手牵小手，爱心暖童心”志愿服务活动

如东县地方税务局

党组书记管玉屏热情接待纳税人

党组副书记、局长汤滨滨在涉税风险案头评估竞赛活动现场发言

2014年，如东地税围绕“深化改革，创新提效”工作主题，全年共组织收入62.43亿元，同比增长14.82%，其中：地方公共财政预算收入33.53亿元，同比增长26.98%，占县财政地方公共预算收入的67.06%。

新一轮征管改革全面实施，机构职能更加合理，岗责配套更加健全，风险应对效率显著提升。2014年，如东地税系统被授予“江苏省地税系统依法行政示范单位”、“江苏省妇女双学双比先进集体”、“江苏省安排残疾人就业工作优秀单位”、“南通市道德讲堂示范点”、南通地税系统绩效考核“优良单位”、“如东县人民满意机关”等称号。微电影《税月的承诺》获全国微税收作品三等奖和“风尚南通”微电影大赛二等奖，税宣动漫《暖巢》在国家税务总局动漫大赛中获二等奖，微电影《岁月的坚守》获首届全国预防职务犯罪专题微电影评比特等奖。

地税开放日

地税开放日

自行开发的二手房交易涉税查询系统运行良好

积极开展道德讲坛活动

如东县住房和城乡建设局

县委书记詹立风调研重点城建工程

10月29日群众路线教育实践活动总结大会

2014年，住建系统锁定“推进生态文明建设美丽如东”建设目标，各项工作快速有序推进。

全年累计实施市政路桥工程7项，城区新增道路里长20公里。新增绿化面积31.2万平方米，养护总面积140万平方米；新增、修复路灯2000余盏。铺设县城环网管道5公里。通洋线输水二期工程完成43.8公里管道铺设，帮助栟茶、丰利等镇实施农村供水管网升级300多公里。县城第二污水厂建成，具备运行条件。县城达标尾水排海工程铺设管道8公里。各项基础设施工程全年投资达20亿元。

县百姓宣讲团“住建专场”

房屋征收管理取得新突破。重点项目难中求进，依法依规狠抓征收项目的平稳有序推进。全年累计实施征收项目23个，征收房屋总面积120万平方米。

房地产市场稳步发展。全县房地产开发项目44个，完成开发量150.54万平方米。销售商品房3886套，45.32万平方米，成交金额近26.18亿元。

住房保障工作继续领跑全省。全年完成9个保障性安居工程项目和4个老小区改造项目。基本建成保障性安居住房2607套，27.43万平方米。廉租房租赁补贴保障109户、发放补贴约25.8万元。

全年我县建筑行业完成施工产值540亿元，同比增长21.9%，2家企业晋升一级总承包资质，呈持续发展态势。

冒雨深入工地进行安全检查

现场检测市政工程质量

友谊路

朝阳路

阳光家园

长江路南侧景观绿地

县城第二污水处理厂

如东县城市管理(行政执法)局

2014年，如东县城市管理（行政执法）局紧紧围绕县委、县政府中心工作，按照“美观、整洁、有序”的总体要求，以建设“百姓城管”为主题，以推进“931城市环境综合整治”为主线，统筹推进城市管理各项工作，取得显著成效。2104年，友谊东路、新光社区成功创建省级城市管理示范路、示范社区，城市形象日益改善；数字化城管系统建成运行，组建“城市管理监督指挥中心”，与“12345政府公共服务中心”合并，城市管理工作效能显著提升；投入500万元建成“同业苑夜排档”，实施规范管理，投入80万元升级改造7座老旧公厕，进一步完善了城市功能；处置生活垃圾14万吨，城乡生活垃圾无害化处置率达100%；拆除违法建筑207处，面积达1.8万余平方米，基本实现了县城规划区内和镇区公路沿线违法建筑“零建成”的目标。

数字化城管系统建成运行

同业苑夜排档集中经营点

江苏省城市管理示范社区——新光社区

改造后的公厕环境设施一流

如东县交通运输局

县领导视察通洋高速建设情况

通洋高速

省交通厅公路局局长张立早来如东视察

如东通了火车

"2014 年,是如东交通发展具有历史性、转折性、标志性的一年,是如东真正告别"三无"的一年,铁路开通、国道通车、高速通车,在如东交通史上具有里程碑意义。全年交通基础设施建设继续保持 24 亿元的投资力度,建设项目 27 个,投资总量、建设规模、质量管理连续五年名列全市第一。在基础设施建设方面:海启高速初步设计获得省发改委批复;通洋高速及其连接线顺利建成通车;苴东线岔河袁庄段实现简易通车;225 省道南延、外农连接线、东陵库区连接线通过交工验收;港城中通道形象进度过半,路基基本完成,全线桥梁均已完工。在城乡客运体系拓展方面:实现新一轮规划总里程 550 多公里,较上轮增加 150 公里,路网布局更为合理。投资 4.1 亿元建设农村公路,投入首度超过普通干线公路,完成农村公路建设 157.6 公里,改造危桥 102 座。新开行 105 路、106 路、801 路城市公交;对 205、206、207、305 路等城镇客运线路进行调整;新开通 4 个镇 7 条镇村公交线路,至此全县已有 6 个乡镇实现公交覆盖。如东客运站新建项目房屋征拆基本完成;小洋口客运站正式启用;岔河客运站、洋口港客运站建设有序推进。"

如东高速公路入口

临海高等级公路 2014 年 1 月通车

如东县环境保护局

县委、县政府领导参与环保签名

江苏省如东县：

国家生态县

二〇一四年五月

近年来，县环保部门围绕“为发展腾出更多的环境容量，为百姓创造更好的环境质量”的目标要求，统筹推进生态创建、污染整治、项目服务、环境监管等重点工作，较好地完成了县委、县政府交办的环保工作任务。生态建设持续升温。国家生态县于2014年5月份正式获得命名，成为继海安之后全市第二批获得命名的地区，国家生态文明试点示范县建设正式启动。如东经济开发区获得省级生态工业园区命名。循环经济产业园被列为全省“城市矿产”示范试点基地。项目服务不遗余力。三一特种车辆装备生产、大恒固废焚烧扩能项目已投入试生产，天楹环保三期、惠天然固废填埋场等28个项目获得省市环保部门批复，如东经济开发区区域环评跟踪评价和宜高塑胶、长青农化等22项目环评报告书顺利通过专家评审。环境整治不断深化。全面启动电镀、印染、燃煤锅炉、水环境等重点行业专项整治，全县累计23台（套）高污染燃煤锅炉被淘汰；2家热电企业脱硫脱硝、4家印染企业中水回用、6家企业挥发性有机物回收整治和112家加油站油气回收改造任务全面完成。化工园区环保整治不断深入，区内已投产企业中13家停产整治、61家限期整改已基本结束，引导企业累计环保投入达到5.5亿元。执法监管苏中领先。深入开展环保执法亮剑行动，强化环保联动执法，对环境违法行为尤其是违法排污、坑害群众的恶劣行径敢于亮红灯、下重拳、出狠招。全年下达行政处罚决定书50份，处罚金额236万元，对4起涉及污染环境罪的案件移送公安机关处理，处罚案件数和案件移送公安数在南通六县（市）中均名列前茅，受到了环保部华东督查中心、省环保厅的高度赞扬，堪称苏中环保执法领先。

县委中心组“推进生态文明建设”专题报告会

绿色出行，共享生态

局主要负责人前往企业调研

清华—如东环保环保主题座谈会

局机关全体党员前往马塘烈士陵园重温入党誓词

深入农村开展挂钩帮扶

如东县安全生产监督管理局

县委书记詹立风检查安全生产工作

县长潘建华检查安全生产工作

如东县安全生产监督管理局在县委县政府的正确领导下，牢固树立全心全意为人民服务的宗旨，坚持“安全第一、预防为主、综合治理”工作方针，严格落实安全生产综合监督管理职责，有效遏制重特大生产安全事故发生，促进安全生产形势持续好转，为全县经济社会和谐健康发展营造了良好环境。

服务经济发展。县安监局始终坚持服务经济发展为首要任务，巴斯夫植物保护（江苏）有限公司、海正化工南通股份有限公司、江苏快达农化股份有限公司、江苏优嘉化学有限公司等重大企业项目先后通过安全设施“三同时”审查投入运行。提升本质安全。强力推进质态提升工程，以安全标准化为抓手，促进企业本质安全不断提升，到目前为止，化工企业安全标准化达标率达90%，其余规模以上企业累计500余家通过安全标准化验收。突出培训教育。以“安全生产月”活动为契机努力在全社会营造安全生产浓厚氛围，开展企业主要负责人、安全管理人员培训，提高企业安全素质和安全管理水平。深化专项整治。深入推进以危险化学品、涉氨企业、有限空间作业、职业卫生为重点的专项整治，其中化工专项整治成效显著，到目前为止，区外化工生产企业除政策性保留的10家，其余均通过关、停、并、转、迁向化工园区集中，此项工作得到省、市领导高度肯定。协调推进道路交通、海洋渔业、建筑施工等重点行业专项整治。加大执法力度。开展制度化检查、集中检查、“四不两直”抽查和节前检查，促进隐患整改，近年来，累计下发责令改正指令书400余份，立案处罚147件，处罚款800余万元，有力打击了安全生产违法违规行为。打造优秀队伍。县安监局十分重视自身建设，加强思想建设，保持队伍先进性，注重机关作风和党风廉政建设，提高队伍纯洁性，以“安盾计划”为抓手，提升队伍整体素质。

安监人用自己的努力和辛勤汗水为全县经济社会平安发展做出了积极贡献，得到了群众的好评和上级的肯定，先后获得国家安监总局《中华人民共和国安全生产法》知识竞赛优秀组织奖，全国职业病防治知识竞赛优胜单位奖，全省烟花爆竹安全生产监督管理工作表现突出集体、全省输油气管道安全生产先进集体、南通市文明单位、全市天然气长输管道非法占压清理工作先进集体、如东县平安法治建设先进集体、服务项目建设先进单位、政务服务工作先进集体、人民满意机关等荣誉。

面对新形势、新要求、新常态，如东县安全生产监督管理局将紧紧围绕县委县政府中心工作，严格落实省、市、县有关要求，强化意识、落实责任、筑牢基础、高点定位，全力以赴做好安全监管，为全县经济社会平稳发展作出新的贡献。

全省化工集中区安全工作汇报会在我县召开

召开全县安全生产工作会议

开展安全生产月活动

如东县海洋与渔业局

如东县海洋与渔业局以建设全省海洋强县为奋斗目标，秉承“扶江越海、赶超跨越”如东新时期精神，坚持“安全第一”的工作方针，全面夯实渔业安全工作基础，深化“平安渔业示范县”、“国家文明渔港”创建目标，加大渔业安全有效投入，健全渔业安全监管机制。强化优质服务品牌构建，围绕服务沿海开发、经济发展、社会民生，落实好重大用海项目的确权申报，借助央视媒体，大力推介“如东海鲜之乡”知名度，再创“中国文蛤第一县”。深化科学发展工作内涵，发挥国有海域资源开发有限公司平台效应，实现资源市场最大化，大力推进现代化渔业产业进程，建设一批有规模、有品牌、有竞争力、带动能力强的渔业龙头企业，加大科技兴渔兴海战略实施，促进海洋与渔业跨越发展。营创全面和谐发展氛围，加强系统自身平安建设，促进和谐海洋有序开发，推动健康渔业持续发展，强化“生态立县、环保优先”的工作理念，全力促进人与自然、人与社会的全面和谐。

如东县教育（体育）局

江苏省教育厅厅长沈健到如东调研

县委教育工委召开群众路线教育实践活动动员会

2014年，扎实开展群众路线教育实践活动，会议减少10%，文件下降8%，机关公用经费压缩23.5%以上。教育装备提升工程如期完成，教育城域网提升工程顺利完成。实验小学、马塘小学、港城幼儿园搬进新校园。加固校舍约4.2万㎡，单体新建校舍约4.2万㎡，建成塑胶操场18片。开展“社会主义核心价值观”教育，实施“八礼四仪”教育，加强体育、艺术、科技教育，学生竞赛获省以上奖项近100人次。高考继续领军全省，本科上线率超历史；中考成绩名列全市前茅。全年3人被评为省特级教师，2人获评全国教育系统先进工作者（优秀教师），2人获评省优秀教育工作者，教师获市级以上教学比赛奖137人次。新增公办园6所，公办园占比70.4%，省优质园占比75%。在全国率先成立中学生国家安全教育基地。如东中专创建为江苏联合职业技术学院如东分院，学生县内就业率达80.5%。县城10分钟健身圈基本建成。举办体育赛事50余场次，被评为2009～2014年度全国风筝运动先进单位。

国家安全教育示范基地启动仪式

县第30个教师节表彰庆祝活动

全县学校文化与特色学校建设现场会学生活动

全省青少年击剑冠军赛在实验小学举行

全县中小学校责任督学挂牌督导工作全面启动

9月1日新实验小学全面投入使用

县人大常委会副主任、大会主席团常务主席杨成泉主持会议。县人大常委会副主任徐志平代表县第十五届人大常委会作工作报告。县人常委会副主任沈更生宣读优秀代表建议和优秀承办单位表彰决定。大会通过了如东县第十六届人民代表大会第一次会议选举办法。县委书记、县人大常委会党组书记詹立风作选举动员。大会观看了《如东县第十五届人大常委会工作回眸》电视专题片。县级机关有关部门负责人，出席政协如东县第十四届委员会第一次会议的全体委员列席本次大会。

★25日，如东县第十六届人民代表大会第一次会议举行主席团第三次会议。议听取了主席团提名各类候选人名单及候选人情况的介绍，明确了代表联合提名的具体要求，通过了代表联合提名截止时间的决定（草案），并通报了代表视察参观的具体方案。县委书记、县人大常委会党组书记詹立风主持会议。

★25日，出席政协如东县第十四届委员会第一次会议的委员们从县会议中心出发，在县领导周建飞、陈建华、沈峻峰和张蓉蓉的带领下，视察了全县近年来城市、交通、铁路和洋口港建设成果，亲眼目睹全县经济社会发展的壮美画卷，亲身感受了如东县跨越发展的活力与潜力。县政协领导童玉林、王志荣、桑健、余科、桑圣权参加活动。

★26日，出席如东县第十六届人民代表大会第一次会议的代表们在县委书记、县人大常委会党组书记詹立风等领导的带领下，满怀喜悦，一路饱览了全县近年来经济社会发展的靓丽风景，感受着家乡发展的巨大变化和勃勃生机。

★26日，政协如东县第十四届委员会第一次会议举行第二次大会，围绕《政府工作报告》进行大会发言。县委副书记、代县长潘建华出席会议并讲话。潘建华表示，政府将加大对政协工作的支持，继续坚持重大决策的政治协商制度，自觉接受政协的民主监督，做好对政协委员提案、建议、意见的承办，为政协参政议政创造更好的环境。他希望广大政协委员积极建言献策，充分发挥桥梁纽带作用，把群众思想引导到经济发展上来、引导到县委、县政府中心工作上来，为如东经济社会跨越发展作出更大贡献。大会由县政协领导童玉林主持。县领导陈建华、沈峻峰、姜晓静、洪大林、蒋树健、王智、程军、张栩龙及县政协领导王志荣、桑健、余科、桑圣权出席了会议。

★26日，政协如东县第十四届委员会第一次会议举行主席团第三次会议。会议听取了各小组审议讨论和酝酿协商的情况汇报；协商通过了正式候选人；通过了大会选举工作人员名单；通过了《大会选举办法》（草案）；通过了《大会决议》（草案）。会议由县领导陈建华主持。

★27日，如东县第十六届人民代表大会第一次会议举行第三次大会，会议选举县人大常委会组成人员，新一届县政府、县人民法院、县人民检察院领导。詹立风当选县第十六届人大常委会主任，潘建华当选如东县人民政府县长。大会的执行主席是：蔡瑞平、任新峰、蔡建华、杨小军、于立忠、张桂英（女）。大会主席团常务主席蔡瑞平主持大会。大会选举詹立风为县第十六届人大常委会主任，选举陈昌龙、沈更生、冯力如、唐国均为县第十六届人大常委会副主任，选举产生县第十六届人大常委会委员 26 名；选举潘建华为新一届如东县人民政府县长，选举沈峻峰、姜晓静、王智、程军、张栩龙、江华为如东县人民政府副县长；选举娄宏春为如东县人民法院院长；选举顾祖林为如东县人民检察院检察长。县级机关有关部门负责人列席大会。

★27日，新当选的如东县人民政府县长潘建华接受如东日报记者专访时承诺，将带领全县人民加快建设“经济跨越发展、百姓安居乐业、社会和谐稳定”的现代化新如东。

★27 日，政协如东县第十四届委员会第一次会议举行第三次大会。大会进行了选举，陈建华当选为县十四届政协主席。大会由童玉林主持。大会选举陈建华为县十四届政协主席，王志荣、桑健、余科、桑圣权、吴鼎皋为县十四届政协副主席，选举张俊为县十四届政协秘书长。大会选举产生了 48 名政协常委会委员。

★27 日，政协如东县第十四届委员会第一次会议圆满完成各项预定议程后胜利闭幕。闭幕大会由县政协十三届委员会副主席童玉林主持。县政协副主席吴鼎皋宣读了《县政协关于表彰 2011 年度政协工作先进集体、优秀委员、反映社情民意先进个人的决定》，县政协副主席桑健宣读了《中国人民政治协商会议江苏省如东县第十四届委员会第一次会议决议（草案）》，全体与会委员经过认真审议，一致鼓掌通过。县政协主席陈建华致闭幕辞。陈建华指出，新的一届县政协任期，将是如东县经济社会发展进程中一个非常重要的历史时期，中共如东县第十三次党代会明确提出了“推进现代化，建设新如东”的宏伟目标，全体政协委员要紧紧围绕县委中心工作，按照“尽职不越位、帮忙不添乱、切实不表面”的要求，自觉维护核心，在坚持党的领导上要有更加鲜明的导向，竭力打造“责任政协”；主动服务中心，在紧扣发展主题上要有更加宽阔的眼界，倾力打造“务实政协”；真情反映民心，在构建和谐社会上要有更加深切的情怀，全力打造“亲民政协”；广泛凝聚人心，在促进民主团结上要有更加务实的举措，合力打造“和谐政协”；始终坚定信心，在加强自身建设上要有更严格的要求，聚力打造“活力政协”，努力探索出一条富有“如东特色、时代特征”的政协工作新路子。应邀出席闭幕大会的有县委、县人大、县政府领导人，县四套班子老领导，县级机关各部门和有关单位负责人。

★27 日，新成立的如东县沿海办正式对外办公，主要职能是统筹和推进全县沿海开发工作。县委副书记周建飞要求县沿海地区发展办公室要增强使命感，高点定位，在全县有位置，全市争一流，全省有影响。要扎实工作，重点抓好顶层设计、信息收集、工程推进、协调服务工作考核等工作。要重视学习、艰苦创业、有序运作，不辱使命，发挥作用。

★28 日，如东县第十六届人民代表大会第一次会议，经过全体代表和与会同志的共同努力，圆满完成各项议程，在县会议中心胜利闭幕。县人大常委会副主任、大会主席团常务主席沈更生主持会议。大会通过了《关于如东县人民政府工作报告的决议》；通过了《关于如东县 2011 年国民经济和社会发展计划执行情况与 2012 年国民经济和社会发展计划的决议》；通过了《关于如东县 2011 年财政预算执行情况与 2012 年财政预算的决议》；通过了《关于如东县人大常委会工作报告的决议》；通过了《关于如东县人民法院工作报告的决议》；通过了《关于如东县人民检察院工作报告的决议》。会议以举手表决的方式，通过了议案审查报告。县委书记、县人大常委会主任詹立风对大会的圆满成功表示祝贺。詹立风说，这次大会是一次承前启后、继往开来的大会，是一次凝心聚力、催人奋进的大会。会议的胜利召开必将极大地鼓舞全县百万人民齐心协力、团结拼搏，为推进现代化、建设新如东而努力奋斗！大会的执行主席是：沈更生、沈峻峰、张蓉蓉、唐国均、陈斌、沈秀梅。大会选举产生南通市第十四届人大代表 70 名。在主席台就坐的还有大会主席团全体成员和县四套班子领导。县级机关有关部门负责人列席会议。

★28 日，如东县第十六届人大常委会举行第一次会议，学习《中华人民共和国各级人民代表大会常务委员会监督法》《常委会议事规则》和《常委会工作细则》，审议并通过了县人大常委会2012年工作要点、2012年接受人大评议部门名单（草案）和如东县第十六届人大常委会代表资格审查委员会名单（草案）。县委书记、县人大常委会主任詹立风要求常委们识大体顾大局，加强调查研究，依法履行职责，同心同德，为如东经济社会发展作出贡献。县人大常委会副主任陈昌龙主持会议，县委副书记、县长潘建华，县人大常委会党组成员、县人民法院院长、县检察院检察长、人大机关有关工作人员列席会议。

★28日，无锡市委常委、纪委书记周铁根和无锡市副市长陈金虎，率国土资源局、商务局、发改委、经信委等部门负责人到如东县考察，并就进一步加强两地区域合作相关事宜进行洽谈。如东县委书记、县人大常委会主任詹立风热情接待了考察组一行。县委副书记、县长潘建华在会上介绍了如东县近年来的发展情况、资源优势和产业特色。县领导周建飞、沈峻峰、江华参加了座谈会。

★28日，江苏省边防总队参谋长陆俊峰一行到如东县专题考察边防机关建设用地选址情况。在如东县委书记、县人大常委会主任詹立风，县委常委、洋口港经济开发区党工委书记张蓉蓉的陪同下，陆俊峰一行实地考察了正在建设中的洋口港口岸商务区、临港工业区边检监护中队规划备选区、掘港边检用地规划备选区，詹立风向他详细介绍了洋口港开发推进情况、联检大楼建设进展、边检机关用房和监护中队选址情况。

★30日，如东县在无锡举行投资环境说明会，进一步宣传推介如东，高起点承接产业转移，推动跨江合作深入发展。县委书记、县人大常委会主任詹立风在会上致辞。詹立风说，无锡经济发达，资本富集，拥有一大批实力雄厚的大企业大集团，是享誉海内外的现代大都市。如东与无锡友好合作源远流长。如东在无锡举办投资环境说明会，就是真诚地邀请广大客商到如东考察投资，进一步发展如东与无锡两地的经贸关系，推动全方位、多层次、宽领域的合作。副县长张栩龙从如东得天独厚的投资优势、功能完备的特色载体、最宜投资的合作项目等方面向与会嘉宾推介了如东的投资环境，他表示，如东县委、县政府将以更加开明开放的理念、务实创新的作风、亲商扶商富商的环境，竭诚为广大投资者提供最优质的服务，携手共同发展。无锡市委常委、纪委书记周铁根在会上致辞。县委副书记、县长潘建华主持活动。县领导周建飞、陈昌龙、杨中坚、杨小军、张蓉蓉、王智、江华参加活动。

★30日，中国人民银行南通市中心支行来如东县调研金融服务实体经济水平情况，就金融如何提升服务中小微企业发展水平召开座谈会。如东县委常委、常务副县长沈峻峰在座谈会上提出，目前，如东县经济正处于打基础、求突破、扩总量、提质量的关键时期，各银行业金融机构要深刻分析本地经济发展特点，增强服务中小微企业的意识，创新服务办法，降低服务成本，提高服务效率，为如东县传统中小微企业转型升级提供帮助。调研组一行实地查看了强生光电集团、南通大东有限公司、如东通用机械有限公司3家企业。如东县领导张蓉蓉陪同参观，县领导冯力如、桑健出席座谈会。

★31日，如东县与南通海事局签署落实《江苏海事局与南通市人民政府战略合作备忘录》议定书。签署仪式上，如东县委书记、县人大常委会主任詹立风致辞，他对江苏省、南通市海事部门一直以来对如东县沿海开发和港口建设方面的支持表示感谢，他说，此次的签署仪式标志着我们与海事部门的合作进入了一个新的阶段，希望今后在共同推进区域经济和港口建设、沿海开发上取得更好的发展。县长潘建华与南通市海事局局长周竹山共同签署了落实《江苏海事局与南通市人民政府战略合作备忘录》议定书。签署仪式由县委副书记周建飞主持，县领导沈峻峰、张蓉蓉、江华出席签署仪式。

★31 日，如东县召开全县“114”惠民模式启动暨村级公共服务中心建设推进会。县委常委、组织部部长任新峰就“114”惠民模式的推行作了明确部署，县委副书记周建飞要求各基层党组织突出重点，不断强化服务型党组织和党员队伍建设的分类指导，农村党组织要深入推进“强村行动”，全面落实“四有一责”；非公有制企业党组织要努力构建和谐组织关系、和谐劳资关系、和谐社会关系；社区党组织要突出服务城镇发展、服务居民群众、推动和谐社区建设。

4 月

★1 日，江苏省如东沿海经济开发区召开综合表彰大会，并对新一年的工作任务进行部署。如东县政协主席陈建华出席会议并讲话，他希望沿海经济开发区审时度势，立足沿海开发的“前沿阵地”、县域经济的“发展高地”、特色鲜明的“人居福地”，切实增强赶超发展的责任感和紧迫感，在快速发展中争先进位。

★1 日，如东县委宣传部、县公安局联合举办“扶海大学堂”——性格与命运的心理成因专题报告会，著名心理学专家刘锋受邀到如东作专题报告。县委常委、宣传部部长杨中坚主持报告会，他希望与会人员以此次报告会为契机，进一步加强自我修养，不断完善个性品质，塑造完美健全的性格，以更加饱满的精神状态和更加过硬的心理素质，积极投入到当前和今后的各项工作中去，勇当“三争三实”排头兵，为实现“两年赶超、五年争先”目标作出新贡献。县委副书记、县长潘建华，县领导杨小军、唐国均、姜晓静出席报告会。

★5 日，如东县委宣传部举办全县宣传委员培训班，县委常委、宣传部部长杨中坚要求与会人员充分利用学习来提升自己的工作能力，真诚做人，正派为官，务实办事，把全县宣传思想工作做实。

★6 日，如东县在沿海经济开发区隆重举行江苏快达农化股份有限公司年产 5 万吨光气及光气化产品项目开工仪式暨全县重大项目集中开工活动，40 个亿元以上重大项目集中开工，计划总投资 138.8 亿元。南通市委常委、政法委书记曹斌宣布项目开工。县委书记、县人大常委会主任詹立风致辞，他代表县委、县人大、县政府、县政协对江苏快达农化光气等 40 个重大项目的顺利开工表示热烈祝贺。开工仪式由县委副书记、县长潘建华主持。副县长张栩龙介绍了全县集中开工项目情况。县领导周建飞、陈昌龙、于立忠、唐国均等出席开工仪式。

图为：江苏快达农化股份有限公司外景

★6 日，回乡探亲的旅加侨胞、如东县旅居加拿大同乡会会长刘红霞应邀参观了洋口港。如东县人大常委会副主任、县侨联主席沈更生，向刘红霞会长详细介绍了如东县正在实施的以洋口港开发建设为龙头的沿海开发战略和洋口港开发建设最新成果，希望她在外积极宣传家乡、宣传洋口港，不断扩大家乡在海外的知名度和美誉度。

★7 日，如东县政府召开一季度经济工作分析会，总结评点一季度经济运行“开门红”情况，研究部署二季度经济发展“双过半”工作。县委副书记、县长潘建华要求经济一线的职能部门切实增强加快发展的紧迫感、责任感，创新工作思路，优化服务举措，全力谋求经济工作取得新突破。会议由县委常委、常务副县长沈峻峰主持。副县长张栩龙就二季度工业经济运行等工作提出要求。

★7 日，如东县四套班子分管交通运输工作的领导到县交通运输局专题调研，充分肯定了近年来交通运输工作取得的成绩，同时要求交通运输部门难中求进、勇挑重担，加快推进各项工程建设。县委常委、组织部部长任新峰希望交通运输部门坚定信心、创新举措、强化管理、彰显形象，确保各项交通工程的顺利推进，全力加快如东交通事业发展。县领导沈更生、王智、桑圣权参加调研。

★4 月 8 日，国家发改委农经司副司长石波、江苏省发改委副主任林一峰一行，到如东县考察全县经济发展工作。在如东县委书记、县人大常委会主任詹立风的陪同下，石波一行登上洋口港太阳岛。詹立风向石波一行介绍了洋口港开发建设情况，并着重汇报了中石油江苏 LNG 接收站项目运行、通洋高速公路与航道建设情况。如东县领导于立忠、张蓉蓉、江华陪同参观。

★8 日，如东县委书记、县人大常委会主任詹立风在调研交通运输工作时要求，加快交通基础建设，完善公共交通服务，为全县经济社会发展提供强有力的通达保障。詹立风带领县领导任新峰、沈更生、王智、桑圣权深入临海高等级公路、丰利镇农桥改造工程、苴东线等施工现场调查研究，并听取了县交通运输局负责人关于全县综合交通运输规划、“十二五”交通运输规划基本情况及今年以来交通运输重点工作开展情况的汇报。

★8 日，如东县举行“学雷锋、继先烈、心向党、讲道德、见行动”活动暨“野翔扶困助学奖励金”颁奖仪式。市老领导朱剑、李明勋、朱文涛、陈华汝等，王野翔之子王乃熊，县委副书记周建飞及县领导任新峰、唐国均、姜晓静为 29 名品学兼优的贫困生、2 名优秀教师发放奖励金。

★8 日，如东县委、县政府召开农业农村工作例会，回顾总结今年以来重点工作推进情况，部署下一步工作。县农办、农委、供销总社等农口部门以及民政、残联等相关部门负责人参加例会。副县长洪大林出席会议，并就品牌农业建设、防汛防旱工作提出要求。会议由副县长江华主持，他还就如何贯彻落实会议精神提出明确要求。

★9 日，江苏省编办主任刘方到如东县调研机构编制核查试点工作，称赞如东县试点工作的开展为全省机构编制核查工作提供了宝贵经验。如东县委常委、组织部部长任新峰汇报了如东县机构编制核查试点工作情况。南通市委组织部常务副部长、编办主任黄卫成陪同调研。

★10 日，2012 年度《如东县政风行风热线》直播节目正式开播，如东县委副书记、县长潘建华走进直播室参与节目，并回答热心听众提问。在当天的直播中，群众通过热线电话、网络留言、现场提问等方式积极参与，潘建华现场共解答 9 个问题，涉及港口开发、社会保障、社会事业等方面，并表示对未能现场解答的提问将在直播结束后继续关注。江苏省监察厅副厅长刘井石，县委常委、纪委书记刘才盛，县人大常委会副主任唐国均参加了直播节目。

图为：《如东县政风行风热线》直播节目现场开播

★10日，如东县召开南通外向型农业综合开发区托管移交动员大会。县委副书记周建飞作动员讲话，他要求各相关镇区、部门从战略的高度认清托管移交的重要意义，接受全局意识、执行能力的重大考验；要从细节着手，统筹推进，明确托管的范围，坚持紧凑安排、快速推进、和谐交接、妥善处置的原则，在规定时间内完成托管移交；要从大局出发，强化保障，有序推进，在推进过程中要强化纪律，确保南通外向型农业综合开发区托管移交工作顺利进行。会议由县委常委、常务副县长沈峻峰主持，县领导陈昌龙、任新峰、刘才盛出席会议。

★10日，如东县在栟茶镇召开村庄环境整治工作现场推进会。县委常委、政法委书记于立忠出席会议。他要求，各镇（区）、各相关部门进一步提高思想认识，把村庄环境整治工作与“三解三促”“四有一责”相结合，进一步突出工作重点，特别要强化辖区范围内交通干道沿线村庄的环境整治工作。会议由副县长江华主持。他要求各镇（区）和有关部门把村庄环境整治与“生态县”创建、“四位一体”环境长效管理和农村绿化美化相结合，加快工作进度，提高村庄环境整治工作的实效。副县长洪大林出席会议。

★10日，江苏省委原书记、省人大常委会原主任陈焕友一行到如东县视察洋口港开发建设情况。如东县人大常委会副主任、党组副书记陈昌龙介绍了近年来洋口港的开发建设情况。县领导沈更生、张栩龙陪同视察。

★11日，江苏省委党校第四期省管干部进修班“江苏沿海开发战略”课题组到如东县调研。在如东县委副书记周建飞，县委常委、宣传部长杨中坚的陪同下，调研组一行参观了中石油LNG码头，并详细了解了洋口港建设过程和港口发展规划、产业功能定位、项目落户情况及开发前景等情况。他们表示，通过“江苏沿海开发战略”课题的研讨，将为洋口港的综合开发建设提供更有力的理论基础。

★11日，出席南京、扬州、镇江、泰州、南通五市关工委工作研讨会的领导们到如东县参观。如东县委常委、组织部部长任新峰陪同参观。

★11 日，如东县污染减排领导组成员单位、县内部分重点企业负责人，收看了江苏省污染减排工作电视电话会议实况。如东县副县长王智要求与会人员突出抓好生活减排，全力做好结构减排，不断完善管理减排，集中精力，统筹规划，加快健全污染减排工程设施的步伐；强化督查考核，创新环保举措，强化组织协调，定期开展督查，对在建、建成的污染减排工程进行全面检查，全力做好污染减排工作，确保取得实效。

★12日，如东县委副书记周建飞到大豫镇调研，他要求各镇注重招商引资，以商引商、以特招商，让越来越多的好项目落户如东。

★12日，如东县“扶海女性学堂”经过精心筹备正式开讲。来自各镇区、机关、事业单位以及“巾帼文明岗”等近300名妇女代表聆听了首场报告。副县长姜晓静出席首场报告会，她希望广大女性干部以参加“扶海女性学堂”为契机，更加注重学习，勤于思考，把树立远大理想与脚踏实地做好当前工作相结合，努力增长才干，创造佳绩。

★13日，江苏省机构编制核查工作现场推进会在如东县召开，进一步贯彻落实中央编办关于开展机构编制核查工作的文件精神，总结推广如东县开展机构编制核查试点工作经验，在江苏省推进机构编制核查工作。如东县委书记、县人大常委会主任詹立风致欢迎辞。县委副书记、县长、县编委主任潘建华介绍了如东县机构编制核查工作经验。省编办主任刘方充分肯定了如东县机构编制核查试点工作情况。会议由江苏省编办副主任周家新主持，南通市委组织部常务副部长、编办主任黄卫成，江苏各省辖市编办负责人和督查处处长、各市先行县编办主任、南通市各县（市、区）编委负责同志及编办主任出席会议。

★13日，如东县社科联召开一届二次理事会议。市委宣传部副部长、市社科联党组书记陈冬梅出席会议。她希望如东县社科联和社科工作者进一步发挥好社科界的自身优势和重要作用，为南通落实“八项工程”、实现“八个领先”做出新的更大的贡献。县委常委、宣传部部长杨中坚出席会议，他要求全县社科界高举旗帜、开拓创新，为加快建设现代化新如东做出新贡献，以优异的成绩迎接党的十八大胜利召开。副县长姜晓静宣读了县委关于调整县社科联部分兼职副主席建议名单。

★13日，南通市“新农村新家庭新三年计划”推进会在如东县召开，对此项工作进行部署。如东县副县长姜晓静出席活动并致辞。

★14日，江苏省公安边防总队副总队长沈在平一行来如东县，就洋口港口岸开放联检部门之一的边检站建设事宜进行对接。在如东县委书记、县人大常委会主任詹立风，县委常委、洋口港经济开发区党工委书记张蓉蓉的陪同下，沈在平一行实地视察了长沙港边防派出所、太阳岛综合服务中心、中石油LNG接收站等。詹立风向他详细介绍了洋口港开发推进情况、联检大楼建设进展、边检机关用房和监护中队选址情况。

★14至15日，由环保部生态司副司长、国家生态县技术评估组组长朱广庆带队的技术评估组到如东县进行国家生态县创建考评，决定准予如东县通过国家生态县技术评估。14至15日，在如东县委书记、县人大常委会主任詹立风，县委副书记、县长潘建华和县领导任新峰、沈更生、王智的陪同下，朱广庆带领国家技术评估组展开评估。评估组还深入机关单位、乡镇、学校、居民社区等地，开展问卷调查，详细了解公众对生态县创建工作的知晓和满意情况。15日召开的创建国家生态县技术评估反馈会上，潘建华代表县委、县政府向评估组汇报了如东县国家生态县创建工作。南通市副市长朱晋出席会议。

图为：朱广庆在詹立风、潘建华等县领导陪同下，视察环保设备生产企业

★16日，南通市委常委、常务副市长陈照煌率队前往双甸镇高前村，调研“三解三促”工作。他希望高前村开动脑筋，因地制宜，加快实现基本现代化步伐，成为全县的先行村、全市的样板村。如东县副县长江华陪同调研。

★17日，“思源工程——生育关怀行动”如东县绿野富硒玉米种植帮扶基地在双甸镇举行揭牌仪式。如东县委常委、纪委书记刘才盛致辞。江苏省人大常委会副主任、民建江苏省委主委、省计生协会会长赵龙，省人口计生委主任、省计生协常务副会长孙燕丽为项目帮扶基地揭牌。民建江苏省委副主委陶克中，省人口计生委副主任、省计生协副会长戴纪生，南通市副市长杨展里，南通市政协副主席、民建南通市主委赵闻斌参加揭牌仪式。

★17 日，如东县召开全县为农服务社建设管理工作会议。副县长江华出席会议并讲话，他要求各相关部门充分发挥供销社工作人员懂经营会管理的优势，大力发展订单农业，促进优势农产品的流通；积极争取上级各项政策的扶持项目，抓住重点，把为农服务社办成为农服务的综合性服务平台。

★17 日，如东县召开残疾人工作会议。副县长江华出席会议并指出，全县残疾人工作者要进一步提高认识，增强做好新时期残疾人工作的责任感和使命感，努力完善残疾人社会保障机制，加强残疾人医疗康复和残疾预防工作，逐步实现残疾人“人人享有康复服务”的目标，确保通过今年省验收。

★19 日，江苏省沿海开发办公室副主任王由礼来如东县，视察盐土绿化示范工程和部省合作滩涂围垦项目建设推进情况。县委常委、纪委书记刘才盛汇报了如东县相关工作推进情况。市沿海办主任尹建勇参加视察。

★19 日，青海省贵德县县长安木拉一行到如东县参观考察。安木拉表示，如东高远的战略眼光以及社会经济发展的一些重大举措，给贵德县经济社会发展提供了许多有益的启示和可供借鉴的经验。他希望贵德、如东两地加强交流，在产业发展、资源能源开发利用、劳动力转移、旅游等方面加强合作，促进两地共同发展。如东县领导刘才盛、蒋树建、桑健陪同考察。

★23 日，如东县委、县政府召开全县重点工作督查推进暨学习考察交流会，县委书记、县人大常委会主任詹立风要求全县各级党政组织和党员干部，通过这次对江苏沿海、辽东半岛地区的学习考察活动，要学习当地干部群众敢想敢干、跨越发展的先进经验，以更加饱满的精神、更加昂扬的斗志、更加务实的作风、更加扎实的举措，自觉地融入到沿海大开发中来，进一步增强加快发展的责任感和紧迫感，高标准、快节奏推进各项工作，奋力冲刺二季度，确保实现“时间过半、任务过半”。县委副书记、县长潘建华对落实这次考察学习成果、改进各项工作提出了要求。县领导陈建华、周建飞、陈昌龙、沈峻峰、任新峰、蔡建华、杨中坚、杨小军、于立忠、张蓉蓉、沈更生、唐国均、姜晓静、王智、张栩龙、王志荣、桑圣权，县各主要经济职能部门、各镇区主要负责人参加学习考察活动。

★24 日，如东县举行沿海旅游经济开发区总体规划暨洋通公司项目策划汇报会。县委书记、县人大常委会主任詹立风出席汇报会，他认为规划方案指导性很强，并希望设计方案要充分挖掘如东的旅游资源，做足海鲜这一文化，真正将如东打造成“天堂一般的家园”。会议由副县长王智主持，县委副书记、县长潘建华，县政协主席陈建华及县领导任新峰、冯力如出席会议。

★24 日，三一集团董事、高级副总裁毛中吾来如东县，就前期各项准备工作进行对接。如东县委书记、县人大常委会主任詹立风对毛中吾一行表示热烈欢迎。他表示，如东县委、县政府将提供更好、更优质的服务，与三一集团建立良好的合作伙伴关系，实现共赢。在詹立风和县领导沈峻峰、张蓉蓉的陪同下，毛中吾一行还实地考察了如东经济开发区、洋口港太阳岛以及县规划展览馆，对如东的投资环境表示满意。双方还就工业园周边基础配套设施等共同关心的问题进行了深入沟通交流。

★24 日，如东县召开全县城市管理工作会议。县委副书记、县长潘建华要求城管系统树立冠军意识、第一意识，围绕实现整洁、有序的城市环境这一目标，加大对县、镇、村三级市容环境、交通安全和违章建筑的整治；构建大城管的工作格局，建立城市管理指挥部，切实履行好日常的指导、交办、督查、整改、考核的职能；建立起责任明确的工作体系、动真碰硬的执法机制，从严管理，不断提升市民群众的满意度，全力打造百姓城管、法治城管、智慧城管和品质城管。会议由县领导杨中坚主持，县领导沈峻峰、蔡瑞平、桑圣权出席会议。

★24日，如东县人大常委会组织对被提请任命的人员进行任前法律知识考试。县人大常委会党组副书记、副主任陈昌龙说，此次考试旨在强化干部的公权意识、法律意识和为民意识，提高他们的依法决策、依法行政、依法管理水平，有效推进依法治县进程。

★24日，如东县召开全县农机购置补贴工作会议。副县长江华要求各镇、各部门高度重视，按照“尽职责、抓落实、求绩效”的要求，切实加强领导，明确责任，制定购置补贴工作各项规章制度，加强对补贴机具的监管，全面实施好农机购置补贴工作。

★25日，如东县第十六届人大常委会举行第二次会议，审议通过《县政府关于提请王孝强等同志任职的议案》。县长潘建华宣读了《县政府关于提请王孝强等同志任职的议案》，并提请如东县第十六届人大常委会审议，拟任命人员代表进行了供职发言。县委书记、县人大常委会主任詹立风向任职人员颁发了任命证书。县人大常委会党组副书记、副主任陈昌龙主持会议，县人大常委会副主任沈更生、冯力如、唐国均出席会议。

★25日，如东县召开县委人才工作领导小组（扩大）会议。县委书记、县人大常委会主任詹立风要求全县上下以科学发展观为指导，解放思想、锐意创新，同心同德、扎实工作，形成尊重知识、尊重人才、尊重创造的良好氛围，积极开创全县人才工作新局面，为实现“两年赶超、五年争先”目标，加快建设现代化新如东提供强有力的人才支撑。会议由县委常委、常务副县长沈峻峰主持。县委常委、组织部部长任新峰通报了全县人才工作情况。

★25日，如东县召开全县招商引资暨工业经济“双过半”动员会，县委副书记、县长潘建华要求全县上下，千方百计保运行、千方百计攻招商、千方百计抓项目、千方百计抓载体，奋力冲刺二季度，确保实现“双过半”。会议由县委副书记周建飞主持，县领导冯力如、张栩龙、王志荣出席会议。

★25日，如东县委副书记周建飞深入到挂钩镇大豫，开展“三解三促”活动，帮助困难群众理思路、找问题、谋发展。周建飞要求大豫社区坚持把调整农业产业结构、壮大农村经济作为农民增收致富的重要途径，充分利用当地的发展优势，扩大蔬菜大棚和养殖业的发展规模，拓宽农民致富渠道，促进农民增产增收；继续抓好新农村建设工作，着力打造整洁优美的村容村貌，切实改善村居环境；继续加大投入，落实好为民办实事项目，促进村域经济的发展。

★25日，如东县委副书记周建飞召集相关部门负责人就大豫镇东凌平原水库论证开发、推进方案展开讨论，初定“镇、区+公司”的运作实施方案，这标志着东凌平原水库项目进入实施阶段。

★25 日，如东县科协召开六届四次常委（扩大）会暨创建全国科普示范县表彰大会。县委常委、组织部部长任新峰要求各级科协组织和广大科技工作者紧密结合工作实际，找准科技工作与经济社会发展的最佳结合点和切入点，努力做优、做特、做亮工作；各级党委和政府要进一步加强和改善对科协工作的领导，为科协组织开展工作创造好环境和条件。

会议由副县长张栩龙主持。县领导桑圣权出席会议。

★25 日，在如东县领导于立忠、张蓉蓉的陪同下，国家海洋局人事司常务副司长洪福忠到如东县参观视察。

★25 日，如东县人大召开 2012 年人大评议动员会，会议就如何组织县、镇人大代表对县规划局工作评议进行部署。县人大常委会党组副书记、副主任陈昌龙要求参加评议的人大代表和接受评议的单位精心组织，统筹安排，明确责任，实事求是，在深入调研的基础上摸实情况，做到边评边改，确保评议工作取得实效，推动如东县城乡规划工作再上新台阶。会议由县人大常委会副主任沈更生主持，县人大常委会副主任唐国均出席会议。

★26 日，全国人大常委会原副委员长盛华仁携省人大常委会办公厅副巡视员文和生、南通市人大常委会副主任施建中一行，到如东县调研沿海开发建设情况。如东县委书记、县人大常委会主任詹立风向盛华仁一行详细介绍了洋口港开发建设情况。县领导陈昌龙、张蓉蓉陪同调研。

★26 日，如东县委、县政府专题召开苴东线西段建设动员会，就工程实施方案进行具体部署。县领导任新峰要求沿线镇村和相关部门吃透政策、突出重点、密切配合，依法操作、阳光操作、友情操作，确保 6 月 20 日前完成征拆工作，7 月初施工队伍如期进场施工。

★26 日，如东县政协召开十四届一次常委会，会议学习了《县政协常委会议议事规则》，听取了政协提案委关于提案审理工作情况的报告，协商通过了县政协 2012 年工作要点、提案委员会委员人事安排。县政协主席陈建华提出了政协常委会建设的奋斗目标。县政协副主席王志荣、余科、桑圣权、吴鼎皋出席会议。

★26 日、27 日，如东县委书记詹立风到洋口港开发区（长沙镇）卫海村开展“三解三促”活动。县委常委、洋口港经济开发区党工委书记张蓉蓉参加了此次活动。

★27 日，如东县召开一季度金融工作例会。县委常委、常务副县长沈峻峰出席会议，他肯定了前期金融机构对如东县经济发展的促进作用。沈峻峰指出，银行业和经济发展实体合作方式依旧有着很大的上升空间，双方要继续探索合作双赢的方法，共同促进全县经济有效发展。他希望银行部门继续加大对工业企业和社会事业支持，共同促进地方经济有效发展，实现互利双赢的目的。县领导冯力如出席会议。

★27 日，江苏省依法治省办公室专职副主任沈国新到如东县，就法治建设工作进行专题调研。调研中，沈国新一行实地参观了如东县司法服务超市、大调解中心和如东县保障卡管理部，并听取如东县委常委、政法委书记于立忠关于如东县法治建设情况介绍。县领导陈建华、唐国均、桑圣权陪同调研。

★27 日，河海大学原校长张长宽教授带领中外专家到如东县调研沿海开发的相关情况。南通市副市长孙金华，如东县领导张蓉蓉、洪大林一起陪同了考察。

★28 日，如东县隆重举行纪念建团九十周年“青春榜样”颁奖典礼，共同纪念中国共产主义青年团成立 90 周年和“五四”运动 93 周年，表彰如东县首届“青春榜样”。县委常委、纪委书记刘才盛宣读了如东好青年“青春榜样”表彰决定。县委常委、组织部部长任新峰致辞。县委书记、县人大常委会主任詹立风，共青团南通市委书记张军及县领导陈昌龙、任新峰、刘才盛、张蓉蓉、王孝强、冯力如、桑健等为“青春榜样”颁奖。

★28 日，由江苏省作家协会、中共南通市委宣传部、中共如东县委联合主办的刘剑波长篇非虚构作品《姥娘》研讨会在南京举行。江苏省作协党组副书记张王飞，南通市委宣传部常务副部长陈慧宇，如东县委常委、宣传部部长杨中坚，及著名批评家王彬彬、黄发有等专家学者参加了研讨会。

★28 日，如东县岔河镇润川花园项目规划设计方案通过县规划局组织的技术评审。县领导杨小军、桑圣权出席评审会。

★28 日，南通外向型农业综合开发区正式托管启动。如东县人大常委会党组副书记、副主任陈昌龙要求开发区上下锁定大目标不动摇、围绕扩总量不分神、依靠提质量不小气、注重抓落实不懈怠，努力将园区打造成绿色产业的创业之区、现代农业的示范之区、地绿水清的生态之区和海鲜海景的养生之区。

★29 日，由如东县政府主办，县住建局、县房地产业协会承办的 2012 如东春季房地产展示交易会在人民公园广场举行。县委常委、常务副县长沈峻峰出席交易会开幕式并讲话。他希望通过消费者、开发商、房地产专家、房产服务、监管部门的平等交流，建立起畅达的信息沟通渠道。他同时要求主管部门不断提升规划水平、强化内部管理、规范市场运作，进一步推动如东县房地产业更好更快发展。县委常委、宣传部部长杨中坚宣布房展会开幕，县领导桑圣权出席开幕式。

5 月

★2 日，寰球德胜集团董事长曹经庚来沿海经济开发区专题考察，如东县副县长江华陪同考察。

★3 日，如东县召开全县食品安全生产工作会议。副县长姜晓静回顾总结 2011 年如东县食品安全工作情况，部署今年主要任务。县委副书记、县长潘建华要求各地、各部门，进一步提高对食品安全工作的重视程度，充分认识工作的长期性和艰巨性；克服畏难情绪，创新思路，积极作为；突出重点，夯实基础，建立长效机制，为全县百姓筑牢食品安全屏障。县领导唐国均、桑健参加会议。

★3 日，如东县委副书记、县长潘建华率领农委、水务局、农机局等相关涉农部门的负责同志，到如东经济开发区（苴镇）金凤村开展“三解三促”活动，进一步密切联系群众，为群众解决实际难题。

★3 日，如东县召开庆“五一”劳模代表座谈会暨县劳模协会换届会议。县委常委、组织部部长任新峰出席会议，他要求全县上下要进一步弘扬劳模精神，充分发挥劳模的骨干和带头作用，推动全社会形成满怀激情干事业、凝心聚力促发展的良好氛围，在建设现代化新如东的征途上，谱写更加辉煌壮丽的篇章，以优异成绩迎接中共十八大胜利召开。副县长姜晓静出席会议并讲话。

★3 日，如东县委常委、政法委书记于立忠、县人大常委会副主任唐国均，率领县政法委、经信委、商务局、水务局、环保局、卫生局、粮食局、体育局和中行等部门的负责人，专程到马塘镇开展挂钩对接交流。

★3 日，如东县人大党组副书记、常委会副主任陈昌龙一行到岔河镇，就农村水利基础设施建设、农村饮水安全工程和城乡规划建设等方面展开调研。县领导杨小军出席会议。

★3 日，如东县人大常委会副主任冯力如和相关负责人到丰利镇调研规划、水利工作。

★4 日，南通市市委副书记、市长张国华，市委常委、副市长秦厚德一行，在视察全市部分村庄环境整治情况时，到如东县检查交通干线周边环境整治工作。在如东县委副书记、县长潘建华的陪同下，张国华一行来到如东县岔河镇南桥村，察看了周边环境，详细听取了环境整治工作汇报，并给予充分肯定。县领导杨小军、于立忠、江华陪同视察。

★4 日，江苏省交通运输厅副厅长钱国超到如东县视察临海高等级公路如东段施工情况，要求施工建设者抓住当前天气晴好的有利时机，加快临海高等级公路建设。如东县委副书记、县长潘建华，副县长王智等陪同视察。

★4 日，如东县委副书记周建飞、副县长张栩龙率县发改委、经信委、沿海办到沿海经济开发区进行专题调研，重点了解开发区今年1至4月份整体建设、运行态势、项目建设、镇区建设以及冲刺“双过半”等情况。

★4 日，由共青团如东县委、县文联主办的如东县青年书法家协会成立仪式暨全县首届青年书法展在县文化馆举行。县委常委、组织部长任新峰、副县长姜晓静出席了活动。

★4 日，如东县委常委、组织部部长任新峰和副县长姜晓静一同为“如东县农村数字电影服务站”揭牌。

★4 日，南通市人大常委会副主任吴晓春到如东县开展人大代表接待日活动，认真听取在如南通市人大代表意见和建议。如东县人大党组副书记、常委会副主任陈昌龙表示，县人大将紧紧围绕依靠党委领导、监督政府工作、关注群众呼声的工作思路，积极发挥人大代表在人大闭会期间的作用，为如东经济社会发展积极建言献策。

★4 日，如东县人大常委会副主任唐国均一行到新店镇专题调研城镇、城乡规划等工作。

★4 月 18 日至 30 日，南通市工商局以党组书记、局长蔡忠云为首的 6 位领导分别深入如东经济开发区（苴镇）九阳、刘埠等村开展“三解三促”活动。在广泛调研的基础上，5 月 4 日，南通市工商局“三解三促”系列活动正式启动。如东县副县长张栩龙为基地揭牌。

★5 日，如东县委书记詹立风在洋口港经济开发区调研。他强调洋口港的开发建设在江苏沿海开发进程中具有重要的战略意义，在经历了垦荒、开拓、跨越阶段后，今后要继续锁定“东方大港”的目标，同舟共济、艰苦奋斗、攻坚克难，夺取洋口港开发建设新突破。县领导张蓉蓉、余科陪同调研。

★6 日，精细化工领域专家、中国工程院院士吴慰祖、邹竞到如东县考察，在如东县委常委、组织部部长任新峰的陪同下，吴慰祖一行实地视察了沿海经济开发区。就化工产业如何发展提出指导性意见。任新峰期望院士专家大力支持、鼎力相助如东的发展，在重点领域、关键技术等方面与如东广泛开展科技攻关和项目合作，把科技创新成果放到如东来实践和推广，实现双方的合作共赢和共同发展。

★7 日，如东县领导任新峰、沈更生带领组织部、发改委、规划局等 10 个挂钩部门到栟茶镇调研，为该镇的新一轮发展献计献策。任新峰在调研中要求各挂钩单位，采取政策帮、信息帮、资金帮、资源帮等措施，在帮扶中做到立体化、链条化、全员化、深入化，全面推动如东的西部重镇建设。

★7 日，如东县召开发挥离退休专业技术人员作用联席会议第八次会议。县委常委、组织部部长任新峰希望老科协工作者着眼全局、增进共识、服务发展、勇立新功，真正把老有所乐和老有所为有机结合起来。县政协副主席桑圣权出席会议。

★7 日，如东县委常委、组织部部长任新峰前往挂钩的栟茶镇江安村，走访慰问困难户。

★7 日，南通市重大妇幼卫生服务项目省考评通报会在如东县召开。南通市政协副主席、市卫生局副局长陈宋义要求各相关单位进一步充实力量，加强宣传，强化管理，促进各项重大妇幼卫生服务项目取得更明显成效。如东县领导杨中坚、姜晓静出席会议。

★7 日，洋口港远东石材产业园入驻企业集中签约仪式在洋口港经济开发区举行。如东县领导张蓉蓉指出，洋口港优良的港口资源、税收优惠政策、宽松的经济环境、相对低廉的土地价格及周边超亿人口终端消费都市圈市场，给石材产业发展带来了空前的机遇。希望洋口港远东石材产业入驻的 18 家企业，加快推进力度，尽快见效，为繁荣洋口港建功立业。

★7 日，江苏省蚕种管理所所长、书记何金龙一行到如东县，就省蚕种管理所与如东县实施“挂县强农富民工程”项目具体工作展开对接。会议由县委常委、副县长王孝强主持，副县长江华就如东县蚕桑生产情况及面临的技术难题作了交流发言。如东县领导桑圣权出席会议。

★7 日，如东县人大常委会党组副书记、常委会副主任陈昌龙带领办公室、财经工委一行到县财政局调研。陈昌龙表示，县人大财经部门要加强与财政部门的沟通联系，从多方面宣传财政部门的实干精神，真正从行动上做到寓监督于支持之中。县人大常委会副主任冯力如陪同调研。

★8 日，如东县召开县城规划区内违法建筑清查整治工作会议，部署推进县城规划区内违法建筑整治工作。县委常委、常务副县长沈峻峰主持会议。县委常委、纪委书记刘才盛要求各单位，加强目标管理，量化考核办法，层层传递压力；坚持重心下移，狠抓源头管理，将违法建设真正遏制在萌芽状态；抓好宣传教育、队伍建设、分类处理、配合拆迁等工作，不折不扣地完成整治工作。

★9 日，南通市政协主席联席会议在如东县召开。会议回顾总结了 2008 年以来全市政协工作，研究部署下一阶段工作任务，并就政协南通市第十届委员会常务委员会起草的提案工作报告（草案）征询意见。如东县委书记、县人大常委会主任詹立风向与会人员简要介绍了近年来如东经济社会发展情况。县政协主席、党组书记陈建华汇报了如东县十三届政协的主要工作。王德忠要求各地政协要从把握履职方向、优化履职方式、创新履职形式、讲求履职效果，树好履职形象五方面入手做好今后政协工作。南通市政协副主席，各县（市、区）政协主席、副主席出席会议。

★9 日，如东县召开全县深化“三解三促”工作会议，县委副书记周建飞要求各地、各部门深入开展“三解三促”活动，进一步建立健全城乡党的基层互帮互助机制，推进城乡基层党组织共建共赢。会议由县委常委、组织部部长任新峰主持，县委常委、纪委书记刘才盛出席会议。

★9 日，如东县委常委、常务副县长沈峻峰带领县住建、国土、规划、征收办以及如东经济开发区、掘港镇的相关负责人，视察县城重点市政工程建设。沈峻峰强调，县城重点市政工程是县委、县政府关乎民生的重点工作，面对工程建设中遇到的难题和矛盾，各相关责任部门责无旁贷，要明确工程推进的时间节点，严格序时进度，确保优质、高效、安全地完成县委、县政府下达的 2012 年市政工程建设任务。县领导杨中坚、沈更生参加了活动。

★9 日，如东县政府召开人大代表建议、政协委员提案交办会，县委常委、常务副县长沈峻峰要求各承办单位求真务实办好人大代表建议、政协委员提案，切实提高办结率、满意率、解决率。县人大常委会副主任冯力如、县政协副主席桑圣权出席了会议。他们对近年来县政府办理人大代表建议、政协委员提案工作表示满意。并建议各承办单位进一步增强办理的责任意识，完善办理工作的协调机制，提高办理工作的实际成效。

★9 日，如东县人大常委会党组副书记、常委会副主任陈昌龙带领办公室、财经工委一行到发改委调研。陈昌龙就下阶段工作，提出围绕目标抓考核落实；围绕规划抓统筹引领；围绕增长抓项目推进；围绕县情抓政策研究。他要求县发改委本着高度负责任的精神，对经济运行进行实时监控，为人大审议上半年国民经济和社会发展计划做好充分准备。县人大常委会副主任冯力如参加了调研。

★9 日，如东县红十字会、县卫生局联合举办“倡导文明、践行公益”活动。副县长、县红十字会会长姜晓静参加了活动。

★10 日，无锡市人大常委会主任、党组书记周解清，无锡市委常委、纪委书记周铁根等领导到如东县视察，进一步了解如东县各项事业发展情况，谋求两地合作机遇。在南通市委书记、市人大常委会主任丁大卫，县委书记、县人大常委会主任詹立风的陪同下，考察团听取县委常委、洋口港经济开发区党工委书记张蓉蓉介绍的如东县洋口港开发建设情况。考察团还到县城市规划馆参观，詹立风详细介绍如东县近年来的发展情况、资源优势和产业特色。县人大常委会党组副书记、常委会副主任陈昌龙陪同视察。

★10 日，如东县委、县政府举办全县领导干部廉政教育报告会，要求各级领导干部有所思、有所想，进一步增强廉政意识，切实把反腐倡廉建设各项工作抓紧、抓好，为加快建设现代化新如东做出新的更大的贡献。原中纪委纪检监察六室主任，现任中国纪检监察学院筹备领导组成员、中国上市公司协会监事长刘森，应邀作当前反腐倡廉形势专题报告。报告会由县委副书记、县长潘建华主持。县委书记、县人大常委会主任詹立风及县四套班子全体领导，县法院院长，县检察院检察长，县委理论学习中心组成员；各镇党委书记、镇长、人大主席、纪委书记；各区党工委书记、管委会主任、纪工委书记；县级机关各部门领导班子成员出席报告会，并在会前参观了《扶海清风——如东县反腐倡廉主题教育展》。

★10 日，如东县委副书记周建飞带领县委办、沿海办、经信委、招商局负责人到栟茶调研工业运行、项目建设、招商引资等重点工作，要求该镇重点企业做大做强，重点项目尽快投产，咬紧“双过半”工作目标不放松。

★11 日，如东县召开重点工作督查推进会，分析今年前 4 个月主要经济指标完成情况，重点研究项目建设和有效投入问题。县委书记、县人大常委会主任詹立风要求全县上下重点围绕项目建设和有效投入，快速推进落实各项工作，确保“双过半”目标任务的全面完成。会议由县委副书记、县长潘建华主持。县四套班子领导以及各镇（区）、县级机关各部门主要负责人出席会议，与会人员还参观了岔河镇、双甸镇项目建设现场。

★12 日，如东县举行道德模范事迹巡讲首场报告会。县委副书记周建飞在会上致辞。他要求各地、各部门精心组织开展学习道德模范活动，深入社区、镇村、学校、企业等基层单位，开展专场巡讲活动，真正让道德模范走进群众，使宣讲活动成为群众自我教育、自我提升的有效途径；全县党员干部要以身作则、率先垂范，自觉践行新时期如东精神，把学习道德模范的热情转化为做好本职工作的实际行动，立足岗位创先争优，推动工作再上新台阶。县领导杨中坚、唐国均、姜晓静、桑健聆听报告会。

★12 日，如东县召开秸秆禁烧与综合利用暨防汛防旱工作电视电话会议，副县长江华部署了 2012 年如东县秸秆禁烧与综合利用暨防汛防旱工作，动员全县各地、各部门在巩固 2011 年工作成效的基础上，高标准、严要求完成 2012 年目标任务，全面做好秸秆禁烧与综合利用和防汛防旱工作。县委常委、政法委书记于立忠要求各地、各部门加大还田力度，坚持以综合利用为抓手推进秸秆全面禁烧。防汛防旱工作思想上不能松懈，行动上不能滞后，责任落实要到位。县领导冯力如、桑圣权出席会议。

★20 日，如东县举行“志愿助残阳光行动”暨助残志愿者团成立启动仪式。县领导王孝强、唐国均、江华、桑健出席启动仪式。

★20 日，农业部渔业局副局长崔利峰一行到如东县，就进一步完善和落实好渔业油价补贴政策征询意见和建议。如东县领导王孝强、江华参加座谈会。

★21 日，如东县政府召开“平安渔业”创建暨海洋渔业安全生产会议，副县长江华要求各地切实加强“平安渔业”创建，进一步落实海洋渔业安全生产责任制，确保人民生命财产安全。会议由县委常委、副县长王孝强主持。

★22 日，在如东县委副书记、县长潘建华，县委副书记周建飞等领导的陪同下，美国通用电气大中华区总裁兼首席执行官马克·哈钦森来洋口港考察。座谈会上，潘建华向马克·哈钦森一行介绍了如东经济社会发展情况，龙源风电负责人介绍了如东风电场运营情况。马克·哈钦森表示，通用公司对如东制造业和风电项目很感兴趣，将加强交流，进一步探讨合作的可能，寻找合作机遇，促进互利共赢。

★22 日，“江苏沿海开发三周年大型新闻行动”采访团来如东县采访。江苏省和港澳台等 30 多家海内外媒体聚焦如东县沿海开发，深入洋口港开发建设一线，感受如东如火如荼的沿海大开发，表示将利用各自媒体宣传推介如东。如东县委副书记、县长潘建华介绍了如东县的基本情况和经济、社会发展情况，尤其是近年来如东县沿海开发的情况。潘建华还回答了部分媒体的提问。县委常委、宣传部部长杨中坚参加了活动。

★22 日，如东县召开招商引资双过半推进会。县委副书记周建飞要求各镇区认清形势，咬定目标，坚定信心，加强领导一线招商，加快项目落户，加强招商业务培训，加强督查考核力度，真抓实干，奋力冲刺，确保完成双过半目标。

★22 日，如东县举行外派劳动服务中心揭牌仪式，这标志着全县对外劳务合作公共服务平台的新型管理机制正式对外服务。县委副书记周建飞、副县长张栩龙共同为外派劳动服务中心揭牌。张栩龙希望县外派劳务中心按照规范化管理要求，面向社会、提高质量、加强管理，强化服务，打造劳务品牌。同时加强劳务信息收集以及人员输送和管理工作，为推动如东外派劳务转型升级，促进如东外向型经济快速发展作出积极贡献。

图为：如东县对外劳务合作公共服务平台正式对外服务

★22 日，如东县启动 2012 年全国科技活动周暨县第 24 届科普宣传周。本届活动周的主题是“携手建设创新型如东”。县委常委、组织部长任新峰出席启动仪式，他希望科协和相关单位积极探索科学技术普及的常态化机制，创新科普活动的形式和内容，不断提升公众参与率，通过提高全民科学素质来促进、加快如东县经济的转型升级，为携手建设创新型如东做出更大贡献。县领导唐国均、张栩龙、桑健、桑圣权出席启动仪式。

★22日，浙江省金华军分区原后勤部部长曹海云来如东县赠书，如东县委宣传部、县人社局、教育局等相关部门现场接受捐赠。捐赠仪式上，县委常委杨小军对曹海云的捐赠表示感谢，并要求相关部门要把这种精神财富引导并宣传好，教育青少年“听党的话、跟党走、接好班”，让爱国主义精神得到传承。

★22日，如东县石油行业协会召开第四届会员大会暨创优质诚信企业推进会。副县长王智要求县商务局组织协调工商、质监、物价、安监、公安消防等部门加强油品质量、计量、价格和安全等环节的监督管理；石油行业协会充分发挥行业优势，加强沟通协调；各加油站要加强油站日常管理，诚信、安全经营，确保全县石油市场安全有序运行。

★23日，季铁权作品音乐会在如东县举行，音乐会分为渔之火、海之风、春之潮三个乐章。如东县领导杨中坚、姜晓静、桑健等与各界群众一同欣赏了音乐会。

★23日，如东县召开全县安委会（扩大）会暨“打非治违”专项行动动员会。副县长张栩龙要求各镇区、各有关部门加强组织领导，严格落实安全生产行政首长负责制，逐级抓好工作落实；进一步完善和落实联合执法机制，形成“打非治违”工作合力，创新手段措施，增强打击实效，将“打非治违”工作纳入制度化、规范化、经常化的轨道。

★24日，如东县召开环委会全体会议暨环保重点工作交办会。副县长王智作工作部署，部署今后一段时期内全县重点环保工作，重点向各镇区、各相关部门交办了根据国家生态县技术评估组意见出台的整改实施方案。县委常委、组织部部长任新峰要求各镇区、各部门对照整改任务分解表倒轧时序，统筹谋划，确保每项工作有安排、有督促、有结果；强化大局观念，精心部署，严明纪律抓落实，务必在规定的期限内顺利通过国家生态县验收。会议由副县长江华主持。县领导沈更生、桑圣权参加会议。

★24日，如东县人大常委会副主任、县侨联主席沈更生热情接待了香港高和皮鞋有限公司董事长、“亚洲皮鞋大王”刘洪义（祖籍大豫镇）伉俪一行，向他们详细介绍了家乡经济社会发展的最新成果，希望他们积极配合做好“香港如东同乡会”的筹备成立事宜，并借助同乡会这个平台，在促进港如两地经济、文化、科技等方面发展中发挥积极作用。

★25日，如东县召开如东县非公企业党建工作会议。县委副书记周建飞出席会议，他要求全县各非公企业充分认识，发挥好非公企业党建组织在职工群众中的政治核心作用和在企业发展中的政治引领作用；各镇区要加强对非公企业党建工作的指导，以点带面、典型引领，切实提高非公企业党建工作整体水平。县委常委、组织部长任新峰主持会议，并就贯彻落实会议精神提出具体要求。

★25日，如东县召开全县项目党建工作推进会议，县委副书记周建飞就全县项目党建推进工作进行部署。他要求各地积极探索实践“项目党建”新模式，努力寻求党建工作在工程建设特别是项目领域的着力点，实现党建创新、项目创优、互动双赢。县委常委、组织部部长任新峰主持会议。

★25日，如东县第十六届人大常委会召开第三次会议。会议听取并审议了县规划局关于接受人大评议，搞好自查自纠的工作报告；听取了县人大常委会副主任沈更生所作的关于对县规划局工作评议的调查报告；县人大常委会部分委员对县规划局负责人进行了询问；全体委员对县规划局进行了测评。会议听取并审议了副县长江华所作的县政府关于全县农村水利基础设施建设情况的工作报告；听取了县人大常委会关于全县农村水利基础设施建设情况的调查报告；讨论县人大常委会关于组织开展“2012 年县政府为民办实事项目”视察调研活动的意见。县人大党组副书记、常委会副主任陈昌龙，县人大常委会副主任冯力如、唐国均出席会议。县委常委、常务副县长沈峻峰，县人大常委会督导员列席了会议。

★25 日，如东县掘港镇引进的三产服务业项目——优美佳建材城建成并投入运行，这也是该镇服务业发展“大市场、大连锁、大物流”的又一力作。县委常委、宣传部部长杨中坚希望掘港镇，继续发扬不言难、创大业的拼博精神，以一流的服务队伍，一流的服务速度，一流的服务质量，发展壮大一流的建材城，使之真正成为展示掘港的又一窗口，促进流通的又一平台，推动发展的又一载体。

★26 日，如东县迎来了由人民日报、新华社、中央人民广播电台、中国报道杂志社、新华日报、江苏广电总台等中央、江苏省级媒体和网络媒体组成的“沿海开发三周年大型新闻行动”采访团。如东县委副书记周建飞，县委常委、宣传部部长杨中坚陪同参观采访。参观结束后，周建飞还与采访团进行了见面，现场回答了中央和省重要媒体相关记者提出的关于沿海开发和如东县经济发展相关问题。

★26 日，如东县创新研究会召开一届二次代表大会，县委常委、组织部部长任新峰寄语该研究会坚持科技驱动战略，开解放思想、创新实践之先，更加主动地融入和推动创新研究，为建设创新型如东提供思想引导和智力支持。县政协副主席桑圣权为全县第一个“青少年创新能力培养基地”授牌。

★26 日，2012 年如东大学生村官招录举行面试，通过前期资格审核、笔试等环节，最终将有 50 名考生走上村官岗位。县委常委、组织部部长任新峰等巡视了各考场。

★28 日，《如东大观》编撰领导组成员召开《如东大观》精编本征求意见会，互相交换阅读并提出修改意见。如东县政协主席陈建华，县政协副主席桑健、余科、吴鼎皋出席活动。

★28 日，如东县召开 2012 年度经济责任审计联席会议暨“三责联审”工作推进会议。县委常委、组织部部长任新峰肯定如东县“三责联审”工作。他要求各成员单位分点任务、细化措施，高站位谋划联审方案；整体联动、各司其职，高标准实施联审计划；强化导向、注重实效，高效率运用联审结果；加强研究，探索创新，高起点升化“三责联审”工作。

★29 日，中组部召开基层组织建设年工作推进视频会。如东县委常委、组织部部长任新峰，组织部机关全体人员，县创先争优领导小组成员单位负责同志及部分村（社区）、企业党组织书记等人员集中收看了会议实况。

★29 日，如东县召开专题会议部署今年全县残疾人就业保障金征管工作。县委常委、政法委书记于立忠出席会议，他要求有关部门从关注残疾人民生、促进社会和谐稳定的高度，充分认识征收残疾人就业保障金的重要现实意义，切实加大征收力度，千方百计做好残疾人就业保障金征收工作。

★29 日，如东县召开 2012 年如东县高校招生委员会全体（扩大）会议，要求相关责任部门尽职尽责、密切配合，确保今年高考顺利进行。副县长姜晓静要求招生委员会各成员单位强化措施，履行程序，加强交通运输和卫生监督管理，强化考务组织和安全保密工作，同时完善各项预案，全力打造平安高考。

★29 日，如东县召开夏季秸秆机械化还田、综合利用整村推进示范村建设现场会，回顾总结夏收以来全县秸秆禁烧与机械化还田工作。副县长江华指出，离“三夏”结束还有不到 20 天的时间，秸秆机械化还田工作进入攻坚克难的关键时期，各地、各部门要乘势而上、突出重点、狠抓推进，确保全面完成机械化还田目标任务。

★30 日，如东县召开全县信访工作推进会。县委常委、常务副县长沈峻峰在会上要求各镇、各部门进一步增强做好新时期信访稳定工作的责任感和使命感，努力在抓源头、解决实际问题、完善机制上下功夫，突出工作重点，切实维护经济社会健康和谐发展。会议由副县长、县公安局局长程军主持，县委常委、政法委书记于立忠出席会议。

★30 日，江苏省人大常委会副主任、省总工会主席张艳带领省、南通市总工会领导参观如东县洋口港展览厅、太阳岛、职工服务中心。南通市人大常委会副主任、市总工会主席陆玉明，如东县领导沈峻峰、冯力如、姜晓静陪同参观。

★30 日，如东县召开县老年协会工作会议，县委常委、组织部部长任新峰寄语老年协会从物质、精神、服务等方面夯实对人口老龄化挑战的基础，创新思维，着力化解老年社会管理、城乡养老失衡以及老年精神关怀重点难点问题，推动老龄事业迈上新台阶。

★31 日，如东县委、县政府在香港隆重举行香港如东同乡会成立庆典暨如东（香港）投资环境说明会，进一步加强与在港同乡的沟通联系，在更高层次和更广领域上扩大两地的交流与合作。县委书记、县人大常委会主任詹立风在会上致辞，他首先介绍了如东县近年来县域经济社会发展概况，并着力推荐了如东三张城市名片。南通市委副书记陈斌应邀出席活动并讲话。中联办协调部港澳联络处处长张强、江苏省委统战部海外联络处处长封志成为香港如东同乡会的成立揭牌。香港如东同乡会与广东侨港高要同乡联谊会缔结为友好同乡会。新当选的香港如东同乡会会长严嘉讲话。投资环境说明会由县委副书记周建飞主持。副县长张栩龙作投资环境说明。全国政协委员、香港南通同乡会永久名誉会长、香港肇丰针织有限公司董事局主席方铿，全国人大代表、香港南通同乡会会长、香港教育工作者联合会会长杨耀忠，南通市政协副主席、市委统战部部长殷雄；香港保华集团董事局主席刘高原，以及香港候任特首办、香港金融管理局等香港政府机构，汇丰银行、瑞士银行、德意志银行等 10 多家在港国际金融、顾问机构高层管理人员，香港地区商界知名人士，知名媒体以及广东侨港高要同乡联谊会、香港如东同乡会相关人员出席庆典活动。县领导张蓉蓉、沈更生、吴鼎皋以及各镇区、县级机关相关部门主要负责人或分管负责人参加活动。

图为：香港如东同乡会成立庆典现场

★31 日，如东县召开女企业家协会暨女企业家爱心助孤基金成立大会。县委常委、组织部部长任新峰勉励女企业家们做激情创业的先锋，做感恩社会、乐于奉献的楷模，充分发挥服务协调作用，为推动如东县经济社会发展做出贡献。县领导冯力如、姜晓静、桑健出席会议。

★31 日，如东县召开镇（区）妇联换届动员大会。县委常委、组织部部长任新峰要求各级党委、妇联在县镇两级妇代会代表产生中，充分听取基层广大妇女群众的意见，规范操作，要强化过程控制，管好选拔方向、代表资格条件和选举程序，严明工作纪律，创造良好的选人用人环境，确保换届风清气正，群众满意。

★31日，如东县召开《中华人民共和国食品安全法》执法检查动员会议。副县长姜晓静通报了2011年以来如东县食品安全工作情况。县人大常委会党组副书记、常委会副主任陈昌龙要求各相关单位和部门认清形势，形成共识，切实增强做好食品安全法执法检查工作的自觉性；明确任务，整体联动，扎实有效地开展好食品安全法执法检查工作；精心组织，从严要求，认真整改，确保食品安全法执法检查取得实效。会议由县人大常委会副主任唐国均主持。

★31日，教育部社区教育研究培训中心常务副主任周延军一行，到如东县调研社区教育工作。如东县社会教育工作已被选入《江苏省社区教育案例选》，相关经验将推广至江苏省。如东县人大常委会副主任唐国均出席会议。

★31日，如东县召开第六次全国人口普查总结表彰暨统计工作会议，要求全县上下抓好普查成果的开发运用，扎实推进各项统计工作措施的落实，为党委、政府决策提供依据，副县长姜晓静要求全县各级抓好普查成果的开发利用，围绕党委、政府中心工作，扎实推进各项统计工作措施的落实。县领导冯力如、桑健出席会议。

★31日，如东县召开全县各镇（区）现代农（渔）业发展规划评审会议，县委常委、政法委书记于立忠要求各镇（区）立足自身特色，将农（渔）业发展规划与土地利用规划、海陆功能规划、城乡总体发展规划、空间布局规划、新能源发展规划相衔接，尤其要注重休闲观光农业和高效设施农业的发展。县领导冯力如、桑圣权出席会议。

6月

★1日，如东县政协主席陈建华及县领导杨中坚、唐国均、姜晓静、桑健前往县城4所学校，向全县少年儿童致以节日问候，向辛勤培育少年儿童成长成才的教育工作者表示崇高敬意。县领导蒋树建参加了活动。

★1日，如东县召开苴东线西段建设工程推进会。县委常委、组织部部长任新峰指出，时下已经进入农忙季节，沿线干部群众要继续发扬传统，一鼓作气，确保完成拆迁任务；相关部门做好备土、杆线迁移等工作，确保早开工、早建设。副县长王智主持会议，县领导杨小军参加了活动。

★1日，如东县举行“安全生产月”暨安全咨询周活动启动仪式，标志着2012年“安全生产月”活动全面展开。县委常委、政法委书记于立忠要求各镇区、各单位把“安全生产月”活动作为安全生产宣传教育行动的重要内容，突出重点、创新载体，组织开展形式多样、内容丰富的系列活动；同时加大隐患排查治理、安全生产专项整治和打非治违专项行动的力度，确保取得实效。

★1日，如东县召开政法宣传工作联席会议，县委常委、政法委书记于立忠要求相关部门充分发挥联席会议这一平台，统筹运用好传统主流媒体、新兴媒体和其他社会平台载体，建设功能互补、快捷高效的政法宣传网络，进一步构建政法宣传大格局，为全县政法事业发展提供强大舆论支持。

★1日，镇江市人大常委会副主任卢章平一行在南通市、如东县人大相关负责人陪同下，到如东县考察交流。卢章平一行先后参观了洋口港展厅和太阳岛，听取了如东县人大党组副书记、常委会副主任陈昌龙关于如东县经济社会发展、洋口港建设和中远期规划情况的介绍。

★1 日，“江苏省中小企业竞争力大讲堂·国家银河培训”在如东县开讲。如东县中小企业负责人、高管人员近200人聆听了讲座。副县长王智参加了活动。

★2 日，如东县召开如东县引进高学历人才县情和政策情况说明会上。县委副书记周建飞表示，如东县将积极创优政策环境、工作环境和生活环境，以更开放的胸怀引进人才，以更真挚的情感关爱人才，以更广阔的平台用好人才。县委常委、常务副县长沈峻峰主持说明会，县领导任新峰、唐国均、吴鼎皋出席会议。

★2 日，如东县城城市管理指挥部召开第一次会议，会商青园南路创建省级市容管理示范路、农民自产自销市场建设、户外广告整治、交通停车管理等事项。县委常委、常务副县长沈峻峰带领与会人员察看了青园南路欧贸广场、国清路口、南环路接口等地段。

★4 日，如东县统战干部培训班开班。县委常委、纪委书记刘才盛要求全县统战干部珍惜机会，学用结合，把学习理论知识与开展实际工作紧密结合起来，坚持从统战工作的实际出发，服务于全县经济社会发展，着眼于提高工作水平，立足于解决实际问题，增强政治把握能力、学习创新能力、调查研究能力、组织协调能力、廉洁自律能力和应对复杂局势的能力，做好新时期统战工作。县政协副主席、县委统战部部长吴鼎皋主持开班仪式。

★5 日，全国人大常委会机关党委宣传部副部长孙健一行在如东县委副书记周建飞的陪同下，参观了洋口港黄海大桥和观景平台。周建飞介绍了近年来如东县招商引资、港口建设、绿色能源开发等方面的实施情况，并与来宾们畅谈了LNG投产以后如东县经济社会发展面临的新机遇。

★5 日，是第四十个世界环境日，中国的主题是“绿色消费，你行动了吗？”。如东县在亚萍广场开展大型咨询活动，现场接受群众咨询并发放材料。县领导任新峰、沈更生、王智到现场视察。

★5 日和 6 日，南通市副市长杨展里，如东县委书记、县人大常委会主任詹立风，县委副书记、县长潘建华分别检查了如东县高考准备工作情况。詹立风检查时强调，高考不仅是平安高考，还是一个考出优异成绩的高考，各相关部门要尽一切可能，为广大考生发挥出最佳水平提供最有利的条件和最良好的环境，争取使如东县今年高考再创新辉煌。潘建华要求栟茶中学认真落实监管措施，切实加强食品安全管理。潘建华还要求随行的相关部门与栟茶中学密切配合，进一步细化工作责任，把高考的各项工作做细做实，努力为考生创造良好的氛围，确保高考工作万无一失。县领导杨中坚、唐国均、姜晓静、江华陪同检查。

★6 日，如东县政协、县纪委召开专题会议，部署联合对县内 11 家银行业金融机构，开展为期4个月的民主评议和政风行风评议，以促进金融机构进一步改进工作作风，提高服务水平。县政协主席陈建华出席会议，他要求全体政协委员、各金融机构、各镇（区）和各相关部门思想上高度重视，突出“严”字抓组织领导，突出“实”字抓评议环节，突出“全”字抓宣传报道，统筹安排，强化整改，确保活动取得良好效果。县委常委、常务副县长沈峻峰作动员讲话，他要求被评对象以开阔的胸襟虚心接受评议，以务实的态度落实评议工作，以负责的精神深化行风建设，提高金融机构的服务水平；参评人员要提高认识、加强领导，把握关键、整体联动，切实提高民主评议的水平。会议由县委常委、纪委书记刘才盛主持，并就如何贯彻落实会议精神提出明确要求。县政协副主席桑健、桑圣权、吴鼎皋出席会议。

★6日，如东县举行“走基层、话发展、促跨越”集中宣传启动仪式暨“三争三实”主题教育活动推进会。县委常委、宣传部部长杨中坚出席会议，他要求各镇区和相关部门从着眼于推动如东新一轮思想大解放、冲刺“双过半”和完成全年目标任务，以及新闻战线深化“走转改”活动的需要，充分认识和把握主题教育活动和集中宣传的重要意义，紧贴全县经济社会发展实际，积极发挥“主战线、主阵地、主力军”的作用，有效引领社会思潮，培育全县主流文化，唱响主旋律，打好主动战，将全县上下的注意力集中到县委、县政府工作中心上来，引导各镇区、各部门、各单位加快转型升级，促进全县经济社会又好又快发展。

★7日，南通市副市长黄爱军专程到如东县调研。如东县委书记詹立风，县委副书记、县长潘建华陪同调研，并汇报了如东县经济社会发展的有关情况。

★7日，如东县人大常委会党组副书记、常委会副主任陈昌龙，县人大常委会副主任冯力如赴如东经济开发区（苴镇）调研经济发展状况。

★8日，南通市检察文化建设推进大会在如东县检察院召开。如东县委书记、县人大常委会主任詹立风在大会上致辞。詹立风表示，南通市检察文化建设推进会在如东召开，既是对如东县检察工作的充分肯定，也为如东县与兄弟县市区检察院提供了相互学习和交流的平台，将促进如东县检察工作再上新台阶，为全县经济社会又好又快发展提供更坚强的保障。南通市委常委、纪委书记庄中秋要求全市检察系统坚持把社会主义核心价值体系融入到检察文化建设的全过程；以服务大局为目标，切实推进检察工作的科学发展；坚持实事求是、因地制宜的原则，展现检察文化特色，丰富干警的精神家园；坚持以筑牢检察干警的思想防线为重点，切实加强检察队伍的自身建设。全国政协教科文卫体委员会副主任、中国检察官文学艺术联合会主席张耕，江苏省检察院党组副书记、常务副检察长严明，明天市人大常委会副主任王向红，以及如东县领导刘才盛、杨中坚、于立忠、唐国均、姜晓静、桑圣权等出席会议。

★8日，如东检察文化园举行开园仪式，这标志着如东县检察文化建设取得了突破性进展。县委常委、政法委书记于立忠主持开园仪式。全国政协教科文卫体委员会副主任、中国检察官文学艺术联合会主席张耕，江苏省检察院常务副检察长严明，南通市委常委、纪委书记庄中秋，如东县委书记、县人大常委会主任詹立风为文化园揭牌。如东县领导刘才盛、杨中坚、唐国均、姜晓静、桑圣权出席开园仪式。

★8日，如东县纪念第七个中国文化遗产日现场展演——“江海遗韵”在新店镇利群小学举行。县委常委、宣传部长杨中坚指出，保护文化遗产需要全社会的努力，相关部门要将文化遗产保护与爱国、爱家乡教育，丰富群众文化生活和旅游资源开发有机结合起来，使文化遗产真正成为凝聚人心、激发干劲、促进发展的力量源泉。副县长姜晓静观看了展演。

★8日，南通市检察院在如东县举行检察长接待人大代表日活动，听取驻如东江苏省、南通市人大代表的建议意见。如东县人大常委会副主任唐国均参加活动。

★9 日，旅美篆刻家汤成沅老先生的“汤氏金石馆”新馆在如东县图书馆开馆。如东县委常委、宣传部部长杨中坚，汤成沅老先生的女儿汤聿昂共同为“汤成沅金石纪念馆”揭牌。县领导沈更生、姜晓静出席活动。

★10 日，如东县召开全县重点工作推进会，在听取了各镇（区）关于今年以来重点工作推进情况的汇报后，县委书记、县人大常委会主任詹立风要求各级各地认清差距，坚定信心，瞄准序时目标，倒轧时间部署，以“三争三实”的工作要求，把争先意识贯穿于工作的全过程；要抓实举措，攻坚克难，全力以赴冲刺“双过半”，集中精力轧指标、抓到账、解难题。要坚定不移抓招商、促项目，尽心尽力抓工业运行，保增长。各地坚定信心不动摇，咬定目标不放松，奋力冲刺上半年，确保实现“双过半”。县委副书记、县长潘建华主持会议。他要求各地紧紧抓住招商引资、项目建设、工业运行、财政收入、城镇建设、新农村建设等重点工作的任务目标，坚定必胜信念，创新工作举措，能快则快，能超则超，全面落实这次会议的工作要求，加快推进力度，圆满完成县委、县政府交给的“双过半”任务。县政协主席陈建华和县四套班子领导、各镇（区）党政主要负责人、县级机关、金融部门负责人出席了会议。

★11 日，中天科技集团向县慈善会捐款1000 万元。如东县委书记詹立风出席捐赠仪式并致辞，他表示中天科技集团的善举是企业倾心回报社会的又一次生动体现，必将对全社会关注和支持慈善事业起到引领和示范作用，其强烈的社会责任意识必将赢得全社会的尊重，“中天科技”品牌也一定会获得社会更广泛的认同和赞誉。他同时希望更多的社会组织和个人能像中天集团一样，积极投身慈善事业，为帮助弱势群体、促进社会和谐作出应有的贡献。县委副书记、县长潘建华以及县领导周建飞、陈昌龙、江华出席捐赠仪式。

图为：中天科技集团向如东县慈善会捐款1000 万元现场

★11 日，南通市中级人民法院代院长陈荣庆一行来如东县视察法院文化建设和社会管理创新工作。如东县委书记、县人大常委会主任詹立风向陈荣庆一行介绍了如东县经济社会发展情况。县委副书记、县长潘建华，县领导于立忠参加了活动。

★12 日，全国人大内司委委员、中央政法委原副秘书长鲍绍坤，带领全国社会管理创新典型培育中央蹲点指导组，到如东县调研社会管理创新工作新亮点。鲍绍坤对如东的社会管理创新工作给予了很高的评价。他表示，将在更高层面推介如东的新方法、新亮点，同时希望如东县建立长效机制，继续在整合资源上下功夫，不断打造工作亮点，切实解决民生问题，全面提升社会管理科学化水平。南通市委书记、市人大常委会主任丁大卫在考察时充分肯定了如东县在社会管理创新工作方面的努力和成效，并要求如东县继续创新工作方法，主动服务，找准工作的切入点和结合点，不断推进社会管理创新向纵深发展。南通市委常委、政法委书记曹斌，如东县委书记、县人大常委会主任詹立风，县委副书记、县长潘建华，县领导于立忠、唐国均、桑圣权等陪同调研。

图为：在南通市、如东县领导的陪同下，鲍绍坤一行在如东县检察院了解检调对接情况

★12日，如东县委副书记周建飞、副县长张栩龙到如东国税局调研时要求，务必一着不让、多措并举，全力打好组织收入的攻坚战，确保“双过半”目标圆满实现。

★12日，盐城市青商会部分企业家在共青团盐城市委书记王娟的带领下，到如东县考察沿海开发工作。如东副县长姜晓静向他们介绍了如东县经济社会发展和近年来沿海开发情况。

★12日，南通市中小企业金融超市正式创办如东连锁店。如东县领导程军参加活动。他希望如东县企业借此机遇，努力加大投入、优化结构、扩大总量、提高档次，促进企业做大做强，不断夯实银企互动的基础。

★13日，江苏省沿海办主任、省发改委副主任、省沿海开发集团董事长梁学忠一行在如东县委书记、县人大常委会主任詹立风，县委副书记、县长潘建华，县委副书记周建飞的陪同下，考察如东县海参养殖情况。

★13日，如东县第十六届人大常委会召开第五次会议。会议应到31人，实到22人。会议补选程静为南通市第十四届人大代表，表决通过《关于接受陆伯新辞去南通市第十三届人大代表职务的决定（草案）》。会议由县人大常委会党组副书记、人大常委会副主任陈昌龙主持，县人大常委会副主任冯力如、唐国均出席会议，副县长姜晓静，县人民法院、县人民检察院、县委组织部等相关部门负责同志列席会议。

★13日，南通市人大常委会副主任张小平一行，来如东县检查2008年以前、2009年以后持证企业退休职工及持独生子女光荣证的城镇老年居民一次性奖励等计生政策的实施情况。如东县副县长姜晓静汇报了如东县相关计生政策的实施情况。县人大党组副书记、常委会副主任陈昌龙，县人大常委会副主任唐国均出席会议。

★14日，江苏省委第四巡视组召开对如东县开展巡视工作动员会。省委第四巡视组副组长杨安国，南通市委常委、市纪委书记庄中秋，如东县委书记、县人大常委会主任詹立风，县委副书记、县长潘建华，县政协主席陈建华等四套班子领导出席动员会。杨安国作动员讲话。庄中秋对如东县做好接受巡视工作提出了具体要求。詹立风代表如东县四套班子就如何正确对待巡视工作、主动接受巡视检查、虚心接受监督指导，全力配合巡视组开展好巡视工作作了表态发言。

★14 日，南通市委常委、纪委书记庄中秋一行在如东县委书记、县人大常委会主任詹立风，县委副书记周建飞，县委常委、纪委书记刘才盛的陪同下，就如东县非公企业建设进行专题调研。

★14日，如东县召开《如东县志》重修工作推进会。县委常委、宣传部部长杨中坚要求各镇区及相关部门要高度重视，切实把握重修工作的着力点和长效性，细化工作方案，任务分解落实到人，对照重修工作的具体要求，制定翔实的措施，保质保量完成重修工作。副县长姜晓静出席会议。

★15日，如东县委副书记、县长潘建华前

往县城开发建设指挥部调研，他要求相关部门和单位充分发挥城建指挥部统分结合的协调机制，高效、快捷、准确地推进城市开发建设，以城市化的提质提速推动如东县转型跨越发展。县领导沈峻峰、杨中坚参加了调研活动。

★15日，如东县召开全县党风廉政建设工作推进会。县委常委、纪委书记刘才盛要求各镇区及相关部门以更高的定位确定党风廉政建设工作的新目标，统筹兼顾、突出重点、结合实际，切实强化源头防腐，以更实的举措抓好党风廉政建设工作。

★15日，南通市委组织部副部长张辉到如东县调研市级机关驻村"第一书记"和如东县基层组织建设的工作情况时强调，要不断创新党建工作模式，抓好基层组织建设工作。如东县委常委、宣传部部长杨中坚对"第一书记"挂职薄弱村表示由衷感谢，他认为书记们从原来的工作岗位深入到基层农村，跟农民和"泥土"打交道，能得到很好的锻炼，而依托自身的能力素质、人脉资源等条件，他们一定会给交通不便，基础较差的落后村赢得新的发展机遇，当地的农业经济也将呈现出新的发展面貌。

★15日，如东县委常委、政法委书记于立忠前往掘港、曹埠、马塘、丰利四个镇，调研秸秆机械化还田推进情况。

★16日，以"倡导健康快乐和谐的生活方式"为主题的"医保杯"如东县第二届广场健身舞比赛在如东县城浅水湾水上公园健身广场举行，来自如东县各乡镇社区的12支团队共300多人参加了决赛。副县长姜晓静宣布比赛开始，县委副书记周建飞及县领导沈更生、唐国均、桑圣权观看了比赛。

★16日，如东县召开全县房屋征收工作推进会。县委常委、常务副县长沈峻峰对上半年房屋征收工作给予肯定。他要求相关单位和部门围绕全年目标，加大推进力度，做到依法征收、阳光操作，同时增强征收合力，坚持过细工作，做到宣传到位、服务到位、保障措施到位，对各种阻挠、破坏房屋征收工作的违法行为，坚决予以打击，确保零事故、零上访。县领导杨中坚、沈更生、桑圣权参加会议。

★16日，教育部职成教司综合处处长刘宏杰、巡视员贾厚林在江苏省教育厅职教处处长刘克勇、南通市教育局副局长姜学勤、职社处处长李俊华，如东县人大常委会副主任、县委教育工委书记唐国均、县教育局局长李建国、副局长朱亚飞陪同下，到如东第一职业教育中心校正在建设中的新校区调研。

★16日，农业部水稻高产创建专家组专家、南京农业大学副校长丁艳锋一行到如东县，考察水稻生产及项目实施工作。如东县副县长江华参加了活动。

★16日至17日，国家发改委应对气候变化司对外合作处处长黄问航专程到如东县，就2012年度中美气候变化青年领导力夏令营活动将于8月中旬在如东县举行的相关准备工作开展前期考察。黄问航就活动的具体行程及内容安排等，与如东县委副书记、县长潘建华及县领导沈峻峰等深入交换了意见。潘建华表示，如东县将按照国家及省、市相关部门要求，全力协助举办好此次活动，做好活动策划、后勤保障等工作，充分展现如东近年来在积极发展绿色、低碳经济方面取得的成果，确保活动取得圆满成功。县领导唐国均、姜晓静陪同考察。

★18日，如东县委副书记、县长潘建华走进南通广播电台《政风行风热线》节目，通过电波与听众在节目中进行交流，解答群众关注的热点问题。潘建华表示，县委、县政府今后将进一步加强与群众的密切联系，倾听群众呼声、解决群众难题，对于未能现场解答的提问将在直播结束后与相关部门一同继续关注。

★19日，由文艺报社、中国作家协会创作研究部、中共南通市委宣传部、中共如东县委、如东县人民政府联合举办的刘剑波长篇纪实散文《姥娘》研讨会在北京召开。中国作协第七届书记处书记张胜友、中国作协创作研究部副主任梁鸿鹰，《文艺报》副总编辑崔艾真，中共南通市委常委、宣传部部长章树山，副部长王一鸣，如东县领导沈峻峰、杨中坚、唐国均、姜晓静，著名评论家吴秉杰、胡平、曾镇南等以及《人民日报》《光明日报》《中国青年报》《北京日报》、新华网、新浪网等媒体参加了研讨会。如东县委常委、常务副县长沈峻峰表示，对开启基本现代化新征程的如东来说，在北京举办如此高规格的刘剑波作品研讨会，其意义十分深远。如东县将以此为新起点，加快县域经济发展，为大力实施文化建设工程提供有力保障，同时进一步扩大文化惠民服务，加大人才培养力度，构筑文艺人才高地。会议由中国作协创研部副主任、著名评论家梁鸿鹰主持。

图为：刘剑波长篇纪实文学《姥娘》研讨会在京举行

★19 日，如东县第十六届人大常委会召开第四次主任会议，专题听取并审议县政府关于城乡居民普遍饮用长江水工程推进情况的汇报。副县长江华汇报了工程推进情况。县人大常委会党组副书记、常委会副主任陈昌龙要求相关部门认真听取人大的审议意见，及时消化、有效互动、抓好落实。在下一阶段的工作中，做到坚定信心，坚守目标；规划引领，要素统领；突出重点，突破难点；统一思想，统筹推进，确保今年底全面实现引江供水全覆盖，受益人口 90%以上。会议由县人大常委会副主任沈更生主持，县人大常委会副主任冯力如出席会议。

★19 日，如东县道路交通安全委员会召开全体成员会议，研究分析全县道路交通安全形势，深入推进“文明交通、平安出行”工程及县城区畅通工程。副县长、县道路交通安全委员会主任、县公安局局长程军要求各成员单位认清形势，健全体系，切实履职，分工协作，形成合力，努力提升道路交通安全综合监管水平，将“文明交通、平安出行”工程落实到实处。

★20 日，如东县委副书记周建飞带领交通、海洋渔业等部门负责人，调研省市沿海开发重点项目推进情况。

★21 日，国家发改委农经司副司长方言到如东县考察港口和渔业资源开发利用情况，并勉励如东县充分利用好滩涂资源优势，加快港口开发建设，发展滩涂养殖。如东县委书记、县人大常委会主任詹立风向方言介绍了洋口港目前的开发情况以及未来发展前景。县委副书记、县长潘建华以及县领导于立忠、张蓉蓉、江华、王志荣等陪同考察。

★21 日，如东县召开招商引资“双过半”紧急会议，针对当前如东县利用外资“双过半”的严峻形势，县委副书记周建飞要求各镇区找准差距，查出问题，抓住最后时机完成利用外资“双过半”任务。副县长张栩龙主持会议。

★22 日，如东县城东二环如泰运河大桥顺利合龙。县委常委、宣传部部长杨中坚主持合龙仪式，县委常委、常务副县长沈峻峰宣布大桥合龙施工。县领导沈更生、桑圣权等出席活动。

★22 日，如东县人大常委会召开第 5 次主任会议，参观了苴镇河丫村的南美白对虾养殖基地和万亩海参园区，听取了县海洋渔业局关于全县现代渔业园区建设情况的汇报。县人大常委会副主任沈更生、冯力如、唐国均，副县长江华出席会议。

★22 日，如东县政协副主席桑圣权带领政协文体组视察如东县文化广电新闻出版工作。桑圣权对前一阶段如东县文广新工作表示肯定，他说文化娱乐设施建设要有前瞻性，特别是如东县的文化中心设计要突出本地特色，功能设计要超前，兼顾未来文化发展趋势，规划上要形成合力，抓紧落实，为如东县文化建设早日实现基本现代化打下基础。

★22 日至 23 日，国能能源集团总裁张财根率团来如东县，重点考察沿海经济开发区投资建设情况。如东县政协主席、党组书记陈建华，副县长王智会见了考察团一行，并就合作项目、融资方式等具体事宜与考察团深入交换了意见。

★24 日，由上海浦发集团和掘港镇共同主办的“美国加州、上海浦发、江苏如东经济合作交流会”在上海浦东举行。如东县委副书记周建飞，县领导沈峻峰、张栩龙、掘港镇有关方面的负责人和美国加州市长理查德·蒙哥马利以及加州企业家代表与会。

★25 日，第 22 个“全国土地日”。如东县国土局、法宣办、司法局联合开展全县“土地法律乡村行”暨国土资源志愿服务活动。县委常委、宣传部部长杨中坚宣布全县“土地法律乡村行”志愿服务活动正式启动。

★26 日，江苏领先汽车保养用品项目在洋口港经济开发区临港工业区举行开工仪式。如东县委副书记周建飞宣布项目开工。副县长张栩龙出席开工仪式并讲话，他要求洋口港经济开发区以此为契机，以更大的决心、更高的标尺、更实的举措，切实做好招商引资和服务工作，招引大项目，培育大企业，开创如东县招商引资工作新局面。

★26 日，如东县委副书记周建飞、副县长张栩龙带领县商务局（招商局）负责人，前往如东经济开发区、洋口港经济开发区、沿海经济开发区和掘港、栟茶、丰利三个镇，专题督查各镇区招商引资“双过半”落实情况，要求各镇区咬定目标，奋力冲刺，确保完成“双过半”目标。

★27 日至 28 日，上海市黄浦区旅游局党组书记杨奕带领沪上部分旅行社负责人到如东县参观考察。如东县副县长王智介绍了如东县旅游产业发展和景点打造情况，他希望如东县与黄浦区共同合作，挖掘旅游资源，推介旅游项目，促进如东旅游产业做大做强。

★28 日，如东县人大常委会副主任唐国均带领部分镇人大主席和县人大代表前往县卫生局，调研卫生系统 2012 年为民办实事项目实施情况。唐国均对县卫生局为民办实事项目实施情况给予肯定，他希望该局在推进“一镇一公立医院”建设时，高起点规划，同时加强人才的引进和相关业务培训；在健康体检过程中加强相关专业人员的跟踪督查。

★28 日，如东县召开二季度商贸流通经济工作交流会。副县长王智要求各镇区、各部门积极引导规范发展，切实做好商业网点规划，严格商贸基础设施建设的审批把关，稳健发展专业商品市场；同时不断提高连锁经营的规模化水平，加快发展现代物流业，确保如东县商贸流通产业又好又快发展。

★29 日，如东县委、县政府与三一集团在南通举行会谈，双方通报了三一如东工业园项目前期筹备工作情况，并对工业园规划设计方案进行讨论。三一重工塔机公司总经理梁坚毅和三一重工副总经理梅永华出席会议并通报了项目的筹备进展情况。如东县委副书记、县长潘建华指出，三一如东工业园项目无论从规模还是质量上来看，都是改革开放以来如东引进的最好的项目，如东县政府及相关职能部门将围绕项目尽全力做好服务工作，建立联合工作机制，与三一重工方面协作推进。县委书记詹立风表示，如东县委、县政府将把服务好、支持好项目建设和企业发展作为最大的责任，围绕项目按时开工排解任务，建立科学合理的工作流程以及定期会商的工作机制，为项目快启动、快建设、快见效创造优越的环境。他真诚希望三一集团按照高定位和高标准，加快推进工业园建设，如东县也将与三一集团建立良好的合作伙伴关系，实现共赢。县领导周建飞、张栩龙以及国土、环保、规划、发改委、供电等相关部门负责人出席会议。

★29 日，如东县政协主席陈建华带领县化治办、环保局、安监局等部门负责人，对如东县园区外的部分化工企业进行实地视察，专题调研如东县化工企业专项整治工作。县领导张栩龙、王志荣陪同调研。

★29 日，如东县召开苴东线西段工程征地拆迁第二次推进会。副县长王智要求迅速做好扫尾工作，加强服务保障，抓紧施工准备，确保施工队伍如期进场施工。当天，与会人员视察了岔河、河口、袁庄拆迁现场。

★30 日到 7 月 1 日，韩国国民希望论坛组长朴在运带领韩国 Smart 液晶技术有限公司和时代信息咨询株式会社高层，到如东县考察。如东县委副书记、县长潘建华会见了朴在运一行，他详细介绍了如东的经济社会发展情况及区位优势、主导产业、外资落户优惠政策等。副县长王智参加了会见活动。

★6 月 30 日到 7 月 1 日，江苏省农业资源开发局副局长张学平一行到如东县，对 2011 年度国家农业综合开发项目进行验收。如东县副县长江华汇报了如东县 2011 年度国家农业综合开发项目建设工作情况。县委常委、政法委书记于立忠陪同检查验收。

7 月

★1 日，如东县委、县政府在县行政中心会议厅举行全县创先争优表彰大会暨“七一”大党课报告会，表彰 2010 年以来在全县创先争优活动中涌现出来的先进基层党组织、优秀共产党员、优秀服务品牌和党员示范窗口，进一步发挥先进典型的引领作用，激励全县广大党员干部群众为实现“两年赶超、五年争先”目标、加快建设现代化新如东而奋斗。县委副书记、县长潘建华宣读《中共如东县委关于表彰全县创先争优先进基层党组织、优秀共产党员、优秀服务品牌、党员示范窗口的决定》。会议由县委书记、县人大常委会主任詹立风主持。詹立风希望受表彰的先进单位和个人珍惜荣誉、努力工作、再创佳绩；希望各地、各部门认真总结近三年全县创先争优活动取得的阶段性成果，进一步完善长效机制，推动创先争优活动制度化、常态化，以创先争优活动为平台，激励全县党员干部，以更加饱满的热情、更加昂扬的斗志、更加务实的作风，积极投身建设现代化新如东的伟大实践，为推进集聚发展、协调发展、和谐发展做出新的更大的贡献。大会采取电视直播方式，县行政中心会议厅设主会场，各镇（区）设分会场。主会场出席会议的有：县四套班子全体领导，县法院院长、县检察院检察长；各镇党委书记、分管党务工作的副书记；各区党工委书记；县级机关部门主要负责人以及中层以上党员干部。

★1 日，由如东县委宣传部、县文化广电新闻出版局、县总工会联合举办的“大东杯”首届职工文化艺术节暨第八届“蠙城之夏”首场文艺演出在新落成的“五一广场”开演。副县长姜晓静宣布艺术节开幕。随着市总工会副主席杨晔鹃以及县领导唐国均、桑健等一同摁下启动球，以“放歌劳动，给力发展”为主题的文艺晚会正式开演。

★2 日，江苏省沿海办副主任王由礼率领省政府督查组到如东县调研沿海开发重大项目的推进情况，高度肯定如东县港口建设、产业项目发展等方面的突出成就。如东县委书记、县人大常委会主任詹立风，县委副书记、县长潘建华，县领导周建飞、王孝强、张栩龙、江华、余科参加调研活动。潘建华向督察组介绍了如东县沿海开发、产业项目建设的相关情况。詹立风希望省委、省政府也能够站在加快沿海开发的战略层面去统筹推进，把如东“港口引领”的开发战略推向更高层次。

★2 日，如东县委常委、人武部部长吴风俊，县人大常委会副主任冯力如在双甸镇党、政主要领导的陪同下，走访、慰问了该镇宗奎村、镇东村、镇南村、双南居委会和德银村的部分贫困党员和老党员，并给他们送上慰问金。

★3 日，如东县东凌库区产业园成立会议在县行政中心举行，县委副书记周建飞对东凌库区资产移交、园区启动等工作进行了部署。这次会议的召开，标志着东凌库区产业园开发建设正式拉开帷幕。

★3 日，如东县委常委、纪委书记刘才盛前往曹埠镇亲切慰问了上漫社区何素珍和甜水村季炳玉两位建国前入党的困难老党员，详细了解了他们的身体和生活情况，感谢他们一直以来为党为国家所作的贡献，嘱咐镇村领导关心好照顾好老人，让他们安享晚年。

★3 日，如东县委常委、宣传部部长杨中坚，县政协副主席桑圣权冒雨前往袁庄镇慰问了袁素珍等 5 名建国前入党的老党员，要求镇村干部要关心这些老党员，帮助他们解决一些实际困难。

★3 日，农业部渔业局组织检查组，就黄渤海区和东海区伏季休渔开展交叉检查。检查组对如东县伏季休渔情况给予肯定，要求如东县继续认真执行伏休渔船动态管理制度，加大安全生产法规、安全知识的宣传教育，加强落实渔业生产安全措施，为广大渔民生命财产安全保驾护航。如东县委常委、副县长王孝强陪同检查。

★3 日，如东县召开农桥建设工作推进会，部署今年农桥建设任务。副县长江华要求各镇及相关单位进一步增强做好农桥建设工作的责任感和紧迫感，轧紧部署、加强管理，明确责任，打好农桥建设工作攻坚战。

★4 日，在如东县委书记、县人大常委会主任詹立风，县委副书记、县长潘建华的陪同下，重庆市酉阳自治县县委书记陈勇，县委副书记、县长陈文森带领酉阳自治县党政代表团到如东县考察。詹立风向酉阳自治县党政代表团介绍了如东县近年来经济社会发展概况和思路。他说，酉阳和如东两地应通过学习考察等多种形式，加强联系，互相学习，取长补短，同时，今后可以在经济、社会事业、教育文化等多方面开展合作，推动双方共同发展。如东县政协主席陈建华，县委副书记周建飞，县领导于立忠、张蓉蓉、沈更生参加活动。

★4 日，如东县领导杨中坚、唐国均、姜晓静带领县教育局、住建局、国土局、代建办负责人到如东第一职业教育中心校新校区的工地检查工程进展情况。

★4 日至 5 日，如东县人大常委会副主任沈更生、冯力如分别带领检查组检查了如东县食品生产、流通领域内《中华人民共和国食品安全法》执法情况。

★5 日，如东县宣传贯彻《江苏省渔业安全生产管理办法》、第四届放鱼节活动暨海洋预报台揭牌仪式在洋口港海域举行。县委书记、县人大常委会主任詹立风宣布放流活动开始。县委副书记周建飞在活动中致辞。县委书记、县人大常委会主任詹立风，县委副书记、县长潘建华，县政协主席陈建华与国家海洋局东海分局局长张惠荣，江苏省、南通市、如东县领导参加放流活动。由国家海洋局南通海洋环境监测中心站与如东县海洋与渔业局共同建设的如东海洋预报台同时揭牌成立，詹立风与省、市领导共同为其揭牌。如东县副县长江华主持活动，县委常委、政法委书记于立忠向洋口港经济开发区、沿海经济开发区等10家放流捐助单位，颁发“放流纪念牌匾”。江苏省海洋与渔业局副局长王仁政，如东县领导张蓉蓉、王孝强等参加了活动。

图为：如东海洋预报台揭牌

★5日，如东县委副书记、县长潘建华前往如东经济开发区，给老党员送去慰问金和党组织的关怀。

★5日，如东县食安委召开二季度食品安全工作例会。副县长姜晓静要求各成员单位继续保持高度警觉，做到食品安全监管全覆盖，确保全年无系统性、源头性食品安全事故发生；进一步形成合力，保持联合执法常态化、高效化；加强监管体系建设，落实食品生产经营者的主体责任，针对乡镇领域内安全执法要做到重心下移，确保食品安全监管无缺位。

★6日，如东县举行2012年海内外人才如东行招待晚宴。县委副书记、县长潘建华致辞。他说，如东人民历来具有尊重知识、尊重人才、尊重劳动、尊重创造的传统，如东县委、县政府历来注重人才的引进、人才的使用和人才的培养。随着两大战略的深入实施，如东已经变成了一块投资、创业的热土。他衷心期待各位专家和人才为如东县发展献计献策，并真诚地邀请大家来如东投资兴业。

★6日，在南通市政协秘书长朱进的陪同下，美籍华人、美国欧美嘉生物技术有限责任公司项目开发经理、执行总监汤斌博士一行到岔河镇考察农业生产情况。如东县委常委、岔河镇党委书记杨小军陪同考察。

★6日，南通市老归侨联谊会专程组团来如东县参观考察。如东县人大常委会副主任、县侨联主席沈更生向他们详细介绍了如东近年来经济社会建设成果、发展远景规划，特别是洋口港开发建设的最新进展，希望他们发挥海外人脉广、资源多的优势，为如东县经济社会发展引资引智、牵线搭桥。

★7日，如东县委、县政府召开动员大会作出部署：从现在起，在全县开展“双百双解”活动，以“100家企业和100个项目”为典型，以“为项目建设推进解难、为企业生产经营解忧”为重点，切实解决企业运行和项目建设过程中的矛盾和困难，努力促进全县经济更好更快发展。县委副书记、县长潘建华就“双百双解”活动的开展进行部署。县委书记、县人大常委会主任詹立风作重要讲话。他要求开展“双百双解”活动，重在快行动，重在狠抓落实。各地、各部门和各级领导干部要迅速行动起来，健全责任体系，层层抓好落实；切实转变作风，提升服务效能；严格督查考核，强化过程控制，真正做到更加聚焦项目，更加聚力发展，确保活动取得明显成效。会议由县委副书记周建飞主持，县四套班子领导出席会议。

★7日，如东县委书记、县人大常委会主任詹立风前往洋口港经济开发区（长沙镇）慰问生活贫困的老党员，了解他们的日常生活状况，为他们送去党和政府的问候。县领导张蓉蓉、王孝强陪同慰问。

★7日，如东县举办2012年海内外人才如东行恳谈会，县委常委、组织部部长任新峰作如东县情和人才发展政策介绍。18位海内外人才与如东经济开发区、洋口港经济开发区、大豫镇、中天科技、东瑞医药等10个镇（区）、企业负责人进行交流洽谈，最终11位海内外专家签订合作协议。

★7日，南京师范大学中北学院在如东县举行绿色环保分队暑期社会实践启动仪式和社会实践基地授牌仪式。启动仪式由如东县政协副主席桑圣权主持。如东县人大常委会副主任沈更生在启动仪式上致辞。他希望这次“大学生绿色环保行动”活动，能产生良好的实践效果和广泛的社会影响，为如东保护和改善生态环境作出积极的贡献。

★8日，如东县举办“扶海大学堂”——《易经》中的大智慧专题报告会，邀请北京师范大学教授、博导张涛作专题报告。报告会由如东县副县长姜晓静主持。

★9日，如东县召开县行政服务中心上半年工作点评大会。县委副书记、县行政服务中心党工委书记周建飞总结了县行政服务中心上半年工作，部署了下半年工作。县委副书记、县长潘建华到会讲话。他充分肯定了县行政服务中心上半年工作。他要求行政服务全体工作人员进一步提高责任意识，围绕行政服务“快”“低”“满意”三个目标，提升服务水平。会议由县委常委、常务副县长沈峻峰主持。

★9日，如东县召开全县纪检监察系统半年工作暨“品牌工作”推进会议，县委常委、纪委书记刘才盛出席会议，他要求要求各级纪检监察组织要以“严执纪、优环境、铸品牌、促发展”为主线，深入实施服务中心工作的“六大工程”，聚力建设“诚信如东”“效能如东”“清廉如东”，为建设现代化新如东提供坚强的纪律保障。

★9日，如东县人大常委会副主任唐国均率领检查组检查了如东县餐饮消费环节《中华人民共和国食品安全法》执法情况。

★10日，南通市委书记、市人大常委会主任丁大卫带领市沿海办、发改委、规划局等部门的负责人，到如东县调研沿海开发和“区镇合一”实施情况。如东县委书记、县人大常委会主任詹立风，县委副书记、县长潘建华，县政协主席陈建华的陪同丁大卫一行视察。詹立风向丁大卫一行介绍了如东沿海开发情况。丁大卫对如东县的沿海开发工作给予充分肯定。他要求如东县切实贯彻落实好全市沿海开发工作会议精神，坚持科学开发、开放开发、联动开发、统筹开发、创新开发，猛攻重大项目，加快载体建设，务实工作作风，在沿海各县市中加速攀升、加快发展。

图为：丁大卫（前排右二）寄语如东县沿海开发项目

★10日，江苏沿海地区千亿元级现代渔业建设推进会与会代表参观了如东县万亩海参现代渔业产业园。江苏省海洋与渔业局副局长沈毅对园区建设工作表示肯定。他鼓励如东县进一步加大组织力度，加快渔业结构调整和发展方式转变，在全省沿海地区千亿元级现代渔业产业发展中当好主力军。县委常委、副县长王孝强陪同参观。

★10日，如东县人大常委会召集县发改

委、经信委相关负责人座谈，调研全县上半年工业经济运行情况。县人大常委会党组副书记、常委会副主任陈昌龙充分肯定了县发改委和经信委所做的工作，希望他们继续狠抓落实，重点围绕百强企业找措施、强信心、优环境，进一步在突出工业经济的可持续发展上求变，在突出工业运行要素互动中提质，确保全县工业企业平稳较快发展。

★10日，江苏省文化产业引导资金现场验收组来如东县，就南通市少年杂技培训基地项目进展和资金投入情况进行验收。副县长姜晓静陪同验收。

图为：建设中的南通市少年杂技培训基地

★11日，如东县委工作会议在行政中心召开。县委书记、县人大常委会主任詹立风在会上代表县委作工作报告。他充分肯定了今年上半年全县各项工作取得的成绩，同时也深刻分析了工作中存在的不足和差距，要求全县上下保持清醒头脑，认清当前形势和所面临的任务，正视经济下行压力和发展差距，进一步增强加快发展的危机感和紧迫感。会议由县委副书记、县长潘建华主持，江苏省委第四巡视组副组长杨安国以及副调研员余祥明出席会议。全体县委委员、候补委员，县纪委委员，县人大、县政府、县政协领导班子成员，县法院院长、县检察院检察长，各镇党委书记、镇长、人大主席，各区党工委书记、管委会主任，各镇（区）招商引资、项目建设、工业经济分管负责人，县级机关各部门中层以上干部，县五十强企业负责人，县四套班子老领导和享受地市级待遇的老干部代表出席会议。

★11日，如东县召开全县维稳工作会议，要求各镇区及相关部门，全面落实维稳工作责任制，努力为全县经济社会发展创造和谐稳定的政治环境。县委常委、政法委书记于立忠回顾总结了今年以来如东县维稳工作情况。县委书记、县人大常委会主任詹立风要求各镇区及相关部门提高认识，以强烈的责任感抓好维稳这项工作；夯实基础，把维护稳定的各项措施落到实处，细化工作任务，强化工作重点；及时抓好源头管理，一着不让地开展大接访活动；严肃纪律，把维护稳定放在各项工作的首要位置，狠抓督查督办，确保全县社会和谐稳定。会议由县委副书记、县长潘建华主持，县政协主席陈建华，县人大常委会党组副书记、常委会副主任陈昌龙，县领导沈峻峰、唐国均、程军、桑圣权出席会议。

★11日，如东县委书记、县人大常委会主任詹立风率领参加县委工作会议的部分人员参观沿海经济开发区正在建设中的江苏长青农化南通有限公司、企业职工生活配套区等项目现场。

★12日，在如东县委书记、县人大常委会主任詹立风的陪同下，全国政协委员、全国青联常委、摩根大通证券（亚太）有限公司亚洲区副主席、香港华菁会主席方方，带领香港华菁会访问交流团到如东县参观考察。香港华菁会副主席张毅，美国纽约州执业律师、美国普衡律师事务所合伙人、香港如东同乡会会长严嘉，如东县领导刘才盛、张蓉蓉陪同参观。

★12日，在“如东县居住证”首发仪式上，河南新野人李新宾领到了如东县公安部门发放的第一张居住证，成为如东新市民，这标志着如东县外来流动人口居住证制度正式启动。县委常委、政法委书记于立忠希望各地、各相关部门结合本部门职能，认真研究制定居住证制度配套实施办法，不断提高居住证的“含金量”和社会应用功能，努力让居住证持有人更快、更多地享有本地居民各项待遇。副县长、县公安局局长程军主持仪式。

★12 日，南通市安全生产检查组对如东县安全生产工作进行年中目标考核，认为如东县安全生产工作思路清、措施实、成效显，下半年要继续围绕科学发展主题和加快转变经济发展方式的主线，以强化企业主体责任为宗旨，以安全生产“三项行动”“三项建设”为抓手，进一步深化安全生产年活动，保证安全生产形势持续稳定好转。如东县委常委、副县长王孝强向检查组汇报了如东县安全生产工作的有关情况。

★13 日，如东县政协主席陈建华一行前往县海洋与渔业局，就“和谐海洋”工程推进情况展开调研。县领导江华、吴鼎皋参加了活动。

★13 日，来自扬州大学农学院“科技兴三农”党员博硕士团的 13 名成员前往岔河镇，与种养大户签订一对一合作协议，这标志着该校党员博硕士团暑期社会实践活动在如东全面展开。扬州大学农学院党委书记余吉生和如东县委常委、岔河镇党委书记杨小军为实践基地揭牌。如东县委常委、政法委书记于立忠希望双方以此次活动为契机，进一步拓展在人才培养、基地建设、科技转化等方面的合作，实现共赢。

★14 日，如东县政府召开全体（扩大）会议暨廉政工作会议。会议由县委常委、常务副县长沈峻峰主持。县纪委副书记、监察局局长肖斌作 2012 年政风行风和政府廉政建设工作报告。县委副书记、县长潘建华作重要讲话。他回顾总结上半年工作，分析研究当前经济形势，部署安排下半年任务，动员全县上下进一步认清形势，坚定信心，狠抓落实，全力以赴做好“攻投入、稳增长、促转型”各项工作；全面部署落实政风行风及廉政建设工作，不断提升政府及其部门的作风形象。县领导王孝强、沈更生、姜晓静、王智、程军、江华、桑健参加会议。

★16 日，省委常委、省政府常务副省长李云峰在南京会见了台湾“中国石油化学工业开发股份有限公司”董事长沈庆京一行。南通市委书记、市人大常委会主任丁大卫，市委副书记、市长张国华，如东县委书记、县人大常委会主任詹立风，县委副书记、县长潘建华陪同并参加会见。李云峰介绍了我省石化产业的发展情况，并强调洋口港在江苏沿海开发进程中已经迅速发展成为产业港，是石化产业发展的合适地点，台湾中石化在洋口港投资选择正确，洋口港石化产业发展的空间大。他希望双方加强经贸合作，创造条件，快速推进，促进发展。李云峰要求省政府有关部门认真研究，积极支持台湾中石化项目落户洋口港；南通、如东迅速开展前期基础工作，全力支持，创造条件，和台湾中石化合作起来。江苏省政府副秘书长徐立，如东县委副书记周建飞，县委常委、洋口港经济开发区党工委书记张蓉蓉等领导参加了会见。

图为：如东县委书记詹立风(左)和台湾“中石化”董事长沈庆京亲切交谈

★16 日，如东县召开县优秀人才系列奖项评选动员部署会议。县委常委、组织部部长任新峰要求突出产业重点，突出能力贡献，把个人的能力水平和工作业绩作为评选的主要标准，不拘一格评选优秀人才，激励各类人才在经济转型升级一线开拓创新、干事创业。

★16 日，清华大学博士生实践服务团的 10 位博士来如东县，将开展为期一周的以旅游经济和新能源发展为课题的调研活动。座谈会上，如东县委常委、组织部部长任新峰向博士们介绍了如东经济社会发展情况，希望青年才俊充分发挥人脉优势、资源优势和学识优势，为推动如东发展作出贡献。

★17 日，南通市委政法委调研组到如东县调研。如东县委常委、政法委书记于立忠向调研组汇报了如东县政法队伍建设的相关情况。南通市委政法委调研组对如东县政法队伍建设取得的成绩予以充分肯定，希望如东县继续把政法队伍建设放在政法工作的首要位置来抓，着力在思想政治建设、业务素质建设和作风形象建设上下功夫、求突破，全面打造作风能力过得硬、人民群众信得过的一流政法队伍。

★17 日，南通市文广新局局长陈亮一行来如东县调研公共文化服务体系建设。如东县领导沈更生、姜晓静、桑健陪同调研。

★17 日，南通市经信委、市供电公司有关负责人到如东县调研迎峰度夏有序用电工作情况。如东副县长张栩龙参加调研活动。

★18 日，洋口港开发前线指挥部举行办公会议，对一些急需研究解决的重点难点问题进行了专题研究和明确。如东县委书记詹立风在会议上强调，举全县之力众志成城强势推进洋口港开发建设。县领导潘建华、周建飞、沈峻峰、张蓉蓉、王孝强、沈更生，县委办、县政府办，洋口港前指办，县相关部门及洋口港前线指挥部成员单位的领导出席了会议。

★18 日，如东县委副书记、县长潘建华带领县住建、国土、规划、交通运输、征收办及掘港镇的相关负责人，专题视察县城城建重点工程建设情况。他要求相关部门统筹规划，综合开发，抓投入、抢进度、建精品，加快推进重点城建项目建设，快速提升区域形象，让城市面貌早日出新。县委常委、常务副县长沈峻峰，县委常委、宣传部部长杨中坚陪同视察。

★18 日，如东县委、县政府召开全县工业经济形势分析会，通报 2012 年上半年全县工业经济运行情况，分析当前经济发展形势，并研究部署下一阶段各项工作任务。县委副书记周建飞要求，三季度以及下半年，全县工业经济工作要进一步围绕项目主线提质增效，保住“现实增长点”，挖掘“潜在增长点”，培育“爆发增长点”。在宏观经济形势低迷的情况下，各镇（区）党委、政府务必充分做好工业企业的服务工作，进一步稳定懂经济、肯务实的工业经济负责人队伍，多措并举，确保全年目标顺利完成。副县长张栩龙主持会议。

★18 日，如东县举行镇（区）安监机构授牌仪式，各镇（区）在安全环保中心（局）的基础上重新挂牌成立安监所（局），并举办安监业务知识培训班，进一步完善如东县安全监管网络、明确工作职责、提升监管水平。副县长张栩龙要求各镇（区）安全监管人员本着对人民群众生命财产安全负责、对社会经济发展负责、对自我负责的态度，不断熟悉辖区内工业企业的生产流程、行业特点以及相关的政策、法律法规，明确工作职责，提升安全监管的责任意识，更专业、更有针对性地投入安全生产监管工作。

图为：如东县举行各镇（区）安监机构授牌仪式

★18 日，如东县人社局召开专门会议，向人大代表、政协委员们汇报 2012 年提案和建议的办理情况，听取人大代表及政协委员的意见和建议。县政协副主席吴鼎皋与会并讲话。

★18 日，由如东县红十字会、县卫生局等部门主办，县委宣传部等协办的“关爱环卫工、盛夏送清凉”慰问活动在如东大饭店举行。副县长姜晓静向这些起早贪黑、顶严寒斗酷暑的“城市美容师”致以亲切的慰问。她说，政府及相关部门应关爱环卫工人，营造良好的工作环境，进一步提高标准，加大投入，提升机械化水平。同时，宣传发动全社会共同关爱环卫工人，参与支持环卫工作，全民行动起来为环卫工人分忧解难。

★19 日，如东县人大常委会党组副书记、常委会副主任陈昌龙一行前往县城管局，听取关于人大代表建议办理情况和城管工作专题汇报。陈昌龙对城管工作给予肯定，他要求县城管局进一步融入大局、有效对接，将服务的触角向城乡镇区延伸，同时在城市管理机制和重点工程推进上求突破；在管理方式上由控制向引导、激励转变；在工作质态上求成效。县人大常委会副主任沈更生、冯力如、唐国均出席会议。

★19 日，江苏省物价局局长周卫国、省政府法制办公室主任孙如林带领联合调研组到如东县，就《江苏省行政事业性收费管理办法（草案）》召开立法座谈会。如东县领导姜晓静陪同调研。

★20 日，南通市巡察督查组一行在市纪委委员、市政府法制办公室主任王筱融的带领下，到如东县督查 2012 年落实党风廉政建设责任制情况。如东县委常委、纪委书记刘才盛向督查组一行汇报了如东县落实党风廉政建设责任制情况。如东县委副书记、县长潘建华向督查组一行汇报了政府班子及部门落实党风廉政建设责任制情况。

★20 日，如东县政协主席陈建华带领部分政协委员到县城管局听取 2012 年提案办理工作情况汇报。县政协主席陈建华对城管局提案办理工作给予充分肯定，认为城管局对政协提案高度重视，高标准、高质量地完成了提案办理工作，城市管理水平明显提高，市容市貌明显改善。同时希望城管局进一步加大对已办理的提案的跟踪检查和督促落实力度，不断巩固和落实办理成果。县领导桑圣权、吴鼎皋参加活动。

★20 日，如东县人大常委会召开第六次主任会议，就县人民法院刑事审判工作进行审议。县人大常委会党组副书记、常委会副主任陈昌龙对近年来法院刑事审判工作表示充分肯定，他要求今后的工作围绕司法公正，进一步找准宽与严的落脚点；着眼治安稳定，进一步找准防与惩的着眼点，从源头上预防犯罪；勇担社会责任，进一步找准法与情的结合点，力争政治效果、法律效果与社会效果的统一；在发展为先中把握大局，能动司法，在民生为本中贴近社情，和谐司法，在法治为基中彰显法魂，公正司法。会议由县人大常委会副主任唐国均主持，县人大常委会副主任沈更生、冯力如，县人大常委会督导员徐志平出席会议。

★21 日，如东县召开全县领导干部大会，贯彻省委十二届三次会议精神，并对下一阶段工作进行部署。县委书记、县人大常委会主任詹立风要求全县上下把学习贯彻省委会议精神与贯彻落实县委工作会议精神紧密结合，认真狠抓当前，奋力寻求突破，全力推进各项工作快落实，确保发展速度全市领先，确保全面完成全年各项目标任务，以优异的成绩迎接党的十八大胜利召开。县委副书记、县长潘建华，县政协主席陈建华等县四套班子全体领导、县法院院长、县检察院检察长、各镇党委书记、各区党工委书记、县级机关各部门党政主要负责人出席会议。

★21 日，如东县召开动员大会，要求各镇、各相关部门强化责任意识和机遇意识，激发活力，在招商战线上掀起“比、学、赶、超”氛围，兴起新一轮招商热潮。会议由副县长张栩龙主持，县委书记、县人大常委会主任詹立风、县委副书记、县长潘建华、县政协主席陈建华及县领导陈昌龙、杨小军、冯力如、桑健出席会议。

★23 日，如东县副县长张栩龙与清华大学环境学院院长余刚共同为清华大学研究生就业实践如东基地揭牌。县委常委、组织部部长任新峰发表讲话，他表示，如东将以开放的姿态、优惠的政策、良好的环境为清华学子来如考察指导、发展事业提供优质的服务，希望与清华的合作交流能使如东立足时代科技发展的最前沿，以世界眼光和战略思维助推如东经济转型跨越。

★23 日，国家、江苏省保障性安居工程联合巡查工作小组到如东县督查 2012 年保障性安居工程进展情况。如东县副县长江华汇报了 2012 年如东县保障性安居工程项目建设情况。

★24 日，上海华谊（集团）公司董事长金明达、总裁刘训峰一行在如东县委副书记、县长潘建华，县政协主席陈建华的陪同下，前往沿海经济开发区考察。

★24 日，南通市委常委、常务副市长韩立明带领市发改委等部门的负责人，到如东县调研重点项目建设情况。如东县委副书记、县长潘建华，县委副书记周建飞陪同调研。

★24 日，宋英同志先进事迹巡回宣讲报告会在如东县行政中心会议厅举行。如东县委副书记周建飞主持报告会。县四套班子领导；各镇党委书记、分管党务的副书记、组织委员；各区主要负责人；村党组织书记、大学生村官、高学历人才代表；南通市和如东县机关驻村“第一书记”；县级机关部门主要负责人及中层以上党员干部聆听了报告会。

★25 日，如东县委常委、纪委书记刘才盛带领县行政服务中心、县国土局等部门相关负责人前往曹埠镇调研项目建设情况。

★25 日，如东县举办文明创建工作培训班，部署 2011 至 2012 年度县文明行业、文明单位、文明村镇、文明社区评选活动。县委常委、宣传部部长杨中坚要求各相关部门虚事实办、虚功实做，强化组织、注重管理、健全机制，确保创建工作取得实效。

★25 日，如东县公安局召开人大代表建议、政协委员提案办理情况汇报会。县领导于立忠、唐国均、吴鼎皋参加汇报会。与会人员参观了公安陈列室、执法办案中心，观看了警务精细化管理平台演示。

★25 日，如东县侨联召开六届四次委员（扩大）会议，传达学习省侨联第六次代表大会精神，以及《中共江苏省委关于进一步加强和改进新形势下侨联工作的意见》。县人大常委会副主任、侨联主席沈更生就认真学习领会、切实贯彻落实好会议精神提出具体要求。

★26 日，由如东农村信用合作联社改制而成的江苏如东农村商业银行举行开业庆典，这是如东县首家以“如东”命名的银行，被誉为如东人自己的银行。省信用联社主任王明津，县委书记、县人大常委会主任詹立风共同为如东农村商业银行揭牌。县委常委、常务副县长沈峻峰代表县委、县人大、县政府、县政协对如东农村商业银行开业表示热烈祝贺，他表示，县委、县政府将一如既往地关心支持如东农村商业银行的发展，积极搭建合作桥梁，着力优化金融生态环境，努力促进包括如东农村商业银行在内的各金融机构的快速发展。希望上级金融机构继续关注如东、关爱如东、支持如东，在经济与金融的互动发展中实现互利双赢。省信用合作联社副主任吴瑕出席开业庆典并讲话。县领导陈建华、陈昌龙、刘才盛、杨中坚、杨小军、于立忠、张蓉蓉、吴风俊、桑健、吴鼎皋等出席庆典。

图为：江苏如东农村商业银行开业庆典现场

★26 日，如东县委书记、县人大常委会主任詹立风以及县领导吴风俊、唐国均、江华，与民政、财政等部门相关负责人一起慰问了驻如消防大队和武警中队的指战员。

★26 日，如东县政协召开十四届三次主席会议。县政协主席陈建华主持会议，县政协副主席王志荣、桑健、桑圣权分别围绕全年重点提案督办落实、重点视察调研课题推进落实情况及下一步工作安排作专题发言。

★26 日，如东县委副书记周建飞专程到大豫镇开展“双百双解”调研活动。在调研活动中，周建飞要求各地、各部门充分认识县委开展“双百双解”活动的重要性和必要性，切实把思想和行动统一和落实到县委、县政府的决策部署上来。全面把握和落实开展“双百双解”活动的各项目标要求，进一步突出重点，把握关键，创新举措，统筹各类资源，凝聚各方力量，切实加快项目建设进程，不断加大企业扶持力度，扎扎实实把各项措施落到实处。

★26 日，农业市社科联党组书记、副主席徐爱民一行到如东县调研社科工作。如东县领导杨中坚、姜晓静陪同调研。

★26 日，如东县举行生育关怀、关爱女孩捐资助学活动。副县长姜晓静参加活动。。

★27 日，如东县委副书记、县长潘建华，县委常委、政法委书记于立忠带领县人武部、民政局等部门负责人，前往县人武部、边防大队和驻如东某雷达部队，亲切看望部队官兵，向他们致以节日的问候。

★27 日，如东县第十六届人大常委会召开第六次会议，听取并审议县政府关于今年上半年全县国民经济和社会发展计划执行情况、有关财政预算执行情况及同级审计工作报告，听取并审议县政府关于《中华人民共和国食品安全法》实施情况工作报告。会议对有关报告进行了严格审议，并表决通过常委会关于批准如东县 2011 年县本级财政预算的决定（草案）。会议还表决通过了常委会关于接受冒乃余辞去县第十六届人大代表职务的决定（草案），并报县人民代表大会备案。县人大常委会党组副书记、常委会副主任陈昌龙出席会议，县委常委、常务副县长沈峻峰列席第一阶段会议；县人大常委会副主任沈更生、冯力如、唐国均出席会议。

★27 日，如东县副县长王智带领县交通运输局相关负责人，前往城市公交始发站、沿海高等级公路如东段 2 标段以及苴东线东段路面标段，向烈日下的一线工作者们送上夏令用品。王智对他们的奉献精神表示敬佩，感谢他们为如东交通事业的发展所做出的努力。

★27 日，南通市民政工作推进会在如东县召开，如东县民政部门负责人在会上作了交流发言。如东县副县长江华出席会议。

★28 日，由南通团市委、南通市委统战部、南通市工商联、合肥团市委联合主办，南通方天光彩助学基金会、江苏方天电子商务有限责任公司承办的“爱在传递——快乐夏令营”在南通市未成年人社会实践基地开营。如东县委常委、宣传部部长杨中坚致欢迎辞。南通市政协副主席、市委统战部部长殷雄宣布夏令营开营，他希望参加夏令营的同学们珍惜此次活动机会，好好学习，将关爱传递下去。南通市领导徐守铭，如东县领导唐国均、吴鼎皋参加开营仪式。

★28 日，如东县召开扫黄打非工作领导小组第二次会议。县委常委、宣传部部长杨中坚要求各成员单位强化综合协调和责任管理，加强信息预警和联合封堵，进一步创新工作举措，严办大案要案，为全县经济社会发展营造良好的文化环境和社会氛围。副县长姜晓静主持会议。

★28 日，如东县岔河中学礼堂里不时响起阵阵掌声，县道德模范事迹巡讲团首次走进乡镇演讲，岔河镇“道德讲堂”也正式启动。县委常委、岔河镇党委书记杨小军表示，岔河镇将以此次活动为契机，经常开展类似的道德教育活动，用身边的事感动身边的人，以道德模范为榜样，爱岗敬业，忠于职守。

★28 日，如东县委、县政府邀请驻如东部队部分官兵代表和相关单位负责人，欢聚一堂，畅叙军政军民友情，共商双拥发展大计。县委常委、政法委书记于立忠希望驻如东官兵进一步加强与地方沟通，携起手来，共同推动如东经济社会又好又快发展。他同时要求各“双拥”成员单位，通过树立典型、齐抓共管等方式，深入开展拥军优属工作，并认真落实优抚安置政策，满腔热情地为驻如部队办实事、解难事。县领导吴风俊、唐国均、江华、桑圣权参加座谈会。

★29 日，在江苏省第 39 期企业高级职业经理人任职资格培训（如东）班上，如东县 39 人获颁执业资格证。如东县委副书记周建飞希望各位学员勤奋好学、学以致用，大力推进项目投入、科技创新、市场开拓、品牌建设等重点工作，不断增强企业发展的综合竞争力，争当全县工业化发展的排头兵。继续发扬勤于钻研、勇于创新、乐于奉献的宝贵精神，积极在新产品开发、新技术推广、新成果转化，以及培养新人、建设科技创新队伍方面做出更大贡献。

★30 日，如东县委副书记、县长潘建华和副县长王智到交通运输局调研，了解当前在建交通工程建设进展、如东县高速公路道口设置规划以及客运班线公交化改造情况。

★31 日，如东县召开驻村“第一书记”工作推进会。县委副书记周建飞要求各驻村“第一书记”摆好位置、干好工作、树好形象，找准村域特色、优势和潜力，积极创新管理载体，实施重点帮扶，牢牢锁定“第一书记”的职责和任务，不断激发“第一书记”的热情和业绩，为如东县实现“两年赶超、五年跨越”作出贡献。

8 月

★1 日，如东县组织县沿海办、海洋与渔业、国土、水务、交通运输等部门，就进一步加快南通外向型农业综合开发区建设相关问题进行协调研究。县委副书记周建飞，县人大常委会党组副书记、常委会副主任陈昌龙出席座谈会，并要求农业开发区加快完善规划，做好项目布局；相关部门要落实责任和推进机制，为加快南通外向型农业综合开发区建设创造条件。

★2 日，南通市委副书记、市长张国华和副市长黄爱军，到如东县视察防台、抗台工作，并要求如东县全面落实各项防台措施，确保打赢防台抗台硬仗。如东县委书记、县人大常委会主任詹立风和县委副书记、县长潘建华等县领导陪同视察。在随后召开的全市抗击第 9 号、10 号台风工作汇报会上，县委副书记、县长潘建华汇报了如东县防汛防台工作情况。县领导于立忠、张蓉蓉、吴凤俊、江华等陪同视察。

★2 日，如东县“12345”政府公共服务平台正式运行，集中受理百姓各类意见、建议、咨询、求助、举报、投诉等事项，成为县委、县政府与人民群众之间加强联系、互动交流的新载体。县委副书记、县长潘建华宣布平台正式运行，他要求各相关部门要牢固树立现代政府由管理型政府向服务型政府转变的意识，提升服务能力，创新管理机制，铸就服务品牌，严格考核机制，不断提高接线受理率、百姓满意率，在新的条件下提升政府服务能力，努力打造现代型服务政府平台。县委常委、常务副县长沈峻峰对平台的运行作进一步部署，他要求各部门创新理念、转变作风，切实凸显平台运行效果，努力将平台打造成如东百姓最信任的政府工作服务品牌。县委常委、纪委书记刘才盛主持启动仪式。

★2 日，如东县委、县政府召开全县项目建设、工业经济推进会。县委副书记周建飞要求各地、各部门牢牢锁定年度目标，坚定赶超争先的必胜信心，多措并举壮大税源经济，积极化解行业性困难；要在运行质量上求提高，在项目建设上求突破，在做大做强上求发展，在产业集聚上抓引导，确保完成全年目标任务。

★2 日，如东县召开招商引资百日竞赛活动推进会。县委副书记周建飞要求各镇区坚定信心、咬定目标，在加快推进基础设施配套工作上下功夫，在完善招商引资队伍上求突破，在驻点招商、以商引商上求实效，确保招商引资百日竞赛活动取得成效。副县长张栩龙参加会议。

★2 日，如东县举行周江疆英雄事迹报告会和“三争三实”排头兵典型事迹报告会。报告会由副县长姜晓静主持。县领导唐国均、吴鼎皋出席报告会。

★2 日，如东县政协主席陈建华日前赴沿海经济开发区（洋口镇）挂钩企业走访调研，与企业家面对面座谈，听取意见建议，共商发展之策。

★2 日，如东县委常委、常务副县长沈峻峰到掘港镇开展“双百双解”活动，并召集县发改委、经信委等相关职能部门负责人座谈，商讨掘港镇在项目建设、工业运行、服务业等方面有关难题的解决方案。

★2 日，如东县人大常委会组织部分市、县、镇人大代表赴袁庄、双甸、岔河、马塘四个镇视察 2012 年县政府为民办实事项目。县人大常委会党组副书记、常委会副主任陈昌龙说，人大组织这样的活动，是直接服务县委“跨越赶超”目标的需要，是人大代表履职的需要，是支持政府工作的需要。各地人大要在今后几个月进行视察、督办等多种形式，支持、促进政府为民办实事项目的推进。县人大常委会副主任沈更生、冯力如、唐国均参加了视察活动，副县长江华陪同视察。

★3 日，如东县委副书记、县长潘建华，副县长王智前往中铁南通投资建设管理有限公司、南通通洋高速公路建设指挥部，慰问炎炎烈日下战高温、斗酷暑，全力推进交通工程的建设者，给他们送去了夏日的清凉。在南通通洋高速公路建设指挥部，潘建华深入了解了通洋高速公路工程推进、施工管理等方面的情况。

★6 日，如东县召开全县企业家政协委员代表座谈会。县政协主席陈建华希望企业家委员们切实增强目标意识和责任意识，积极投身转型发展、赶超发展，通过典型引领、示范带动，激励社会各界投身创新创业发展。县政协副主席吴鼎皋出席座谈会。

★7 日，如东县委常委、宣传部部长杨中坚带领发改委、国土、财政等部门负责人，到住建局开展“双百双解”调研，就该局在保障性住房、公租房、安置房建设方面遇到的土地指标和资金难题商讨解决方案。

★7 日，由南京邮电大学和如东县共建的江苏省水产三新工程示范基地在如东丰环合作社揭牌。南京邮电大学党委书记刘陈，如东县委常委、政法委书记于立忠为示范基地揭牌。揭牌仪式由如东县副县长江华主持。

★7 日，如东县人大常委会副主任沈更生带领发改委、环保、规划、国土等部门负责人，到江苏如石机械有限公司了解企业退城进区进展，为企业发展破解难题。

★7 日，如东县副县长王智带领县交通局、统计局、环保局等相关部门负责人，前往县住建局调研。王智对住建局的工作给予肯定，他要求各相关部门加强沟通、协作，明确责任，全面推进污水处理、房地产开发、市政道路建设等各项工程，促进如东城乡建设工作实现新跨越。

★7 日晚至 8 日凌晨，如东县委副书记、县长潘建华和副县长江华前往洋口、长沙、大豫等沿海镇（区）检查指导防台工作。潘建华强调，各地政府和相关部门要高度重视，切实采取有效措施排除安全隐患，努力把台风的影响和可能造成的损失降到最低程度，把保障人民群众生命安全放在首位。

★8 日，由上海惠天然、榕达置业公司投资开发的惠天然锦绣福邸项目在如东县新中央行政商务区开工。如东县委常委、常务副县长沈峻峰出席开工活动，并宣布项目开工。县委常委、宣传部长杨中坚主持开工仪式。县领导沈更生、桑圣权出席开工仪式。

图为：惠天然锦绣福邸项目效果图

★8 日，如东县人大领导视察人社局为民办实事项目，县人大常委会副主任、党组副书记陈昌龙要求县人社局加强社保基金的管理，用好管好社保资金，同时做好就业和再就业的培训工作，让更多农村和城镇的剩余劳力找到合适的工作。县人大常委会副主任冯力如参加会议。

★9 日，司法部、民政部联合委托江苏省验收组来如东县，对第五批全国“民主法治示范村”——丁家店村进行考核验收。检查组对丁家店村在创建工作中取得的成绩给予肯定，希望该村不断丰富创建形式和内涵，努力提升创建质量，确保创建工作有效开展。如东县委常委、政法委书记于立忠陪同考核验收。

★9 日，南通市商务局局长顾淑英到如东县调研，先后走访辉煌彩钢、楠桥纹织和大东等重点出口企业，了解企业对当前发展环境的建议和要求。如东县副县长王智陪同调研。

★10 日，如东县十四届政协召开第二次常委会，听取县委常委、常务副县长沈峻峰关于 2012 年上半年经济社会发展情况通报。县政协主席陈建华总结了换届以来政协工作并对下一阶段工作进行部署。副县长姜晓静、张栩龙，县政协副主席王志荣、桑健、余科、桑圣权、吴鼎皋及县政协督导员童玉林出席会议。

★10 日，如东县政协通报民主评议金融机构阶段性工作，交流银行与政府、企业互评的建议和意见，民主评议活动将进入整改落实、跟踪问效阶段。县政协副主席桑健通报了民主评议情况。县政协主席陈建华希望各家银行高度重视通报中提出的建议和意见，有针对性地进行整改；政府部门要加快建立中小企业信用体系和银政企信息交流平台，严厉打击企业逃废金融债务行为，降低金融机构放贷风险，不断改善金融生态环境，积极打造区域诚信企业群，创建金融安全区。副县长姜晓静、张栩龙，县政协副主席王志荣、余科、桑圣权、吴鼎皋及县政协督导员童玉林出席会议。

★11 日，在如东县老区开发促进会、扶贫开发协会等单位的大力帮助下，今年如东县又有 7 名优秀特困学生考取广东国华纪念中学。如东县为这些学生举行欢送会，副县长江华参加欢送活动。

★12 日，如东县召开农业农村重点工作暨农业项目建设现场推进会，动员全县上下进一步创新思路、扎实举措，确保农业基本现代化各项指标达到序时进度、全年农业农村各项目标任务顺利完成。副县长江华回顾总结了上半年全县“三农”工作情况。县委常委、政法委书记于立忠要求各地、各部门紧扣全年工作目标，强化倒逼机制，正视不足、创新举措、强化领导、扎实工作，为全面和超额完成农业农村工作各项目标任务，确保如东县农业农村工作在全市、全省争取应有的位置做出应有的贡献。会议由县人大常委会副主任冯力如主持，县政协副主席桑圣权参加会议。

★13 日，2012 国际青年应对气候变化领导力峰会在如东县隆重启动，来自 17 个国家的近 80 名大中学生齐聚如东，共话低碳未来。开幕仪式由国家发改委气候司合作处处长黄问航主持。江苏省政府副秘书长徐立致辞，他向参加此次峰会的老师和同学，特别是远涉重洋的国外老师和同学们表示热烈欢迎，他希望同学们通过此次峰会加强交流、共叙友谊，在促进绿色发展、保护地球生态环境的伟大事业中承担更大的责任、发挥自己的领导力。国家发改委气候司司长苏伟对峰会及相关活动的举办表示热烈祝贺，对江苏省发改委、如东县政府以及国家应对气候变化战略研究和国际合作中心的支持表示衷心感谢。如东县委书记、县人大常委会主任詹立风致辞。国际女性领导力组织主席 LauraBode 女士、国家应对气候变化战略研究和国际合作中心主任李俊峰致辞。邹天忻、王宇飞等中外学生代表发言。来自哈佛大学的曲直同学宣读了国际国内有关组织发来的贺信。部分国家、省、市、县相关领导及与会嘉宾共同剪彩。如东县委副书记、县长潘建华，县政协主席陈建华，县领导陈昌龙、沈峻峰、姜晓静出席峰会。

图为：国际女性领导力组织主席 Laura Bode 女士致辞

★13 日，如东县委、县政府召开全县重点工作督查推进会，县委书记、县人大常委会主任詹立风动员全县上下着眼全年、狠抓当前，千方百计补缺口、抢进度、赶时序，确保三季度末各项指标基本达到时序要求。会议由县委副书记、县长潘建华主持，他要求全县上下在坚定信心的同时，增强危机意识，求真务实，聚焦难点，突破重点，通力合作，确保完成全年各项目标任务。县四套班子领导、各镇（区）负责人、县级机关负责人出席会议，并一同参观了如东经济开发区重点项目建设现场。

★13 日，如东县委中心组召开学习扩大会，集中学习贯彻胡锦涛总书记 7 月 23 日在省部级主要领导干部专题研讨班开班式上的重要讲话精神，要求全县各级党组织把学习贯彻胡锦涛总书记重要讲话精神作为当前的一项重要政治任务，以讲话精神为指导，迅速掀起学习贯彻热潮，推动当前各项工作。如东县委书记、县人大常委会主任詹立风主持会议，他指出，胡锦涛总书记的重要讲话总揽全局，内容丰富，思想深刻，具有很强的理论性、指导性和针对性。全县各级党组织和广大党员干部要把思想和行动统一到总书记重要讲话精神上来，做到在思想认识上有新提升，在贯彻落实上快行动，真正把讲话精神转化为推动科学发展，促进转型跨越的强大动力。要把学习贯彻讲话精神与做好当前各项工作紧密结合，理清思路，细化目标，创新举措，千方百计保持经济平稳较快发展，确保三季度实现经济企稳回升，确保完成全年各项目标任务，以优异成绩迎接党的十八大胜利召开。县委理论学习中心组全体成员，各镇党委书记、镇长，各区党工委书记、管委会主任，县级机关相关部门主要负责人参加会议。

★14 日，如东县政府召开会议对如东县天然气发展专项规划进行评审。县委常委、常务副县长沈竣峰出席评审会议，他希望规划设计单位在规划过程中要综合考虑如东县各部门提出的建议和要求，发展规划不仅要解决如东老百姓对天然气的需要，还要解决如东产业发展的需求以及园区与城市发展的要求。会议由副县长张栩龙主持。

★14 日，如东县委常委、纪委书记刘才盛率领安监、环保等部门相关负责人前往曹埠镇进行“四项排查”维稳工作督查。刘才盛要求曹埠镇在面对日益复杂的社会形势下，特别是特殊时期，对维稳工作绝对不能有丝毫的麻痹和大意。要紧抓维稳这根弦，创新举措，切实落实各项防范管理措施，为经济社会发展营造和谐环境，迎接中共十八大胜利召开。

★15 日，如东县召开县级经济管理权限下放动员会，五大园区将被赋予与县级机关部门同等行政许可效力的经济管理权限。县委副书记周建飞对县级经济管理权限下放工作进行部署，他指出实施管理权限下放是加快推进沿海开发、优化经济发展环境和转变政府管理职能的现实需要。各大园区和县级机关部门务必做到思想认识上高度统一，工作步调上高度一致，切实强化组织领导的整体联动性、部门支持的主观能动性和五大园区的接受主动性，积极主动地推进这项改革举措落到实处、取得实效。会议由县委常委、常务副县长沈峻峰主持。县领导张蓉蓉、桑健出席会议。

★15 日，南通市委宣传部副部长黄振平到如东县调研学习型党组织建设工作情况，他认为如东县的工作很扎实、有特色、效果好。如东县委常委、洋口港经济开发区党工委书记张蓉蓉陪同调研。

★16 日，如东县在洋口港临港工业区隆重举行博润生物科技南通有限公司项目开工暨全县三季度重大项目集中开工仪式，18 个重点项目集中开工，计划总投资 30.54 亿元。县委书记、县人大常委会主任詹立风宣布项目开工并致辞，他代表县委、县人大、县政府、县政协对“博润生物科技”等 18 个重大项目的顺利开工表示热烈祝贺。县委副书记、县长潘建华主持开工仪式，并介绍项目集中开工情况。县领导张蓉蓉、王孝强、张栩龙、余科等出席开工仪式。

图为：县领导张蓉蓉、王孝强、张栩龙、余科等出席开工仪式

★16日，南通联膦化工有限公司和博雅化学（南通）有限公司在沿海经济开发区举行奠基典礼。如东县政协主席陈建华出席开工仪式，希望沿海经济开发区和相关部门以“第一人称”的姿态、“第一时间”的速度和“第一手信息”的准确度，为项目建设发挥好协调、服务职能，全力打造态度最热情、程序最简化、方式最快捷的投资环境，力促项目尽早投产达效。

★16日，落户在掘港镇工业园区的江苏新力达化纤有限公司、南通正大科技饲料有限公司同时开工，如东县委常委、常务副县长沈峻峰出席项目开工仪式。

★16日，江苏兰博纺织有限公司在曹埠镇工业集中区开工，如东县委常委、纪委书记刘才盛，县政协副主席吴鼎皋出席开工庆典。

★16日，如东万顺纺织品有限公司二期扩建项目在双甸镇镇东工业集中区举行开工典礼，如东县委常委、县人武部部长吴风俊出席典礼并讲话。

★16日，丰利镇枫发工业集中区内彩旗招展，丰利镇引进的超亿元项目南通博业包装有限公司在这里举行开工典礼。如东县副县长王智出席开工仪式。

★17 日，2012 国际青年应对气候变化领导力峰会胜利闭幕。江苏省发改委副主任王汉春向峰会顺利闭幕表示祝贺，并向所有为此次峰会顺利举办做出贡献的朋友表示感谢。他希望青年学生们能够永远铭记一起走过的“低碳江苏”之旅，并祝愿他们在未来为本国及世界应对气候变化事业做出更大的贡献。丹麦驻华大使裴德盛出席闭幕式。如东县委副书记、县长潘建华在闭幕式上致辞。他希望与会的青年人们能将中国人民应对气候变化的坚定决心和扎实行动传递给同学、朋友和家人，共同为应对全球气候变化，实现绿色繁荣的美好愿景，做出青年人应有的努力和贡献。并把如东人民的美好祝福捎给亲人和朋友。如东人民欢迎大家再来中国、再来如东！如东县副县长姜晓静、张栩龙出席闭幕式。

★17日，华润新能源（南通）风能有限公司风电项目（一期）在东凌库区产业园（大豫镇）开工。如东县委副书记周建飞出席开工典礼并致辞。他说，南通风能有限公司风电项目的开工不仅是华润新能源公司的又一次转型提升，更是东凌库区产业园又一重大成果。他要求县直机关有关部门给予华润新能源的支持和帮助，让它快建设，早投产，为促进地方经济发展，推动节能减排作出应有的贡献。

★17日，如东县委副书记周建飞带领县行政服务中心、经信委、国土局、规划局等部门负责人，到大豫镇了解企业发展中遇到的突出问题，为企业发展破解难题。

★17日，南通市新农合支付方式改革现场观摩会在如东县召开，与会人员共同探讨新农合支付方式改革方法。南通市政协副主席陈忠义、如东副县长姜晓静参加了现场观摩会。

★17、18日，由国家环保部华东督查中心副主任缪旭波带队的环保部江苏沿海化工检查组，对如东县化工园区建设与管理及化工企业运行等工作进行了深入细致的检查，认为如东的环保特别是化工整治开展了大量扎实有效的工作，奠定了良好的产业发展基础，希望如东在做好化工整治的同时，优化发展定位，做特、做优化工产业。如东县委副书记、县长潘建华向检查组汇报了近年来如东县环保和化工整治工作情况。县政协主席陈建华，县委常委、组织部长任新峰，副县长王智陪同检查。

★18日，南通金乔纺织有限公司高档家纺项目举行开工典礼。如东县委常委、岔河镇党委书记杨小军出席典礼并致辞。

★18日，南通市东昌化工有限公司亿元搬迁改造和技改项目在沿海经济开发区举行启动典礼。如东县委常委、政法委书记于立忠，县人大常委会副主任唐国均出席开工典礼，并为项目奠基培土。

★19日，如东县委、县政府举办江苏如东高新技术产业发展合作洽谈会，5家企业获得科技成果转化风险补偿专项贷款，3家企业与高校签订科技成果项目转化协议。洽谈会由县委副书记周建飞主持，副县长张栩龙致辞，县领导唐国均、桑健出席洽谈会。

★20日，由南通市委宣传部副部长、南通日报社社长、党组书记顾华带领的市“江海大地科学发展”大型新闻行动报道组来到如东县，深入基层一线进行集中采访，报道如东县十年来，特别是十七大以来坚持科学发展的亮点和成就。如东县委书记、县人大常委会主任詹立风参加了媒体见面会。詹立风向各新闻媒体介绍了如东县近年来经济社会发展情况。县委常委、宣传部长杨中坚主持见面会。

★20日，如东县人大常委会召开第八次主任会议，听取并审议县政府关于全县医药卫生体制改革情况的汇报。副县长姜晓静汇报了医药卫生体制改革情况。县人大党组副书记、常委会副主任陈昌龙充分肯定了如东县医药卫生体制改革工作。他希望政府和卫生部门力求完善，衔接好“一镇一公立医院”建设工作，同时建立一支具备较高技术水平、融合医疗知识和先进管理理念的复合型卫生信息人才队伍，将区域卫生信息平台建设与运行、维护、管理工作经费纳入财政预算，重点加强对基础性、综合性和覆盖面广、面向公众服务的信息化建设项目投入，确保医疗卫生体制改革涉及千家万户。县人大常委会副主任沈更生、冯力如、唐国均出席会议。

★20日，如东县副县长王智带领环保等部门负责人，先后到双甸、岔河两个镇督查环保重点工作。他要求环保部门和各镇区在深化认识的基础上，突出抓好乡镇污水处理厂运行、农村环境整治、区外化工专项整治、环境问题化解等重点工作，形成镇主要领导亲自抓、分管领导全力抓、环保中心积极作为的组织网络体系，同时做到整体联动，探索建立“县、镇、村”三级环保信息员机制，更加积极主动地抓好各项环保工作。

★21日，如东县政协召开十四届四次主席会议，就县政协开展“转型升级我先行、提振信心争贡献”主题活动具体实施方案进行细化。县政协主席陈建华表示，这次活动将逐家企业进行走访，从鼓劲、引导的角度帮企业面对当前形势，沟通相关矛盾和问题，并就调研内容进行反馈，解决不了的难点问题将请县领导会办，确保活动取得实效。县政协副主席桑健、余科、桑圣权、吴鼎皋，县政协督导员童玉林参加会议。

★21日，“大东杯”首届如东县职工文化艺术节闭幕晚会在“五一广场”举行，80多个文艺节目和摄影、文学作品获得艺术节组委会表彰。县委常委、宣传部部长杨中坚出席晚会并致辞，他希望全县各级工会组织牢牢把握先进文化的前进方向，大力加强职工文化、企业文化建设，加大文化人才队伍建设，加快文化产品创作，不断丰富广大职工的精神文化生活。县领导周建飞、姜晓静、桑健为获奖单位和个人颁奖。“金秋助学”活动启动仪式也在当天的晚会上举行，首批 20 名大、中、小学生获得资助。

★21 日，袁庄镇在镇工业集中区举行江苏苏为环保工程有限公司开工仪式。如东县委常委、宣传部部长杨中坚出席开工仪式。

★21 日，如东县人大常委会组织市、县部分人大代表，视察 2012 年县政府为民办实事项目进展情况。县人大常委会党组副书记、常委会副主任陈昌龙指出，代表们通过实地考察提出的建议都很有针对性，希望相关职能部门积极研究制定如东县文化教育事业发展的中长期发展规划，进一步促进如东县社会事业的繁荣、发展。县领导沈更生、唐国均、姜晓静出席会议。

★22 日，如东县召开老科技工作者服务沿海开发暨创业经验交流会。县委常委、组织部部长任新峰充分肯定了老科技工作者近年来在如东县沿海开发中所作的贡献。他要求老科协加强工作协调，为老科技工作者创造良好的工作条件，真正做到“政治上尊重，思想上关心，生活上照顾”；要鼓励、引导有专长的老科技工作者围绕经济发展兴办实体，参与教育培训、技术咨询、科技扶贫、企业研发和科技创新等活动，激发他们继续为如东县经济社会发展再作贡献的热情。

★22 日，如东县委常委、宣传部部长杨中坚，县人大常委会副主任唐国均、副县长姜晓静率发改委、教育、卫生、文广新等部门相关负责人督查曹埠镇公立医院和公立幼儿园创建等社会事业推进情况。杨中坚对曹埠镇前期工作表示肯定，要求该镇按照工作部署，积极抓好有序推进，努力探索新思路和新路径，有效破解在推进过程中碰到的各类矛盾和问题，如期实现公立医院和公立幼儿园的创建目标，确保社会和谐稳定。

★22 日，如东县人大常委会召开第 9 次主任会议，听取并审议县住建局关于住房和城乡建设工作的情况汇报。县人大常委会党组副书记、常委会副主任陈昌龙，县人大常委会副主任沈更生、冯力如、唐国均以及相关委组负责人实地察看了重点工程，听取县住建局负责人关于今年以来如东县住房和城乡建设情况的汇报。县人大相关负责人希望住建部门坚定信心、明确任务，重点做好市政工程建设、保障房建设、房地产开发、老小区改造等工作，确保各项工程顺利推进。

★22 日，江苏如石机械有限公司在栟茶镇工业集中区举行退城进区项目开工仪式。如东县人大常委会副主任沈更生出席开工仪式。

★22 日，如东县副县长江华带领县民政局、教育局和慈善总会的相关负责人前往大豫镇，慰问贫困学生，拉开了 2012 年如东县“夏日圆梦行动”的序幕。

★23 日，如东县委副书记、县长潘建华前往掘港镇，就当前发展现状、今后工作打算等热点问题开展专题调研。潘建华说，掘港镇作为全县的经济重镇，一、二、三产业增量发展思路清晰，党委、政府决策民主化、科学化，带动全镇上下以较好的精神状态、较高的工作积极性，在“推进现代化，建设新如东”进程中勇挑重担。潘建华指出，在当前严峻的经济形势下，掘港镇要重新审视在“十二五”发展中的担当位置，进一步突出产业定位，加快以房地产开发为主体的城市建设；进一步突出新兴产业、现代服务业和高新技术产业，在产业转型升级上树榜样、带好头；进一步突出提升镇范围内的资源整合能力，解决当前经济困境。潘建华强调，要一以贯之地抓好干部队伍建设，进一步提升为企业服务的效能和效率，利用庞大的人脉网络和智囊团队，吸引更多外界优质资本来如东投资。他还就维护社会稳定提出明确要求。

★23日，如东县教育行政工作会议召开，重点研究部署进一步优化作风，强力推进重点工作，严格各项考核制度，谋求教育跨越发展的新业绩。县委常委、宣传部部长杨中坚对上半年教育工作给予充分肯定。他要求全县教育系统认真总结成功经验和做法，树立转型发展信心，继续保持教育质量高位运行，打造响亮品牌，加速推进如东教育转型发展。县领导唐国均、姜晓静、桑健出席会议。

★23日，如东县启动“百日集中排查整治”专项行动，全面排查整治安全生产事故隐患。副县长张栩龙要求相关人员进一步落实企业安全生产主体责任，彻底排查治理事故隐患，提高应急处理能力和应急预案的针对性、科学性和可操作性，力争安全生产工作全覆盖、专业化。

★23日，如东县副县长江华带领县民政局、残联相关负责人，前往马塘、掘港两个镇慰问残疾学生，并送上教育专项补贴及助学金。

★23日，如东县政协副主席桑圣权带领部分政协委员，调研如东县行政机关负责人行政诉讼出庭应诉情况。桑圣权希望进一步加大宣传、指导、督促和考核力度，确保行政机关负责人出庭应诉率达到100%。

★23至24日，如东县政协主席陈建华率经信委、国税局负责人，前往新店、双甸两个镇的部分企业，开展“转型升级我先行·提振信心争贡献”专题调研活动，鼓励企业家委员加大有效投入，加快转型升级，推进全县经济又好又快发展。

★24日，如东县委、县政府在南通举行金融工作汇报会，就进一步加强政银合作与市各金融单位进行深入交流。县委书记、县人大常委会主任詹立风介绍了如东县经济社会发展和金融工作的有关情况，他希望市各金融单位抢抓如东沿海开发的机遇期、加快发展的黄金期，切实加大对基础设施项目、新兴产业项目的信贷投放力度，携手开创互利互惠、合作共赢的崭新局面。会议由县委常委、常务副县长沈峻峰主持。县委副书记、县长潘建华，县政协主席陈建华，县领导周建飞、陈昌龙、张蓉蓉出席会议。

★24日，如东县召开妇女儿童阵地建设暨“平安家庭”创建工作推进会。县委常委、政法委书记于立忠要求各镇区及相关部门增强组织领导，加大工作力度，全面推进家庭创建、妇女儿童阵地建设和婚姻家庭纠纷调解的深入开展，健全调解网络机制，促进全县社会和谐稳定发展。

★24日，马塘镇文学艺术界联合会正式成立。如东县领导姜晓静、桑健参加活动。

★24日，如东县镇级文联建设现场推进会在马塘镇召开。副县长姜晓静出席会议。她要求11个镇区，尽快拿出文联建设方案，确保今年镇区文联建设全覆盖；已经建立文联的三个镇，继续充分发挥文联联络、协调、服务、指导的作用，彰显文联功能，推出更多文艺人才、优秀作品和文艺活动。

★25日，南通市委常委陈照煌、副市长徐辉到如东县，围绕“稳增长、调结构、促转型”展开专题调研，并走访部分企业，勉励如东县充分抢抓沿海开发的战略机遇，做好资源整合、开发、利用。如东县委书记、县人大常委会主任詹立风和县委副书记、县长潘建华分别介绍了如东县今年在促进企业稳定增长、转型升级方面所作的具体工作以及当前遇到的实际困难。副县长张栩龙汇报了上半年如东县经济运行的各项指标数据。

★26日，亚振家具（集团）召开党委、纪委成立大会，选举产生中共亚振家具（集团）第一届党委、第一届纪委。如东县委常委、组织部部长任新峰到会祝贺，他希望亚振家具

（集团）党委、纪委以成立为新的起点，创造地开展工作，加强阵地建设，加强党员教育、管理，充分发挥党员的先锋模范作用，把党的工作渗透到企业的每一个角落，将政治优势、组织优势转化为企业的发展优势、竞争优势，推动企业和谐、快速、健康发展。

★26 日，如东县名特优农副产品展销中心、如东县旅游商品展销中心开业仪式和如东县第三届葡萄节开摘仪式在中央广场举行。县委常委、政法委书记于立忠致辞。他希望展销中心以开业为契机，加大农副产品市场体系建设力度，积极创新农副产品产销衔接模式，大力发展农副产品现代流通方式，同时充分利用如东县旅游资源优势，叫响如东县农副产品品牌，并发挥品牌的示范、引领、集聚和辐射效应，使之成为如东市民和四方游客的地产超市。于立忠还希望有关部门继续通过葡萄节这个平台和窗口，增进和各界朋友的旅游经贸交流与合作。副县长江华主持开业典礼，市供销总社副主任张金华和县政协副主席桑圣权为旅游商品展销中心揭牌。

★27 日，如东县委副书记、县长潘建华前天调研“一财两税”工作时强调，务必坚持一手强征收，以攻坚克难的精神深挖增长潜力，力保全年目标任务的完成；一手优服务，全力帮助企业谋发展、渡难关，在涵养税源、壮大税源上求实效。县委常委、常务副县长沈峻峰参加调研，并对当前的财税组织推进工作提出要求。

★27 日，如东县政协主席陈建华与南通兆盛房地产开发公司、南通鑫泰医疗有限公司、如东众驰（上海大众）汽车销售服务公司负责人座谈，为企业发展支招，帮助企业破解转型升级过程中的难题。

★27 日，2012 年如东县红十字会博爱助学款发放暨市级学校红十字工作达标单位授牌仪式在县实验中学举行。县委常委、宣传部部长杨中坚出席授牌仪式，并要求相关部门深化救助内涵，创新宣传方法，通过典型引领社会风尚，让更多的人关爱社会、关爱他人；要加强基础管理，促进红十字会工作透明、规范运转。县领导姜晓静、桑健出席。

★27 日，旅美侨胞、美国西部银行 NFG 风险投资高级副总裁仲建国博士（祖籍袁庄镇）回到阔别 30 年的母校——栟茶中学参观考察。在如东县领导沈更生的陪同下，仲建国先后参观了栟茶中学校园和校史馆。栟茶中学相关负责人向他介绍了学校近年来各方面的发展状况。

★28 日，如东县委十三届三次全体（扩大）会议在县行政中心召开。会议的主要任务是深入学习贯彻胡锦涛总书记“7·23”重要讲话、省委书记罗志军在全省领导干部学习会上的讲话和市委全委（扩大）会议精神，动员全县上下进一步增强政治自觉，坚定不移推进集聚发展、协调发展、和谐发展，全力以赴稳增长惠民生保稳定，以优异成绩迎接中共十八大胜利召开。县委书记、县人大常委会主任詹立风作重要讲话。县委副书记、县长潘建华传达了市委全委（扩大）会议精神。县委副书记周建飞主持会议。县委委员、候补委员出席会议，县纪委委员，县人大、县政府、县政协领导班子成员，县法院院长，各镇区和县级机关党政主要负责人，老干部代表列席会议。

★28 日，如东县委、县政府召开全县实施文化建设工程暨巩固文明城市创建成果动员大会。县委常委、宣传部部长杨中坚就如何建设文化强县、巩固文明城市创建成果作出部署。县委书记、县人大常委会主任詹立风出席会议，他指出，今后一段时期，是如东县文化建设全面提速的关键期，全县上下要坚持以建设文化强县为目标，以实施文化建设“四大工程”为抓手，以建强文化产业和文化人才队伍为支撑，以加大投入为保障，努力打造一批在全省乃至全国有影响力和竞争力的文化产品、文化品牌，确保文化建设位居全市前列。各镇区及县相关部门主要负责人向县委副书记、县长潘建华递交了落实“四大工程”和文明城市长效管理责任书。副县长姜晓静主持会议，县委副书记周建飞及县领导王智、桑健出席会议。

★28日，如东县政协副主席吴鼎皋带领县科技局、经信委等部门负责人，调研如东县东盛包装有限公司的转型升级发展情况。

★29日，协鑫集团董事长朱共山携集团高层考察洋口港，并与如东县委书记、县人大常委会主任詹立风举行会谈，双方就新能源、港口物流等合作项目投资深入交换意见。詹立风对协鑫集团考察团的到来表示热烈欢迎，并简要介绍了近年来如东经济社会发展尤其是港口建设取得的成就。詹立风希望如东县与协鑫集团在环保及再生能源等多个领域再度合作、引进新项目，县委、县政府也将全力提供优质高效服务，为实现双方共赢营造良好发展氛围。县委副书记、县长潘建华以及县领导周建飞、张蓉蓉、张栩龙等陪同考察。

★29日，如东县政协视察城市排水管网建设工作，并召开座谈会。县政协主席陈建华要求各相关部门，理顺机制、提速规划、整合资源、建管并重、加大投入、稳步推进，确保县城规划区内排水管网建设齐全、有用，努力克服日常管理存在的盲区、规划编制相对滞后等制约城市排水管网建设的问题，构建和完善城市排水通畅体系。县委常委、宣传部部长杨中坚要求各相关部门，在下一阶段工作中统一思路、完善机制、建管结合，确保城市排水管网建设工作有序、有效推进。县政协副主席桑圣权主持座谈会，县政协督导员童玉林出席会议。

★30日，南通市委常委、宣传部部长章树山在如东县委书记、县人大常委会主任詹立风，县领导杨中坚、唐国均陪同下，调研如东县文化产业项目建设情况。

★30日，如东县委、县政府举行仪式，欢迎“科技镇长团”6位高校专家到如东县任职。县委常委、组织部部长任新峰主持欢迎仪式并宣读了任职决定。县委常委、洋口港经济开发区党工委书记张蓉蓉致欢迎辞并介绍了如东的基本概况。县委副书记、县长潘建华出席欢迎仪式。他希望“科技镇长团”6位专家积极发挥自身独特的专业优势、智慧优势、人脉优势以及更为开放的国际化优势，围绕地方经济转型升级的核心目标，立足如东县经济社会发展中的实际需求，找准服务发展的切入点，为如东县建成更高水平小康社会提供强有力的智力支撑。

★30日，溧阳市政协主席、党组书记狄立新率队来如东县，专题考察经济发展情况。狄立新一行对如东积极应对当前复杂多变的宏观经济形势，努力稳增长、调结构、促转型的扎实举措给予高度评价。同时希望双方加强交流与合作，共同促进工业经济的又好又快发展。如东县政协主席、党组书记陈建华陪同考察。

★30日，如东县人大常委会党组副书记、常委会副主任陈昌龙带领县人大视察组，调研南通外向型农业综合开发区托管以来的工作。陈昌龙充分肯定了南通外向型农业综合开发区托管启动以来的工作成绩。他要求全区在做好总体工作时注重规划引领，通过基础设施建设、项目落户的突破集聚人气，在创意上下功夫，努力将园区打造成绿色产业的创业之区、现代农业的示范之区、地绿水清的生态之区和海鲜海景的养生之区。县人大常委会副主任冯力如参加调研。

★30日，江苏省体育局局长颜争鸣带领考察组对新店镇健身器材产业发展情况调研。考察组希望新店镇进一步完善各项配套措施，合理转变发展理念，加强企业的现代化管理，鼓励企业建立自己的品牌。如东县副县长姜晓静陪同考察。

★30日，如东县召开全县秋季农资市场专项整治和水稻重大病虫防控工作会议，副县长江华要求各地、相关部门迅速开展全县秋季农资市场综合整治，加强水稻重大病虫防控，为今年秋熟农业生产有一个好收成、农民持续增收提供强有力的保障。

★31日，如东县经信委、规划局、供电公司等部门齐集岔河镇，了解企业发展中遇到的突出问题，为企业发展破解难题。县委常委杨小军要求各职能部门积极为企业发展提出扎实有效的措施，助推企业更好更快发展。

★31日，南通市人大常委会副主任施建中一行到如东县，专题督查区域供水工程实施情况。如东县副县长江华汇报了如东县区域供水工程建设情况。施建中对如东县实施的区域供水工程表示肯定，认为领导重视、目标明确、措施到位、推进成效显著。他要求如东县严格按照目标要求推进各项工作，将城乡居民饮水工程抓好、抓实，让老百姓尽快喝上放心水。如东县人大常委会副主任沈更生陪同督查。

9月

★1日，如东县正式启动“安全用药宣传月”活动，各类安全用药科普宣传活动将集中开展。副县长姜晓静希望食品药品监管部门与相关职能部门加强沟通合作，严厉打击制售假劣药品违法犯罪行为，希望药品生产经营企业守法诚信、依法经营，维护好药品市场秩序。县领导唐国均、桑健出席活动。

★3日，如东县四套班子老领导视察沿海经济开发区，对园区发展寄予厚望。老领导们先后视察了沿海经济开发区基础设施配套建设、工业项目建设情况和小洋口部分旅游景点，听取了该区负责人关于近几年来经济、社会发展情况的汇报。县政协主席陈建华陪同视察。

★3日至4日，江苏省经信委副主任顾瑜芳在如东县调研新能源产业发展。在当天举行的南通市新能源产业发展汇报会上，如东县委副书记、县长潘建华向顾瑜芳一行介绍了如东县经济社会发展和新能源产业发展的有关情况。南通市经信委主任杨扬、如东县副县长张栩龙参加调研活动。

★4日，如东县委、县政府召开县城规划工作汇报会。会议要求各相关部门统一思想，集中智慧，进一步完善和提升城市规划，充分发挥规划的引领作用。县委书记、县人大常委会主任詹立风指出，城市规划建设一定要在科学谋划、彰显特色的基础上，加快新兴海港城市、现代旅游城市、生态宜居城市建设；各级领导干部要严格执行规划，自觉带头、刚性遵守、违规必究。詹立风还就重点项目的选址和规划设计等提出建议。会议由县委常委、常务副县长沈峻峰主持。县四套班子领导、县级机关相关部门及掘港镇、如东经济开发区主要负责人出席会议。

★4日，广发证券总裁助理张威带领考察组来到如东县，与如通石油机械股份有限公司就上市相关事宜进行商谈。如东县委常委、常务副县长沈峻峰会见张威一行。他希望广发证券与如东县在企业上市、债券等资本运作环节继续开展深度合作。

★4日，南通副市长朱晋带领调研组，到如东县调研“一镇一公立医院”“一镇一公立幼儿园”等社会事业建设情况。朱晋希望如东县以高度负责的精神，精心组织施工，确保把每个社会事业工程都建成精品工程、高效工程、安全工程和廉洁工程。如东县副县长姜晓静陪同调研。

★4日至5日，知名侨领、西班牙中侨贸

易集团董事长、欧洲华侨华人社团联合会常务理事、西班牙华侨华人协会常务副主席、西班牙中国和平统一促进会副会长、江苏省海外交流协会副会长蔡永廉来如东考察。如东县人大常委会副主任、县侨联主席沈更生通报了如东经济社发展建设情况，并陪同参观了南通强生光电科技有限公司、江苏如通石油机械股份有限公司和洋口港投资开发有限公司会展中心和洋口港开发建设现场。如东县委常委、洋口港经济开发区党工委书记张蓉蓉陪同考察。

★5 日，盐城市政协副主席、射阳县委书记徐超及射阳县人大常委会副主任陈昌瑞、副县长吴昌标，到如东县考察风电产业。在如东县委书记、县人大常委会主任詹立风，县政协主席陈建华的陪同下，徐超一行参观了江苏海力风电设备有限公司、洋口港、科赛尔机械、龙腾机械。如东县领导张蓉蓉陪同视察。

★5 日，江苏省新闻出版局督察组围绕版权保护、出版物市场管理、全面阅读活动开展、城乡阅报栏建设、农家书屋管理使用，以及“扫黄打非”等工作进行调研督察。如东县副县长姜晓静向督察组一行汇报了如东县新闻出版及“扫黄打非”工作情况。

★6 日，南通市政协副主席陈德新，在如东县政协主席陈建华和县领导江华、桑圣权的陪同下，到如东县专题调研社区建设工作。

★6 日，由省教育科技工会牵头组织的“社会尊师重教，教师回报社会”公益活动来到如东县，分赴县工人文化宫、县中医院、掘港小学等地，通过授课、义诊、现场咨询等方式，送教下乡、送医下乡。在当天上午举行的活动开幕式上，如东县委常委、组织部部长任新峰希望省教育科技工会把如东作为联系点，今后选派更多优秀专家到如东传经送宝，推动更多教学科研成果到如东转化。江苏省教育科技工会主席胡雪春，如东县领导唐国均、姜晓静、桑健参加了活动。

★6 日如东，县委常委、纪委书记刘才盛，县政协副主席吴鼎皋前往曹埠镇、江苏省如东第一职业教育中心校慰问教师代表，向他们送去鲜花、礼品与节日的祝福。

★6 日，如东县委常委、宣传部部长杨中坚专程前往袁庄镇、县实验小学慰问一线教师，向他们送上鲜花，致以节日的问候。

★6 日，如东县政协文体组委员前往县文广传媒中心（集团），调研集团组建后的运行情况和新媒体建设情况，并就新形势下如何更好地发展文广传媒事业积极建言献策。县政协副主席桑健对集团的工作予以肯定，他要求委员们做好各自本职工作，履职尽责，共同努力，为如东县文广传媒事业的发展壮大献智出力。

★7 日，如东县委副书记、县长潘建华，县领导任新峰、沈更生以及县教育局负责人前往栟茶镇，慰问一线教师代表。

★7 日，如东县政协主席陈建华前往洋口初中、实验中学，向 16 名优秀教师代表送去节日的问候。

★7 日，如东县人大常委会党组副书记、常委会副主任陈昌龙，县委常委、常务副县长沈峻峰，副县长江华等先后奔赴各镇慰问。县领导杨小军、王志荣在岔河中学慰问时与教师代表亲切交谈，勉励他们继续发扬无私奉献、爱岗敬业的园丁精神，扎根农村，为孩子们创造一个良好的学习环境。县领导吴风俊、冯力如看望了双甸镇 20 多位优秀教师代表，勉励他们一如既往地为如东的教育事业做贡献。县领导唐国均慰问了马塘镇的教师代表，并向他们送上鲜花、礼品及节日的祝福。在掘港小学，县领导姜晓静、桑健与 8 位一线教师代表亲切交谈，了解学校改制后的困难和要求。他们勉励教师继续勤奋钻研、开拓创新。副县长王智前往如东县实验幼儿园、丰利中学以及丰利小学，副县长张栩龙前往河口镇，向长年累月奋战在三尺讲台上奉献着青春年华的教师们送去鲜花、礼品，并致以亲切的慰问和衷心的感谢。

★7 日，如东县举行企业家精细化管理研修班的开班仪式。县委常委、组织部部长任新峰希望全体学员珍惜机会、深入考察、潜心思考，认真总结日本企业在精细管理、品牌培植与保护、科技创新等方面的经验，不断提高自己的知识水平和管理能力。他还鼓励企业家们抓住日本灾后重建和产业向外梯度转移的机会，积极推介自己，与日方企业开展交流合作，争取学习成果、招商引资双丰收。副县长张栩龙主持开班仪式。

★7 日，如东县开展危险化学品事故应急救援演练。现场演练总指挥、副县长张栩龙说，此次演练达到了检验预案磨合机制、锻炼队伍、教育公众的预期效果，各镇区、部门、单位要结合本区域、本行业、本单位的特点，按照无急可应、有急能应的总体要求，深化安全生产应急救援体系建设，建立联动机制，提高装备水平；各救援队伍要有组织、有计划地开展应急救援演练，大力开展应急培训和宣传工作，增强从业人员和公众的安全防范意识和自救、互救的能力。

★8 日，国家海洋局海域管理司副司长司慧一行，在如东县委副书记、县长潘建华的陪同下，参观了建设中的洋口港。潘建华向司慧介绍了洋口港开发建设情况。如东县领导张蓉蓉、江华陪同参观。

★8 日，如东县委副书记周建飞先后前往逸夫特殊教育学校、机关幼儿园和大豫镇，慰问优秀教师代表以及奋战在基层教育一线的教职员工。

★9 月 9 日，如东县委书记、县人大常委会主任詹立风和县人大常委会副主任唐国均先后前往如东高级中学和虫宾山小学，亲切看望中小学教师代表，询问他们的工作、生活情况。

★10 日，如东县举办“教育——在希望的田野上”文艺演出活动，庆祝第 28 个教师节，并表彰教育系统先进集体、先进个人。县委副书记周建飞发表祝辞，向全县广大教育工作者致以节日的问候。县领导杨中坚、唐国均、姜晓静、桑圣权出席活动。

★10 日，如东县委组织部组织机关全体人员和镇组织委员深入学习贯彻胡锦涛总书记“7·23”重要讲话、江苏省委书记罗志军在全省领导干部学习会上的讲话和南通市委全委（扩大）会议以及如东县委十三届三次全体（扩大）会议精神，部署当前阶段性重点工作。如东县委常委、组织部部长任新峰要求，全县组织系统要把思想和行动统一到中央和省、市、县委的最新要求上来，增强政治自觉，努力做好当前各项工作，以优异成绩迎接中共十八大胜利召开。

★11 日，如东县召开全县重点工作督查推进会，县委书记、县人大常委会主任詹立风强调，各镇区务必牢牢抓住发展第一要务，突出项目建设中心，扎实举措，埋头苦干，奋力冲刺三季度，推动各项重点工作取得新突破。县委副书记、县长潘建华主持会议。县四套班子领导出席会议。

★12 日，如东县召开全县安全生产工作会议，要求各镇区、各部门、各单位立足全局，从严、从紧、从细抓好各项措施的落实，努力为中共十八大胜利召开和全县经济社会发展创造安全稳定的社会环境。副县长张栩龙总结了全县今年以来安全生产工作，分析了当前安全生产形势，全面部署了下一阶段安全生产工作。县委副书记、县长潘建华要求各镇区及相关部门要牢固树立安全生产责任意识，采取扎实有效的措施，落到实处；要抓紧抓牢园区外化工企业的专项整治工作，以及海洋渔业安全生产和道路交通安全整治等各项重点工作；要最大限度地畅通职工和社会监督力量的渠道，责任追究要动真碰硬，严格落实企业的主体责任、属地管理和部门监管“三级责任”，以铁的手腕，抓好问责工作，齐心合力抓出成效。会议由县委常委、常务副县长沈峻峰主持，其他副县长都参加了会议。

★12日，如东县召开全县工业经济推进会，县委副书记周建飞要求全县工业战线进一步加强领导，狠抓关键环节，加大落实力度，紧扣目标任务，轧紧时间节点，抓好组织推进，推动全县工业经济的发展，确保完成全年目标任务。会议由副县长张栩龙主持。

★12日，如东县纪委组织各镇（区）、机关各部门党政主要负责人的配偶举行开展“家庭助廉，共享幸福”专题教育月活动启动仪式，进一步提高党员干部家属拒腐防变意识，充分发挥家庭在党风廉政建设中的特殊作用。县委常委、纪委书记刘才盛指出，家庭助廉对营造清廉、和谐、幸福、美满的家庭环境具有重要意义。他希望各位家属提高自身修养，发挥监督作用，保持知足长乐的心态，把家庭建设成为一个反腐倡廉的坚强堡垒营。

★12日，如东县人大常委会党组副书记、常委会副主任陈昌龙，县人大常委会副主任沈更生、冯力如、唐国均以及相关委组的部分人大代表视察如东供电公司。人大代表们对供电公司在电网建设、优质服务方面取得的成就给予充分肯定，并纷纷为公司发展建言献策。

★12日，如东县召开全县质量强县工作会议，副县长张栩龙要求进一步发挥好品牌带动、技术创新的双轮驱动功能，培育出一批拥有自主知识产权、核心技术和较强竞争力的知名品牌；进一步加大质量安全问题的监管力度，加大对重点产品、重点企业、重点工程、重点质量问题的专项整治。

★13日，江苏省工业经济联合会、企业联合会、企业家协会三会会长、省政协原副主席吴冬华率团考察洋口港经济开发区和沿海经济开发区。如东县委书记、县人大常委会主任詹立风向吴冬华一行介绍了港口开发建设及重点项目推进情况。如东县政协主席陈建华，县委常委、洋口港经济开发区党工委书记张蓉蓉陪同考察。

★13日，如东县召开洋口港环港作业区开发工作第一次汇报会暨环港投资开发有限公司董事会。为实现沿海开发大跨越，增强沿海经济发展总量，提高项目建设承载能力，如东县将根据洋口港区总体规划，在小洋口地区新建洋口港环港作业区，目前环港作业区开发工作全面启动。县长潘建华指出，环港作业区的开发是大沿海开发中的重要部分，在开发建设过程中要准确定位，在功能上要形成互补，凸显出强有力的竞争优势；区域开发的模式要科学、合理；要进一步做好环港作业区建港条件研究及项目的研究，尽快开展各项工作。县委书记、县人大常委会主任詹立风指出，环港作业区的开发富有挑战性，其开发建设能更好地增强沿海经济发展总量，提高项目的承载力，提升洋口港开发区和沿海经济开发区的竞争力，创造出新的亮点和平台。他要求新成立的环港作业区办公室及其投资开发有限公司能立足长远，高标准，高起点做好开发规划工作，要大力提高整个港口的综合竞争力，在推进机制上要加强领导，加快推进。会议由县委副书记周建飞主持，县领导陈建华、张蓉蓉、王孝强出席会议。

★13日，如东县召开全县引江供水区域全覆盖工作推进会。县委常委、常务副县长沈峻峰作全县引江区域供水全覆盖工作情况汇报。县委副书记、县长潘建华向各镇区和各相关部门负责人下发了政府交办单。潘建华指出，引江区域供水全覆盖工作时间紧、任务重、要求高，各镇（区）及相关职能部门要对照要求迅速落实责任，集中骨干力量，精心谋划，克服困难，夯实基础，一鼓作气；要科学规划管网建设和升级改造，明晰法律关系，做到不留遗憾；强化考核督查机制，全面实行工程质量主要领导责任制、工程质量终身负责制和工程质量项目法定人负责制，确保全面完成引江供水全覆盖目标任务。

★13日，如东县人大常委会召开第十次主任会议。会议听取并审议了县检察院检察长顾祖林所作的“延伸法律触角工作专题报告”。县人大常委会党组副书记、常委会副主任陈昌龙充分肯定了县检察院延伸法律触角工作方面的成绩。他要求县检察院在这个专项工作中继续以工作创新、机制创新、管理创新为抓手，高点定位，高标准谋划，切实加强这项工作的制度化、规范化、专业化建设。县人大常委会副主任沈更生、冯力如、唐国均，县人大督导员徐志平、冒亚平出席会议。

★13日，如东县副县长姜晓静带领县质监局、工商局、卫生局等负责人重点检查各企业月饼生产。姜晓静希望各企业在保持良好态势的基础上，切实加强食品安全的自查自治，同时要求食品安全监管部门进一步加强月饼市场监督，规范月饼生产、流通环节的生产经营秩序，让老百姓吃上更加健康安全、更加营养美味的月饼。

★13日，如东县召开招商引资百日竞赛活动推进会。副县长张栩龙在点评时说，百日竞赛活动虽然取得明显成效，但外资利用指标还严重滞后序时，园区主平台的作用也没有突显。他要求各镇（区）对照序时目标，把世界五百强、世界公司、上市企业、大型民企作为百日竞赛的重点，力争在引进10亿元以上内资和超亿美元项目上求突破，同时结合自身特色，选派精兵强将到重点地区布点招商，推进跨江经济合作。

★13日，如东县政协副主席桑健带领县发改委相关负责人前往江苏快达农化股份有限公司调研，了解企业发展状况，帮助企业破解转型升级过程中的难题。

★14日，南通市人大常委会副主任程静带领调研组到如东县专题调研职业教育发展情况。程静充分肯定了如东县职业教育工作取得的成绩，她希望如东县继续从各方面加大支持力度，进一步拓宽发展内涵，在全社会宣传形成“最适合孩子的教育就是最好的教育”这一理念，推动如东职业教育优质发展。如东县人大常委会副主任唐国均、副县长姜晓静陪同调研。

★14日，如东县召开全县民营经济发展工作推进会。副县长张栩龙要求各地、各部门有针对性地鼓励、引导、帮助、扶持不同群体积极创业，打造一批创业载体。抓氛围引导，在全社会不断营造敢创业、会创业、创大业的浓厚氛围，加快推动全县民营经济又好又快发展。

★15日，如东县发改委党组召开班子成员专题民主生活会，就增强政治自觉意识、加强党风廉政责任制建设等方面工作进行落实。县委常委、常务副县长沈峻峰指出，发改委的工作涉及如东经济发展的各条线，要通过不断学习积极提升政治理论素养和服务产业发展的能力，突破园区发展、城市建设、结构调整等薄弱环节，把如东的资源优势转化为产业发展优势，努力提升如东产业发展的核心竞争力。

★15日，如东县文广传媒中心举行第二届文化艺术节文艺汇演，展现广电人奋发有为、积极向上的精神风貌。县领导唐国均、姜晓静、桑健出席文艺汇演。副县长姜晓静致辞时指出，县文广传媒中心着力打造“文化广电、文明广电、阳光广电”的新形象，广播电视各项事业取得了长足的发展。她希望通过丰富多彩的文化生活，使广大干部职工以饱满的热情、最佳的状态投身到广电事业建设当中，创造更加辉煌的成绩。

★15日，江苏省社科联党组副书记、副主

席汪兴国一行在南通市社科联党组书记、副主席徐爱民陪同下来到东县视察社科普及示范基地。如东县人大常委会副主任唐国均、副县长姜晓静陪同视察。

★9月17日，如东县人大常委会与县总工会召开第十一次联席会，听取和研究了有关职工权益保护的意见和建议。县人大常委会副主任、党组副书记陈昌龙对县总工会取得的成绩给予充分肯定，他要求全县各级工会组织要狠抓落实、务求实效，积极支持工会依法履职。同时不断创新联席会议制度，努力打造可持续发展的效应。会议由县人大常委会副主任沈更生主持，县人大常委会副主任冯力如、唐国均出席会议。

★17日，河口镇小漤村近200名村民共同见证了小漤二桥建成通车，该桥由祖籍该村的旅法侨胞王小波先生捐资建设。如东县人大常委会副主任沈更生出席建成通车仪式。

★18日，如东县委、县政府召开“第六届中国如东沿海经济合作洽谈会暨三一（如东）工业园项目开工仪式”动员会议，部署相关筹备工作。县委常委、常务副县长沈峻峰对相关筹备工作做了具体部署。县委副书记周建飞要求各部门增强共识，抓好结合，增强“海洽会”筹备工作的主动性、务实性和高效性，各司其职、轧紧时序、加强衔接、明确纪律，确保“海洽会”取得圆满成功。副县长张栩龙主持会议。县领导任新峰、张蓉蓉、姜晓静、江华出席会议。

★19日，如东县委书记、县人大常委会主任詹立风前往袁庄、河口两个镇调研，为他们鼓劲加油，要求两镇狠抓落实，高标准冲刺全年目标。

★19日，如东县委副书记周建飞前往循环经济产业园（大豫镇），参加循环经济产业园（大豫镇）党政领导班子民主生活会。周建飞要求循环经济产业园（大豫镇）党政一班人立足已经取得的成绩进一步科学谋划工作思路，确保完成全年目标任务，同时要增强工作的针对性和务实性，抓住发展中的关键环节，打造亮点，突出重点，形成特点，同心协力保障循环经济产业园（大豫镇）的惠民工程等各项事业又好又快发展。

★19日，如东县与南通大学举行引进科技人才合作洽谈会，双方就加强区域医疗卫生信息化建设合作事宜进行了深入洽谈。县委常委、宣传部部长杨中坚出席会议。副县长姜晓静主持洽谈会，她要求县各相关部门加强与南通大学的沟通对接，把医疗卫生信息化建设这一惠民实事办实办好，全力促进区域医疗卫生信息化快速发展。

★19日，由如东县委宣传部组织、县供销合作总社承办的“三争三实”主题演讲比赛决赛在县住建局举行。县政协副主席桑健担任评委并为获奖选手颁奖。

★20日，如东县委书记、县人大常委会主任詹立风赴双甸和岔河两镇调研，要求两地进一步增加有效投入，促进企业转型升级，保障社会和谐稳定，围绕全年目标任务，确保完成不动摇。县委副书记周建飞参加调研。

★20日，如东县政协主席陈建华前往辉煌彩钢公司，就“转型升级我先行，提振信心争贡献”主题活动作专题调研。他勉励企业在科学发展中建功立业，争当全县转型升级的“排头兵”。

★20日，如东县委副书记周建飞带领县发改委、经信委、商务局主要负责人，走访新店镇骨干企业，了解企业运行质态。周建飞要求该镇党政班子聚焦项目，锁定目标，突出重点，健全配套，优化服务，确保完成全年目标任务。

★20日，如东县地税局召开“奋战一百天，全面冲刺全年各项任务指标”动员大会，动员全系统真抓实干，开拓进取，确保全面完成全年目标任务。县委常委、常务副县长沈峻峰要求全县地税干部进一步提高税收征管和服务水平，加强队伍建设，做改革的先锋、机关的标兵、文明的使者，树立好地税品牌形象。

★20日，由如东县文联、县广播电视台联合主办的“容和杯”首届少儿书法电视大赛决赛在掘港小学举行。南通市文联党组书记、副主席羌怡芳，如东县领导杨中坚、姜晓静、桑健出席活动。

★20日，如东县政府专题召开全县服务业集聚区规划编制工作研讨会，如东县服务业集聚区规划编制工作正式启动。副县长王智要求各镇、各相关部门认真做好调研论证，一方面借鉴先进地区的成功经验。另一方面广泛征求各方意见建议，科学合理地布局好新兴产业和生产性服务业，真正做到及早谋划，高点定位，理念超前。

★21日，山东省寄生虫病防治研究所所长刘新率领苏鲁豫皖鄂五省疟疾联防团，到如东县检查疟疾防治工作。检查团对如东县疟疾防治工作，特别是对流动人口的疟疾防治工作给予肯定。如东县副县长姜晓静出席检查汇报会。

★21日至22日，在如东县召开南通市政协文教卫体委员会工作交流会。如东县副县长姜晓静代表县政府介绍了如东县社会事业发展情况。如东县政协主席陈建华致辞，并介绍了如东县政协今年以来的工作情况。南通市政协副主席杨展里、陈宋义出席会议并讲话。如东县政协副主席桑健出席会议。

★24日，南通市非公有制企业党的建设工作现场推进会在如东县召开。如东县委书记、县人大常委会主任詹立风在会上致辞，他表示，非公企业党建是党建工作创新工程的重要组成部分。如东县将以此次现场推进会的召开为契机，进一步突出重点，创新举措，扎实推进非公企业党建工作，全面提升党建工作科学化水平，为全县经济社会又好又快发展提供坚强的组织保证。南通市委常委、组织部部长费高云作重要讲话。对如东县立足“四抓”，增强“四力”，推进党的建设与企业发展互促共进的做法予以高度评价。会议由南通市委组织部副部长、市委“两新”工委副书记张辉主持。如东县委副书记周建飞出席会议。如东县委常委、组织部部长任新峰介绍了如东县非公企业党建工作的做法。

★24日，如东县第十六届人大常委会召开第七次会议。会议听取和审议了县规划局《关于评议整改情况的工作报告》，并对县规划局人大评议整改情况进行满意度测评。会议听取和审议了县委常委、常务副县长沈峻峰所作的《关于县城老旧小区改造情况的工作报告》，通过了县人大常委会《关于加快推进县城老旧小区改造的决议》。会议听取和审议了县委常委、常务副县长沈峻峰所作的《关于发挥资源优势，推进沿海开发情况的工作报告》和县人大常委会调查组《关于发挥资源优势，推进沿海开发情况的调查报告》，通过了县人大常委会《关于进一步提高常委会会议和主任会议质量的意见》。会议分别由县人大常委会党组副书记、常委会副主任陈昌龙和县人大常委会副主任沈更生主持。县人大常委会副主任冯力如出席会议，督导员徐志平、杨成泉、冒亚平，相关部门、镇（区）负责人和部分县人大代表列席会议。

★24日，江苏省军区老干部系统陆殿义、王海棠将军等离退休老干部，到掘港镇嫃山小学开展迎接十八大主题宣讲暨爱心捐款活动。如东县领导刘碧云参加活动。

★25日，由江苏省发改委副主任、省沿海办主任梁学忠率领的调研组到如东县，就“江苏沿海滩涂开发利用模式的创新实践”等课题进行深入调研。调研组实地考察了洋口港滩涂围垦示范区，并对如东县滩涂开发成果表示肯定。如东县委书记、县人大常委会主任詹立风向调研组介绍了如东县的沿海开发重大项目建设进展及滩涂利用情况。县领导周建飞、张蓉蓉、王孝强陪同调研。

★25 日，在江苏银行如东支行银企基层党组织统筹共建交流会上，该行与南通泰禾化工有限公司签订了战略合作协议，与南通五建、江苏顺通等 4 家企业签订了组团共建协议，通过不同方式各种层次的共建活动，助推双方业务发展。如东县委常委、组织部部长任新峰认为，银企党组织的统筹共建，起到调结构、稳增长、促和谐的作用，是实现发展共赢的新举措，值得推广。他要求，继续在夯实共建基础上谋求新发展、在健全共建机制上谋求新突破、在创新共建载体上谋求新举措、在放大共建效益上谋求新作为。

★25 日，如东县副县长王智率安监、交通、交巡警、环保、农机等部门负责人，到丰利镇、南通外向型农业综合开发区进行节前安全检查。

★25 日，如东县副县长、县公安局局长程军带领安监、工商、人社等部门负责人，前往曹埠镇和如东经济开发区（苴镇），进行节前安全生产检查。他要求属地、企业和行业监管部门严格落实安全生产责任制，确保群众过上安全、祥和的节日，为十八大召开营造和谐稳定的社会环境。

★25 日，如东、海门纪检监察干部综合业务培训班在中国纪检监察学院开班。学院党委副书记李立新主持开班仪式，学院党委书记、副院长王拥军致辞。如东县委常委、县纪委书记刘才盛代表派出单位，要求全体学员以这次学习为契机，树立终身学习的理念，做到学以立信，充分体现与时俱进的时代要求；学以立行，充分展现执纪为民的本质要求；学以立身，充分满足反腐倡廉的形势要求。

★26 日，如东县政协主席陈建华带领政协社会法制组一行到县总工会，就维护职工权益进行专题调研。陈建华希望县总工会进一步履行职责，强化服务，增强工会组织的向心力，把工会办成工人之家，助推经济发展；不断适应新形势，加强工会工作的创新，服务职工、服务大局，切实维护职工和企业的合法权益；政府部门与工会要打造服务职工的平台，把工会工作、社会稳定工作联动起来。县领导桑健、桑圣权、吴鼎皋参加调研。

★26 日，如东县又一个旧城改造重点工程——民生·银河湾项目开工建设。民生·银河湾项目联合党总支宣布成立。南通市委组织部部组织处处长张莉和如东县委常委、组织部长任新峰共同为该项目联合党总支揭牌。

★26 日，如东县委县政府召开台商中秋茶话会。县委常委、纪委书记刘才盛向台商代表致以节日的问候，要求相关部门认真汇总、整理问题，尽可能为台商投资兴业提供优良的环境，促进企业在如东更好的发展。茶话会由县政协副主席、统战部部长吴鼎皋主持。

★26 日，如东县见义勇为专场文艺晚会在五一广场举行。县委常委、政法委书记于立忠希望各地、各部门以更大的力度、更强的举措关心、支持见义勇为事业，切实做好组织、宣传、保障等工作；希望全县广大干部群众以先进为榜样，个个支持见义勇为，人人敢于见义勇为，以自己的实际行动，为建设长安如东、共创美好家园做出应有的贡献。副县长、县公安局局长程军出席晚会。

★26 日，如东县人大常委会召开专业代表小组成立大会，正式建立财政经济、农业农村、环境资源城乡建设、科教文卫、内务司法五个专业代表小组。县人大常委会党组副书记、副主任陈昌龙指出，成立专业代表小组和开展专业小组活动对于引导人大代表发挥职能作用、提高履职水平、密切联系群众、促进社会和谐等方面具有十分重要的现实意义。他希望新成立的代表小组拓展思路、积极作为，把议大事与谋实事紧密结合起来，把强化监督与支持工作结合起来，把小组活动与常委会工作任务结合起来，充分发挥专业代表小组的职能作用。同时，切实强化组织领导，细化规章制度，优化保障机制，使专业代表小组这个新生产物加快成长成熟，成为如东人大工作的一个特色、一个亮点、一张名片。会议由县人大常委会副主任沈更生主持，督导员徐志平、杨成泉、冒亚平参加会议。

★26 日，如东县副县长姜晓静率领县教育、卫生、质监、安监等相关部门负责人，前往双甸、新店进行节前安全检查。

★26 日，南通市委研究室主任徐兴林一行到如东县调研沿海开发工作，对如东县沿海开发取得的成绩予以充分肯定。如东县副县长张栩龙及相关部门负责人汇报了如东县沿海开发的情况。

★26 日，如东县领导刘碧云率发改委、安监、商务、总工会、供电公司等部门负责人，到掘港镇进行节前安全检查。

★27 日，如东县委书记、县人大常委会主任詹立风和上实集团执行董事、上药集团董事长楼定波共同启动水晶球，上海中华药业南通有限公司正式揭牌，标志着上海中华药业与南通中宝药业成功重组，如东县委副书记、县长潘建华致辞。他说，两家公司重组必将为企业跨越发展注入强大活力，提升如东县医药产业的整体竞争力，也必将为中华药业的发展拓展更大空间。潘建华表示，县委、县政府将一如既往地关心、支持上海中华药业南通有限公司的发展壮大，全心全意为企业发展营造优良环境、提供优质服务，倾力帮助企业解决生产经营过程中的实际问题，鼎力促进企业快速健康发展。同时，也希望企业以此次重组为契机，巩固传统优势，加快在技术、品牌和管理上的有效融合，持续提升产品品质和竞争优势，为如东县医药产业发展作出更大的贡献。南通市药监局局长戴辉，如东县领导周建飞、杨小军、姜晓静、张栩龙参加揭牌仪式。

★27 日，如东县委副书记、县长潘建华带领安监、公安、消防大队等部门负责人，专程前往洋口港经济开发区（长沙镇）和掘港镇，进行安全生产检查。在洋口港经济开发区的中石油华东燃气运输分公司，潘建华向负责人仔细询问公司安全生产措施和车辆运行情况，他叮嘱公司负责人一定要绷紧安全生产这根弦，确保安全生产各项措施落实到位。在华港燃气有限公司，他指出要将安全理念体现在生产的全过程，不放过任何一个环节。在南通永康运输有限公司，潘建华说，企业安全生产绝不能含糊，行业部门监管是外在推动力，关键还在企业自身。潘建华要求企业根据越来越高的国家标准，不断加大安全投入，加强隐患排查。潘建华还十分关心群众海上作业情况。他要求查报站严格执行下海拖拉机卡口查报制度，落实好安全生产责任制，加大查处力度，确保海洋渔业安全生产。

★27 日，62 名新疆籍普通高校毕业生将分别在如东县掘港镇、如东经济开发区和县人社局开展为期半年的岗前培训。如东县委常委、常务副县长沈峻峰要求各提供岗位部门，进一步提高思想认识，以高度的政治责任感，做好新疆高校毕业生岗位实习工作；提高做好新疆高校毕业生岗位实习工作的能力，全面掌握相关知识，提高带教水平；完善做好新疆高校毕业生岗位实习工作的工作机制，加强沟通协调，强化督促检查，确保有实效。

★27 日，如东县委常委、常务副县长沈峻峰带领安监、公安、住建、国土等相关部门的负责人，前往岔河镇和马塘镇，检查节前安全生产工作。

★27 日，如东县委常委、常务副县长沈峻峰带领县国土局相关负责人，前往马塘、岔河两镇督查违法用地整改情况。

★27日，如东县成立新四军研究会。陶明生当选为会长。县委常委、组织部部长任新峰和南通市新四军研究会会长、市人大常委会原主任秦兆桢为县新四军研究会揭牌。任新峰希望与会人员认真做好新四军抗战史料和历史遗存的调查、征集工作，不断加强新四军在如东历史的学习和研究，并努力将研究成果转化为教育资源。会议由副县长姜晓静主持。

★27日，如东县召开全县“三秋”工作暨农业农村重点工作推进会。县委常委、县政法委书记于立忠要求各地抓住有利时机，科学管理、调整种植结构、推进土地流转等工作，围绕秋收秋播，实现工作快部署，同时要大力推进秸秆禁烧与综合利用，咬定重点农业项目建设和全年考核目标，加大组织力度，确保各项任务的完成。会议由副县长江华主持，政协副主席桑圣权出席会议。

★27日，一个集调解受理室、行政许可调解庭、合同争议调解庭、侵权赔偿调解庭、消费纠纷调解庭、行政争议调解庭“一室五庭”为一体的市场主体争议行政调解中心在如东县工商局揭牌。如东县县委常委、政法委书记于立忠要求相关部门认清形势，客观评价大调解现状，优化机制，加强、提高人员专业化水平。同时与其他执法部门加强沟通，形成有序的调解机构网络，不断增强调解中心的服务功能、维权功能，为促进全县经济社会的和谐稳定作出更大的贡献。

★28日，如东县政协、县委统战部举行中秋国庆联谊会，各界人士欢聚一堂，共叙友情，共庆佳节，共同展望如东的美好未来。县政协主席陈建华在联谊会上对全县广大政协委员、各人民团体、各界人士、海外“三胞”及归侨、侨眷致以节日的问候！县委副书记、县长潘建华，县领导周建飞、陈昌龙、沈峻峰、任新峰、刘才盛、沈更生、姜晓静、王志荣、桑健、吴鼎皋及县政协督导员童玉林出席联谊会。

★28日，如东县政协举行十四届第五次主席会议，传达南通市政协工作会议精神，讨论委员调整事宜，重点听取各小组开展“转型升级我先行、提振信心争贡献”走访企业情况。县政协副主席王志荣、桑健、余科、吴鼎皋等分别通报了小组走访企业情况。县政协主席陈建华主持会议。他要求政协各委组以求和、求稳、求谋、求实的原则，围绕中心工作，关注民生，不断提高参政履职的能力，充分发挥政协助推经济发展、维护社会和谐的作用。

★28日，如东县召开“万名干部培训计划”推进会暨2012年秋季主体班集中开班仪式。县委常委、组织部部长任新峰要求全体学员，增强政治自觉，不断加强学习，切实提升领导科学发展的能力、做好群众工作的能力以及驾驭复杂局面的能力，努力打造一支眼界宽、思路宽、胸襟宽，有信念、有本领、有担当、有政绩的“三宽四有”的高素质干部队伍。

★29日，如东县委书记、县人大常委会主任詹立风前往三一重工如东工业园，视察了解开工仪式的各项准备工作，要求如东经济开发区和相关职能部门从细微处入手，一丝不苟，精益求精地做好三一工业园开工仪式现场布置和沿途参观路线环境整治工作，全力以赴迎接海洽会的胜利召开。副县长张栩龙参加视察。

10月

★4日，全国人大常委会原副委员长顾秀莲一行到如东县洋口港视察，她寄语如东再接再厉，紧紧围绕港口引领的发展思路，不断拓宽视野，抢抓江苏沿海开发的战略机遇。南通市委书记、市人大常委会主任丁大卫，南通市人大常委会副主任施建中，如东县委副书记、县长潘建华，县领导周建飞、陈昌龙陪同视察。

★7 日，如东县委书记、县人大常委会主任詹立风赴如东循环经济产业园（大豫镇），深入调研园区发展布局规划和建设进展，要求园区进一步发挥资源、载体优势，做到高起点规划、高标准配套、高速度推进。县领导周建飞、于立忠、张蓉蓉、江华，以及县发改委、国土、海洋渔业、规划等部门的负责人参加调研。

★8 日，如东县召开全县环保重点工作暨区外化工专项整治推进会，县委副书记、县长潘建华出席会议并作重要讲话。他要求各镇区和部门，对照各自职责，进一步细化任务，轧紧时间部署，强化工作举措，攻坚克难，全力推进，确保按时高质完成各项目标任务。会议由县委常委、组织部部长任新峰主持。副县长王智、张栩龙分别通报了近期全县环保重点工作和区外化工专项整治推进情况，并就当前和今后一段时期的工作进行了部署。县领导冯力如、桑圣权出席会议。

★8 日，如东县政务中心召开三季度政务服务工作点评会上，县委副书记、县政务中心党工委书记周建飞要求中心各部门、各窗口在深化上下功夫，在创新上求突破，在服务上创一流，为实现全年目标任务提供更加优质的政务保障。县委常委、常务副县长沈峻峰主持会议。

★8 日，洋口港经济开发区召开动员会，全区 50 名 30 周岁以下的机关人员到村接受为期 1 年的挂职锻炼。如东县委常委、洋口港经济开发区党工委书记张蓉蓉要求 50 名机关人员在挂职锻炼期间着力做到“八个一”，即每人每周到村里上班时间不得少于 1 天；协管村干部分管 1 项工作；分工 1 个村民小组；联系 1 个种养大户或企业；帮扶 1 户以上的贫困户；办 1 件实事；每个月每人向党工委上交 1 份书面汇报；每个季度每人上交 1 份调研文章，在基层实践中提升自我、超越自我。

★9 日，南通市委书记丁大卫、市长张国华等市领导到如东县开展实地调研，并就加快园区开发建设、加快产业项目集聚进行专题研究。如东县委书记、县人大常委会主任詹立风重点汇报了洋口港开发建设情况。丁大卫强调，洋口港是江苏沿海开发的重要节点，是南通沿海开发建设的开篇之举，在全市沿海开发中具有举足轻重的战略地位，他勉励如东县进一步坚定信心、加快发展，寻求沿海开发新突破。南通市领导陈照煌、黄巍东、徐辉及市相关部门负责人参加调研。如东县委副书记、县长潘建华以及县领导周建飞、沈峻峰、张蓉蓉等陪同调研。

★9 日，如东县召开铁路地方配套工程协调推进会。县委常委、组织部部长任新峰要求相关镇区、部门及施工单位加强沟通协作，采取超常规措施，集中精力，集中力量，突破工作瓶颈，抢抓晴好天气，强势推进，确保海洋铁路年底顺利实现竣工交验。副县长王智、县人大常委会督导员杨成泉出席会议。

★9 日，由如东县委组织部、县人社局联合举办的全县新录用公务员、高学历人才培训班，在南通未成年人素质教育实践基地开班。如东县委常委、组织部部长任新峰出席开班仪式，他指出，新录用公务员、高学历人才是如东县干部队伍的重要后备力量，全体学员要注重学习，在勤学深思中提高执行力；严格纪律，在规范流程中提高执行力；勇于担当，在强化责任中提高执行力。

★9 日，国家海洋局检查组到如东县开展海洋生态文明建设调研，并实地检查了如东海岸生态保护与生态长廊建设项目。检查组认为，如东生态廊道项目规划长远，设计思路巧妙，并要求如东县积极开展项目建设的各项准备工作，认真完善和落实项目规划内容，合理使用海域使用返还金，把如东沿海经济开发区的生态项目做得更大更好。如东县委常委、副县长王孝强参加活动。

★10日，如东县召开全县重点工作督查推进会，县委书记、县人大常委会主任詹立风要求全县上下按照“目标不变、任务不减、力度不降”的总体要求，紧张快干、奋勇争先，开足马力、全力冲刺，确保全面完成全年各项目标任务，确保发展速度全市领先。县委副书记、县长潘建华主持会议，并就如何贯彻落实会议精神提出明确要求。县四套班子领导出席会议。

★10日，如东县召开全县征兵工作会议，部署今年征兵工作。县委副书记、县长潘建华到会并讲话，他要求各镇区及相关部门要进一步认清形势，形成共识，切实增强征兵工作的责任意识，抓住重点，严格把好新兵征集的质量关，加强领导，通力合作，廉洁自律，努力营造良好的征兵氛围，保质保量完成今冬征兵任务。会议由副县长江华主持，县委常委、县人武部部长吴风俊出席会议。

★10日，如东县召开征兵工作领导小组座谈会，要求各领导组成员单位积极配合，形成合力，保质保量完成征兵任务。县委常委、县人武部部长吴风俊介绍了2011年征兵工作情况，并就2012年冬季征兵工作所面临的的相关问题进行了讨论。县委副书记、县长潘建华要求各成员单位在思想上高度重视，按照各自工作职责，扎实工作；通力合作，形成合力，把好关，确保征兵工作扎实有序推进。副县长江华出席会议。

★11日，南通出入境检验检疫局副局长王震在县委副书记周建飞的陪同下，前往县循环经济产业园，就如东县进口再生资源加工区建设中有关检验检疫的相关事宜进行现场办公。周建飞要求循环经济产业园“快”字当头，围绕检疫部门的要求采购好所需检测设备，确保建设工作有效推进。

★11日，如东县委常委、宣传部部长杨中坚带领住建、如东经济开发区、掘港镇相关负责同志，视察重点市政工程建设情况。

★11日，如东县人大常委会离退休老干部到沿海经济开发区参观考察，亲身体验近年来的发展变化。老干部们对如东县未来的发展变化充满了信心和期待，他们纷纷表示，将继续发挥余热，为如东经济社会发展再作贡献。县人大常委会党组副书记、常委会副主任陈昌龙陪同参观。

★12日，江苏省台办副主任王少邦在如东县委副书记周建飞和县委常委、纪委书记刘才盛的陪同下，到如东县调研。

★12日，如东县召开全县服务业工作会议，县委常委、组织部部长任新峰要求相关单位高度重视，咬定目标，奋力冲刺，确保服务业各项目标任务的全面完成，并科学谋划好明年服务业发展工作，副县长王智出席会议，并就冲刺“四季度”进行动员部署。

★15日，江苏省交通厅党组书记、省铁路办主任刘大旺一行到如东县视察海洋铁路建设，表示将进一步加大协调服务力度，全力支持海洋铁路加快建设，助推如东沿海开发大提速、快升温。如东县委书记、县人大常委会主任詹立风向刘大旺一行介绍了海洋铁路建设的基本情况。江苏省交通厅党组成员、省铁路办副主任陈宏程，南通副市长徐辉，市交通运输局局长周跃华，市铁路办主任刘建中，如东县委副书记、县长潘建华以及县领导张蓉蓉、王智参加了调研活动。

★15日，如东县召开镇（区）违法建设监督管理工作会议。县委常委、纪委书记刘才盛要求各镇区及相关部门立足全局、把握形势，深刻分析、正视不足，强化举措、整体推进，确保违法建设监管工作取得实效。县委常委、常务副县长沈峻峰主持会议。

★15日，全国创先争优活动总结交流视频会议召开，如东县组织收听收看视频会议，县委常委、宣传部部长杨中坚对如东县的创先争优活动作了总结，并就今后的工作提出了具体的要求。杨中坚要求全县各级党组织和广大党员要进一步提高思想认识，把创先争优作为一项经常性工作常抓不懈，明确工作重点，落实好基层组织建设年各项要求，突出领导带头，发挥领导干部在创先争优中的表率作用，进一步抓好典型带动，努力巩固和扩大创先争优活动的成果与影响，进一步加强制度建设，建立健全创先争优常态化长效化的体制机制，为建设新如东再做贡献、再立新功，以优异的成绩迎接中共十八大胜利召开。

★16日，中国如东第十三届国际风筝会暨“沿海开发杯”2012年江苏省风筝精英赛，在沿海经济开发区风筝放飞场举行。如东县委书记、县人大常委会主任詹立风出席开幕式。县委副书记、县长潘建华在开幕式上发表讲话。潘建华表示，如东将按照高标准、高质量、高效益的要求，加强组织协作，规范操作程序，以精益求精、高效优质的服务，努力承办好这次风筝盛会，为全国风筝运动推广和风筝文化发展做出应有贡献。开幕式由如东县委常委、宣传部部长杨中坚主持，国家体育总局社会体育指导中心副主任刘北剑宣布比赛开始，国家体育总局社会体育指导中心业务三部主任尹国臣，南通市体育局局长徐国祥，南通市体育局党组成员、纪检组长成中，如东县领导姜晓静、桑健出席开幕式。

图为：特色风筝板类参赛选手准备放飞板鹞风筝

★16日，如东县召开全县招商引资工作点评推进会。县委副书记周建飞要求各镇区进一步增强目标意识、时间意识、务实意识、务本意识与合力意识，在加快推进基础设施配套工作上下功夫，在完善招商引资队伍上求突破，在驻点招商、以商引商上求实效，确保招商引资工作取得新突破。周建飞就海洽会准备工作要求各镇区、各部门本着精益求精的原则，确保本届海洽会客商层次高、项目含金量高，真正把海洽会打造成高规格的投资盛会。

★16日，如东县召开“三争三实”主题教育活动现场观摩会，推广县政务中心的经验做法。县委常委、宣传部部长杨中坚要求全县上下紧扣形势、突出重点，不断抬高“三争三实”主题教育活动的新支点，营造敢闯、敢试、敢担当的思想环境，亲民、亲企、亲项目的发展环境和创新、创优、创佳绩的政务环境。要强化领导、务实推进，更好发挥“三争三实”主题教育活动的新优势，切实增强责任意识，提高抓好落实的能力；增强统筹意识，提高服务发展的能力；增强整体意识，提高贡献如东的能力。

★16日，如东县委常委、政法委书记于立忠专程到如东边防大队长沙、刘埠、洋口边防派出所调研，勉励官兵进一步增强政治意识、大局意识、责任意识，扎实做好各项安全保卫工作，确保如东沿海安全稳定，为驻地经济社会发展再立新功。

★17日，南通市机关驻村“第一书记”工作现场推进会在如东县召开。会议要求各地以实现“三弱两重”村派驻“第一书记”全覆盖为目标，精心策划部署，强力组织推进，全力支持驻村“第一书记”工作，推动全市率先实现基本现代化。如东县委副书记周建飞对全市机关驻村“第一书记”工作现场推进会在如东县召开表示欢迎。县委常委、组织部长任新峰介绍了如东县驻村“第一书记”工作情况。

★17日，南通市纪委副书记陈锋在如东县专项督查，对如东县加强干部队伍能力素质建设的做法给予充分肯定。如东县委常委、组织部部长任新峰，县委常委、纪委书记刘才盛分别介绍了如东县干部队伍建设和廉政建设方面的情况。

★17日，如东县委常委、宣传部部长杨中坚带领县住建、交通、城管等部门负责人督查文明城市长效管理工作，并要求相关部门和单位完善监督管理机制，采取更加扎实有效的措施，齐抓共管，使县城面貌有一个根本性改观。

★18日，江苏省委第六巡视组到如东县调研，对如东县在沿海开发和新能源发展上取得的成绩予以高度评价。在如东县委副书记、县长潘建华的陪同下，江苏省委第六巡视组参观了如东生物质发电有限公司，中石油江苏液化天然气等重大项目的建设现场。如东县委常委、洋口港经济开发区党工委书记张蓉蓉向巡视组介绍了如东县港口开发建设的相关情况。县领导任新峰、王智陪同调研。

★18日，南通市人大环境资源城乡建设工作座谈会在如东县召开。会议专题讨论了南通市拆迁安置房的建设情况，对存在问题进行剖析，并提出解决方案。如东县委副书记周建飞介绍了近年来如东县经济社会发展情况。他希望通过此次会议，向兄弟县市学到更多经验，进一步加快如东县拆迁安置工作步伐，促进社会和谐稳定。如东县人大常委会党组副书记、常委会副主任陈昌龙，县人大常委会副主任沈更生、县人大督导员蔡瑞平参加会议。

★18日，如东县召开社会管理创新工作现场推进会，贯彻落实全省社会管理创新工程推进落实会和市综治委全体委员会议精神，围绕今年全县社会管理创新 46 项重点任务，总结工作，交流经验，分析不足。县委常委、政法委书记于立忠要求各镇（区）、各部门按照“稳定为先、基础为本、稳步创新、务求实效”的原则，狠抓社会稳定、机制建设、基层基础等重点工作，整合多方资源，落实工作责任，强化督查考核，科学有序地抓好各项工作，不断提升全县社会管理创新工作整体水平。县领导程军、桑圣权出席会议。

★18日，金地来大酒店正式开业，喜迎四方宾朋，这是大豫镇 2012 年来着力加快服务业发展的又一力作。金地来大酒店的开业对提升大豫镇服务业档次、改善接待条件、优化发展环境、促进镇域经济又好又快发展有着重要意义。如东县副县长王智为金地来大酒店开业剪彩。

★19日，如东县委、县政府召开如东城市出入口布局研究汇报会，就加强城市效能和对外交通有效衔接、合理布设城市出入口进行研究。副县长王智主持会议。县委书记、县人大常委会主任詹立风在会上指出，城市出入口布局影响着未来城市发展空间，他要求研究单位着眼长远，深入研究，使方案更加切合如东未来发展的需求。县委副书记、县长潘建华出席会议，并就设计方案的进一步完善提出要求。县领导周建飞、任新峰参加会议。

★19日，在如东县委书记、县人大常委会主任詹立风，县人大常委会党组副书记、常委会副主任陈昌龙的陪同下，江苏省人大常委会外事委主任袁静波在如东县视察。詹立风向他详细介绍了如东县城总体规划和近年来经济社会发展情况。如东县委副书记周建飞，县委常委、洋口港经济开发区党工委书记张蓉蓉参加了活动。

★19日，如东县老科协、老年大学举行庆祝敬老节活动。县委常委、组织部部长任新峰出席活动。他希望老干部、老同志一如既往地关心、支持如东的经济社会发展，积极献计献策，为全县“两年赶超，五年争先”再作贡献。

★20日，在如东县召开的南通市县（市）

区综治办主任会议要求，围绕事关民生的热点、难点问题，不断推进社会管理创新，维护社会稳定。如东县委常委、政法委书记于立忠出席会议。

★21日，如东县召开庆祝第25个敬老日、纪念“中国长寿之乡”命名一周年暨老龄工作“五十佳”表彰会议。副县长江华出席会议并讲话。他指出，全县上下要加快推进老龄事业健康稳定发展，健全养老社会保障体系和养老服务体系，建立老龄产业发展体系和老年社会管理体系，在全县形成尊老、敬老、助老、爱老的良好风气，不断开创如东县老龄事业发展新局面。

★22日，如东县委、县政府组织召开全县经济社会发展情况报告会，县委副书记、县长潘建华向全县老干部代表通报今年以来全县经济社会发展情况，并代表县四套班子向全县的老干部、老同志致以节日的祝福和亲切的问候。报告会由县委副书记周建飞主持。

★22日，如东县人大常委会召开第12次主任会议，听取县人社局关于贯彻落实《中华人民共和国社会保险法》的情况汇报。县人大常委会党组副书记、常委会副主任陈昌龙充分肯定了县人社局的工作实效，要求进一步做到以扩大社会保险覆盖为重点，执法到位；以基金安全保障为核心，财政审计到位；以加强经办能力为支撑，服务到位，确保《中华人民共和国社会保险法》的贯彻实施。县人大常委会副主任冯力如主持会议，县人大常委会副主任沈更生，县人大督导员徐志平、杨成泉、蔡瑞平、冒亚平出席会议。

★22日，如东县人大常委会党组副书记、常委会副主任陈昌龙带领相关部门负责人赴南通外向型农业综合开发区，调研该区2013年申报农渔业项目对接工作。县领导于立忠、江华参加调研。

★23日，南通市林业工作暨村庄环境整治现场推进会在如东县召开。如东县委书记、县人大常委会主任詹立风致辞。县委常委、政法委书记于立忠代表如东县作交流发言。南通市副市长徐辉回顾总结去冬今春以来全市林业和村庄环境整治工作，部署下一阶段工作，高度评价如东县绿化造林和村庄环境整治情况，认为标准高、力度大、氛围浓、效果好，很有示范意义，值得学习和借鉴。南通市委常委秦厚德主持会议并讲话。如东县委副书记、县长潘建华陪同参观。副县长江华参加活动。

★23日，如东县政协专题召开协商会议，邀请县委常委、常务副县长沈峻峰，副县长张栩龙与会，专题会商县政协开展的“转型升级我先行，提振信心争贡献”主题活动中的18个问题建议。县政协主席陈建华，副主席桑健、余科、桑圣权，督导员童玉林出席会议。

★23至24日，江苏省关工委主任曹鸿鸣一行到如东县调研“未成年人零犯罪社区（村）”创建工作。在如东县委副书记周建飞的陪同下，曹鸿鸣一行先后参观了双甸镇高前村、南通市未成年人社会实践基地，如东县关工委负责人向曹鸿鸣一行汇报了近年来如东县在创建“未成年人零犯罪社区（村）”方面所做的工作。

★24日，协鑫集团控股有限公司副总裁孙兴平考察洋口港，敲定以燃机发电为龙头的一揽子投资项目将落户如东，第六届海洽会期间正式签约，并就拟签约项目与如东县进行了深入洽谈。如东县委书记、县人大常委会主任詹立风会见了孙兴平一行，介绍了洋口港开发建设的有关情况。如东县委副书记、县长潘建华就项目投资的相关问题，与孙兴平一行进行了磋商。如东县委副书记周建飞及县领导张蓉蓉、张栩龙出席会议。

★24日，如东县召开工业经济决战四季度推进会，要求各镇区和相关部门全力冲刺四季度，确保完成全年任务。副县长张栩龙介绍了

2012年以来全县工业经济运行情况，并就如何大干四季度和加快织造业转型升级工作进行部署。县委副书记周建飞要求全县上下抓实项目建设，加大招商引资、全民创业和老企业扩大改造力度，引进高新产业、改造传统产业、发展链式产业，同时突出重点，形成合力，加快织造业转型升级，确保取得实际成效。县领导冯力如、桑健出席会议。

★24日，如东县纪委召开实施项目建设提速工程督查推进会，对2012年以来，相关镇区在项目建设过程中遇到的8个问题现场办公。县委常委、纪委书记刘才盛要求各相关部门解放思想、主动介入、高效办理，尽最大努力帮镇区、企业解决问题，形成企业主办、部门帮办、纪委督办的机制。排好计划表，明确解决时间节点，加快推进项目建设速度，确保完成全年目标任务。

★24日，如东县纪委召开实施企业发展减负工程恳谈会。县委常委、纪委书记刘才盛要求相关部门以优化企业发展环境为主题，及时梳理国家新出台的相关优惠政策，建立完善企业负担监测、监督机制，切实减轻企业负担，优化如东投资环境。

★24日，南通市保障性安居工程建设政策落实情况专项督查组到如东县检查保障性安居工程建设政策落实情况。如东县委常委、宣传部部长杨中坚陪同检查。

★24日，南通市公安局局长秦剑平到如东县视察，要求如东县深入开展“四项排查”，切实做好十八大期间的安全保卫工作。在如东县领导于立忠、张蓉蓉、程军的陪同下，秦剑平视察了长沙边防派出所阳光岛警备室、长沙镇派出所、机动车驾驶人考训场、洋口派出所等地，听取相关汇报后，秦剑平对如东县的公安工作给予充分肯定，他要求如东县全警动员、全力以赴，以深入开展“四项排查”为抓手，把维护群众利益与维护社会稳定有机结合起来，切实做好十八大期间的安全保卫工作。

★24日，出席江苏省投资协会2012年金融创业投资研讨会的嘉宾来如东县考察。如东县委常委、洋口港经济开发区党工委书记张蓉蓉详细介绍了如东沿海开发进展。如东县领导余科参加活动。

★24日，如东县人大常委会副主任沈更生召集大豫、长沙、栟茶、袁庄4个镇人大主席座谈，要求各镇准确把握定位，抓住工作重点，组织和动员人大代表参与经济建设，主动为项目建设、招商引资、农业生产服务。

★25日，如东县委副书记周建飞召集县农委、国土、交通等部门负责人召开会议，就做好如东循环经济产业园规划编制、资源配置等问题做出部署。

★25日，南通市纪委副书记、监察局局长陈勇一行到如东县，专项督查2012年环保重点工作。陈勇一行实地检查了绿能生物质科技有限公司、强生手套有限公司等，要求如东县妥善处理固废、秸秆等工作，对于目前存在的突出问题，要积极整改，不断改善如东的生态环境。如东县委常委、纪委书记刘才盛表示，如东县将加大基础设施的投入，积极引导企业加大环保投入，营造优美健康的生态环境。的县领导于立忠、王智出席会议。

★26日，如东县召开江苏省如东小洋口洋通公司区域规划评审会，国家、江苏省、南通市旅游、规划专家组成的评审组一致同意《规划》通过评审。如东县领导任新峰、王智参加评审会。

★27日，前来参加第六届中国如东沿海经济合作洽谈会的全国政协副主席李金华，江苏省政协副主席黄因慧，湖南省政府党组成员、省长助理袁建尧，三一集团董事长梁稳根，三一重工股份有限公司总裁向文波亲切会晤，叙友情，话未来，谋发展。南通市委书记、市人大常委会主任丁大卫，市委副书记、市长张国华，如东县委书记、县人大常委会主任詹立风，县委副书记、县长潘建华，县政协主席陈建华等江苏省、南通市、如东县领导参加会晤活动。

★28 日，第六届中国如东沿海经济洽谈会开幕式暨三一重工如东工业园开工典礼隆重举行，随着全国政协副主席李金华宣布项目开工，如东有史以来单体投入量最大的机械装备制造项目——三一重工如东工业园正式开工。如东县委书记、县人大常委会主任詹立风致辞。他说，如东县将以一流的服务、一流的配套，全力支持项目快建设、快投产、快见效，努力把三一重工如东工业园打造成为一流的现代化机械装备制造基地。南通市委书记、市人大常委会主任丁大卫发表讲话。他说，将为园区提供一流的政策、环境，以及优质的服务，促进园区早投产、早见效，加快建成国内领先，国际一流的重装备制造基地。三一集团董事长梁稳根感慨万分，他说，三一愿与全体如东人一起共同建设现代化新如东，共同为中国经济发展和中华民族伟大复兴做出贡献。江苏省副省长许津荣向三一集团和如东县表示热烈祝贺。她表示，省政府将全力支持三一重工如东工业园项目，积极创造条件，努力提供便利，营造更加良好的投资建设环境。她希望南通市及如东县充分发挥沿海开发的政策效应，利用好自身的区位优势和产业基础，抓住机遇、主动作为、优化服务、率先突破。湖南省政府党组成员、省长助理袁建尧宣读湖南省省长徐守盛发来的贺信。开幕式由如东县委副书记、县长潘建华主持。国家、江苏省、南通市各级领导为项目奠基培土。江苏省政协副主席黄因慧，南通市政协主席王德忠，江苏省政协机关纪检组组长凌静，三一重工股份有限公司总裁向文波，三一集团董事、高级副总裁毛中吾，南通市委常委陈照煌，副市长黄爱军，市政协副主席陆玉明以及如东全体四套班子领导，以及客商代表参加活动。

图为：第六届中国如东沿海经济洽谈会开幕式暨三一重工如东工业园开工典礼举行

★28 日，江苏省副省长许津荣在市委书记、南通市人大常委会主任丁大卫，如东县委书记、县人大常委会主任詹立风的陪同下，视察如东县沿海经济开发区环保安全、污水处理、污染控制等工作。江苏省政府副秘书长王志忠、南通市委副秘书长周建、如东县政协主席陈建华等陪同视察。

图为：江苏省副省长许津荣（右）在南通市委书记、市人大常委会主任丁大卫（左），如东县委书记、县人大常委会主任詹立风（中）的陪同下，视察如东县沿海经济开发区

★28 日，如东县委、县政府举行第六届中国如东沿海经济合作洽谈会暨三一重工如东工业园开工典礼招待午宴，与中外客商畅谈合作之谊，共谋发展大计。如东县委副书记、县

长潘建华致辞。他说如东县将进一步改善投资环境，不断提升县域综合竞争力，与海内外广大投资者和创业者一起为如东发展和江苏沿海开发做出新的贡献，共同开创更加美好的明天！三一集团董事、高级副总裁毛中吾致祝酒词。活动由如东县委常委、常务副县长沈峻峰主持，县委书记、县人大常委会主任詹立风及县四套班子领导出席招待午宴。

★28 日，第六届中国如东沿海经济合作洽谈会举行投资环境说明会暨项目集中签约仪式。会上共有 32 个项目集中签约，总投资约 318 亿元。其中外资项目 9 个，总投资 4.2 亿美元；内资项目 23 个，总投资 291 亿元。签约仪式由如东县委常委、常务副县长沈峻峰主持。县委副书记周建飞致辞，他代表县四套班子领导向与会领导和嘉宾表示热烈的欢迎和衷心的感谢。县领导杨中坚、王智、张栩龙、江华分别向与会客商作城建、服务业、工业、农业项目推介说明。县委副书记、县长潘建华，县领导任新峰、刘才盛、张蓉蓉、沈更生、冯力如、姜晓静、余科、桑圣权出席签约仪式。

★28 日，第六届中国如东沿海经济合作洽谈暨三一重工如东工业园开工举行新闻发布会。新华社、《人民日报》、中央电视台、中新网、《新华日报》、香港凤凰卫视等 30 多家媒体参加。如东县委常委、常务副县长沈峻峰发布新闻。新闻发布会上，新华社、《新华日报》记者就如东怎样依靠港口优势加快沿海开发和如何培育新兴产业，加快如东经济转型升级等提问，县委副书记周建飞作了回答。新闻发布会由县委常委、宣传部部长杨中坚主持。

★30 日，南通市副市长孙建华带领市商务局、南通海关等部门负责人到如东县，调研外资外贸工作情况。如东县委书记、县人大常委会主任詹立风，县委副书记、县长潘建华陪同调研。县领导周建飞、张蓉蓉、张栩龙参加活动。

★30 日，如东县政协召开十四届六次主席会议，县政协副主席吴鼎皋通报县委常委会审议政协工作的情况；协商通过县政协十四届三次常委会议议题，协商讨论十四届二次全会初步方案，协商研究 2013 年各专委会重点工作安排。县政协主席陈建华主持会议。他指出，各专委会要在更高起点上谋划工作，在更高标准上推动工作，把政协工作做得更有成效、更有新意、更有影响，努力提高协商质量和议政水平。县政协副主席王志荣、桑健，县政协督导员童玉林出席会议。

★30 日，临海高等级公路如东段工程项目联合党委召开会议，表彰临海高等级公路如东段工程项目建设过程中涌现的“先进党组织”和“优秀党员”“优秀党务工作者”。如东县委常委、组织部部长任新峰希望联合党委在今后的党建工作中，努力在提升活动载体上、优化机制建设上、强化作用发挥上、转化工作成效上力求新突破，真正将党组织的政治核心和政治引领作用贯穿临海高等级公路如东段施工全过程，引导广大党员职工更好地立足本职，干事创业，当好工程项目建设的“排头兵”和“顶梁柱”。

★30 日，如东县天主教爱国会第二次代表会议召开，副县长姜晓静，县政协副主席、县委统战部部长吴鼎皋出席会议。会议听取审议了爱国会工作报告，通过了章程修正案（草案）及第二次代表会议选举办法，陈小平当选县天主教爱国会主任。

★30 日，沿海经济开发区化工行业商会召开第二届会员大会，举行换届选举。江苏九九久科技股份有限公司董事长周新基当选新一届会长。如东县政协副主席、县工商联主席、总商会会长桑健到会讲话，他要求新一届化工行业商会立足服务，为行业发展多办实事，使行业商会真正成为有凝聚力的行业核心，推动如东县化工产业做大做强。

★31日，南通市副市长赵闻斌专程带领市发改委、经信委等部门负责人，就前期相关工作，与如东县领导进行对接，并实地视察相关物流企业。在如东县委书记、县人大常委会主任詹立风，县委副书记、县长潘建华，县领导张蓉蓉、余科的陪同下，张蓉蓉向他详细介绍了洋口港发展规划、建设进展以及港口物流园区规划愿景。詹立风、潘建华分别在港口物流园区争创省级物流园区座谈会作了介绍，他们恳请南通市委、市政府和市相关部门多给予如东关心和支持，从编制规划、基础材料准备等方面进行指导。

★31日，如东县委常委、县纪委书记刘才盛到12345政府服务热线中心视察工作，勉励热线工作人员再接再厉，代表县政府多为群众办实事、做好事、解难事，为建设服务型政府多作贡献。

★31日，江苏省人口计生委副巡视员申晓建一行，到如东县督查人口计生信访维稳和免费孕前优生健康检查两项重点工作，并实地查看了岔河镇世代服务中心。如东县副县长姜晓静汇报了如东县人口计生信访维稳和免费孕前健康检查两项工作的开展情况。县委常委杨小军陪同督查。

★31日，南通市副市长赵闻斌带领市经信委、发改委等部门负责人，实地视察了岔河镇、掘港镇服务业项目，对今年以来如东县服务业发展情况表示满意。如东县领导吴建坤向赵闻斌一行介绍了如东县服务业工作情况。在如东县委常委杨小军的陪同下，赵闻斌实地视察了岔河镇银河工业集中区、广隆商场和掘港镇优美佳建材城等地。

★31日，如东县人大常委会召开第13次主任会议，听取副县长、县公安局局长程军关于贯彻实施《中华人民共和国道路交通安全法》的情况汇报。县人大常委会党组副书记、常委会副主任陈昌龙对公安工作给予肯定，他要求县公安局进一步改善交通环境，延伸道路建设与管理的触角；进一步建立交通安全影响排查机制，加快道路交通安全管理基础设施的规划布局与建设进程；进一步放大示范引领作用，将宣传教育常态化、多元化。县人大常委会副主任唐国均主持会议，县人大常委会副主任冯力如，县人大督导员徐志平、杨成泉、蔡瑞平、冒亚平出席会议。

11月

★1日，如东县领导沈峻峰、杨中坚带领住建、传媒、供电等部门负责人，视察2012年度县城重点市政公用设施工程建设情况。沈峻峰要求相关部门在施工过程中，注重做好水系和水利设施的配套建设。他们同时要求相关部门科学安排，合理制定好明年的市政工程建设规划，让百姓真切感受到发展带来的变化。

★2日，江苏省国土资源厅副厅长吴震强在如东县委书记、县人大常委会主任詹立风，县领导沈峻峰、张蓉蓉的陪同下，了解港口开发建设及重点项目推进情况。

★2日，著名文化产业研究专家陈少峰到如东县，作“扶海大学堂”——文化产业前沿问题与发展模式专题报告会。如东县委常委、宣传部部长杨中坚主持报告会，他希望与会人员认真领会、学以致用、用以促学，推动如东县文化产业转型跨越发展。县领导陈建华、陈昌龙、刘才盛、杨小军、王孝强、姜晓静、程军、江华、桑健、桑圣权、吴鼎皋出席报告会。

★2日，如东县召开2013年度全县重点党报党刊发行工作会议，县委常委、宣传部部长杨中坚出席会议，他要求各地、各部门严肃对待征订发行任务，确保在本月30日前全面完成所有征订任务。

★3日，共青团如东县第十五次代表大会

在县行政中心隆重召开，来自各条战线的 199 名正式代表认真谋划今后五年全县共青团组织的工作任务和奋斗目标，选举产生了共青团如东县第十五届委员会和出席共青团南通市第十六次代表大会的代表。团南通市委书记葛志娟出席会议并对大会的召开表示热烈祝贺，向奋战在全县各条战线上的广大团员青年致以问候。县委书记、县人大常委会主任詹立风代表县四套班子向大会的召开表示热烈祝贺。他要求全县各级团组织找准青年工作的着力点，更好地服务大局、服务青年，不断加强和改进团组织建设，切实担负起党和时代赋予的神圣使命。全县各级党组织要高度重视共青团工作，加强对共青团工作的指导。县委副书记、县长潘建华，县政协主席陈建华，县领导周建飞、陈昌龙、任新峰、张蓉蓉、沈更生、姜晓静、桑健出席会议。

★4 日，韩国西归浦市市长特使杨成春带领 GOOD－IN 酒店和时代公司高层，到如东县参观考察。如东县委副书记、县长潘建华会见了杨成春一行，并就经贸合作等方面进行了友好交流。副县长张栩龙参加活动。

★4 日，共青团如东县第十五届委员会召开第一次会议，陈威涛当选为新一届团县委书记，孙玉来、蔡冬祎当选为副书记。县委常委、组织部部长任新峰出席会议并讲话。他希望新一届团县委继承优良传统，紧跟时代步伐，创新方式方法，完善工作机制。要准确把握历史方位，努力担当时代重任；要积极探索发展规律，不断提高工作水平；要持续加强自身建设，切实转变工作作风，努力推动共青团事业在新的历史时期全面发展、科学发展、创新发展。

★5 日，如东县委副书记、县长潘建华在县委常委、县人武部部长吴凤俊的陪同下，到县征兵体检站看望慰问体检医生和应征青年。潘建华详细了解今年征兵体检的组织管理和工作进展情况。副县长江华参加了视察。

★5 日，中船重工集团公司总经理助理、重庆船舶工业公司总经理、中船重工（重庆）海装风电设备有限公司董事长杨本新一行到如东县，就项目推进工作与如东县相关部门进行对接。如东县委副书记、县长潘建华和副县长张栩龙会见了杨本新一行。潘建华表示，如东县委、县政府将提供全方位、多层次的服务，不遗余力地按照既定的时间节点，将项目建设中遇到的各种难题协调、服务到位，力促项目早日建成、早出效益；期望中船重工将研发团队和高端产品带到如东来，建立良好的合作伙伴关系，实现共赢。

★6 日，如东县政协召开十四届三次常委会议，并就届中委员调整和其它相关事宜进行协商讨论。县内 11 家金融机构就政协民主评议金融机构整改落实情况进行了汇报。县委常委、常务副县长沈峻峰出席会议，他要求各金融机构以此次评议为契机，进一步推动金融工作更好地发展，促使自身的服务水平得到提升；充分吸取委员们建设性的意见和建议，认真加以整改落实，并建立一整套长效管理机制，让评议成果在长期的工作中得到充分的利用。县政协主席陈建华、县政协副主席桑健、桑圣权、吴鼎皋出席会议。

★6 日，如东县政协对全县“文明交通，平安出行”工程推进情况进行专题视察。副县长程军表示，下一步将准确把握道路交通管理规律，发挥好道路交通安全委员会牵头组织、实体化运作的主体作用，引入交通市场管理机制，在管理手段的革新中推动交通秩序的优化。县政协主席陈建华要求相关部门，加强宣传力度，强化管理，严格执法，科学规划，突出保障，在全县营造安全、畅通、文明、和谐的交通治安环境。县政协副主席桑圣权主持会议。

★6 日，如东县政协召开“转型升级我先行，提振信心争贡献”主题活动委员见面会，逐个通报各企业反映问题的解决情况。县政协主席陈建华表示，县政协将把主题活动的跟踪落实、延伸拓展作为当前政协工作的重要任务、全会期间委员履职的重要议题和今后政协履职的重要责任；要将“走访委员企业、联系委员企业、帮扶委员企业”制度化、常态化，真正使政协成为“委员之家”。

★6 日，如东县委副书记周建飞率领县发改委、商务局、安监局等多部门负责人，前往沿海经济开发区（洋口）、栟茶、双甸，督查区外化工企业专项整治工作，要求各镇（区）在今年 12 月底前务必将列入整治的各个企业搬转到位。

★6 日，如东县环保局和沿海经济开发区携手，建立县环境监测站沿海经济开发区分站，正式挂牌成立。副县长王智出席揭牌仪式，他要求监测分站切实履行职能、加强能力建设、强化上下沟通，努力成为园区环境管理的“前哨”、服务发展的“尖兵”，联系上下的“桥梁”，推动全县环保工作再上新台阶。

★6 日，如东县召开村庄环境整治工作培训会议，邀请南通市村庄环境整治专业人员作了村庄环境整治工作专题讲座。副县长江华要求所有村干提高认识，把村庄环境整治工作摆到重要位置。抓住重点，做好绿化、农村改厕等工作。坚持长效管理，调动全民积极性，做到全民参与。

★7 日，在南通市副市长徐辉，如东县委书记、县人大常委会主任詹立风，县委副书记、县长潘建华的陪同下，中国国际咨询公司《江苏沿江石化产业布局调整规划》调研组，到如东县沿海调研石化产业布局情况。詹立风详细介绍了洋口港开发建设情况及发展规划、在建和拟建项目概况。县领导陈建华、周建飞、张蓉蓉、张栩龙等陪同调研。

★7 日，由南通市委组织部、市人力资源和社会保障局、南通预备役团组成的联合考核组对如东县预备役直属营工化连、检修所及队机关的 10 多名预任军官进行考评。南通预备役团副参谋长、如东县委副书记周建飞到会讲话。他希望全体预任军官进一步增强光荣感、责任感、使命感，加强国防观念，加强军政训练，加强工作协调，妥善处理本职工作与预备役工作之间的矛盾，加强学习，进一步提高自身素质，充分发挥主体、领导、协调、指挥作用，努力使如东直属队各项工作再上一个新台阶。

★7 日，南通市县级党校评估组在市委党校常务副校长陆踊的带领下来如东县，对如东县县委党校办学质量进行评估验收。如东县委常委、组织部部长、县委党校校长任新峰致欢迎词，并介绍了如东县党员教育培训情况。如东县委党校常务副校长吴金明作自评报告。

★7 日，如东县中医院整体迁建工程举行桩基施工启动仪式。副县长姜晓静参加仪式并讲话，要求施工单位坚持对全县人民生命和健康负责的态度，高标准、严要求，按序时完成桩基工程，确保土建及后期工作的顺利进行。同时希望中医院以全新的中医理念更好、更快、更健康地发展如东县的中医事业。

★8 日，如东县召开刘埠一级渔港项目推进会，宣布成立南通外向型农业综合开发区建设领导小组刘埠一级渔港项目建设指挥部，这标志着继小洋口渔港后，如东县又一国家级渔港的建设正式拉开序幕。县委副书记周建飞指出，刘埠一级渔港项目是江苏沿海开发战略的重要组成部分，也是如东县经济社会发展的必然需求，更是如东县渔业生产的重要海上保护屏障。他要求相关责任部门明确分工，高效运作，建立良好的统筹协作关系，把握当前重点工作，确保项目按序时推进。县领导陈昌龙、于立忠、王孝强出席会议。

★8 日，如东县召开全县条管部门纪检监察工作会议。县委常委、纪委书记刘才盛要求与会的各部门、单位在依法监管的同时，努力创新创优，打造特色品牌，不断铸就群众公认的纪检监察工作品牌，推动全县纪检监察工作再上新台阶。

★8日，江苏省环保厅副厅长秦亚东带领省“四项排查”工作第八督查组，到如东县调研督查“四项排查”前期工作和“十八大”期间的安保维稳工作。督查组通过实地调研督查如东县社会矛盾纠纷调处中心、“十八大”安保指挥部等单位，对如东县深入、细致、扎实的安保维稳工作予以充分肯定。如东县领导于立忠、程军陪同调研。

★8日，如东县召开专题会议，部署2013年度新型农村合作医疗筹资工作。副县长姜晓静要求各镇及相关部门进一步提高认识，加大工作力度，形成工作合力，确保完成2013年度新农合筹资任务。

★8日，如东县图书馆工人文化宫分馆正式开馆。县政协副主席桑健为分馆开馆揭牌，他要求县图书馆以开馆为契机，做好网络系统维护、人员业务培训等工作，为城乡群众提供更优更好的服务。

★9日，如东县委、县政府召开全县重点工作督查推进会。县委书记、县人大常委会主任詹立风要求各地、各部门，围绕县委提出的“确保发展速度全市领先，确保实现全年目标任务”的目标，狠抓当前，攻坚克难，全力以赴决战决胜，为明年实现全面赶超打下坚实基础。詹立风还就当前信访稳定工作提出要求。他强调，各镇区务必强化责任、狠抓落实，在稳控上做到严防死守、守土有责，坚决杜绝漏管失控现象，确保十八大期间社会稳定。会议由县委副书记周建飞主持。县四套班子领导出席会议。

★9日，在如东县重点工作督查推进会上，县委书记、县人大常委会主任詹立风就当前秸秆焚烧屡禁不止的现象再次强调，各镇区必须守土有责，以对组织、对老百姓负责的高度责任感，切实抓好秸秆禁烧工作。

★10日，如东县召开城建工作推进会，要求各镇、各相关部门超前谋划，强化责任，有效对接，确保6项城建重点工作按序时推进。县委常委、宣传部部长杨中坚主持会议。县委常委、常务副县长沈峻峰指出，对引江区域供水工程中可能出现的矛盾和困难，要提前与相关部门及村组做好对接，不断优化施工方案；积极探索保障农民工资的新制度，及早发现苗头，处置化解到位；农村危房改造工作要加快推进，确保年底前完成1800户改造任务；加强对砖瓦窑企业关闭拆除的舆论宣传，强化责任落实，严格政策兑现；要认真做好卫片执法检查工作，扎实推进整改，降低问责风险，规范用地行为，杜绝未批先建。

★10日，如东县文广传媒中心隆重举行庆祝第13个记者节暨新闻队伍师徒结对仪式，24对新闻队伍的师徒现场进行结对。县委常委、宣传部部长杨中坚出席活动，并对广大新闻工作者致以节日的问候，他希望全体新闻工作者继续营造良好的社会发展氛围，做好宣传工作，创造更加辉煌的业绩。

★11日，江苏省农委外事外经办主任李旭率领出口农产品示范基地（区）建设情况调研组到如东县调研。座谈会上，调研组一行就第五批出口农产品示范基地（区）申报认定工作相关政策做了进一步解读。李旭希望如东县在农业招商引资、台创园建设等方面继续创新，确保外向型农业工作取得更大进步。如东县领导吴建坤、桑圣权参加座谈会。

★12日，如东县政协副主席、县委统战部部长吴鼎皋在河口镇调研统战工作时要求，加强对少数民族家庭的脱贫帮扶工作，将统战工作渗透、融合到其他工作中去，引领更多的台胞、侨胞及在外成功人士回报家乡。

★13日，南通市政协相关负责人到如东县

调研政协工作，希望如东县政协继续扎根基层，创新管理、完善制度，为南通的经济发展建言献策。如东县政协主席陈建华介绍了如东县政协工作情况。

★13日，如东县副县长张栩龙带领环保、安监、经信委、消防、国税等部门的负责人深入岔河镇、河口镇调研园区外化工企业“关、停、搬、转”工作情况。

★14日，江苏省海洋与渔业局局长唐庆宁一行到如东县，专题调研捕捞渔船更新改造工作。如东县委副书记、县长潘建华主持座谈会。潘建华表示，如东县将以调优海洋生产结构为落脚点，加大对捕捞渔船更新改造的政策激励力度，不断创新体制机制，加大财政资金扶持，做到政府引导与市场化运作有机结合，促进海洋渔业稳定、健康、可持续发展。如东县领导于立忠、江华出席座谈会，并就渔船更新改造工作提出建议和意见。

★14日，通州区委常委、纪委书记桑建美一行到如东县，考察学习拆违经验。如东县委常委、纪委书记刘才盛陪同考察。

★14日，如东县召开迎接全市各县市区进行城市文明程度指数测评专题工作会议，就迎评工作作出具体部署。县委常委、宣传部部长杨中坚要求各相关部门和单位思想上高度重视，对照目标进一步细化，采取扎实有效的措施，把我们近年来文明城市建设成果充分、有效地展示出来，并做好长效管理，提高人民生活的幸福指数。

★14日至15日，江苏省政协人口资源环境委员会一行到如东县调研百岁老人的基本情况。如东县政协主席陈建华介绍了如东县经济社会发展及百岁老人的有关情况。他表示，如东县将最大程度地展示如东亮点纷呈的老龄事业，最大程度地展示如东源远流长的长寿文化，最大程度地展示如东百岁老人的生活风采，全力配合做好《欢度百岁——江苏长寿老人风采》一书的编写工作。如东县副县长江华、县政协副主席桑圣权出席会议。

★14日至15日，“全国农村中医药工作先进单位”复核评估专家小组一行到如东县，就中医药工作进行考核、检查，并实地查看了如东县相关社区卫生服务站和医院的中医药工作情况。专家小组一行对如东县的中医药工作表示肯定，认为如东县已达到“全国农村中医药工作先进单位”的标准，建议提请国家中医药管理局批准通过。如东县副县长姜晓静出席会议。

★15日，保利南方集团总经理张玲一行到如东县考察。在如东县委书记、县人大常委会主任詹立风的陪同下，张玲一行先后到洋通公司展厅和阳光岛。詹立风详细介绍了洋口港开发建设情况及发展规划、在建和拟建项目概况。如东县委常委、洋口港经济开发区党工委书记张蓉蓉，县政协副主席余科陪同考察。

★15日，如东县召开全县“三解三促”工作推进会，县委副书记周建飞要求各地、各部门以更高的标准、更大的力度、更实的举措，切实做好“三解三促”和党组织结对共建工作，为实现“两年赶超、五年争先”目标提供坚强保证。会议由县委常委、组织部部长任新峰主持。

★15日，如东县人大常委会副主任冯力如带领县化治办、环保局、安监局等部门负责人，专题调研如东县掘港镇、曹埠镇、大豫镇化工企业专项整治工作，并实地视察了掘港镇、曹埠镇的部分化工企业。

★16日，无锡国联集团董事局主席王锡林带领集团高层，到如东县考察。在如东县委书记、县人大常委会主任詹立风和县委常委杨小军的陪同下，王锡林一行参观了沿海经济开发区一二期项目、应急指挥中心、小洋口乡村俱乐部和温泉会所。詹立风希望双方加强沟通和联系，不断拓展合作领域。

★16日，江苏省委组织部人才工作处副处长高政文带领考察组一行到如东县，考察调研“科技镇长团”工作。如东县委副书记周建飞汇报了如东县人才工作和科技镇长团工作开展情况。如东县领导、科技镇长团团长吴建坤向考察组一行汇报了全体团员的履职情况以及下阶段的工作打算。南通市委组织部人才处处长吴陈钢主持会议。如东县委常委、组织部部长任新峰陪同考察。

★16日，如东县委组织部召开专题会议，学习贯彻落实中共十八大精神，回顾今年以来工作，谋划明年组织工作思路。县委常委、组织部部长任新峰指出，组织部门作为抓党的建设的重要职能部门，担负着为实现十八大提出的各项战略部署提供组织保证的重要职责。要深入学习领会十八大报告精神，深刻把握报告的理论内涵和精神实质，尤其是要认真领会十八大关于党的建设和组织工作的新思想，使组织工作更加符合科学发展观的要求，为建设现代化新如东提供坚强的组织保证。

★16日，南通市文明办主任会议在如东县召开，各市、县文明办负责人就 2012 年精神文明建设的主要工作和 2013 年工作计划进行交流。如东县委常委、宣传部部长杨中坚代表如东县作汇报。

★16日，无锡市人大常委会及所属市区人大领导来如东县考察现代农业项目建设。如东县领导陈昌龙、江华陪同考察。

★16日，如东县人大常委会组织召开全县镇人大工作会议。县人大常委会副主任沈更生主持会议，副主任冯力如，督导员徐志平、杨成泉、蔡瑞平、冒亚平出席会议。县人大常委会及相关机构负责人，各镇人大主席、副主席参加会议。

★15日至17日，如东县委、县政府举办2012年全县村（社区）党组织书记培训班，旨在进一步提高全县村（社区）党组织书记执行党的路线方针政策、带领群众致富、发展村级经济的能力，促进如东县农村经济和社会各项事业再上新台阶。县委常委、政法委书记于立忠要求全县各镇村总结经验、学习先进，全面把握党的十八大对“三农”工作提出的新要求；高点定位、重点重抓，准确把握如东县“三农”工作目标；创新举措、克难求进，全力破解“三农”工作重点难点问题。副县长江华主持会议。

★17日，如东县第十四次妇女代表大会开幕。县委书记、县人大常委会主任詹立风，南通市妇联主席、党组书记钱锁梅出席开幕大会并致辞，县委副书记、县长潘建华，县政协主席陈建华，县委副书记周建飞及县领导陈昌龙、任新峰、张蓉蓉、沈更生、姜晓静、桑健到会祝贺。县妇联负责人代表县妇联十三届执行委员会作题为《建坚强阵地，筑温暖之家，团结带领全县妇女为实现跨越赶超发展目标而努力奋斗》的工作报告，回顾如东妇女过去八年的奋斗历程，并部署今后五年发展目标和主要任务。

★17日，如东县公共资源交易管理委员会召开第1次会议。县委常委、常务副县长沈峻峰汇报了县公共资源交易管理平台前期筹建情况、具体实施意见等。县委副书记、县长潘建华参加会议，他指出，从经济性上讲，公共资源交易管理改革比行政服务管理改革更具现实意义，各相关部门、单位要立足全局、提升境界，做改革的促进者；创新机制、探索制度，始终坚持以市场化为核心，信息化、科学化为手段，规范化、公开化为保障，确保平台运行高效、科学、有效益；强化领导，形成合力，确保这项改革按时按质推进到位。县委常委、纪委书记刘才盛主持会议。

★18日，如东县委书记、县人大常委会主任詹立风在交通运输部门调研时强调，务必坚持高点定位，聚力推进，以更高的标准、更大的力度打造南通地区最优交通县份，为如东实现“两年赶超、五年争先”的奋斗目标铺好轨、开好道。县领导任新峰、王智参加调研活动，并就明年的交通运输工作提出要求。

★18日，如东县妇女第十四次代表大会圆满完成各项议程胜利闭幕。县委常委、组织部部长任新峰代表县委向大会的成功召开表示祝贺。他要求新一届班子，不断增强妇女工作的责任感与使命感，发挥好妇女“半边天”的作用，勇于战胜各种困难与挑战，不断开拓进展，开创妇女工作新局面。同时，希望社会各界共同关心、支持妇女工作。

★19日，如东县委书记、县人大常委会主任詹立风主持召开县委中心组学习（扩大）会议，集中学习中共十八大精神。詹立风强调，学习好、领会好、贯彻好十八大精神是当前首要的政治任务，全县上下要以高度的政治自觉，深入学习宣传和贯彻落实十八大精神，进一步解放思想、开拓创新，攻坚克难、勇争一流，为实现“两年赶超、五年争先”目标，加快建设现代化新如东做出不懈努力。县委中心组全体成员、各镇（区）党委（党工委）书记、县级机关各部门各单位主要负责人出席会议。

★19日，如东县委书记、县人大常委会主任詹立风在南通外向型农业综合开发区调研时强调，务必科学定位，打造特色，在科学发展、协调发展、和谐发展上下功夫，努力建设省内一流、全国有影响的农业综合开发区。县委副书记周建飞，县人大常委会党组副书记、常委会副主任陈昌龙参加调研活动，并对农业综合开发区的今后发展提出要求。

★20日，如东县委书记、县人大常委会主任詹立风前往马塘镇、新店镇调研，要求两镇坚定信心，高点定位，奋力冲刺，确保完成全年目标任务。县领导于立忠、唐国均、姜晓静、桑健陪同调研，分别就各自挂钩联系镇提出具体要求。

★20日，驻如东县的南通市政协委员视察市机动车驾驶人考试场，并对考试场周边交通环境安全进行座谈。如东县政协主席陈建华建议市、县两级政府和市、县两级公安部门高度关注小洋口地区交通状况的改善，切实重视这个复杂地区已产生的重大社会隐患，加强领导，严格考核，深入宣传，合理配备警力，强化工作联动，真正通过市、县两级联手，把这一地区的“文明交通，平安出行”工程落实到实处。如东县领导桑圣权主持会议，县领导吴鼎皋出席会议。

★20日，如东县召开军转干部安置工作会议。2012年23位军转干部与工作单位对接，将走上新的工作岗位。县委常委、组织部部长任新峰主持会议。

★20日，如东县纪委、监察局召开学习贯彻十八大精神暨调研务虚交流会。县委常委、县纪委书记刘才盛主持会议并讲话。他强调，当前和今后一个时期，全面深入贯彻学习党的十八大精神，是全县各级纪检监察组织的首要政治任务。各级纪检监察组织要坚持领导带头、全员参与，使学习十八大精神的过程，成为深入研究纪检监察工作重大问题、提高纪检监察工作能力的过程，成为进一步改进工作作风、加强纪检监察机关自身建设的过程，成为指导纪检监察工作实践、进一步推动反腐倡廉建设的过程。

★20日，如东县岔河镇举行大学生村官公开选拔“实习书记”党委考评会，来自全镇25个村（居）的8名大学生村官参加了述职测评。县委常委、岔河镇党委书记杨小军参加党委考评会。

★21日，如东县委书记、县人大常委会主任詹立风专程前往如东经济开发区和沿海经济开发区调研，共商新一轮发展思路和举措。他指出，两区发展备受社会各界关注，当前要在圆满完成全年各项目标任务的基础上，认真筹划好明年工作，推动全区经济社会发展不断迈上新台阶，为如东跨越赶超再作新贡献。县政协主席陈建华、县委副书记周建飞、副县长王智参加调研活动，并就两区的今后发展提出明确要求。

★22日，如东县委书记、县人大常委会主任詹立风在掘港镇调研时要求，高点定位，带头走内涵发展之路，以“舍我其谁，永争第一”的勇气和志气冲刺全年目标任务。詹立风还强调，事业成败关键在于人，在于队伍建设。做事业要有激情和责任心，不能“温吞水”。掘港镇要进一步做好干部队伍建设、管理和培养，特别是村干部队伍的建设。副县长江华陪同调研。

★22日，如东县政协主席陈建华赴南通外向型农业综合开发区调研，对相关工作提出指导意见。县政协主席陈建华提出，该区域是惠农与富民、现代农业与传统农业、公益性与功效性相统一的平台，做好该区域的开发工作，要着重从生态、绿色、富民、传统、特色的角度入手，使之真正成为洋口大港与化工大区之间和谐生态环境的纽带。县领导王志荣、桑健、桑圣权，县政协督导员童玉林参加调研。

★22日，江苏省安全生产工作电视电话会议召开，如东县公安局、监察局、安监局等14个部门负责人出席如东县分会场参加会议。如东县副县长张栩龙观看了会议实况。

★23日，如东县召开全县招商引资“百日竞赛”总结暨冲刺全年目标任务大会。副县长张栩龙总结竞赛活动开展情况。县委副书记周建飞充分肯定了“百日竞赛”取得的成果，他要求各镇区、各相关部门继续保持“百日竞赛”中的昂扬斗志，投入招商引资最后冲刺，确保按时完成任务，同时未雨绸缪、及早规划，为招商引资营造良好的软环境，确保招商引资取得成效。

★23日，如东县纪委召开“强农惠农”保护工程涉农政策落实工作推进会。县委常委、纪委书记刘才盛要求相关部门及镇区进一步高度完善高效落实整体联动机制、风险运行机制、协调指导机制、社会评价机制、风险防范机制。各级政府及部门要切实把服务项目、服务企业、服务“三农”、服务城市建设的工作抓实、抓细、抓深、抓好。

★25日，如东县委书记、县人大常委会主任詹立风在住建局调研城市建设时强调，务必坚持既定的发展思路，坚持突出重点，坚持合力推进，加快建设现代化海港城市、现代化宜居城市和现代化生态旅游城市，努力实现“用3至5年的时间将如东建成周边地区最美县城”的奋斗目标。县委常委、常务副县长沈峻峰参加调研活动，并对明年的城市建设工作提出要求。

★27日，由如东县人民政府、南通市家具行业商会（协会）主办，南通雅晟红木家具有限公司承办的南通市首届文化发展论坛暨2012年南通家具行业商会（协会）年会在如东县举行。如东县委副书记、县长潘建华致欢迎词，他简要介绍了如东县经济社会发展的基本情况和家具市场的发展状况，并对与会领导和企业家的到来表示感谢，并希望与会人员对如东县的家具市场的发展给予大力支持，与如东县一起，共同推进全市家具行业健康、有序、快速发展。南通市委副书记陈斌到会并讲话，他希望商会以此次为契机，立足行业发展，以服务企业发展为宗旨，充分发挥商会信息畅通作用，引导企业加大研发投入，加快产业转型发展，帮助企业解决问题，提升南通家具品牌的影响力。在如东县县长潘建华的陪同下，南通市委副书记陈斌还参观了雅晟红木的产品陈列室。南通市政协副主席徐守铭、原副市长马汉坤，如东县委常委、宣传部部长杨中坚，县政协副主席桑健出席会议。

★27日，如东县第十六届人大常委会召开

第八次会议。会议听取并审议了县政府常务副县长沈峻峰所作的关于“2012 年县政府为民办实事项目”、人大代表建议、常委会决议和和审议意见办理落实情况的汇报；听取了县长潘建华所作的“县政府关于提请吴建坤任职的议案”，投票选举吴建坤同志任如东县人民政府副县长。会议通过了“如东县人大常委会关于表彰优秀建议和优秀承办单位的决定”；讨论通过了“县人大常委会关于召开如东县第十六届人民代表大会第二次会议的决定”。会议由县人大常委会党组副书记、常委会副主任陈昌龙主持。县人大常委会副主任沈更生、冯力如、唐国均及县人大督导员徐志平、杨成泉、蔡瑞平出席会议。

★27 日，为期两天的如东县老年人“健康杯”乒乓球赛落下帷幕。这也是如东县举办的第七届老年人乒乓球赛。副县长姜晓静出席活动并致开幕词。

★28 日，如东县委书记、县人大常委会主任詹立风集中调研了县发改委、经信委、商务局、财政局、统计局和科技局今年目标冲刺和明年经济发展工作。他强调，推进明年经济发展，务必做到高点定位加压力，完善机制增动力，激发斗志强发力，不遗余力朝着“两年赶超、五年争先”的目标加速迈进。县委副书记周建飞、副县长张栩龙参加调研活动，并就明年经济发展工作提出要求。

★28 日，如东县人大听取县人口与计生委贯彻实施《省人口与计生条例》情况。县人大常委会党组副书记、常委会副主任陈昌龙充分肯定了县人口与计生工作取得的成就。他希望县人口与计生工作在再融入、再转型、再突破上下工夫，将如东县人口结构优化与人口均衡发展融入到统筹城乡发展、推进城乡一体化的进程中去，在新的生育观念、可持续的公共服务体系上转型。县人大常委会副主任沈更生、冯力如、唐国均，县人大督导员徐志平、杨成泉、蔡瑞平参加会议并发言。

★29 日，江苏省市容管理示范考核组一行来如东县，对县城青园南路省级市容示范路创建情况进行全面验收。在随后召开的县城青园南路省级市容管理示范路创建汇报会上，考核组对相关部门的示范路创建工作表示肯定，认为如东县领导重视创建工作，组织机构健全，部门分工明确到位，尤其对工地管理围挡设置非常满意。如东县委常委、常务副县长沈峻峰，县委常委、宣传部部长杨中坚参加会议。

★29 日，第二军医大学中医系主任、上海长海医院副院长凌昌全走进“扶海大学堂”，作科学认识肿瘤专题讲座。讲座由如东县副县长姜晓静主持。她表示，本次学习活动，有利于普及卫生知识，提高疾病认识，更好地指导居民科学生活，从而不断提高如东人民的生活健康水平。

★29 日，如东县政府召开全县环保工作暨 2013 年度重点企业排污申报专题会议，动员各地排查薄弱环节，突出重点，确保圆满完成全年各项目标任务。副县长王智要求，各镇区、相关部门要加快基础设施建设，切实抓好城乡环境整治工作；重点企业要守法经营，自觉把环保理念贯穿于生产经营的全过程、全方位；环保部门要严格履职，强化信息调度和过程控制。

★29 日，南通市安全生产考核组来如东县考察年度安全生产工作，听取了如东县 2012 年安全生产工作情况，查看有关安全生产台账。如东县副县长张栩龙参加会议。

★30 日，如东县委、县政府召开全县人才工作会议，深入贯彻中共十八大和全国、江苏省、南通市人才工作会议精神，总结“十一五”以来人才工作，表彰和奖励各类优秀人才，对今后一个时期的全县人才工作作出部署。县委书记、县人大常委会主任詹立风强调，要站在全局和战略的高度，把人才队伍建设作为强县之基、竞争之本、转型之要，共同开创如东人才工作新局面。县委副书记周建飞主持会议，县委常委、组织部部长任新峰宣读表彰决定。詹立风及县委副书记、县长潘建华，县政协主席陈建华等县领导向镇（区）人才工作站授牌，并向获奖者颁奖。县委常委、常务副县长沈峻峰为扶海人才奖励基金揭牌。

★30日，如东县委书记、县人大常委会主任詹立风在洋口港经济开发区调研时强调，务必发挥主战场、主力军、主窗口的作用，坚持高点定位，负重奋进，全力谋求规划大提升、审批大突破、形象大变样、招商大丰收、成效大彰显，不断推进港区经济跨越式发展，为全县实现“两年赶超、五年争先”的目标勇挑重担、争作贡献。县委常委、洋口港经济开发区党工委书记张蓉蓉汇报了洋口港经济开发区今年目标冲刺和明年工作谋划的有关情况。县委副书记周建飞，县委常委、副县长王孝强参加调研活动，并对洋口港经济开发区明年发展工作提出要求。

★30日，如东县规划委员会召开“如东碧桂园”一期规划设计方案评审会。县委常委、常务副县长沈峻峰希望设计单位要充分借鉴、吸收专家意见，在此基础上认真修改和完善规划设计方案；建设单位要严格按照时间节点，加速项目建设的推进速度；县内相关部门要加强衔接，与设计单位、建设单位主动配合，使规划方案尽快落到实处。县领导杨中坚、桑圣权出席评审会。

12月

★9日，在第9个国际反腐日到来之际，由如东县纪律检查委员会、县监察局主办，县文广新局承办的“扶海清韵”反腐倡廉文艺汇演在县行政中心举行。县委副书记、县长潘建华，南通市纪委副书记王小红，县政协主席陈建华等县四套班子领导观看了文艺汇演。县委常委、纪委书记刘才盛致辞。

★10日，如东县召开海洋铁路竣工验收准备工作会议，部署相关工作。副县长王智通报了海洋铁路建设情况及竣工验收前各方整改工作任务。县委副书记周建飞强调，做好海洋铁路竣工验收准备工作是对我们的考验，也是我们应尽的责任，必须不负众望，不遗余力。县委常委、组织部部长任新峰主持会议。县人大督导员杨成泉出席会议。

★10日，由如东县人力资源和社会保障局、县总工会、县商务局、县妇联共同推进打造的江苏省妇联“好苏嫂”如东家庭服务连锁店暨如东县巾帼家政实训基地揭牌仪式在县总工会举行。县委常委、组织部部长任新峰和副县长姜晓静分别为巾帼家政实训基地及“好苏嫂”如东家庭服务连锁店揭牌。

图为：“好苏嫂”如东家庭服务连锁店揭牌

★10日，如东县政协召开2012年度委员小组述职交流会议，会议回顾总结换届以来各委员小组的工作情况，部署2013年委员小组的工作安排。县政协副主席桑健、吴鼎皋，县政协督导员童玉林出席会议。

★11日，如东县召开今冬明春水利工程建设和绿化造林推进工作会议。县委常委、副县长王孝强，副县长江华带领全县各镇相关负责人参观泰兴市印达村的村容村貌。县委常委、政法委书记于立忠要求全县上下高度重视村庄整治工作，注重品牌打造与长效管护，进一步强化组织领导与考核监督，为扎实推进绿色如东、生态如东而努力。县领导冯力如、江华、吴建坤、桑圣权参加会议。

★12日，如东县政协召开十四届七次主席会议。会议协商讨论了县政协十四届二次全会日程细目（草案），协商通过县政协十四届二次会议邀请、列席人员的范围和原则，协商通过县政协2012年度优秀提案、优秀提案承办单位建议名单，协商讨论县十四届政协二次会议常委会工作报告（草案），协商讨论县十四届政协换届以来提案工作报告（草案）。会议由县政协主席陈建华主持。县政协副主席王志荣、桑健、余科、桑圣权、吴鼎皋，县政协督导员童玉林参加会议。

★12日，如东县举行新兵欢送大会，485名入伍新兵精神抖擞，胸前佩戴光荣花，踏上他们的军旅生涯。县委常委、人武部部长吴风俊在欢送大会上勉励入伍新兵要有恒心和毅力，积极适应部队环境，做到困难面前不畏缩、挫折面前不低头、荣誉面前不骄傲，认真学习、刻苦训练、严守纪律，为国防和军队现代化建设多作贡献。副县长江华出席欢送大会，他希望入伍新兵继承如东革命老区人民的光荣传统，不辜负家乡人民的殷切期望，在国防和军队现代化建设事业中贡献自己的青春年华和聪明才智。

★13日，江苏省委宣讲团党的十八大精神报告会在如东县举行。江苏省委宣讲团成员、省委省级机关工委邢春宁书记作专题宣讲。如东县委常委、常务副县长沈峻峰出席会议，并就当前和今后一个时期进一步做好学习宣传贯彻十八大精神的工作提三点意见，一要在深入学习上下功夫；二要在广泛宣传上下功夫；三要在切实贯彻上下功夫。

★14日，如东（上海）经济发展促进会在上海正式成立。如东县委副书记周建飞对如东（上海）经济发展促进会的成立表示祝贺，并希望会员们充分发挥自身资源和广泛的人脉优势，推介如东，为客商投资如东牵线搭桥，带动各领域的朋友为家乡社会事业发展献计献策。副县长张栩龙出席会议。

★14日，2012年如东县征收办举办挂职干部工作情况汇报会暨文艺汇演。县委常委、常务副县长沈峻峰希望全体挂职干部再接再厉，继续保持勇于担当重任、奋力攻坚克难的房屋征收工作精神，在工作一线锻炼成长。县领导任新峰、杨中坚、沈更生、桑圣权参加会议并观看了演出。

★14日，如东县人大常委会党组副书记、常委会副主任陈昌龙率领县人大主任会议的全体成员到沿海经济开发区专题调研。县人大常委会副主任冯力如、唐国均，督导员徐志平、杨成泉、蔡瑞平出席会议。

★14日，江苏省检查组到如东县检查农村改厕、农村饮用水监测等爱卫工作，并实地查看了岔河镇金河村、双甸镇石南村等地的改厕情况。南通市政协副主席陈宋义、如东县副县长姜晓静出席会议。

★14日，共青团江苏省委少先队总辅导员姜东一行到如东县视察团委相关工作。如东县副县长姜晓静陪同视察。

★14至15日，江苏省综合改革办公室刘洪一行到如东县检查验收一事一议财政奖补项目实施情况，对如东县积极发挥政府奖补资金引导，倡导社会资金参与农村公益事业建设的做法给予充分肯定。如东县副县长江华向检查组人员汇报了如东县一事一议财政奖补项目实施情况。

★15日，如东县召开全县重点工作督查推进会，县委书记、县人大常委会主任詹立风强调，全县上下要进一步强化责任意识和大局意识，把时间和精力集中到抓当前、抓冲刺上来，确保完成全年目标任务，确保发展速度全市领先，为明年开好局、起好步打好基础。县委副书记、县长潘建华简要通报了 1 至 11 月份全县及各镇（区）主要经济指标完成情况，对强化财税征管，优化税收结构，加快发展开放型经济等工作提出了要求。县四套班子领导出席会议。

★15 日，北京师范大学教授、博士生导师于丹走进扶海大学堂，与如东县党政干部和各界人士 2000 余人一起“感悟中国智慧”。县委书记、县人大常委会主任詹立风为如东海州文化投资有限公司揭牌。县委常委、宣传部部长杨中坚主持演讲会，县四套班子领导聆听了演讲会。

图为：于丹走进扶海大学堂

★1 日至 12 日，如东县委书记、县人大常委会主任詹立风率领洋口港经济开发区、沿海经济开发区、县交通运输局、掘港镇及相关部门的负责人，前往美国、加拿大、中国香港开展经贸考察活动。

★17 日，“江苏如通股份——西安石油大学”石油机械设备研究中心暨研究生联合培养工作站正式揭牌。如东县委书记、县人大常委会主任詹立风与西安石油大学副校长方明为研究中心和研究生联合培养工作站揭牌。如东县委副书记、县长潘建华在揭牌仪式上致辞。他希望校企双方以此为契机，进一步加强合作与交流，努力促进更多高层次人才来企业创新发展，促进更多科技成果在企业转化实施，促进如东县石油机械产业不断创新、不断提升、不断发展。在校企合作座谈会上，詹立风向方明一行介绍了如东县经济社会发展的有关情况。如东县委副书记周建飞，县委常委、组织部部长任新峰，副县长张栩龙出席揭牌仪式。

图为：揭牌仪式现场

★17 日，纳米比亚矿能资源部部长依阿克·卡塔里在纳米比亚知名侨领、南通世界通商总会常务副会长、纳米比亚中国工商联合总会副会长、纳米比亚华人爱心组织主席、纳米比亚（中国）矿产投资开发公司董事长黄跃权的陪同下到如东县考察。如东县人大常委会副主任、县侨联主席沈更生向卡塔里部长一行介绍了如东倾力打造的“绿色能源之都”名片和如东光伏产业的发展现状。副县长张栩龙看望了卡塔里一行。

★18 日，如东县高级中学高一年级陆佳茜、沈鑫兵等 6 名贫困学生得到县工商联 6 位企业家的一对一助学捐赠。县政协副主席、县工商联主席桑健出席当日的助学捐赠交流会，他希望得到助学捐赠的学生树立正确的人生观、价值观，自强自立，不辜负社会关爱，成长成才。

★19 日，江苏省人民检察院副检察长王方林专程到如东县人民检察院，为该院喜获“全国司法警察编队管理示范单位”揭牌。如东县委书记、县人大常委会主任詹立风出席揭牌仪式，并对县人民检察院荣获“全国司法警察编队管理示范单位”称号表示祝贺。省人民检察院法警总队总队长万庆祥、市人民检察院检察长赵志凯及县委常委、政法委书记于立忠出席揭牌仪式。

★19 日，2012 年度南通市农业综合开发项目建设现场推进会在如东县召开。如东县领导于立忠、江华出席会议。

★19 日，如东县人大召开第 15 次主任会议，审议 2012 年全县交通运输工作。县人大常委会党组副书记、常委会副主任陈昌龙认为，今年全县交通基础设施建设量质并举创新高、环境氛围提质态、变革管理有新举，大交通运输格局基本形成，城乡公交一体化实现新突破。副县长王智希望县交通运输局明年进一步重任务、重推进、重绩效，自我加压、加快落实、彰显形象。县人大常委会副主任沈更生主持会议，县人大常委会副主任冯力如、唐国均，县人大督导员杨成泉、蔡瑞平、冒亚平出席会议。

★20 日，南通市副市长徐辉到如东县调研农业项目建设、绿化造林情况，以及今冬明春农业农村重点工作，他寄语如东县加强农业项目建设，努力打造精品工程。在如东县委书记、县人大常委会主任詹立风，副县长江华的陪同下，徐辉还现场察看了县城环城绿化项目。

★20 日，南通市人大常委会副主任施建中一行到如东县，视察城乡居民普遍引用长江水工程建设情况，并实地察看了如东县供水中心、长沙供水站等地。如东县委副书记、县长潘建华出席会议，他表示各部门将协同合作，力争明年城乡受益人口达到 100%。县领导陈昌龙、沈峻峰、沈更生、江华出席座谈会。

★20 日，如东县委副书记周建飞前往洋口港经济开发区（长沙镇）、如东经济开发区、栟茶镇、袁庄镇，实地督查海洋铁路竣工验收准备工作。

★20 日，如东县委宣传部、县妇联、县女领导干部联谊会联合举办“扶海女性学堂”全县妇女界学习贯彻中共十八大精神报告会，邀请十八大代表、中国银行南通开发区支行营业部副主任蔡淑娟讲解党的十八大精神。报告会由副县长姜晓静主持。县委常委、组织部部长任新峰要求各级妇女组织和广大妇女群众，深刻领会、准确把握中共十八大的思想内涵和精神实质，理性思考谋划，努力实现妇女工作的新突破。

★20 日，如东县召开全县老区工作会议，全面回顾总结今年全县老区工作，部署明年工作任务。副县长江华出席会议，他充分肯定了老区开发促进会、扶贫开发协会在全县经济社会发展中，尤其是在老区建设、扶贫开发方面取得的成效，希望老同志们继续发挥好宣传教育、调研参谋、协调促办、牵线搭桥作用，为老区建设和社会发展做出更大贡献。

★21 日，如东县委、县政府在上海举办如东（上海）投资环境说明会暨如东上海经济发展促进会揭牌仪式。县委书记、县人大常委会主任詹立风在投资环境说明会上致辞，他希望在沪成功人士充分发挥人脉和信息优势，多宣传推介如东，多为家乡发展牵线搭桥、献计献策，多介绍海内外朋友到家乡投资兴业。詹立风和如东上海经济发展促进会会长胡斌为如东上海经济发展促进会揭牌。副县长张栩龙、王智分别作如东投资环境说明和服务业项目推介。投资说明会由县委副书记周建飞主持。县政协主席陈建华、县领导陈昌龙、任新峰、杨小军、张蓉蓉和上海及周边地区商界的知名人士、企业老总、上海地区知名媒体、如东上海经济发展促进会的主要成员出席活动。

★22 日，中国政治学会副会长、中国科学社会主义学会副会长、山东大学教授包心鉴等一批全国知名的廉政文化研究专家，专程到如东县视察调研。包心鉴一行在如东县委常委、纪委书记刘才盛的陪同下，参观了如东县城市规划馆、沿海经济开发区和洋口港阳光岛。

★22 日至 24 日，如东县委书记、县人大常委会主任詹立风，县领导周建飞、张蓉蓉、张栩龙带领县内 3 家省级开发区和 3 家特色园区以及县沿海办等单位主要负责人赴广东省珠海市高栏港经济区考察学习。

★24 日，如东县接受社会管理综合治理（长安建设）、法治建设市级年度检查。在市政法委副书记王振的带领下，检查组听取了县委常委、政法委书记于立忠关于如东县社会管理综合治理（长安建设）、法治建设工作情况的汇报。县政协主席陈建华、县人大常委会副主任唐国均陪同检查。

★24 日，如东县召开县、镇（区）残联换届选举工作会议，各镇残联定于 2013 年 1 月底前完成换届，县残联于明年 3 月底前完成换届。县委常委、组织部部长任新峰指出，残疾人工作是事关全局的民生大计，思想认识必须到位。残联换届工作是一项复杂的系统性工程，基层组织必须健全，队伍建设必须提升。在换届工作中，坚持高标准、严格履行程序，既要体现代表性、又要适应工作需要，换届与中心工作两不误、两促进。

★25 日，江苏省海洋与渔业局根据国家海洋局赋予的海岛调查和标准化命名职责，受江苏省政府委托，正式将洋口港人工岛命名为“阳光岛”。江苏省海洋与渔业局副局长汤建鸣，如东县委书记、县人大常委会主任詹立风，县领导张蓉蓉、江华参加活动。

图为：洋口港人工岛命名“阳光岛”仪式现场

★25 日，中国绸都网总经理郭其波一行视察如东新媒体网，并与县纺织协会就开发建设中国纺织之乡交易网进行了洽谈。如东县政协副主席、县工商联主席桑健接见了郭其波一行并就共同开发建设中国纺织之乡交易网进行了洽谈。

★26 日，交通银行南通如东支行正式走进如东百姓的金融生活。如东县委书记、县人大常委会主任詹立风，交行南通分行行长王飚为如东支行揭牌，并与交行江苏分行副行长姚桢、南通市人行行长姚军等共同启动开业激光球。如东县委常委、常务副县长沈峻峰在开业庆典上致辞，并代表县四套班子领导向交通银行如东支行的开业表示热烈祝贺。他表示，县委、县政府和相关部门将一如既往地把推进金融产业发展作为如东经济发展的重要环节，及时帮助各类金融机构解决发展中的困难、问题，营造更优良的金融生态环境，进一步建立更宽松的银政、银企关系，实现共赢发展。南通银监分局、如东工商局分别向如东支行颁发金融许可证和营业执照。县领导张蓉蓉、冯力如、桑健等出席活动。

★26 日，如东县侨联、如东经济开发区联合举行“如东县侨胞创新创业园”揭牌仪式。南通市侨联主席吴亚军与如东县委常委、宣传部部长杨中坚共同为“侨胞创新创业园”揭牌。如东县人大常委会副主任、县侨联主席沈更生出席揭牌仪式，他希望如东经济开发区和县侨务部门高起点、高品质地打造好侨胞创新创业园，利用这一载体服务好侨界创新创业者，确保每一个入园企业得到高水平、规范化的一流服务，每一位投资者、创业者在如东安心居住、快乐创业。

★26 日，由标准生活杂志江苏记者站与如东质监局主办的“质检双节保安全、媒体聚焦如东行”活动正式启动。如东县委常委、宣传部部长杨中坚出席活动。与会媒体记者深入如东县食品企业，就企业如何做好元旦、春节期间的质量安全工作进行采访。

★27日，如东县召开领导干部述职述廉暨民主测评大会。南通市委常委、常务副市长韩立明带领考核组出席会议，对如东县2012年度落实党风廉政和惩防体系建设情况进行考核。如东县委书记、县人大常委会主任詹立风，县委副书记、县长潘建华分别代表县委、县政府领导班子作述职述廉报告。詹立风、潘建华同时汇报了一年来个人的履职情况，并回答了群众代表关于如何进一步加快经济社会发展、进一步加强党风廉政建设的质询。市委常委、常务副市长韩立明肯定了如东党政领导班子团结向上、奋发有为的工作状态和一年来工作取得的显著成效。县四套班子其他领导人向会议提交了述职述廉书面报告。各镇区、县级机关各部门主要负责人出席会议并参加领导干部民主测评。

★27日，江苏省委第七巡视组到如东县调研基层民政工作，高度评价如东县民政工作抓大事、办好事、解难事，充分落实了省委、省政府出台的文件精神。如东县副县长江华首先向巡视组介绍了近年来如东县民政工作的总体情况。如东县委副书记、县长潘建华出席会议并讲话。他说，作为革命老区、全国长寿之乡，在加快洋口港开发建设，完善交通集疏运体系过程中，务必要平衡好、解决好发展和保障的问题，民政工作包含了最多随社会经济发展不断变化的民生内容，要适时调整保障服务的门槛和标准，让民政工作惠及更多弱势群体。如东县委常委、政法委书记于立忠参加会议。

★27日，江苏省工会资产监管工作会议在如东县召开，如东县总工会在会上介绍了如东县工会资产监管工作的具体做法。如东县委常委、组织部部长任新峰表示，如东县将抢抓机遇，开拓创新，继续探索新形势下工会资产管理的新途径、新做法，推动工会事业科学发展、可持续发展。全国总工会资产监督管理部部长张泽鹏，江苏省总工会副主席王兆喜，南通市政协党组副书记、副主席陆玉明，如东县副县长姜晓静出席会议。

★27日，如东县红十字会第四届常务理事会召开第四次会议，县人大常委会副主任唐国均、副县长姜晓静出席会议。会议汇报了县红十字会2012年工作情况及2013年的工作思路；通报了2012年“人道万人捐”、人道救助基金的支出情况及2013年“红十字博爱送万家”方案；讨论了红十字大病救助修改方案。到会的常务理事们积极出谋献策，对“红会”今后的工作提出多项建议。

★28日，如东县总工会与县中医院联合创办的如东县职工体检中心正式投入使用。江苏省卫生厅副厅长、省中医药局局长陈亦江，省总工会财务部部长吴宗尧，如东县委书记、县人大常委会主任詹立风，南通市卫生局局长王晓敏等领导为中心落成揭牌。揭牌仪式由副县长姜晓静主持。县委副书记、县长潘建华，县政协主席陈建华，县委常委、组织部部长任新峰出席活动。

★28日，如东县城市公交拓展、城镇客运公交化改造、镇村公交试点正式启动，这是县委、县政府关注民生、情系百姓，解决群众出行难的又一举措。启动仪式由副县长王智主持。县委副书记、县长潘建华在启动仪式上讲话，他希望县交通运输局及公交公司，以启动仪式为新起点，紧紧围绕“加快建成现代化大交通网络格局”的总体部署，秉承“行有所乘，惠及民生”的服务理念，进一步完善城乡客运网络，不断提升行业管理和服务水平，打造如东公交品牌，为人民群众提供更优质、更便捷、更安全的客运服务；希望县各相关部门和镇区密切配合，群策群力，切实加快城乡客运一体化步伐。县委书记、县人大常委会主任詹立风宣布如东县城乡客运一体化运行正式启动。市交通运输局副局长周玉兵，县领导任新峰、沈更生出席启动仪式。

★28 日，如东县政协主席陈建华主持召开县政协十四届四次常委会议。会议审议通过了增补政协如东县第十四届委员会委员事宜；通过了《关于召开中国人民政治协商会议如东县第十四届委员会第二次会议的决定》；审议通过了县政协十四届二次会议议程（草案）和日程；通过了县政协十四届二次全会报告人建议名单，秘书长、副秘书长建议名单；审议通过了县政协十四届常委会工作报告（草案）、提案报告（草案）。副县长江华通报了县政协第十四届一次会议以来委员提案、政协建议案的办理情况。县政协副主席王志荣、桑健、余科、桑圣权、吴鼎皋，县政协督导员童玉林出席会议。

★28 日，如东县人大召开第十六届常委会第九次会议。会议听取审议并通过了《县政府关于 2013 年国民经济社会发展计划（草案）的报告》《县政府关于 2013 年全县财政预算与县级部门财政预算（草案）的报告》和《县政府关于提请调整 2012 年度财政支出预算的议案》；会议还通过了补选县十六届人大代表资格审查的报告，听取了县第十六届人民代表大会第二次会议筹备情况的报告，并对县人大常委会工作报告提出建议和意见。会议由县人大党组副书记、常委会副主任陈昌龙主持，县人大副主任沈更生、冯力如、唐国均出席会议，县人大督导员徐志平、杨成泉、蔡瑞平、冒亚平出席会议。

★29 日，如东县委、县政府召开专题会议，围绕事关全县经济社会发展的沿海开发、工业经济、财政工作、城市开发建设等课题，四套班子领导交流讨论调研成果，科学确定了 2013 年的工作目标和思路。县委副书记、县长潘建华对明年经济社会发展形势作了分析。他要求全县上下一是要认清形势，坚定信心，冷静应对。二是要分类指导，重点突破，确保经济平稳有序发展。县委书记、县人大常委会主任詹立风主持会议，并作重要讲话。他指出，明年全县在工作导向上必须坚持又好又快，在工作目标上高点定位，在工作要求上坚持“三争三实”，在工作重点上坚持发展惠民。继续将“三争三实”作为行动的标准和要求，推进全县经济社会各项事业又好又快发展。县四套班子全体领导参加会议。如东经济开发区、沿海经济开发区负责人作交流发言。

★30 日，如东县委召集重点镇区、相关部门负责人及部分老干部代表座谈，就县委十三届四次全体（扩大）会议工作报告（征求意见稿）广泛征求建议、意见。征求意见会由县委副书记周建飞主持，他向与会人员阐述了起草全委会报告的指导思想、原则和背景。

★31 日，如东县政协视察交通运输工作。县政协主席陈建华对县交通运输部门的工作和提案办理情况表示肯定。他要求委员们一如继往关心、鼓励交通事业发展，深入交通一线，帮助解决交通工程中出现的难点和热点问题。副县长王智，县政协副主席桑健、桑圣权，县政协督导员童玉林参加会议。

★31 日，如东县纪委在县廉政教育中心召开反腐倡廉建设情况通报会。县委常委、纪委书记刘才盛向与会的老干部、部分人大代表、政协委员、特邀监察员及市、县新闻媒体记者，详细介绍了如东县 2012 年党风廉政建设和反腐败工作情况。刘才盛表示，新的一年，县纪检监察部门将紧紧围绕县委、县政府工作重心和目标要求，勤勉履职，积极营造干部清正、政府清廉、政治清明的发展环境，为实现赶超争先的奋斗目标提供坚强的纪律保证。

大事回眸 2013年
Dashi huimou

大事回眸

（2013 年）

1 月

★1 月 4 日，中共如东县委十三届四次全体（扩大）会议在县行政中心召开。会议的主要任务是，深入贯彻落实党的十八大、中共经济工作会议和江苏省委十二届四次全会、省经济工作会议以及南通市委十一届四次全会精神，回顾总结 2012 年各项工作，研究部署 2013 年各项任务，动员全县上下进一步鼓足干劲，实干快干，争位争先争贡献，求实务实抓落实，聚力赶超争先，奋力开创如东科学发展新局面。县委副书记、县长潘建华主持会议。县委书记、县人大常委会主任詹立风代表县委作了题为《坚持三争三实，聚力赶超争先，奋力开创如东科学发展新局面》的工作报告。

★1 月 7 日，如东县委副书记周建飞主持召开沿海地区土地权属调整会议，对掘苴垦区、方凌垦区地块权属做出调整。会议要求相关责任单位各尽其职、协同配合，抓紧时间，高效、有序地完成对接，并以此为契机强化对地块的管理，最大限度地挖掘地块潜力。

★6 日，如东县召开水利现代化规划编制成果汇报会，对《如东县水利现代化规划（2011 至 2018）（送审稿）》（简称《规划》）进行审查。县委常委、政法委书记于立忠高度肯定了规划编制成果，他指出，该《规划》要与环保等其他部门制定的相关规划相衔接；各部门需强化联动，在重点工作上强化宣传、严格执行，确保各项工作按时、有序推进。县领导王孝强、冯力如、江华、吴建坤参加会议并提出指导性意见。

★7 日，如东县召开 2012 年度全县政务工作总结表彰大会。县委副书记周建飞回顾总结了 2012 年政务服务工作，部署了今年政务工作的基本任务。县委副书记、县长潘建华到会并讲话，他说，如东县政务服务工作的成效值得肯定；新的一年，如东县政务中心要在服务能力上下功夫，在“三集中、三到位”充分授权上下功夫，在体制机制的创新上下功夫，在协同效应的发挥上下功夫，进一步优化办理程序，精简审批手续，压缩审批时间，确保如东县政务工作再上新台阶。

★8 日，江苏神东木业发展股份有限公司举行万栋木屋样板房工程启动仪式。公司将通过与全国各地不同客户的合作，树立不同类型、不同风格的木屋样板，并与亚太传媒合作，进一步推广木屋文化。副县长姜晓静出席启动仪式。

图为：万栋木屋样板房工程启动仪式

★9 日，江苏省政府参事室主任宋林飞一行到如东县调研沿海开发战略落实情况，认为如东县沿海开发起点高、力度大、成效显，特别是在辐射沙洲上建岛建港、绿色开发、陆海统筹、港城联动四个方面取得的成功经验值得总结和推广。如东县委书记、县人大常委会主任詹立风向宋林飞一行介绍了如东县推进沿海开发战略的有关情况。县委副书记周建飞，县委常委、洋口港经济开发区党工委书记张蓉蓉和沿海经济开发区负责人相继汇报了如东县沿海开发的有关情况。

★9 日，经中国银监会江苏监管局批准，南京银行如东支行举行开业典礼。如东县委常委、常务副县长沈峻峰出席开业典礼并讲话。他表示，如东县委、县政府及相关部门将一如既往地把推进金融产业发展作为如东经济发展的重要环节，支持包括南京银行如东支行在内的各类金融机构的经营发展，及时帮助解决发展中的困难和问题，营造更优良的金融生态环境，进一步建立更加宽松的银证、银企关系，实现共赢发展。如东县委书记、县人大常委会主任詹立风出席开业典礼。

★9 日，小洋口洋通公司区域开发建设领导小组召开会议，规划 2013 年该地区的开发建设重点工程。如东县委副书记周建飞指出，面对新形势、新挑战、新任务，领导小组任重道远。当前主要抓好制定计划、完善规划、布置工作、解决难题、沟通服务、督查落实、总结评先六项工作，为建设黄海旅游胜地奋进。如东县政协主席陈建华出席会议。副县长王智主持会议。

★10 日，南通市考核组到如东县考核 2012 年度农村环境长效管理工作。如东县副县长江华作工作汇报。考核组认为，如东县通过一年来的不懈努力，“四位一体”长效管理工作水平实现了整体提升，村容村貌大为改观，生态环境明显改善。

★11 日，在如东县规划局组织召开的《栟茶镇总体规划（2013 年—2030 年）》专家评审会上，专家组原则通过规划，并提出了意见和建议。县委常委、常务副县长沈峻峰在参加评审时指出，该规划基础资料详实、现状分析研究较为深入，规划体系比较完善、比较符合栟茶实际。希望编制单位根据与会专家提出的意见和建议，对规划方案进行修改完善，提高规划的可实施性。

★11 日，如东县委召开全县党员干部中开展冬训教育活动专题会议。副县长江华主持会议，县委常委、宣传部部长杨中坚作动员讲话。杨中坚要求各地紧扣主题，结合本地实际，开展针对性教育，并针对不同类型、不同层次党员的不同需求，实施分类施教、分层培训，使冬训工作更加贴近基层、贴近民情、贴近党员思想实际；县级机关各部门、各单位要通过微型党课、情境党课、读书会等形式开展冬训教育培训，扩大冬训覆盖面，提高参训率。

★11 日，如东县思想政治工作研究会召开第五次会员大会，大会选举产生县政研会第五届理事会，杨中坚当选为新一届会长。县委常委、宣传部部长杨中坚要求各地、各部门，准确把握大局，发挥组织优势，不断夯实凝心聚力的思想基础；壮大主流舆论，调动积极因素，不断夯实超越争先的实践基础；强化统筹推进，延伸服务触角，不断夯实思想政治工作的组织基础。同时要求站在推动科学发展、促进社会和谐的全局高度，进一步加强对思想政治工作及其研究工作的领导、完善机制、健全队伍，深入分析面临的新形势新问题，科学把握新任务新要求。

★11日至12日，在环境保护部生态司副司长朱广庆的带领下，国家生态县考核验收组的领导、专家，对如东县国家级生态县创建工作进行考核验收。汇报会上，如东县委书记、县人大常委会主任詹立风致辞，对国家考核验收组莅临如东表示欢迎。詹立风表示，如东县全力推进集聚发展、协调发展、和谐发展，继续加大生态建设投入力度，持续改善城乡生态功能，为长远发展留足空间，实现经济发展与生态文明建设同步推进、同步提升，努力建设经济更加繁荣、科教更加发达、社会更加和谐、环境更加宜居、人民更加幸福的现代化新如东。如东县委副书记、县长潘建华向考核验收组汇报了如东县生态县创建工作的情况。国家考核验收组认为如东县国家生态县创建各项基本条件符合建设指标，达到了国家生态县的考核标准，一致同意如东县通过国家生态县考核验收。潘建华向国家考核验收组表示，如东县将以此次通过考核验收为动力，在巩固创建成果上做到思想不松、力度不减，在提升发展水平上做到不自满、不停步，在深化制度创新上做到不畏难、勇解难，全力探索如东特色、持续发展的新路子，谋求生态文明建设再上新台阶。省环保厅生态处处长英剑波主持汇报会。环保部生态司农村处处长陈和东宣读考核意见。南通市环保局局长谢晓军，如东县领导陈建华、陈昌龙、任新峰、沈更生、王智、桑圣权出席汇报会。

★11日，中铁临海高等级公路如东段项目部表彰工程建设中涌现出的“先进工作者”“党员工程质量示范岗”“先进单位”等。如东县副县长王智出席表彰大会。他希望，中铁南通公司在临海高等级公路如东段今后的建设中以铁的意志争创一流品质，勇于跨越的企业文化，高品味定位工作目标，高标准推进工程建设，勇摘“扬子杯”；以铁的纪律迎难而上，争创部优、国优工程，助推国家沿海大开发战略深入实施；以铁的感情提供有力保障，确保圆满完成临海高等级公路如东段建设的目标任务。

★12日，国家海上风力发电工程技术研究中心学术委员会第三届年会暨风力发电高层技术论坛在如东县举行。县委书记、县人大常委会主任詹立风对国家海上风力发电工程技术研究中心学术委员会第三届年会暨风力发电高层技术论坛在如东县举行表示祝贺。他表示，如东县将以此次论坛的成功举办为契机，全面展示如东发展风电产业的资源禀赋和广阔前景，进一步强化和国家海上风力发电工程技术研究中心以及各协办单位的联系、对接，加大政策扶持力度，优化发展环境，深化产学研合作，提升风电技术研发的带动、整合能力，强化现有关键技术及产品领先优势，把如东建设成为国家重要的风电装备产业基地。同时，将进一步加大包括海上风电在内的新能源产业招商引资和项目建设的力度，促进一批重大项目早落户、早投产、早见效，促进新能源产业在如东县加快集聚，开创绿色能源产业发展新局面。如东县委常委、常务副县长沈峻峰出席活动。

★12日，如东县人大常委会副主任冯力如带领曹埠镇组县人大代表视察亚振家具有限公司。县委常委、纪委书记刘才盛参加活动，他希望企业加快上市步伐，重视人才的培养和引进，加强内部管理，做世界一流的家具品牌，为如东经济发展作出更大的贡献。县人大常委会原主任张桂英参加了视察活动。

★14日，如东县政协主席陈建华率领相关工作人员，对政协十四届二次会议的各会场布置、筹备情况进行检查。县政协督导员童玉林陪同检查。

★14 日，如东县侨商会召开第一次会长会议。县侨商会名誉会长、县人大常委会副主任、县侨联主席沈更生对县侨商会成立以来的工作给予充分肯定。他要求县侨商会及会员企业，挖掘侨企发展潜力，加快转型升级进程，为企业发展积蓄后劲和提升空间；推进侨企文化建设，提升企业内涵，不断彰显会员企业的魅力和张力；加强内外舆论宣传，强化智囊团建设，努力打造侨商会品牌特色。

★15 日，政协如东县第十四届委员会第二次会议在县会议中心开幕。县委书记、县人大常委会主任詹立风致开幕辞，代表县委对大会召开表示祝贺，对过去一年政协工作予以充分肯定。县政协主席陈建华作工作报告，县政协副主席吴鼎皋作提案工作报告。会议由县政协副主席余科主持。出席大会的有县委、县人大、县政府、县法院、县检察院领导，县四套班子老领导，县政协历届秘书长、专委会主任，县级机关各部门和有关单位的主要负责人，各镇党委书记、各区党工委书记列席会议，应邀全程列席本次大会的还有在如的市政协委员，各镇党委分管党务、统战的副书记，政协各参加单位主要负责人，县政协机关干部。全体人员观看了《昂首阔步新征程——政协如东县第十四届委员会 2012 年工作回眸》专题片。

★15 日，参加如东县政协十四届二次会议的全体委员汇聚一堂，聆听南通市政协副秘书长叶沈良所作的“提升政协委员文化素养”专题讲座。县政协副主席余科主持会议，他希望全体委员通过这次培训，能够进一步认真学习，增强信心，振奋精神，发挥优势，更好地履行职能。做到向实践学习，向群众学习，提高理论素质和履行职能的能力和水平，把讲座内容与各自的工作实践紧密结合起来，真正做到学以致用。县政协领导陈建华、王志荣、桑健、桑圣权、童玉林参加讲座。

★16 日，如东县第十六届人民代表大会第二次会议在县会议中心开幕。会议听取了县长潘建华所作的《政府工作报告》，审查了县政府《关于如东县 2012 年国民经济和社会发展计划执行情况及 2013 年国民经济和社会发展计划（草案）的报告》，审查了县政府《关于如东县 2012 年财政预算执行情况和 2013 年财政预算（草案）的报告》，观看了《县人大视察调研“2012 年县政府为民办实事项目”活动开展情况》的专题片。大会主席团常务主席、县人大常委会副主任陈昌龙主持会议。本次大会的执行主席是詹立风、陈昌龙、唐国均、陈建华、周建飞、于立忠、徐志平、张桂英、邱荣林、卜其银、陈斌、沈秀梅、樊重念、徐守华、李海兵、周新基。参加县政协第十四届委员会第二次会议的政协委员、县级机关各部门、镇区主要负责人以及曾在县四套班子任职、离休后享受地市级政治生活待遇的老领导、老同志列席会议。

★16 日，如东县第十六届人民代表大会第二次会议召开各代表团带队人员会议。县委书记、县人大常委会主任詹立风要求各代表团带队人员认真组织代表审议各项报告、完成选举任务、提交建议提案、参加会议活动，带领全体代表，同心协力、扎实工作，确保大会取得圆满成功。县人大常委会副主任陈昌龙、沈更生、冯力如、唐国均，县人大督导员徐志平、杨成泉、蔡瑞平、冒亚平及各代表团带队人员出席会议。

★16 日，如东县第十六届人民代表大会第二次会议举行主席团第一次会议。会议由县委书记、县人大常委会主任詹立风主持。会议通过了如东县第十六届人民代表大会第二次会议（主席团会议）日程（草案）；通过大会主席团常务主席（草案）；通过大会执行主席分组名单（草案）；通过大会副秘书长名单（草案）；通过议案截止时间的决定（草案）；讨论大会选举办法（草案）。决定大会议案截止时间为1月18日上午11时整。

★16日，如东县政协举行《如东大观（精编本）》首发暨赠书仪式。县政协主席陈建华，县委常委、宣传部长杨中坚共同为《如东大观（精编本）》揭彩。县政协副主席余科主持首发式。副县长姜晓静、县政协副主席桑健、县政协督导员童玉林等出席活动。

★17日，如东县委书记、县人大常委会主任詹立风召集长沙、洋口、大豫代表团举行沿海开发专题审议会议，倾听代表们的意见和建议，共商沿海开发大计。县委副书记周建飞主持审议会。三个代表团全体代表、县有关领导、县有关部门负责人参加专题审议。

★17日，如东县第十六届人民代表大会第二次会议举行第二次大会。大会的执行主席是：沈更生、刘才盛、杨中坚、张蓉蓉、杨成泉、蔡瑞平、万继红、张卫东、王震谷、姜建新、周苏林、管玉华、胡斌、黄继石、高军。县人大常委会副主任、大会主席团常务主席沈更生主持会议。县人大常委会副主任陈昌龙代表县第十六届人大常委会作工作报告。会议听取了县人民法院院长娄宏春所作的《如东县人民法院工作报告》、县人民检察院检察长顾祖林所作的《如东县人民检察院工作报告》。大会主席团常务主席、县人大常委会副主任唐国均宣读优秀代表建议和优秀承办单位表彰决定。大会通过了如东县第十六届人民代表大会第二次会议选举办法（草案）。县委书记、县人大常委会主任詹立风作选举动员。

★17日，如东县第十六届人民代表大会第二次会议举行主席团第二次会议。会议听取了主席团提名候选人及候选人情况的介绍。县委书记、县人大常委会主任詹立风主持会议。主席团全体成员、各代表团团长参加会议。

★17日，如东县政协召开十四届五次常委会。会议听取了各界别组对县委书记詹立风开幕讲话、常委会报告和提案工作报告讨论情况的汇报，协商了《大会决议》（草案），并提交各组讨论。会议由政协主席陈建华主持，县政协副主席王志荣、桑健、余科、桑圣权、吴鼎皋，督导员童玉林，全体常委、界别讨论组召集人出席会议。

★17日，如东县委副书记、县长潘建华来到他所在的苴镇代表团，与代表们一起审议政府序列三个报告。他要求如东经济开发区的负责同志，进一步提升开发区投资环境，完善园区的生产生活性服务配套功能，加快启动扩区增容，全力做好服务，支持各类企业在如东做大做强，赢得美好未来。

★17日，在如东县政协主席陈建华，县委常委、常务副县长沈峻峰，副县长姜晓静的带领下，出席政协如东县第十四届委员会第二次会议的委员们从县黄海大酒店出发，视察了近年来如东县社会事业、城市建设、交通基础设施建设所取得的显著业绩和巨大变化，亲身感受了如东县跨越发展的活力与潜力。县政协副主席王志荣、桑健、余科、桑圣权、吴鼎皋参加视察。

★18日，出席如东县第十六届人民代表大会第二次会议的代表们在县委书记、县人大常委会主任詹立风，县委副书记、县长潘建华等领导的带领下，视察了如东县城市建设新貌。县领导陈昌龙、沈峻峰、刘才盛、杨中坚、杨小军、于立忠、吴凤俊、沈更生、冯力如、唐国均、姜晓静、蒋树建、江华等参加视察。

★18日，如东县第十六届人民代表大会第二次会议举行主席团第三次会议。会议听取了各代表团对大会六个报告审议情况的汇报，听取并通过国民经济、社会发展计划和财政预算的审查报告（草案），听取议案审查报告（草案），并讨论大会各项决议（草案）。大会主席团常务主席、县委书记、县人大常委会主任詹立风主持会议，主席团全体成员，县政府正、副县长，法院、检察院等负责人，各代表团团长出席会议。

★18日，政协如东县第十四届委员会第二次会议圆满完成各项预定议程后胜利闭幕。闭幕大会由县政协副主席吴鼎皋主持。县委常委、常务副县长沈峻峰宣读了《如东县人民政府、政协如东县委员会关于表彰2012年度承办政协委员提案先进单位、优秀提案的决定》，县政协副主席桑圣权宣读了《县政协关于表彰2012年度政协工作先进集体、优秀委员、反映社情民意先进个人的决定》和《县政协关于表彰2012年度“转型升级我先行、提振信心争贡献”主题活动优秀委员企业和服务委员企业先进单位的决定》，县政协副主席桑健宣读了《中国人民政治协商会议如东县第十四届委员会第二次会议决议（草案）》，全体与会委员经过认真审议，一致鼓掌通过。县政协主席陈建华致闭幕辞。应邀出席闭幕大会的有县委、县人大、县政府、县法院、县检察院领导同志，县四套班子老领导，县级机关各部门、各镇区和有关单位负责人。

★18日，如东县政协第十四届委员会第二次会议举行第三次大会。大会由县政协副主席王志荣主持，大会表决同意吴风俊不再担任县政协十四届委员会常委职务，增补刘瑞为县政协十四届委员会常委。县政协领导陈建华、桑健、余科、桑圣权、吴鼎皋、童玉林参加大会。

★18日，如东县政协十四届委员会第二次会议召开六次常委会议，会议听取了各组对政府序列三个报告、“两院”报告和《大会决议》的讨论情况的汇报，听取了各组提案、社情民意的初审情况汇报，并审议通过了《大会决议》（草案）。县政协主席陈建华主持会议。县政协主席会议成员、政协常委出席会议。

★18日，如东县政协委员们继续进行界别讨论组活动，县政协主席陈建华深入部分界别讨论组，充分肯定各界别委员在全县经济社会发展中的重要作用，鼓励他们围绕发展积极建言献策。

★18日，如东县十六届人大二次会议议案审查委员会举行会议。会议听取了大会秘书处议案组关于收到代表议案和建议、批评、意见的情况汇报。会议还通过了议案和建议审查报告（草案）。会议由议案审查委员会主任委员陈昌龙主持。

★19日，如东县第十六届人民代表大会第二次会议圆满完成各项议程后，在县会议中心胜利闭幕。大会的执行主席是：冯力如、任新峰、杨小军、吴风俊、冒亚平、丁越、陶跃东、翟以圣、耿卫东、何永华、谢骏、韩明、石磊、王亚平、朱德军。大会主席团常务主席、县人大常委会副主任冯力如主持会议。大会依法定程序选举陈宝来、陈晓晴为如东县第十六届人大常委会委员。大会以举手表决的方式，通过了大会议案审查委员会主任委员陈昌龙所作的《关于如东县第十六届人民代表大会第二次会议议案的审查报告》，并分别通过了《关于如东县人民政府工作报告的决议》《关于如东县2012年国民经济、社会发展计划执行情况和2013年国民经济、社会发展计划报告的决议》《关于如东县2012年财政预算执行情况和2013年财政预算报告的决议》《关于如东县人大常委会工作报告的决议》《关于如东县人民法院工作报告的决议》《关于如东县人民检察院工作报告的决议》。大会还以举手表决的方式，通过了《关于立足“三实”狠抓项目建设、促进全县经济又好又快发展的决议》。县委书记、县人大常委会主任詹立风在大会结束前讲话，他对大会的圆满成功表示祝贺。詹立风说，如东县第十六届人民代表大会第二次会议经过全体代表的共同努力，圆满完成了各项议程，即将胜利闭幕。会议期间，各位代表牢记全县人民的重托，以高度负责的态度和饱满的政治热情，依法履行职责，认真审议报告，积极献计献策，展现了良好的精神风貌。会议通过的各项决议、确定的各项目标任务反映了全县人民的共同意愿，凝聚着全体代表的共同智慧。会议开得很成功，是一次提振信心、凝心聚力的大会，是一次民主和谐、催人奋进的大会。

★19 日，如东县第十六届人民代表大会第二次会议举行主席团第四次会议。会议由县委书记、县人大常委会主任詹立风主持。会议听取了各代表团对议案审查报告（草案）的意见；听取了各代表团对各项决议（草案）的讨论意见；听取了各代表团酝酿候选人的意见，确定正式候选人名单；通过了监票人名单（草案）。

★19 日，国务院召开全国安全生产电视电话会议，中共中央政治局常委、国务院副总理张德江出席会议并讲话。如东县委副书记、县长潘建华，副县长张栩龙及相关部门负责人集中收听收看了会议。

★19 日，江苏省水利厅副厅长张小马一行日前来如东县，就“十一五”农村饮水安全工程进行总体验收。张小马认为，如东县高度重视、组织有力，农村饮水安全工程实施到位，下一步要继续加大对农村饮用水的监测力度，加强对末梢水的管理，落实相关的优惠政策。副县长江华陪同视察。

★19 日，如东县召开全县安全生产工作会议，县委副书记、县长潘建华强调，各地、各单位务必把安全生产摆到与经济发展同等重要的位置，以高度负责的态度，扎实有效的举措，全力保持全县安全生产形势持续稳定，为全县经济社会又好又快发展创造安全稳定的良好环境。县委常委、常务副县长沈峻峰，副县长姜晓静分别对 2012 年全县安全生产工作和食品药品安全工作进行了回顾总结，对 2013 年工作任务进行部署安排。会议由副县长张栩龙主持。县领导王孝强、蒋树建、王智、程军、江华出席会议。

★21 日，江苏省商务厅副厅长笪家祥一行到如东县调研外贸工作。如东县县长潘建华，县委常委、洋口港经济开发区党工委书记张蓉蓉陪同调研。

★21 日，如东县妇联召开十四届二次执委会议。会议听取并审议了县妇联执委会工作报告，增、替补县妇联十四届执委会委员，表彰 2012 年度镇（区）妇女儿童工作先进集体和优秀妇联干部，选举产生出席市妇女第十三次代表大会的代表。

★21 日，江苏省人社厅副厅长王立平到如东县调研基层社区平台建设情况，认为如东县能结合本地实际，重点突出，基层公共服务工作推进有序。如东县委常委、常务副县长沈峻峰陪同参观。

★22 日，如东县人大常委会副主任、县侨联主席沈更生率县外侨办、县侨联工作人员走访慰问全县重点、老年归侨侨眷和新移民眷属，为他们送上慰问品，献上侨务部门新春的美好祝愿。

★22 日，如东县副县长姜晓静带领卫生、教育、安监、药监部门的主要负责人，前往双甸镇、新店镇进行春节前安全生产督查。

★22 日上午，如东县召开全县工商行政管理工作会议。2012 年，如东县工商部门紧贴服务全县经济社会发展大局，全面完成了各项工作任务。其中走访各类企业 16566 家，全年新增外资企业 47 户，新增各类内资市场主体 8897 户，投资总额 6.4 亿美元，注册资本 5.43 亿美元。副县长张栩龙出席会议。

★23日下午，如东县新店镇双虹桥村利群农庄内热闹非凡，由县委宣传部、县纪委主办，新店镇党委政府承办的2012至2013年度冬训大集暨集中“三下乡”启动仪式在这里举行，市委宣传部副部长黄正平出席启动仪式并讲话，活动由县委常委、副县长王孝强主持，县政协副主席桑圣权参加了活动，各镇分管负责人、当地群众近千人观摩和参加了当天的活动。

图为：冬训大集暨集中“三下乡”活动拉开帷幕

★24日，在如东县领导杨小军、姜晓静的陪同下，南通市副市长朱晋一行调研如东县人口计生工作，实地查看岔河镇计划生育中心服务站、双甸镇高前村人口计生公共服务设施建设情况。

★28日下午，如东县县长潘建华率领组织部、计生委、民政、人社、教育等部门负责人，前往如东经济开发区（苴镇），看望慰问失业职工、计生特困家庭和百岁老人，把党和政府的温暖送到他们的心坎上。

★29日上午，如东县委常委、纪委书记刘才盛，县政协副主席吴鼎皋率领县总工会、计生委、民政局等部门负责人，赴曹埠镇慰问特困户、计生困难家庭等，并送去慰问金及慰问品。

★29日，如东县副县长吴建坤带领安监、消防、供电等部门负责人，到丰利镇检查节前安全生产工作。检查组一行重点检查了南通久利针纺织品有限公司和如东丰利机械有限公司，并对两家公司的安全生产现状、重大事件应急处置预案及对事故隐患排查等情况进行了详细了解。

★30日下午召开的如东县国税工作会议提出，2013年全县国税系统将大力推进税收管理现代化建设，突出组织收入中心、服务发展主题、依法行政抓手和队伍建设保障，坚持走依法治税、信息管税和人才兴税之路，全力争创税收科学管理标杆局和服务经济发展排头兵。县委常委、常务副县长沈峻峰希望该局在新的一年里进一步加大征管力度，提升服务水平，强化队伍建设，推动国税事业又好又快发展。

★31日上午，如东县委副书记、县长潘建华率领卫生、安监、工商、公安、消防等部门相关负责人，前往企业、车站、农贸市场以及超市，进行节前各项安全工作检查。

★31日，如东县召开全县教育行政工作会议。副县长姜晓静出席会议，她希望教育系统加大投入，进一步完善教育基础设施；继续优化学校布局，整合教育资源，缩小城乡之间、校际之间的教育差距；打造高素质的教师队伍，不断深化人事改革，加强干部作风建设。

★31日上午，如东县副县长王智率安监、消防等部门负责人，前往岔河、马塘两个镇开展节前安全生产检查。

2月

★1日上午，如东县政协主席陈建华，县政协副主席、县委统战部部长吴鼎皋走访了国清寺、扶海宫、天主堂，向佛教、道教、天主教等，向宗教界人士致以节日的祝福。

★4日，如东县人大常委会副主任、党组

副书记陈昌龙带领县委组织部、民政局相关负责人，前往县外向型农业综合开发区，慰问困难户，并送上慰问金和慰问品。

★5 日上午，南通市政协主席王德忠，市委常委、宣传部部长章树山，副市长徐辉来到如东县，走访慰问了曹埠镇部分企业留守职工、困难群众和敬老院的老人们，向他们送去节日的祝福和亲切的慰问。如东县委书记、县人大常委会主任詹立风，县政协主席陈建华及县领导杨中坚、杨小军陪同慰问。

★5 日上午，如东县委常委、副县长王孝强率队前往袁庄、河口两个镇，检查部分单位和企业安全生产工作。

★5 日上午，如东县副县长、县公安局局长程军率安监、环保、工商等部门负责人，前往曹埠镇、南通外向型农业综合开发区开展节前安全生产检查。

★5 日下午，如东县委常委、组织部部长任新峰带领县民政部门负责人赴栟茶镇走访慰问。

★5 日，如东县委常委、宣传部部长杨中坚率领民政、教育、计生等部门相关负责人前往袁庄镇慰问困难群众，并给他们送上慰问品和慰问金。

★7 日上午，如东县委书记、县人大常委会主任詹立风来到县文广传媒中心，对春节期间广播电视优质安全播出等工作提出要求。

★8 日，如东县政协主席陈建华一行冒着大雪前往沿海旅游经济开发区（洋口镇），走访慰问挂钩企业，了解企业运行情况。县政协副主席桑圣权陪同走访。

★8 日上午，如东县委常委、宣传部部长杨中坚专程前往如东文广传媒中心（集团），亲切看望慰问工作在采编一线的新闻工作者和网络客服人员。

★16 日，如东县委书记、县人大常委会主任詹立风带领发改委、国土、规划等部门负责人，专程前往洋口港经济开发区，就新一年各项工作情况展开调研。县领导张蓉蓉、余科汇报了洋口港经济开发区今年相关工作谋划情况。县委副书记周建飞，县委常委、副县长王孝强参加调研活动。

★17 日，如东县举行主题为“开展‘春风行动’，为农民进城就业保驾护航”的春季人力资源大型招聘洽谈会。县委书记、县人大常委会主任詹立风，县委常委、常务副县长沈峻峰到现场看望招聘和求职人员。

★18 日下午，如东县委书记、县人大常委会主任詹立风在沿海经济开发区调研。县政协主席陈建华、县委副书记周建飞，县领导杨小军、王孝强、王智参加调研活动。

★19 日，南通市召开民营经济工作电视电话会议要求各县市区要明确目标、狠抓重点，不断推动全市民营经济再上新台阶。如东县集中组织收看了会议实况。县长潘建华、县委副书记周建飞，县领导杨小军、冯力如、张栩龙、桑健出席会议。

★20 日上午，中共如东县第十三届纪律检查委员会第三次全体会议在行政中心召开。县四套班子主要领导、县委常委，县法院院长、县检察院检察长出席会议。县委常委、县纪委书记刘才盛主持会议。

★20 日，如东县召开重点工作督查推进会。县委书记、县人大常委会主任詹立风要求各地、各部门抓好抓实各项重点经济指标，推进各项重点工作，全面发起夺取首季“开门红”的强大攻势。县四套班子在家领导出席会议。

★21 日，如东县召开全县地税工作会议。县长潘建华充分肯定了县地税工作取得的成绩，副县长张栩龙出席会议。

★22 日，如东县召开全县文广新工作会议。县委常委、宣传部部长杨中坚要求全县各地要把握要求，落实举措，推进文化建设实现新发展。会议由副县长姜晓静主持。

★25日，如东县政协召开机关作风建设会议。县政协主席陈建华主持会议，县政协副主席桑健、余科、桑圣权、吴鼎皋，督导员童玉林参加会议。

★26日下午，如东县委、县政府专题召开全县工业经济、开放型经济、项目建设、民营经济、科技创新工作动员大会。县领导杨小军主持会议，副县长王智、张栩龙分别通报了2012年五项经济工作指标完成情况，并具体部署2013年工作。县领导张蓉蓉对2012年五项工作先进集体和个人进行表彰。县领导周建飞、冯力如、吴建坤、桑健出席会议。

★27日上午，如东县第十六届人大常委会召开第十次会议。会议由县人大常委会副主任、党组副书记陈昌龙主持。县人大常委会副主任沈更生、冯力如、唐国均及人大督导员徐志平、杨成泉、蔡瑞平、冒亚平出席会议。

★27日上午，如东县举行2013年全县企业家新春座谈会。县委书记、县人大常委会主任詹立风寄语全县企业家。会议由县委副书记周建飞主持。县委常委杨小军通报了2012年全县工业经济发展情况，部署了2013年全县工业经济发展工作。县委常委、常务副县长沈峻峰宣读了2012年全县规模20强工业企业和增幅20强工业企业名单。会议对20强工业企业进行了表彰。县委副书记、县长潘建华，县政协主席陈建华，县领导陈昌龙、冯力如、桑健出席会议。

★28日，如东县召开全县环境保护工作会议。县委常委杨小军主持会议，县领导王智、沈更生、吴建坤、桑圣权出席会议。

★28日，如东县政协召开十四届九次主席会议，县政协主席陈建华主持会议，县政协副主席王志荣、桑健、桑圣权、吴鼎皋，县政协督导员童玉林出席会议。

3月

★3月1日，如东县纪委召开专题会议就督查工作进行专项部署。县委常委、纪委书记刘才盛出席会议。

★3日，在如东县摄影家协会2013如东摄影界新春联谊会上，县人大常委会副主任沈更生寄语全县摄影工作者，紧紧围绕中心工作，坚持“两为”方针，深入经济建设第一线，聚焦洋口港开发和沿海经济开发建设进程中的精彩瞬间，用摄影艺术讴歌时代主旋律，为如东经济快速发展、文化大繁荣作出应有的贡献。

★5日上午，如东县在文峰广场举行全民志愿服务系列活动启动仪式，县委副书记周建飞出席启动仪式，并宣布志愿服务系列活动启动。启动仪式上，县委常委、宣传部部长杨中坚向“中国好人”们授牌。在县人大常委会副主任唐国均的带领下，现场的志愿者们纷纷举起右拳，郑重宣读《如东扶海志愿者誓词》，共青团如东县委书记陈威涛代表社会各界宣读《呼唤雷锋，学习雷锋，从我做起》倡议书。副县长姜晓静主持启动仪式。出席活动的县领导与“中国好人”代表及卫生、供电、国税等全县21家省级文明行业和掘港镇志愿服务队依次上台，向如东逸夫特殊学校的聋哑儿童捐款2.44万元，县政协副主席桑健将善款交到县逸夫特殊学校负责人手中。

★5日，如东县委常委、宣传部部长杨中坚一行到文广传媒中心就新闻宣传工作进行专题调研，要求不断提升舆论引导水平，增强媒体在受众中的影响力。

★6日，如东县委常委、组织部部长任新

峰到民生·银河湾工地就项目党建工作进行调研。

★6 日，在党风廉政建设责任制示范点单位工作交流会上，如东县委常委、纪委书记刘才盛要求各示范点单位在党风廉政建设中做到职责责任更清、服从服务更好、依纪依法更多、督查检查更勤、创新创优更实、引导指导更多。在不断加强自身党风廉政建设的同时，充分发挥典型的示范引领作用，进一步创新工作思路，加强实践探索，努力打造具有一定影响的品牌和特色工作，不断放大示范点的创建成效。

★8 日，在如东县老年协会工作会议上，县委常委、组织部部长任新峰勉励老年工作者发挥余热，积极主动作为，为建设美丽新如东多作贡献。副县长江华出席会议。

★11 日，南通市人大常委会党组书记、副主任黄利金率队到如东县，对如东养老服务体系建设开展专题调研，如东副县长江华汇报了如东县社会养老服务体系建设情况。县领导陈昌龙、沈峻峰、张蓉蓉、唐国均陪同调研。

★12 日，如东县召开国土资源系统党风廉政建设工作会议，县委常委、常务副县长沈峻峰出席会议。

★12 日，如东县召开民政暨双拥工作会议。县委常委、政法委书记于立忠要求县民政系统，更加注重社会救助体系、适度普惠型社会福利体系、社会养老服务体系建设，加快培养社会工作专业人才，努力形成推进民政工作的强大合力。副县长江华主持会议。县人大常委会副主任唐国均宣读了《2012 年度全县民政、双拥工作先进集体和个人的表彰决定》。县政协副主席桑圣权出席会议。

★13 日，如东县政协召开重点提案专题协商会议，邀请县委常委、常务副县长沈峻峰，副县长姜晓静、王智、江华就县政协二次全会后确定的 10 件由分管副县长领办的重点提案与委员进行面对面协商，并就各自领办的重点提案谈了办理的想法和意见。县政协主席陈建华、副主席吴鼎皋介绍了 2013 年县政协重点提案的遴选情况和初步办理意见。县政协副主席桑健、桑圣权出席会议。

★13 日下午，如东县 2013 年干部教育培训春季主体班开班。县委常委、组织部部长、县委党校校长任新峰在开班仪式上讲话。

★14 日，如东县宣传文化干部培训班开班。县委常委、宣传部部长杨中坚要求参训人员，思想上高度重视，上课时认真听讲，力争通过培训，能够学有所思、学有所悟、学有所获。

★15 日上午，如东县侨联召开六届六次委员（扩大）会议，县委常委、组织部部长任新峰出席会议并讲话。会议传达学习了中央书记处关于侨联工作的意见和中国侨联、省市侨联全委会精神，听取并审议了县人大常委会副主任、县侨联主席沈更生代表县侨联第六届委员会所作的工作报告，通过了关于《如东县侨联第六届委员会工作报告》（审议稿）的决议。

★16 日，如东县召开全县重点工作督查推进会。县委书记、县人大常委会主任詹立风要求各地各部门全力以赴夺取首季“开门红”，为实现全年目标任务奠定坚实基础。会上，县委副书记周建飞通报了今年以来全县重点工作的完成情况。县四套班子在家领导出席会议。与会人员参观了掘港镇、曹埠镇项目建设现场。

★19 日，承担南通石化产业中长期发展规划编制工作的中国国际工程咨询公司专家专程来如东县调研，如东县委书记、县人大常委会主任詹立风在与专家座谈时表示，将着力把如东建设成长三角北翼具有国际水准的石化产业基地。县委副书记、县长潘建华，县政协主席陈建华，县委副书记周建飞，县委常委、洋口港经济开发区党工委书记张蓉蓉参加座谈。

★19日，南通市人大常委会副主任程静一行到如东县，调研体育事业可持续发展情况。如东县领导陈昌龙、唐国均、姜晓静陪同调研。

★21日，南通市政协主席王德忠在如东县调研时，要求进一步完善社会保障体系，加快推进民生幸福工程。如东县委副书记、县长潘建华，县政协主席陈建华，副县长姜晓静陪同调研。

★21日，南通市委常委、常务副市长韩立明到如东县调研环境保护工作时勉励如东县，推动环境保护工作上水平、快突破，为全市生态文明建设作示范、树标杆。如东县领导潘建华、杨小军、王智参加调研活动。

★22日，如东县第十六届人大常委会召开第18次主任会议，听取和审议县十六届人大二次会议代表议案、建议办理工作打算和全县社会化养老服务体系建设情况的调查报告。县领导沈峻峰、陈昌龙、沈更生、冯力如、唐国均出席会议。

★22日，南通市副市长徐辉到如东县调研岔河、河口、栟茶3个中心镇建设情况，并视察了绿化造林和设施农业建设工作。如东县委常委、政法委书记于立忠，副县长江华，政协副主席桑圣权陪同调研。

★23日，如东县召开全县农机化工作会议。副县长江华出席会议并讲话。

★25日，南通市政府绿化造林督查组在市监察局副局长顾保红的带领下，督查如东县绿化造林工作。如东副县长江华作关于绿化造林工作情况的汇报。

★25日，如东县工商业联合会（总商会）召开十届二次执委会议。县委常委、组织部部长任新峰到会并讲话。县政协副主席、县工商联主席、总商会会长桑健出席会议。

★26日下午，如东县十四届政协召开第七次常委会。会议由县政协主席陈建华主持，县政协副主席王志荣、桑健、吴鼎皋和县政协督导员童玉林出席会议。

★26日，如东县委、县政府召开专题会议部署招商引资百日竞赛活动，副县长王智就百日竞赛作出具体部署。县委常委、洋口港经济开发区党工委书记张蓉蓉主持会议，并就当前招商引资工作提要求。

★27日，如东县统战工作现场推进暨大统战联席会在马塘镇召开。县领导沈更生、桑健、吴鼎皋出席会议。

★28日，如东县人大常委会召开专题会议，对2013年实施的人大“一号议案”督办、《环境保护法》执法检查、县卫生局工作评议等3项重点工作作出部署。县人大常委会副主任、党组副书记陈昌龙主持会议。县人大常委会副主任沈更生、冯力如、唐国均分别就3项重点工作进行了部署。副县长王智，县人大督导员徐志平、杨成泉、蔡瑞平、冒亚平出席会议。

★28日，如东县召开全县依法治县暨依法行政工作会议。县委副书记、县长潘建华要求各级、各部门切实加强组织领导，自觉接受监督，不断规范行政执法行为，建设人民满意的责任型政府。县委常委、政法委书记于立忠，副县长姜晓静分别就依法治县、依法行政工作做出部署和点评。副县长程军主持会议。

★28日，如东县第十六届人大常委会召开第十一次会议，听取和审议县政府、县人大常委会关于全县社会化养老服务体系建设情况的工作报告和调查报告。会议由县人大常委会副主任唐国均主持。县人大常委会副主任陈昌龙、沈更生、冯力如出席会议，县人大督导员徐志平、杨成泉、蔡瑞平、冒亚平列席会议。

4 月

★1 日，如东县政协召开“老龄产业发展”课题调研第一次会议。县政协主席陈建华、县政协副主席桑圣权、县政协督导员童玉林出席会议。

★2 日，如东县委召集县相关领导和部门负责人在栟茶镇召开县委常委（扩大）会议，县委书记、县人大常委会主任詹立风主持会议，县委副书记、县长潘建华出席会议并讲话。县委常委，县人大、县政府、县政协相关领导出席会议。栟茶镇主要负责人在会上汇报了全国发展改革试点镇等相关工作的推进情况。

★2 日下午，如东县召开全县城镇化建设工作会议，县委书记、县人大常委会主任詹立风出席会议并作重要讲话。县委常委、常务副县长沈峻峰对 2013 年城镇化建设工作进行部署。会议由县委副书记、县长潘建华主持。县委常委，县人大、县政府、县政协相关领导出席会议。

★2 日，如东县外侨办、县侨联热情接待了回乡探亲的旅美侨胞吴晓彦、余晓玲夫妇。县人大常委会副主任、县侨联主席沈更生向他们介绍了 2012 年全县经济社会发展概况，希望他们立足当地、心系家乡，为家乡发展尽心出力。

★8 日下午，如东县委常委、常务副县长沈峻峰，县委常委、宣传部部长杨中坚率队视察了县城重点市政工程建设现场，协调解决遇到的困难和问题。

★8 日，如东第一职业教育中心校顺利通过联合职业技术学院组织的现场评估。副县长姜晓静主持申报工作汇报会。

★10 日，新疆伊宁县乡镇领导干部来如东县接受为期 10 天的培训。如东县委副书记周建飞寄语学员们。

★12 日，如东县人民法院举行新审判办公综合大楼项目开工仪式，南通市中级人民法院党组副书记、副院长卢旭光，如东县委常委、政法委书记于立忠出席仪式，并为工程培土奠基。

★12 日，如东县档案馆通过国家二级档案馆测评。县委副书记周建飞、县委常委、副县长王孝强参加测评会并致辞。

★14 日，如东县委副书记周建飞，县领导张蓉蓉、江华实地督查省沿海开发工作会议准备情况。

★15 日，如东县召开全县重点工作督查推进会。县委书记、县人大常委会主任詹立风主持会议，并作重要讲话。县委副书记、县长潘建华通报了一季度全县主要经济指标的完成情况，县委副书记周建飞宣读了一季度重点工作单项竞赛获奖单位的表彰决定。县四套班子领导分别交流了挂钩镇一季度重点工作的完成情况和二季度的工作打算。

★17 日，来自如东县镇、园区及相关部门的 7 名年轻领导干部，赴昆山开展为期 3 个月的挂职锻炼、跟班学习。县委书记、县人大常委会主任詹立风专题听取挂职准备工作汇报并提出要求。

★17 日，如东县召开县政协民主评议沿海开发行政服务职能部门动员会议。县政协主席陈建华对民主评议活动进行动员和部署。县政协副主席王志荣、桑健、桑圣权，县政协督导员童玉林出席会议。

★18 日上午，如东县人大常委会召开第 19 次主任会议，听取并审议副县长江华代表县政府所作的全县经济薄弱村集体经济发展的情况汇报。县人大常委会副主任沈更生、冯力如和县人大督导员徐志平、杨成泉、蔡瑞平、冒亚平出席会议。

★19 日，如东县人大常委会召开《中华人民共和国环境保护法》执法检查座谈会。县人大常委会副主任沈更生充分肯定了各成员单位的工作成效，并就下一步工作提出要求。

★19 日下午，在无锡市委常委、纪委书记周铁根，宜兴市委书记、市人大常委会主任王中苏，宜兴市委常委、纪委书记余银龙的陪同下，如东县委书记、县人大常委会主任詹立风带领县规划和住建部门负责人到宜兴市参观考察城市建设发展情况。县委副书记周建飞、县委常委杨小军陪同考察。

★19 日，如东县举行“新浪微博@如东发布”正式开通仪式暨“扶海大学堂”报告会。县委副书记、县长潘建华与武和平共同启动 LED 水晶球。县委常委、宣传部部长杨中坚主持报告会，县政协主席陈建华、县委副书记周建飞等县四套班子部分领导出席报告会。

★19 日，由如东县妇联牵头组织的全县女企业家银企政洽谈会暨协会年会在江苏宇迪光学股份有限公司“党员之家”召开。县政协副主席、县工商联主席桑健主持会议，县委常委、组织部部长任新峰出席会议并讲话。

★19 日下午，如东县政府召开全体（扩大）会议暨廉政工作会议。县委副书记、县长潘建华点评一季度政府工作，并就二季度各项工作及政府廉政建设提出要求，县委常委、常务副县长沈峻峰主持会议。县领导刘才盛、王孝强、冯力如、姜晓静、蒋树建、王智、程军、张栩龙、江华、吴鼎皋参加会议。

★20 日上午，新疆伊宁县乡镇领导干部第二期赴如学习培训班开班。如东县委常委、组织部部长任新峰出席培训班。

★24 日，如东县人大常委会副主任、党组副书记陈昌龙一行前往掘港镇，专题调研推进落实县人代会“1 号议案”和卫生部门评议工作。

★25 日上午，如东县人大常委会副主任、党组副书记陈昌龙，县人大常委会副主任唐国均到岔河镇召开座谈会，就贯彻实施《中华人民共和国环境保护法》情况开展座谈。

★25 日，由万通建设集团有限公司、昆明二建建设（集团）有限公司联合主编的工程建设行业标准《劲性复合桩技术规程》（送审稿），通过了江苏省建筑科学研究院院士缪昌文等 12 位国家、江苏省、南通市建筑专家的审查。如东县委常委、宣传部部长杨中坚出席审查会。

★24 日至 25 日，江苏省委常委、省纪委书记弘强，到如东县开展“三解三促”活动。

★25 日下午，江苏省纪委在如东县召开南通各县（市、区）、镇纪委书记座谈会，省委常委、省纪委书记弘强出席座谈会并作重要讲话。如东县委书记、县人大常委会主任詹立风汇报了如东县经济社会发展及反腐倡廉建设情况。座谈会由南通市委常委、市纪委书记庄中秋主持，如东县委副书记、县长潘建华，县委副书记周建飞，县委常委、县纪委书记刘才盛参加座谈会，县纪委、掘港镇、马塘镇纪委作专题发言。

★26 日，南通市委常委秦厚德到如东县调研“三农”工作。如东县领导于立忠、江华、桑圣权陪同调研。

★26 日，南通市人大常委会党组书记、副主任黄利金率常委会部分组成人员，到如东县视察产业重大项目推进情况。南通市人大常委会副主任施建中、程静参加调研，如东县委副书记周建飞及县领导陈昌龙、张蓉蓉、冯力如、唐国均、张栩龙参加了视察活动。

★28 日，南通市委、市政府组织市发改委、规划、国土、旅游等部门负责人，到如东县沿海经济开发区，对该区发展规划进行点评。南通市领导徐辉，如东县委书记、县人大常委会主任詹立风，县委副书记周建飞及县领导张蓉蓉、江华等出席会议。

5 月

★2 日，如东县召开洋口港开发建设前线指挥部办公会议。詹立风主持会议并对洋口港开发进展和存在问题进行深入点评。县委副书记、县长潘建华，县委副书记周建飞，县领导陈昌龙、沈峻峰、杨小军、于立忠、张蓉蓉、冯力如、王智、江华、余科出席会议。

★5 日，如东县召开港城中通道、334 省道如东东段、角林线 3 条连接类重要干线建设动员会，该 3 条道路是如东县今年的重点交通工程。副县长王智主持会议，县政协副主席桑圣权出席会议。

★7 日上午，全国政协副主席、民建中央常务副主席马培华到如东县调研。南通市委常委、常务副市长韩立明，副市长赵闻斌，如东县委书记、县人大常委会主任詹立风，县政协主席陈建华，县委副书记周建飞，县委常委、洋口港经济开发区党工委书记张蓉蓉，副县长张栩龙陪同调研。

★7 日，如东县召开《现代服务业集聚区发展规划（2013 至 2020）》评审会，对编制成果进行评审。会议由副县长王智主持。县委副书记周建飞，县委常委、常务副县长沈峻峰及县领导杨小军、张蓉蓉、冯力如、吴建坤、桑健出席评审会。

★9 日，如东县召开全县沿海开发暨重点工作督查推进会。县委书记、县人大常委会主任詹立风出席会议并作重要讲话。县委副书记周建飞动员部署了 2013 年全县沿海开发工作。会议由县委常委、常务副县长沈峻峰主持。

★9 日，如东县举行“5·10”思廉日“五廉”系列活动启动仪式，县委书记、县人大常委会主任詹立风出席会议。启动仪式上，县委副书记周建飞带领全体与会人员进行廉洁从政宣誓。县委常委、纪委书记刘才盛主持会议。县四套班子在家领导，县级机关和镇(区)党政主要负责人参加启动仪式。

★9 日上午，如东县沿海开发的又一标志性工程——东凌水库工程正式开工。县委常委、常务副县长沈峻峰主持开工仪式。县委书记、县人大常委会主任詹立风及在家的县四套班子领导出席开工仪式。

图为：如东东凌水库雏形

★10 日，江苏省委原副秘书长、研究室主任顾介康，省委研究室机关党委副书记顾新华等到如东县，专题调研养老服务体系建设情况。如东县副县长江华汇报了如东县养老服务体系建设情况。县政协副主席桑圣权陪同调研。

★11 日，如东县召开农业农村重点工作推进会。副县长江华出席会议，他要求各镇（区）、单位明确责任、加大力度，有条不紊、有序有效抓落实，不断推进“四个一批”“四位一体”“四有一责”“四件实事”“四项服务”建设，努力提高农业农村工作水平。县政协副主席桑圣权主持会议。

★12 日，南通市十运会农民部比赛在如东县举行，如东、海门、崇川等 9 支代表队近 300 名运动员，参加了拔河、60 米搬运粮食、自行车慢车比赛等 6 个特色项目的比赛。如东县委常委、政法委书记于立忠出席开幕式并讲话，副县长江华出席开幕式。

★14 日，青海省贵德县政协主席增巴率领该县政协委员到如东县考察。如东县政协主席陈建华、副县长蒋树建、县政协副主席吴鼎皋陪同考察。

★14日，江苏省召开深入推进放心消费创建工作电视电话会议。如东县副县长张栩龙和相关部门负责人在县行政中心分会场收看了会议实况。

★15日上午，武船重型工程股份有限公司与江苏海力风电设备科技有限公司签订战略合作协议，双方将在项目供需、产品制造、市场开发、业务交流等方面开展深度合作。如东副县长王智主持签约仪式，县委副书记周建飞，县委常委、常务副县长沈峻峰和县人大常委会副主任冯力如参加了活动。

★16日，如东县召开项目建设推进会暨1号议案办理动员会，会议要求全县上下把项目建设作为促进经济增长的主抓手，促进项目早开工、快建设、早达产、快见效。

★17日，如东县政府召开物流业工作“双过半”推进会议。副县长王智出席会议并讲话。

★13日至19日，如东县在台湾举办为期一周的系列招商活动。县委书记、县人大常委会主任詹立风率部分镇区及相关部门负责人，分别拜会了台塑集团、台湾中石化、台北港货柜码头公司、中华科技大学等大型企业及科研单位高层负责人。5月15日下午，在台北福容大饭店成功召开江苏如东（台湾）产业合作恳谈会，如东县委常委、洋口港经济开发区党工委书记张蓉蓉在会上对如东经济社会发展情况作了专题推介。

★19日，如东县庆祝第23个“全国助残日”暨爱心捐赠活动在县逸夫特殊教育学校举行。当天，共有30家企业和个人捐款近7万元。县政协副主席桑健出席活动。

★在20日举行的“人保杯”如东县首届“十大杰出（优秀）青年企业家”表彰大会上，“十大杰出青年企业家”和品学兼优的贫困家庭学生结对共建。县委常委、组织部部长任新峰出席表彰大会。

图为：如东县首届“十大杰出（优秀）青年企业家”

★20日下午，如东县栟茶镇文联暨文化研究会成立。副县长姜晓静出席活动，并为栟茶镇文联揭牌。

★21日至22日，如东县人大常委会副主任沈更生率领部分常委会组成人员及环保、城管、农委等部门执法人员，开展环保执法检查。

★21日，南通市项目农业推进会在如东县召开。如东县委书记、县人大常委会主任詹立风在会上致辞。会议由南通市委常委秦厚德主持。副市长徐辉对下阶段项目农业建设工作作出部署。如东县委常委、政法委书记于立忠在会上介绍了如东县项目农业建设的做法。县领导江华、桑圣权及市相关部门负责人、各县（市、区）分管农业的负责人出席会议。

★22日，无锡市委常委、纪委书记周铁根，副市长刘霞带领考察团一行，在南通市副市长徐辉，如东县委书记、县人大常委会主任詹立风等陪同下，考察如东县项目设施农业。如东县委常委杨小军、副县长江华陪同考察。

★23日，如东县召开残疾人联合会第五次代表大会。会议选举产生县残联第五届主席团成员和出席市残联第六次代表大会代表，选举江华为如东县残联第五届主席团主席，聘请于立忠为名誉主席，唐国均、桑健为名誉副主席，推举吴晓红为如东县残联第五届执行理事会理事长。

★23 日下午，如东县人大常委会召开第 20 次主任会议，听取并审议县人民法院关于商事审判工作的情况汇报。县法院院长娄宏春汇报了商事审判工作情况。县人大常委会副主任、党组副书记陈昌龙、县人大常委会副主任沈更生、冯力如、唐国均，县人大督导员徐志平、蔡瑞平、冒亚平出席会议。

★23 日下午，如东县金融工作例会在洋口港经济开发区召开。县委常委、常务副县长沈峻峰要求各商业银行，扩大信贷规模，突出投放重点，把洋口港作为长期投资方向，在相互合作中达到双赢目的。县委常委、洋口港经济开发区党工委书记张蓉蓉出席会议。

★25 日，如东县委书记、县人大常委会主任詹立风督查交通、城建工作，并就交通运输、城建工作提出要求。县领导沈峻峰、杨中坚、杨小军、沈更生、王智、桑圣权参加督查活动。

★25 日，如东县企业家协会举办座谈会。县领导周建飞、冯力如、张栩龙参加活动。

★27 日，如东县委书记、县人大常委会主任詹立风及县领导陈昌龙、杨中坚、姜晓静等看望了回乡探亲的如东籍旅美侨胞丛志远。

★29 日，南通市文明办、市关工委、市教育局、团市委、市妇联在如东县联合召开全市三好标兵竞赛评选活动常态化建设现场推进会。如东县委常委、常务副县长沈峻峰致辞，南通市委常委、宣传部部长章树山出席会议，如东县委常委、宣传部部长杨中坚，副县长姜晓静出席活动。

★29 日下午，南通市委副书记、市长张国华到如东县调研。南通市政府秘书长顾诺之，如东县委书记、县人大常委会主任詹立风，县委副书记、县长潘建华，县委副书记周建飞，县委常委、常务副县长沈峻峰，县委常委、洋口港开发区党工委书记张蓉蓉陪同调研。

★29 日下午，如东县妇女儿童工作委员会、县妇联在马塘小学举办“无‘微’不至巾帼情”关爱留守儿童公益活动。副县长姜晓静出席活动。

★30 日下午，江苏省侨联副主席镇翔一行到如东县考察，南通市侨联主席吴亚军，市侨联副主席、崇川区侨联主席李小萍，如东县人大常委会副主任、县侨联主席沈更生陪同考察。

★30 日，如东县召开 2013 年度“扫黄打非”工作会议。副县长姜晓静主持会议。县委常委、宣传部部长杨中坚要求各相关单位注重强化体制、机制建设，把准“扫黄打非”的核心工作和重点领域，确保工作有人抓、有人管、有成效，推进如东县“扫黄打非”工作向纵深发展。

★31 日，如东县委常委、宣传部部长杨中坚带领县关工委、县妇联、县教育局等相关部门的负责人前往掘港小学、虫宾山小学、县实验幼儿园，看望了孩子们。县领导唐国均、姜晓静、桑健参加活动。

6 月

★5 日，洋口港开发建设领导小组举行第六次会议，南通市委书记丁大卫，市委副书记、市长张国华率相关部门负责人现场会商解决洋口港开发建设中的具体问题。如东县委书记、县人大常委会主任詹立风汇报了洋口港开发建设的进展情况。会议由南通市委常委陈照煌主持。市政协主席王德忠、副市长徐辉分别就洋口港开发建设提出相关意见。市领导黄利金、黄巍东、苏西群，市级机关相关部门负责人，如东县委副书记、县长潘建华等县四套班子领导出席会议。

★6 日，如东县召开全县重点工作督查推进会，对重点工作冲刺“双过半”进行全面部署。县委书记、县人大常委会主任詹立风主持会议并提要求。会上，县委副书记周建飞通报了 1 至 5 月份全县主要经济指标完成情况。县四套班子领导出席会议。

★6 日，如东县召开电力工作领导小组暨迎峰度夏有序用电工作会议。县委常委杨小军出席会议。

★7 日，如东县政协主席陈建华带领部分政协委员，听取县城管局 2013 年提案办理情况和初步答复意见。政协副主席桑圣权、吴鼎皋，督导员童玉林参加活动。

★7 日，中关村科技园区管委会军民融合创新工作处处长张晓明率示范区企业代表到如东县调研。如东县副县长张栩龙主持交流会。

★8 日上午，334 省道如东城区至洋口港段建设工程通过竣工验收。如东县委常委杨小军参加竣工验收会议。

图为：334 省道局部图片

★13 日，为全面了解 2013 年年初提拔的镇、区领导干部的工作、成长情况，如东县委组织部分片召开谈心会，与他们交流思想。县委常委、组织部部长任新峰出席会议。

★13 日下午，如东县召开全县文物保护工作会议。副县长姜晓静出席会议。

★13 日，南通市政协副主席、党组副书记陈德新到如东县就“推进生态环境建设，加快打造美丽南通”作专题调研。如东县副县长王智汇报如东县生态环境建设情况。县政协主席陈建华，县委常委杨小军、县政协副主席桑圣权陪同调研。

★14 日上午，如东县人大常委会召开“一号议案”推进交办会。县人大常委会副主任、党组副书记陈昌龙主持会议。

★14 日，如东县召开党风纠风工作会议。县委常委、纪委书记刘才盛出席会议。

★14 日下午，如东县人大常委会召开专题会议，听取县城管局负责人关于人大代表建议办理落实情况的汇报。县人大常委会副主任、党组副书记陈昌龙、县人大常委会副主任沈更生出席会议。

★16 日，国家口岸办调研组专程到到洋口港，就一类口岸开放建设工作展开调研。如东县委副书记、县长潘建华，县委副书记周建飞，县委常委、洋口港经济开发区党工委书记张蓉蓉陪同调研。

★17 日下午，如东县人大常委会副主任冯力如带领部分常委会组成人员，到县农委就项目农业和农产品质量安全监管工作开展调研。县政协副主席桑圣权、县人大督导员杨成泉参加调研。

★19 日上午，全国人大常委会副委员长沈跃跃率领全国人大常委会执法检查组到如东县，就《中华人民共和国可再生能源法》贯彻实施情况进行执法检查。全国人大常委会委员、全国人大环境与资源保护委员会副主任委员蒋巨峰，全国人大环境与资源保护委员会委员蒲长城，国家能源局副局长刘琦等参加执法检查。江苏省人大常委会副主任、党组副书记张艳，省能源局局长陈勇，南通市委副书记、市长张国华，市人大常委会党组书记、副主任黄利金，市委常委、秘书长黄巍东，如东县委副书记、县长潘建华，县领导周建飞、陈昌龙、沈峻峰、冯力如、张栩龙等陪同检查。

图为：沈跃跃视察江苏国信如东生物质发电有限公司

★19 日，南通市检查组一行到如东县就“六五”普法中期开展情况进行检查，县委常委、政法委书记于立忠简要介绍如东县“六五”普法工作情况。如东县副县长姜晓静出席汇报会。

★19 日下午，如东县人大常委会副主任冯力如带领部分常委会组成人员视察如东经济开发区、洋口港经济开发区工业项目建设情况。

★20 日上午，如东县举行《如东县干部纪律教育读本》首发式暨“5+X”公务员能力和“六五”普法培训开班仪式。县委常委、组织部部长任新峰出席开班仪式。

★20 日上午，如东县文明礼仪首场报告会暨“礼在国税”系列活动启动仪式在如东国税局举行。南通市委宣传部副部长陈冬梅为“中国好人工作室”揭牌，如东县委常委、宣传部部长杨中坚出席会议。

★20 日下午，如东县人大常委会召开第 22 次主任会议，听取并审议县农委关于农产品质量安全监管工作的情况汇报。会议由县人大常委会副主任冯力如主持，县人大常委会副主任、党组副书记陈昌龙，县人大常委会副主任唐国均，县人大督导员杨成泉出席会议。

★21 日上午，南通市副市长徐辉到如东县视察农机安全工作，如东县委常委、政法委书记于立忠，副县长江华参加活动。

★21 日，如东县委常委杨小军走访慰问了岔河镇 7 位老党员，为他们送去慰问金，祝福他们身体健康。

★21 日上午，如东县人大常委会副主任唐国均带领部分人大常委会组成人员专题调研服务业项目建设。

★24 日上午，如东县第五届放鱼节在洋口港阳光岛重件码头拉开帷幕。县委书记、县人大常委会主任詹立风，县政协主席陈建华，县领导陈昌龙、沈峻峰、于立忠、张蓉蓉、冯力如、江华、桑圣权参加放流活动。

图为：如东县第五届放鱼节现场

★25 日上午，上海大学、南通大学、东南大学、华中科技大学等高校，与如东县 14 个镇（区）签订“镇校合作”协议。如东县委常委、组织部部长任新峰主持签约仪式。县委副书记周建飞，副县长吴建坤参加签约仪式。

★25 日，如东县人大常委会副主任沈更生带领住建、交通、国土等部门负责人，实地察看了如东经济开发区公租房项目、新光安置区二期、通洋高速工程等城建交通项目。

★25日，“如东县人民法院国土资源巡回法庭”正式挂牌，县委常委、常务副县长沈峻峰出席挂牌仪式。

★25日上午，如东县领导姜晓静、桑健一行冒着大雨到新店镇走访慰问老党员，并向他们送去了慰问金。

★26日至27日，江苏省委常委、常务副省长李云峰到如东县开展“三解三促”驻点调研活动。省政府副秘书长徐立、省沿海办主任梁学忠等省有关部门负责人参加活动。

★26日上午，如东县人大召开“一号议案”办理督查推进会，对“一号议案”办理工作进行中期评价。副县长王智代表县政府就县人大“一号议案”办理情况作专题汇报。县人大常委会副主任冯力如主持会议。县人大常委会副主任、党组副书记陈昌龙，县人大常委会副主任沈更生、唐国均，县人大督导员徐志平出席会议。

★27日，如东县副县长姜晓静带领安监、工商、药监等部门的负责人，对县教育局、卫生局、文广新局和岔河镇、新店镇的安全生产工作进行督查。

★28日，如东县召开全县突出环境问题整治暨污染减排工作推进会。副县长王智对2013年的环境问题和污染减排工作作动员部署。县委常委杨小军，县人大常委会副主任沈更生出席会议。

★28日，南通市委常委、组织部部长张兆江到如东县调研。如东县委书记、县人大常委会主任詹立风，县委副书记、县长潘建华，县委副书记周建飞，县领导任新峰、张蓉蓉陪同调研。

★28日，如东县委副书记、县长潘建华到如东经济开发区看望慰问部分老党员，给他们送去慰问金和节日的祝福。

★28日，如东县召开农业行业评议政风行风创新行动动员大会，对评议工作进行动员部署。县领导江华、桑圣权出席会议。

★30日，如东县委组织部机关党总支举行以“知部史、强部风、争先进”为主题的教育活动。县委常委、组织部部长任新峰出席活动。

7月

★1日，如东县委书记、县人大常委会主任詹立风专程前往长沙镇走访慰问困难老党员和扶贫对象，给他们送去党的亲切问候和殷殷关怀。

★2日，如东县召开专题会议作出征兵部署。县委常委、人武部长吴风俊总结了如东县去冬征兵工作。县委常委、政法委书记于立忠主持会议，县委常委、常务副县长沈峻峰，副县长江华出席会议。

★2日下午，如东县政协召开十四届八次常委会，通报政协各评议小组民主评议沿海开发行政服务职能部门阶段性情况，协商通过部分政协委员调整事宜，审议通过县政协提案督办活动实施方案和县政协关于开展界别协商工作的实施意见。县政协主席陈建华，县政协副主席桑健、余科、桑圣权、吴鼎皋，县政协督导员童玉林出席会议。

★7月4日，洋口港港城核心区和启动区建设重点项目——天瑞·海港城项目举行奠基仪式，如东县委副书记周建飞宣布项目奠基建设。通州市委常委、宣传部部长虞越嵩，如东县委常委、洋口港经济开发区党工委书记张蓉蓉出席仪式。

★4日，人力资源和社会保障部社保中心党委书记皮德海带领江苏省、南通市调研组，到如东县调研城乡居民养老保险工作开展情况。如东县委常委、常务副县长沈峻峰陪同调研。

★9 日上午，如东县委副书记周建飞，县委常委、洋口港经济开发区党工委书记张蓉蓉带领县委办、县政府办、县委督查室等相关负责人，就迎接全省沿海开发推进会议各项准备工作进行实地督查。

★9 日，如东县政协、县工商联举办企业家沙龙。活动由县政协副主席、县工商联主席桑健主持，县政协主席陈建华，副县长吴建坤参加活动。

★9 日，如东县召开专题会议，部署开展全县非公有制经济人士理想信念教育实践活动，并正式发布如东县非公经济代表人士文化倡导语——诚信厚德、创新图强、感恩奉献。县政协副主席、县委统战部部长吴鼎皋主持会议。县委常委、纪委书记刘才盛，县政协副主席、县工商联主席桑健出席会议。

★9 日，如东县召开专题会议，部署建立行政执法与司法衔接工作联席会议制度。县委常委、政法委书记于立忠，副县长姜晓静出席会议。

★11 日，总投资 50 亿元的如东雨润国际广场项目正式签约。雨润控股集团总裁祝义亮，雨润控股集团董事、现代商业集团董事长胡晓军，如东县委书记、县人大常委会主任詹立风，县委副书记、县长潘建华，县委常委、常务副县长沈峻峰，县委常委、宣传部部长杨中坚出席签约仪式。

图为：如东雨润国际广场项目正式签约

★12 日，如东县委常委杨小军、副县长王智带领相关部门负责人，对全县重点交通工程建设情况进行督查，并慰问高温下施工人员。

★13 日，如东县召开上半年全县政务服务总结点评会。县委副书记、县长潘建华出席会议并作重要讲话。县委副书记、县政务中心党工委书记周建飞对上半年全县政务服务工作作点评。会议由县委常委、常务副县长沈峻峰主持。

★15 日，南通市委常委、纪委书记庄中秋带领市环保工作专项督查和执法检查组，通过走访企业、听取汇报等形式，对如东县环境保护和生态文明建设开展专题督查。南通市政府副秘书长缪三义，如东县领导詹立风、潘建华、刘才盛、杨小军、张蓉蓉、王智等参加督查活动。

★16 日，由江苏世誉置业有限公司开发的金地来国际商贸广场，通过如东县规划局组织的专家评审。如东县政协副主席桑圣权出席评审会。

★16 日上午，如东县委召开全县村（社区）党组织换届动员暨青年干部赴村任职集体谈话会。县委常委、组织部部长任新峰出席会议。

★17 日，如东县委常委、组织部部长任新峰，副县长姜晓静在县总工会相关负责人的陪同下，亲切慰问坚守岗位的一线员工，并送上防暑降温慰问品。

★18 日，江苏省委组织部组织二处副处长宋波带领调研组，到如东县专题调研非公企业党建工作。

★18 日，如东县委召开工作会议。县委书记、县人大常委会主任詹立风出席会议并作重要讲话。会议由县委副书记、县长潘建华主持。全体县委委员、候补委员，县纪委委员；县人大、县政府、县政协领导成员，县督导员，县法院院长，县检察院检察长；各镇党委书记、镇长，各区党工委书记、管委会主任；县级机关各部门和县直属单位中层以上干部；县 50 强企业负责人；原县四套班子老领导和享受地市级待遇的老干部代表出席会议。

★18 日，如东县副县长吴建坤带领县经信委、粮食局、文广新局等部门负责人，先后前往变电所、国清寺、粮站等重点场所，检查安全生产工作。

★19 日，如东县召开全县统计工作暨第三次经济普查动员会。县委常委、常务副县长沈峻峰出席会议。

★19 日，如东县召开纪检监察系统上半年工作总结暨“品牌工作”推进会。县委常委、纪委书记刘才盛出席会议。

★19 日，如东县委常委、副县长王孝强带领安监、交通运输局、农机、质监、监察等安委会相关成员单位负责人，对县水务局、海洋与渔业局上半年安全生产工作进行督查。

★19 日，如东县召开全县服务业推进会。县委常委杨小军，副县长王智出席会议。

★19 日，如东县委组织部召开全县组织工作半年交流点评会。县委常委、组织部部长任新峰出席会议。

★20 日，如东县委书记、县人大常委会主任詹立风，县委副书记、县长潘建华分别深入街头和工地，亲切看望冒着高温、奋战在一线的劳动者，向他们送去夏日的“清凉”和亲切的问候。

★21 日，农业部水稻生产专家指导组副组长张洪程带领国家粮食丰产科技工程项目中期考察组，深入如东县岔河镇金河村、马塘镇亚苏村、丰利镇玉窑村水稻“粮丰”工程核心示范方、攻关田的田间地头，检查、指导项目实施工作。

★22 日上午，无锡市人大常委会主任、党组书记姚建华，无锡市委常委、纪委书记周铁根带领无锡市人大考察团组到如东县参观考察。如东县委书记、县人大常委会主任詹立风，县委副书记、县长潘建华陪同考察。

★22 日，如东县人大常委会召开第 24 次主任会议，听取并审议民事行政诉讼法律监督工作。县人民检察院检察长顾祖林汇报了民事行政诉讼法律监督工作。县人大常委会副主任唐国均主持会议。县人大常委会副主任、党组副书记陈昌龙，县人大常委会副主任沈更生、冯力如，县人大督导员徐志平、杨成泉、冒亚平出席会议。

★23 日，南通市副市长赵闻斌到如东县调研社区建设工作。如东县委常委、政法委书记于立忠，副县长江华参加调研。

★23 日，如东县人大常委会副主任、党组副书记陈昌龙带领部分人大常委会组成人员，视察重点交通项目，并就县交通运输局承办的人大代表建议进行点评。县人大常委会副主任沈更生、冯力如、唐国均参加视察活动。

★23 日下午，南通市司法行政系统推进“四个全覆盖”建设流动现场会在如东县召开，会议推广了如东县司法行政信息化应用工作经验。如东县副县长姜晓静参加活动。

★23 日，如东县举行康复器具发放仪式。副县长江华出席发放仪式。

★24 日，如东县召开政法部门上半年工作交流会。县领导唐国均、程军参加会议。

★24 日下午，如东县人大常委会召开会议，专题听取县文广新局负责人关于人大代表建议办理和该局工作情况的汇报。县人大常委会副主任、党组副书记陈昌龙，县人大常委会副主任沈更生、冯力如，副县长姜晓静出席会议。

★24 日上午，南通军分区参谋长、市征兵领导小组副组长杨增平带领市征兵领导小组，来如东县检查征兵工作，并实地视察了马塘镇医院征兵初检点。如东县副县长江华汇报了如东县征兵工作情况。县委常委、人武部部长吴风俊陪同检查。

★24日，如东县副县长王智带领环保、安监、文广新局等单位负责人，分别前往马塘、丰利两镇，督查高温季节安全生产和环保工作。

★25日，如东县召开社区建设暨农业农村重点工作推进会上，县委副书记、县长潘建华要求各地进一步提高认识，以科学严谨的方法、改革创新的精神和务实高效的作风，加快推进社区建设和农业农村重点工作，圆满完成年初县委、县政府确定的目标任务。县委常委、政法委书记于立忠通报了当前如东县社区建设、民政工作及农业农村工作情况。会议由副县长江华主持。

★25日，如东县政协主席陈建华、副主席桑健带领部分政协委员，视察县中医院整体迁建工程。

★25日，黑龙江省侨联主席王伟在南通市侨联主席吴亚军和如东县人大常委会副主任、县侨联主席沈更生的陪同下，到如东县参观考察。

★25日下午，江苏省新闻出版局副局长曹玉梅一行到如东县，就如何实施农家书屋提升工程开展调研，并给“农家书屋”赠送了现代化的电子阅读设备。

★29日，如东县召开全县领导干部会议，传达江苏省委十二届五次全会和南通市委十一届五次全会精神，县委书记、县人大常委会主任詹立风主持会议。县四套班子领导，各镇区、县级机关各部门主要负责人出席会议。

★29日，江苏省委宣传部副部长、省委对外宣传办公室主任司锦泉到如东县，就如何提高基层宣传思想文化工作的针对性、实效性，创建宣传品牌，与基层一线同志进行座谈交流、征求意见。南通市委常委、宣传部部长章树山，如东县委常委、宣传部部长杨中坚陪同调研。

★29日下午，如东县召开双拥模范县创建工作动员暨军地座谈会。会上，县委副书记、县长潘建华通报了全县经济社会发展形势。县委常委、政法委书记于立忠就做好双拥模范县创建工作进行动员部署。副县长江华主持会议。詹立风、潘建华等县领导为驻如东部队发放了慰问金。县领导吴风俊、唐国均、桑圣权，驻如部队官兵代表，县双拥工作领导小组全体成员，各镇区双拥工作领导小组组长、拥军服务站负责人出席会议。

★29日，如东县外侨办、县侨联接待了旅居马达加斯加的李剑、王艳萍夫妇。县人大常委会副主任、县侨联主席沈更生向他们详细介绍了如东经济社会发展情况。

★30日，如东县第十六届人大常委会召开第十四次会议。会议由县人大常委会副主任冯力如主持，县人大常委会副主任沈更生、唐国均出席会议，县人大督导员徐志平、杨成泉、冒亚平列席会议。

★31日，如东县举行新聘大学生村官上岗暨“青春中国梦，村官我先行”主题实践活动启动仪式。县委常委、组织部部长任新峰在启动仪式上寄语广大大学生村官。

★31下午，如东县召开全县宣传思想文化工作会议。县委常委、宣传部部长杨中坚出席会议。

★31日，如东县举行厦门大学大学生实践如东基地签约揭牌仪式，县委常委、组织部部长任新峰为基地揭牌。副县长吴建坤出席揭牌仪式。

★2日，由如东县副县长、县公安局局长程军率队的县政府第六组安全生产工作督查组前往双甸镇督查安全生产工作。

8月

★2日，如东县政协召开提案办理协商会议，邀请县委常委、常务副县长沈峻峰，副县长江华与会，对部分重点提案进行协商、对接。县政协主席陈建华、县政协副主席、县委统战部部长吴鼎皋、县政协督导员童玉林出席会议。

★4 日下午，如东县双甸镇纺织业商会成立大会暨华东纺织网双甸镇工作站正式揭牌。如东县政协副主席、县工商联主席、总商会会长桑健出席揭牌仪式。

★5 日，上海同业煤化集团公司董事长陈继国、副总裁吴志祥一行，率公司高层到洋口港考察。如东县委常委、洋口港经济开发区党工委书记张蓉蓉陪同考察。

★5 日，江苏省侨联副主席兼秘书长宫琳率省侨联第三调研组到如东县开展“三解三促”调研活动。如东县委常委、组织部部长任新峰看望了省侨联调研组一行。

★6 日上午，在如东县委书记、县人大常委会主任詹立风的陪同下，年近 8 旬的王颖来到洋口港经济开发区阳光岛，进厂区、登码头、观大海，对港口建设进行考察。

★6 日下午，中天科技集团总投资逾 50 亿元，在如东沿海建设总装机容量超 500 兆瓦的光伏发电场和光伏电站，其中起步投资 5 亿元、建设 50 兆瓦光伏电站的项目，正式落户洋口港经济开发区，如东县委常委、洋口港经济开发区党工委书记张蓉蓉致辞。签约仪式由县委副书记周建飞主持，县委书记、县人大常委会主任詹立风，县政协主席陈建华，县人大常委会副主任、党组副书记陈昌龙，副县长王智出席签约仪式。

★8 日，如东县委副书记、县长潘建华在县委常委、县人武部长吴凤俊的陪同下，来到县征兵体检站，看望慰问了征兵体检工作人员和应征青年。

★8 日是全国第五个“全民健身日”。如东县举行全县第十一届运动会。县委书记、县人大常委会主任詹立风出席开幕式并宣布本届运动会开幕。南通市体育局局长徐国祥，县领导陈昌龙、杨中坚、唐国均、姜晓静出席开幕式。

图为：如东县举行全县第十一届运动会开幕式

★9 日上午，如东县委副书记、县长潘建华及副县长王智、张栩龙，召集发改委、国土、环保、金融、沿海经济开发区等部门负责人，专题召开协调会议，对 10 多个重点项目建设事宜进行研究讨论，要求各相关单位强化责任意识，加大协调力度，确保项目顺利推进。

★9 日，如东县委组织部、县规划局在县人社局联合举办全县城镇化建设专题研修班。县委常委、常务副县长沈峻峰出席会议，县委常委、组织部部长任新峰主持开班仪式。

★12 日，如东县召开全县重点工作督查推进会。县委书记、县人大常委会主任詹立风要求各地、各部门进一步统一思想、抓实举措，全力以赴推动全县经济平稳较快增长，确保各项重点工作按时有序推进。县委副书记、县长潘建华主持会议，县委副书记周建飞通报了二季度重点工作竞赛考核结果，县委常委、政法委书记于立忠通报了夏季秸秆禁烧情况，县领导张蓉蓉、王智、张栩龙分别交流、点评了全县招商引资、项目建设和工业运行情况。县政协主席陈建华，县人大常委会副主任、党组副书记陈昌龙等四套班子领导出席会议。

★12 日，南通市政协副主席陆玉明到如东县约访在如东县的市政协委员，听取委员对经济社会发展状况的汇报，了解社情民意。

★13日下午，如东县政协召开提案办理协商会议，督办“关于切实加强城区工程车辆管理，提升文明城市形象”等12件重点提案。会议由县政协副主席桑圣权主持，县政协督导员童玉林出席会议。

★13日，南通市委、市政府召开沿海前沿区域重大项目建设现场推进会，与会人员先后参观了沿海经济开发区、小洋口旅游度假区、如东经济开发区、南通外向型农业综合开发区、洋口港经济开发区、循环经济产业园等部分重大项目。如东县委书记、县人大常委会主任詹立风，县委副书记、县长潘建华，县委副书记周建飞，县委常委、洋口港经济开发区党工委书记张蓉蓉参加活动。

★14日，如东县政协召开十四届十二次主席会议。会议由县政协主席陈建华主持。县政协副主席桑健、余科、吴鼎皋，督导员童玉林出席会议。

★15日，如东县委、县政府举办省第五批“科技镇长团”总结汇报会暨省第六批“科技镇长团”如东团欢迎仪式。县委书记、县人大常委会主任詹立风出席活动，并向第五批“科技镇长团”成员颁发如东县人才工作顾问聘书。县委常委、常务副县长沈峻峰主持欢迎仪式，县委常委、组织部部长任新峰宣读《省第五批、第六批“科技镇长团”如东团成员职务任免决定》。

★15日，在国家安全生产应急救援指挥中心副主任李万春的带领下，国家安监总局检查组到如东县专项检查江苏LNG接收站安全生产运行情况。江苏省安监局副局长陆贯一，南通市安监局局长倪建明，如东县委书记、县人大常委会主任詹立风，县委副书记、县长潘建华，县委常委、洋口港经济开发区党工委书记张蓉蓉陪同检查。

★15日下午，如东县举行文艺创作工作室授牌仪式。县委常委、宣传部部长杨中坚分别为“刘剑波工作室”“於国鑫工作室”授牌。

★20日，南通市人大常委会副主任王向红一行到如东县视察村庄环境整治工作。如东县领导冯力如、江华陪同参观。

★21日上午，如东县召开招商引资暨项目建设工作推进会，县领导张蓉蓉、王智分别汇报了全县招商引资“百日竞赛”成效以及今年以来项目建设情况。县委副书记周建飞出席会议并讲话。县领导冯力如、桑健出席会议。

★21日下午，江苏省沿海地区港口发展专题调研组到如东县调研洋口港开发建设情况。省交通运输厅副厅长王昌保寄语如东县抢抓沿海开发的重大战略机遇，做大做优做特港口开发的文章。如东县委书记、县人大常委会主任詹立风汇报了洋口港开发建设的有关情况。县委常委、洋口港经济开发区党工委书记张蓉蓉汇报了洋口港开发建设的有关情况。江苏省交通运输厅港口局局长司马华炜、南通市港口局局长李吉平、如东县委副书记周建飞、县委常委杨小军参加调研活动。

★21日下午，如东县召开企业家协会捐资助学座谈会，中天科技集团有限公司、江苏快达农化股份有限公司等企业的14位企业家，为全县14名品学兼优的困难学生捐资助学。副县长张栩龙主持会议，县人大常委会副主任冯力如、县政协副主席桑健参加会议。

★22日，如东县人大常委会召开第26次主任会议，审议如东县闲置空闲土地清理工作情况。县人大常委会副主任沈更生主持会议。县人大常委会副主任、党组副书记陈昌龙，县人大常委会副主任冯力如、唐国均，县人大督导员杨成泉、冒亚平参加会议。

★23日，广西武鸣县政协主席黄隆鸣一行来如东县考察。如东县政协主席陈建华、副主席桑健的陪同考察。

★23日，如东县人大常委会副主任、党组副书记陈昌龙带领12名市、县人大代表及相关部门负责人视察如东县食品安全工作。县人大常委会副主任唐国均主持会议，县人大督导员冒亚平参加会议。

★25日上午，副县长江华率领民政部门的相关负责人，慰问了如东县殡仪馆职工，并带去了慰问品。

★26日，如东县扶海大学堂交通分堂举办主题为“现代媒体环境下领导干部媒介素养与突发事件的媒体沟通方法”的讲座，邀请中国传媒大学教授杨懿作专题报告。县委常委杨小军，县政协副主席桑圣权听取讲座。

★26日上午，如东纺织商会、华东纺织网南通家纺城办事处揭牌。县政协副主席、县工商联主席桑健出席揭牌仪式。

★27日，如东县委书记、县人大常委会主任詹立风带着学习用品和慰问金看望了挂钩帮扶的贫困家庭孩子。县委常委、洋口港经济开发区党工委书记张蓉蓉一起看望了贫困学生。

★27日，如东县举办外经贸政策宣讲会，邀请相关专家对有关政策进行解读。副县长王智出席会议。

★27日，如东县委书记、县人大常委会主任詹立风率领教育、卫生等部门负责人，实地调研县实验小学整体迁建一期工程、县中医院迁建工程等社会事业重点项目。县领导杨中坚、唐国均、姜晓静、桑健等陪同调研。

★27日，如东县副县长、县红十字会会长姜晓静带领县民政、教育部门相关负责人，前往4户贫困家庭看望即将开学的学生，了解他们的学习、生活情况，并送上帮困慰问金。

★27日晚，由如东县委宣传部、县文广新局、县总工会联合主办，县癌友康复协会、南通市癌友康复协会承办的第二届职工文化艺术节暨“生命赞歌”专场文艺演出，在县城“五一广场”举行。县委常委、宣传部部长杨中坚，副县长姜晓静观看了演出。

★28日下午，南通市委常委秦厚德到如东县，在如东县委副书记、县长潘建华，县政协副主席桑圣权的陪同下，专题视察项目农业建设情况。

★29日，新疆克孜勒苏柯尔克孜自治州政协副主席、州经信委主任张殿江带领州产业合作工作组到岔河镇考察纺织市场建设情况。

9月

★2日，如东县外侨办、县侨联接待了回乡探亲、讲学的旅加侨胞黄先华博士，及其儿子、现就读加拿大多伦多大学金融博士学位的黄轩成。县人大常委会副主任、县侨联主席沈更生，县人大常委会督导员杨成泉参加活动。

★3日，南通市委副书记陈斌到如东县调研沿海开发、党建创新和社会管理创新工作。如东县委书记、县人大常委会主任詹立风陪同调研，并汇报了如东县经济社会发展、党建工作创新及社会管理创新的情况。县委副书记周建飞，县领导任新峰、刘才盛、杨中坚、于立忠、张蓉蓉参加调研活动。

★3日上午，南通市委常委秦厚德带领全市南美白对虾产业发展现场推进会与会人员，到如东县参观南美白对虾养殖情况。如东县委副书记、县长潘建华，县领导于立忠、江华陪同考察。

★5日下午召开的如东县殡葬改革工作动员大会，要求各地周密部署，深化殡葬改革，以促进经济社会全面可持续发展。县委常委、政法委书记于立忠主持会议。

★5日，如东县副县长江华分别对涉农产品加工冷冻企业及沼气使用企业安全生产、农机安全生产和敬老院安全生产工作进行专项督查。

★6日，如东县召开老年大学建校25周年座谈会，县委书记、县人大常委会主任詹立风充分肯定了老年大学25年来的办学成果。县委常委、组织部部长任新峰主持会议。县委常委、宣传部部长杨中坚，县老年大学校委会成员单位负责人出席会议。

★6 日，南通市政协原副主席储长林、市人大原副秘书长王昀及市农委、老干部局领导等到栟茶镇，对列入国家第二批试点小城镇建设的相关情况进行调研。如东县人大常委会副主任沈更生参加了活动。

★6 日下午，如东县政协副主席桑圣权带领部分政协委员视察如东县城乡居民健康饮用水工程，就工程推进中存在的难点问题进行调研。副县长江华参加了视察调研活动。

★8 日下午，国家旅游局政策法规司副司长周久才一行到栟茶高级中学考察。如东县领导杨小军、王智陪同考察。

★9 日，如东县委书记、县人大常委会主任詹立风前往如东高级中学，向奋战在教育一线的优秀教师代表送去节日的问候。县领导杨中坚、唐国均、姜晓静、桑健参加慰问活动。

★12 日上午，如东县召开重点工作督查推进会，县委书记、县人大常委会主任詹立风动员全县上下进一步增强赶超争先的责任感和紧迫感，开足马力、扎实举措、奋力冲刺，确保实现全年目标任务，确保发展速度全市领先。县委副书记、县长潘建华在会上通报了 1 至 8 月份全县及各镇区主要经济指标完成情况。

★12 日下午，如东县举行“算好廉政账”主题教育报告会暨“扶海清风”网开通仪式。邀请南通市纪委副书记陈锋作了题为《切实转变作风，密切联系群众》的反腐倡廉主题报告。县委书记、县人大常委会主任詹立风和陈锋共同按下启动球，点击开通了“扶海清风”网。县委副书记、县长潘建华，县政协主席陈建华，县委副书记周建飞，县人大常委会副主任、党组副书记陈昌龙等四套班子领导出席报告会。

★13 日，如东县召开中心镇建设推进座谈会，部署下一阶段中心镇建设工作重点。县委副书记、县长潘建华，县委常委、常务副县长沈峻峰出席会议，副县长江华主持会议。

★13 日，如东县召开的海启高速服务指挥部第一次会议。会议由县委常委杨小军主持。县委常委、常务副县长沈峻峰及县领导沈更生、王智、桑圣权出席会议。

★15 日，国内多家媒体和长三角地区的 31 家旅行社聚集如东县，参加了中国如东南黄海开渔节旅游专场推介活动。如东县副县长王智致欢迎辞。

★16 日上午，2013 中国如东南黄海开渔开船仪式暨渔区民俗文化展示活动在小洋口地区隆重举行。江苏省、南通市海洋与渔业相关部门负责人，如东县委副书记、县长潘建华，县领导杨中坚、于立忠、王孝强、王智、江华出席活动。

图为：南黄海开渔节开船仪式在南通小洋口渔港举行

★18 日上午，如东县委中心组“推进生态文明建设”专题报告会在行政中心会议厅举行。江苏省环保厅副厅长赵挺为县委中心组全体成员和各镇区、机关单位负责人作专题报告。县委副书记周建飞主持报告会，县委书记、县人大常委会主任詹立风，县委副书记、县长潘建华，县四套班子领导和各镇区、县级机关负责人听取报告会。

★17 日，由美国华盛顿国际商会组织的华盛顿经贸代表团专程到如东县考察。如东县委副书记周建飞，县委常委、洋口港经济开发区党工委书记张蓉蓉，副县长王智陪同考察。

★20 日，如东县召开安委会（扩大）紧急会议，县委副书记、县长潘建华要求各地各部门，要以动真碰硬的监管意识，把安全措施做实做细，把安全责任落实到位。副县长张栩龙代表安委会通报了9月份以来发生的两起安全事故。县委常委、常务副县长沈峻峰主持会议。

10月

★4日，黑龙江省侨联副主席迟国强、齐齐哈尔市侨联主席孔子为一行6人到如东县参观考察。南通市侨联主席吴亚军，如东县人大常委会副主任、县侨联主席沈更生陪同考察。

★8日下午，如东县召开三季度全县政务服务工作大会。县委副书记、县政务中心党工委书记周建飞要求各部门、各窗口着力在服务上创一流，在创新上求突破，为全县经济社会发展营造优质、高效的政务环境。县委常委、常务副县长沈峻峰主持会议。

★8日，如东县委组织部召开专题座谈会，对赴北京、上海等地挂职锻炼的19名干部提出要求。县委常委、组织部部长任新峰出席会议。

★9日，如东县召开洋口港开发建设前线指挥部办公会议。县委书记、县人大常委会主任詹立风主持会议。县委常委、洋口港经济开发区党工委书记张蓉蓉汇报了洋口港“三大会战”最新进展情况。县领导任新峰、杨中坚、王孝强、冯力如、姜晓静、王智、余科出席会议。

★9日，南通市委书记、市人大常委会主任丁大卫前往曹埠镇，调研江苏亚振家具有限公司、南通特奥特家具有限公司等家具产业发展情况。如东县委书记、县人大常委会主任詹立风，副县长张栩龙参加调研活动。

★10日下午，江苏省委召开电视电话会议，结合该省开展群众路线教育实践活动，与时俱进推进“两个率先”的实际，交流前一阶段学习贯彻习近平总书记系列重要讲话精神，进一步把思想和行动统一到党中央的正确部署上来，凝心聚心谱写“中国梦”江苏篇章。如东县委书记、县人大常委会主任詹立风，县委副书记、县长潘建华，以及县四套班子领导，各镇区、县级机关主要负责人在分会场收听收看了电视电话会议实况。

★11日，如东县委书记、县人大常委会主任詹立风带领县发改委、国土局、规划局、海洋与渔业局等部门的负责人，到循环经济产业园进行调研。

★12日，如东县召开全县重点工作督查推进会。县委副书记、县长潘建华在会上通报了1至9月份全县及各镇区主要经济指标完成情况，并对下一阶段的工作进行部署。会上，县委副书记周建飞宣读了《关于表彰2013年三季度财政收入、项目建设、招商引资、工业经济、服务业经济综合考核及单项季度竞赛获奖单位的通知》。县委书记、县人大常委会主任詹立风提要求。县四套班子领导，各镇、区党政主要负责人，县级机关相关部门主要负责人出席会议。

★13日，如东县政协主席陈建华来到县中医院，看望如东县唯一健在的老红军邱荣林，并送上慰问品和节日的祝福。

★14日上午，南通市闲置空闲土地清理工作检查验收组在市国土资源局局长张跃进的带领下，对如东县2013年以来闲置空闲土地清理工作进行检查验收。检查验收组听取了如东县委常委、常务副县长沈峻峰关于如东县闲置空闲土地清理工作情况的汇报。

★15日上午举行的如东县委中心组“加强新时期网络舆情应对工作”专题报告会。市委常委、宣传部部长章树山深入浅出的讲座，使如东县各级领导干部对新时期如何抓好网络媒体舆论引导工作有了全面深刻的认识。报告会由县委常委、宣传部部长杨中坚主持。县委书记、县人大常委会主任詹立风，县委副书记、县长潘建华等四套班子领导和各镇区、县级机关负责人听取报告会。

★15 日，南通市人大常委会党组副书记、副主任王向红，市人大常委会副主任程静到如东县视察新刑诉法贯彻实施情况。如东县人大常委会副主任、党组副书记陈昌龙，县人大常委会副主任唐国均陪同视察。

★15 日，通州区侨商会会长、新加坡华维投资控股有限公司董事长刘斌一行专程到如东县考察。如东县人大常委会副主任、县侨联主席沈更生陪同考察。

★17 日下午，如东县人大常委会召开第 29 次主任会议，听取并审议县政府关于全面提升人口计生公共服务水平，努力实现人口均衡发展的报告。副县长姜晓静、县人口计生委负责人分别作专题汇报。会议由县人大常委会副主任唐国均主持，县人大常委会副主任、党组副书记陈昌龙，县人大常委会副主任冯力如出席会议。

★18 日上午，第七届中国如东沿海经济合作洽谈会暨小洋口国际温泉城奠基仪式在风景秀美的沿海旅游经济开发区举行。开幕式由如东县委副书记、县长潘建华主持。匈牙利驻中国大使馆旅游外交官韦罗，保华集团有限公司主席、总裁刘高原，匈牙利驻上海总领事馆领事帕尔·施密特，奥地利驻上海总领事馆副领事维达尔，南通市委常委陈照煌，如东县领导詹立风、潘建华、陈建华、周建飞、陈昌龙等为小洋口国际温泉城项目奠基培土。县四套班子领导，各镇区、县级机关各部门负责人，以及客商代表出席了开幕式。

图为：第七届中国如东沿海经济合作洽谈会开幕

★18 日，如东县召开第七届中国如东沿海经济合作洽谈会。会上，共有 23 个项目参与集中签约，累计总投资 217 亿元，其中外资 7000 万美元。县委副书记周建飞在如东投资环境说明会暨项目集中签约仪式上致辞，副县长王智作投资环境说明，如东投资环境说明会暨项目集中签约仪式由县委常委、常务副县长沈峻峰主持。县委书记、县人大常委会主任詹立风，县政协主席陈建华，县人大常委会副主任、党组副书记陈昌龙，县领导张蓉蓉、冯力如、桑健出席活动。

★18 日，中国如东第十四届国际风筝邀请赛暨“小洋口杯”2013 年江苏省风筝精英赛在如东县举行。开幕式由如东县委常委、宣传部部长杨中坚主持，国家体育总局社会体育指导中心原主任李杰宣布比赛开幕。国家体育总局社会体育指导中心业务三部副主任杨树刚，江苏省体育局群体处处长陈良，省社会体育管理中心业务一部部长、省风筝协会秘书长汤春香等上级领导及如东县领导唐国均、姜晓静、张栩龙、桑健出席开幕式。

★20 日至 21 日，如东县工会召开第十六次代表大会。县委书记、县人大常委会主任詹立风出席大会开幕式，并作重要讲话。县政协主席陈建华，县人大常委会副主任、党组副书记陈昌龙以及县领导任新峰、刘才盛、张蓉蓉、王孝强出席大会开幕式。

★22 日，如东县召开四季度工业经济冲刺推进会。副县长张栩龙就 1 至 9 月份工业经济运行情况进行了点评。县委副书记周建飞，县委常委杨小军出席会议。

★24 日，南通市委常委陈照煌率领市发改委、经信委、环保局、规划局等部门的负责人，到洋口港现场会办 8 个重大项目推进进程中遇到的实际问题。如东县委书记、县人大常委会主任詹立风，县委常委、洋口港经济开发区党工委书记张蓉蓉陪同考察。

★24 日上午，扬州市政协主席洪锦华一行来如东县调研沿海开发工作。南通市政协副主席陆玉明、殷雄，如东县委书记、县人大常委会主任詹立风，县政协副主席吴鼎皋陪同调研。

★24 日下午，如东县人大常委会召开第30次主任会议，听取县总工会关于《江苏省工会劳动法律监督条例》贯彻实施情况的汇报。县人大常委会副主任冯力如、唐国均出席会议。

★25 日，如东县文联第六次代表大会在县会议中心召开。南通市文联党组成员、副主席陈国强到会祝贺，如东县领导詹立风、周建飞、沈峻峰、任新峰、刘才盛、杨中坚、杨小军、吴风俊、唐国均、余科、吴鼎皋出席大会。

★28 日，如东县政协召开 2013 年度委员小组述职交流会。县政协主席陈建华，县政协副主席桑健、余科、桑圣权、吴鼎皋出席会议。

★29 日下午，江苏省召开视频会议，对2014 年度全省党报党刊发行工作进行部署。省委常委、宣传部部长王燕文出席会议并讲话。如东县委副书记周建飞，县委常委、宣传部部长杨中坚及县相关部门负责人在分会场收看会议实况。

★30 日上午，以“菊韵如东，美丽南通”为主题的第二十四届南通菊花展开幕。如东县委常委、宣传部部长杨中坚主持菊展开幕仪式。县委副书记、县长潘建华致辞，南通市政府副秘书长、市城乡建设局局长马建明宣布菊展开幕，如东县领导沈更生及全市部分菊艺大师、菊艺爱好者出席开幕式。

★30 日，如东县政协召开民主生活会。县政协主席会议成员、离退休处级以上老干部、机关全体人员参加报告会。县政协主席陈建华主持报告会并讲话。

11 月

★1 日，如东县举行“临海公路党旗红决战决胜保贯通”总结表彰大会。县委常委、组织部部长任新峰出席会议。

★1 日，江苏省推进现代渔业建设工作会议在如东县召开。副省长徐鸣出席会议。如东县委书记、县人大常委会主任詹立风在会上介绍了如东县加快现代渔业发展的做法。江苏省政府副秘书长杨根平主持会议。省海洋与渔业局局长唐庆宁，省发改委副主任林一峰，省财政厅副厅长黄晓平，南通市委常委秦厚德，副市长陈一星，如东县委副书记、县长潘建华，县领导于立忠、蒋树建等参加活动。

★2 日，江苏省政府在南通市召开全省沿海开发推进会。当天上午，省委副书记、省长李学勇，省委常委、常务副省长李云峰，副省长史和平、许津荣在南通市委书记、市人大常委会主任丁大卫，市委副书记、市长张国华，如东县委书记、县人大常委会主任詹立风，县委副书记、县长潘建华的陪同下，带领与会人员参观考察如东县沿海经济开发区、南通外向型农业综合开发区、洋口港经济开发区等沿海开发现场。

图为：出席江苏省政府沿海开发推进会的江苏省省长李学勇（中）、南通市委书记丁大卫（左）、如东县委书记詹立风（右）视察如东

★3 日下午，如东县召开秋冬季海洋渔业安全生产工作会议，对近期海浪警报防范措施落实突击检查情况进行通报。副县长蒋树建出席会议。

★4日下午，国家督学、大连现代学习科学研究院院长王允庆带领教育部全国县域义务教育均衡发展督导组，到如东县检查义务教育阶段的均衡发展情况。南通市人大常委会副主任陈静及如东县领导沈峻峰、杨中坚、唐国均、姜晓静、桑健的陪同检查。

★5日，如东县政协主席陈建华带领部分县政协委员以及县住建、城管和掘港镇等相关部门和镇区的负责人，视察如东县老旧居住区改造情况。在随后召开的专题协商会上，住建、城管和掘港镇的相关负责人介绍了县城老旧小区改造情况。会议由县政协副主席桑圣权主持，县委常委、常务副县长沈峻峰参加活动。

★6日，如东县举行县委中心组“中国国家安全形势”专题报告会，江南社会学院邱建军副教授为如东县各级领导干部作了生动而精彩的讲座。县委常委、政法委书记于立忠主持报告会。

★6日下午，如东县政协组织驻如省市政协委员开展知情明政视察活动。县政协主席陈建华，副县长姜晓静，县政协副主席桑圣权、吴鼎皋参加视察活动。

★8日，如东县召开2013年度转业士官安置工作会议。县委常委、组织部部长任新峰主持会议。县委常委、常务副县长沈峻峰出席会议。

★8日，如东县人大常委会副主任、党组副书记陈昌龙带领常委会成员和人大代表，专题视察“一号议案”办理落实情况。县委常委、洋口港经济开发区党工委书记张蓉蓉，县人大常委会副主任沈更生、冯力如、唐国均，副县长王智参加了活动。

★8日下午，如东县召开2013年度转业士官安置工作会议，各接收安置单位的主管部门、镇（区）领导和24名转业士官，进行档案移交和对接工作。副县长蒋树建出席会议。

★9日，如东县企业家协会召开座谈会。座谈会由县委常委杨小军主持，县领导刘才盛、冯力如、王志荣、桑健出席会议。

★9日，江苏洋口港投资开发有限公司召开党委成立大会。如东县委常委、洋口港经济开发区党工委书记张蓉蓉参加会议。

★12日，如东县召开老干部工作会议。县委副书记、县长潘建华通报了全县经济社会发展情况，县委书记、县人大常委会主任詹立风作重要讲话。会议由县委常委、组织部部长任新峰主持。县领导陈建华、陈昌龙、刘才盛、杨中坚、杨小军、于立忠、张蓉蓉、王孝强、吴凤俊出席会议。

★12日，如东县召开重点工作督查推进会。县委书记、县人大常委会主任詹立风作出要求。县委副书记、县长潘建华在会上通报了1至10月份全县及各镇区主要经济指标完成情况。县四套班子领导，各镇、区党政主要负责人，县级机关相关部门主要负责人出席会议。

★12日，如东县组织工作会议召开。县委书记、县人大常委会主任詹立风作重要讲话。县委常委、组织部部长任新峰对全县组织工作进行部署。县委副书记周建飞主持会议。县委常委、纪委书记刘才盛，县委常委、宣传部部长杨中坚，县委常委、洋口港经济开发区党工委书记张蓉蓉出席会议。

★12日，如东高级中学申报承建的“江苏省情境英语课程基地”项目正式启动。副县长姜晓静出席启动仪式，并与扬州大学研究生院常务副院长俞洪亮共同为基地揭牌。

★13日，如东县领导詹立风、潘建华带领与会人员参观县中医院整体迁建项目。

★13日，南通市政协副主席陆玉明到如东县开展专题调研。如东县政协主席陈建华介绍了今年来县政协开展的相关工作和对未来工作的部署。

★13日上午，如东县召开专题会议，部署2014年度重点党报党刊发行工作。县委常委、宣传部部长杨中坚出席会议。

★13日，如东县文广传媒中心举行庆祝第

十四届中国记者节表彰大会，县委常委、宣传部部长杨中坚寄语广大新闻工作者。

★13日，如东县人大常委会副主任、党组副书记陈昌龙，县委常委、政法委书记于立忠，副县长蒋树建带领涉农、挂钩部门负责人，赴南通外向型农业综合开发区现场办公，落实有关项目建设事项。

★15日下午，如东县集中收看全省精神文明建设先进表彰电视会议，如东县有42家单位获得省“文明单位、文明乡镇、文明村和文明社区”荣誉称号。县委常委、宣传部部长杨中坚出席会议。

★19日，江苏省考评组对如东县创建省双拥模范县工作进行集中检查评估。如东县委常委、政法委书记于立忠向考评组汇报了近年来的双拥工作情况。县委副书记、县长潘建华，县委常委、人武部长吴风俊出席考评汇报会。

★19日下午，如东县委常委、宣传部部长杨中坚带领城管、公安等部门负责人，先后前往浅水湾公园、江海中路商业街、中心市场等地，对如东县文明城市创建工作进行突击检查。

★20日，如东县召开全县工业应税销售“冲刺全年”工作推进会，县委副书记周建飞发表讲话。会议由县委常委杨小军主持。

★20日，南通市政协副主席、市委统战部部长殷雄前往曹埠镇应泉村，专题督查“三解三促”活动实事办理情况。如东县委常委、纪委书记刘才盛，县政协副主席吴鼎皋参加活动。

★20日，如东县镇人大工作会议召开。县人大常委会副主任、党组副书记陈昌龙发表讲话。县人大常委会副主任沈更生、冯力如、唐国均出席会议。

★22日，如东县人大常委会召开第31次主任会议。县人大常委会副主任、党组副书记陈昌龙发表讲话。会议由县人大常委会副主任沈更生主持。县人大常委会副主任冯力如、唐国均出席会议。

★22日下午，如东县征收办举行房屋征收业务知识竞赛。县领导沈峻峰、杨中坚出席竞赛活动。

★23日上午，中央宣讲团在江苏省举行中共十八届三中全会精神宣讲报告会。中央宣讲团成员、商务部部长高虎城作宣讲报告。如东县委书记、县人大常委会主任詹立风，县委副书记、县长潘建华等县四套班子领导，各镇区、县级机关主要负责人同步收听收看了会议实况。

★24日，如东县纺织业商会召开第二次会员代表大会。县领导杨小军、张栩龙、桑健出席会议。

★25日至26日，南通市人大常委会副主任王向红一行到如东县，就社会养老服务体系建设和中心镇建设开展调研。如东县副县长蒋树建介绍了如东县社会化养老服务体系建设和中心镇建设情况。县人大常委会副主任、党组副书记陈昌龙，县人大常委会副主任唐国均陪同调研。

★25日，如东县预防职务犯罪工作指导委员会在县政务中心召开首批“清廉示范岗”命名表彰大会。县委常委、政法委书记于立忠发表讲话。副县长程军参加会议。

★26日，如东县举办2013年度“请人民评议，让人民满意——如东县政风行风热线特别节目暨民主评议政风行风质询评议活动”。县委常委、纪委书记刘才盛作动员讲话。县委常委、常务副县长沈峻峰出席会议。

★26日，南通市委常委、政法委书记曹斌到如东县调研政法工作，如东县委常委、政法委书记于立忠，副县长程军参加活动。

★26日，如东县职工健身中心正式启用。副县长姜晓静出席启动仪式并为职工健身中心揭牌。

★27日，如东县第十六届人大常委会召开第十六次会议.。会议由县人大常委会副主任、党组副书记陈昌龙主持。县人大常委会副主任沈更生、唐国均出席会议。

★29日，江苏省化工集中区安全工作汇报会在如东县召开。副省长缪瑞林发表讲话。如东县委副书记、县长潘建华作专题汇报。县委书记、县人大常委会主任詹立风，副县长王智、张栩龙出席汇报会。

★29日，江苏省副省长缪瑞林到如东县调研公安、司法和消防工作。江苏省政府副秘书长李明耀，如东县领导周建飞、沈峻峰、于立忠、程军等陪同调研。

★29日，如东县举行扶海大学堂——“明亡清兴的历史感悟”专题讲座，著名历史学家、《百家讲坛》主讲人阎崇年应邀主讲。如东县委常委、宣传部部长杨中坚主持讲座。

★30日，如东县委、县政府在上海举行第二届上海·如东医疗卫生界同乡联谊会。县委常委、宣传部部长杨中坚发表讲话。副县长姜晓静主持联谊会，县政协副主席桑健出席联谊会。

12月

★4日，如东县政协召开十四届十五次主席会议。县政协主席陈建华，县政协副主席桑健、余科、桑圣权、吴鼎皋出席会议。

★6日，南通市工会劳监员片区服务站推进会在沿海经济开发区召开。如东县委常委、组织部部长任新峰，南通市总工会党组书记、副主席葛玉琴共同为沿海经济开发区工会劳监员片区服务站揭牌。

★6日，如东县召开安全生产工作会议。副县长张栩龙出席会议并作讲话。

★9日下午，如东县委书记、县人大常委会主任詹立风带领相关部门负责人，前往沿海经济开发区调研。副县长、沿海经济开发区党工委书记张栩龙及沿海经济开发区管委会负责人汇报了园区发展战略构想和明年工作的具体思路。县政协主席陈建华，县委常委杨小军、副县长王智参加调研活动。

★10日，如东县召开重点工作督查推进会。县委书记、县人大常委会主任詹立风作重要讲话。县委副书记周建飞在会上通报了1至11月份全县主要经济指标完成情况。县四套班子领导，各镇（区）党政主要负责人，县级机关相关部门主要负责人出席会议。

★11日下午，如东县委书记、县人大常委会主任詹立风对洋口港开发工作展开调研。县委常委、洋口港经济开发区党工委书记张蓉蓉汇报了洋口港经济开发区今年重点工作完成情况和明年工作的具体思路。县委副书记周建飞，县委常委、副县长王孝强参加调研活动。

★11日，如东县接受社会管理、综合治理（平安建设）、法治建设南通市级年度考评。县委常委、政法委书记于立忠向市考评组汇报了如东县社会管理、综合治理（平安建设）、法治建设工作。

★11日，如东县侨联召开侨界传达贯彻中国侨联“九代会”精神大会，第九次全国归侨侨眷代表大会代表、市侨联副主席、县人大常委会副主任、县侨联主席沈更生发表讲话。

★12日，江苏省卫生厅验收组对如东县创建省级卫生应急工作示范县进行考核验收。如东县副县长姜晓静汇报了如东县创建工作。

★13日，如东县委书记、县人大常委会主任詹立风在如东经济开发区调研。县委办、县发改委、商务局等相关部门负责人参加调研活动。

★13日，如东县召开全县发展党员和党员管理工作会议。县委副书记周建飞出席会议并讲话，县委常委、组织部部长任新峰作具体部署。

★13日上午，如东县召开镇区政法委员述职测评大会。县委常委、政法委书记于立忠出席会议。

★14日，如东县委、县政府召开专题会议

交流讨论调研成果。周建飞、沈峻峰、杨中坚、杨小军、于立忠、张蓉蓉、冯力如、蒋树建、王智、张栩龙、余科等 11 位县领导口头交流了调研成果，其他县领导的调研成果以书面形式进行了交流。县委书记、县人大常委会主任詹立风主持会议。县委副书记、县长潘建华发表讲话。县政协主席陈建华，县人大常委会副主任、党组副书记陈昌龙作交流发言。县四套班子全体领导参加会议。

★16 日，如东县召集工商、消防、安监、城管等相关单位召开专门会议，对县城欧贸广场“三合一”场所开展专项整治作出详细部署。副县长张栩龙出席会议。

★17 日上午，如东县以县委中心组学习扩大会的形式，举行“深入学习中共十八届三中全会精神”报告会。县委副书记周建飞主持报告会，县委书记、县人大常委会主任詹立风，县委副书记、县长潘建华，县政协主席陈建华，县人大常委会副主任、党组副书记陈昌龙和县委中心组其他成员，各镇、区主要负责人、分管党务工作的负责人、宣传委员、党校教员，县级机关各部门各单位主要负责人及中层以上干部、机关干部代表到场聆听报告。

★17 日下午，江苏省委党校副校长桑学成来到如通石油机械股份有限公司，作中共十八届三中全会精神宣讲报告。如东县委常委、宣传部部长杨中坚，以及如通公司各车间部门负责人、一线工人代表等聆听了报告会。

★18 日下午，如东县政协主席陈建华、副主席桑圣权带领部分政协委员视察如东县交通运输工作。

★19 日，江苏省苏北发展协调小组办公室副主任黄建东一行，到如东县调研“南北共建园区”前期准备工作，如东县副县长王智出席会议。

★23 日下午，如东县人大常委会召开第 33 次主任会议，县人大常委会副主任沈更生主持会议。副县长王智、县人大常委会副主任、党组副书记陈昌龙、县人大常委会副主任冯力如、唐国均出席会议。

★23 日，南通市委宣讲团成员分别来到如东县曹埠镇、双甸镇、袁庄镇，举办中共十八届三中全会精神辅导报告会。

★26 日，南通市政府安全生产目标管理考核组来如东县，对 2013 年安全生产目标管理工作进行考核验收。如东县副县长张栩龙、县安监局、消防大队、海洋与渔业局等相关单位负责人参加会议。

★27 日下午，南通沿海重点中心镇（园区）规划会在如东县召开，南通市委常委陈照煌、副市长单晓鸣，如东县委书记、县人大常委会主任詹立风，县委副书记周建飞，县委常委、洋口港经济开发区党工委书记张蓉蓉出席会议。

★30 日，如东县纪委召开全县反腐倡廉建设情况通报会，县委常委、纪委书记刘才盛向人大代表、政协委员、特邀监察员和新闻媒体代表通报了全县党风廉政建设和反腐败工作情况。

★30 日，如东县第十六届人大常委会召开第十七次会议。会议由县人大常委会副主任、党组副书记陈昌龙主持，县人大常委会副主任沈更生、冯力如、唐国均出席会议，副县长姜晓静列席会议。

★31 日上午，如东县政协召开十四届九次常委会。会议由县政协主席陈建华主持，县政协副主席桑健、余科、吴鼎皋出席会议。副县长姜晓静列席会议。

大事回眸 2014 年 Dashi huimou

大事回眸

（2014年）

1月

★2日，如东县召开专题会议，对2013至2014年度全县农村党员干部冬训工作进行部署。副县长蒋树建主持会议。

★2日下午，如东县召开海洋铁路开通准备工作会议。副县长王智、县经信委、交通局、政法委、栟茶镇、如东经济开发区等相关部门和镇区领导作了表态发言。

★4日下午，如东县委十三届五次全体（扩大）会议在县行政中心召开。县委副书记、县长潘建华主持会议。县委书记、县人大常委会主任詹立风代表县委作了题为《致力改革创新，奋力赶超争先，全力开创如东经济社会发展新局面》的工作报告。全会通过了县委副书记周建飞宣读的《关于推进生态文明，建设美丽如东的决议》。

★5日下午，如东县委、县政府在南京召开沿海开发及洋口港开发建设工作汇报会。县委副书记周建飞，县委常委杨小军，县委常委、洋口港经济开发区党工委书记张蓉蓉及县发改委、沿海办、沿海园区主要负责人出席汇报会。

★8日，如东县召开全县绿化工作会议。县委副书记、县长潘建华作了重要讲话。会议由县委常委、政法委书记于立忠主持。副县长蒋树建总结回顾了2013年全县绿化工作，对2014年绿化工作进行部署。县领导冯力如、桑圣权出席会议。

★10日下午，如东县第十六届人民代表大会第三次会议召开各代表团带队人员会议。县委书记、县人大常委会主任詹立风作了重要讲话。县人大常委会副主任、党组副书记陈昌龙，县人大常委会副主任沈更生、冯力如、唐国均及各代表团带队人员出席会议。

★10日下午，政协如东县第十四届委员会第三次会议在县会议中心开幕。县委书记詹立风致开幕词，县政协主席陈建华作政协工作报告，县政协副主席吴鼎皋作提案工作报告。会议由县政协副主席余科主持。

★11日上午，如东县十六届人大三次会议举行预备会议。会议由县人大常委会副主任唐国均主持。

★11日上午，如东县第十六届人民代表大会第三次会议召开主席团第一次会议。会议由县委书记、县人大常委会主任詹立风主持。

★11日上午，如东县第十六届人民代表大会第三次会议在县行政中心开幕。大会主席团常务主席陈昌龙主持会议，县长潘建华作《政府工作报告》。会议听取了县发展和改革委员会主任周春霖所作的《关于如东县2013年国民经济和社会发展计划执行情况及2014年国民经济和社会发展计划（草案）的报告》；听取了县财政局局长罗晓东所作的《关于如东县 2013 年财政预算执行情况和 2014 年财政预算（草案）的报告》。

★11 日下午，政协如东县第十四届委员会第三次会议召开界别专题建言献策会。县领导陈建华、沈峻峰、姜晓静、蒋树建、张栩龙、桑健、余科、桑圣权、吴鼎皋、童玉林和相关部门负责人分别出席各界别专题建言献策会。

★11 日晚，政协如东县第十四届委员会召开第十次常委会。会议由县政协主席陈建华主持，县委常委、组织部部长任新峰作县政协副主席候选人提名说明。县政协领导桑健、余科、桑圣权、吴鼎皋、童玉林出席会议。

★12 日，如东县第十六届人民代表大会第三次会议举行主席团第二次会议。县委书记、县人大常委会主任詹立风主持会议。主席团全体成员，县政府正、副县长，县法院院长、检察院检察长，发改委、财政局主要负责人，各代表团团长参加会议。

★12 日上午，如东县第十六届人民代表大会第三次会议举行第二次大会。县人大常委会副主任沈更生主持会议。

★12 日上午，政协如东县第十四届委员会第三次会议召开第十一次常委会。县政协主席陈建华主持会议，县政协主席会议成员、政协常委和各委组负责人出席会议。

★12 日下午，如东县第十六届人民代表大会第三次会议议案审查委员会举行会议。会议由议案审查委员会主任委员陈昌龙主持。

★12 日下午，如东县第十六届人民代表大会第三次会议计划和预算审查委员会举行会议。会议由大会计划与预算审查委员会主任委员冯力如主持。

★12 日下午，政协如东县十四届委员会召开第十二次常委会。会议由县政协主席陈建华主持，县政协领导桑健、余科、桑圣权、吴鼎皋、陆茵、童玉林出席会议。

★12 日下午，政协如东县第十四届委员会第三次会议圆满完成各项预定议程后胜利闭幕。闭幕大会由县政协副主席吴鼎皋主持。

★13 日上午，如东县第十六届人民代表大会第三次会议举行主席团第三次会议。会议由县委书记、县人大常委会主任詹立风主持。

★13 日上午，如东县第十六届人民代表大会第三次会议在县行政中心胜利闭幕。大会主席团常务主席冯力如主持会议。

★13 日下午，如东县召开刘埠国家一级渔港工程建设推进会。会议由县委常委、政法委书记于立忠主持，县委副书记周建飞，副县长蒋树建参加推进会。

★15 日上午，第 27 次全国“扫黄打非”电视电话会议召开。的县委常委、宣传部部长杨中坚及相关部门负责人在如东县分会场集中收看收听会议实况。

★16 日，如东县委书记、县人大常委会主任詹立风，县长潘建华在如东站候车厅见证海洋铁路列车首发。

图为：如东县委书记、县人大常委会主任詹立风（左三），县长潘建华（右二）在如东站候车厅见证列车首发

★17 日，李金华助学基金成立大会暨首批

发放仪式在栟茶高级中学举行，来自栟茶高级中学与茗海中学的60名寒门学子共获得10万元助学金。

图为：李金华助学基金成立大会暨首批发放仪式在栟茶中学举行

★18日下午，如东县基层党员冬训大集暨集中“三下乡”服务活动启动。县委常委、宣传部部长杨中坚，县政协副主席桑圣权分别向10支冬训助农惠民服务小分队授牌。市委宣传部副部长黄正平参加了活动。

★20日，如东县委宣传部副部长张新华、社科联副主席王军一行赴岔河镇，督查党员干部冬训工作。

★21日上午，如东县委常委、纪委书记刘才盛带领相关部门的负责人，前往河口镇慰问困难群众。

★21日，如东县人大常委会副主任、县侨联主席沈更生带领县侨联、县外侨办工作人员，开展“送温暖、暖侨心”活动。

★22日上午，如东县政协主席陈建华、副县长张栩龙前往洋口镇，慰问孤寡老人、百岁老人和困难群众。

★22日上午，如东县委副书记周建飞到大豫镇慰问困难群众。

★22日上午，如东县委常委杨小军到岔河镇慰问敬老院老人、见义勇为先进个人和困难群众。

★22日上午，如东县召开2014年民政暨双拥工作会议，副县长蒋树建主持会议，县委常委、政法委书记于立忠作了发言，县人大常委会副主任唐国均出席会议。

★22日下午，共青团如东县第十五届委员会召开第三次会议，县委常委、组织部部长任新峰出席会议。

★23日上午，如东县政协十四届委员会召开第十七次主席会议。县政协主席陈建华主持会议，县政协副主席桑健、余科、桑圣权、吴鼎皋、陆茵及其他主席会议成员出席会议。

★23日下午，中科院院士、南京大学地理与海洋科学学院教授王颖一行到洋口港考察。如东县委副书记、县长潘建华陪同考察。

★23日，如东县召开干部培训领导小组会议。县委常委、组织部部长任新峰作了发言，副县长姜晓静主持会议。

★23日，如东县副县长张栩龙前往曹埠镇看望并慰问了镇敬老院五保老人和上漫社区四户困难家庭。

★24日，额度县委书记、县人大常委会主任詹立风，县委副书记、县长潘建华等县领导分别率队，走访慰问驻如部队官兵及部分五保老人、困难群众、老党员等特殊群体，为他们送上节日的祝福和亲切的问候。

★24日，如东县副县长张栩龙、阮平章分别率领安监、质监、经信委、消防大队等单位负责人，前往沿海经济开发区、洋口港经济开发区督查节前安全生产工作。

★25日，南通市副市长单晓鸣带领市沿海办、海洋与渔业、旅游、港口等部门负责人来如东县调研。如东县委书记、县人大常委会主任詹立风，县委副书记、县长潘建华，县委副书记周建飞，副县长蒋树建，副县长王智，副县长、沿海经济开发区党工委书记张栩龙陪同调研。

★26日上午，如东县人大常委会副主任、党组副书记陈昌龙到南通外向型农业综合开发区慰问困难群众。

★26日上午，如东县委常委、常务副县长

沈峻峰一行前往掘港镇童店敬老院慰问。

★26 日，如东县副县长姜晓静带领工商、药监等相关部门负责人前往新店镇、岔河镇检查安全生产工作。

★27 日，如东县政府召开全县安全生产工作会议。县委副书记潘建华讲话，县委常委、常务副县长沈峻峰主持会议，副县长姜晓静、蒋树建、王智、张栩龙、阮平章出席会议。

★27 日，如东县政府召开海洋渔业安全生产工作例会，副县长蒋树建参加会议。

★27 日下午，如东县委、县政府召开 2013 年度全县综合表彰暨沿海开发推进会。县委书记、县人大常委会主任詹立风作了发言，县委副书记、县长潘建华主持会议，县委副书记周建飞宣读表彰决定。

★28 日，由江苏省安监局副局长俞鸿斌为组长的江苏省、南通市政府节前安全生产督查组到如东县，对海洋渔业安全生产及化工企业安全生产和安全责任落实情况进行督导检查。如东县副县长王智陪同检查。

★28 日，如东县副县长王智带领县安监、经信委、海洋渔业等相关单位负责人，前往南通外向型农业综合开发区、丰利镇、沿海经济开发区，就节前安全生产工作进行了检查。

★28 日下午，如东县副县长王智赴丰利镇慰问了当地的老党员、困难户、困难职工、敬老院老人等。

★29 日，如东县委副书记、县长潘建华带领公安、消防、文广传媒、安监等部门负责人到汽车站、商场检查安全运行情况。

★29 日下午，如东县委常委杨小军带领县铁路办相关负责人来到如东火车站，亲切慰问节日值班的工作人员。

2 月

★3 日至 5 日，如东县人社局举行“春风行动”大型招聘会，县委常委、常务副县长沈峻峰视察了招聘会现场。

★7 日，如东县委、县政府召开全县机关作风建设大会，县委副书记、县长潘建华主持会议。县委书记、县人大常委会主任詹立风作重要讲话。县四套班子领导出席会议。

★7 日，如东县委书记、县人大常委会主任詹立风，县委副书记周建飞，县委常委、常务副县长沈峻峰一行先后到政务中心和洋口港经济开发区一线调研。县委常委、洋口港经济开发区党工委书记张蓉蓉，县政协副主席余科参加了部分活动。

★7 日，如东县委常委、纪委书记刘才盛前往县违法建筑整治办公室，检查整治工作。

★8 日下午，南通市副市长赵闻斌到如东县，调研部分重点水利工程。如东县委常委、政法委书记于立忠，副县长蒋树建陪同调研。

★12 日，如东县委副书记周建飞带队赴发改委调研，研究部署 2014 年重大项目相关工作。县领导杨小军、冯力如、王智出席调研活动，县发改委主任、能源局局长周春霖主持会议。

★12 日，如东县召开公安工作会议，副县长、公安局局长程军对 2013 年全县公安工作作了总结回顾，提出了 2014 年公安工作目标任务和工作要求。县领导于立忠、唐国均、桑圣权出席会议。

★13 日上午，如东县第十六届人大常委会召开第十八次会议，会议由县人大常委会副主任、党组副书记陈昌龙主持，县人大常委会副主任沈更生、冯力如、唐国均出席会议。

★13 日下午，如东副县长姜晓静调研岔河镇社会事业工作。

★15 日下午，如东县召开全县政务服务工作会议，县委副书记周建飞主持会议，县领导潘建华、沈峻峰出席了会议。

★17 日上午，如东县委、县政府召开群众路线教育实践活动领导小组第一次会议，县委书记、县人大常委会主任詹立风主持会议并作重要讲话，县委副书记周建飞，县委常委、组织部部长任新峰，县委常委、纪委书记刘才盛，县委常委、宣传部部长杨中坚出席会议。

★17日下午，中共如东县第十三届纪律检查委员会第四次全体会议在行政中心召开。县委常委、纪委书记刘才盛主持会议。县委书记詹立风在全会上作重要讲话。县四套班子主要领导、县委常委、县人民法院院长、县检察院检察长出席会议。

★17日，如东县委书记、县人大常委会主任詹立风和县委副书记、县长潘建华等县领导视察了实验小学新校区，县领导沈峻峰、杨中坚、姜晓静等陪同参加了视察活动。

★17日，如东县委召开全县宣传思想工作会议，县委副书记周建飞主持会议，县委书记、县人大常委会主任詹立风作了重要讲话，县委常委、县委宣传部部长杨中坚作工作报告。县领导张蓉蓉、唐国均、姜晓静、张栩龙、桑健出席会议。

★18日上午，如东县副县长王智前往县工商局调研。

★19日，南通市少年杂技团专场汇报演出在如东县杂技团剧场举行，如东县副县长姜晓静致辞。如东县领导陈建华、周建飞、陈昌龙、沈峻峰、唐国均、桑健观看演出。

图为：南通市少年杂技团举办专场汇报演出

召开全县党的群众路线教育实践活动动员大会，南通市委常委陈照煌出席如东县动员大会并讲话，如东县委书记、县委党的群众路线教育实践活动领导小组组长詹立风主持会议并作动员部署。南通市委督导组组长、市卫生局党组书记、副局长葛维先作了讲话。江苏省委督导组副组长、省财政厅副巡视员汪以力，南通市委督导组副组长、市环保局纪检组长、党组成员陆永生，如东县委副书记、县长潘建华，县政协主席陈建华，县委副书记周建飞，县人大常委会副主任、党组副书记陈昌龙，县委常委沈峻峰、任新峰、刘才盛、杨中坚、杨小军、于立忠、张蓉蓉、王孝强、吴风俊出席会议。

★21日上午，如东县召开党的群众路线教育实践活动督导组会议，会议由县委常委、组织部部长任新峰主持，县委副书记周建飞讲话。

★21日，如东县召开科技镇长团工作座谈会，县委常委、组织部部长任新峰主持会议，县委书记、县人大常委会主任詹立风作了重要讲话。科技镇长团团长、副县长阮平章汇报了科技镇长团所开展工作的情况。县委常委、洋口港经济开发区党工委书记张蓉蓉，副县长王智出席会议。

★21日，如东县政协召开十四届十八次主席会议，会议由县政协主席陈建华主持。县政协副主席桑健、余科、桑圣权、吴鼎皋、陆茵，县政协督导员童玉林参加会议。

★22日，如东县国税局召开2014年全县国税工作会议。县委常委、常务副县长沈峻峰，县财政局局长罗晓东应邀出席会议。

★25日，如东县召开开放型经济、项目建设、工业经济、服务业经济、民营经济、科技创新工作会议。县委常委杨小军主持会议。县领导詹立风、潘建华、周建飞、任新峰、张蓉蓉、王智、阮平章、余科出席会议。

★25日，国家粮食局标准质量管理办公室江苏考评组到如东县检查指导粮食质量监管与检测工作。如东县副县长蒋树建陪同检查工作。

★26日上午，如东县召开老年协会工作暨老年法骨干培训会。县委常委、组织部长任新峰讲话。副县长蒋树建主持会议。

★26日下午，洋口港经济开发区召开党的群众路线教育实践活动动员大会。如东县委书记、县人大常委会主任、县委教育实践活动领导小组组长詹立风作了重要讲话。县委常委、洋口港经济开发区党工委书记张蓉蓉对教育实践活动进行动员部署。南通市委第二督导组组长、市卫生局党组书记、副局长葛维先，如东县政协副主席、洋口港经济开发区党工委副书记余科出席会议。

★26日下午，如东县干部培训春季主体班开班。南通市委宣传部副部长黄正平作了十八届三中全会精神辅导，县委常委、组织部部长任新峰讲话。

★26日，如东县委、县政府召开城市环境综合整治暨2014年城市管理工作会议，县委常委、宣传部部长杨中坚主持会议。县委副书记、县长潘建华，县委常委、常务副县长沈峻峰，县人大常委会副主任沈更生出席会议。

★27日，如东县委、县政府召开生态文明建设工作会议。县委常委杨小军主持会议，副县长蒋树建总结回顾近年来生态文明建设工作，并部署、交办2014年各项重点工作。县领导沈更生、桑圣权出席会议。

★28日上午，如东县政协开展“主席接待日”第一次活动，县政协主席陈建华参加了活动。

★28日，如东县召开政法暨信访稳定工作会议。县委书记、县人大常委会主任詹立风作了重要讲话，县委常委、政法委书记于立忠部署了2014年政法和信访工作，副县长、县公安局局长程军主持会议。县人大常委会副主任冯力如，县政协副主席桑圣权，县法院院长、县检察院检察长出席会议。

3月

★1日，如东县召开农村工作会议，县委书记、县人大常委会主任詹立风作重要讲话，县委副书记、县长潘建华作了动员部署，县委常委、政法委书记于立忠主持会议。县委常委、组织部部长任新峰，副县长蒋树建出席会议。

★2日上午，如东经济开发区召开党的群众路线教育实践活动动员大会。县委副书记、县长潘建华作了重要讲话。市委第二督导组组长、市卫生局党组书记、副局长葛维先，副县长阮平章出席会议。

★2日上午，如东县委、县政府召开海洋与渔业暨安全生产工作会议，县委常委、政法委书记于立忠主持会议。副县长蒋树建回顾总结了2013年如东县海洋与渔业及安全生产工作，并对2014年的工作任务进行安排部署。

★2日，如东县召开县摄影家协会新春联谊会，县人大常委会副主任沈更生出席会议。

★3日，如东县召开农村工作会议，县委书记、县人大常委会主任詹立风作重要讲话，县委副书记、县长潘建华作动员部署，县委常委、政法委书记于立忠主持会议。县四套班子全体领导出席会议。

★3日上午，南通市委常委秦厚德到如东县调研农业农村工作，如东县委书记、县人大常委会主任詹立风，县委常委、县委政法委书记于立忠、副县长蒋树建陪同参加活动。

★3日，如东县委副书记周建飞带领县沿海办、重点项目办、发改委等相关部门负责人督查沿海开发“百项工程会战”推进工作，会办项目建设过程中需要协调解决的各类难题。

★3日下午，如东县委常委、县委宣传部部长杨中坚，副县长姜晓静深入县人民医院，了解人民医院外科大楼项目进展情况及推进难点，从而推进全县社会事业重点项目建设进程。

★3 日下午，洋口港经济开发区召开项目建设动员大会。如东县委常委、洋口港经济开发区党工委书记张蓉蓉出席会议并讲话。

★4 日上午，南通市副市长赵闻斌带领市农办、农委、农业资源开发局等单位负责人一行调研如东县中心镇建设工作，如东县委书记、县人大常委会主任詹立风，副县长蒋树建陪同调研。

★4 日，沿海经济开发区（洋口镇）组织开展党的群众路线教育实践活动动员大会，如东县委副书记周建飞参加会议，副县长张栩龙在沿海经济开发区主持会议并就相关工作进行部署。

★4 日，如东县经信委组织开展党的群众路线教育实践活动动员大会，县委副书记周建飞参加会议。

★4 日上午，如东县委常委、组织部部长任新峰走访慰问了如东县部分妇女代表，并向全县广大妇女同胞致以节日的祝贺和美好的祝福。

★4 日上午，岔河镇召开党的群众路线教育实践活动动员大会。如东县委常委杨小军出席会议。

★4 日上午，如东县副县长姜晓静率县政府办、县发改委等社会事业领导小组成员到县教育局调研 2014 年学前教育、义务教育、职业教育等重点教育工作的开展及教育类重点社会事业项目的推进情况。

★4 日下午，如东县召开交通运输工作会议。县委常委、常务副县长沈峻峰讲话，县委常委杨小军主持会议。

★4 日，循环经济产业园（大豫镇）开展党的群众路线教育实践活动动员大会，如东县委常委、组织部部长任新峰参加会议。

★4 日，如东县纪委（监察局）召开党的群众路线教育实践活动动员大会，县委常委、纪委书记刘才盛对教育实践活动进行了全面部署安排。

★4 日，袁庄镇召开党的群众路线教育实践活动动员大会，如东县委常委、宣传部部长杨中坚参加会议。

★4 日，南通外向型农业综合开发区召开党的群众路线教育实践活动动员大会。如东县委常委、洋口港经济开发区党工委书记张蓉蓉参加会议。

★4 日，新店镇召开党的群众路线教育实践活动动员大会，如东县委常委、人武部部长吴风俊参加会议。

★4 日，如东县海洋与渔业局召开党的群众路线教育实践动员大会，副县长蒋树建参加会议。

★5 日上午，如东县公安局组织开展“文明交通礼让”活动，县人大常委会副主任冯力如视察了活动现场。

★5 日上午，如东县副县长姜晓静、县政协副主席桑健一行，分别前往青园社区、三元社区视察学雷锋活动。

★5 日下午，如东县委宣传部组织县文联、县新华书店部署党的群众路线教育实践活动。组织开展学习“贯彻三中全会精神，开展群众路线教育”讲座。县委常委、宣传部部长杨中坚作了动员讲话。

★5 日，如东高新区（掘港镇）和发改委召开党的群众路线教育实践活动动员大会，县委常委、常务副县长沈峻峰参加会议。

★5 日，栟茶镇开展党的群众路线教育实践活动动员大会，如东县委常委、组织部部长任新峰参加会议。

★5 日，河口镇开展党的群众路线教育实践活动动员大会，如东县委常委、纪委书记刘才盛参加会议。

★5 日，如东县举行志愿服务活动启动仪式。县委常委、宣传部部长杨中坚讲话。副县长姜晓静主持启动仪式，县领导冯力如、桑健参加活动。

★5日，如东县环保局召开党的群众路线教育实践活动动员大会，县委常委杨小军参加会议。

★5日，马塘镇召开党的群众路线教育实践活动动员大会，如东县委常委、政法委书记于立忠参加会议。

★5日，曹埠镇举行党的群众路线教育实践活动动员大会。如东县副县长蒋树建作了讲话。市督导组副组长、市环保局党组成员、纪检组长陆永生参加会议。

★5日，丰利镇召开党的群众路线教育实践活动动员大会，如东县副县长王智参加会议。

★5日，双甸镇召开党的群众路线教育实践活动动员大会，如东县副县长、公安局局长程军参加会议。

★6日下午，江苏省副省长许津荣到如东县开展专题调研，省政府副秘书长徐国柱、省民政厅副厅长钮学兴等随同调研。南通市委书记、市人大常委会主任丁大卫，市委常委、常务副市长韩立明，副市长赵闻斌，如东县委书记、县人大常委会主任詹立风，县委副书记周建飞，县领导沈峻峰、于立忠、张蓉蓉、蒋树建参加调研活动。

图为：许津荣、丁大卫、韩立明、詹立风等省市县领导在中石油LNG码头听取项目情况介绍

★6日，南通市政协副主席陆玉明带领市政协部分常委、政协委员到如东县，就“构筑技能人才高地，促进产业转型升级”开展专题调研。如东县政协主席陈建华、县政协副主席余科陪同调研。

★6日，如东县委组织部、县委老干部局、县编办召开党的群众路线教育实践活动动员大会。县委常委、组织部部长任新峰出席会议并作了重要讲话。

★6日，如东县政务中心召开党的群众路线教育实践活动动员大会，县委常委、纪委书记刘才盛参加会议。

★6日，如东县农委召开党的群众路线教育实践活动动员大会，县委常委、政法委书记于立忠参加会议。

★6日，如东县农委召开迎接县人大工作评议动员大会，县人大常委会副主任冯力如作了讲话。县政协副主席桑圣权参加会议。

★6日，如东县安监局开展党的群众路线教育实践活动动员大会，副县长王智参加会议。

★6日，如东县商务局（招商局）召开党的群众路线教育实践活动动员会议，副县长张栩龙参加会议。

★6日下午，如东县安监局召开党的群众路线教育实践活动动员会，县政府副县长王智出席会议。

★6日下午，如东县统召开统战工作会议。县政协副主席、县委统战部部长吴鼎皋回顾总结了2013年统战工作，并对2014年统战工作进行部署。县人大常委会副主任沈更生、县政协副主席桑健出席会议。

★7日，如东县召开纪念“三八”国际劳动妇女节暨“最美婆媳”表彰大会。县领导任新峰、姜晓静、陆茵出席会议。

★7日，如东县卫生局召开党的群众路线教育实践活动动员大会，县委常委、宣传部部长杨中坚参加会议。

★7 日下午，如东县人大办及各委室召开党的群众路线教育实践活动动员会议。县人大常委会副主任、党组副书记陈昌龙讲话，县人大常委会副主任沈更生、冯力如、唐国均出席会议。

★9 日下午，如东县邀请中国浦东干部学院副院长王金定在县行政中心会议厅，为全县广大党员干部作“圆中国梦，走中国路——学习习近平总书记系列讲话精神”专题报告会。县委书记、县人大常委会主任詹立风等县四套班子领导，各部门负责人参加报告会。县委副书记周建飞主持报告会。

★10 日，如东县召开全县重点工作督查推进会，县委书记、县人大常委会主任詹立风作了重要讲话，县委副书记周建飞等县四套班子领导出席会议。

★10 日上午，如东县重大项目联合开工暨爱森（如东）化工有限公司丙烯酰胺等项目奠基仪式在洋口港经济开发区举行。县委副书记周建飞讲话。县委常委、常务副县长沈峻峰主持开工仪式。县委常委、洋口港经济开发区党工委书记张蓉蓉在开工仪式上致辞。县委书记、县人大常委会主任詹立风，县政协主席陈建华，县人大常委会副主任、党组副书记陈昌龙等县四套班子领导出席开工仪式。

★10 日下午，如东县召开全县违法建筑监管工作推进会，县委常委、纪委书记刘才盛作了讲话。

★10 日下午，如东县政协办及各委召开党的群众路线教育实践活动动员会，县政协主席陈建华讲话，县政协副主席桑健、余科、桑圣权、陆茵，县政协老领导、老同志代表，驻如省市政协委员代表和各委组组长参加会议。

★10 日下午，如东县社会事业推进会议在县行政中心召开，县领导杨中坚、姜晓静出席会议。

★11 日上午，如东县领导周建飞、沈峻峰、任新峰、刘才盛、杨小军、于立忠、吴凤俊、陈昌龙、沈更生、唐国均、姜晓静、蒋树建、桑圣权、吴鼎皋、陆茵等四套班子领导与县级机关、镇区干部开展植树造林活动。

★11 日，如东县政协委派 43 名政协委员对县法院等 10 个部门开展民主监督。县政协主席陈建华讲话，县政协副主席陆茵出席会议。

★12 日，如东县召开党的群众路线教育实践活动督导组工作会议，县委副书记周建飞讲话，省委督导组副组长汪以力、市委第二督导组组长葛维先出席会议，并就下一阶段督导工作提出要求。县委常委、组织部部长任新峰主持会议。

★12 日下午，如东县工商联(总商会)召开十届三次执委(扩大)会议。县政协副主席、工商联主席、总商会会长桑健部署了 2014 年工作。县委常委、组织部部长任新峰出席会议。

★12 日下午，如东县副县长姜晓静一行到洋口港经济开发区调研社会事业工作。

★13 日，江苏省财政厅、人社厅、地税局到如东县调研社会保险费政策管理和征缴情况，如东县委常委、常务副县长沈峻峰参加了调研座谈。

★13 日，南通市人大常委会副主任王向红带领市人大机关部分工委、科室负责人到如东县专题调研人大工作。如东县人大常委会副主任、党组副书记陈昌龙对如东县近年来人大工作情况作了汇报，县人大常委会副主任沈更生、冯力如、唐国均陪同调研。

★13 日下午，如东县召开服务业经济“开门红”部署会议。县委常委杨小军主持会议，副县长王智作了讲话。

★14 日上午，英国泰莱集团与博程生物科技（南通）有限公司举行企业并购协调会，如东县委副书记周建飞与泰莱集团亚太地区总经理 Joan 亲切交谈，祝贺双方合作成功。

★14日，如东县工业经济首季“开门红”冲刺动员会在袁庄镇召开，副县长王智通报了如东县工业经济运行情况。县委副书记周建飞充分肯定了袁庄镇在工业运行等方面的务实举措，表示袁庄经验具有典型意义，值得各镇区学习和借鉴。县委常委杨小军主持会议。

★15日上午，由人民论坛杂志社江苏工作站主办的“江苏印象行”活动启动仪式在如东县举行。如东县副县长姜晓静出席仪式并介绍了如东县经济社会发展的基本情况。

★16日上午，南通市委常委陈照煌到如东县调研指导党的群众路线教育实践活动。南通市委第二督导组组长葛维先，如东县委副书记周建飞，县领导杨中坚、桑健等陪同参加调研活动。

★18日下午，如东县海启服务指挥部召开沿线坟墓迁移工作动员会，海启高速如东段工程建设正式启动。如东县委常委、常务副县长沈峻峰出席会议并作了讲话。

★18日，如东县召开全县绿化造林现场推进会，县委常委、政法委书记于立忠，副县长蒋树建参加了会议。

★19日至20日，如东县副县长姜晓静率发改委、县社会事业发展领导小组办公室部分人员调研各镇区社会事业工作。

★20日上午，如东县召开安全生产专项整治工作推进会，副县长王智出席会议并作了讲话。

★21日上午，江苏省海洋与渔业局局长唐庆宁一行到如东县，专题调研海洋经济发展及重大用海项目推进情况。如东县委书记、县人大常委会主任詹立风及县领导于立忠、王孝强、蒋树建陪同调研。

★21日下午，如东县人大常委会召开第36次主任会议。县委常委、常务副县长沈峻峰代表县政府作关于如东县十六届人大三次会议代表建议办理工作打算的汇报。县人大领导陈昌龙、沈更生、冯力如、唐国均出席会议。

★21日下午，如东县纪委监察局召开党的群众路线教育实践活动专题学习会，邀请南通市“党的群众路线教育实践活动”讲师团团长郭继荣作讲座。县委常委、纪委书记刘才盛出席会议。

★21日下午，如东县人大常委会召开县人大代表“访选民问项目评部门”主题活动暨县农委工作评议部署会。县人大常委会副主任、党组副书记陈昌龙作了讲话，县人大常委会副主任沈更生、冯力如、唐国均出席会议。当日下午，县人大常委会还举办了涉农法规和惠农政策专题讲座，邀请县财政局副局长陈云霞，就如东县支农投入总体情况、近年来省以上各项惠农支农政策等，对县人大机关党员干部进行培训。此次讲座是县人大常委会开展党的群众路线教育实践活动的专题学习活动之一。

★22日上午，如东县委中心组举行“新形势下党的群众路线与党群关系”专题报告会。中央党校党建部副主任、教授、博士生导师张志明作专题讲座。如东县委常委、常务副县长沈峻峰主持报告会，县四套班子在家领导参加了报告会。

★25日上午，如东县政府召开廉政工作会议，县委副书记、县长潘建华作了重要讲话，县委常委、常务副县长沈峻峰主持会议。县委常委、纪委书记刘才盛，副县长蒋树建、王智、程军、张栩龙、阮平章出席会议。

★25日上午，如东县2014年“政风行风热线”节目正式开播，县委副书记、县长潘建华带领政府团队走进“政风行风热线”直播间，倾听群众诉求，回应群众关切，在亲切、热烈的交流互动中，与老百姓进行“零距离”“面对面”沟通。与潘建华一同走进直播现场的县政府领导有：县委常委、常务副县长沈峻峰，副县长姜晓静、蒋树建、王智、程军、张栩龙。直播期间，潘建华还向听众介绍了2014 年县政府的工作思路以及简政放权方面的打算。

图为：如东县县长潘建华（左）带领政府团队做客节目并与听众和网友互动

★25 日上午，江苏省渔业协会会长宋家新一行到如东县天一紫菜交易市场调研。如东县委常委、政法委书记于立忠陪同调研。

★25 日上午，如东县第十六届人大常委会召开第十九次会议。副县长姜晓静作关于全县学前教育发展情况的工作报告。县人大常委会副主任、党组副书记陈昌龙，县人大常委会副主任沈更生、冯力如、唐国均出席会议。

★25 日，如东县召开电镀行业专项整治工作会议，副县长蒋树建作了讲话，县委常委杨小军出席会议。

★26 日，如东县召开优质稻米产业化工作推进会，县政协副主席桑圣权参加会议。

★27 日下午，如东县政协主席陈建华带领相关委室负责人调研如东县社区养老工作。副县长蒋树建陪同调研。

★27 日，江苏省沿海办乔德正副主任等一行到如东县了解沿海重点项目建设情况，并察看了国信风电项目现场。如东县委副书记周建飞陪同参加考察。

★27 日，如东县召开依法治县暨依法行政工作会议，副县长姜晓静对 2014 年全县依法行政工作进行部署。县委常委、政法委书记于立忠主持会议。

★27 日，如东县召开公益性公墓建设推进会，副县长蒋树建出席会议。

★28 日上午，爱尔兰凯爱瑞集团收购如东县万通食品公司，总投资达 6 千万欧元的凯爱瑞食品（南通）有限公司在如东经济开发区正式挂牌成立。如东县委书记、县人大常委会主任詹立风会见凯爱瑞集团中国区总裁。县委副书记周建飞，县委常委、县政府副县长沈峻峰，县委常委杨小军出席一同出席。

★28 日下午，如东县政协副主席桑健带领文体组委员，视察了如东县群众文化工作。

★28 日，江苏省生猪良种补贴项目推进工作座谈会在如东县召开。省农委畜牧局局长宋晓春，如东县委常委、政法委书记于立忠参加活动。

★29 日，如东县委中心组召开“增强为民意识践行群众路线”主题学习交流会。县委书记、县人大常委会主任詹立风主持会议，并作重要讲话。县委副书记、县长潘建华，县政协主席陈建华，县委副书记周建飞，县人大常委会副主任、党组副书记陈昌龙分别作交流发言。市委督导组副组长、市环保局纪检组长、党组成员陆永生出席会议并讲话。县委中心组全体成员参加交流会。

★29 日下午，如东县委书记、县人大常委会主任、县委党的群众路线教育实践活动领导小组组长詹立风到教育实践活动联系点洋口港经济开发区（长沙镇）深入开展调研，指导、推进党的群众路线教育实践活动。

★3 月 31 日下午，如东县召开重大项目建设推进工作领导组第一次会议。县委副书记周建飞就重大项目推进工作进行部署，县委书记、县人大常委会主任詹立风作重要讲话，县委副书记、县长潘建华主持，县四套班子领导出席会议。

4月

★1日，如东县委副书记、县长潘建华会见中信银行南京支行行长焦世经，县委常委、常务副县长沈峻峰出席座谈会。

★1日下午，如东县委副书记、县长潘建华到如东经济开发区与区内15家重点企业负责人进行面对面交流，全面深入了解企业发展过程中遇到的困难和问题，认真倾听企业家对如东经济发展的意见和建议。

★2日上午，江苏省政协副主席、省政府党组成员、省科技厅厅长徐南平到如东县调研科技创新工作。江苏省科技厅副厅长蒋跃建，如东县委书记、县人大常委会主任詹立风，县委副书记、县长潘建华，县领导杨小军、张蓉蓉、张栩龙、阮平章参加调研活动。

★2日上午，如东县十四届政协召开第十三次常委会，具体部署县政协民主评议全县社会保险工作事项。县政协副主席吴鼎皋主持会议，县政协副主席桑健、余科、桑圣权、陆茵出席会议。

★2日下午，如东县委在栟茶镇召开县委常委（扩大）会议。县委书记、县人大常委会主任詹立风主持会议。县委常委，县人大、县政府、县政协相关领导出席会议。

★3日上午，如东县人大召开专题会议，全面部署《畜禽规模养殖污染防治条例》执法检查工作。县人大常委会副主任、党组副书记陈昌龙作讲话，县人大常委会副主任沈更生、冯力如、唐国均出席会议。

★3日下午，如东县委书记、县人大常委会主任詹立风，县委副书记、县长潘建华率领四套班子领导及各镇（区）、县级机关各部门负责人在县城烈士陵园祭扫，缅怀革命先烈。县委副书记周建飞带领所有党员重温入党誓词，县委常委、组织部部长任新峰主持纪念活动。

★3日，如东县举行中关村科技园区—江苏如东高端人才及高新技术产业合作交流会。县委书记、县人大常委会主任詹立风到会致辞，副县长王智作县情介绍，县委副书记周建飞主持会议，县领导任新峰、张蓉蓉、阮平章出席会议。

★3日，江苏省如东沿海经济开发区环保科技公共服务平台成立。国家工程中心常务副主任、南京大学环境学院副院长任洪强和如东县副县长、沿海经济开发区党工委书记张栩龙参加活动。

★3日下午，如东县召开村庄环境整治工作推进会。县委常委、政法委书记于立忠作讲话，副县长蒋树建主持会议。

★4日上午，如东县召开县级机关党的群众路线教育实践活动推进会。县委常委、组织部部长、县党的群众路线教育实践活动领导小组副组长任新峰出席会议。

★4日，如东县招商引资季度推进会，对当前招商引资工作和招商引资百日竞赛活动进行部署。县委副书记周建飞会上提要求，县委常委杨小军主持会议，县领导张蓉蓉、王智、阮平章出席会议。

★8日下午，如东县召开专题会议对人大代表建议、政协委员提案交办工作进行部署。县委常委、常务副县长沈峻峰作了讲话，县人大常委会副主任唐国、县政协副主席吴鼎皋出席会议。

★8日下午，如东县委常委、组织部部长任新峰到联系点栟茶镇召开座谈会，听取基层党员干部群众意见和建议。

★9日下午，江苏省委副书记石泰峰到如东县调研现代渔业发展工作。南通市委书记、市人大常委会主任丁大卫，南通市领导秦厚德、黄巍东、单晓鸣，如东县委书记、县人大常委会主任詹立风，县领导于立忠、蒋树建参加调研活动。

图为：江苏省委副书记石泰峰（前排有二）调研南通现代渔业

★9日，如东县召开全县4月份工业经济运行例会。县委副书记周建飞、县人大常委会副主任冯力如出席会议，县委常委杨小军作了讲话，副县长王智主持会议。

★9日，联系如东县政务中心的如东县委常委、纪委书记刘才盛到中心指导教育实践活动。

★10日，如东县委召开全县党的群众路线教育实践活动“一把手”专项述职会。县委书记、县人大常委会主任、县委党的群众路线教育实践活动领导小组组长詹立风讲话，县委副书记周建飞主持会议。县委副书记、县长潘建华等县委党的群众路线教育实践活动领导小组成员，县委各督导组组长出席会议。

★10日下午，如东县举行驻外招商出征动员暨业务培训会。县委副书记周建飞讲话，副县长王智主持会议，县委常委杨小军、副县长阮平章出席会议。

★10日下午，如东县人大常委会副主任、党组副书记陈昌龙前往栟茶镇江安村调研农村经济发展中的难点问题。向选民代表反馈了县人大去年在栟茶镇“回选区、见选民、听意见”活动中收集意见的办理情况，认真听取了选民代表意见、建议。

★11日上午，江苏省副省长傅自应到如东县调研，南通市副市长单晓鸣，如东县委书记、县人大常委会主任詹立风，县委副书记、县长潘建华，县委副书记周建飞，县领导张蓉蓉、王智陪同调研。

★11日下午，如东县政协主席陈建华带领相关人员，就全县社区养老卫生服务体系建设情况展开调研。副县长姜晓静、县政协副主席桑健参加调研活动。

★11日下午，如东县纪委召开教育实践活动专题学习交流会，县委常委、纪委书记刘才盛出席会议。

★12日，如东县委书记、县人大常委会主任詹立风主持召开全县重点工作督查推进会并作重要讲话。县委副书记、县长潘建华通报了一季度全县及各镇（区）主要经济指标的完成情况，县委副书记周建飞作全县招商引资“百日竞赛”动员部署，县委常委、常务副县长沈峻峰宣读“季度竞赛”考核结果，县四套班子领导出席会议。

★14日下午，如东县委副书记、县长潘建华参加刘埠村党员群众代表座谈会并作了重要讲话。

★15日上午，如东县政协副主席陆茵带领部分政协常委，到岔河镇开展第二次“主席接待日”活动，听取各界别政协委员反映社情民意，并对委员们提出的意见和建议，县政协将加以归纳整理，以提案、社情民意等形式专报有关部门，并督促办理，力求尽快解决。

★15日下午，如东县召开海洋渔业安全生产专项整治推进暨四月份工作例会，副县长蒋树建参加会议并讲话。

★15日，如东县召开县级海洋功能区划编制工作会议，副县长蒋树建参加会议。

★16日下午，如东县人大常委会副主任、党组副书记陈昌龙带领县人大相关委室负责人，与如东县部分江苏省、南通市人大代表交流座谈。

★16日下午，如东县政协副主席余科与联系的马塘、长沙两个镇部分政协委员到洋口港经济开发区，开展第三次“主席接待日”活动，听取各界别政协委员反映社情民意，县政协将对委员们提出的意见和建议加以归纳整理，以提案、社情民意等形式通报有关部门。

★16日，如东县委统战部召开“统战工作与党的群众路线”学习交流会。县政协副主席、县委统战部部长吴鼎皋在活动中发言。

★17日上午，南通市委常委、组织部长张兆江到如东县调研党的群众路线教育实践活动和基层党组织建设工作。如东县委书记、县人大常委会主任、县委党的群众路线教育实践活动领导小组组长詹立风参加活动并作了工作汇报。市委第二督导组组长、市卫生局党组书记、副局长葛维先参加调研活动。

★17日上午，如东县委中心组召开“为了谁、依靠谁、我是谁”主题交流会。县委书记、县人大常委会主任、县党的群众路线教育实践活动领导小组组长詹立风在出席会议并作了重要讲话。县委常委、常务副县长沈峻峰，县委常委、纪委书记刘才盛，县委常委、宣传部部长杨中坚分别作交流发言。县四套班子领导及县委中心组其他人员参加交流会。

★17日下午，如东县召开“扫黄打非”工作会议，回顾总结去年“扫黄打非”工作情况，并对2014年的重点工作进行了部署。县委常委、宣传部部长杨中坚出席会议。

★18日下午，如东县法学会召开第二次会员代表大会，会议选举产生第二届理事、常务理事、会长、副会长、秘书长。县委常委、政法委书记于立忠作讲话，县人大常委会副主任唐国均参加会议。

★18日，由张家港市文化广电新闻出版局、张家港市文联主办，张家港博物馆、张家港市书法家协会承办的江海名家——谢骏书法邀请展开幕式在张家港博物馆举行。如东县政协副主席桑健出席开幕式并参观了书法展。

★19日上午，如东县老科技工作者召开第三届五次年会，县委副书记、县长潘建华应邀作全县经济形势报告。

★21日上午，如东县政府召开全县安全生产委员会（扩大）会议，县委副书记、县长潘建华发表重要讲话，副县长王智参加会议。

★21日上午，如东县召开廉政文化建设推进会，县委常委、纪委书记刘才盛参加会议并发表讲话。

★22日下午，如东县政协主席陈建华召开党的群众路线教育实践活动座谈会，听取驻如东的省、南通市政协委员和如东县各界别部分政协委员对县政协机关的意见、建议及反映的社情民意。

★22日，如东县侨联邀请瑞士华侨、瑞士苏黎世联邦理工学院终身教授张向阳参观如东沿海经济开发区并与部分企业代表座谈。如东县人大常委会副主任、县侨联主席沈更生，副县长张栩龙参加活动。

★23日上午，如东县召开民营经济领导组成员联席会议，县委副书记周建飞出席会议并作讲话，县政协副主席余科主持会议，副县长王智出席会议。

★23日上午，如东县村庄环境整治工作现场推进会在曹埠镇举行，县委常委、政法委书记于立忠出席会议。

★23日下午，南通市委常委陈照煌到如东县检查指导安全生产工作，南通市人大常委会副主任王向红，如东县委书记、县人大常委会主任詹立风，县委副书记、县长潘建华，县领导王智、张栩龙参加检查活动。

★23日下午，南通市为民务实清廉先进典型事迹报告会在县行政中心会议厅举行。如东县委书记、县人大常委会主任詹立风等县委理论学习中心组全体成员参加报告会，县委常委、组织部部长任新峰主持报告会。

★23日，如东县召开“书香如东”建设动员会，县委常委、宣传部部长杨中坚倡导全县广大干部群众养成读书习惯。副县长姜晓静主持会议，县领导沈更生、陆茵出席活动。

★24日上午，如东县政协主席陈建华赴如东经济开发区就“如何化解中小企业融资难矛盾”进行专题调研，县政协副主席桑健参加调研。

★24日，江苏省委农工办主任诸纪录为如东县县级机关相关部门分管负责人以及农工部门全体人员作了“全面深化农村改革”的专题报告。如东县委常委、政法委书记于立忠主持会议，副县长蒋树建参加报告会。

★24日下午，如东县政协副主席桑圣权带领部分政协委员，在县规划局开展第四次“主席接待日”活动。

★25日上午，落户如东经济开发区的全国首家汽车半导体公司、战略性新兴产业“种子”项目——大唐恩智浦半导体有限公司投入运营。南通市政府副市长黄爱军，如东县委书记、县人大常委会主任詹立风，县委副书记、县长潘建华出席开业典礼并作了重要讲话，县领导杨小军、王智、阮平章参加活动。

★25日上午，苏州市委副书记陈振一到如东县考察农渔业项目，南通市委常委秦厚德、如东县领导于立忠、蒋树建陪同考察。

★25日，洋口港开发建设省际联席会第一次会议在南京召开。江苏省沿海办主任、省发改委副主任林一峰充分肯定洋口港开发建设取得的成绩并召集省相关部门负责人就洋口港开发建设中的具体问题进行会商解决，进一步加快推进洋口港建设。如东县委书记、县人大常委会主任詹立风汇报了洋口港开发建设的进展情况。南通市委常委陈照煌就洋口港开发建设提出相关意见。南通市政府副市长单晓鸣、市级机关相关部门负责人，如东县委副书记周建飞，县委常委、洋口港经济开发区党工委书记张蓉蓉，副县长王智等出席会议。

★26日上午，如东县召开全县重点项目推进会。县委副书记周建飞出席会议并作讲话，由副县长王智主持会议。

★28日上午，如东县召开消防安全工作会议，副县长、公安局局长程军主持会议。

★28日上午，如东县召开党的群众路线教育实践活动办公室主任会议，县委常委、组织部部长任新峰作了讲话。

★28日，如东县纪委监察局召开党的群众路线教育实践活动第二次专题学习交流会。县委常委、纪委书记刘才盛出席会议。

★28日，华侨大学华侨华人研究院侨乡研究中心主任许金顶到如东县参观考察。如东县人大常委会副主任、县侨联主席沈更生向来宾们详细介绍了近年来如东经济社会发展成果，并陪同实地考察洋口港开发建设情况。

★28日和29日，南通市人大科教文卫工作座谈会在如东县召开，如东县人大常委会副主任、党组副书记陈昌龙介绍了如东县经济社会发展和科教文卫工作。南通市人大常委会副主任程静对如东县较为完善的基层卫生服务体系表示赞赏，如东县人大常委会副主任唐国均、副县长姜晓静参加活动。

★29日上午，为期两天的如东县村、社区党组织书记党的群众路线教育实践活动专题培训班正式开班。县委常委、组织部部长任新峰主持开班活动。县委副书记周建飞讲话。

★29日上午，如东县举行庆“五一”劳模座谈会暨2014年市劳模赴通领奖欢送会。县委常委、组织部部长任新峰出席会议，副县长姜晓静主持欢送会，县人大常委会副主任沈更生、县政协副主席桑健出席会议。

★29日，由常州市政协秘书长、党组成员盛克俭带队的常州市政协考察团，在南通市政协副主席陈德新、如东县政协主席陈建华的陪同下，到如东县考察沿海开发工作。

★29 日下午，如东县人大常委会召开第 37 次主任会议，县人大常委会副主任、党组副书记陈昌龙对近年来企业直接融资工作取得的成绩给予肯定。县人大常委会副主任冯力如主持会议，县人大常委会副主任沈更生、唐国均出席会议。

5 月

★4 日上午，如东县第三届青年书法家作品展”在县文化馆展厅举行，县委常委、组织部部长任新峰，县委常委、宣传部部长杨中坚观看了展览。

★4 日下午，如东县举行扶海大学堂——“艺术与人生”专题讲座，著名导演、中国广播艺术团党委书记、国家广电总局电影局原副局长江平应邀主讲。如东县委常委、宣传部部长杨中坚主持讲座，县委副书记、县长潘建华，县领导沈峻峰、任新峰、刘才盛、杨小军、于立忠、吴风俊、沈更生、唐国均、姜晓静、蒋树建、程军、阮平章、桑健、桑圣权、吴鼎皋等参加了讲座。

★5 日下午，如东县召开秸秆禁烧禁抛与综合利用工作会议，县委常委、政法委书记于立忠参加会议并发表讲话，副县长蒋树建对今年的秸秆禁烧禁抛和综合利用工作进行了部署。会议由县委常委杨小军主持，县领导唐智明、桑圣权出席会议。，

★6 日下午，中化集团副总裁、中化国际公司董事长潘正义到如东县考察。如东县委书记、县人大常委会主任詹立风会见潘正义一行，县领导刘才盛、张蓉蓉陪同考察。

★6 日下午，江苏省农机局局长徐顺年在南通市副市长赵闻斌陪同下，到如东县调研农机发展情况，如东县委常委、政法委书记于立忠，副县长蒋树建参加调研。

★6 日，如东县组织收看收听中央召开的党的群众路线教育实践活动视频会议。县委副书记、县长潘建华，县政协主席陈建华，县人大常委会副主任、党组副书记陈昌龙，县委常委、常务副县长沈峻峰等四套班子领导在县会议中心分会场收看收听会议实况。

★6 日，如东县召开海启高速如东连接线、角林线拓宽和 355 省道袁庄段拓宽的征拆动员会，县委常委、常务副县长沈峻峰参加会议，县委常委杨小军主持会议。

★7 日上午，江阴市人大常委会副主任朱敏带领调研组到如东县，就加强人大自身建设和代表履职工作进行调研。如东县人大常委会副主任、党组副书记陈昌龙介绍了如东县经济社会发展基本情况以及县人大常委会相关工作情况。

★7 日，如东县召开全县文明城市长效管理第二轮督查情况通报会，通报督查中发现的问题，落实下一阶段文明城市建设具体工作。县委常委、宣传部部长杨中坚出席会议并讲话。

★8 日上午，如东县委副书记、县长潘建华带领县安监、消防等部门负责人，专程前往如东经济开发区检查企业安全生产情况。潘建华听取了县安监局、消防大队、如东经济开发区相关负责人情况汇报。

★6 日至 8 日，如东县委、县政府分别在武汉、成都举办人才科技对接活动，并成立如东县（武汉）人才工作联络站、如东县（成都）人才工作联络站。6 日在武汉举行的人才科技对接活动上，副县长王智围绕招才引智、招所引院，向武汉大学、华中科技大学等 10 多所高校院所的专家教授介绍了如东经济社会发展、人才工作情况，推介了人才政策体系和人才发展环境。县委常委、组织部部长任新峰和湖北工业大学副校长张颖江共同为如东县（武汉）人才工作联络站揭牌。8 日在成都举行的人才科技对接活动上，任新峰介绍了如东的资

源禀赋、经济发展和人才政策，并与四川大学科学技术发展研究院院长胡常伟共同为如东县（成都）人才工作联络站揭牌。人才科技对接合作交流会由副县长阮平章主持。

★9 日，民政部优安局、总参动员部领导一行到如东县调研优抚金发放情况。如东县领导于立忠、吴风俊、蒋树建陪同调研。

★9 日，如东县领导杨小军、蒋树建、张栩龙前往分管部门、镇区，为党员干部上党课。当天上午杨小军在课上作了讲话，下午张栩龙发表讲话。

★10 日上午，如东县委书记、县人大常委会主任詹立风主持召开全县重点工作督查推进会。县委副书记、县长潘建华通报了 1 至 4 月份全县重点工作完成情况，副县长王智对年初以来服务业工作开展情况进行了总结点评。县四套班子领导出席会议。

★10 日下午，如东县举行“5 • 10”思廉日暨县委中心组“落实中央八项规定坚决纠正‘四风’”专题报告会。中央纪委党风政风监督室二处处长方文碧应邀作了题为《在坚持中深化在深化中坚持——八项规定一年来》的专题报告。受如东县委书记、县人大常委会主任詹立风委托，学习活动由如东县委常委、纪委书记刘才盛主持。南通市纪委副书记陈锋，如东县委书记、县人大常委会主任詹立风，县委副书记、县长潘建华，县政协主席陈建华，县人大常委会副主任、党组副书记陈昌龙，及县委中心组全体成员参加会议。

★10 日下午，江苏省海外企业集团有限公司董事长黄宏亮一行到如东县洋口港考察，探讨与 LNG 项目合作前景。如东县委副书记周建飞，县委常委、洋口港经济开发区党工委书记张蓉蓉陪同考察。

★11 日，如东县委召开全面深化改革领导小组第一次会议。县委书记、县人大常委会主任詹立风在会上作了重要讲话，县委副书记、县长潘建华主持会议。县四套班子其他领导；县法院院长、县检察院检察长；县委全面深化改革领导小组各专项小组成员、联络员，各镇（区）、机关部门主要负责人出席会议。

★11 日，全国人大代表、香港南通同乡会会长杨耀忠率香港南通同乡会新一届理事会成员，到如东县考察经济社会发展情况。南通市政协副主席、市委统战部部长殷雄，如东县委副书记周建飞，县领导刘才盛、杨小军、王智、吴鼎皋陪同考察。

★13 日上午，如东县城市环境综合整治领导小组召开城市环境综合整治“百日会战”推进会，就进一步推进整治工作进行部署。县委常委、常务副县长沈峻峰和县委常委、宣传部部长杨中坚就进一步推进整治工作进行部署。

★13 日上午，如东县召开 2014 年度平安电力创建暨迎峰度夏动员大会，就相关工作进行部署。副县长王智出席会议并作了讲话。

★13 日上午，如东县召开质量强县暨特种设备安全工作会议，副县长王智出席会议并讲话。

★13 日，如东县召开防汛防旱工作会议，副县长蒋树建参加会议并讲话。

★15 日下午，江苏省教育厅厅长沈健一行到如东县调研指导教育工作。南通市副市长朱晋，如东县委书记、县人大常委会主任詹立风，县委副书记、县长潘建华，县领导杨中坚、唐国均、姜晓静陪同调研。

★15 日下午，南通市外事侨务工作现场会在如东县召开，县委常委、组织部部长任新峰在会上致辞。

★16 日上午，如东县委书记、县人大常委会主任詹立风，前往长沙镇四桥村开展“三解三促”活动。

★16 日上午，“如东县十大杰出青年”事迹分享会暨“青春大讲堂”主题讲座在如东县行政中心会议厅举行。如东县委常委、组织部部长任新峰在会上致辞。共青团南通市委书记葛志娟，如东县委常委、宣传部部长杨中坚，县人大常委会副主任唐国均，副县长姜晓静出席会议并为十大杰出青年颁奖。

★16日上午，如东县创新研究会召开第一届第三次代表大会上，如东县委常委、组织部部长任新峰寄语创新研究会，副县长蒋树建参加会议。

★16日，举行“国能子金电缆杯”如东县首届民间发明竞赛成果展览颁奖文艺晚会，10项民间发明获得这一奖项。如东县委副书记、县长潘建华为获奖者颁奖。县领导杨中坚、沈更生、蒋树建、王智观看了演出并为获奖者颁奖。

★16日，为期两天的如东县第十届村委会暨第五届居委会主任培训班正式开班，县委常委、政法委书记于立忠出席培训班。

★16日下午，如东县召开工业企业规模培育暨工业经济、民营经济冲刺“双过半”推进会，会上，副县长王智对全县工业经济、民营经济冲刺“双过半”工作作动员部署。县委常委杨小军主持会议，县人大常委会副主任冯力如出席会议。县委副书记周建飞讲话。

★18日上午，全国第24个助残日之际，如东县委书记、县人大常委会主任詹立风，县委副书记、县长潘建华，县政协主席陈建华，县人大常委会副主任、党组副书记陈昌龙，县委常委、县委政法委书记于立忠，副县长蒋树建等县四套班子领导来到县残疾人综合服务中心，看望和慰问在那里康复、培训的残疾人。

★18日，如东县召开社会保险工作推进会，就第四轮社会保险扩面工作再推进作专题部署。县委副书记、县长潘建华，县委常委、常务副县长沈峻峰在会上讲话。县领导冯力如、吴鼎皋参加会议。

★18日，如东县组织2014年南通市选聘高校毕业生到村（社区）任职如东面试，县委常委、组织部部长任新峰巡视了面试考场。

★19日，如东县纪委监察局举行以“践行群众路线，争当执纪表率”为主题的大党课。县委常委、纪委书记刘才盛在会上讲话。

★20日下午，江苏省海外联谊会考察团在南通市委统战部副部长、市工商联党组书记姚国钧的陪同下，前往洋口港经济开发区、沿海经济开发区实地考察。如东县委副书记周建飞对省海外联谊会考察团一行的到来表示热烈欢迎，县委常委、洋口港经济开发区党工委书记张蓉蓉详细介绍了阳光岛的基本情况。县领导刘才盛、杨小军、张栩龙、吴鼎皋陪同考察。

★21日，如东县举办主题为“人民群众是真正的英雄”党的群众路线教育实践活动专题报告会，县委副书记周建飞在会上讲话。县委书记、县人大常委会主任詹立风，县政协主席陈建华，县人大常委会副主任、党组副书记陈昌龙等四套班子领导，县四套班子老领导代表出席报告会。

★21日，如东县召开招商引资月度点评会，副县长王智就全县招商引资工作情况及“百日竞赛”作点评通报，并就招商引资双过半进行了动员和部署。县委副书记周建飞在会上讲话，县委常委杨小军主持会议，县委常委、洋口港经济开发区党工委书记张蓉蓉出席会议。

★22日，如东县秸秆机械化还田现场推进会在袁庄镇召开，副县长蒋树建在会上讲话，县领导于立忠、唐智明参加现场会。

★23日上午，江苏省副省级以上老领导孙颔、王寿亭、俞兴德一行39人，专程到如东县视察、指导洋口港开发建设工作。江苏省委组织部副部长、老干部局局长庄同保，南通市委副书记陈斌，市人大常委会副主任、党组副书记王向红，如东县委书记、县人大常委会主任詹立风，县人大常委会副主任、党组副书记陈昌龙，县委常委、洋口港经济开发区党工委书记张蓉蓉等省、市、县领导陪同视察。

★23 日下午，如东县人大常委会召开第38 次主任会议，听取县人民法院关于人民法庭建设工作情况的汇报。县人大常委会副主任、党组副书记陈昌龙在会上作要求，县人大常委会副主任唐国均主持会议，县人大常委会副主任冯力如出席会议。

★23 日，如东县召开城镇危房和老旧房屋安全排查治理工作会议，县委常委、常务副县长沈峻峰出席会议。

★23 日，由如东县文联、县文广新局主办的全县“青蓝工程”首届书法篆刻大展在县文化馆正式开展。县领导杨中坚、唐国均参观了书法篆刻展，并为获奖者颁奖。

★24 日，由中国计划生育协会主办的如东县“生育关怀·创建幸福家庭——防治寄生虫，促进健康行动”项目在如东县启动，如东县副县长姜晓静出席启动仪式并致辞。中国计生协生育关怀基金管委会副主任李艳秋，中国计生协生育关怀基金管委会办公室主任王丽娟，江苏省人口计生委副主任、计生协副会长戴纪生等出席启动仪式。王丽娟还就寄生虫防治项目管理作了专题讲座。

★21 日至 25 日，全国政协常委、提案委员会主任、中央直属机关工委原常务副书记孙淦带领全国政协重点提案督办调研组在江苏省进行重点提案督办调研。23 日上午，孙淦一行来如东县调研，参观了江苏海上龙源风力发电有限公司。省政协有关领导、南通市政协主席王德忠、如东县政协主席陈建华陪同调研。南通市政协副主席陆玉明，如东县领导王智、吴鼎皋参加调研。

★25 日，如东县委组织部召开征求部老领导代表意见座谈会。县委常委、组织部部长任新峰向老领导汇报了近年来组织工作基本情况。

★26 日上午，由江阴市文学艺术界联合会、南通市书法家协会、如东县文学艺术界联合会主办，江阴市书画院、江阴市书法家协会承办的江海名家·谢骏书法邀请展在江阴市天华文化中心展览馆举行。江阴市委常委、宣传部部长袁秋中宣布书法展开幕，如东县委常委、宣传部部长杨中坚，副县长姜晓静出席开幕式。

★26 日上午，如东县召开危险化学品安全生产攻坚工作暨安全生产月动员会。副县长王智出席会议，对危险化学品安全生产攻坚工作进行安排部署。

★26 日，如东县召开秸秆禁烧禁抛与综合利用推进工作电视电话会。副县长蒋树建通报了目前如东县夏季秸秆禁烧禁抛工作推进情况，县委常委、政法委书记于立忠作讲话。县领导唐智明参加会议。

★26 日晚上，江苏省曲艺家协会在县行政中心举行授牌仪式，省相声艺术委员会创作基地落户如东。如东县人大常委会副主任唐国均在晚会上致辞，江苏省相声艺术委员会主任、著名相声表演艺术家吕少明向如东县授牌，著名相声表演艺术家李金斗登台献艺。如东县领导沈峻峰、杨中坚、王智、桑健出席晚会。

★27 日上午，国家海洋局副局长王宏到如东县调研海洋经济发展工作，对如东县依托自身优势，做大做优做特海洋经济的做法予以充分肯定。国家海洋局战略规划与经济司司长张占海，江苏省海洋与渔业局局长唐庆宁，南通副市长陈一星，如东县委书记、县人大常委会主任詹立风，县委副书记、县长潘建华，县领导于立忠、蒋树建，国家、省、市海洋与渔业部门相关负责人参加调研活动。

★27 日上午，如东县“百名巾帼志愿者进医院，百名白衣使者进社区”启动仪式在县人民医院举行。县委副书记周建飞参加活动，县委常委、宣传部部长杨中坚主持启动仪式，县领导唐国均、桑健向志愿者赠送了印有“有困难找志愿者，有时间做志愿者”的志愿服务马甲。

★27日上午，淮安市政协部分老领导在该市政协原主席陈从亮的带领下，到如东县视察沿海开发工作。如东县政协主席陈建华以及南通市政协和如东县政协部分老领导陪同。

★27日上午，如东县召开危险化学品安全生产攻坚工作暨安全生产月动员会。副县长王智出席会议，对危险化学品安全生产攻坚工作进行安排部署。

★28日，苏州市如东商会正式成立，如东县委书记、县人大常委会主任詹立风在会上发表重要讲话，苏州市政协副主席、市工商联主席、总商会会长姚东明，南通市委副秘书长徐兴林为商会成立揭牌。如东县领导周建飞、杨小军、张蓉蓉、阮平章、桑健等参加成立大会。

★28日，如东县召开专题会议，部署打击和处置非法集资工作。县委常委、政法委书记于立忠在会上讲话。

★28日，如东县召开专题会议对海洋伏季休渔暨安全生产工作进行部署，要求伏休期间应休渔船“船进港、人上岸、网入库、证集中”。副县长蒋树建在会上讲话。

★29日上午，中国政策科学研究会国家安全政策委员会在如东县隆重举行国家安全教育示范基地启动仪式，正式成立如东高级中学和栟茶高级中学国家安全教育示范基地。如东县委书记、县人大常委会主任詹立风在启动仪式上致辞。第十一届全国政协副主席、中国政策科学研究会国家安全政策委员会名誉会长李金华，南京军区原司令员、中国政策科学研究会国家安全政策委员会高级顾问朱文泉上将，中国政策科学研究会国家安全政策委员会会长、中国人民武警部队原司令员巴忠倓中将及委员会的多位将军和领导，南通市委副书记陈斌，市政协副主席陆玉明，市教育局局长郭毅浩，如东县委书记、县人大常委会主任詹立风，县政协主席陈建华，县委副书记周建飞，县领导杨中坚、姜晓静等县相关领导出席活动。如东县委副书记、县长潘建华主持启动仪式。第十一届全国政协副主席、中国政策科学研究会国家安全政策委员会名誉会长李金华为如东高级中学和栟茶高级中学“国家安全教育示范基地”授牌，并发表关于国家安全教育的主题演讲。

图为：全国首批国家安全教育示范基地启动仪式现场

★29日下午，如东县第十六届人大常委会举行第二十次会议，县人大常委会副主任、党组副书记陈昌龙主持会议，副主任沈更生、冯力如、唐国均参加会议。副县长蒋树建受县委副书记、县长潘建华委托，宣读了《县政府关于提请唐智明同志职务任命的议案》。县人大常委会督导员杨成泉，县人民法院、人民检察院、县有关部门负责人，部分县人大代表列席会议。

★30日上午，在如东县委书记、县人大常委会主任詹立风，县领导杨中坚、张蓉蓉、吴风俊的陪同下，中国政策科学研究会国家安全政策委员会副会长、军事科学院原副院长糜振玉一行视察了洋口港展厅、LNG中控室和10万吨级石化码头。

★30日上午，如东县委副书记、县长潘建华，县领导唐国均、姜晓静前往县城掘港小学、实验幼儿园、实验小学，与孩子们一起共庆节日，向全县少年儿童致以节日的祝福。

★30日下午，南通市委召开全市教育实践活动推进暨“一把手”专项述职点评视频会，如东县委党的群众路线教育实践活动领导小组组长、县委书记、县人大常委会主任詹立风，县领导任新峰、刘才盛到场收看。

6月

★3日上午，江苏省召开民营经济发展表彰大会，如东县委书记、县人大常委会主任詹立风，县委副书记、县长潘建华，县政协主席陈建华，县委副书记周建飞，县人大常委会副主任、党组副书记陈昌龙等县四套班子领导和各镇（区）、相关部门主要负责人，县50强企业负责人集中收看了全省民营经济发展表彰大会实况。

★3日上午，由上海分子治疗与新药创制工程技术研究中心与如东高新技术产业开发区联合创建的“新药研制中心”正式签约。如东县委常委、常务副县长沈峻峰在签约仪式上讲话。县委常委、组织部部长任新峰主持签约仪式，副县长阮平章出席签约仪式。

★3日上午，如东县举行“安全生产月”活动启动仪式，副县长王智出席启动仪式。

★3日，如东县委专题召开会议，对县镇机关干部双向挂职工作进行部署。县委常委、组织部部长任新峰从“认识要到位、责任要到位、工作要到位”三个方面对本次挂职工作提要求。

★4日，南通副市长朱晋带领教育、卫生等部门负责人到栟茶中学考点检查安保工作，如东县委副书记、县长潘建华，副县长姜晓静陪同检查。

★5日上午，在第43个世界环境日之际，如东县环境保护委员会16家成员单位举行大型广场咨询活动。县委书记、县人大常委会主任詹立风，县委副书记、县长潘建华，县领导杨中坚、杨小军、沈更生、姜晓静、蒋树建、桑圣权参加咨询活动。

★6日，南通市副市长赵闻斌在县领导于立忠、蒋树建的陪同下，到如东县调研粮食系统“危仓老库”维修改造和夏粮收购情况。

★6日下午，如东县委书记、县人大常委会主任詹立风前往如东高级中学巡视高考准备工作，县领导杨中坚、唐国均、姜晓静陪同巡视。

★9日上午，国家海洋局原局长孙志辉到如东县考察海洋经济发展工作。江苏省海洋与渔业局局长唐庆宁，南通市政府副市长单晓鸣，市海洋与渔业局局长许海波，如东县委书记、县人大常委会主任詹立风，县委副书记、县长潘建华，县领导于立忠、张蓉蓉、蒋树建陪同考察。

★9日下午，南通市委书记丁大卫围绕扎实开展党的群众路线教育实践活动，深入如东县产业园区、重点镇调研，县委书记、县人大常委会主任詹立风，县委副书记周建飞参加调研活动。

图为：丁大卫在詹立风的陪同下调研栟茶镇古镇开发建设

★9日下午，南通市委、市政府在如东沿

海经济开发区召开全市沿海园区项目建设现场会。南通市委常委陈照煌、副市长单晓鸣以及各县（市）区主要领导、南通沿海8大园区主要领导出席会议。会上，如东县委副书记、县长潘建华介绍了如东县沿海开发总体情况。县政府副县长、如东沿海经济开发区党工委书记张栩龙介绍了如东沿海经济开发区的情况。南通市委常委陈照煌对近年来如东县沿海开发取得的成绩给予充分肯定。如东县委常委、洋口港经济开发区党工委书记张蓉蓉，副县长王智出席会议。

★9 日下午，如东县政协主席陈建华带领民主评议工作小组在如东高新区（掘港镇）召开民主评议社会保险专题座谈会，县政协副主席吴鼎皋、县政协督导员童玉林参加会议。

★10日上午，如东县委书记、县人大常委会主任詹立风主持召开全县重点工作督查推进会，县委副书记、县长潘建华通报了1至5月份全县重点工作完成情况。县四套班子领导出席会议。

★11日下午，如东县人大常委会副主任沈更生带领县人大部分委室负责人，到县城管局调研如东县违章建筑整治情况。

★12日上午，如东县组织收看国务院八部委联合召开电视电话会议，安排部署2014年全国整治违法排污企业保障群众健康环保专项行动。县委副书记、县长潘建华，县领导杨小军、蒋树建、张栩龙、唐智明，相关部门负责人、部分企业代表在如东县分会场收听收看了电视电话会议。

★12日上午，如东县政府召开全县放心消费工作推进会，县政府副县长王智部署了下一阶段放心消费创建工作的任务和要求。

★12 日，如东县召开护水保灌溉工作会议。县政府副县长蒋树建要求各地、各部门开展“百日护水保灌溉行动”，副县长唐智明出席会议。

★14日上午，第六届如东放鱼节暨县海洋环境监测站揭牌仪式在洋口港海域举行。如东县委副书记、县长潘建华宣布放流活动开始。县委常委、政法委书记于立忠宣读了县编办“关于设立如东县海洋环境监测站的批复”，江苏省海洋与渔业局资环处处长张海建和潘建华共同为“县海洋环境监测站”建站揭牌。南通市海洋与渔业局局长许海波，如东县政协主席陈建华，县人大常委会副主任、党组副书记陈昌龙，副县长蒋树建参加放鱼节活动。

图为：第六届如东放鱼节现场

★17日下午，如东县政协召开专题会议，部署以“转作风、解难题、惠民生”为主题的重点建议案、提案和民主评议公开问办、公众问效活动。县政协主席陈建华在会上发表讲话。县政协副主席桑圣权、吴鼎皋、陆茵出席会议。

★18日上午，江苏省政府参事室主任宋林飞一行到如东县，专题调研栟茶镇历史文化保护建设情况。如东县委常委、宣传部部长杨中坚向调研组一行汇报了栟茶镇历史文化保护建设情况。副县长姜晓静陪同调研。

★18日上午，南通市人大常委会党组副书记、副主任王向红，副主任施建中带领调研组到如东县，就海洋渔业生产情况开展专题调研。如东县人大常委会副主任冯力如、副县长唐智明陪同调研。

★18日上午，如东县政协主席陈建华带领

部分政协委员调研全县绿化工作。县领导蒋树建、余科、桑圣权参加调研。

★19 日上午，如东县城区防控平台启动仪式在掘港镇友谊西路防控平台路口举行。县委常委、政法委书记于立忠宣布城区防控平台正式启动，副县长、公安局局长程军主持启动仪式。于立忠、程军还视察了县公安局特警中队，察看了中队的软硬件设施，了解特警队员的工作和生活情况，并对中队建设提出要求。

★20 日下午，江苏海企化工仓储股份有限公司与洋口港万吨级液化品码头签约加盟经营管理，港口发展又入驻一支生力军。如东县委书记、县人大常委会主任詹立风对江苏海外企业集团加盟表示欢迎。江苏海外企业集团董事长黄宏亮，如东县领导周建飞、张蓉蓉等参加签约仪式。

★21 日上午，中国政策科学研究会国家安全政策委员会副会长、军事科学院原副院长糜振玉中将在如东高级中学海韵馆，为 1000 多名学生进行了“国家安全概述”专题讲座。如东县委常委、政法委书记于立忠主持讲座，县人大常委会副主任唐国均听取讲座

★23 日下午，如东县召开 2014 年环保专项行动暨大气污染防治和保障绿色青奥工作会议，副县长蒋树建参加会议。

★24 日，如东县项目暨工业集中区（园区）建设推进会在曹埠镇召开，县委副书记周建飞在肯定园区和项目建设成效的同时指出，抓好工业集中区和项目建设是如东工业的突破之举。会议由副县长王智主持，县领导余科出席会议。

★24 日下午，如东县委常委、常务副县长沈峻峰代表县政府与中国农业发展银行南通市分行行长陈梦蒙签订了《政策性金融战略合作协议》。县委书记、县人大常委会主任詹立风，中国农业发展银行江苏省分行行长丁伟，副行长王明、钱德辉等出席签约仪式。沈峻峰、钱德辉分别向与会人员介绍了如东县与农发行合作项目的情况。

★25 日上午，如东县国土资源局在文峰大世界广场开展国土资源法律知识现场宣传和咨询活动。县委常委、宣传部部长杨中坚参加了活动。

★25 日，如东县召开基层服务型党组织建设推进会议，县委常委、组织部部长任新峰回顾总结了近年来全县基层服务型党组织建设推进情况，县委副书记周建飞讲话。

★26 日下午，如东县政协副主席桑健、余科带领部分政协委员到县文广传媒中心（集团），调研宣传、事业及产业发展情况。

★27 日上午，如东县人大常委会召开第 40 次主任会议，听取县海洋与渔业局关于如东县特色渔业产业情况的汇报。县人大常委会副主任、党组副书记陈昌龙带领人大常委会部分成员视察了三家特色渔业企业，县人大常委会副主任冯力如主持会议，县人大常委会副主任唐国均出席会议。

★29 日上午，如东县委副书记周建飞前往沿海经济开发区（洋口镇）刘环村开展调研活动，了解社情民意，破解发展难题。

★30 日，如东县委书记、县人大常委会主任詹立风，县委副书记、县长潘建华，县政协主席陈建华，县委副书记周建飞，县委常委、宣传部部长杨中坚，副县长王智，副县长、沿海经济开发区党工委书记张栩龙，县检察院检察长顾祖林，分别赴全县各地看望老党员，并给他们送去党组织的关怀和温暖。

★30 日，江苏省委、省政府召开电视电话会议，研究部署 2014 年征兵工作。如东县委副书记、县长潘建华，县领导于立忠、吴凤俊、蒋树建和相关部门负责人在如东县分会场收听收看电视电话会议。

7月

★1日，在中国共产党成立93周年之际，如东县举办以“讲述老百姓自己的故事”为主题的百姓宣讲团首场报告会。县委书记、县人大常委会主任詹立风，县委副书记、县长潘建华，县委副书记周建飞，县政协主席陈建华，县人大常委会副主任、党组副书记陈昌龙等四套班子领导，县法院院长，县检察院检察长，各镇（区）、县级机关各部门主要负责人及相关方面的代表出席报告会。县委常委、宣传部部长杨中坚为14位“百姓宣讲团”成员颁发了聘书。

★1日，如东县委常委、组织部部长任新峰，县委常委、纪委书记刘才盛和县法院院长娄宏春，县委常委杨小军、县政协副主席陆茵，县人大常委会副主任沈更生，副县长姜晓静，副县长蒋树建、县政协副主席吴鼎皋，副县长、公安局局长程军分赴全县各地慰问老党员并送去慰问金和节日的祝福。

★2日下午，如东县人大常委会副主任、党组副书记陈昌龙带领常委会部分组成人员到沿海经济开发区，对该区项目建设、招商引资、财政收支等方面进行调研。县人大常委会副主任沈更生、冯力如、唐国均，副县长张栩龙参加调研。

★3日下午，如东县委书记、县人大常委会主任詹立风带领相关部门负责人，前往洋口港经济开发区临港工业区项目建设一线，调研、会办重点项目建设难题。县委副书记周建飞，县领导张蓉蓉、王智参加调研活动。

★3日，如东县人大常委会副主任、党组副书记陈昌龙带领常委会部分组成人员及相关工委人员，到县国税、地税部门调研上半年两税征收任务完成情况，县人大常委会副主任冯力如、唐国均参加调研。

★3日，如东县人大常委会副主任、党组副书记陈昌龙到南通外向型农业综合开发区，慰问该区仍健在的唯一一位新中国成立前入党老党员石初华，为他送去慰问金和节日祝福。

★4日，由如东县委宣传部、县文明办举办的“农商银行杯”如东县朗读志愿者经典诵读决赛暨“朗读，走进心灵”志愿服务社区行活动正式启动。县委常委、宣传部部长杨中坚宣布“朗读，走进心灵”志愿服务社区行活动启动。县领导唐国均、姜晓静、桑健为获奖者颁奖。

★7日，江苏省科协党组书记、常务副主席陈惠娟率队，到如东县调研科协工作。如东县领导任新峰、杨中坚陪同调研。

★8日，如东县委召开常委班子教育实践活动专题民主生活会，江苏省委督导组组长耿乃凡、南通市委常委陈照煌、市委第二督导组组长葛维先参加并指导专题民主生活会。如东县委书记、县人大常委会主任詹立风主持专题民主生活会。县政协主席陈建华，县人大常委会副主任、党组副书记陈昌龙列席会议。

★8日，如东县政协副主席桑圣权带领政协委员和县住建局、城管局、如东高新区(掘港镇)等相关部门人员，视察2013年改造完成的青园新村及今年即将改造的三河居住区、车站小区等4个老旧小区。

★9日上午，如东县政协党组召开教育实践活动专题民主生活会，县政协党组书记、主席陈建华主持专题民主生活会。县政协党组成员、副主席余科、吴鼎皋，县政协督导员童玉林及县政协其他党组成员出席会议，县政协副主席桑健、桑圣权、陆茵列席会议。市委督导组其他成员参加会议。

★9日下午，如东县人大召开全县“访选民”活动交流会，总结交流上半年“访选民”

活动开展情况，研究部署今后工作。县人大常委会副主任、党组副书记陈昌龙在会上讲话，县人大常委会副主任沈更生、冯力如、唐国均参加会议。

★9 日，如东县委常委、纪委书记刘才盛在县公共资源交易中心调研。调研时指出，公共资源交易要在优选中标人的前提下，以“公平、高效、廉洁”的运作，实现财政资金使用效益最大化。

★10 日，如东县政府党组利用一天时间召开党的群众路线教育实践活动专题民主生活会。县委副书记、县政府党组书记、县长潘建华主持会议。市委第二督导组组长葛维先出席并作点评。市委督导组成员、市发改委机关党委专职副书记施洪燕参加了会议。副县长姜晓静应邀列席会议，并谈了参会感受、提了批评意见。

★10 日下午，如东县举行如东县市人大代表专题视察审议活动，代表们审议了产城融合发展的制度创新、陆海统筹发展、区镇合一、扩权强镇等沿海开发系列方案的落实情况。县人大常委会副主任沈更生在活动中发表讲话，县政协副主席桑健、桑圣权参加视察审议。

★11 日上午，如东县委常委、纪委书记刘才盛带领国土、城管、交通运输等部门的负责人，视察全县主要公路沿线违法建筑的整治情况。

★11 日下午，如东县召开征兵工作会议。县委常委、政法委书记于立忠，县委常委、人武部长吴风俊，副县长蒋树建出席会议。

★14 日上午，南通市人大人事代表工作联络委员会主任顾绮率队，到如东县调研人事代表工作。如东县人大常委会副主任、党组副书记陈昌龙陪同调研，县人大常委会副主任唐国均参加座谈会。

★14 日，如东县委、县政府与江苏苏豪控股集团有限公司在南京进行商务洽谈，双方就洋口港开发建设以及其他领域的合作作前期沟通与交流。如东县委书记、县人大常委会主任詹立风向苏豪控股集团高层领导介绍了如东近年来经济社会的发展情况。县委常委、洋口港经济开发区党工委书记张蓉蓉介绍了洋口港开发建设情况，县委副书记周建飞、副县长王智参加活动。

★14 日下午，如东县人大常委会副主任、党组副书记陈昌龙带领相关人员到县审计局调研同级审计情况。县人大常委会副主任冯力如参加调研。

★16 日上午，苏州市工商联副主席、总商会副会长邱良元带领苏州异地商会和苏州如东商会考察团到如东县考察。如东县政协副主席桑健希望苏州异地商会和苏州如东商会发挥桥梁作用，促进彼此间在商贸、文化等领域的合作，鼓励更多的苏州企业家来如投资兴业。

★16 日，农业部副部长牛盾、渔业渔政管理局局长赵兴武、东海区渔政分局副局长韩旭等一行，在江苏省委常委、副省长徐鸣，江苏省海洋与渔业局局长汤建鸣，江苏省海洋与渔业局原局长唐庆宁的陪同下，到如东县考察现代渔业建设项目。南通市委常委秦厚德，南通市副市长单晓鸣，如东县委书记、县人大常委会主任詹立风，县委副书记、县长潘建华，县领导于立忠、蒋树建、唐智明等陪同考察。

★16 日下午，南通市委书记丁大卫到如东县调研安全生产和环境保护工作。如东县委书记、县人大常委会主任詹立风，县委副书记、县长潘建华参加调研活动。县领导沈峻峰、于立忠参加调研活动。

★17 日下午，如东县召开上半年违建监管工作督查推进会，县委常委、纪委书记刘才盛出席会议。

★18日下午，南通市委统战部在如东县召开全市“凝心促改革，聚力促率先”主题活动推进会。会上，如东县政协副主席、统战部部长吴鼎皋介绍了如东县主题活动的开展情况。南通市政协副主席、市委统战部部长殷雄对如东县统战部开展的主题活动给予高度评价，如东县委常委、纪委书记刘才盛出席会议。

★18日下午，如东县召开户外广告设置规划论证会，县委常委、常务副县长沈峻峰在会上发表讲话，县政协副主席桑圣权参加会议。

★19日，如东县召开县委常委班子、县政府党组专题民主生活会情况通报会。县委书记、县人大常委会主任詹立风主持通报会。詹立风在通报县委常委班子专题民主生活会情况，县委副书记、县长潘建华通报了7月10日县政府党组专题民主生活会情况，潘建华通报了县政府党组遵守党的政治纪律、贯彻中央八项规定、江苏省、南通市十项规定、如东县委八项规定的情况，江苏省委督导组成员王书龙，如东县政协主席陈建华，县委副书记周建飞，县人大常委会副主任、党组副书记陈昌龙等县四套班子领导；如东县现职县级领导干部；正县级老同志和近5年退出领导岗位的副县级老同志；县级机关各部门各单位及其直属单位主要负责人；镇区党政正职；无党派代表人士；部分“两代表一委员”和党员、群众代表出席会议。

★21日，如东县政协主席陈建华带领县民政局、掘港镇相关负责人专题调研如东县养老工作。

★22日，如东县召开省级高新区创建暨如东科创园建设发展推进会议，县委常委、组织部部长任新峰在会上讲话，副县长阮平章主持会议。副县长王智出席会议。

★22日，如东县人大常委会召开第41次主任会议，听取和审议县检察院关于监所检察的工作情况。县人大常委会副主任、党组副书记陈昌龙、县人大常委会副主任沈更生、冯力如、唐国均出席会议。

★22日，如东县人大常委会副主任、党组副书记陈昌龙带领人大部分人员到县商务局调研。县人大常委会副主任冯力如参加调研。

★22日下午，如东县政协主席陈建华率政协相关委员会负责人，对如东县残疾人工作开展调研。陈建华充分肯定了残疾人工作取得突出成效，县政协副主席桑圣权参加调研。

★23日下午，如东县人大常委会党组召开党的群众路线教育实践活动专题民主生活会，县委书记、县人大常委会主任、党组书记詹立风主持专题民主生活会。县人大常委会副主任、党组副书记陈昌龙，党组成员、副主任冯力如、唐国均及县人大常委会其他党组成员出席会议，县人大常委会副主任沈更生列席会议。

★23日下午，如东县政协召开十四届十四次常委会。会议由县政协主席陈建华主持。县委副书记、县长潘建华通报了2014年上半年全县经济社会发展情况。副县长姜晓静，县政协副主席桑健、余科、桑圣权、陆茵，县政协督导员童玉林出席会议。

★23日下午，如东县政协党组召开专题民主生活会情况通报会。县政协主席陈建华通报了7月9日上午县政协党组专题民主生活会情况。市政协委员、副县长姜晓静，县政协副主席桑健、余科、桑圣权、吴鼎皋、陆茵，县政协督导员童玉林，县政协部分老领导、老同志，县政协常委、各委员小组负责人，如东高新区（掘港镇）、如东经济开发区（苴镇）、如东沿海经济开发区（洋口镇）、洋口港经济开发区（长沙镇）等政协工委负责人，部分驻如市政协委员，县政协机关全体干部以及部分党员、群众代表出席会议。

★23 日下午，如东县召开纪检监察系统上半年工作总结推进会，总结今年以来全县党风廉政建设和反腐败工作，研究部署下半年各项工作。县委常委、纪委书记刘才盛出席会议并讲话。

★24 日，中共如东县委十三届六次全体（扩大）会议召开，县委书记、县人大常委会主任詹立风主持会议，县委委员、候补委员出席会议。县纪委委员，县人大、县政府、县政协领导班子成员，县督导员，县法院院长，县检察院检察长，各镇区党政负责人，县级机关各部门和县直属单位中层以上干部，县五十强企业负责人，原县四套班子老领导和享受地市级待遇的老干部代表列席会议。

★24 日上午，如东县人大常委会党组召开专题民主生活会情况通报会。县委书记、县人大常委会主任、党组书记詹立风主持会议并讲话。会上，县人大常委会副主任、党组副书记陈昌龙通报了县人大常委会党组专题民主生活会的情况。沈更生、冯力如、唐国均，县人大督导员杨成泉，县十六届人大常委会全体组成人员，县人大机关全体干部，各镇人大主席及部分人大代表和党员群众代表参加活动。

★25 日，如东县委书记、县人大常委会主任詹立风前往洋口港经济开发区，全程参加并指导该区党工委（长沙镇党委）班子专题民主生活会。县委常委、洋口港经济开发区党工委书记张蓉蓉首先代表区党工委作对照检查，认真检查了遵守党的政治纪律、贯彻中央八项规定精神情况，深入查找了“四风”方面存在的突出问题。其他班子成员在会上分别作了个人对照检查，班子成员之间认真坦诚地开展了批评与自我批评。市委第二督导组组长葛维先讲话。

★25 日，如东县召开 2014 年城市环境综合整治推进会，县委常委、常务副县长沈峻峰出席会议并讲话。县委常委、宣传部部长杨中坚主持会议。

★26 日，如东县委中心组在县会议中心举行专题报告会，受县委书记、县人大常委会主任詹立风委托，县委副书记周建飞主持报告会。县委中心组全体成员出席报告会。

★26 日，如东经济开发区召开党的群众路线教育实践活动专题民主生活会，市委第二督导组组长葛维先，县委副书记、县长潘建华参加民主生活会。

★29 日上午，如东县召开洋口港综合保税区可行性研究报告评审会，县委书记、县人大常委会主任詹立风在评审会上致辞，会议由县委副书记周建飞主持。县委副书记、县长潘建华，县领导张蓉蓉、王智参加会议。

★29 上午，如东县十六届人大常委会召开二十一次会议。县人大常委会副主任、党组副书记陈昌龙对 2014 年上半年全县经济社会发展情况进行总结回顾。县人大常委会副主任沈更生、冯力如、唐国均出席会议。

★29 日，江苏省人大常委会法工委主任孙如林率省人大、省气象局调研组到如东县开展立法调研，如东副县长蒋树建介绍了如东县陆上与海上风电场、太阳能开发利用及设备制造、云水资源的开发利用等情况。如东县人大常委会副主任唐国均主持交流会。

★29 日，江苏省人大法制委主任委员张新民率省人大法制委、外事委、省商务厅及省港澳办联合调研组一行到如东县，就《江苏省保护和促进香港澳门同胞投资条例（草案）》开展调研。如东县人大常委会副主任、党组副书记陈昌龙陪同调研。

★30 日上午，如东县委书记、县人大常委会主任詹立风，县委副书记、县长潘建华于分别前往如东消防大队、边防大队、武警中队、长沙雷达站、刘埠边防所和武警边防机动中队，向长期坚守岗位，服务地方发展的驻如东部队官兵送去节日的问候。潘建华一行来到刘埠边防所和武警边防机动中队。县领导唐国均、程军、唐智明参加慰问活动。

★31 日，南通市政协副主席陈德新率市政协调研组，到如东县开展“推进农村土地流转，拓展农民增收渠道”专题调研活动。如东县副县长蒋树建向调研组介绍了如东县推进农村土地流转工作情况。县政协副主席桑圣权、县政协督导员童玉林参加调研。

★31 日，如东县召开全县印染行业专项整治暨依法严厉打击环境违法行为亮剑行动视频工作会议，副县长蒋树建对“整治违法排污企业保障群众健康”环保专项行动进展情况进行了点评，县委常委、政法委书记于立忠在会上发表讲话。

8 月

★1 日上午，南通市人大工作座谈会在如东县召开。会议讨论通过了《关于进一步加强和改进人大工作的意见》和《关于评议市级政府部门依法行政工作的实施方案》。南通市人大常委会党组书记、副主任黄利金主持会议并讲话，如东县委书记、县人大常委会主任詹立风在会上介绍了如东县经济社会发展情况。南通市人大领导王向红、施建中、程静、张小平、李水林，县人大常委会副主任、党组副书记陈昌龙，县领导张栩龙出席会议。

★1 日，如东县召开服务业经济工作推进暨旅游业培训会，全面总结全县上半年服务业发展工作。副县长王智通报了如东县上半年服务业发展情况。县委常委杨小军出席会议。

★1 日，如东县召开“平安渔业”创建深化暨海洋渔业安全生产工作推进会。副县长蒋树建分析了如东县当前海洋渔业安全生产形势。会议由县委常委、政法委书记于立忠主持，副县长唐智明出席会议。

★3 日，如东县召开安全生产检查整改专项行动动员会，安排部署全县安全生产隐患大排查、大整改行动，副县长王智出席会议。

★3 日下午，如东县政府召开全县安全生产工作紧急会议，县委副书记、县长潘建华要求立即开展全覆盖、无盲点、拉网式排查，杜绝任何安全隐患，以铁的手腕、铁的措施，扎实细致地开展安全大检查。副县长王智对当前安全生产工作形势作了分析，副县长蒋树建、程军、张栩龙参加会议。

★4 日上午，江苏省委书记罗志军主持召开全省第二批党的群众路线教育实践活动推进会，如东县委书记、县人大常委会主任詹立风，县委副书记、县长潘建华等县四套班子领导，各镇、区和县级机关各部门主要负责人集中收听收看会议。

★4 日下午，如东县政协主席陈建华到丰利镇开展第七次“主席接待日”活动，来自各界别的政协委员结合自身工作实际，对群众反映集中的古镇文化保护与开发、镇域产业定位与发展、区域交通改善、引江供水全覆盖、海洋渔业生产等热点难点问题进行讨论。

★5 日，如东县委组织部召开全县镇（区）组织委员座谈会。在听取各镇（区）组织委员的工作交流后，县委常委、组织部部长任新峰在会上讲话。

★5 日至 6 日，南通市政协提案工作会议在如东县召开。如东县政协主席陈建华在会上致欢迎词并介绍了如东县政协提案工作的特色做法。南通市政协副主席陆玉明对如东县经济社会发展和政协提案工作给予了高度肯定。南通市十届政协副主席张庆平出席会议，如东县副县长、沿海经济开发区党工委书记张栩龙陪同参观，县政协副主席吴鼎臯出席会议。

★6 日下午，如东县委副书记、县长潘建华前往县征兵体检站，视察夏秋征兵体检工作情况，并看望慰问了工作人员和应征青年。县委常委、人武部部长吴风俊和副县长蒋树建陪同视察。

★6 日下午，南通市文广新局与市关工委联合组织到如东县开展暑期网吧专项检查。如东县副县长姜晓静参加活动。

★7 日下午，如东县政府与中国中化股份有限公司签署战略合作协议，拉开了双方深度合作、共创未来的序幕。中化集团副总裁、中化国际公司董事长潘正义，如东县委书记、县人大常委会主任詹立风出席签约仪式并致辞。县委副书记周建飞主持签约仪式。中化集团战略规划部总经理程永和如东县副县长张栩龙分别代表中化股份有限公司和如东县人民政府签约。如东县领导张蓉蓉、王智出席签约仪式。

★7 日下午，南通市在如东县召开渔业安全生产工作推进会，如东县委副书记、县长潘建华介绍了如东县渔业安全生产总体情况。南通市委常委秦厚德对如东县渔业安全生产工作给予高度评价。江苏省海洋与渔业局渔政处处长沈国华，南通市副市长单晓鸣，如东县委常委、政法委书记于立忠，副县长蒋树建出席会议。

★7 日，如东县委常委、宣传部部长杨中坚，副县长姜晓静到县文广传媒中心，调研深化文化体制改革和文化产业发展的工作情况。

★8 日上午，南通市委常委秦厚德在如东县调研中心镇建设和农业农村发展工作，如东县委书记、县人大常委会主任詹立风，县领导于立忠、蒋树建、唐智明参加调研活动。

★8 日上午，如东县政府召开专题会议，向县人大常委会及部分县人大代表汇报县十六届人大三次会议五件议案办理情况。县委常委、常务副县长沈峻峰，副县长蒋树建分别作了工作汇报。县人大常委会副主任、党组副书记陈昌龙，县人大常委会副主任沈更生、冯力如、唐国均出席会议。

★8 日下午，如东县委中心组举行“城乡规划与境外融资招商”专题讲座。县委副书记周建飞主持讲座。

★8 日，如东县人社局召开全县人力资源和社会保障工作点评会，县委常委、常务副县长沈峻峰在会上讲话。

★9 日上午，来自香港如东同乡会的 3 位博士为如东高级中学高一年级学生作了一场主题为“奋进追梦、人生出彩”的报告，如东县委常委、纪委书记刘才盛出席报告会，县政协副主席吴鼎皋主持报告会。

★9 日下午，如东县委召开全县党的群众路线教育实践活动推进会，县委书记、县人大常委会主任詹立风主持会议并讲话。南通市委第二督导组副组长陆永生，如东县领导任新峰、刘才盛、杨中坚、张蓉蓉、张栩龙出席会议。

★9 日下午，香港如东同乡会会长严嘉博士率香港如东同乡会返乡人员，考察全县经济社会发展情况。如东县政协副主席吴鼎皋陪同考察。

★11 日上午，如东县委书记、县人大常委会主詹立风任主持召开全县重点工作督查推进会并作重要讲话。县委副书记、县长潘建华通报了 1 至 7 月份全县重点工作完成情况。县委常委、常务副县长沈峻峰对今年以来全县城建、交通建设及城市环境综合整治情况进行了总结点评。县四套班子领导出席会议。

★12 日下午，如东县政协主席陈建华带领县政协主席会议成员、驻会常委等专题调研县法院工作情况。县政协副主席桑健、桑圣权、吴鼎皋、陆茵，督导员童玉林参加调研。

★12日下午，如东县召开栟茶镇行政管理体制改革试点工作动员会。县委副书记周建飞出席会议作讲话，县委常委、常务副县长沈峻峰主持会议。县领导任新峰、于立忠、蒋树建出席会议。

★14日上午，南通市副市长赵闻斌一行，到如东县就市经济薄弱村扶持项目相关情况进行调研。在如东县委书记、县人大常委会主任詹立风的陪同下，赵闻斌先后视察了掘港镇上成市场、县残疾人综合服务中心，并听取相关汇报。副县长蒋树建向市领导介绍了如东县关于南通市扶持集体经济薄弱村物业项目推进情况的汇报。县委常委、政法委书记于立忠，副县长唐智明陪同调研。

★14日上午，南通市委第二督导组组长葛维先一行到如东县掘港镇古池社区，参加并指导党的群众路线教育实践活动专题组织生活会。

★14日上午，太仓市政协主席宋建中带领该市政协领导班子成员和工委负责人到如东县考察沿海开发。在如东县政协主席陈建华、副主席陆茵的陪同下，宋建中一行先后视察了如东县城市规划展览馆、如东龙源海上风电场。

★19日上午，如东县人大召开农村基础设施建设专项工作评议部署会，对评议工作进行了安排部署。会上，县人大常委会副主任唐国均对 2014 年全县农村基础设施建设开展专项评议工作进行了部署。县人大常委会副主任、党组副书记陈昌龙，县委常委、常务副县长沈峻峰，副县长蒋树建在会上发表讲话，县人大常委会副主任沈更生、冯力如出席会议。

★20日下午，如东县举行 2014 年新录用公务员上岗宣誓暨“群众观”教育实践培训活动启动仪式。县委常委、组织部部长任新峰出席活动并讲话。

★21日上午，如东县副县长蒋树建带领县安监、环保、信访等部门负责人，检查曹埠镇安全生产工作情况。

★21日，巴斯夫植物保护（江苏）有限公司开业暨江苏如东生产基地开工仪式在如东沿海经济开发区举行，巴斯夫亚太区总裁、巴斯夫大中华区总裁兼董事长侯宇哲，巴斯夫作物保护部全球总裁 MarkusHeldt 等公司高层领导，南通市副市长陈一星，如东县委书记、县人大常委会主任詹立风，县委副书记、县长潘建华等出席开业庆典。副县长、沿海经济开发区党工委书记张栩龙在会上发表讲话，县领导陈建华、王智参加活动。

图为：巴斯夫植物保护（江苏）有限公司开业暨江苏如东生产基地开工仪式现场

★22日，如东县召开全县政策性农业保险工作会议，副县长蒋树建在会上发表讲话，县委常委、政法委书记于立忠主持会议，副县长唐智明出席会议。

★22日，如东县召开海洋渔业安全生产工作推进会，副县长蒋树建在会上发表讲话，县委常委、政法委书记于立忠主持会议，副县长唐智明出席会议。

★22日下午，如东县政协召开专题界别协商座谈会，专题听取界别委员对政协重点工作的意见和建议。县政协主席陈建华对委员们的意见建议给予充分肯定。县政协副主席桑圣权、吴鼎皋，督导员童玉林，县政协相关主席会议成员和委室负责人，社科界、无党派界和农业农村界等界别委员代表参加会议。

★26 日上午，如东县人大常委会召开第43次主任会议，听取并审议县农委关于农资市场监管工作情况的汇报。县人大常委会副主任、党组副书记陈昌龙对农资市场监管工作取得的成效给予肯定。副县长蒋树建、唐智明参加会议。

★26 日下午，如东县委书记、县人大常委会主任詹立风专题调研全县社会事业项目推进工作。县委常委、宣传部部长杨中坚主持调研座谈会，并汇报了今年以来全县社会事业发展工作。副县长姜晓静参加调研活动。

★26 日下午，如东县召开招商引资“百日竞赛”总结表彰暨冲刺全年动员大会，县委副书记周建飞充分肯定了“百日竞赛”取得的成果，县委常委杨小军主持会议。会上，县委常委、洋口港经济开发区党工委书记张蓉蓉宣读“百日竞赛”的表彰决定。副县长王智总结竞赛活动开展情况。

★27 上午，如东县委、县政府举行江苏省第六批科技镇长团如东团总结汇报会暨省第七批科技镇长团如东团欢迎仪式，如东县委书记、县人大常委会主任詹立风对第六批科技镇长团如东团助推如东经济转型跨越所作的贡献予以充分肯定，同时希望第七批科技镇长团如东团紧扣如东发展大局，致力当好科技创新的指导员、人才引育的组织员、经济发展的调研员、推介如东的宣传员，为推动如东经济又好又快发展注入新活力。如东县委副书记、县长潘建华主持会议，县委常委、组织部部长任新峰宣读了省第六批、第七批“科技镇长团”如东团成员职务任免决定。副县长王智出席会议。

★27 日，如东县工商联组织召开县工商联（总商会）会长企业和工商联界的县政协委员企业发展经验交流会。县政协主席陈建华出席会议。县政协副主席、县工商联（总商会）主席（会长）桑健主持会议。

★27 日下午，如东县召开县文化中心（二期）大剧院工程初步设计评审会，县委常委、常务副县长沈峻峰在会上发表讲话，县领导杨中坚、姜晓静出席会议。

★28 日下午，如东县召开县委常委议军会，分析当前全县国防动员建设形势，研究解决国防动员和民兵预备役建设中遇到的问题。县委书记、县人大常委会主任、县人武部党委第一书记詹立风主持会议并讲话，县委副书记、县长潘建华，县政协主席陈建华出席会议。会上，县委常委、县人武部部长吴风俊介绍了如东县国防后备力量的建设情况，汇报了下一步如东县人民武装工作的目标任务。县领导周建飞、陈昌龙、沈峻峰、任新峰、刘才盛、杨中坚、杨小军、于立忠、张蓉蓉，县人武部政委刘瑞出席会议。

★29 日，如东县“最美一线职工”颁奖暨职工文化艺术节闭幕典礼在县行政中心会议厅隆重举行。南通市总工会主席、党组书记葛玉琴，如东县委书记、县人大常委会主任詹立风等市县领导出席颁奖典礼并为“最美一线职工”颁奖。县领导杨中坚、唐国均、姜晓静、桑健出席典礼仪式。

★29 日下午，如东县召开新兴产业发展推进会，县委副书记周建飞向县经信委、县科技局等单位下达任务交办单。副县长王智主持会议。

★29 至 30 日，中国社科院中国城市经济学会调研组一行到如东县，就产业发展和项目建设开展调研。如东县人大常委会副主任、党组副书记陈昌龙，县委常委、宣传部部长杨中坚，副县长姜晓静陪同调研。

★30 日下午，如东县委书记、县人大常委会主任詹立风带领县四套班子主要领导前往视察通洋高速工程建设推进情况，县委副书记、县长潘建华，县政协主席陈建华，县委副书记周建飞，县人大常委会副主任、党组副书记陈昌龙，县领导沈峻峰、杨小军参加视察活动。

9月

★2日上午，由博程生物科技（南通）有限公司成立的泰莱食品配料（南通）有限公司正式开业。如东县委书记、县人大常委会主任詹立风与泰莱集团业务发展部高级副总裁RowanAdams共同为公司揭牌。县委副书记、县长潘建华，县委副书记周建飞、县委常委杨小军、副县长王智出席活动。

★2日，江苏省人大代表南通代表团第四小组专程到如东县视察指导沿海开发工作。如东县委书记、县人大常委会主任詹立风介绍如东县经济社会发展和沿海开发情况，县委副书记、县长潘建华参加活动。县人大常委会副主任、党组副书记陈昌龙主持汇报交流会。县领导张蓉蓉、张栩龙参加活动。

★2日，扬州市邗江区人大常委会副主任徐圣龙一行到如东县调研社会救助工作开展情况。座谈会上，如东县人大常委会副主任唐国均介绍了如东县沿海开发及经济社会发展情况。

★2日下午，如东县政协组织医卫界委员专题对“有效化解因病致贫特困群体困难”的调研成果和“依法打击医闹、依法推动无偿献血”两个重点提案的办理落实情况开展协商座谈，广泛听取委员们的意见和建议。县政协主席陈建华认真听取委员们的建议后作了重要讲话，县政协副主席桑健出席会议。

★4日上午，南通市副市长黄爱军到如东县调研工业经济运行、园区建设等方面的情况，希望如东县进一步加大对企业的服务力度，力促工业经济稳健增长。如东县委副书记、县长潘建华陪同调研。

★4日，南通市“七打七治”专项行动暨基层安监能力建设推进会在如东县召开，副市长黄爱军指出，当前全市安全生产形势依然十分严峻，务必把“七打七治”作为重中之重。如东县委副书记、县长潘建华出席会议并讲话。会上，如东县副县长王智汇报了如东县化工专项整治和危化品安全生产攻坚工作。

★5日上午，南通市新四军研究会在如东县召开座谈会，就如东县正在建设中的苏中反“清乡”斗争纪念馆史料征集工作展开研究和探讨。南通市人大常委会原主任、市新四军研究会会长秦兆桢主持座谈会。如东县委副书记周建飞汇报了全县经济社会发展情况和反“清乡”纪念馆整体推进情况。副县长姜晓静参加活动。

★6日，如东县召开全县河道养殖（捕捞）设施清除专项行动推进会。为切实维护广大人民群众合法利益，确保全县内陆河道水质提升，行洪、排涝及通航安全，县委、县政府决定在全县范围内开展一次全面、彻底的河道养殖和捕捞设施清除专项活动。副县长蒋树建对此次专项行动作动员部署，县委常委、政法委书记于立忠在会上发表讲话，县委常委杨小军主持会议，县领导冯力如、唐智明、桑圣权出席会议。

★10日，如东县举行全国第30个教师节表彰庆祝活动，县委书记、县人大常委会主任詹立风，县委副书记、县长潘建华，县政协主席陈建华，县委副书记周建飞，县人大常委会副主任、党组副书记陈昌龙等县四套班子领导出席庆祝活动。

★10日，南通市人大领导王向红、施建中、张小平一行通过实地调研，对如东县高标准农田建设工作予以高度评价。如东县委副书记、县长潘建华，县人大常委会副主任、党组副书记陈昌龙，县领导冯力如、蒋树建参加调研活动。

★10 日，如东县召开党的群众路线教育实践活动专项整治工作部署会议。县委副书记、县教育实践活动领导小组副组长周建飞讲话。市委督导组副组长陆永生到会讲话。会议由县委常委、组织部部长任新峰主持。

★10 日，第十六期南通市文艺家读书班在如东县开班，部分中青年文艺骨干、行业文联驻会负责人、乡镇文联代表近 100 人参加为期 3 天的集中封闭式学习培训。南通市文联副主席王法、如东县政协副主席桑健出席会议。

★11 日下午，如东县专题召开学习习近平总书记系列重要讲话精神座谈会。

★11 日下午，如东县举行 2014 年干部培训秋季主体班开班仪式，700 多名行政事业单位的公务员和管理人员将接受培训。县委常委、组织部部长任新峰出席开班仪式并讲话。

★12 日，如东县人大常委会副主任、党组副书记陈昌龙带领人大常委会部分组成人员调研如东工商行政管理工作。县人大常委会副主任沈更生、冯力如、唐国均参加会议。

★12 日下午，中天科技集团与江苏刚正薄板科技有限公司举行分布式光伏发电项目合作签约仪式。如东县委副书记周建飞在会上发表讲话，副县长王智主持签约仪式。

★13 日下午，如东县委书记、县人大常委会主任詹立风主持召开全县重点工作督查推进会。县委副书记、县长潘建华通报了 1 至 8 月份全县重点工作完成情况，分管县领导分别点评了各项重点工作和通报了夏季秸秆禁烧与综合利用情况。县四套班子领导出席会议。

★15 日，如东县委召开全县惩防体系建设暨落实“两个责任”推进大会。县委常委、纪委书记刘才盛就全县惩防体系建设和落实“两个责任”作了动员报告。县委书记、县人大常委会主任詹立风出席并作重要讲话。会议由县委副书记周建飞主持。

★16 日上午，如东县政协举办建议案、重点提案及民主评议公开问办公众问效直播活动，县委常委、常务副县长沈峻峰参加了直播活动并发表讲话，县领导陈建华，刘才盛、蒋树建、桑圣权、吴鼎皋、陆茵参加了活动。

★16 日，如东县召开县安委会扩大会议，副县长王智在会上发表讲话。

★17 日上午，在南通市人大常委会原主任秦兆桢的带领下，市人大离退休干部实地参观了洋口港经济开发区、沿海经济开发区重点项目建设现场，如东县委副书记周建飞，县人大常委会副主任、党组副书记陈昌龙陪同参观。

★17 日上午，2014 第七届中国(江苏)国际风电产业发展高峰论坛暨第二届江苏省中小企业风电产业协作配套对接会在如东县召开。江苏省可再生能源发展项目办公室主任许瑞林主持开幕式。如东县委常委、常务副县长沈峻峰向与会领导、专家和企业代表介绍了如东县风电产业的发展情况。副县长张栩龙作了题为《推动风电产业集群打造如东绿色名片》的专题演讲。

★17 日下午，如东县召开非公有制经济人士理想信念教育实践活动推进暨联席会议，进一步推进非公经济人士理想信念教育。县政协副主席桑健、吴鼎皋参加会议。

★19 日下午，如东县在县实验小学举行“运动与健康知识”专题讲座暨迎国庆健步走活动。如东县人大常委会副主任唐国均参加活动。

★20 日晚，由如东县委宣传部、县人社局等部门联合主办的“医保杯”如东县首届《民歌大舞台》团体歌咏比赛在文峰大世界广场举行。县人大常委会副主任唐国均、县政协副主席桑圣权给获奖者颁奖。

★21 日，来自如东县教育系统以及黄海剧团、创新艺术团、文化宫等社会组织的 200 多名演员，在南通市环西文化广场，为现场近千名观众表演了《扶海洲的女人们》《如意东方》《蓝印花布谣》等 10 多个精彩节目。如东县委常委、宣传部部长杨中坚观看了演出。

★22 日上午，扶海大学堂邀请国防大学战略教研部副主任、战略研究所所长金一南少将作题为“中国梦：从民族救亡到民族复兴”的专题讲座。讲座由如东县委副书记周建飞主持。县委书记、县人大常委会主任詹立风，县委副书记、县长潘建华，县政协主席陈建华，县人大常委会副主任、党组副书记陈昌龙等四套班子领导，以及县级机关各部门负责人、镇（区）负责人等听取了报告。

★22 日，南通市台办、市人民银行和洋口港经济开发区牵头组织中国银行、建设银行等 11 家金融单位齐聚洋口港，为台湾中石化基地项目“量身定做”金融服务方案。如东县委常委、洋口港经济开发区党工委书记张蓉蓉在当天召开的台湾中石化项目政银企对接会上发表讲话。

★22 日下午，如东县人大常委会召开第 44 次主任会议，听取县交通运输局关于全县农村公路建设和管理情况的工作报告。县人大常委会副主任、党组副书记陈昌龙带领人大常委会部分成员视察了通洋高速、五秀路、潮杨路、长掘线、长兵线等交通干线和农村公路的建设情况。县人大常委会副主任沈更生主持会议，县人大常委会副主任唐国均出席会议。

★23 日下午，九三学社中央副主席赖明、武维华带领专家学者专程到如东县调研，如东县委副书记、县长潘建华，县领导蒋树建、唐智明、桑圣权、吴鼎皋参加调研活动。

★25 日上午，扬州市邗江区人大常委会副主任徐金才一行到如东县调研教育工作。座谈会上，如东县人大常委会副主任唐国均、县教育局负责人介绍了如东县县情和教育工作基本情况，并就教育结构与布局、经费与装备、生源与师资、课程与质量、教育资源优化整合等工作进行了交流、座谈。

★25 日上午，如东县副县长王智带领环保、安监等部门负责人，前往马塘镇、丰利镇检查国庆节前安全生产工作。

★25 日，江苏省供销合作社系统在如东县召开现场推进会。省供销合作总社党组书记、理事会主任黄宝荣对如东县秸秆综合利用工作予以充分肯定，要求全省供销合作社系统认真学习借鉴先进经验，推动多种形式的秸秆综合利用，在推进生态文明建设工程中发挥出积极作用。省供销合作总社理事会副主任徐筱棣主持会议。省供销合作总社监事会主任郭乃红、理事会副主任袁森林，南通市副市长赵闻斌，如东县委书记、县人大常委会主任詹立风，副县长蒋树建、唐智明参加会议。县委副书记、县长潘建华介绍了如东县秸秆综合利用的做法。

★25 日，南通市委常委、宣传部部长章树山在栟茶镇调研文化产业发展工作时要求，进一步做好地域文化的挖掘，做大做强文化品牌产业。在如东县委书记、县人大常委会主任詹立风，县委常委、宣传部部长杨中坚的陪同下，章树山视察了栟茶镇城镇开发建设情况。

★25 日下午，如东县召开九月份工业经济推进会，要求全县上下牢牢锁定既定目标，努力冲刺，确保完成全年任务。副县长王智通报了 1 至 8 月份如东县工业经济运行情况。县委常委杨小军表示在会上发表讲话。县委副书记周建飞、副县长张栩龙参加会议。

★26 日上午，南通市委常委陈照煌到如东县听取党的群众路线教育实践活动整改落实工作情况汇报，南通市委第二督导组组长葛维先汇报了在如东县的督导工作情况，如东县委书记、县人大常委会主任、县委党的群众路线教育实践活动领导小组组长詹立风汇报了如东县党的群众路线教育实践活动整改落实工作情况。县委常委、宣传部部长杨中坚出席汇报会。随后，在县委书记、县人大常委会主任詹立风，县委副书记、县长潘建华，副县长王智的陪同下，陈照煌还检查了如东县部分企业的安全生产，参观了解了三一重工项目的进展情况。

★26 日，交通部海事局水运口岸调研组来如东县调研洋口港口岸开放推进工作。如东县委常委、洋口港经济开发区党工委书记张蓉蓉在座谈会上发表讲话。

★28 日上午，南通市副市长赵闻斌带领市安监局、农办等部门负责人到如东县对涉氨农产品加工企业进行安全生产检查。如东县副县长蒋树建陪同检查。

★28 日，如东县委常委、常务副县长沈峻峰到高新区调研党的群众路线教育实践活动整改落实情况，并检查了重点企业的安全生产工作。

★28 日，如东县副县长唐智明带领县安监局、水务局等部门相关负责人到大豫镇开展节前安全生产检查。

★29 日上午，南通市人大常委会党组副书记、副主任王向红一行到如东县检查节前海洋渔业安全生产工作。如东县委副书记、县长潘建华，副县长王智陪同检查。

★29 日上午，如东县十六届人大常委会召开第二十二次会议。会议听取并审议县政府副县长蒋树建所作的关于加快土地流转、促进高效规模农业发展情况的工作报告。听取了县人大常委会专题调查组关于加快土地流转、促进高效规模农业发展情况的调查报告。会议由县人大常委会副主任、党组副书记陈昌龙主持。县人大常委会副主任沈更生、冯力如、唐国均出席会议。副县长唐智明列席会议。

★29 日上午，如东县委副书记、县长潘建华来到如东经济开发区，听取党的群众路线教育实践活动整改落实工作情况汇报并作重要讲话。

★29 日上午，南京银行 2014 年如东秋季房地产展示交易会在县总工会五一广场开幕。如东县领导沈峻峰、杨中坚、沈更生、桑圣权参加开幕式。

★29 日下午，如东县委书记、县人大常委会主任詹立风到洋口港经济开发区听取党的群众路线教育实践活动整改落实情况的汇报并作重要讲话。县委常委、洋口港经济开发区党工委书记张蓉蓉汇报了洋口港经济开发区群众路线教育实践活动整改落实情况。

★29 日下午，如东县委书记、县人大常委会主任詹立风带领安监、监察、公安、消防、总工会等部门负责人，赴洋口港经济开发区检查指导安全生产工作。县领导张蓉蓉、王智参加检查活动。

★29 日下午，如东县召开办公室工作会议。县委副书记周建飞在会上讲话。

★29 日，由如东县委宣传部、县文学艺术界联合会、县文化广电新闻出版局以及共青团如东县委员会联合主办的书画摄影作品展在县文化馆举行。如东县领导唐国均、桑健观看了展览。

★30 日上午，如东县举行公祭烈士活动。县委副书记、县长潘建华主持公祭仪式。县委书记、县人大常委会主任詹立风，县政协主席陈建华，县委副书记周建飞，县人大常委会副主任、党组副书记陈昌龙等县四套班子领导参加公祭活动。

★30 日，如东县委副书记、县长潘建华，副县长王智率县总工会、公安、安监、消防、文广传媒中心（集团）、掘港镇相关部门负责人到南通亿能彩钢板有限公司、欧贸广场检查安全生产隐患大排查、大整改落实情况。

★30 日，如东县召开全县国民经济和社会发展“十三五”规划编制工作会议，确保“十三五”规划编制按序时完成。县委常委、常务副县长沈峻峰部署全县“十三五”规划编制工作，对交办落实前期课题研究进行动员。会议由县委副书记周建飞主持。

10 月

★8 日，如东县组织收听收看党的群众路线教育实践活动总结大会实况。县委书记、县人大常委会主任詹立风就贯彻中央、江苏省市会议精神，扎实搞好如东县教育实践活动提出要求。县委副书记、县长潘建华，县政协主席陈建华，县委副书记周建飞，县人大常委会副主任、党组副书记陈昌龙等四套班子领导；县教育实践活动领导小组成员；各镇（区）党（工）委书记、县级机关各部门各单位主要负责人；县委督导组组长、县委教育实践活动办公室全体人员在县会议中心分会场收听收看会议实况。

★10 日，如东县召开全县沿海开发重点工作督查推进会。县委副书记周建飞发表讲话。副县长王智参加活动。

★11 日上午，中国如东第十五届国际风筝会暨“小洋口旅游杯”2014 年江苏省风筝精英赛，在沿海经济开发区风筝放飞场拉开帷幕。开幕式上，如东县委副书记、县长潘建华致欢迎辞。开幕式由县委常委、宣传部部长杨中坚主持，国家体育总局社会体育指导中心副主任刘北剑宣布比赛开始，国家体育总局社会体育指导中心业务三部副主任张秀丽，江苏省体育局副巡视员吕卫东，江苏省社会体育管理中心副主任张晃新，南通市体育局党组书记、局长徐国祥，如东县副县长、沿海经济开发区党工委书记张栩龙等领导出席开幕式。

图为：如东举办第十五届国际风筝会现场

★11 日上午，如东县委书记、县人大常委会主任詹立风主持召开全县重点工作督查推进会。会上，县委副书记、县长潘建华通报了前三季度全县重点工作完成情况。县委副书记周建飞宣读了全县重点工作“季度竞赛”考核结果，县四套班子领导出席会议。

★11 日下午，如东县委县政府召开全县秋季秸秆禁烧禁抛与综合利用工作电视电话会议。副县长蒋树建总结了今年夏季秸秆禁烧禁抛和综合利用工作经验，并就进一步深入落实秋季秸秆“双禁”和综合利用工作要求进行部署与安排。县委常委、纪委书记刘才盛在会上发表讲话，会议由县委常委杨小军主持，县领导唐智明、桑圣权出席会议。

★11 日下午，如东县检察院在县卫生局召开卫生系统职务犯罪系列案件剖析会。县委常委、政法委书记于立忠参加会议并讲话，县检察院检察长顾祖林主持会议，市检察院专职委员李建国对剖析会作点评。

★12 日，如东县委组织部、县人才办及县妇联联合主办“缘圆”单身青年联谊活动，为 120 多名单身青年搭建联谊、互动的平台。县委常委、组织部部长任新峰出席活动并致辞。

★12 日下午，江苏省党的群众路线教育实践活动总结大会以电视电话会议形式召开。如东县委书记、县人大常委会主任詹立风，县委副书记、县长潘建华，县政协主席陈建华，县委副书记周建飞，县人大常委会副主任、党组副书记陈昌龙等县四套班子领导，县委党的群众路线教育实践活动领导小组、督导组全体成员，县级机关各部门、各镇区负责人到场收听收看。

★13日下午，江苏省人大常委会常务副主任、党组副书记蒋宏坤一行，在南通市人大常委会副主任施建中的陪同下，到如东县调研新农村建设情况。如东县委书记、县人大常委会主任詹立风，县委副书记、县长潘建华，县领导张蓉蓉、沈更生、唐智明陪同调研。

★14日，世界500强企业英国联合食品集团高层专程考察如东经济开发区。如东县委常委、组织部部长任新峰，副县长王智会见集团CEO英大卫一行，双方表示，将在加快现有项目建设步伐的同时，进一步拓展合作领域，提升合作层次，实现互利共赢的发展目标。

★14日，如东县人大常委会副主任唐国均带队到县信访局调研《信访条例》贯彻实施情况。

★15日，海安县委常委、组织部部长成宾带领海安县委组织部、县人才办、海安高新区党工委等园区和部门相关负责人到如东县考察人才工作。如东县委常委、组织部部长任新峰陪同考察，并就加强两地人才工作合作交流进行座谈。副县长张栩龙和海安县副县长杨同标参加活动。

★15日下午，南通市社区矫正工作会议在如东县召开，县委书记、县人大常委会主任詹立风出席会议并致辞。如东县委常委、政法委书记于立忠介绍了如东县社区矫正工作的特色做法。与会人员观摩了如东县社区矫正管理教育服务中心、安置帮教管理服务中心。

★16日上午，如东县委召开全面深化改革领导小组第二次会议，总结交流前期改革进展情况，研究部署当前和今后一段时期改革推进工作。县委书记、县人大常委会主任詹立风主持会议，会上，县委副书记、县长潘建华通报了全县全面深化改革工作进展情况。

★16日下午，南通市党的群众路线教育实践活动总结大会以电视电话会议形式召开。江苏省委督导组组长耿乃凡出席会议并讲话，南通市委书记丁大卫对全市教育实践活动进行了回顾总结，市委副书记陈斌主持会议。如东县在如东分会场组织集中收听收看电视电话会，县委书记、县人大常委会主任詹立风，县委副书记、县长潘建华，县委副书记周建飞等县四套班子领导，县委党的群众路线教育实践活动领导小组、督导组全体成员，县级机关各部门、各镇区负责人到场收听收看。

★16日，江苏省委政法委副书记侍鹏带领调研组到如东县调研涉法涉诉信访改革工作，省委政法委执法督查处处长董向阳、南通市委常委、政法委书记曹斌、市委政法委常务副书记王振等省、市政法委相关领导陪同调研。如东县委常委、政法委书记于立忠向调研组汇报了如东县涉法涉诉信访工作情况。

★16日，如东县召开覆盖拉网式农村环境综合整治试点工作推进会议，副县长蒋树建就2013至2014年度覆盖拉网式农村环境综合整治试点工作进行部署安排。副县长唐智明主持会议，各镇区向县政府递交覆盖拉网式农村环境综合整治试点工作目标责任书。

★17日，如东县政协召开专题界别协商座谈会，县政协相关主席会议成员、工商联界、经济界、农业农村界、科技科协界等界别委员代表参加会议。县政协副主席陆茵主持会议，副主席余科、桑圣权参加会议。

★17日是全国首个“扶贫日”，国家、江苏省、南通市先后召开社会扶贫工作电视电话会议。会后，如东县副县长蒋树建就贯彻落实电视电话会议精神作出部署。副县长唐智明参加会议。

★17日下午，如东县召开船舶及重型装备产业发展座谈会。县委副书记周建飞主持会议，并向与会专家介绍了如东县经济社会发展的总体情况。副县长、沿海经济开发区党工委书记张栩龙就如东县产业发展基本情况、产业发展方向以及沿海经济开发区发展船舶及重型装备产业的设想等方面做了重点汇报。中国工程院院士潘镜芙、闻雪友出席座谈会。

★17日，如东县政协召开专题界别协商座谈会。县政协副主席陆茵主持会议，副主席余科、桑圣权参加会议。

★19日下午，如东高新区与中关村海淀创业园项目合作交流会在雷迪森大酒店召开，会上，如东县副县长王智详细介绍了如东县县情、人才科技政策，县委常委、组织部部长任新峰致欢迎辞，副县长阮平章主持会议。

★21日上午，如东县党的群众路线教育实践活动总结大会召开。江苏省委督导组组长耿乃凡出席会议。南通市委第二督导组组长葛维先出席会议并讲话。如东县委书记、县人大常委会主任、县委党的群众路线教育实践活动领导小组组长詹立风发表重要讲话。县委副书记、县长潘建华，县政协主席陈建华，县人大常委会副主任、党组副书记陈昌龙，县委常委沈峻峰、任新峰、刘才盛、杨中坚、杨小军、张蓉蓉、吴风俊出席会议，县委副书记周建飞主持会议。

★21日，江苏省委督导组组长耿乃凡视察如东县文化广电传媒工作。如东县委书记、县人大常委会主任詹立风，县领导任新峰、杨中坚陪同视察。

★21日下午，如东县召开全县秋粮收购工作会议，副县长蒋树建参加会议并发表重要讲话。

★22日，如东县召开全县项目农业现场推进暨今冬明春绿化工作部署会，副县长蒋树建出席会议并讲话，会议由副县长唐智明主持，县政协副主席桑圣权出席会议。

★22日下午，江苏省政府副秘书长杨根平率领调研组到如东县视察秋收秋种工作。南通副市长赵闻斌，县委副书记、县长潘建华，县领导蒋树建、唐智明、桑圣权陪同调研。

★22日，启东市人大常委会副主任倪国冲一行来如东县考察沿海农渔业、旅游业、工业以及港口开发情况。在洋口港阳光岛，如东县人大常委会副主任唐国均向倪国冲一行介绍了洋口港经济开发区产业规划、项目建设、基础配套、港口作业区码头建设等方面的情况。

★23日，如东县组织收听收看2015年度全省党报党刊发行工作电视电话会议。县委常委、宣传部部长杨中坚在如东分会场参加会议。

★23日，如东县政协召开十四届十五次常委会，县政协主席陈建华主持会议。县政协副主席桑健、余科、吴鼎皋、陆茵，县政协督导员童玉林出席会议。

★23 日下午，如东县人大常委会召开第46次主任会议，县人大常委会副主任、党组副书记陈昌龙带队视察，县人大常委会副主任沈更生主持会议，县人大常委会副主任冯力如、唐国均出席会议。

★23日下午，如东县政协党组召开党的群众路线教育实践活动总结会议暨评议政协机关工作动员会议。县政协主席陈建华主持会议并总结。县政协副主席桑健、余科、吴鼎皋、陆茵，县政协督导员童玉林出席会议。

★24日，如东县组织收看国务院召开的全国冬春农田水利基本建设电视电话会议。国务院副总理汪洋在会上发表重要讲话，副县长唐智明及县发改委、水务局、农办、农委等部门负责人收看了会议实况。

★26日上午，如东县海上搜救中心工作人员的紧急报告险情，拉开了如东县 2014 年海洋渔业安全生产应急救援演练的大幕。现场演练副总指挥、副县长蒋树建立刻向现场演练总指挥、县长潘建华报告险情，并汇报了搜救力量相关的准备情况。省海洋渔业指挥部处长周文林，省海洋渔业指挥部大队长彭建新，市海洋与渔业局副局长曹军，县委常委、政法委书记于立忠，副县长王智、唐智明，各沿海镇区以及县安监局、水务局、卫生局等相关负责人，县海洋与渔业局主要负责人、分管负责人及相关科室人员参加了演练。

图为：潘建华（前排左三）现场观摩指导应急救援演练

★27日上午，如东县人大常委会党组和人大办及各委室领导班子召开党的群众路线教育实践活动总结大会。县人大常委会副主任、党组副书记陈昌龙作总结讲话。县人大常委会副主任沈更生、冯力如、唐国均，县委第二督导组负责人出席会议。

★27日，如东县举办“孝行寿乡”老年书画邀请展，如东县副县长蒋树建参观了书画展。

★28日下午，江苏省政协副主席、党组副书记杨新力带领省海洋与渔业局、经信委等部门来如东县专题调研海洋环境保护工作。南通市委书记、市人大常委会主任丁大卫，市政协主席王德忠，市领导黄巍东、单晓鸣、陈德新，如东县委书记、县人大常委会主任詹立风，县委副书记、县长潘建华，县政协主席陈建华，县领导张蓉蓉、蒋树建、张栩龙、陆茵参加调研活动。

★29日上午，南通市市长张国华专程到如东县调研沿海开发工作。如东县委书记、县人大常委会主任詹立风，县委副书记、县长潘建华，县领导张蓉蓉、张栩龙参加调研活动。

★29日，如东县政协组织部分政协委员和界别群众代表围绕“如泰河沿线污水处理厂建设情况”“县城社区办公用房的落实情况”“渔民保险保障政策执行情况”等重点提案进行现场视察和深度协商。县领导陈建华、蒋树建、唐智明、桑圣权、吴鼎皋参加了活动。

★29日，如东县第一家员工总工会在如东经济开发区成立，县委常委、组织部部长任新峰参加了成立大会，并给予员工总工会寄语。

★30 日下午，如东县人大召开人大代表“问项目”现场交流会，县人大常委会副主任冯力如主持会议，县人大常委会副主任、党组副书记陈昌龙，县委常委、常务副县长沈峻峰，县人大常委会副主任沈更生、唐国均出席会议。

11月

★1 日下午，如东县委中心组集中学习中共十八届四中全会和中纪委四次全会精神。县委书记、县人大常委会主任詹立风主持学习会，并就学习贯彻全会精神提出明确要求。县委副书记、县长潘建华，县政协主席陈建华，县委副书记周建飞，县人大常委会副主任、党组副书记陈昌龙等四套班子领导参加学习活动。

★3日，如皋市人大常委会主任、党组书记谢新民，副主任邵晓泉、刘聪泉、张勇及离退休老干部一行到如东县考察沿海旅游业及港口开发情况。如东县人大常委会副主任、党组副书记陈昌龙，县委常委、宣传部部长杨中坚，县委常委、洋口港经济开发区党工委书记张蓉蓉陪同考察。

★4日下午，如东县委、县政府召开全县创建省级文明城市动员大会，就全面深入推进文明城市创建工作进行动员部署。县委书记、县人大常委会主任詹立风强调，各责任单位和各镇区务必坚定不移狠抓工作落实，全力以赴抢抓整治进度，一着不让抓好长效管理，确保高标准通过本轮省级文明城市测评考核。县委副书记周建飞就文明城市创建工作进行部署。县委常委、宣传部部长杨中坚主持会议。县卫生局、公安局、住建局等13家单位向县委副书记、县长潘建华递交责任书。县政协主席陈建华，县人大常委会副主任、党组副书记陈昌龙等县四套班子领导出席会议。

★4日下午，江苏省委中心组召开学习贯彻党的十八届四中全会精神电视电话会议，部署学习贯彻落实全会精神的相关工作。如东县在如东分会场组织收听收看电视电话会，如东县委书记、县人大常委会主任詹立风，县委副书记、县长潘建华，县政协主席陈建华，县委副书记周建飞，县人大常委会副主任、党组副书记陈昌龙等县四套班子领导，县级机关各部门、各镇区负责人到场收听收看。

★5日，如东县委常委、组织部部长任新峰来到挂钩联系的古池社区和实地考察点位，检查和指导省文明城市创建工作。

★5日，如东县召开专题会议，部署2015年度全县重点党报党刊发行工作。县委常委、宣传部部长杨中坚出席会议并发表讲话。

★6日上午，扬州市邗江区人大常委会来如东县学习考察土地管理法律法规执行情况。考察组一行实地参观了掘港镇天星土地复垦整理项目，如东县人大常委会副主任沈更生陪同考察。

★6日，如东县政协组织政协委员就交通重点工程建设情况进行视察。县政协主席陈建华对今年交通重点工程建设取得的成绩给予充分肯定。县政协副主席桑健、余科、桑圣权、吴鼎皋、陆茵，县政协督导员童玉林等出席会议。

★7日，如东县委宣传部、县文化广电传媒中心共同举办第15个记者节庆祝表彰大会。县委常委、宣传部部长杨中坚给获奖者颁奖，并肯定了全县新闻工作者的辛勤工作。

★7日下午，南通市沿海开发“项目推进年”第七次观摩点评会在洋口港经济开发区召开，副市长单晓鸣要求沿海各区咬定沿海开发全年目标，全力推进功能配套完善、重大项目建设、产业聚焦集约发展等重点工作，为全市实现沿海开发全省领先作出应有的贡献。会上，如东县委副书记周建飞，县委常委、洋口港经济开发区党工委书记张蓉蓉分别汇报了如东县沿海开发和洋口港开发建设的有关情况。

★7日下午，如东县人大召开月度工作例会，总结前一阶段各项重点工作落实情况，研究部署今后工作。县人大常委会副主任、党组副书记陈昌龙在会上充分肯定了各镇人大和机关代表小组今年以来的工作成效。县人大常委会副主任冯力如、唐国均参加会议。

★8日上午，如东县举行第八届中国如东沿海经济合作洽谈会开幕式暨刘埠国家一级渔港开工仪式。市委常委陈照煌、副市长单晓鸣、中国旅游研究院院长戴斌等领导和客商出席仪式。县委书记、县人大常委会主任詹立风发表讲话，县委副书记、县长潘建华主持开幕式暨开工仪式。县政协主席陈建华，县委副书记周建飞，县人大常委会副主任、党组副书记陈昌龙等县四套班子领导出席仪式。

图为：刘埠国家一级渔港开工仪式现场

★8 日下午，第八届中国如东沿海经济合作洽谈会举行投资环境说明会暨项目集中签约仪式。签约仪式由县委常委、常务副县长沈峻峰主持，县委副书记周建飞致辞，副县长王智作项目推介。县委书记、县人大常委会主任詹立风，县委副书记、县长潘建华，县人大常委会副主任、党组副书记陈昌龙，县领导杨小军、张蓉蓉、张栩龙，以及县级机关相关部门主要负责人、各镇区主要和分管负责人出席签约仪式。

★10 日，如东县委副书记周建飞、县人大常委会副主任冯力如来到青园社区，检查和指导省文明城市创建工作。

★10 日，如东县城管系统召开专题会议，就创建江苏省文明城市整治工作进行部署。县委常委、宣传部部长杨中坚出席会议并发表讲话。

★12 日下午，如东县委常委、纪委书记刘才盛到县政务中心、各银行网点、电信、供电等窗口行业，检查省文明城市创建工作。

★13 日下午，如东县召开全县河道“三网”清理现场推进会，全面推进全县河道养殖（捕捞）设施清除工作，确保年底前全面完成河道“三网”清除工作的各项任务。县委常委、政法委书记于立忠，副县长蒋树建带领县水务局、海洋与渔业局相关负责人及镇区分管领导，前往栟茶镇观摩了河道“三网”清理现场，详细了解“三网”清理推进情况。蒋树建主持会议。

★14 日下午，如东县政协主席陈建华带队视察如东县城市管理工作。县政协副主席桑健、余科、吴鼎皋，督导员童玉林参加视察活动。

★15 日上午，如东县委书记、县人大常委会主任詹立风主持召开全县重点工作督查推进会并发表讲话。会上，县委副书记周建飞通报了 1 至 10 月份全县重点工作完成情况。县政协主席陈建华，县人大常委会副主任、党组副书记陈昌龙等四套班子领导出席会议。

★15 日下午，如东县工业冲刺暨园区建设推进会在新店镇召开，副县长王智通报了全县 1 至 10 月份项目建设、工业经济运行情况。县委副书记周建飞在会上发表重要讲话，会议由县委常委杨小军主持，与会人员参观了新店镇的部分企业和项目现场。

★16 日上午，如东县委常委、宣传部部长杨中坚，县人大常委会副主任唐国均，县政协副主席桑健带领城管、工商等部门负责人，先后前往实验中学、欧贸商场、中医院、德大小区等地，就如东县文明城市创建中相关任务的落实进展情况进行督查。

★17 日上午，如东县委副书记周建飞，县委常委、宣传部部长杨中坚，副县长姜晓静带领相关部门负责人，先后对县城浅水湾小区、汽车客运站、中心市场等地实地查看文明城市创建、迎评、督查等工作的进展情况。县领导沈峻峰、任新峰、刘才盛、杨小军、于立忠、吴凤俊、王智、余科、桑圣权、吴鼎皋、陆茵出席推进会。

★18日，如东县召开第七次归侨侨眷代表大会，县委书记、县人大常委会主任詹立风代表县委、县人大、县政府、县政协向大会的召开表示热烈的祝贺并作重要讲话。大会选举产生了新一届侨联领导集体，沈更生当选县侨联第七届委员会主席，陈春建（驻会）、丁小建、黄锋、陈曦、顾海军、张建华当选县侨联第七届委员会副主席。会上，南通市侨联主席吴亚军，如皋市侨联主席杨国强，县妇联主席沈秀梅分别代表市侨联、兄弟县（市区）侨联和县群团致贺词。县委常委、组织部长任新峰出席闭幕式并讲话，县委副书记、县长潘建华，县政协主席陈建华，县委副书记周建飞，县人大常委会副主任、党组副书记陈昌龙，县领导任新峰、刘才盛、杨中坚、沈更生、唐国均、王智、吴鼎皋、陆茵，各兄弟县（市区）侨联、县各群团部门、县侨商会副会长、各涉侨单位领导和社会各界代表出席会议。

★18日，南通市政协副主席陈德新、徐守铭一行到如东县调研。县政协主席陈建华向调研组汇报了如东县政协一年来的工作情况。县政协副主席桑健、督导员童玉林参加调研。

★18日下午，河北吴桥国际杂技艺术学校南通集训基地揭牌仪式在如东县杂技艺术学校举行。如东县副县长姜晓静参加活动。

★18日至19日，如东县委书记、县人大常委会主任詹立风带领县委办、发改委、经信委、商务局等相关部门人员前往岔河、袁庄、河口三镇调研。

★20日至21日，如东县举行全省涉法涉诉信访改革业务培训，涉法涉诉信访工作如东“样本”被全省推广，县委书记、县人大常委会主任詹立风代表如东作为全省唯一县级党委、政府作交流发言。省委政法委副书记侍鹏发表讲话。

★20日至21日，长江三角洲十三县（市）区政协工作研讨会在如东县召开。如东县委副书记、县长潘建华致欢迎词，县政协主席陈建华主持研讨会，县政协副主席吴鼎皋参加研讨会。

★21日上午，如东县委副书记周建飞来到青园社区，检查首轮文明城市创建整改情况，并对下一阶段工作提出指导意见。

★21日上午，如东县召开全县军转安置工作会议，县委常委、组织部部长任新峰出席会议，县委常委、常务副县长沈峻峰主持会议。

★21日，如东县人大常委会副主任、党组副书记陈昌龙一行赴栟茶镇调研经济社会发展情况。县人大常委会副主任沈更生参加调研。

★21日下午，如东县召开全县服务业经济工作推进会，副县长王智通报了1至10月份全县服务业发展情况。县委常委杨小军主持会议并讲话。

★21日下午，如东县副县长姜晓静率领教育、卫生、工商、文广新、城管等部门相关人员督查如东县中小学校、文化场馆等地的文明城市创建整改情况。

★22日，南通正大召开第四次党员大会，选举产生新一届党委班子。县委常委、组织部部长任新峰宣读同意南通正大召开党员大会的批复。县委副书记周建飞出席会议。

★22日下午，如东县委常委、组织部部长任新峰深入挂钩的古池社区督查推进省文明城市创建工作。

★23日上午，如东县委常委、宣传部部长杨中坚率相关部门负责人实地督查城区及城郊主干道文明城市创建工作开展情况。

★24日，如东县召开全县民营经济领导组（扩大）会议，南通市工商联（总商会）副主席、市民发办副主任贲友华肯定了如东县“十二五”期间民营经济的发展成就。如东县委副书记周建飞在会上发表讲话，县委常委杨小军主持会议，县政协副主席余科出席会议。

★24日下午，如东县人大召开调研全县教育工作汇报会，听取县教育系统相关人员对目前如东县教育现代化发展情况的汇报，就如何全力推进教育现代化建设作了深入交流。县人大常委会副主任、党组副书记陈昌龙在会上发表讲话，县人大常委会副主任沈更生、冯力如、唐国均出席会议。

★25日上午，如东县委常委、宣传部部长杨中坚，副县长姜晓静率领教育、工商、卫生、住建等部门分管负责人督查县城幼儿园及周边环境的整改情况。

★25日，江苏省扶贫“两会”国华纪念中学招生工作座谈会在如东县召开，专题交流和研究进一步做好广东国华纪念中学招生工作，如东县委副书记周建飞在会上发表讲话，县领导于立忠、张蓉蓉、张栩龙参加活动。

★25日，群众杂志社总编朱维宁一行到如东县调研。如东县委常委、宣传部部长杨中坚陪同调研。

★25日，由南通市科技局、如东县政府办、县科技局联合举办的“强农惠民”送科技下乡活动在南通中江农业发展有限公司开展，如东县70多名小麦、西兰花种植大户参加活动。副县长阮平章出席活动。

★25日下午，南通市委常委、组织部部长张兆江来如东县调研，如东县委书记、县人大常委会主任詹立风陪同调研。县委常委、组织部部长任新峰从深入开展党的群众路线教育实践活动，统筹推进干部、人才、基层组织建设和组织部门自身建设等方面汇报了2014年以来全县组织工作。县领导张蓉蓉、张栩龙陪同相关调研。

★25日至26日，中国国际工程咨询公司专家组一行到如东县，就三洋铁路规划建设对如东经济社会发展的影响进行深入调研。如东县委书记、县人大常委会主任詹立风，县委副书记、县长潘建华，县委副书记周建飞，县领导杨小军、张蓉蓉、冯力如、张栩龙、余科参加调研活动。

★27日，如东县关工委成立30周年暨关心下一代工作“双先”表彰会举行。江苏省关工委主任曹鸿鸣、南通市关工委主任曹能新到会祝贺并讲话。如东县委书记、县人大常委会主任詹立风勉励全县各级关工委和广大“五老”，认清形势、牢记使命，珍惜荣誉、再接再厉，奋力开创如东关心下一代工作的新局面。会上，县委常委、组织部部长、县关工委主任任新峰作工作报告。县委副书记、县长潘建华宣读了《关于表彰全县关心下一代工作先进集体、先进个人的决定》，县委副书记周建飞主持会议。省、市关工委相关负责人，县领导唐国均、姜晓静、桑健出席会议。

★27日，如东县十六届人大常委会召开第二十三次会议。会议听取并审议了副县长蒋树建代表县政府所作的关于代表议案建议和常委会审议意见办理落实情况的工作报告。县人大常委会副主任、党组副书记陈昌龙主持会议。县人大常委会副主任沈更生、冯力如、唐国均出席会议。副县长姜晓静、唐智明列席会议。

★28日，三一帕尔菲格特种车辆装备有限公司运营投产，南通市委书记、市人大常委会主任丁大卫，如东县委书记、县人大常委会主任詹立风，奥地利帕尔菲格集团总裁赫伯特·奥特纳在投产仪式上致辞。南通市委常委、市委秘书长黄巍东，副市长单晓鸣，如东县委副书记、县长潘建华，县政协主席陈建华，县委副书记周建飞，县人大常委会副主任、党组副书记陈昌龙，县领导任新峰、王智出席投产仪式。

图为：三一帕尔菲格如东基地投产运营

★28日下午，如东县委中心组举行中共十八届四中全会精神专题报告会，邀请市委政法委常务副书记王振作专题报告。受县委书记、县人大常委会主任詹立风委托，县委常委、宣传部部长杨中坚主持报告会。

★29日，如东县在双甸镇高前村召开了全县河道综合整治和绿化工作现场推进会。县委常委、政法委书记于立忠主持会议，副县长蒋树建参加会议。

★30日，如东县召开2014年南美白对虾生态育养技术培训暨总结表彰大会，副县长蒋树建参加会议。

12月

★1日和3日，如东县委书记、县人大常委会主任詹立风分别前往如东高新区、洋口港经济开发区开展调研活动，深入了解两区冲刺全年、谋划来年的有关情况。县委常委、洋口港经济开发区党工委书记张蓉蓉作了情况汇报，县委副书记周建飞参加洋口港经济开发区调研活动。

★2日上午，首个“国家宪法日暨普法志愿者在行动”活动在文峰广场举行，来自如东县各行各业的100多名志愿者在现场宣誓、观看宪法宣传视频，并开展法律咨询活动。县委常委、政法委书记于立忠，县人大常委会副主任唐国均，副县长姜晓静出席活动。

★3日下午，江苏省人社厅就业促进处处长任毅带领省级创业型城市终审评估组，到如东县检查评估创业型城市建设情况，对如东县创建工作给予肯定，表示将在江苏省推广。在实地查看了岔河镇银河工业园创业孵化基地、如东县人社局创业服务基地建设后，评估组听取了如东县委常委、常务副县长沈峻峰和县人社部门负责人关于如东县创建省级创业型城市工作的情况汇报。

★3日下午，如东县委常委、组织部部长任新峰，县政协副主席余科前往掘港镇古池社区，就该社区文明城市创建中相关任务的落实进展情况进行督查。

★3日下午，如东县召开预防职务犯罪工作指导委员会成员会议。县委常委、政法委书记于立忠，副县长、公安局局长程军出席会议。县检察院检察长顾祖林对2014年以来如东县查办和预防职务犯罪工作的开展情况进行了总结。

★4日上午，霍尼韦尔安全防护产品（南通）有限公司在如东经济开发区正式投运。南通市副市长黄爱军，如东县委书记、县人大常委会主任詹立风，霍尼韦尔自动化控制系统集团全球总裁兼首席执行官伊安仕，霍尼韦尔中国总裁兼首席执行官盛伟立出席投运仪式并致辞。县委副书记、县长潘建华，县委副书记周建如东飞，县领导杨小军、王智出席投运仪式。

★4日上午，如东县委副书记周建飞率领县住建、工商、公安、城管等部门主要负责人，对县城各社区、商业街、超市、市场等考察点创建省级文明城市工作任务落实情况进行督查。在随后召开的座谈会上，县领导沈峻峰、任新峰、刘才盛、杨中坚、杨小军、于立忠、吴凤俊、王智、程军分别汇报了各挂钩社区、部门和窗口行业的创建工作落实情况。县领导姜晓静、蒋树建、桑圣权、陆茵参加督查。

★4 日，如东县召开全县人大工作会议，县委书记、县人大常委会主任詹立风作重要讲话，县委副书记、县长潘建华，县人大常委会副主任、党组副书记陈昌龙，县法院院长，县检察院检察长发言。县四套班子主要领导、县委全体常委出席会议，县委副书记周建飞主持会议。县人大常委会领导，县政府领导，各区党工委书记，各镇党委书记，各镇人大主席、副主席、人大秘书，机关代表小组组长，县级机关各部门负责人，县人大常委会委员，县人大常委会机关全体人员，县人大离退休干部代表，部分县人大代表参加会议。

★4 日，如东县人大召开人大代表专题培训会，邀请省人大常委会人事代表联委副主任孙庭兆，为如东县人大代表作专题培训。县人大常委会副主任唐国均主持会议，县人大常委会副主任、党组副书记陈昌龙，县人大常委会副主任沈更生参加培训活动。

★8 日上午，南通市粮食系统近 40 人来如东县，在如东县副县长蒋树建的陪同下，专题调研苴镇粮食储备库维修改造工作。

★8 日下午，如东县委书记、县人大常委会主任詹立风前往沿海经济开发区调研。县委副书记周建飞参加调研活动。副县长、沿海经济开发区党工委书记张栩龙汇报了沿海经济开发区冲刺全年、谋划来年的有关情况。

★9 日，南通市副市长孙建华带领南通海关、南通检验检疫局、海事局、口岸委、商务局等部门负责人，到如东县调研洋口港一类口岸开放验收准备工作，要求相关部门加强沟通协调，整体联动，快节奏推进各项验收准备工作。如东县委副书记周建飞发表讲话。

★9 日下午，如东县政协主席陈建华一行来到大豫镇，调研“孤残病老”等困难群体帮扶工作，与困难群众面对面交流恳谈，并为他们送上了羽绒被、米油等慰问品。

★10 日下午，如东县委书记、县人大常委会主任詹立风主持召开全县重点工作督查推进会，县委副书记周建飞通报了全县 1 至 11 月份重点工作完成情况。县政协主席陈建华，县人大常委会副主任、党组副书记陈昌龙等县四套班子领导出席会议。与会人员观摩了洋口港经济开发区重点项目建设现场。

★11 日，如东县召开今冬明春火灾防控暨网格化管理工作会议，要求各部门形成合力，重点对劳动密集型企业展开检查，积极防控各种火灾事故的发生。会议由副县长、公安局局长程军主持，副县长王智要求各部门提高思想认识，强化消防工作的组织领导。

★11 日下午，如东县人大常委会副主任、党组副书记陈昌龙带队视察如东县城市管理工作。县人大常委会副主任沈更生、唐国均参加活动。

★12 日上午，如东县委副书记周建飞，县人大常委会副主任唐国均，县政协副主席桑健率领县住建、工商、商务、旅游、公安、城管、卫生、交通等部门主要负责人，对县城各社区、商业街、超市、公园等考察点创建省级文明城市工作任务落实情况进行督查。

★12 日下午，如东县举办经济转型升级专题研修班，上海市委党校经济学部教授陈勇鸣就“经济新常态下的产业转型升级”作专题讲授，县委副书记周建飞发表讲话，县委常委杨小军参加活动。

★13 日下午，如东县四套班子领导就近期深入基层形成的调研成果进行集中交流。县委书记、县人大常委会主任詹立风主持交流会，县委副书记、县长潘建华在会上发表重要讲话。

★8 日上午，南通市粮食系统近 40 人到如东县，在副县长蒋树建的陪同下，专题调研苴镇粮食储备库维修改造工作。

★8日下午，如东县委书记、县人大常委会主任詹立风前往沿海经济开发区调研。县委副书记周建飞参加调研活动。副县长、沿海经济开发区党工委书记张栩龙汇报了沿海经济开发区冲刺全年、谋划来年的有关情况。

★9日，南通市副市长孙建华带领南通海关、南通检验检疫局、海事局、口岸委、商务局等部门负责人，到如东县调研洋口港一类口岸开放验收准备工作，要求相关部门加强沟通协调，整体联动，快节奏推进各项验收准备工作。如东县委副书记周建飞发表讲话。

★9日下午，如东县政协主席陈建华一行来到大豫镇，调研“孤残病老”等困难群体帮扶工作，与困难群众面对面交流恳谈，并为他们送上了羽绒被、米油等慰问品。

★10日下午，如东县委书记、县人大常委会主任詹立风主持召开全县重点工作督查推进会，县委副书记周建飞通报了全县1至11月份重点工作完成情况。县政协主席陈建华，县人大常委会副主任、党组副书记陈昌龙等县四套班子领导出席会议。与会人员观摩了洋口港经济开发区重点项目建设现场。

★11日，如东县召开今冬明春火灾防控暨网格化管理工作会议，要求各部门形成合力，重点对劳动密集型企业展开检查，积极防控各种火灾事故的发生。会议由副县长、公安局局长程军主持，副县长王智要求各部门提高思想认识，强化消防工作的组织领导。

★11日下午，如东县人大常委会副主任、党组副书记陈昌龙带队视察如东县城市管理工作。县人大常委会副主任沈更生、唐国均参加活动。

★12日上午，如东县委副书记周建飞，县人大常委会副主任唐国均，县政协副主席桑健率领县住建、工商、商务、旅游、公安、城管、卫生、交通等部门主要负责人，对县城各社区、商业街、超市、公园等考察点创建省级文明城市工作任务落实情况进行督查。

★12日下午，如东县举办经济转型升级专题研修班，上海市委党校经济学部教授陈勇鸣就“经济新常态下的产业转型升级”作专题讲授，县委副书记周建飞发表讲话，县委常委杨小军参加活动。

★13日下午，如东县四套班子领导就近期深入基层形成的调研成果进行集中交流。县委书记、县人大常委会主任詹立风主持交流会，县委副书记、县长潘建华在会上发表讲话。

★23日上午，如东县数字化城市管理系统通过江苏省专家组验收。江苏省住建厅副厅长宋如亚、省住建厅城建处处长夏明等7名省市专家听取了如东县数字城管系统建设与运行情况的汇报。如东县委常委、常务副县长沈峻峰参加活动。

★25日，如东县党的建设研究会召开第三次会员大会，议选举产生新一届理事会，陈苏华当选为理事会会长。县委常委、组织部部长任新峰出席会议。

★25日，如东县委书记、县人大常委会主任詹立风专题调研全县城市建设和交通运输工作，县领导沈峻峰、杨中坚、杨小军参加调研活动。

★25日，南通市政协秘书长联席会议在如东县召开，市政协秘书长朱进充分肯定了如东县政协在探索基层协商民主方面的经验做法，市政协副秘书长、办公室主任叶沈良主持会议。如东县政协主席陈建华致欢迎辞。

★26日下午，如东县政协召开十四届十六次常委会，县委常委、常务副县长沈峻峰对十四届三次全会以来的政协委员提案和3个重点议案的办理情况进行了详细通报，陈建华在会上发表重要讲话，县政协副主席、县委统战部部长吴鼎皋对委员调整作情况说明。副县长姜晓静列席会议，县政协副主席桑健、余科、桑圣权、陆茵，县政协督导员童玉林出席会议。

★27日，如东县党的建设研究会召开第三次会员大会。县委常委、组织部部长任新峰会上作重要讲话。

★29日上午，如东县人大组织对县政府组成部门负责人拟任人员进行任前法律知识考试，县人大常委会副主任、党组副书记陈昌龙现场抽取考试试题。

图书在版编目（CIP）数据

大事如东：2011～2014年/如东县档案局（馆）编
一 北京：方志出版社，2015.7
ISBN 978-7-5144-1658-9

Ⅰ.①大... Ⅱ.①如... Ⅲ.①如东县-地方史-大事记-2011～2014 Ⅳ.①K295.34

中国版本图书馆CIP数据核字（2015）第173844号

大事如东（2011～2014年）

编　　者：如东县档案局（馆）
责任编辑：王笃银
出 版 人：冀祥德
出 版 者：方志出版社
地址　北京市朝阳区潘家园东里9号（国家方志馆4层）
邮编　100021
网址　http//www.fzph.org
发　　行：方志出版社发行中心
电话　（010）67110500
经　　销：各地新华书店
印　　刷：扬州市机关彩印中心
开　　本：889×1194　1/16
印　　张：24.25
字　　数：536千字
版　　次：2015年7月第1版　2015年7月第1次印刷
印　　数：001～800册
ISBN 978-7-5144-1658-9　定价：100.00元